دن کیشوت‌های ناممکن

فرشیده نسرین

دن کیشوت‌های ناممکن

نویسنده: فرشیده نسرین
ویرایش: ر. رحیق
طرح روی جلد: کامران غربی
طرح پشت جلد: عرفان قابوسی
صفحه آرایی و تولید: آرش خارابی
چاپ: اول
سال: ۱۴۰۱، 2022
شمارگان: ۱،۰۰۰ نسخه
ISBN: 9781778248009

برای هلیا و هیراد

نوشتن این کتاب هفت سال به طول انجامید؛

از همسرم سعید که با شکیبایی فرصت نوشتن این کتاب را به من داد، خواهرم فروزنده که در هر قدم از زندگی مشوق من بود و دوستِ بی‌همتایم یگانه شجاع‌دوست که از هم‌فکری و پیشنهادهایش بسیار بهره بردم ممنونم.

سپاسگزارم از دوست نادیده‌ام کامران غربی، انسانی مهربان و بزرگوار، برای طرح روی جلد، و از عرفان قابوسی که در روزهای آخر به کمکم آمد و طرح پشت جلد را برایم زد. از آرش خارابی و پروانه ابراهیمی برای مهر و باوری که به من دارند و زحمتی که برای چاپ این کتاب کشیدند بی‌نهایت تشکر می‌کنم.

و قدردان دخترم هلیا هستم که در طول نوشتن این کتاب مثل یک ستون تکیه‌گاهم بود و پسرم هیراد که در حل مشکلات کامپیوتری با صبر و حوصله فراوان به یاری‌ام شتافت.

●●●●●●

ناگهان تابستان سال گذشته،

هواپیما که نشست، از اولین کسانی بودم که با مهمان‌داران خداحافظی کردم و بیرون آمدم. هیچ وقت برای خارج شدن از هواپیما، رسیدن به صف طولانی پاسپورت و برداشتن چمدان‌ها عجله نداشتم. به هر مقصدی که می‌رسیدم، معتقد بودم که اصل راه را طی کرده‌ام و حالا چند دقیقه‌ای این طرف و آن طرف فرق چندانی ندارد. اگر کسانی به استقبال من آمده‌اند با توجه به شلوغی سالن پرواز و بازرسی‌های مختلف خوب می‌دانند مدتی طول می‌کشد تا بتوانم خارج شوم، پس منصرف نمی‌شوند و بدون من از آن‌جا نمی‌روند. ولی این بار عجله داشتم. تنها یک نفر در انتظارم بود. آن هم در کشوری که هر دو در آن غریب بودیم. پس باید عجله می‌کردم. دوان‌دوان خودم را به صف پاسپورت رساندم و سومین نفر شدم. مأمور بازرسی پاسپورت که زنی بود به غایت خشن نگاهی به من انداخت و با خنده‌ی مسخره‌ای پرسید:

- می‌خوای وارد کشور بشی، نه؟
- مسلمه.
- از کجا می‌یای؟
- از کانادا.
- کجایی هستی؟
- من شهروند کانادایی هستم!

این را با تغیّر گفتم. به یقین نه فقط از قیافه‌ام بلکه از اسمم هم دریافته بود باید اهل کجا باشم و داشت اذیت می‌کرد. دویده بودم و احساس می‌کردم دورتادور کلاه بِرِه فرانسوی‌ام از داخل خیس شده است. این بارخنده‌ی بی‌مزه‌ای کرد و دستش را به سمت راست برد و گفت:

- از اون در برو.

نمی‌فهمیدم آن در به کجا منتهی می‌شود. بدون این‌که چیزی بگویم پاسپورتم را گرفتم و به طرف آن در رفتم. به قدری از دست او کلافه بودم که حتی نخواستم از او سوال کنم بعد از آن در با چه چیزی مواجه خواهم شد. انتخاب دیگری نداشتم. وارد یک سالن شدم که در آن دو میز وجود داشت و پشت هر میز یک افسر نشسته بود. آن زن شاید فقط برای آزار مرا به بالاتر از خودش ارجاع داده بود. یکی از افسران اشاره‌ای کرد و به طرفش رفتم. سوال و جواب‌های مشابه تکرار شد: قصدتان از سفر؟ گفتم دیدار از شهر. پرسید آیا کسی را دارم و جوابم این‌که «بله، دختر یک دوست» و بعد سوال‌های احمقانه که آیا جا گرفته‌ام در هتلی، مهمانسرایی، خانه‌ای و نمی‌ترسم از تنها بودن

و رفته‌رفته سوال‌های بعدی که خصوصی‌تر می‌شدند. با هر سوال، من نگران و نگران‌تر می‌شدم و او به این سوال‌ها پایان نمی‌داد. مثل این بود که نفر اول دکمه‌ی قرمزی را به نشانه‌ی آزاررسانی فشار داده بود و حالا این آدم جدید مسئول گرفتنِ حال من بود. باور نمی‌کردم با پاسپورت کانادایی برای ورود به این کشور با این همه دردسر روبرو شوم. سرانجام عذرخواهی کرد و پاسپورتم را به من برگرداند. بعد گفت به همان سالن قبلی برگردم چرا که می‌بایست از آن‌جا خارج شوم. وقتی وارد سالن قبلی شدم با یک صف طویلِ خاکستری[1] روبه‌رو شدم. کسی را در صف نمی‌شناختم که در پرواز خودم دیده باشم. همه رفته بودند. تمام مدت در فکر فریاد بودم. نکند رفته باشد؟ چطور بداند من آن‌جا هستم؟ با آن اشتباه وحشتناکی که در مورد بلیت مرتکب شده بودم. قرار به این بود که من منتظر او باشم؛ منی که بیش‌تر سفر کرده‌ام، زبان می‌دانم و باتجربه‌ترم نه او که اولین سفر خارجی‌اش بود. تک‌تک آدم‌هایی که پشت میله‌ها منتظر دیدار مسافران‌شان بودند یکی‌یکی از جلوی چشمانم عبور کردند اما فریاد بین‌شان نبود و خنده روی لب‌هایم ماسید. چشم‌هایم ریزتر شد و دوباره همه را از نظر گذراندم. همه غریبه بودند. هیچ کس به من نیم‌نگاهی هم نمی‌انداخت. برای آن‌ها من وجود نداشتم. برای من هم آن‌ها آدمک‌هایی چوبی بودند بدون روح. به مأمور پاسپورت بد و بی‌راه می‌گفتم. پس کجاست؟ نیامده؟ آمده، منصرف شده و رفته؟ چرا؟ نه! بدون شک بین این آدم‌هاست و باید دوباره نگاه کنم. می‌دانستم باید برای هر دوی ما سخت باشد تا یکدیگر را پیدا کنیم. دو نفر که جز چند عکس در سنین مختلف از یکدیگر هیچ ندیده‌اند چطور می‌توانند در چنین شلوغی‌ای هم‌دیگر را پیدا کنند؟ ولی فریاد نبود. حالا بعضی از مستقبلین متوجه من شده بودند و نگاه جستجوگر ناامیدم را دنبال می‌کردند. عرق از سر و رویم سرازیر بود. ژاکتم را درآوردم و به چمدانم گره زدم. چمدان؟ کی چمدانم را گرفته بودم؟ از کجا؟ بدون این‌که به یاد بیاورم مراحل خروج از فرودگاه را گذرانده بودم. تمام هوش و حواسم پی فریاد بود و از خود می‌پرسیدم حالا و در این لحظه در این شهر و کشور غریب چه می‌کند؟ دیگر کسی را نمی‌دیدم؛ مردم برایم اشباح یکسان بدون چهره‌ای بودند. ناگهان به خودم آمدم و به طرف میز اطلاعات رفتم. از دختر جوانی که پشت میز نشسته بود خواهش کردم اسم فریاد را پشت بلندگو اعلام کند. بی‌تفاوت گفت که نمی‌تواند این کار را بکند. منظورش را نفهمیدم و با تعجب پرسیدم چرا؟ مگر برای انجام چنین کارهایی آن‌جا ننشسته است!؟ با بی‌اعتنایی دوباره حرفش را تکرار کرد.

به دور و برم نگاهی انداختم و دکه‌ای را دیدم که تلفن موبایل و کارت تلفن می‌فروخت. یک کارت خریدم و فکر کردم به هستی زنگ بزنم شاید آن‌ها با هم باشند. به دلیل اشتباه من فریاد یک روز زودتر از من رسیده بود و شب گذشته را در منزل او سپری کرده بود. با خود می‌گفتم از او بپرسم آیا فریاد به فرودگاه آمده است یا خیر؟ نمی‌توانستم شماره را بگیرم. مغزم فلج شده بود. بعد از چندین بار کلنجار بالاخره موفق شدم. صدایی گفت مشترک مورد نظر در دسترس نیست. درمانده شده بودم و اشک در چشمانم حلقه زده بود. دوباره به سراغ میز اطلاعات رفتم. دختر و پسر جوان دیگری هم آن‌جا نشسته بودند. سراغ همان دختر جوان رفتم. این بار با التماس از او خواستم اسم فریاد را در بلندگو صدا کند. باز هم تکرار کرد که نمی‌تواند این کار را بکند. دختری که در کنارش نشسته بود متوجه درماندگی من شد و پرسید ماجرا چیست؟ برایش توضیح مختصری دادم گفت فقط یک بار اسم را صدا می‌زند و دوباره نمی‌تواند این کار را انجام بدهد چرا که مدت‌هاست به آن‌ها دستور داده شده اسم کسی را صدا نزنند. از او خواستم در همان یک بار حداقل دو مرتبه اسم را تکرار کند. توضیح دادم شاید گوش فریاد با شنیدن اسمش به زبان انگلیسی آمیخته با لهجه‌ی آن دختر ناآشنا باشد. قبول کرد. پشتم را به آن‌ها کردم و تمام وجودم در چشم‌هایم خلاصه شد. او صدا کرد و فریاد در سالن نبود. فروریخته از دختر تشکر کردم. عرق تمام صورتم را پوشانده بود و متوجه شدم اشک‌هایم هم از صورتم روان شدند. به گوشه‌ای رفتم تا خودم را جمع و جور کنم. تمام مسیر به آن لحظه‌ای فکر می‌کردم که وارد فرودگاه می‌شوم و صورت فریاد را با موهای مُجعّد و آشفته در دور و بر صورتی سبزه در میان آدم‌هایی با قیافه‌های غریبه می‌بینم. شاید فریاد هنوز خواب است. او که نمی‌دانسته چگونه به فرودگاه بیاید. شاید خانه‌ی آن دوست از فرودگاه خیلی فاصله داشته باشد؛ حومه‌ای جدامانده از شهر. صورتم را با شال گردنم پاک کردم ولی هنوز به راه نیفتاده بودم که فریاد را دیدم. سرگردان و ناامید به دنبال کسی بود که فکر می‌کرد هرگز نیامده است. چمدان و ساک را رها کردم. دو دستم را بالا بردم و فریاد کشیدم «فریاد! فریاد!». مرا دید و به طرفم آمد. ندوید. فقط قدری قدم‌هایش را تند کرد. به هم رسیدیم و هم‌دیگر را در آغوش کشیدیم. حالا هر دو می‌خندیدیم... «- کجا بودی؟ - هی گشتم - گفتم نیومدی - گفتم دیگه نمیاد - همه رفتند - همه جا رو دیدم - رفتم بیرون سیگار بکشم...». هر کدام چیزی می‌گفتیم. چشم‌های من از اشک خیس بود و در چشم‌های او هنوز نگرانی دیده می‌شد.

هم برای آرام کردن من و هم برای تسلی دادن به خودش گفت: «حالا با هم هستیم. بیا بریم بیرون. خیس عرقی! منم باید با خیال راحت یه سیگار روشن کنم». به طرف صرافی داخل فرودگاه رفتیم. کمی پول تبدیل کردیم و بعد از سالن فرودگاه خارج شدیم. تاکسی گرفتیم و آدرس خانه‌ی هستی را دادیم. پرسیدم: «دوره؟» گفت: «نه چندان». او به من می‌نگریست و من به بیرون نگاه می‌کردم. دستش را آورد و دستم را در دستش گرفت. خواست چیزی بگوید ولی خواهش کردم سکوت کند و اجازه بدهد من این همه را تا این لحظه هضم کنم. آرام بودم و به این سکوت احتیاج داشتم. به این آرامش بعد از طوفان. این آرامش تنها مال من بود. به خاطر من بود. در تمام طول پرواز به لحظه‌ی دیدار فکر می‌کردم و بس. به رسیدن و دیدن فریاد. به جوانی که گویی از وجود من برخاسته بود. من خواسته بودم سربازی‌اش را زودتر تمام کند، من خواسته بودم درس بخواند و دوباره کنکور بدهد، من خواسته بودم با هر کس و ناکسی نگردد و ارزش خودش را بداند. من، زن جاافتاده‌ای که فیس‌بوک داشتم، می‌خواستم کمک کنم تا صادق هدایت دیگری پا به عرصه‌ی ادبیات بگذارد. حالا او در کنارم بود. چطور این همه راه را طی کرده بودم؟ از منزلی نقلی در خیابان نواب وقتی فقط هشت نه سال داشتم، از دبیرستان‌های مختلفی که مدام مجبور به عوض کردن‌شان بودم، از دانشگاه، از ژاپن، از فرانسه، از کار، از عشق، از ازدواج، از مهاجرت....

•••●•••

ناگهان تابستان سال گذشته، سال آخر دبیرستان که بودم، از دبیرستان انوشیروان دادگر، واقع در چهارراه حافظ و خیابان پهلوی، پیاده راه می‌افتادم تا میدان بیست و چهار اسفند و از آن‌جا سوار اتوبوس می‌شدم تا منزل. گاهی وقت‌ها و با همراهی یکی دو دوست در بین راه سری می‌زدیم به کافه قنادی فرانسه. کافه گلاسه‌ای می‌خوردیم و دوباره راه می‌افتادیم. گاهی هم که تنها بودم، به بهانه‌ی این‌که چند نفر پسر از دبیرستان البرز پشت سرم بودند پیاده گز می‌کردم. شاید به این امید که یکی از آن‌ها سر راهم قرار بگیرد، یا متلک‌های بانمک بشنوم و یا یکی از من تعریف کند. یک گروه همیشه سر راهم قرار می‌گرفتند و متلک‌هایشان همیشه از یک جنس بود: « - قهرمان دوی انوشیروان دادگر اومد - انگار پشت سرش گذاشتند - بی‌خود کسی به خودش

زحمت نده چون کسی بهش نمی‌رسه». گه‌گاه هم پسرهایی با متلک‌های بی‌مزه از مسیرم می‌گذشتند: «اگر گفتی چرا خرگوش عینک نمی‌زنه؟ هویج بخور». چند سالی بود که عینک می‌زدم. تنها یک جوان ساکت و خیلی آقا بود که در ایستگاه اتوبوس منتظر می‌ماند تا من برسم. به محض رسیدنم سر و صدای دوستانش بلند می‌شد که «راه بیفت دیگه! بالاخره دیدیش». او صبر می‌کرد تا من سوار اتوبوس شوم و بعد می‌رفت. نه حرفی نه کلامی. نه چشمکی نه لبخندی. فقط نگاه. مسیرش مخالف مسیر من بود و همین سبب اعتراض دوستانش می‌شد. مرد سی و چند ساله‌ی خوش‌قیافه‌ی لاغراندامی هم بود که همیشه کت و شلوار سرمه‌ای یا مشکی راه‌راه به تن داشت. بی‌صدا به دنبالم می‌آمد و بعد در میدان بیست و چهار اسفند با من سوار اتوبوس می‌شد و اگر موقعیت فراهم می‌شد پشت سرم قرار می‌گرفت و به گردنم فوت می‌کرد. موهای تنم سیخ می‌شد و این کار برایم به شدت چندش‌آور بود ولی جرات اعتراض نداشتم. به میله‌های دانشگاه تهران که می‌رسیدم از خود بی‌خود می‌شدم. با خود فکر می‌کردم یک روز بدون شک من آن طرف میله‌ها خواهم بود، و آن طرف... آن طرف برای من مدینه‌ی فاضله بود. بهشت رویاها. مثل شهر رم که تمام راه‌ها به آن‌جا ختم می‌شد. آدم‌های آن طرف متفاوت بودند. خواهرم شهرو و برادرم ارس هر دو دانشگاه تهرانی بودند و هر دو «هنرهایی»! یعنی دانشکده‌ی هنرهای زیبا. همان ساختمان‌هایی که وقتی از جلوی میله‌های طرف غرب به شرق، یعنی از آناتول فرانس به شانزده آذر، می‌روی به راحتی می‌توانی آن‌ها را ببینی. دختران آن طرف میله‌ها با ما بچه‌دبیرستانی‌ها فرق داشتند. آن‌ها شاخ گاو را شکسته بودند. پس حق داشتند خودشان را یک سر و گردن از ما بالاتر بدانند و پسرها... همین که به نزدیکی میله‌ها می‌رسیدی دیگر حتی پسرهای البرزی هم بی‌اهمیت می‌شدند چه رسد به پسرهای زاگرس و بامداد. آن طرفی‌ها از سیاره‌ی دیگری بودند. همه باسواد و روشن‌فکر. فکر می‌کردم آن طرف میله‌ها همه مثل برادر بزرگ‌تر من ارس هستند. ارس دانشجوی معماری بود. بهترین، پاک‌ترین، درست‌ترین، انسان‌ترین و باسوادترین آدم روی زمین در دنیای من و دنیای خیلی‌ها که او را می‌شناختند. آن‌ها به دختران دبیرستانی اعتنا نمی‌کردند. کارهای مهم‌تری داشتند. باید دکتر یا مهندس، معمار یا وکیل، فیلسوف یا تاریخدان می‌شدند. ما دختران دبیرستانی برایشان حکم تبلیغ وسط فیلم‌ها را داشتیم: مزاحم و وقت‌گیر. شاید برای یکی دو دقیقه سرگرم‌کننده بودیم. فقط به اندازه‌ی یک دید زدن؛ آن هم نه به صورت بلکه به هیکل.

اینها تازه سال‌اولی‌های مقدماتی بودند. امثال ارس خیلی جدی‌تر بودند. من هم آرزو داشتم که آن طرف میله‌ها باشم. مهم نبود چه بخوانم. هیچ وقت به آن فکر نمی‌کردم. به جز پزشکی که هرگز توان و دلش را نداشتم هر رشته‌ی دیگری برایم خوشایند بود. البته آرزویم همیشه وکالت بود. عاشق فیلم‌های دادگاهی بودم. بارها و بارها فیلم‌های دادگاه نورنبرگ، کشتن مرغ مقلد و دوازده مرد خشمگین را دیده بودم. خیلی از دیالوگ‌هایشان را حفظ بودم. پری میسن۲ هم سریال مورد علاقه‌ام بود. همیشه در شمار بهترین شاگردان کلاس بودم. البته به اصرار خانواده ریاضی خواندم. نه این‌که دوست نداشتم بلکه به ادبیات بیش‌تر علاقه داشتم. من نازکرده‌ی پدرم بودم. بعد از ارس او به من افتخار می‌کرد چون الوند و اروند خیلی درس‌خوان نبودند. نمی‌توانستم برخلاف خواسته‌اش رفتار کنم. آرزویش این بود که من هم ریاضی بخوانم و مثل ارس مهندس شوم ولی خودش سبب شده بود که به ادبیات گرایش بیش‌تری پیدا کنم. سوم دبستان که بودم مرا روی زانوی خودش می‌نشاند و به من می‌آموخت چطور حافظ را صحیح بخوانم و هر بار هم که شروع می‌کردم باید از مقدمه می‌خواندم تا به غزل جدیدتر برسم. بعد از چند ماه مقدمه‌ی کتاب حافظ قاسم غنی را حفظ بودم و بیش‌تر غزل‌ها را بعد از یک سال می‌توانستم بدون غلط بخوانم. لذت می‌بردم. حتی از سخت‌گیری پدرم در این مورد خرسند بودم چون این مرا از باقی خواهرها و برادرها مجزا کرده بود. چنین زحمتی را برای الوند و اروند به خودش نمی‌داد. در من جنم و جوهر این یادگیری را دیده بود. نباید ناامیدش می‌کردم. دو سالی بود که پدرم فوت کرده بود ولی من با او حرف می‌زدم و دلم می‌خواست خوشحالش کنم. مرگش یک فاجعه بود. کمر خانواده را شکست. فصل امتحانات آخر سال بود و روی نمره‌های همگی ما که درس می‌خواندیم تأثیر گذاشت. روی خانواده، فامیل، هم‌دوره‌ای‌هایش، حتی بقال و نانوا هم تأثیر گذاشت. پستچی با گریه تلگراف‌های تسلیت را تحویل‌مان می‌داد. پارچه‌فروش یهودی، همان که هر هفته با بقچه‌ی بزرگی از پارچه‌های زنانه و کت و شلواری مردانه به ما سر می‌زد و باعث شوخی و خنده‌ی پدر می‌شد، وقتی ماجرا را فهمید مثل همیشه به حضرت عباس قسم خورد که نمی‌تواند دیگر بساطش را در آن حیاط پهن کند چرا که جناب سرهنگ دیگر در آن حیاط نیست. با این‌که پارچه‌ها همیشه برای مامان، باجان، ننه‌صحرا و ما دخترها خریده می‌شد ولی پارچه‌فروش تنها عاشق پدر بود. مرد یهودی رفت و دیگر نیامد. پسرعموهای پدر هم که هر سال تابستان از کردستان به تهران می‌آمدند

بعد از مراسم عزاداری دیگر هیچ تابستانی پیش ما نیامدند. هم‌دوره‌ای‌هایش، همان افسران بازنشسته‌ای که زحمت فراوانی برای آن‌ها کشید تا افزایش حقوق بازنشستگی‌شان را به تثبیت برساند، هر یک با اشک چشم دفتر یادبودش را امضا کردند و رفتند.
حالا برای اثبات این‌که دختر چنین مردی هستم باید می‌رفتم آن طرف میله‌ها.

در حیاط دانشکده‌ی هنرهای زیبا غوغایی بود. عده‌ای نگران برای امتحان عملی و مصاحبه به این طرف و آن طرف می‌رفتند و عده‌ای بی‌خیال و یا خیلی مطمئن با دانشجویان گپ می‌زدند. من این وسط حال و هوش عجیبی داشتم. بارها با خواهر بزرگ‌ترم شهرو خانم به این دانشکده آمده بودم. دو خواهر بزرگ‌ترم، شکیبا و شهرو، به دنبال اسم‌شان خانم داشتند. این از اسم مامان می‌آمد که او هم در شناسنامه‌اش خانم به دنبال اسمش بود: محترم خانم. ولی من فقط شانی بودم. شهرو مرا خیلی به گردش و سینما می‌برد. به‌طور معمول در حیاط دانشکده‌ی هنرها قرار می‌گذاشتیم. دوستان شهرو مرا می‌شناختند و همیشه اگر او دیر می‌رسید یکی از آن‌ها در حیاط منتظرم بود تا پسران هنرهایی اذیتم نکنند. چند تایی از آن‌ها در اذیت کردن دخترانی که غریبه و یا از دانشکده‌های دیگر بودند مهارت عجیبی داشتند. دخترها را رنگی می‌کردند، دوره‌شان می‌کردند و سربه‌سرشان می‌گذاشتند؛ به‌طوری که آن‌ها به گریه می‌افتادند. عده‌ای استادان را به اسم می‌شناختند و با کارهایشان آشنا بودند. من، دختر درس‌خوان شاگرد اول ریاضی، را گویی از کره‌ی ماه پرت کرده بودند آن وسط. به نظر از بقیه کم سن و سال‌تر بودم. شاید به این دلیل که ساده‌تر از بقیه آرایش کرده بودم و لباسی خیلی معمولی به تن داشتم. احساس می‌کردم همه به جز من خیلی به خودشان مطمئن هستند. آخر من هیچ وقت آموزش ندیده بودم. از دوره‌ی ابتدایی کار نمایش کرده بودم. با شهرو و ارس هم در نمایش‌های صبح کودکان رادیو ایران برنامه اجرا می‌کردیم. در تمام دوره‌ی دبستان و دبیرستان هم در تئاترهای مدرسه شرکت کرده بودم و در سال چهارم دبیرستان، در سالن بزرگ تئاتر فرهنگ، به مدت دو ساعت در نقش اتللو در نمایش اتللوی شکسپیر روی صحنه رفته بودم. ولی این‌ها مربوط به دوران نوجوانی بود. من صدا و حرکات موزون و چیزهای دیگر را نمی‌دانستم.

در حیاط دانشکده‌ی هنرها بودم و ارس به کسی سفارشم را کرده بود. تکیه‌داده به دیواری ایستاده بودم که شنیدم مردی اسمم را صدا می‌کند: «شانی خانم، شانی خانم، شانی...». سر برگرداندم و دیدم یک مردِ پیر، خیلی لاغراندام، اصلاح‌نکرده، ژولیده، به یقین تریاکی و شاید هم الکلی، با صورتی مهربان یکسره فریاد می‌زند و به هر دختری که نزدیک می‌شود از او می‌پرسد: «تو شانی خانم هستی؟». پاهایم به زمین میخ شدند. دو سه پسر دانشجو با خنده شروع کردند اسمم را صدا زدن. دیدم تا همه به صورت کُر دسته‌جمعی اسمم را فریاد نکشیده‌اند بهتر است دستی تکان بدهم و بگویم «شانی منم. تو رو جون هر کی دوست داری این قدر اسم منو صدام نکن». دستم بالا رفت و او به طرفم آمد. از دور درست دیده بودم. قیافه‌اش به قدری مهربان بود که لبخند به چهره‌ام نشاند. من هم چند قدمی به طرف او برداشتم: «من شانی هستم، خانم هم پشتش نداره». گفت برادرم به او سپرده تا مراقب من باشد. وقتی دو دانشجوی پسری که اسمم را صدا می‌زدند به طرفش داد کشیدند شانی‌اش را پیدا کرده یا نه آن‌چنان چشم‌غره‌ای به آن‌ها رفت که هر دو ساکت شدند. پرسید اگر می‌خواهم برایم چای یا ساندویچ بیاورد. هر دو را می‌خواستم ولی تشکر کردم و گفتم که باشد برای بعد. گفت همان دور و برهاست و اگر کاری داشتم صدایش کنم. اسمش اسدالله بود. عجیب بود. وقتی من به دنیا آمده بودم پیشخدمتی به همین اسم داشتیم. وقتی من زبان باز می‌کنم اولین کلمه‌ای که می‌گویم نیمه‌ی اسم او بود «دولا».

امتحانات عملی بازیگری در سالن آمفی‌تئاتر دانشکده برگزار می‌شد. استادانی که امتحان می‌گرفتند بعد از دو سه ساعتی جهت تنفس نیم ساعتی به حیاط می‌آمدند و یا به اتاق‌هایشان برمی‌گشتند. این موقع گرفتار دانشجویان می‌شدند که یا سوال داشتند و یا فقط به رخ ما تازه از راه رسیده‌ها می‌کشیدند که استادان را می‌شناسند. گاه هم با لحن مسخره‌ای می‌گفتند اگر حاضر باشیم با آن‌ها قرار بگذاریم می‌توانند سفارش ما را به فلان استاد بکنند. بعضی از پای کنکوری‌ها هم استادان را می‌شناختند ولی من شانس شناخت کسی را نداشتم چرا که من دختر خانم سرهنگ شایسته بودم. مادری که همه‌ی فامیل او را چرچیل می‌خواندند. برای بچه‌ها دیکتاتوری بود که بین مادرها همتا نداشت. تمام دادگاه‌های فامیل در خانه‌ی او برگزار می‌شد. آغوشش برای ده دوازده تا از پسرها و دخترهای سه برادرش همیشه باز بود. همسایه‌ها دوستش داشتند و احترام خاصی برایش قائل بودند. خانم سرهنگ تنها فرد تحصیل‌کرده بین اطرافیانش بود.

یک خواهر ناتنی بی‌سواد و سه برادر داشت که هر کدام تا مقطع ششم دبستان درس خوانده بودند ولی خانم سرهنگ زبان خارجه هم بلد بود. او به زیبایی فرانسه حرف می‌زد. پیدا بود پدربزرگ‌مان به تحصیل این دردانه‌اش خیلی اهمیت داده بود. این مادر به بچه‌هایش اجازه نمی‌داد دیرتر از ساعت هشت شب به خانه بیایند؛ حتی اگر در کوچه جلوی در خانه باشند. البته رفته‌رفته پسرها کمی راحت‌تر شده بودند ولی برای من که در آن موقع تنها دختر خانه بودم هرگز هیچ شانسی وجود نداشت. فکر می‌کنم دقیقه و ثانیه هم برایم حساب می‌شد. به‌طور مثال مامان می‌گفتند: «به به شانی خانم، امشب هشت و هفت دقیقه اومدی. لابد فردا نصف شب باید منتظرت باشیم». برای همین امکانی وجود نداشت تئاتری از این استادان دیده باشم. تازه من همیشه باید درس می‌خواندم و شاگرد اول می‌شدم. عمو اسدالله دوباره آمد سراغم، این دفعه با یک لیوان بزرگ چای. داشت چای را به دستم می‌داد که دوباره درها باز شد و استادها بیرون آمدند. این بار نزدیک در بودم و می‌توانستم از نزدیک همه را ببینم. نگاهم تنها یک نفر را دنبال کرد. شاید بیش‌تر موهای بلند و پریشانش با چند تار جوگندمی بود که نظرم را به خود جلب کرد. درست لحظه‌ای که عمو اسدالله چای را به دستم می‌داد رسید جلوی من. با لبخندی موذیانه بر لب چشمکی زد و رد شد. در عین حال که خوشم آمد (همیشه از مردی که بلد باشد چشمک بزند خوشم می‌آمده) کمی هم ترسیدم. لبخندش برای چه بود؟ در یک لحظه دور و برش شلوغ شد. بعضی‌ها از دور می‌دویدند و «سلام استاد سلام استاد» می‌کردند.

از دختری که کنارم ایستاده بود و گه‌گاه لبخندی با هم رد و بدل می‌کردیم، پرسیدم:

- این کی بود؟
- ای بابا، تو راستی‌راستی استاد رو نمی‌شناسی؟ پس این‌جا چی کار می‌کنی؟ اون آقای آزاد بود.

و سری به تبختر چرخاند و با خودش اما خطاب به من گفت:

- آقای آزاد رو نمی‌شناسه و اومده امتحان بده.

خندیدم و گفتم:

- ولی انگار تو هم منو نمی‌شناسی اما من نمی‌گم تو چرا اومدی این‌جا امتحان بدی.

ساده‌لوحانه فکر کرد من هم کسی هستم. خودش را جمع و جور کرد و گفت:

-    من منیژه هستم. از اهواز اومدم.
-    من هم شانی هستم. کسی هم نیستم. از تهران.

دوستی ما از همان‌جا شروع شد. دیگر تنها نبودم. البته او با دو سه نفر از پسران اهوازی آمده بود که همگی برای کنکور به تهران آمده بودند.

دخترها بیش‌تر نقش آنتیگونه‌ی سوفوکل یا نینای چخوف را بازی می‌کردند. من نقش یک مرد را انتخاب کرده بودم: شخصیت ریچارد سوم در آخرین صحنه از نمایش ریچارد سوم شکسپیر. وقتی صدایم کردند و رفتم روی صحنه و گفتم که می‌خواهم چه نقشی را اجرا کنم یکی از استادها که سرش مو نداشت و شال‌گردن ابریشمی زرشکی به دور گردنش گره زده بود، با ژست فراوان خنده‌ی عاقل اندر سفیهی تحویلم داد. آقای آزاد که دیگر اسمش را یاد گرفته بودم بی‌درنگ به جبران خنده‌ی او گفت:

-    آفرین. خیلی هم عالی. اولین باریه که چنین چیزی می‌بینم.

و برای گرفتن تأیید رو به دیگران کرد. سه استاد دیگر هم سرهایشان را به علامت تصدیق تکان دادند.

همان کم‌موی با شال‌گردن ابریشمی زرشکی پرسید:

-    چه رشته‌های دیگه‌ای برای کنکور زدی؟ یا رشته‌ی دیگه‌ای در کار نیست؟

باز هم طعنه‌ای در سوالش بود. شنیده بودم که تعدادی از کنکوری‌ها برای خالی نبودن عریضه تئاتر را هم در بین رشته‌های خود می‌زنند تا اگر جایی قبول نشدند به سراغ هنرپیشگی بروند. با عصبانیت جواب دادم:

-    انتخاب اولم معماریه، بعد حقوق و بعد اقتصاد. تئاتر انتخاب چهارمه.

دوباره خنده‌ی احمقانه‌ی پرژستی تحویلم داد و گفت:

-    عجب! از کجا به کجا! چرا این قدر چمن در قیچی؟

به وضوح دیدم بقیه ناراحت شدند و زیر لب غرولند کردند. آقای آزاد دستش را بالا برد و آمد چیزی بگوید که من اجازه ندادم.

ـ منظور شما از چمن در قیچی رو نمی‌فهمم. من قابلیت هر چهار رشته رو دارم. معماری به این دلیل که من دیپلم ریاضی هستم با معدل خیلی بالا. بیش‌تر از یک ساله که دارم طراحی می‌کنم. یک خواهر فارغ‌التحصیل نقاشی و یک برادر فارغ‌التحصیل معماری از همین دانشکده هم دارم. معماری خواست پدرم بود. می‌دونید، در واقع من دارم همون کاری رو می‌کنم که جین سیمونز توی فیلم بازیگر[۳] کرد. به‌رغم میل پدرم اومدم

تا بازیگر تئاتر بشم. حقوق رشته‌ی مورد علاقه‌ی خودمه. من عاشق وکالت هستم. ببخشید قصه‌ی حسین کرد گفتم. البته امیدوارم توضیحاتم کفایت کرده باشند.

ولی استاد کمی چاق و کوتاهی که تا آن موقع ساکت نشسته بود، پرسید:

- خب اقتصاد چی؟ دلم می‌خواد بدونم.

- اقتصاد نبض جامعه است و باید شناختش و روش کار کرد. این انتخاب برادرمه. تئاتر رشته‌ایه که هر دوی ما بهش علاقه داریم. من از بچگی نمایش بازی کردم. یا توی رادیو و یا روی صحنه البته در حد مدرسه.

خودم از توضیحی که در مورد اقتصاد داده بودم خنده‌ام گرفته بود ولی به راستی اقتصاد خواسته‌ی ارس بود. دوباره استاد شال‌گردن ابریشمی زرشکی که، لهجه‌ی مشهدی هم داشت، پرسید:

- خب اگر حالا تئاتر قبول شدی چی تضمین می‌کنه که تو بیای تئاتر و نری رشته‌های دیگه؟

- من دلم می‌خواد وکیل بشم. برای این‌که یک وکیل خوب بشم باید یک بازیگر خوب باشم. پس اول میام تئاتر فن بیان یاد می‌گیرم. یاد می‌گیرم چطوری می‌تونم در قالب آدم‌های دیگه دربیام و بعد می‌رم حقوق می‌خونم. با توجه به این‌که وکلای جوان موفق نیستن پس برای شروع وکالت دیر نخواهد بود.

فکر کردم چقدر بی‌خودی حرف زدم. آقای آزاد از ته دل خندید. استاد کوتاه‌قد با خنده گفت حرفم محکمه‌پسند است و استاد چهارم در حالی که اذعان می‌داشت این یک مصاحبه‌ی کامل بود، گفت شروع کنم.

به این ترتیب، من شدم دانشجوی تئاتر دانشکده‌ی هنرهای زیبای دانشگاه تهران. رفته‌رفته با بچه‌ها دوست شدم و نظر استادها را به خودم جلب کردم و بیش از همه توجه آقای آزاد را. کلاس‌های او فوق‌العاده بودند. فقط تاریخ درس نمی‌داد. از رمز و رازها می‌گفت. از گذشته و از امروز. از چگونگی‌ها. مرد خوش‌قیافه و یا خوش‌هیکلی نبود ولی قیافه‌اش ابهتی داشت که آدم را جذب می‌کرد. وقت درس دادن بسیار جدی بود و البته یکسره هم متلک علمی می‌پراند. از همه چیز انتقاد می‌کرد و از شعار بدش می‌آمد.

دیگر با بچه‌ها دوست شده بودم. از سی و پنج نفر قبولی، فقط شش نفر دختر بودیم. من و منیژه با هم دوست شده بودیم. منیژه در خوابگاه زندگی می‌کرد و هنوز یک هفته از ورود ما به دانشگاه نگذشته بود که دوست‌پسری پیدا کرد

و از من خواست به سالن ورزش دانشگاه بروم و با دوست‌پسرش آشنا شوم. در همان اولین دیدار از آن پسر خوشم نیامد. به نظرم بی‌ادب آمد. خود پسر هم فهمید که من نظر خوبی نسبت به او ندارم. یک ماه بعد، در رژه‌ی چهارم آبان، در تلویزیون او را دیدم که پرچم به دست گرفته بود و در خط اول دانشجویان از مقابل شاه رژه می‌رفت. کم و بیش از حرف‌های منیژه هم دستگیرم شده بود دوست‌پسرش دانشجویی معمولی نیست و حسم در مورد او به من هشدار می‌داد باید مراقب باشم. به همین دلیل دیگر او را ندیدم و فقط به قصه‌های منیژه در مورد عشق و عاشقی‌اش با آن پسر گوش می‌دادم. دو سه ماه بعد آقای آزاد جایزه‌ی بهترین تئاتر سال را در مراسمی از دست فرح گرفت. عکسش، فرا\ک[۴] به تن، لبخند موذیانه بر لب و در حال بریدن کیک در روزنامه‌ها چاپ شد. روز بعد برای رفتن به دانشکده آرام و قرار نداشتم. می‌خواستم بروم و سرش را قطع کنم و بگذارم کف دستش. می‌خواستم به آن‌هایی که خودشان را برای استاد می‌کشتند بد و بی‌راه بگویم. به او بگویم آن‌چه در کلاس درباره‌ی هنر منحط و سفارشی به خورد ما داده فقط به درد خودش می‌خورد. روزنامه را زدم زیر بغلم و راه افتادم. اولین کلاس آن روز با آقای آزاد بود. سر کلاس بچه‌ها همه گوش بودند. در همین مدت فهمیده بودند متلک‌های آقای آزاد خیلی گزنده است پس دست و پایشان جمع بود. او می‌خواست درس را شروع کند که شراره، دختر خوشگل و بسیار لوس کلاس، بابت جایزه به او تبریک گفت و یکی دو نفر دیگر به دنبال او حرف‌های تملق‌آمیزی گفتند. آقای آزاد با همان خنده‌ی موذیانه ابراز تشکر و درس را شروع کرد. به نظر می‌آمد هم خوشش آمده بود و هم می‌خواست زود از آن بگذرد. چند دقیقه‌ای گذشته بود که من روزنامه را باز کردم. صفحه‌ی مربوط به جایزه و عکس او را بیرون کشیدم و به دست عبدی دادم . عبدی پسر خیلی خوبی بود که از دهی اطراف کرمان وارد دانشگاه شده بود. قلبی صاف و روحی ساده داشت. به‌طور معمول در همه‌ی کلاس‌ها من وسط منیژه و عبدی می‌نشستم. به عمد روزنامه را اول به عبدی دادم چون می‌دانستم منیژه طاقت نمی‌آورد و با سر و صدا به جای خواندن آن می‌خواهد از قضیه سر دربیاورد. همین طور هم شد. با غرغر خواست بداند چرا روزنامه را به عبدی دادم. پس روزنامه را از دست عبدی گرفتم و به منیژه دادم. بغل‌دست او کرمی نشسته بود؛ پسری بی‌نهایت بی‌سواد و بی‌فرهنگ. معلوم نبود چطور وارد دانشگاه شده. بچه‌های چپ می‌گفتند خبرچین ساواک است. رفتار جاهل‌مآبانه‌ای داشت. روزنامه را از دست منیژه قاپید

و بعد از سرک کشیدن رد کرد به بغل‌دستی‌اش و با صدای نخراشیده‌اش به همراه خنده و خوشحالی گفت: «اهه، آقاست!». آقای آزاد در تمام این مدت مرا زیر نظر داشت. احساس می‌کردم که دارد رشته‌ی کلامش را از دست می‌دهد. بالاخره هم طاقت نیاورد و رو به من پرسید:

-   اون چیه؟
-   چی آقا؟
-   همون که شما دست به دست دادید!
-   روزنامه‌ست.

چند تایی خندیدند و عبدی و منیژه نگران من شدند.

-   می‌دونم روزنامه‌ست. توش چیه؟

در کمال خونسردی گفتم:

-   عکس و مقاله و خبر. البته با آگهی.

در حالی که تلاش می‌کرد عصبانیتش را نشان ندهد خطاب به دانشجویی، که روزنامه دست او بود، گفت:

-   اون روزنامه رو بدید به من.

و بعد رو کرد به من و گفت:

-   شما هم بعد از کلاس بمونید باهاتون کار دارم.

بچه‌ها افتادند به پچ‌پچ. عبدی دستش را گذاشت روی آرنج من و فشار داد. منیژه مثل دیوانه‌ها به طرفم برگشت و گفت: «حالا چی کار می‌کنی؟». آقای آزاد آن‌چنان جمله‌ی بعدی‌اش را آغاز کرد که همه ساکت شدند. من عصبانی بودم. انگار فریبم داده باشند. این ریاکاری بود. دیگر از درس چیزی نفهمیدم. تا این‌که با سروصدای صندلی‌ها به خاطر بلند شدن بچه‌ها از سر جاهایشان به خودم آمدم. منیژه گفت در راهرو منتظرم می‌ماند. عبدی دست گذاشت روی شانه‌ام و دو ضربه‌ی آرام به عنوان دلگرمی به من زد. بچه‌ها از جلویم رد می‌شدند و چشم به چشمم می‌دوختند. سرانجام من ماندم و آقای آزاد. او شروع کرد:

-   خب، چی بود توی این روزنامه که کلاس به خاطرش به هم خورد؟
-   عکس، خبر، مقاله....
-   این‌ها رو می‌دونم. چی بود که شما باید وسط درس دادن دست به دستش می‌کردی؟

معلوم بود می‌خواست از زبان خودم بشنود.

-   دو سه تا عکس از شما. در حال دست دادن با فرح، در حال کیک بریدن،

در حال تردید در تعظیم کردن یا نکردن. همان دودلی هملت. البته همگی با همان خنده‌ی همیشگی.

کمی چهره‌اش در هم رفت ولی تلاش می‌کرد خون‌سرد باشد و آن خنده‌ی موذیانه را حفظ کند.

- و شما دقیقاً به بچه‌ها چی گفتید؟
- فقط یه سوال کردم. البته نه از همه. پرسیدم فراکی که تن شماست مال خودتونه یا بهتون دادند؟

خیلی گستاخانه و بی‌ادبی بود و شهامت به حساب نمی‌آمد، به شدت عصبانی بودم و زده بودم به سیم آخر. ولی او آرام شده بود. با متانت به طرف در راه افتاد و از من خواست به دنبالش بروم. چند نفر از بچه‌ها در راهرو منتظر بودند تا طناب دار را به دور گردن من ببینند. آقای آزاد خنده‌ی زیرکانه‌ی بانفوذش را به همه تحویل داد و در حالی که خداحافظی می‌کرد دستش را به علامت برنده‌ی مسابقه بالا برد. بعد رو به من پرسید:

- تو با رحمت بابایی نسبتی داری؟
- نخیر، چرا؟
- آخه این عادت اونه که شش ماه بره زندان یک کتاب بنویسه و بیاد بیرون. بعد یکی دو سالی دوباره چند تا دانشجو دور خودش جمع کنه و به دستگاه فحش بده تا دوباره بره اون‌جا و کتاب بعدی رو بنویسه. ولی من نمی‌تونم این کارو بکنم. کار من تدریسه. من نمی‌تونم یک مشت دانشجو رو با خودم ببرم توی زندان و اون‌جا بهشون درس بدم. من برای خودم دنبال سیاهی‌لشکر نیستم.

به راستی هم نبود. برخلاف تصور من، دانشگاه هم کمابیش مثل دبستان و دبیرستان بود. خیلی از استادان خوششان می‌آمد شاگردان دور آن‌ها جمع شوند. این مختص به رشته‌های هنری نبود. من نصف روزم را در دانشکده‌ی حقوق سپری می‌کردم. حتی استادان جدی و بداخلاق آن‌جا هم همین طور بودند. البته همیشه شاگردانی بودند که سوال داشتند. ولی استادان دانشکده‌ی حقوق به‌طور معمول از شاگردان می‌خواستند به اتاق‌های آن‌ها بروند و آن‌جا سوالات خود را بپرسند. ولی آقای آزاد عقیده داشت سوال را باید سر کلاس پرسید تا بقیه هم استفاده کنند. رسیدیم نزدیک ماشینش. با آرامش به او گفتم:

- شما فکر می‌کنید اگر سیاوش به جای آتش از لجن رد می‌شد باز هم پاک بیرون می‌اومد؟

نمی‌دانم این از کجا به ذهنم آمد و جاری شد بر زبانم و با چه جرأتی این حرف را زدم. فکر می‌کنم ستون فقرات خودم هم تیر کشید. اخم‌هایش در هم رفت. با حرص در ماشین را باز کرد. نشست پشت فرمان. گویی داشت عصبانیتش را قورت می‌داد. معلوم بود موفق نشده چون با فریاد گفت:

- من خودم رو نفروختم.

بعد با ماشین اِپل ابوطیاره‌ی قراضه‌اش آن‌چنان دور کاملی زد که من گفتم ماشین چپ شد. از رو نرفتم و صدایم را بلند کردم :

- من از فروختن حرف نزدم. شما مطرحش کردید.

تا صبح مثل مرغ پرکنده بودم. همیشه من شاگرد مورد علاقه‌ی معلم‌هایم بودم و حالا در مقطع دانشگاه و در همین ابتدا لگد به بخت خودم زده بودم. اما نگرانی من بی‌خودی بود. این برخورد کار خودش را کرد و ما به هم نزدیک شدیم. روز بعد تلاش کردم جلوی چشمش نباشم. تنها، دور از ساختمان تئاتر، در حیاط نشسته بودم که سر و کله‌اش پیدا شد. گوشه‌ی لبش را طبق عادت به دندان گرفته بود. از روی حاشیه‌ی سنگی که روی آن نشسته بودم بلند شدم و سلام کردم. خنده‌ی موذیانه‌اش را کرد و حالم را پرسید و بعد گفت:

- فیلم کاباره رو دیدی؟
- نخیر، ندیدم.
- فردا بعد از کلاس می‌ریم سینما.

انگار سر کلاس بودیم و او از موضع استاد به شاگردش دستور می‌داد. رفت. همین. یعنی چه؟ نباید از من سوال شود آیا می‌توانم بروم یا نه؟ وقت دارم یا نه؟ تازه، بعد از کلاس یعنی کی؟ من ساعت سه تا پنج کلاس داشتم. سانس سینما هفت تا نه بود. مگر دیکتاتور بزرگ اجازه می‌داد من تا آن وقت بیرون باشم؟ داشت دور می‌شد که من به سانس سینما اعتراض کردم و قرار شد ساعت یک تا سه برویم که من کلاس ندارم. ولی آیا این یک افتخار بود؟ نه این‌که خوشحال نشدم و باد به غبغب نینداختم اما... من دختر خوش‌قیافه‌ای بودم. هیکل خیلی کشیده و خوبی داشتم چون از بچگی شنا می‌کردم. با برجستگی‌های عیان یک دختر نوزده ساله، درشت به حساب می‌آمدم. باوقار بودم. زیر دست یک دیکتاتور بزرگ شده بودم. خانم سرهنگ شایسته سه دختر تربیت کرده بود که زبانزد فامیل بودند. حرف زدنم، راه رفتنم و نشستنم که بابت هر کدام بارها از دیکتاتور تذکر شنیده بودم همه حساب‌شده و درخور یک دخترخانم باشخصیت بود. در واقع رفتار ما سه دختر به نوعی سبب شده بود

تا دیگران ما را تافته‌های جدابافته بدانند و ما خود هم بر این باور بودیم. شکیبا خانم که زود ازدواج کرده بود و رفته بود. شهرو و من خیلی شیطان بودیم ولی از جلف‌بازی فرسنگ‌ها فاصله داشتیم. شکیبا و شهرو هر کدام زیبایی مخصوص به خودشان را داشتند. اولین بار ناظم دبیرستان انوشیروان دادگر به شهرو، که در همان مدرسه درس می‌داد، گفته بود شانی «آن» دارد. همان آنی که حافظ می‌گوید.

•••●•••

ناگهان تابستان گذشته، دبیرستان انوشیروان دادگر، کلاس دهم رشته‌ی ریاضی، دختری بودم به سن بلوغ رسیده. ناظم نازنینی داشتیم به اسم خانم دانش. خواهرش نویسنده بود و خودش نقاش. معتقد بود وقتی من بزرگ شوم شکل اوا گاردنر خواهم شد. همین شد که من این خانم ناظم را از همه‌ی اعضای مدرسه بیش‌تر دوست بدارم. ولی باید ده دوازده سال صبر می‌کردم تا شاید شباهتی بین خودم و اوا گاردنر ببینم. همیشه مرا اوا گاردنر صدا می‌کرد. این حرف او اعتماد به نفس خوبی به من می‌داد. گاه عکس‌های اوا گاردنر را، که از مجله‌های مختلف کنده بودم، می‌گذاشتم روی آیینه و به خودم نگاه می‌کردم و خودم را با آن‌ها مطابقت می‌دادم. یعنی من به راستی می‌توانستم روزی به زیبایی اوا گاردنر باشم؟ خانم دانش مرا دوست داشت؛ شاید همان اندازه که اوا گاردنر را دوست می‌داشت. ولی بعدها فهمیدم که منظور او همان «آن» بود. چیزی که بعدها از دهان همه‌ی مردان زندگی‌ام شنیدم.

•••●•••

شاید همین امر سبب شد آقای آزاد به سمت من کشیده شود. داشتم پیش از آن‌که دوست‌پسر داشته باشم صاحب دوست مرد می‌شدم. می‌دانستم آقای آزاد زن و بچه دارد. من اهل دوست‌پسربازی نبودم چه برسد به مرد متأهل. دیکتاتور اگر می‌فهمید مرا وسط همان محله‌مان به سیخ داغ می‌کشید. روز بعد شد و من لباس موقرانه‌ای پوشیدم و رفتم دانشگاه. نمی‌خواستم وقتی به سینما می‌رویم اختلاف سنی ما خیلی معلوم باشد. هم‌دیگر را در حیاط دانشگاه، همان محل روز پیش، دیدیم. همان‌جا هم سوار ماشینش شدم. جلوی سینما نگران بودم. یا یکسره دور و برم را نگاه می‌کردم و یا آن‌چنان سر به گریبان می‌بردم

که کسی صورتم را نبیند. اما او هیچ ترسی از بودن با من در یک محل عمومی نداشت. من برعکس، حتی اگر همه‌ی این آدم‌ها چشم‌بند داشتند، هنوز دست‌پاچه بودم. احساس می‌کردم همین طور دارم کوچک و کوچک‌تر می‌شوم. تا ورود به سالن سینما با هم حرفی نزدیم. فهمیده بود که معذبم و مرا به حال خودم گذاشته بود. نیم ساعتی از شروع فیلم نگذشته بود که دست مرا گرفت و گذاشت میان دست‌هایش. نفسم بند آمده بود. نمی‌توانستم تکان بخورم. خون رگ‌هایم از جریان افتاده بود. انگشت‌هایم یخ بسته بود. تا پایان فیلم دست من در دست‌هایش اسیر بود. نوازش نمی‌کرد. فقط یک بار زیر گوشم زمزمه کرد راحت باشم. من که قصد فرار نداشتم! فیلم تمام شد و از سالن سینما خارج شدیم. پرسید آیا دوست داشتم یا نه؟ نمی‌دانستم چه جواب بدهم. نپرسیده بود فیلم را دوست داشتم یا نه؟ نمی‌دانستم منظورش چه بود؟ چه را دوست داشتم؟ فیلم یا حرکت او را؟ مکثم سبب شد دوباره سوال کند:

- فیلم رو دوست داشتی؟
- بله. خیلی. با این‌که از مایکل یورک خوشم نمیاد ولی فیلم رو خیلی دوست داشتم. باید یک بار دیگه ببینمش.
- باشه بازم می‌آییم.

جواب ندادم و لبخند زدم. می‌خواستم یک بار دیگر فیلم را بدون دلهره ببینم؛ دلهره‌ی این‌که زیر لنز کسی هستم. کسی گوشه‌ای نشسته و دارد زاغ سیاه مرا چوب می‌زند تا زود به دانشکده برسد و خبر را پخش کند تا همه درباره‌ی من حرف بزنند: «دیروز اون دختر مقدماتیه با آقای آزاد توی سینما تخت جمشید بودند». آقای آزاد خیلی از من شجاع‌تر بود. بعد از سینما مرا رساند خانه و در موقع خداحافظی چشمکی زد و گفت تا بعد. از آن به بعد من همیشه روی همان سنگ و دور از اجتماع خشمگین[5] می‌نشستم و به این ترتیب شاید اولین نفری بودم که او را می‌دیدم. سر کلاس معمولی بودم. گه‌گاه سنگینی نگاهش را حس می‌کردم و دست‌پاچه می‌شدم. دیگر از سوال کردن هم پرهیز می‌کردم و سوالاتم را می‌نوشتم روی کاغذ تا منیژه یا عبدی بپرسند و یا در کنار همان سنگ مطرح‌شان می‌کردم. به‌طور مرتب برایم کتاب می‌خرید. با گذشت زمان شروع کردیم برای خرید کتاب عصرها با هم برویم روبه‌روی دانشگاه. مقابل کتابفروشی‌ها همیشه شلوغ بود. می‌شد دیده نشد و یا می‌شد به راحتی چندین نفر دیگر را هم دید و همه با هم راهی می‌شدیم. بدون ردخور همیشه سری به کتابفروشی «سفارش» می‌زدیم. برادران نازنینی این کتابفروشی را

اداره می‌کردند. جز کتاب هدیه‌ی دیگری به من نمی‌داد. دیدارهای ما خلاصه می‌شد به همین قدم زدن‌ها در مقابل کتابفروشی‌ها که آن هم به راستی یک قدم زدن دونفره نبود بلکه با قصد خرید کتاب بود. سینما رفتن به خواسته‌ی من پایان گرفت چون یک بار یکی از بچه‌های تئاتری را جلوی سینما دیدیم که فارغ‌التحصیل شده بود. خوشبختانه ما هم‌دیگر را نمی‌شناختیم. آقای آزاد با او سلام و علیک کرد. او هم با چشم‌های درشت مشکی‌اش خوب مرا برانداز کرد. چیزی نگفتم و فقط سری به علامت سلام تکان دادم. آقای آزاد حتی یک کلمه هم حرفی نزد. انگار نه انگار. من هم خیلی زود آن دختر را فراموش کردم. یک روز گفت می‌خواهد ناهار بیاید خانه‌ی ما. او کنجکاو بود و می‌خواست از نزدیک با زندگی من آشنا شود. از پدرم گفته بودم و می‌خواست مامان را هم ببیند. مامان ناهار خوبی فراهم کرد. دست‌پخت خانم سرهنگ شایسته عالی بود. آقای آزاد خیلی با لذت غذا را خورد و کلی تعریف کرد. با باجان هم خیلی برخورد مهربانانه‌ای داشت.

•••●•••

ناگهان تابستان گذشته، باجان هووی مامان بود و چون بچه‌دار نمی‌شد خودش برای سرکار ستوان، منظور پدر من، رفت خواستگاری. تفاوت سنی پدر و مادرم زیاد بود ولی خیلی به هم می‌آمدند. هر دو زیبا بودند. مامان خیلی زود تبدیل شد به یک خانم تمام‌عیار که در مهمانی‌های رسمی شرکت کند و گاه برای سخنرانی در بعضی از روزهای به‌خصوص از او دعوت به عمل بیاید. ولی باجان از زیبایی بی‌بهره بود. در سن و سال پیری برای من که عاشقانه دوستش می‌داشتم صورت مهربانی داشت. صورت استخوانی زن کُردی را داشت که شاید به خاطر بچه‌دار نشدن تلخ شده بود و این تلخی را به همه منتقل می‌کرد. می‌گفتند زبان تلخی هم داشته است. فامیل‌هایش، که مرتب به منزل ما می‌آمدند، می‌گفتند به خاطر مامان به آن‌جا می‌آیند. برعکسِ مامان که هم مدرسه رفته بود و هم زبان فرانسه بلد بود، هووی بیچاره فقط یک زن بی‌سواد بود. پدرم برای ازدواج با مادرم با پدرزن آینده‌اش شرط و شروطی می‌گذارند. پدرم قول می‌دهد طبق خواسته‌ی پدرزن آینده مانع تحصیل مادرم نشود به شرطی که باجان و حتی خواهر باجان در همان خانه بمانند. بی‌گمان بهانه هم این بوده که مامان کم سن و سال است و درس می‌خواند

پس از عهده‌ی کارهای خانه برنمی‌آید. باجان و خواهرش که زن «کوتاه‌قد»ای بود و ما «ننه صحرا» صدایش می‌کردیم همیشه در خانه‌ی ما بودند. تا سال‌ها از جایگاه این دو خواهر در خانه بی‌خبر بودم و فقط می‌دانستم احترام به هر دوی آن‌ها از اولین مقررات نظامی‌ای بود که باید در منزل ما رعایت می‌شد. هر دوی آن‌ها نسبت به ما بچه‌ها بسیار مهربان بودند. البته این دو خواهر با هم خیلی تفاوت داشتند. باجان هیچ کس را دوست نداشت. به هیچ کس اطمینان نداشت. هیچ دوستی نداشت و با فامیل خودش هم خیلی سرد برخورد می‌کرد؛ به‌جز یک پسرعمو که همگی ما او را خیلی دوست می‌داشتیم. تمام عشق او در وجود ما بچه‌ها خلاصه شده بود و بس. ننه صحرا اما صورت گرد و سفیدی داشت که همیشه سفیداب هم به آن می‌مالید و ماتیک قرمزی هم به لب‌ها و لپ‌هایش می‌زد و با همه دوست بود. از بقال و قصاب محله گرفته تا فامیل‌های مامان و دورتر و دورتر. او مهربان‌ترین زن روی زمین بود که بد هیچ کس را نمی‌خواست. حالا زندگی مامان در جوانی با این دو زن چگونه گذشته بود خیلی برای من روشن نبود. گه‌گاه مامان نق و نوقی می‌کرد که بدون شک حق داشت ولی در کنارش باجان چه؟ به او در کنار زنی که شش بچه برای شوهرش آورده بود چه گذشته بود؟ باجان بعد از این‌که شکیبا خانم ازدواج کرد از منزل ما رفت تا به او کمک کند. شکیبا هم که خیلی جوان ازدواج کرده بود به کمک احتیاج داشت. تا وقتی که بچه‌های شکیبا کمی بزرگ شدند و شوهر او هم پس از مأموریت‌های سال به سال اداری به این استان و آن استان بالاخره در مرکز پا گرفت، باجان با آن‌ها زندگی می‌کرد. در واقع، همان دستی را که به مامان داده بود به شکیبا هم داد: آشپزی می‌کرد، خانه را تمیز می‌کرد و مراقب بچه‌ها بود تا شکیبا خانمی کند. وقتی هم که شهروخانم عروسی کرد ننه صحرا را با خود برد. البته شهرو تدریس می‌کرد و بی‌شک به کمک احتیاج داشت. باجان بعد از مرگ پدرم آن‌قدر به سر خودش زد که بینایی‌اش را از دست داد و بعدها ترس از زمین خوردن او را تا حد زیادی زمین‌گیر کرد. باید بغلش می‌کردیم تا سرپا بایستد و به کمک کسی تا دستشویی یا حمام برود. این کار به عهده‌ی من و مامان بود چون بقیه منزل نبودند. ما هم هیچ وقت خم به ابرو نیاوردیم. باجان گاه‌گاهی بداخلاقی می‌کرد که کنار آمدن با او سخت می‌شد. اگر هم ننه‌صحرا منزل ما بود و می‌خواست به او کمک کند به داد و بی‌داد و دعوا ختم می‌شد. دو خواهر به جان هم می‌افتادند و باجان باز مامان و یا مرا به خواهرش ننه‌صحرای بیچاره ترجیح می‌داد. ننه‌صحرا هم قهرکنان برمی‌گشت منزل شهرو.

آقای آزاد آن ناهار را در کمال آرامش خورد و رفت ولی باز هم برای ناهار دیگری خودش را به منزل ما دعوت کرد. نمی‌دانم چرا مامان و باجان نگران رفت‌وآمدهای من با او نبودند. آن‌قدر از عبدی به عنوان نزدیک‌ترین دوست حرف می‌زدم که شاید حضور آقای آزاد هم در آن منزل عادی شده بود. رفته‌رفته آقای آزاد وقت بیش‌تری را در منزل ما می‌گذراند که برایم خیلی عجیب بود. او از آشپزی مامان لذت می‌برد و آلبوم‌های قدیمی را ورق می‌زد. بعضی اوقات با اجازه‌ی مامان در گنجینه‌ی مجلات صحافی‌شده‌ی پدرم که شامل تهران مصور، ترقی، خواندنی‌ها، و نامه‌ی شهربانی می‌شد به جست‌وجو می‌پرداخت و گه‌گاه هم با من حرف می‌زد. گاه چشم می‌دوخت به حرکات من و وقتی می‌فهمید زیر نگاهش پریشان هستم لبخندی می‌زد و روی برمی‌گرداند.
در دانشکده شایعه شده بود او با همسرش اختلاف دارد. عبدی که از آمدوشد او باخبر بود اعتقاد داشت او دنبال آرامش خانه می‌گردد. ضمن این‌که در خانه نگرانی من مثل خارج از منزل معذبش نمی‌کرد. ما در منزل بودیم و کسی هم ما را نمی‌دید. عبدی می‌گفت اگر آقای آزاد از من بخواهد با او ازدواج کنم باید قبول کنم. می‌گفت هر کس حق چیزی را دارد که می‌تواند نگهش دارد. من هیچ وقت نمی‌توانستم زیر بار چنین کاری بروم. به‌خصوص که نه عاشق او بودم و هرگز قصدم به هم زدن زندگی او بود. به هر حال رفت‌وآمد او بیش‌تر شده بود و برای مامان به هیچ وجه مسأله‌ای نبود. نمی‌فهمیدم چرا؟ چرا هیچ فکر بدی در مورد این مرد نداشت؟ چطور خطر حضور یک مرد در زندگی دخترش در هر شرایطی را حس نمی‌کرد؟
مثل وقت‌هایی که من جوان‌تر بودم، تنها یک دختر دبیرستانی، و او اجازه می‌داد من تنها به دکتر بروم. صرف این‌که دکتر دوست خانوادگی ما بود یا همشهری پدرم و دوست نزدیک او سبب نمی‌شد من تنها بروم دکتر. گاهی دکتر، که مرد تنومندی بود، موقع خداحافظی مرا می‌چسباند به خودش و می‌بوسید و ادای آدم‌های مهربان را درمی‌آورد ولی حتی یک دختر بی‌تجربه مثل من هم می‌فهمید این حرکت بی‌نظر نیست.
یک روز موقع خداحافظی آقای آزاد در راهروی خارجی منزل زیرپله‌ها مرا محکم به سینه‌ی دیوار چسباند و بوسید. این بوسه برایم هیچ معنایی نداشت، اذیت شدم و حسی را در من بیدار نکرد.

•••••••

ناگهان تابستان گذشته، ده سالم بود که به خانه‌ی مهرو رفتم تا به او حساب درس بدهم و کمکش کنم مسأله‌هایش را حل کند. مهرو همسایه‌ی ما بود. پدرش سرهنگ ارتش بود و مثل ما خانواده‌ی پرجمعیتی بودند. همیشه با هم در کوچه بودیم و همگی، دختر و پسر، با هم بازی می‌کردیم. آن روز برادر بزرگ‌تر مهرو که هم‌سن ارس بود در اتاق خودش بود. من و مهرو هم در اتاق مجاور بودیم. مهرو زرنگ نبود و همیشه از زیر درس درمی‌رفت. گفت می‌رود طبقه‌ی پایین تا آب بخورد. نمی‌دانم برادرش از کجا فهمید من تنها هستم. مرا به اتاقش صدا کرد ولی من به جای رفتن به اتاق او به طرف راه‌پله‌ها رفتم. از اتاق آمد بیرون. وسط راه‌پله‌ها مرا گرفت و بعد با دو دستش به سینه‌ام فشار آورد و مرا به دیوار چسباند و بعد محکم مرا بوسید. نفس نداشتم تا فریاد بکشم. این اولین بار بود که پسری مرا می‌بوسید. وقتی رهایم کرد با خنده‌ی مشمئزکننده‌ای گفت: «نه بد نیست! نوک زدن!» و رفت داخل اتاقش. خیلی خوش‌قیافه بود. دختران محل آلن دلون صدایش می‌کردند و او هر روز با یک دختر بود. می‌دانستم شهرو هم از او خوشش می‌آید. خودم را مرتب کردم و فکر کردم او زشت‌ترین پسری‌ست که دیده‌ام. زود به اتاق مهرو رفتم و کتاب و دفترم را جمع کردم و دوان‌دوان برگشتم منزل. رفتم سر حوض و ده‌ها بار صورتم را شستم. او با دخترهای خیلی بزرگ‌تر از من مراوده داشت. یک بار با پروین سیاه در ماشین پدرش دیدمشان. تا مرا دید دستش را برد روی کله‌ی پروین سیاه و فشارش داد پایین. پروین سیاه یک دختر بیست‌ساله بود که هر روز با یک پسر دیده می‌شد. ما حق نداشتیم با او حرف بزنیم. دو سه روز بعد به مهرو گفتم دیگر هیچ وقت به منزل آن‌ها نمی‌روم و اگر سوال درسی دارد او باید بیاید خانه‌ی ما.

•••••••

حالا چرا همان حس را به خاطر آوردم؟ فکر می‌کردم به کلی آن را فراموش کرده بودم. اما گویی در گوشه‌ای از ذهن من منزل کرده بود و منتظر اتفاقی بود تا عرض اندام کند. البته این بوسه طوری نبود که مرا بترساند یا چندش‌آور باشد اما لذت هم نبردم. مگر نه این‌که آدم باید از بوسیدن خوشش بیاید؟

شاید چون بی‌اجازه این کار را کرد یا به زور مرا به دیوار چسباند و یا ناگهانی بود باعث شد لذت نبرم. این بوسیدن‌ها تکرار شد. اعتراض نمی‌کردم ولی با آوردن بهانه‌هایی مثل این‌که مبادا مامان ببیند اجتناب می‌کردم. گاه حتی داخل اتاقش در دانشگاه هم این کار را می‌کرد و من تسلیم بودم. چرا؟ همیشه نوعی حالت تهاجم در او بود که آدم را اذیت می‌کرد؛ در حالی که می‌دانستم او هرگز قصد آزار مرا ندارد.

اواخر سال اول بود که آقای آزاد گفت از یک استاد جدید دعوت به همکاری کرده است. از او خیلی تعریف می‌کرد و می‌گفت آدم فوق‌العاده باسوادی‌ست و در بعضی زمینه‌ها در ایران همتا ندارد. کسانی بودند که این استاد را می‌شناختند و مرتب سراغش را می‌گرفتند. عجول بودند تا بدانند او کی تدریس را شروع می‌کند. تابستان‌ها دانشکده‌ی ما تعطیل نبود. بعضی‌ها مثل من واحد تابستانی می‌گرفتند و بعضی‌ها مشغول کار صحنه می‌شدند. سال بالایی‌ها استودیوها را برای کارهای نهایی‌شان قبضه می‌کردند و از سال پایینی‌ها می‌خواستند تا به آن‌ها کمک کنند و برایشان بازی کنند. چند نفری هم از من خواستند اما من بهانه آوردم و قبول نکردم. آن‌ها را نمی‌شناختم و از انتقاد می‌ترسیدم. دوست نداشتم با کسانی کار کنم که از نظر «بچه‌های چپ دانشکده» تأیید نشده باشند. آن هم نه بچه‌های چپ هم‌رشته‌ی خودم بلکه بچه‌های چپ رشته‌ی معماری. من با آن‌ها حرف نمی‌زدم و خیلی از آن‌ها را هم نمی‌شناختم. ولی می‌دانستم که آن‌ها به خاطر ارس روی من حساب جداگانه‌ای باز کرده‌اند و نمی‌خواستم نظرشان نسبت به من تغییر کند.

از طرف دیگر دوست نداشتم کم‌تر از گل بشنوم؛ درست مثل خانه. مامان و باجان و شاید همه‌ی بستگان فکری را در ذهن ما کاشته بودند که ما بچه‌های خانم سرهنگ شایسته تافته‌های جدابافته‌ایم و ما هر کدام می‌ترسیدیم که این تافته چروک بردارد. آقای آزاد از این‌که می‌دید من مثل دختران دیگر فقط به عشق ظاهر شدن روی صحنه به این رشته جذب نشده‌ام احساس خوشحالی می‌کرد. برایش خیلی اهمیت داشت گاهی دانشجویی پیدا شود که به تئوری تئاتر و کار تحقیق علاقه داشته باشد. همه‌ی نمره‌های سال اولم «الف» شد. تابستان هم یک کلاس سه واحدی «فرهنگ و تمدن» از دانشکده‌ی حقوق برداشتم اما فهمیدم کلاس‌های خارج از دانشکده‌ی خودمان برایم خوشایند نیست. در این کلاس حدود صد نفر دانشجو وجود داشت و عمده‌ی دانشجویان با هم غریبه بودند.

سال دومی شدیم و خوشبختانه دیگر مقدماتی نبودیم. تصمیم گرفتیم به خوشامدگویی از نوع توهین و خرد کردن دانشجویان مقدماتی پایان بدهیم. اکثر دانشجویان دوره‌ی ما بچه‌های خوب و سالمی بودند. کم و بیش همگی در یک رده‌ی سنی بودیم و شاید چند نفر مثل من از بقیه جوان‌تر بودند. در مراسم خوشامدگویی به سال اولی‌ها اجازه ندادیم سال بالایی‌ها شرکت کنند. در میان دانشجویان تازه بچه‌های خوب کم نبودند. به نظر می‌آمد تا حدی چهره‌ی کلاس‌ها در حال تغییر بود؛ همان طور که چهره‌ی استادان عوض می‌شد. آقای آزاد رئیس گروه شده بود و با خود استادان جدیدی را آورده بود که گُل سرسبد آن‌ها همان استادی بود که از او خیلی تعریف می‌کرد: آقای خردمند. البته چند استاد بسیار باسواد و خوب دیگر را هم با خود آورد. استادانی که در دانشکده‌های ادبیات و حقوق تدریس می‌کردند و برای تدریس درس‌هایی چون ادبیات نمایشی و یا فلسفه به دانشکده‌ی ما هم می‌آمدند. سال دوم را با تدریس در مدرسه‌ی ابتدایی شروع کردم. به این ترتیب صبح‌ها در دانشکده کلاس داشتم، بعداز ظهرها از ساعت دو تا چهار در مدرسه درس می‌دادم و بعد از ساعت چهار دوباره برمی‌گشتم به دانشکده. عصرها هم یکی دو ساعتی را در کتاب‌خانه‌ی مرکزی می‌گذراندم. گاهی هم برای یک چای به بوفه‌ی دانشکده می‌رفتم که به‌طور معمول در آن ساعت شلوغ بود. تازه متوجه می‌شدم ناهار نخورده‌ام و به همین دلیل همیشه سردردهای میگرنی داشتم و معده‌ام درد می‌کرد.

جلسه‌ی اول با آقای خردمند اعجاب‌آور بود. وارد کلاس که شد به نظرم قدری دست‌پاچه آمد. شاید این اولین کلاسش بود. از آقای آزاد جوان‌تر به نظر می‌رسید. باریک‌تر و بلندتر ولی موهای جلوی سرش ریخته بود. شلوار جینی به پا داشت که به کفش‌های قهوه‌ای اسپرت شیکی ختم می‌شد. کت شیک ماشی‌رنگی پوشیده بود که پشت آرنج‌هایش تکه‌ای چرم قهوه‌ای داشت. پیراهن یقه‌داری به رنگ آبی بسیار کم‌رنگ به تن داشت و روی آن پولیور نازکی پوشیده بود که یک طرف یقه‌ی پیراهن روی پولیور بود و یک طرف دیگرش زیر آن؛ یک جوری که آدم می‌خواست به او تذکر بدهد تا درستش کند. بدون مقدمه اعلام کرد برخلاف برنامه، مدت کلاس سه ساعت نیست و هر وقت او درسش را تمام کند کلاس به آخر می‌رسد. در نتیجه: «کسانی که می‌خواهند زودتر بروند می‌توانند هر وقت که خواستند بدون سروصدا کلاس را ترک کنند». چند تایی از بچه‌ها غرغر کردند. واضح بود از این پچ‌پچ‌ها خوشش نیامده.

شراره به نوچه‌اش ایرج نگاهی انداخت و دوتایی همان اول کلاس رفتند بیرون. او یک نوع دریدگی و پررویی ویژه داشت. غلیظ آرایش می‌کرد و خیلی بی‌بند و بار لباس می‌پوشید. همیشه مرا یاد دبیر نازنین فیزیک و شیمی‌ام در دوره‌ی دبیرستان می‌انداخت.

•••●•••

ناگهان تابستان گذشته، آقای دکتر علوی در دبیرستان ما فیزیک، شیمی و مکانیک درس می‌داد. دبیر بی‌نظیری بود. به جز مکانیک که درس مشترک نبود و تنها دانش‌آموزان رشته‌ی ریاضی آن را می‌خواندند، کلاس‌هایش برای شاگردان ریاضی و طبیعی در آمفی‌تئاتر دبیرستان تشکیل می‌شد. یا پشت تریبون می‌ایستاد و یا با گچ‌های رنگی که به همراه می‌آورد برای کشیدن پیل‌های فیزیک پای تخته‌ی سبزرنگ آمفی‌تئاتر می‌رفت. کلاس‌ها هنوز تخته‌سیاه داشتند ولی آمفی‌تئاتر تخته‌ی سبز خوش‌رنگی داشت. اگر شاگردی بعد از او به کلاس وارد می‌شد خیلی ناراحت می‌شد. به همین دلیل امکان نداشت کسی بدون دردسر وارد کلاس شود و او به‌طور حتم متلکی نثارش می‌کرد. یکی از شاگردان، دختر تیمساری ارتشی بود. با آن‌که راننده داشت همیشه دیر می‌آمد. روپوش او بیش‌تر یک بلوز بود تا یک بلوز و دامن؛ آن سال روپوش مدرسه‌ی ما بلوز راه‌راه کرم و قهوه‌ای بود با دامن پلیسه‌ی قهوه‌ای. آقای علوی خوب سر تا پای او را از بالای تریبونورانداز می‌کرد و بعد با صدای خیلی بلند می‌گفت: «مهشید جان، دخترم، دامن تنت نکردی بابا؟». و این جمله را بسیار شمرده و با تأکید روی دامن بیان می‌کرد. وای به حال دانش‌آموزی که با آرایش وارد کلاس می‌شد و از بدشانسی دیر هم می‌رسید. باز از همان تریبون صدایش را رها می‌کرد تا برسد به گوش آن کسی که با آرایش غلیظ دم در آمفی‌تئاتر منتظر اجازه‌ی ورود ایستاده بود. می‌گفت: «ثریا جان، گُه- مالیدی- به صورتت بابا؟». ما هم که به خوبی با این حرف‌ها آشنا بودیم باز همگی سر برمی‌گرداندیم و به آن شاگرد نگاه می‌کردیم. البته فقط نگاه. خنده‌ای در کار نبود چون آقای علوی دوست نداشت ما به شاگردها بخندیم و معتقد بود تنها او چنین حقی دارد.

•••●•••

شراره مرا یاد مهشید و ثریا می‌انداخت و آقای خردمند هم از بابتی دیگر به یاد آقای دکتر علوی. آقای دکتر علوی هم هیچ وقت کلاس دوساعته نداشت. سه ساعتی از کلاس آقای خردمند گذشته بود که نق‌نق بچه‌ها شروع شد. وقت تنفس می‌خواستند. آقای خردمند با هزار مکافات به پانزده دقیقه تنفس رضایت داد. در حالی که دود از سرهایمان بلند می‌شد بیرون آمدیم. چند نفری دوان‌دوان به سوی دستشویی‌ها رفتند و تعدادی دیگر در حالی که از بقیه سفارش می‌گرفتند به طرف بوفه. تا آمدم از در بروم بیرون دیدم «سید»، مستخدم خوب دانشکده، با یک لیوان بزرگ چای، از آن لیوان‌هایی که در گرمابه‌ها به مشتری آب می‌دادند، جلوی من سبز شد. فکر کردم چای را برای آقای خردمند آورده است ولی او زود گفت چای مال من است و در واقع عمو اسدالله سفارش مرا از همان ابتدا به او کرده بوده تا خوب حواسش به من باشد و برایم چای بیاورد. کسی نمی‌توانست حدس بزند آن یک لیوان چای تا چه اندازه موجب غرور من شد و چطور در حضور آقای خردمند ثابت کرد من تافته‌ی جدابافته هستم. صدای یکی دو نفر از بچه‌ها درآمد که پس آن‌ها چه می‌شوند و سید در کمال بی‌تفاوتی همگی را بی‌جواب گذاشت و رفت. این پذیرایی از دید آقای خردمند نادیده نماند و او یک ابرویش را بالا انداخت و نیم‌لبخندی تحویل من داد. در این پانزده دقیقه آقای خردمند در کلاس ماند و با کسی هم حرف نزد و خودش را مشغول کاغذها و کتاب‌هایش کرد. پس از پنج ساعت که کلاس تمام شد، یادآوری کرد که از این به بعد کلاس‌ها طولانی‌تر خواهند بود. شیوه‌ی تدریسش فوق‌العاده خوب بود. تاریخ هنر نمایش در انگلستان قرون پانزده و شانزده را درس می‌داد. در همان جلسه‌ی اول از ده‌ها نویسنده و منتقد و تاریخ‌نگار اسم برد. آن‌ها که هیچ، اگر یک بی‌خانمان بدبخت و بیچاره‌ای هم مرتکب گناهی شده بود و سخنی در این زمان گفته بود ــ که به نوعی به نمایش مربوط می‌شد ــ را هم با قید سال و مکان به روی تخته‌سیاه نوشته می‌شد. اغراق نیست اگر بگویم همه‌ی ما در همان جلسه‌ی اول انگشت به دهان ماندیم و منتظر جلسه‌ی بعد بودیم. در این یک هفته من که خیلی کنجکاو بودم آقای آزاد را سوال‌پیچ کردم. اسم کوچکش ادیب بود، مجرد، از خانواده‌ای خیلی مرفه؛ به‌طوری که آقای آزاد با حسرت گفت او هیچ وقت مجبور نبوده است کار کند. انگلیس و آمریکا درس خوانده بود. نفهمیدم مدرک داشت یا نه. چندان مهم هم نبود. دانشکده‌ی ما به آدم فرهیخته و بافرهنگ مثل خود آقای آزاد بیش‌تر احتیاج داشت تا به کسی که مدرک داشته باشد.

حرف زدن آقای خردمند خیلی جالب بود. تأکیدش روی کلمات می‌بایست از تسلطش بر روی زبان انگلیسی می‌آمد. بعضی از کلمات را به دفعات تکرار می‌کرد و این تکرارها با اداهای دست و چشم و ابرو همراه می‌شدند. گویی مثل مامان و شهرو هر روز او هم جلوی آیینه تمرین می‌کرد. مامان در جوانی جلوی آیینه می‌نشست و تمرین سیگار کشیدن می‌کرد. او از هنرپیشه‌های هالیوودی تقلید می‌کرد؛ به‌خصوص مارلن دیتریش و گرتا گاربو. شهروخانم هم در مقابل آیینه می‌نشست و نحوه‌ی قشنگ و درست نشستن را تمرین می‌کرد. ده‌ها بار پا به روی پا می‌انداخت تا بهترین ژست را بگیرد. همیشه هم کتاب روی سرش می‌گذاشت و در روی خط مستقیم موزائیک‌ها بنا به فرمان دیکتاتور راه می‌رفت. البته این ژست‌ها در مامان و شهروخانم جا افتاده بودند ولی نمی‌دانم چرا در مورد آقای خردمند چنین حسی نداشتم. بیش‌تر ادا را می‌دیدم و دلم می‌خواست آقای خردمند واقعی را ببینم.

کلاس‌های آقای خردمند رفته‌رفته شلوغ و شلوغ‌تر می‌شد. از دانشکده‌ها و مدارس علمی دیگر، بیش‌تر از همه مدرسه‌ی عالی تلویزیون، شاگردان دیگری به کلاس‌هایش می‌آمدند. بعد از دو سه جلسه این آدم‌ها صندلی‌ها را پر کردند؛ به‌طوری که جای نشستن برای خود ما نبود. جلسه‌ی سوم یا چهارم بود که تصمیم گرفتیم روی این بچه‌ها را کم کنیم. من یک چوب بلند گذاشتم پشت در و از دو تا از پسرها خواستم دو طرف چوب را بگیرند و هر کس غیر از دانشجویان خودمان خواست وارد شود کمی چوب را بالا بگیرند. نه این‌که طرف با سر زمین بخورد بلکه فقط کمی تعادلش را از دست بدهد. یکی از بچه‌ها هم مأمور بود پشت در بایستد تا اگر شاگرد خودی آمد به در بزند تا ما چوب را بالا نبریم. در این بین بود که خود آقای خردمند آمد و کسی که پشت در ایستاده بود از هولش فراموش کرد به در ضربه بزند. در باز شد و بچه‌ها چوب را بردند بالا. تا چشمم به او افتاد با خودم گفتم: «فقط زمین نخوره!». خوشبختانه خودش را کنترل کرد ولی خیلی عصبانی شد و خارج از درس یک کلمه حرف نزد. حتی اجازه نداد کسی سوال بپرسد. در هنگام تنفس آقای آزاد سید را به دنبالم فرستاد. حدس می‌زدم چرا. ماجرا را فهمیده بود و می‌خواست دلیلش را بداند. اول کمی بداخلاقی کردم که چرا مرا صدا کرده و او گفت خوب می‌داند بقیه به اندازه‌ی من شیطنت ندارند. معلوم بود ماجرای خودش و روزنامه را فراموش نکرده است. گفتم این درست نیست آدم‌های دیگری از جاهای دیگر بیایند و وقت و جای کلاس ما را بگیرند. آن‌ها تمام وقت ما را با سوال‌هایشان می‌گیرند؛

به‌طوری که برای هیچ یک از ما زمانی برای سوال کردن باقی نمی‌ماند. قبل از کلاس، وقت تنفس، بعد از کلاس. انگار کلاس مال آن‌هاست. ولی آخر ترم این ما هستیم که باید امتحان بدهیم نه آن‌ها. معلوم بود با حرف‌های من موافق است. بعد اضافه کردم همه‌ی تقصیرها مال من است و بقیه هیچ گناهی نداشتند. همان خنده‌ی همیشگی را تحویلم داد. فقط این دفعه یک سوال در چشم‌هایش بود که نکرد. از اتاقش آمدم بیرون و خوشحال بودم که سوالش را نپرسیده است. اگر من در دانشکده‌ی دیگری این کار را کرده بودم یا اخطار می‌گرفتم و یا برای مدتی معلق می‌شدم. برگشتم سر کلاس. بچه‌ها با چشم‌های پرسشگر نگاهم کردند. دور و برم را نگاه کردم. از بچه‌های غریبه خبری نبود. یکی از دخترها با تغیّر به طرف من برگشت و گفت شوخی خوبی نکرده بودم و او با این کار من مخالف بود و اگر کسی سوال کند درست همین را خواهد گفت. با عصبانیت گفتم: «یک، به ـ هیچ ـ وجه شوخی نبود. بلکه یک اخطار بود. دو، تو یکی خواهش می‌کنم نگران نباش چون من پیشاپیش خودم گفتم که این کار من بوده و سه، برام مهم نیست تو موافق بودی یا نه چرا که تو کی به نظر جمع احترام گذاشتی که این دفعه‌ی دومت باشه. چهار، اهمیتی هم نمی‌دادم اگر آقای خردمند زمین می‌خورد. می‌خواد برای بقیه کلاس برگزار کنه بره وسط زمین فوتبال براشون کلاس بذاره. اون‌ها نباید بیان و از حق ما استفاده کنند». می‌خواستم ادامه بدهم که آقای خردمند وارد کلاس شد و آدم‌های خارج از دانشکده یکی‌یکی به دنبالش آمدند. به سهولت دریافت که من رفته بودم بالای منبر. اول که وارد کلاس شده بودم خوشحال بودم این آدم‌ها دیگر نیستند. عصبانی‌تر شدم چون دیدم حرکتم اثری نداشته است. فقط این خوبی را داشت که در وقت باقی‌مانده‌ی کلاس این ما بودیم که نشسته بودیم روی صندلی‌ها و آن‌ها بودند که روی زمین نشسته و یا کنار دیوار ایستاده بودند. در طول کلاس هیچ به او نگاه نکردم. به عمد پرهیز کردم. من که در کلاس‌های قبلی سراپا گوش بودم حالا بی‌توجه روی کاغذ نقاشی می‌کشیدم. می‌فهمیدم که سنگینی نگاهش روی من است ولی سر بلند نمی‌کردم. وقتی سوالی می‌کرد همیشه دست من بود که قبل از بقیه بالا می‌رفت. درست همان خصیصه‌ی شاگرد اول بودن. در واقع به این نحو به معلم نشان می‌دهی در کلاس حضور داری و به درس گوش می‌دهی. حالا که خودم درس می‌دادم این کار برایم معنای بیش‌تری داشت و برخلاف تصور بعضی‌ها معنی خودشیرینی نداشت. ولی آن روز جواب من به همه‌ی سوال‌ها سکوت بود.

فقط یک بار بی‌اختیار جواب یکی از سوال‌ها را به منیژه گفتم. قبل از این‌که منیژه دستش را بالا ببرد، آقای خردمند فهمید و مچم را گرفت و پرسید که جواب سوال چیست. سرم را پایین انداختم و گفتم که نمی‌دانم. از آن‌جایی که کسی جواب سوال را نداده بود آقای خردمند ضربه را زد و گفت اگر جواب را می‌دانم بهتر است بلندتر بگویم تا بقیه هم بشنوند. فکر می‌کنم دود داشت از سرم بلند می‌شد. با تکان دادن سرم به این طرف و آن طرف جواب دادم که نمی‌دانم. هر دو شمشیرها را از رو کشیده و بسیار عصبانی بودیم.

سرانجام کلاس تمام شد ولی چون مطلب را به پایان نرسانده بود از همگی سوال کرد آیا فردا می‌توانیم ساعت یازده در کلاس باشیم؟ شاید برای مدت سه ساعت. فردای آن روز، روز شانزده آذر بود. عجیب بود که بچه‌های به اصطلاح چپ چیزی نگفتند. شاید فکر کرده بودند چیزی نگویند و کلاس هم نیایند. برای باقی هم شانزده آذر روز خاصی نبود. ولی من صدایم درآمد:

- ببخشید فردا شانزده آذره.

به من نگاه نکرد. با قیافه‌ای پرسشگر اول به همه‌ی کلاس نظر انداخت. کسی چیزی نگفت. بعد رو کرد به من و گفت:

- خب؟

- خب؟ مهم نیست. هیچی.

منیژه نیشگون محکمی از من گرفت. عبدی هم آرام از طرف دیگر زد به آرنجم. وضعیتم همین طوری هم خیلی خوب نبود. یک‌مرتبه نادر از طرف دیگر کلاس به کمکم آمد:

- آقا فردا به خاطر روز دانشجو تظاهراته.

وانمود کرد اتفاقی نیفتاده است. خودش را جمع و جور کرد و گفت:

- و این تظاهرات برای تمام روزه؟

باز خودم پریدم وسط و عصبانی جواب دادم:

- خب سالن سینما نیست که سانس داشته باشه. از صبح شروع می‌شه تا شب. تازه معلوم نیست اونایی که از صبح می‌رن تظاهرات دستگیر نشن و تا شب نگهشون ندارن.

چند تا از پسرها شیر شدند و چیزهایی گفتند. تلویزیونی‌ها به تریج قبایشان برخورد ولی من برای جواب دادن آماده بودم. قبل از این‌که او دوباره بخواهد همه‌پرسی کند پریدم وسط. حتی خودم لحن خشم‌آلودم را احساس کردم:

- آقای خردمند فقط یک بار در سال شانزده آذر می‌شه.

برای اولین بار بود اسمش را می‌بردم. آن هم با صدای لرزان. دختران تلویزیونی ریزریز می‌خندیدند. پسرهایشان انگشت به دهان مانده بودند. هیچ کدام از بچه‌های خودمان هم تا آن روز این چهره‌ی مرا ندیده بودند. باور نمی‌کردند من کسی باشم که برای روز شانزده آذر با سماجت این همه تعصب نشان بدهم.
در کمال تعجب آقای خردمند کوتاه آمد و گفت:

- بسیار خب، باشه برای هفته‌ی آینده. بعد تصمیم می‌گیریم.

هیچ خوشش نیامده بود. انگار تا حالا کسی در مخالفت با او حرفی نزده. من هم بغض کرده بودم. عبدی دستم را که می‌لرزید در دستش گرفته بود.

•••●•••

ناگهان تابستان گذشته، سال‌ها بود که ورود گارد شاهنشاهی به داخل محوطه‌ی دانشگاه آزاد شده بود و آن‌ها به راحتی به داخل دانشگاه رفت‌وآمد می‌کردند و اگر لازم می‌دیدند درها را به روی دانشجویان می‌بستند. گاردی‌ها از ورود دانشجویان به دانشگاه جلوگیری می‌کردند تا بتوانند به راحتی خدمت همان‌هایی برسند که در محوطه هستند. شانزده آذر به‌طور معمول در دانشکده‌ی هنرها خبری نمی‌شد. در چنین روزهایی اگر کارتت را نشان می‌دادی و می‌گفتی هنرهایی هستی، می‌توانستی وارد دانشگاه شوی و این به دلیل آن بود که برای دانشجویان هنرها کلاس مطرح نبود بلکه خیلی از دانشجویان مشغول کارهای پایانی خود بودند که نیاز به آتلیه و استودیو داشتند. من از کلاس یازده شروع کردم در تظاهرات شانزده آذر شرکت کنم ولی آن وقت‌ها خیلی کوتاه‌مدت و یواشکی. نمی‌خواستم مامان را نگران کنم. ارس به من گفته بود او هم روزهای شانزده آذر از مدرسه جیم می‌شده و می‌رفته تظاهرات. من هم همیشه می‌خواستم پا جای پای او بگذارم. وقتی کلاس چهارم دبستان بودم کتاب بعد چهارم موریس مترلینگ را خواندم چون ارس آن را خوانده بود. مهم نبود که می‌فهمیدم یا نه فقط می‌خواندم. گاهی هم گریه می‌کردم که چرا چیزی نمی‌فهمم.

•••●•••

از کلاس آمدیم بیرون. بچه‌های تلویزیون، به‌خصوص دخترها، آشکارا چپ‌چپ

نگاهم می‌کردند. انگار ارثیه‌ی پدری‌شان را درجا خورده بودم. ولی من به آن‌ها اهمیت نمی دادم. صبح روز بعد خیلی زود رفتم دانشگاه. به مامان خاطرجمعی دادم که دانشکده‌ی ما خبری نیست و داخل استودیوها هستیم. به دانشگاه که رسیدم گارد آن‌جا بود. از بین نگاه‌های هیز و چشم‌چران بعضی از سربازها گذشتم و خودم را به دانشکده‌ی حقوق رساندم. بچه‌ها جمع شده بودند. شعارها را مرور کردیم و قرار شد شعارگویان از دانشکده‌ی حقوق برویم به طرف دانشکده‌ی فنی، بعد پزشکی، علوم، ادبیات و از جلوی هنرها برگردیم دانشکده‌ی حقوق. راه افتادیم. وسط جمعیت بودم. تلاش می‌کردیم طوری فریاد بکشیم و شعار بدهیم که صدایمان به گوش مردم کوچه و خیابان برسد. همه از ته دل فریاد می‌کشیدیم. نام بردن از دانشجویان کشته شده در روز شانزده آذر سال سی و دو، احمد قندچی، آذر(مهدی) شریعت رضوی و مصطفی بزرگ‌نیا، جرم بزرگی بود ولی جمعیت با صدای بلند نام این سه دانشجو را فریاد می‌زد. گرچه سال‌ها بود که تظاهرات شانزده آذر دور مسائل سیاسی روز می‌گشت ولی ریشه‌ی این تظاهرات هنوز فراموش نشده بود. همگی جلوی دانشکده‌ی فنی ایستادیم و درخواست یک دقیقه سکوت اعلام شد. بعد دانشجویان فنی هم به ما پیوستند و به راه افتادیم. همین که دانشکده‌ی پزشکی را گذراندیم و به سمت محوطه‌ی دانشکده‌ی علوم حرکت کردیم گارد حمله کرد. درِ ورودی سرسرای اصلی دانشکده‌ی علوم را بسته بودند و بچه‌ها را آن‌جا زندانی کرده بودند تا به دیگران ملحق نشوند. گارد هنوز اجازه‌ی ورود به داخل دانشکده‌ها را نداشت. بچه‌ها متواری شدند. هر کسی به سمتی می‌دوید و بر سر راهش باتومی هم می‌خورد. دستی مرا با خودش کشاند و رفتیم داخل کتاب‌خانه‌ی دانشکده‌ی حقوق و درها را به روی خودمان بستیم. بعضی باتوم خورده بودند و ساکت بودند و گروهی هنوز فریاد می‌کشیدند و شعار می‌دادند. من باید برمی‌گشتم. باید می‌رفتم مدرسه. بچه‌های دبستانی از شانزده آذر چیزی نمی‌دانستند. باید برایشان تعریف می‌کردم. به چند نفری که پشت در ایستاده بودند و در را محکم بسته نگه داشته بودند گفتم باید بروم. صدای چند نفری بلند شد که سربازها مرا می‌گیرند و خطرناک است. متقاعدشان کردم که نگران نباشند و آن‌ها در را باز کردند. یکی دو نفر غرغری کردند. از در اصلی دانشکده زدم بیرون. وقتی پا به محوطه گذاشتم دیدم همه جا پر از سرباز بود. کسی حق تیراندازی نداشت وگرنه می‌توانستم تصور کنم که همه اسلحه‌هایشان را به روی من نشانه گرفته بودند. سربازها فحش‌های رکیک می‌دادند. هنوز تمام پله‌های در اصلی

دانشکده‌ی حقوق را پایین نیامده بودم که سربازی با باتوم فحش‌گویان به طرفم دوید. داشتم فکر می‌کردم فرار کنم یا به راهم ادامه بدهم که فرمانده‌اش فریاد کشید صبر کند و خودش با سرباز دیگری آمدند طرفم. صدایم می‌لرزید و حسابی گرفته بود. خودم هم به لرزه افتاده بودم. بی‌درنگ به آن افسر گفتم «من دانشجوی هنرها هستم. داخل کتاب‌خونه بودم که بچه‌ها ریختند آن‌جا». کارت دانشجویی‌ام را خواست که مطمئن شود راست می‌گویم. اول نمی‌خواستم کارتم را بدهم چون می‌دانستم کارت را می‌گیرند و به گارد دانشگاه تحویل می‌دهند و پس گرفتن آن هزار دردسر دارد. ولی بعد فکر کردم شاید هنرهایی بودنم به دادم برسد. در صدایم ترس آشکار بود. به‌خصوص که حرف‌های رکیک سربازها تمامی نداشت. افسر پرسید کجا می‌روم. توضیح دادم : «معلم هستم و باید برم سر کار». نگاهی به کارت انداخت و پرسید:

- تو با جناب سرهنگ شایسته نسبتی داری؟

غافل‌گیر شدم. نمی‌دانستم چه جوابی بدهم. بگویم بله پدر من هم یکی از شماها بود. ولی نبود. لباس‌تان شبیه هم است و بس. پدر من یک انسان واقعی بود. هیچ وقت کوچک‌ترین حرف زشت و رکیکی از دهانش خارج نشد. فحش دادن در منزل ما گناه کبیره بود. تنبیه سنگینی هم داشت. ولی باز فکر کردم شاید اگر راستش را بگویم کمکم کند.

- بله من دختر سرهنگ شایسته هستم.
- پدرت مرد شریفیه. من دانشکده افسری شاگرد جناب سرهنگ بودم. سلام من رو به ایشون برسونید. خودت هم زودتر برو از دانشگاه بیرون.
- پدرم سه ساله که فوت کردند. بله بسیار مرد شریفی بود.

و این را با غیظ و طعنه گفتم. جواب داد:

- خدا رحمت‌شون کنه. بدو برو بیرون. دیگه هم این طرف‌ها نبینمت. از در اصلی هم نرو. از در آناتول فرانس برو بیرون.

دانشجویان معترض که در این مدت ساکت بودند وقتی دیدند من راه افتادم خیال‌شان راحت شد و به شعار دادن ادامه دادند. از آن افسر که دور شدم خیلی آهسته راه می‌رفتم. این طوری کسی به من مشکوک نمی‌شد. ولی از دانشگاه بیرون نرفتم. می‌خواستم برگردم به هنرها و نفسی بکشم. هنوز به حیاط دانشکده‌ی هنرها نرسیده بودم که دیدم آقای آزاد و آقای خردمند از ماشین آقای آزاد آمدند بیرون. آقای خردمند رویش به طرف من بود و آقای آزاد پشتش به من. نگاه آقای خردمند یک‌مرتبه میخ شد. متوجه شدم او به من نگاه نمی‌کرد.

دورتر از مرا می‌دید. برگشتم به پشت سرم نگاه کردم. سربازی که با آن افسر بود به طرفم می‌دوید. ایستادم. پشت به آقای خردمند. کارتم در دست سرباز بود و آن را در هوا تکان می‌داد؛ شاید برای این‌که من زودتر بفهمم چرا دنبالم راه افتاده است. رسید به من و گفت کارت در دست فرمانده‌اش جا مانده بوده و جناب سروان خواسته کارت را به دستم برساند. تشکر کردم و کارت را گرفتم. از کسی که می‌توانست دقایقی پیش با باتوم محکم به بدنم بکوبد مثل یک دوست تشکر کردم. شاید لبخندی هم زدم و او هم همین طور. وقتی برگشتم هر دو نفر آن‌ها دوباره داخل ماشین بودند. ماشین روشن شد و به طرف من آمدند. آقای خردمند شیشه را کشید پایین و گفت سوار شوم. با پررویی گفتم نیازی نیست و خودم می‌توانم بروم. صدایش را کمی بلند کرد و گفت:

-   سرتق بازی درنیار و سوار شو.

آقای آزاد سرش را آورد پایین که من بتوانم ببینمش و از شیشه‌ی کنار آقای خردمند گفت سوار شوم. در عقب را باز کردم و جمع و جور نشستم. آقای آزاد پرسید:

-   حالت خوبه؟ کجا بودی؟
-   بله خوبم. دانشکده‌ی حقوق بودم.
-   اون‌جا چی کار می‌کردی؟
-   همون کاری که همه می‌کردند. ولی من تی‌تیش مامانی باید می‌رفتم سر کار.

آقای خردمند پرسید:

-   مگه تو کارم می‌کنی؟
-   بله. من معلم دبستان هستم.
-   کسی که هم کار می‌کنه هم درس می‌خونه که تی‌تیش مامانی نیست. سربازه چی می‌گفت؟
-   کارتم دست فرمانده‌اش جا مونده بود.
-   مگه گرفته بودنت؟

خنده‌ی مسخره‌ای تحویلش دادم. سرش را برگرداند و نیم‌نگاهی برآشفته به من انداخت. مجبور شدم خودم را جمع و جور کنم. آقای آزاد ساکت بود و از آیینه نگاهم می‌کرد. توضیح دادم که فقط یک سوال و جواب بود، همین. از در دانشگاه درآمده بودیم بیرون و دیگر در خیابان تخت جمشید بودیم. خواهش کردم اجازه بدهند پیاده شوم. آقای خردمند گفت من همین طوری برنامه‌ی آن‌ها را به هم ریخته‌ام و آن‌ها تصمیم گرفته‌اند آقای آزاد مرا به مدرسه برساند.

آمدم اصرار کنم خودم می‌توانم بروم که باز آقای خردمند گفت:

- تو همیشه همین اندازه لجبازی؟
- بیش‌تر وقت‌ها.
- چی درس می‌دی؟
- هنر، ادبیات و ریاضی.
- به چه کلاسی؟
- کلاس چهارم و پنجم.
- نمی‌ترسی؟
- از درس دادن؟
- نه، از گارد!

نگران رانندگی آقای آزاد بودم. با این‌که راننده‌ی خیلی خوبی بود ولی بیش‌تر از آیینه به من نگاه می‌کرد تا به جلویش. نمی‌دانم چرا ساکت بود. جواب دادن به سوال آقای خردمند سخت بود. بله می‌ترسیدم ولی نمی‌خواستم بگویم. امروز به راستی ترسیدم. وقتی آن پسری که نمی‌دانستم کیست و قیافه‌اش را هم به یاد نمی‌آوردم دستم را گرفته بود و به دنبال خودش می‌کشاند خیلی ترسیده بودم. فحش‌ها خیلی اذیتم کرده بودند. فکر می‌کردم اگر این‌ها در ملاءعام و از فاصله با ما این طوری رفتار می‌کنند وقتی در خلوت دستشان به ما برسد چه کار خواهند کرد؟ چندین بار در این فاصله لرزیده بودم. جواب دادم:

- گاهی ترس شرط عقله.

آقای خردمند وقتی دید آقای آزاد سوالی در مورد آدرس نکرد با کنجکاوی پرسید مگر او می‌داند من کجا می‌روم و آقای آزاد با خنده‌ی موذیانه‌اش سرش را به نشانه‌ی مثبت تکان داد و رو کرد به من و گفت:

- شانی از مدرسه یکسره می‌ری خونه. باشه؟
- بله چشم.
- من زنگ می‌زنم منزل.

آقای خردمند که در تمام مدت کج نشسته و تکیه به در داده بود که هم مرا ببیند و هم آقای آزاد را، یک ابرویش را بالا انداخت و به آقای آزاد نیم‌نگاهی کرد. شاید با خودش فکر کرد ما چقدر به هم نزدیک هستیم. آقای آزاد آدرس محل کار من و تلفن منزلم را می‌داند! ولی چیزی نگفت. وقتی رسیدیم جلوی مدرسه آقای خردمند گفت:

- می‌شه لطف کنی و برنگردی به دانشگاه؟

-   بله چشم.

با کلی تعریف برای شاگردانم از آن‌ها جدا شدم. یک هفته بعد، آقای خردمند وقتی آخرین جمله‌ی درسش را گفت، قبل از بیرون رفتن از کلاس رو به من کرد و گفت:

-   شانی، بیا توی دفتر کارت دارم.

یک‌مرتبه همه برگشتند و به من نگاه کردند. تعجب همه از این بود که استاد اسم کسی را بلد نبود. پیش‌تر گفته بود که حضور و غیاب نمی‌کند و اسم‌ها را هم به مرور یاد خواهد گرفت. حدس زدم آقای آزاد خیلی وقت پیش اسم مرا به او گفته. شاید خیلی پیش‌تر از هفته‌ی گذشته و ماجرای گارد دانشگاه. شاید هم‌زمان با ماجرای چوب و دانشجویان ناخوانده! یکی دوتا دختر از همان بچه‌های تلویزیون با چشم و ابرو به هم اشاراتی کردند. پسرها هم با کنجکاوی به هم نگاه کردند. بالاخره عبدی زد پشت شانه‌ام و راهم انداخت.

آقای خردمند اتاقی نداشت و روزهایی که کلاس داشت از اتاق آقای آزاد استفاده می‌کرد. در اتاق را باز گذاشته بود. رفتم داخل اتاق و سلام کردم.

-   بیا، درو ببند و بشین.

خنده‌ی شیرینی روی لب‌هایش بود. پرسید:

-   خب شانزده آذر چطور بود؟

با اشتیاق شروع کردم به تعریف کردن:

-   بعدازظهر بدتر شد. سربازها انگار خسته بودند. مثل دیوونه‌ها حمله می‌کردند. ما رو برای یک روز سرپا ایستادن خودشون مقصر می‌دونستند. البته فرمانده‌شون همش فریاد می‌کشید که فقط به پاها بزنند.
-   مگه قرار نبود که بعدازظهر به دانشگاه برنگردی؟!

این را یک‌باره با تغییر حالت و ناراحتی گفت. تازه فهمیدم که چطور از خود بی‌خود شده بودم.

-   بله قرار بود ولی خب... من نگفتم که برنمی‌گردم.
-   تو گفتی «چشم».

راست می‌گفت. دروغ گفته بودم و جوابی برایش نداشتم.

-   می‌دونی اگر بگیرنت چی می‌شه؟
-   هیچی. یکی دو روزی آدم رو نگه می‌دارند و بعد ول می‌کنند. آخه من که عضو هیچ دسته و گروهی نیستم. ساواک دنبال حزبی‌ها و سازمانی‌هاست، نه من و امثال من. برای ما وقت نمی‌ذاره.

دو تا باتوم، چهار تا فحش، چندتایی سیلی و بعد برو دیگه از این غلط‌ها نکن. ختم قضیه.

- واقعاً فکر می‌کنی که بچه‌بازیه نه؟
- دانشگاه که جای بچه‌ها نیست، هست؟
- بحث در این مورد باشه برای یک وقت دیگه‌ای. سهراب گفته تو شعر می‌گی. برای هفته‌ی آینده یک پوشه از شعرهات رو می‌یاری. هر هفته یک پوشه‌ی پر می‌خوام.

یک چشم گفتم و از اتاق زدم بیرون. حتی صبر نکردم تا او توضیح بیش‌تری بدهد و یا بخواهد سوال دیگری از من بپرسد.

عبدی پشت در منتظرم مانده بود. برایش گفتم شعرهایم را خواسته است. گفتم: «فکر می‌کنه من چاپ‌خونه‌ام! ماشین که نیستم هفته‌ای یک پوشه شعر بیارم. من چند تایی شعر به آقای آزاد داده بودم بخونه. نه این‌که به‌طور جدی هر روز و هر شب کارم شعر گفتن باشه. حالا چطوری می‌تونم هفته به هفته یک پوشه پر از شعر تحویل بدم؟». عبدی خنده‌اش گرفته بود که من بدون مکث یک‌ریز داشتم غرغر می‌کردم. اولین هفته آسان بود. تمام نوشته‌های قبلی را دوباره‌نویسی کردم. آن‌ها را گذاشتم لای یک پوشه و تحویلش دادم. تا هفته‌ی بعد دلم شور می‌زد. دائم فکر می‌کردم از شعرهایم خوشش می‌آید یا فکر می‌کند این چه مزخرفاتی‌ست که نوشته‌ام. دلم نمی‌خواست به خاطر شعرهایم از من ناامید شود.

او خیلی زود در دل همه جا باز کرده بود. حتی بقیه‌ی استادان هم از این‌که با او دیده شوند کسب اعتبار می‌کردند. دیگر از همه جا سیل شاگرد بود که به کلاس‌هایش سرازیر شده بود. آقای آزاد هم خوشحال بود که دانشجوها استاد خوبی گیرشان آمده است. هفته‌ی بعد با اولین پوشه برگشت. دوباره وسط راهرو مرا صدا زد. به اتاقش رفتم. شعرها را پخش کرده بود روی میز. گفت:

- من شعرهای تو رو به سه قسمت تقسیم کردم. سیاسی، اجتماعی و عاشقانه. سیاسی‌هات رو فراموش کن برای این‌که تو از سیاست چیزی نمی‌دونی هنوز. عاشقانه‌هات رو هم همین‌طور. چون معلومه تا حالا عاشق نشدی که بدونی عشق چیه. ولی....

همین طور که او حرف می‌زد من هم در دلم به او بد و بی‌راه می‌گفتم. «کی گفته من نمی‌دونم سیاست چیه. من یک الف بچه بودم سیاست حالیم بود. حالا عشق و عاشقی یه جورایی قبول ولی دیگه...».

ناگهان تابستان گذشته، پدرم سرگرد بود که با افسر مافوقش مخالفت کرد. برای همین ما را تبعید کردند بندر لنگه. از آن‌جا که برگشتیم بعد از چند ماهی ما را فرستادند بیجار. تمام فامیل پدرم ساکن بیجار بودند و به این دلیل جای بهتری بود. مردم شهر که او را بسیار دوست داشتند به عنوان کاندیدای شهرداری معرفی‌اش کردند. در پایان خواسته‌ی مردم به روابط دوران چربید و عکس آقاجان با لباس افسری به عنوان شهردار بیجار در روزنامه‌های مرکز چاپ شد. ولی بعد از دو ماه وقتی سینی پر از پول رابرگرداند به خانه‌ی فرماندار، برای مدتی در مرکز نگهش داشتند و سپس ما را رهسپار آبادان کردند. دو سه سالی به آرامی گذشت. من سه یا چهار سال داشتم ولی می‌فهمیدم که چطور همه نگران و آشفته و به هم ریخته بودند. پدر من اهل باج دادن و باج گرفتن نبود. این بار بدون رعایت سلسله مراتب نظامی وقتی خواسته بودند تعدادی زندانی شرکت نفتی را به اختیار جابه‌جا و به‌یقین بعد از آن سر به نیست کنند، با شجاعت تمام با پشتیبانی خانواده‌های زندانیان اول آن‌ها را آزاد کرده بود و بعد یک سیلی خوابانده بود در گوش رئیس شهربانی آبادان. بدون معطلی بازنشسته‌اش کردند و دیگر هیچ وقت نتوانست کار دولتی بگیرد. آن‌ها خیلی زود او را خانه‌نشین کردند. این از بچگی من.

همین سه چهار سال پیش در اعتصابات برای گرانی بلیت اتوبوس آمدم جلوی دانشگاه. به دانشجویان ملحق شدم و فریاد اعتراض کشیدم. یک باتوم هم خورد به پشتم. در اعتصابات گرانی گوشت و قند و شکر هم در مدرسه‌ای ملی که به‌طور فوق‌العاده حساب و هندسه درس می‌دادم کارم کشید به رودررویی با مأمور ساواک. تازه جزوه‌های دست‌نویس مارکس را هم خوانده بودم. بعضی شب‌ها هم یواشکی به رادیو عراق گوش می‌دادم. خیلی از سرودها و شعرهای پخش‌شده از رادیو عراق را هم حفظ بودم. وقتی کسی در منزل نبود راه می‌رفتم و با آهنگ‌های فیروز، خواننده‌ی شهیر لبنانی، رژه می‌رفتم. همین سال گذشته هم بود که با پسری آشنا شدم که مجنون‌وار عاشقم شده بود و می‌خواست از من یک چریک بسازد. شبی که ساواک او را گرفت به خانه‌ی ما هم آمدند: دو نفر در یک پژوی سفید. پدرش با تلفن به مامان خبر داد که پسرش را گرفته‌اند و باید مراقب من باشند. مامان هم به او گفت دیر است چون دو تا مرد جلوی در خانه‌ی ما توی ماشین نشسته‌اند و رفت‌وآمدمان را تحت نظر دارند. تنها کاری

که کردیم شبانه چند تا از کتاب‌ها و اسلحه‌ای پدرم را در باغچه‌ی منزل چال کردیم. من به وسیله‌ی نردبان به منزل همسایه پناه بردم و سبب دعوای بین زن و شوهر شدم. به درستی از سیاست سر درمی‌آوردم. داشتم برای خودم همین طور این وقایع را به خاطر می‌آوردم که....

صدایش مرا به خودم آورد.

- می‌مونه شعرهای اجتماعی‌ات که اون‌ها رو قبول دارم. تکه‌های زیبایی دارند. صحیح هستند و حس دارند. ولی تمرین لازمه. باید به دقت همه چیز رو ببینی. از اتاقت شروع کن. می‌خوام پوشه‌ی بعدی پر از توصیف باشه. توصیف از اتاقت به‌طور کامل. شکل‌های هندسی درون اتاق، رنگ‌ها، اشیاء و توصیف اون‌ها. هیچی از قلم نیفته. به‌طوری که با خوندنش من بتونم اتاق تو رو ببینم.

هر روز کارم این شده بود که بروم وسط اتاق بنشینم و زل بزنم به در و دیوارش. به آیینه و میز توالت که از شهرو به من رسیده بود. به پنجره‌ها که با ماژیک آن‌ها را رنگ کرده بودم تا شکل ویترای به خود بگیرند. به کمد، به قفسه‌های کتاب که با تخته‌پاره و آجر طبقه‌بندی‌شان کرده بودم. به تخت‌خوابم که از زمان عیسی مسیح به من رسیده بود؛ به روتختی و کوسن‌هایی که مامان بافته بود. به عکس‌هایی که به دیوار بود و خلاصه هر چه در آن اتاق وجود داشت. با کلی زحمت این کار را انجام دادم و برای این‌که عقب نمانم با بدبختی شعر هم نوشتم. غرغر می‌کردم پیش عبدی که همین طور نمی‌شود هر روز شعر نوشت. با وجود همه‌ی نق‌ونوق‌ها ولی دوشنبه‌ها که با آقای خردمند کلاس داشتیم و چهارشنبه‌ها که شعرهایم را تحویل می‌دادم برایم متفاوت بودند. چهارشنبه‌ها با وجود این‌که کلاس نداشت به دانشگاه می‌آمد تا درباره‌ی نوشته‌های من حرف بزند. رفته‌رفته دوشنبه‌ها و چهارشنبه‌ها بیش‌تر به خودم می‌رسیدم. یکشنبه‌شب‌ها و سه‌شنبه‌شب‌ها هر طور بود موهایم را می‌شستم، بیگودی می‌پیچیدم و با بیگودی‌ها می‌خوابیدم. چون موهایم کمی بلند بود از بیگودی بزرگ استفاده می‌کردم. مامان متعجب بود که چطور با آن‌ها می‌خوابم. این‌جور مواقع او می‌خندید و می‌گفت «پیشتازان فضا» پیاده می‌شوند. صبح که بیدار می‌شدم بیگودی‌ها را ـ اگر هنوز در طول نیمه‌شب به روی سرم باقی مانده بودند

ـ باز می‌کردم، موهایم را شانه می‌زدم و بعد با یک روسری از بالا تا پایین موهایم را به‌طور مارپیچ می‌بستم تا از وز بودن‌شان جلوگیری کنم. وقتی روسری را باز می‌کردم موهایم پیچ و تاب قشنگی به خودش می‌گرفت. بعد می‌رفتم سراغ لباس. تلاش می‌کردم لباسی تازه بپوشم. گاهی بلوزها را با دامن‌های متفاوت می‌پوشیدم که هر بار مثل یک لباس تازه باشد. گاهی هم از شهرو لباسی قرض می‌گرفتم.

چهارشنبه‌ها شده بود روز من. در ابتدا تعجب کرده بودم که چرا همان دوشنبه‌ها شعرها را تحویلم نمی‌دهد ولی بعد فهمیدم که حق داشته چرا که دوشنبه‌ها بعد از کلاس همه به او هجوم می‌آوردند. با هم حرف‌های متداول هم می‌زدیم. در مورد صحیح کردن اشعار بسیار سخت‌گیر بود. همین‌طور در مورد توضیح‌ها. گاهی بدجوری گیر می‌داد. در مورد توصیف اتاقم چندین بار مجبور شدم نوشته‌ام را ببرم و برگردانم. توصیف باجان که از همه سخت‌تر بود. به این شکل او به درستی با خانه‌ی ما آشنا شده بود؛ بدون این‌که هیچ وقت پا به آن‌جا گذاشته باشد. گاه در مورد ظاهر من هم نظر می‌داد. یک روز وقتی در حیاط دانشکده به او برخوردم و داشتیم با هم صحبت می‌کردیم ناگهان جمله‌اش را قطع کرد و گفت:

-   دیگه به ناخن‌هات لاک نزن. دست‌هات بدون لاک قشنگ‌ترند.

من ناخن‌های محکم و بلندی داشتم. هنوز در بهت این جمله بودم که اضافه کرد:

-   همین طور به ناخن‌های پات.

جل‌الخالق. دیگر ناخن‌های پای مرا از کجا دیده بود؟ از آن به بعد لاک‌هایم به زباله‌دانی تاریخ پیوستند.

ولی ماجرای لوازم آرایش به همین جا ختم نشد. کانون فیلم دانشجویی گه‌گاه در دانشکده پزشکی فیلم‌های خوب تاریخ سینما را نشان می‌داد. با عبدی و دو سه نفر از بچه‌ها رفته بودیم تماشای فیلم دزدان دوچرخه. آقای آزاد، دکتر هدایت و آقای خردمند هم آن‌جا بودند. من که به قول برادرهایم اشکم در مشکم بود کلی گریه کرده بودم. وقتی از سالن بیرون می‌آمدیم با بچه‌ها طبق معمول رفتیم سراغ استادان. همه سخت مشغول سوال و جواب بودند که آقای خردمند به من نزدیک شد و گفت:

-   خانم خوشگله. کسی که می‌خواد گریه کنه ریمل واترپرووف می‌زنه.

در آن لحظه «خانم خوشگله» را شنیدم و بس. آن‌قدر به دلم نشست که

به بقیه‌ی جمله‌اش گوش ندادم. پس در نظر او من خوشگلم. ولی در مورد ریمل... تنها آرایش صورت من ریمل زدن به مژه‌هایم بود. مژه‌های بلندی داشتم ولی چون عینک می‌زدم همیشه ریمل استفاده می‌کردم تا بلندی مژه‌هایم از پشت عینک معلوم باشد. تا آن موقع ساعت واترپرووف شنیده بودم ولی ریمل! پس او در مورد لوازم آرایش هم اطلاعات داشت. رفته‌رفته اظهارنظرها بیش‌تر و بیش‌تر می‌شد. «این رنگ بهت بیش‌تر میاد تا اون یکی، این مدل مو همیشه بهتره، این شلوار نه، شلوار جین خیلی بهت میاد...».
دیدارهای من با آقای آزاد هم کم‌تر می‌شد. بهانه می‌آوردم. اگر هم هم‌دیگر را می‌دیدیم بیش‌تر از کلاس‌های آقای خردمند حرف می‌زدیم. حتی خود آقای آزاد هم در بعضی از کلاس‌ها حاضر می‌شد و به درس دادن آقای خردمند گوش می‌داد. دلم می‌خواست درباره‌اش بیش‌تر بدانم: پدر و مادرش، خانواده‌اش، خواهر و برادر، سن و سال، خانه‌اش، به کجاها سفر کرده است و بیش‌تر و بیش‌تر. به درس‌هایش به دقت گوش می‌دادم. تلاش می‌کردم هر کلمه‌ی او را در هوا بقاپم و بفرستم به نیم‌کره‌ی چپ مغزم. رفته‌رفته داشتم مثل او می‌شدم. کلماتش را استفاده می‌کردم. ادایش را درمی‌آوردم. گاه در مقابل همکلاسی‌هایم و حتی بی‌توجه به بچه‌های تلویزیونی هم این کار را می‌کردم. بدون این‌که دست خودم باشد تمام تأکیدهایش روی حروف و کلمات را به کار می‌بردم. انگشت‌ها و دست‌هایم را مثل او تکان می‌دادم. بدون اراده انگشت شستم می‌رفت به وسط چهار انگشت دیگرم به بازی. وقتی در عالم فکر و خیال بودم دو انگشت به زیر لب داشتم و دو انگشت به روی شقیقه و انگشت شست به زیر چانه. تمام ژست‌هایش داشت ملکه‌ی ذهنم می‌شد. چهارشنبه‌ها می‌توانستم بیش‌تر از بقیه از او یاد بگیرم. احساسم نسبت به او عجیب بود. یک روز یک شعر کوتاه عاشقانه نوشتم و تحویلش دادم.
تا چهارشنبه‌ی بعد بی‌قرار بودم که دوباره ایراد می‌گیرد عشق را نمی‌شناسم یا نظر دیگری می‌دهد. در راهرو طبق معمول منتظر ماندم تا خودش صدایم کند. بالاخره وقتش رسید. وارد اتاق شدم. پشتِ میزِ آقای آزاد نشسته بود و از من هم خواست بنشینم. همیشه می‌گفتم که ایستاده راحت‌ترم ولی این بار نشستم. می‌ترسیدم. با شعرهای دیگر شروع کرد. بی‌قرار بودم که به کلی آن شعر را نادیده گرفته باشد. ولی نه، خنده‌ی شیرین یک وری‌اش را کرد، طوری که چال گونه‌ی چپش نمایان‌تر شد، و گفت:

- این رو بخون.

- خب من که خودم نوشتم.
- آره. ولی می‌خوام با صدای خودت بشنوم.
- روی خاک‌های کاشی می‌نویسم «تو».
- چرا اسمش رو ننوشتی؟ مگه اسم نداره؟ یا شاید اسمش رو بلد نیستی؟ یا شاید من هم می‌شناسمش؟ باید اسمش رو می‌نوشتی.
- چرا؟ مگه این طوری معلوم نیست دارم از کی حرف می‌زنم؟
- از کسی که دوستش داری؟

جمله‌اش به وضوح سوالی بود.

- باید به این سوال جواب بدم؟
- آره. چون به حس شعرت کمک می‌کنه. راستش این شعر کوتاه خیلی قشنگیه. یه جورایی مثل هایکوهای ژاپنی‌ئه. تصویر داره، خب؟
- خب خیلی بد می‌شه که بنویسم روی خاک‌های کاشی می‌نویسم «علی، حسن، اشکان...» ولی «تو» حس قشنگ‌تری می‌ده.
- عاشقش شدی؟

این سوال را با صدای خیلی آرام پرسید. بدون لبخند و بدون ابرو بالا انداختن.

پرسیدم:

- نمی‌دونم. می‌شه عاشق کسی بود ولی دوستش نداشت، یا برعکس؟

حرفم را زیر لب تکرار کرد:

- عاشق کسی باشی که دوستش نداری! یا کسی را دوست بداری و عاشقش نباشی!

بعد گفت:

- شق دوم ممکنه ولی اولی یعنی چی؟ پس جدیه! چرا بهش نمی‌گی؟ خجالت می‌کشی؟ تلفنش چنده؟ می‌دونی شماره‌اش....

گوشی تلفن را برداشت.

- شماره‌اش رو بده من تا من بهش بگم.

هاج و واج ماندم. یعنی چی؟ داشت چه کار می‌کرد؟ به من توهین می‌کرد که ترسو هستم؟ وسوسه‌ام می‌کرد؟ می‌دانست که چه بازی‌ای را شروع کرده؟ چرا یکباره این همه صمیمی؟ چرا این همه نزدیک به من؟ انگار سال‌هاست ما با هم حشرونشر داریم. من در این افکار بودم که دوباره تکرار کرد شماره را به او بدهم. کار خودش را کرد. بازی را برد. گفتم:

- می‌شه شما کت‌تون رو درآرید و بذارید پشت صندلی؟

متعجب کتش را درآورد و انداخت پشت صندلی و به من چشم دوخت.

- حالا می‌شه برید جلوی پنجره و پشت به من به حیاط نگاه کنید؟

در حالی که به طرف پنجره می‌رفت من هم بلند شدم و ایستادم. بلند شدنم سبب شد که به طرفم برگردد، سریع اعتراض کردم که به حیاط نگاه کند. بعد گفتم:

- خودتون اصرار کردید که بدونید.

چند لحظه‌ای هر دو ساکت بودیم. بعد من خیلی آرام و شمرده گفتم:

- خب اون «تو» شما هستید.

قبل از این‌که به طرف من برگردد در اتاق را بستم و مثل تیر شهاب پا به فرار گذاشتم. نمی‌دانم چطور پله‌ها را رفتم پایین. تا جلوی در اصلی دانشگاه دویدم. حتی از جلوی در تا آن طرف خیابان را هم دوان‌دوان طی کردم تا بتوانم تاکسی بگیرم و بروم مدرسه. انگار پرواز کردم. صدای سید را چند باری شنیدم که پشت سرم اسمم را فریاد می‌کشید. وانمود کردم که نشنیدم. تاکسی گرفتم و رفتم سر کار. تا شب حال خودم را نمی‌فهمیدم. از خودم عصبانی بودم که چرا گفتم. چرا اجازه دادم حرف‌هایش روی من این چنین اثر بگذارد؟ ولی دیگر دیر بود و من نمی‌توانستم تغییری در مسأله به وجود بیاورم. درست مثل جیغ بنفشی که یک روز عصر در مقابل در اصلی دانشگاه تهران کشیدم.

•• •• ●• ••

ناگهان تابستان گذشته، سیزده‌ساله بودم که با شهرو و علی همتی، دوست شهرو که دانشجوی معماری بود، جلوی در اصلی دانشگاه قرار داشتیم. من از مدرسه رفته بودم که با آن‌ها به سینما برویم و فیلم جاده به کارگردانی فلینی را تماشا کنیم. باید از جلوی دانشگاه به سمت مقابل خیابان می‌رفتیم و آن‌جا سوار تاکسی می‌شدیم. ولی هنوز از جلوی در اصلی دانشگاه نگذشته بودیم که علی گفت:

- اگر الان یک جیغ بلند بکشی من هفته‌ی دیگه هم می‌برمت سینما.

من عاشق سینما بودم. من و علی داشتیم روی شرط‌بندی یکی بدو می‌کردیم و شهرو هم دست‌پاچه از یک طرف به من می‌گفت که چنین کاری را نکنم و از طرف دیگر به علی هشدار می‌داد که من بچه هستم و این طوری تحریکم نکند. علی هم می‌خندید و شیطنت بیش‌تری به خرج می‌داد. وسط این بگومگوها بود

که من جیغ بنفشی کشیدم. جلوی در دانشگاه شلوغ بود ولی برای یک لحظه همه خاموش شدند. همه ساکن ماندند. مثل یک فیلم بود. جیغ من وحشتناک بود. همه به دنبال صدا و منشاء آن چشم دوخته بودند که علی قهقهه‌زنان از یک طرف دست من و از طرف دیگه دست شهرو را گرفت و دوید وسط خیابان و ما را به دنبال خودش کشاند. نفس‌زنان رسیدیم جلوی انتشارات طهوری. علی ایستاد و شروع کرد قاه‌قاه دیوانه‌وار خندیدن. شهرو عصبانی بود و کمی هم به من درشتی کرد. ولی من حس خودم را نمی‌فهمیدم. من فقط می‌خواستم هفته‌ی بعد هم بروم سینما.

•••●•••

در حالی که تا صبح نخوابیده بودم با نگرانی رفتم دانشگاه. برای عبدی همه‌ی ماجرا را تعریف کردم. خوشحال شد. مدتی بود که اصرار داشت با آقای خردمند حرف بزنم. می‌گفت اظهارنظرهای آقای خردمند در مورد لباس و مو و ناخن بی دلیل نیست. معتقد بود که آقای خردمند از من خوشش می‌آید و باید بداند من هم چه احساسی نسبت به او دارم. با هم حرف می‌زدیم که سید آمد طرف‌مان. گفت روز قبل وقتی من از دفتر آقای خردمند آمدم بیرون، آقای خردمند هم بدون کت زده بوده بیرون و از او خواسته بدود و مرا صدا کند. بیچاره پیرمرد کی می‌توانست به من برسد؟ البته تا جلوی در دانشگاه هم خودش را رسانده بود ولی دیگر نتوانسته بود مثل من از لابه‌لای ماشین‌ها رد شود و صدایش در شلوغی گم شده بود. من و عبدی وقتی او تعریف می‌کرد قاه‌قاه می‌خندیدیم.
ما سه نفر داشتیم حرف می‌زدیم که یک‌مرتبه دیدیم آقای خردمند از پله‌ها آمد بالا. قبل از این‌که به پله‌ی آخر برسد سید سلام کرد و سرش را انداخت پایین و مثل باد رفت که بنشیند پشت میز بساط سماور و چایی‌اش. بعد عبدی با عجله سلام داد. من مدادم را انداختم زمین و سریع خم شدم که وانمود کنم او را ندیده‌ام و نمی‌دانم آن‌ها به چه کسی سلام دادند. او هم یک‌راست به طرف اتاق آقای آزاد رفت. بلند شده بودم که برگشت و گفت:

- شانی، یک لحظه بیا تو اتاق کارت دارم.

به عبدی نگاهی کردم و به دنبال آقای خردمند رفتم. عبدی هم یک جورایی هولم داد. بی‌مقدمه شروع کرد:

- می‌خوام بیرون از دانشگاه ببینمت. فردا ظهر خوبه؟ راستی اول بگو

حالت خوبه؟

- نخیر. پنج‌شنبه‌ها چون دانشگاه کلاس ندارم ساعت فوق‌العاده دارم توی مدرسه. نخیر هم، جواب هر دو سوال‌تون بود.
- خب شنبه ظهر و حالت چرا خوب نیست؟
- شنبه‌ها با آقای گیلانی تا ساعت دوازده کلاس داریم. بعد باید به سرعت خودم رو به مدرسه برسونم. معده‌ام درد می‌کنه.
- یکشنبه، دوشنبه... معده‌ات چرا درد می‌کنه؟
- من به‌کلی هیچ ظهر و بعد از ظهری رو نمی‌تونم. همش باید برم مدرسه. خواهشمندم این احوال‌پرسی رو هم تموم کنید. می‌شه بگید چرا می‌خوایین منو ببینید؟
- خب باهات کار دارم. پس باشه برای پنج‌شنبه‌ی هفته آینده صبح. قبل از رفتن به کلاس.

پنج‌شنبه را طور خاصی گفت. یک پنج‌شنبه‌ی معمولی نبود. رمز و راز و وعده داشت. شیطنت داشت. سرم را به علامت رضایت تکان دادم و آهسته گفتم باشد. ولی هنوز او دهن باز نکرده بود که جا و ساعت را بگوید که با شتاب گفتم: «نه، پنج‌شنبه صبح نمی‌تونم». مطمئن بودم که صورتم گل انداخته بود. ابرو را بالا انداخت و با اشارات چشم و ابرو پرسید چرا؟

- نمی‌تونم تا هفته‌ی دیگه صبر کنم. می‌شه همین امروز باشه. بعد از ساعت شش چون تا اون موقع کلاس فلسفه دارم.
- فکر نمی‌کنی دیرت می‌شه؟
- مهم نیست. زنگ می‌زنم خونه و خبر می‌دم.
- باشه ساعت شش جلوی در خروجی خیابون آناتول فرانس منتظرت هستم.

با خودم فکر کردم «آیا می‌تونم تا ساعت شش دوام بیارم؟». نفهمیدم کلاس چطور گذشت.

بعد از نیم ساعت تصمیم گرفتم دیگر به ساعت نگاه نکنم. منیژه نبود ولی به عبدی گفتم. به‌طور معمول عادت نداشتم یا در واقع وقت نداشتم که بعد از آخرین کلاس در دانشگاه بمانم و این‌ور و آن‌ور بپلکم. کلاس که تمام شد خودم را اول به دستشویی رساندم. بعد با عبدی و دو سه نفر دیگر خداحافظی کردم و دویدم طرف دانشکده‌ی ادبیات. وقتی رسیدم جلوی در خیابان آناتول فرانس آقای خردمند را دیدم که قدم می‌زد. سرش پایین بود،

یک دستش در جیب شلوارش و دست دیگر روی صورتش. نزدیکش که شدم قدم‌ها را آهسته کردم. به او که رسیدم سلام کردم و با سر جواب داد. با سر اشاره کرد که برویم. اولین صحبتش یک توضیح بود در این مورد که یک «آقا» هیچ وقت شب را برای اولین دیدارش با یک خانم انتخاب نمی‌کند. صبحانه، ناهار، چای و قهوه اشکالی ندارد ولی شام نه. یعنی راستی داشت از خوردن غذا حرف می‌زد؟! رسیدیم به یک تلفن عمومی. گفتم باید به مامان خبر بدهم. زودتر خبر نداده بودم چون نمی‌دانستم که قرار است قدم بزنیم، برویم یک چای بنوشیم و شیرینی بخوریم، یا خلاصه چقدر این دیدار ممکن است طول بکشد. رفتم داخل کیوسک تلفن. فکر کردم اگر بگویم با آقای خردمند هستم مامان مته به خشخاش نمی‌گذارد و مجوز دیر خانه رفتن را صادر می‌کند.

- سلام مامان‌جان.
- سلام. خوبی؟ چی شده؟ اتفاقی افتاده؟
- نخیر هیچ اتفاقی نیفتاده. گوش کنید لطفاً.
- خب بگو دیگه. دلم داره مثل سیر و سرکه می‌جوشه.
- مامان جان آخه چرا؟ مگه من توی میدان جنگم؟من با آقای خردمند هستم و کمی دیر میام. همین.
- یعنی چی دیر؟ چقدر دیر؟ الان ساعت نزدیک شش و نیمه. هفت، هفت و نیم خونه‌ای؟
- مامان! هفت نیم‌ساعت دیگه‌ست. نه. دیرتر. چون می‌خواییم چیزی هم بخوریم.
- خب دیگه دیرتر از هشت نشه.
- مامان آقای خردمند که با خودش لقمه نون و پنیر و خیار نیاورده. ما اگر بخواییم ساندویچ هم بخوریم و حرف بزنیم و بعد اگر من پرواز هم بکنم به منزل هشت دیرتر می‌شه. همین الان کلاسم تموم شده و هنوز تو دانشگاهم. باشه. خیلی دیر نمیام. خداحافظ.

قبل از این‌که صدای خداحافظی مامان یا اعتراض دیگری را بشنوم گوشی را گذاشتم. صحبت من و مامان و چانه زدن‌ها بیش‌تر از یک اجازه بود. از کیوسک که زدم بیرون لبخند زیرکانه‌ای داشت. با ابروی بالاانداخته کمی چشم‌های درشتش را ریز کرد. چیزی نگفت. یک تاکسی گرفت و آدرس جایی در خیابان تخت طاووس را به راننده داد.

- نمی‌خواستم برای اولین بار شام ببرمت بیرون....

زیر لب گفتم: «اینو که قبلا گفتید». اهمیت نداد و ادامه داد.

- ولی خب چون عجله داشتی و برنامه‌ات هم جور نمی‌شد مجبور شدم. ولی می‌برمت به یک رستوران قشنگ. فکر نمی‌کنم تا حالا رفته باشی....

درجا به من برخورد. یعنی تنها اوست که به رستوران‌های قشنگ می‌رود؟

- ... آخه یه جورایی جاش پرته. می‌دونی یه ضرب‌المثل چینی می‌گه که همیشه یک رستوران خوب پشت یک رستوران بد قرار گرفته. شاید بده رو بشناسی....

تا آمدم اعتراض کنم بی‌درنگ توضیح داد:

- ... آخه رستوران بده بر خیابون تخت طاووسه و خیلی هم بزرگه. ولی این رستوران پشت اونه و خیلی کوچیک.

به هر حال من نه رستوران خوب را دیده بودم و نه بد را. خیلی از محدوده‌ی دانشگاه و محل کار من دور بود و من اجازه نداشتم خیلی دورتر از این دو محدوده آفتابی شوم. جلوی رستوران خیلی بزرگی، نبش یک کوچه‌ی فرعی و بر خیابان تخت طاووس، از تاکسی پیاده شدیم. رستورانی که خوب بود داخل آن کوچه قرار داشت و درست دیواربه‌دیوار آن رستوران بد بود. وارد که شدیم متوجه تفاوتش با بقیه‌ی رستوران‌ها شدم. وسط رستوران یک پیانو قرار داشت و یک خانم زیبای ژاپنی در حال نواختن پیانو بود. یک مرد هم روی پیانو ولو شده بود و با نگاهی عاشقانه و تحسین‌گرانه محو این زن بود. آقای خردمند توضیح داد مرد صاحب رستوران است و عاشق آن زن ژاپنی‌ست که دوست‌دختر اوست. چه شاعرانه! بعد رفتیم و پشت یک میز دونفره روبه‌روی هم نشستیم. گارسن بلافاصله آمد. معلوم بود آقای خردمند را می‌شناسد. در کمال تعجب آقای خردمند دستور شراب داد و پرسید اشکالی ندارد؟ و من با سر اشاره کردم که نه، شاید هم زیر لب گفتم: «اصلاً». فکر می‌کنم ژستی گرفته بودم که انگار شراب‌خوار قهاری هستم. گارسون با دو گیلاس و یک بطر شراب قرمز آمد. به گارسون گفت که برای او فقط آب بیاورد و از او خواست شراب را برای من بریزد. پرسیدم مگر خودش شراب نمی‌نوشد و او با لبخند گفت هیچ وقت مشروب نخورده است. بعد خنده‌ای درست و حسابی کرد. پرسیدم که خنده برای چه بود. ولی او با اشاره به من فهماند گارسون بدبخت که با ژست تمام‌عیار گارسون‌های فرانسوی بالای سر ما ایستاده بود منتظر تأیید من برای شراب است. یعنی درست مثل فیلم‌ها من باید شراب را مزه می‌کردم و می‌گفتم خوب است یا نه. با خودم فکر کردم چقدر خوب که به اندازه‌ی کافی فیلم هالیوودی دیده بودم

تا بدانم در آن لحظه باید چه کنم. لبی تر کردم و انگار لورن باکال هستم که در فیلم خواب بزرگ در کنار همفری بوگارت نشسته‌ام، فقط با سر تأیید کردم. آقای خردمند هم سرش را به نشانه‌ی تأیید تکان داد و گارسون تا نصف گیلاس شراب قرمز ریخت و ما را تنها گذاشت. این اولین بار نبود که شراب می‌نوشیدم. مدت‌ها پیش با الوند و اروند و دختردایی‌ام به مهمانی رفته بودیم و آن‌جا کمی مزه کرده بودم. البته این بار کمی ترسیده بودم. آیا ممکن است که با اولین گیلاس مست شوم؟ بعد چه می‌شود؟ ظرفیتم چقدر است؟ پرسیدم:

- خب خنده برای چی بود؟
- شاید اولین نفری هستی که می‌بینم از فعل «نوشیدن» برای شراب استفاده می‌کنی. هم تعجب کردم و هم تحسین. ولی خنده‌ی بعد مال این بود که حتی خود من فعل «خوردن» رو به کار می‌برم.
- چرا از من نپرسیدید که شراب می‌خوام یا نه؟ به خصوص وقتی خودتون آب سفارش می‌دین.
- برای این‌که اگر می‌گفتم من نمی‌نوشم تو هم نمی‌خواستی.
- خب؟
- فکر نمی‌کردم تو در اولین قرار با استادت اون هم توی یک رستوران دنج این همه اتکاء به نفس داشته باشی.
- و خواستید از شراب کمک بگیرید!
- نه، خواستم کمی راحت باشی. آره باید اعتراف کنم که از شراب کمک خواستم.

فکر کردم بهتر است ادامه ندهم و می‌دانستم که این برخلاف اخلاق پی‌گیر من در همه چیز بود. منی که باید ته و توی هر مطلب و مسأله‌ای را درمی‌آوردم وگرنه به این راحتی‌ها رضایت نمی‌دادم. در این فاصله سفارش شام هم دادیم. من یکسره یواشکی ساعت را چک می‌کردم. خیلی حرف زدیم. یا بهتر است بگویم او خیلی سوال کرد و من جواب دادم. از شعرهایم، از اتاقم، از مامان، از خواهرها و برادرهایم، استادها و شاگردان. وقتی می‌خواستیم رستوران را ترک کنیم گفت:

- شانی تو دختر بسیار خوبی هستی. خوشگل و خوش‌هیکل، خوش‌ادا، فهمیده، شیطون و یک زن کامل. باید دور و برت جوون‌های زیادی باشند که آرزوی داشتنت رو داشته باشند. من خیلی بزرگ‌تر از تو هستم و تو حیفی که با من باشی.

نمی‌دانم چطور این حرف از دهانم خارج شد. وقت این حرف نبود. شاید به واقع کمک همان شراب بود که گفتم:

- اجازه بدین من خودم برای خودم تصمیم بگیرم.

دیگر چیزی نگفت و از رستوران آمدیم بیرون. پیاده راه افتادیم به طرف غرب تخت طاووس. روی پلی ایستادیم که داشتند زیرش بزرگراهی می‌ساختند. ماه مثل چراغ پرنوری محوطه‌ی کار کارگران زیر پل را روشن کرده بود. تل‌هایی از خاک و سنگ، بولدوزر، چادرهای وصله‌پینه‌شده‌ی کارگران، قرقره‌های سیم و انبوهی لوله به چشم می‌خورد. در این منظره غرق شده بودم. پرسید که به چه فکر می‌کنم.

- به ساختن، به نیروی انسانی، به صنعت و به همه‌ی این‌ها خوابیده توی دل یک شب آرام.
- مثل یک مستندساز می‌بینی و حرف می‌زنی. یک مستندساز سیاسی.
- همیشه دلم می‌خواست فیلمی بسازم که در چنین محلی اتفاق بیفته. با حضور یک زن در جمعی به‌طور کامل مردانه. ولی نه فیلمی مثل نیاگارای هنری هاتاوی بلکه با مفهوم و جزئیات فرهنگ ایرانی.
- چه خوب. پس اون فیلم رو دیدی. باید درباره‌اش حرف بزنیم. دفعه‌ی بعد.

باید اعتراف کنم که چیزی در شکمم بالا و پایین شد. پس می‌خواست باز هم مرا ببیند. بعد از کمی پیاده‌روی تاکسی گرفتیم. مرا رساند خانه و خودش با همان تاکسی رفت.

پشت در خانه ایستادم. کلید نداشتم ولی زنگ را هم به صدا در نیاوردم. می‌خواستم با خوشی خودم از این دیدار خلوت کنم. یک حس خوب داشتم. حس زن بودن. حس منحصر به فرد بودن. حس متفاوت بودن. حس برگزیده شدن. گرمم شد، خندیدم و احساس عاشقی کردم. مثل یک شیرینی خوب مزه‌مزه‌اش کردم و قورتش دادم. بعد زنگ در را به صدا درآوردم. باید برای مدت کوتاهی همه‌ی این‌ها را فراموش می‌کردم. احساسم را کنار می‌گذاشتم و جواب‌های بی‌ربط به سوالات مامان و باجان می‌دادم تا بروم به اتاقم و دوباره با خودم خلوت کنم. به بهانه‌ی خسته بودن زود به اتاقم رفتم. در ذهنم تمام گفت‌وگوهایمان را مرور می‌کردم. چطور آن شب به رستوران و شراب و به شیطنت‌های خودم ختم شد. نمی‌دانم کار شراب بود یا حس عاشقی که خیلی زود خوابم برد.

صبح وقتی لباس پوشیده جلوی آیینه ایستادم شخص دیگری بودم. این اتفاقی بود

که با آقای آزاد رخ نداده بود. چرا؟ به‌طور یقین وجود همسر و بچه در زندگی آقای آزاد سبب شده بود که من هرگز به عنوان مرد زندگی به او فکر نکنم. آقای خردمند مجرد بود. آن موقع من حتی به ازدواج فکر هم نمی‌کردم ولی اگر با او این ور و آن ور می‌رفتم خیالم راحت بود که وقت آدم‌های دیگری را نگرفته‌ام که او به آن‌ها تعلق دارد. آیینه متفاوت بودنم را به من یادآوری کرد و من مثل یک پروانه پر زدم وسط خیابان. در هیاهوی خیابان فریاد من هم برای گرفتن تاکسی به باقی صداها پیوست: «دانشگاه تهران، دانشگاه تهران». همیشه احساس خوبی داشتم که تاکسی بگیرم و فریاد بزنم: «دانشگاه تهران». گویی به دنیا می‌گفتم که من بالاخره آن طرف میله‌ها هستم. یکی دو سالی بود که به هیچ عنوان سوارِ اتوبوس نمی‌شدم. حاضر بودم تمام پولی را که از راه درس دادن به دست می‌آوردم به تاکسی بدهم ولی سوارِ اتوبوس نشوم. اذیت و آزارهای بعضی از مردان داخل اتوبوس همیشه برایم یک کابوس بود. به خصوص که متاسفانه من آدمی نبودم که اعتراض کنم و سروصدا راه بیندازم. می‌دانستم که این از ترس و ضعف من بود و یا از تربیت غلط خانم سرهنگ شایسته. دیده بودم که بعضی از زن‌ها به خصوص چادربه‌سرها به جای این‌که طرف زن و دخترهایی را بگیرند که به آن‌ها دست‌درازی شده و یا حرف‌های بد شنیده‌اند چطور برعکس عمل می‌کردند و صدا سر می‌دادند: «زبون به دهنت بگیر، آبروریزی نکن، بی‌حیابازی درنیار سلیطه، اگر این قدر کوتاه نپوشین مردای بیچاره با شما کاری ندارن، جز جگر بگیری ورپریده، باید خودت کاری کرده باشی و...». این وقتی بود که دیگر تحملش را نداشتم. این درست همان شمشیر دولبه بود که وسط قلب و روحت فرود می‌آمد. بارها مجبور شده بودم که یک یا چند ایستگاه جلوتر از مقصدم پیاده شوم و دوباره سوار شوم. گاه سبب می‌شد که حتی دیر به مقصد برسم. تازه معلوم نبود که دست‌درازی و حرف‌های رکیک بعضی از مردها در اتوبوس بعدی تکرار نشود.

•••●•••

ناگهان تابستان گذشته، کلاس یازده بودم. طبق معمول بعد از مدرسه سوار اتوبوس شدم. ایستادم جلوی صندلی‌های سه‌نفره که بعد از آن‌ها صندلی‌های دونفره قرار داشت. نفر آخر یک ملّا بود. مثل این‌که بخواهد رکوع برود، هر دو دستش را روی زانوهایش گذاشته بود و از همان‌جا انگشت‌هایش را به پاهای من

رساند و در شلوغی اتوبوس شروع کرد با پاهای من ور رفتن. موهای تنم سیخ شده بود. مثل آدمی که شپش به تنش افتاده باشد هی وول می‌خوردم. ژینوس که کنارم ایستاده بود پرسید چرا دارم این قدر تکان می‌خورم. با ایما و اشاره به او فهماندم. مرا به طرف جلو هل داد و به زور در مقابل آن ملّا برای خودش جایی باز کرد. چه بسا مرد خوشحال‌تر شد چون دامن ژینوس از مال من کوتاه‌تر بود. ولی همین که دست کثیفش به پاهای ژینوس خورد ژینوس جیغی کشید و سر و صدا راه انداخت. جیغ می‌کشید که راننده اتوبوس را نگه دارد تا این مردکه را پیاده کند و به دست پاسبان بدهد. مردک هم بلندبلند استغفرالله می‌گفت و زیر لب ورد می‌خواند و دوباره آن وسط یک استغفرالله بلند به هوا پرتاب می‌کرد. مردها به مردک اعتراض می‌کردند که: «خجالت بکش، جای دخترته، این بچه‌های ما توی این اتوبوس‌ها امنیت ندارند، بندازینش بیرون آشغال رو». جالب بود که بعضی از زن‌ها همان حرف‌های همیشگی را تحویل می‌دادند: «این مینی‌ژوپ هم شده بلایی، خدا به دور! مدارس چرا این‌ها رو راه می‌دن؟ آبروی مرد روحانی بیچاره رو بردن! دختره چه سلیطه‌بازی درآورد! خب اتوبوسه دیگه! مگه کسی به ما دست نمی‌زنه؟ دختر درست و حسابی صداشو خفه می‌کنه...». نه! این من نبودم که دختر درست و حسابی بودم. من ترسو بودم و ژینوس دختر درست و حسابی بود. صدای من در گلو خفه می‌شد. یاد گرفته بودم که صدایم درنیاید.

•••●•••

از همان زمان تصمیم گرفتم دیگر سوار اتوبوس نشوم. نه این‌که تاکسی جای امن‌تری بود. در تاکسی ممکن بود حتی راننده هم به آدم دست‌درازی کند. ولی می‌توانستی عقب بنشینی و یا اگر جلو می‌نشستی از راننده خواهش کنی که مسافر دیگری را جلو سوار نکند.

رسیدم دانشگاه. قلبم تالاپ‌تولوپ می‌زد. آقای خردمند با سال پایینی‌ها کلاس داشت. عبدی جلوی در کتاب‌خانه منتظرم بود. همه‌ی اتفاقات را برایش تعریف کردم. خوشحال شد ولی سوالش این بود که به آقای آزاد چه می‌گویم. گفتم بعد به آن مسأله فکر می‌کنم. درست مثل اسکارلت در بر باد رفته. در همین موقع آقای خردمند رسید. هر دو سلام دادیم. وقتی از مقابل ما می‌گذشت، گفت که پوشه را فراموش نکنم. با صدای محکمی گفتم: «چشم».

در من چیزی داشت شکل می‌گرفت که خودم هم درست نمی‌شناختمش. یک احساس تازه بود. عشق، دوست داشتن صرف، یا تنها یک حس زنانه‌ی سرشار از غرور. گویی هزار تیر به هدف نشانه رفته بود ولی فقط تیر من در آن وسط نشسته بود. من مورد توجه خیلی‌ها بودم ولی آقای خردمند متفاوت بود. او مثل همه نبود. بعد از کلاسش با پوشه رفتم به اتاقش. با لبخندی، که طبق معمول بیش‌تر در چشم‌هایش نقش می‌بست تا روی لب‌هایش، پرسید:

- خب حالت چطوره شیطون؟
- خوبم. ولی چرا شیطون؟
- مگه شیطون نیستی؟ مگه ادای منو سر کلاس درنمیاری؟ مگه روزنامه سر کلاس نمی‌بری؟ تازه وقت منو گرفتی و باعث شدی بهت فکر کنم.

این‌که یک نفر به او گفته بود ادایش را درمی‌آورم آن‌قدر خجلم کرد که نگذاشت با جمله‌ی آخرش عشق کنم. بدون شک کار یکی از این بچه‌های لوس تلویزیونی بود. همان‌ها که مرتب استاد استاد می‌کنند. ما نمایشی‌ها به کسی استاد نمی‌گفتیم. ولی جمله‌ی آخرش، با این‌که خوشحالم کرد، موجب شد عصبانی هم بشوم. یعنی چه وقتش را گرفتم؟ به من فکر کرده است... چقدر خوب! خب می‌خواست نکند که وقتش گرفته نشود، به من چه مربوط؟ من جوابی ندادم، یک لبخند زدم و سرم را پایین انداختم. شعرها را گرفت و رفت و دیگر حرفی زده نشد.

عبدی خیلی خوشحال شده بود. پیش خودش فکر می‌کرد من دیگر مرد خودم را پیدا کرده‌ام. او قبل از این‌که به تهران بیاید یک روستانشین واقعی بود. نامزدی داشت که همیشه حرفش را می‌زد. آرزویش این بود که هرچه زودتر درسش را تمام کند و نامزدش را به تهران بیاورد. همیشه می‌گفت او سر و سامان دارد و این من هستم که باید کسی را برای زندگی خودم پیدا کنم. می‌گفت من خیلی بازیگوشم و می‌ترسید این مسأله کار دستم بدهد. عبدی برای من مثل یک برادر خوب بود.

روزها را تا کلاس بعدی با احساس غریبی گذراندم. آقای آزاد را ندیدم و جواب تلفن‌هایش را هم ندادم. تا دوشنبه که با آقای خردمند کلاس داشتیم هفته برایم طولانی‌تر شد. دوشنبه چند دقیقه‌ای دیر به کلاس آمد. حال خوبی نداشت. صدایش گرفته بود و سرمای سختی خورده بود. بعد از کلاس رفتم پیشش و گفتم که چون مریض است می‌توانیم بعد درباره‌ی پوشه حرف بزنیم. خیلی عادی گفت نگران نباشم چون زمان انتقال ویروس گذشته و در اتاقش منتظرم می‌ماند.

بعد از کلاس، وقتی وارد اتاق شدم، داشت سرفه می‌کرد. با همان صدای گرفته گفت:

- چرا من مریض بودم حالم رو نپرسیدی؟
- من از کجا می‌دونستم که شما مریض هستید!؟ تازه من که شماره تلفن شما رو نداشتم.
- می‌تونستی از سهراب بگیری. ولی باشه حالا، پس شماره‌ی منو یادداشت کن که دیگه بهانه نداشته باشی. هر وقت هم خواستی می‌تونی زنگ بزنی. می‌خواستم دوباره ببرمت به اون رستوران چون دیدم خیلی خوشت اومده ولی حالم خوب نیست الان. باشه فردا توی رین‌بو می‌بینمت. ساعت پنج.

باز هم منتظر نشد تا من بگویم آره یا نه. این همه از خود مطمئن بودن عصبانی‌ام می‌کرد. شاید من تا به حال آن‌جا نرفته باشم. البته می‌دانستم که رین‌بو کافه‌ای‌ست نزدیک دانشگاه و شنیده بودم پاتوق آقای خردمند و دوستانش بود. حالا دکتر هدایت و آقای آزاد هم به آن جمع پیوسته بودند. خوشحال بودم که می‌خواهد باز هم مرا ببیند؛ حتی در مکانی که همه او را می‌شناسند. ولی احساس می‌کردم چقدر در آن‌جا مضطرب و معذب خواهم بود. در این فکرها بودم که آقای عمونیا، منشی گروه، از دفترش آمد بیرون و کاغذی را روی در یکی از استودیوها چسباند و رفت. کلاس فردای آقای فخار تعطیل شده بود. پس فقط صبح کلاس داشتم و بعد از مدرسه وقت داشتم بروم خانه و خوب حاضر شوم. به‌طور معمول می‌رفتم اتاق آقای آزاد و آخر وقت خداحافظی می‌کردم. آن روز این کار را نکردم و یکسره از دانشگاه زدم بیرون. شب سرِشام به مامان گفتم که فردا من بعد از مدرسه میایم خانه ولی بعدش باید بروم بیرون چون یکی از بچه‌های سال بالایی تزش را نمایش می‌دهد و همه باید کار را ببینیم تا درباره‌اش برای کلاس روز بعد چیزی بنویسیم. اگر راست می‌گفتم ممکن بود یا بدقلقی کند و اجازه ندهد و یا از خوشحالی این‌که دخترش دارد با یک استاد قرار می‌گذارد درجا وسط اتاق نشیمن سفره‌ی عقد را پهن کند. صبح زود بیدار شدم. موهایم را درست کردم و به دانشگاه رفتم. ولی قبل از این‌که به مدرسه بروم به دفتر آقای آزاد رفتم. عذرخواهی کردم که دیروز بدون خداحافظی رفته بودم. ناراحت بودم که چیزی در مورد عصر و قرار با آقای خردمند به او نگفتم. پرسید بعد از مدرسه برنامه‌ام چیست و توضیح دادم که باید کسی را ببینم. فکر می‌کنم به خوبی معلوم بود که دارم پنهان‌کاری می‌کنم.

آقای آزاد آدم بسیار تیزی بود. خیلی در مورد زندگی من می‌دانست. در مورد سخت‌گیری‌های مامان و گرفتاری‌های ما هم به خاطر باجان اطلاع داشت ولی چیزی نگفت. بعد از مدرسه تاکسی گرفتم و رفتم منزل. کمی آب به سر و صورتم زدم و لباسم را عوض کردم. داشتم حاضر می‌شدم که تلفن زنگ زد. مامان گوشی را برداشت و بعد از لحظه‌ای صدا کرد:

- شانی، آقای آزاد.

بعد خیلی شاد و شنگول با آقای آزاد خداحافظی کرد و گوشی را داد به من. دست‌پاچه شدم. آقای آزاد پرسید:

- حالت خوبه؟
- بله خوبم. چطور مگه؟
- گفتی دیروز سردرد داشتی امروز هم مثل همیشه نبودی. زود رفتی.
- بهتر از دیروزم ولی پس‌دردهای میگرن دیروز هنوز هست.
- داشتی حاضر می‌شدی؟
- بله، گفتم که یک قرار دارم. ساعت پنج.
- پس من میام دنبالت که برسونمت. این طوری هم می‌بینمت هم مجبور نیستی معطل تاکسی بشی.
- نه مرسی. این طوری مزاحم شما می‌شم. این همه راه بیایید این‌جا که چی؟
- که تو رو ببینم. ساعت چهار و نیم اون‌جام.

بعد از یک سال و اندی دوستی، با رابطه‌ای که نمی‌شد برای آن اسمی گذاشت، هنوز آقای آزاد را «شما» خطاب می‌کردم. همیشه هم کلافه‌ی این مسأله بود ولی برای من شکل دیگری تصورپذیر نبود. به او گفته بودم که نه می‌توانستم «تو» خطابش کنم و نه به اسم کوچک و بهتر است در این مورد با من بحث نکند.

لباس قشنگی را که شهرو برایم از لندن آورده بود به تن کردم. یک لباس شیری‌رنگ با گل‌های آبی متنوع. تنوع رنگ آبی گل‌ها از آبی آسمانی بود تا آبی سلطنتی. لباس روی تنم می‌لغزید. موهایم را ریخته بودم دورم. از موهای میزامپیلی‌شده خوشم نمی‌آمد. وقتی سوار ماشین شدم آقای آزاد گفت:

- به به چه خانم خوشگلی. چه لباس قشنگی. ندیده بودم.
- مرسی.

نمی‌توانستم مکالمه‌ای طولانی داشته باشم و دلم بی‌خودی شور می‌زد.

پرسید این آدم خوش‌بخت کیست که با این ظاهر دارم بهار را برایش هدیه می‌برم؟ مکث کردم. نمی‌خواستم به او دروغ بگویم. دلیلی هم برای دروغ گفتن نداشتم. مکث به اندازه کافی طولانی شد. پس پرسید:

- شانی، چیزی هست که بخوای به من بگی؟ این روزها اتفاقی افتاده؟

او آدم بسیار زیرکی بود که نمی‌شد با کلمات بازی‌اش داد.

- به من نگاه کن.

به او نگاه کردم. خنده بر لب داشت ولی دیگر موذیانه نبود. برعکس، خنده‌ای بود همراه با تأسف.

- مواظب جلوتون باشید.
- نترس. حواسم هست. شانی....
- بله؟
- من می‌دونم تو امروز با کی قرار داری. می‌دونم چه ساعتی و کجا.

یخ بستم. عصبانی شدم. خونم به جوش آمد. یک‌مرتبه دل‌پیچه گرفتم. هزار حالت در یک لحظه بر من گذشت. دیگر جای پنهان کردن نبود.

- چطور خبر دارید؟
- ناهار من و ادیب و دکتر هدایت با هم بودیم. رفتیم همون جایی که تو داری می‌ری. ادیب تمام ماجرا رو تعریف کرد. گفت که بهش گفتی «دوستش داری».
- به ـ هیچ ـ وجه این طور نبوده.

این خیلی معترضانه و ناگهانی از دهنم درآمد و بعد ساکت شدم. ولی او بی‌توجه به جمله‌ی من ادامه داد.

- دکتر هدایت گفت چه خوب، شانی یه زور احتیاج داشت تا کسی بهش وارد کنه تا بدرخشه. این حرف رو خیلی بد زد. می‌دونی که.
- نه نمی‌دونم. هیچی نمی‌دونم.

او هم‌چنان ادامه داد. مثل کسی که دارد درسش را بدون انداختن یک «واو» تحویل معلمش می‌دهد. ولی من گویی دیگر صدایی نمی‌شنیدم.

- به من هم برخورد و عکس‌العمل نشون دادم. به‌طور حتم دکتر هدایت نفهمید که من چرا ناراحت شدم ولی ادیب فهمید.
- یعنی چی؟ من سر درنمی‌آرم.
- هدایت رو که می‌شناسی. او غربی فکر می‌کنه و درضمن چون فارسیش خوب نیست حرفش رو بی‌پرده می‌زنه.

- هنوز نمی‌فهمم.
- حرفش اینه که تو تا رابطه‌ی جنسی با مردی نداشته باشی خلاقیت هنریت سرخورده است و شاگرد اول بودنت هم مثل شاگرد اول شدن یک دختر سیزده ساله است.

نمی‌دانم چه رنگی شده بودم، به یقین رنگ طبیعی خودم نبودم. نمی‌دانستم از عصبانیت چه بگویم. حالم از آقای هدایت به‌هم می‌خورد. همین‌طور از آقای خردمند.

- خیلی ممنون. رفتید ناهار خوردید، بریدید، دوختید و برگشتید سر کلاس‌هاتون.
- گفتم که من خیلی ناراحت شدم. او حق نداشت در مورد تو این طوری حرف بزنه. تازه وقتی هم اعتراض کردم متهم شدم به سنتی بودن.
- کجا نشسته بودید؟

داشتیم نزدیک می‌شدیم و من فکر عجیبی به مغزم رسید. از او خواستم که به‌طور دقیق بگوید کجای رستوران نشسته بودند. آیا شلوغ بود یا نه. درست چه ساعتی بود و تمام فضا را برایم توصیف کند.

- شانی، من فکر می‌کردم که تو....
- آقای آزاد من هیچ‌کس رو دوست ندارم. یعنی عاشق کسی نیستم. طبق گفته‌ی آقای خردمند من از بیخ نمی‌دونم عشق چیه. بله من یه چیزی گفتم ولی به این سادگی نبوده. من یک شعر نوشته بودم...
- من نخوندم اون شعر رو؟
- نخیر. برای این‌که آقای خردمند از من خواسته که مثل ماشین تلکس تند و تند، تق و تق کنم و بنویسم.
- خب، حالا این شعر چی بود؟

نمی‌دانم چرا شروع کردم به خواندن شعر:

روی کاشی‌های بارون‌زده‌ی حیاط
بوی معطر خاک پیچیده در هوا
می‌نشینم روی پله‌ای
با دامن چین‌دار گل‌گلی
روی خاک‌های نم‌خورده کاشی‌ها
می‌نویسم «تو»

بعد آقای خردمند پرسید این «تو» کیه؟ اسم نداره؟ چرا اسمش رو نذاشتی؟

اول فکر کردم طبق معمول داره مته به خشخاش می‌ذاره. بعد فکر کردم می‌خواد به من بگه که ترسو هستم. شما که منو می‌شناسید. زودی بهم برمی‌خوره و تحمل نکردم. قدّی کردم و بهش گفتم اون «تو» شما هستید و بعد از در زدم بیرون. همین. می‌دونم که بازی رو باختم. ولی دیگه دیر بود و حرفم رو زده بودم.

- شانی، هر چیزی که بازی نیست. حالا دوستش داری؟
- نمی‌دونم. همون طوری که گفتم احساسم رو نمی‌شناسم.

رسیده بودیم به رستوران. وقت خداحافظی گفتم:

- من عاشق نیستم. نمی‌دونم عشق چیه ولی می‌دونم که عاشق کسی نیستم.

لبخند کم‌رنگی تحویلم داد و از من خواست که عاقل و آرام باشم. نفس عمیقی کشیدم و وارد رستوران شدم. آقای خردمند نشسته بود روبه‌روی در ورودی. تا وارد شدم مرا دید و با لبخند اشاره کرد به میز. عصبانی بودم. پوشه‌ی قبلی را باز کرده بود و شعرها را جداجدا از هم چیده بود روی میز. سلامی خشک و خالی کردم. معذرتی خواستم و ورقه‌ها را با دلخوری جمع کردم و داخل پوشه گذاشتم. هاج و واج مانده بود. هنوز نمی‌دانست چه خبر شده است. گفت:

- من نظرم این بود که اول شعرها رو تصحیح کنیم و بعد حرف بزنیم.
- احتیاجی به تصحیح نیست چون من دیگه تصمیم ندارم چیزی بنویسم. تا همین جا هم زیادی بوده و اشتباه.

تعجب کرد ولی بیش‌تر از آن، به او برخورد. ابروهایش در هم رفت. انتظار چنین رفتاری را نداشت. پرسید:

- حرفت رو بزن. این چه رفتاریه؟ راحت بگو چی شده؟ قضیه چیه؟ از چی ناراحتی؟
- چی فکر کردید با خودتون و دیگران؟ که الان شانی، عاشق دل‌خسته، نالان و حیران وارد رستوران می‌شه، واله و شیدا می‌گه که از عشق شما چند شبه که نخوابیده. شبش با روزش قاطی شده، غذا نخورده.....
- گفتم حرفت رو بزن.

به قدری این جمله را با عصبانیت گفت که ترسیدم همان موقع از رستوران برود بیرون و مرا همان‌جا به حال خودم بگذارد. لعنت به این ترس همیشگی من. پریدم سر مطلب.

- شما ناهار این‌جا بودید نه؟

- بله، چطور مگه؟
- بغل اون ستون و زیر اون تابلو نشسته بودید؟

با دست به تابلو اشاره کردم.

- بله.
- با آقای آزاد و دکتر هدایت.

- بله.

- فکر نمی‌کنید وقتی دارید درباره‌ی کسی صحبت می‌کنید بهتره صداتون رو پایین بیارید که بقیه نشنوند؟ به‌خصوص وقتی به اصطلاح خودتون دارید صحبت‌های مردانه می‌کنید. یا وقتی دارید درباره‌ی دختری ـ اون‌هم به اسم ـ صحبت می‌کنید که شاید پسرخاله‌ی اون دختر هم بغل‌تون نشسته باشه. بله میز بغلی شما امروز سر ناهار یکی از بچه‌های هم‌کلاس من در انستیتو فرانسه بود. کسی که من خیلی تحویلش نمی‌گرفتم چون می‌گن آدم بو داریه. جلوی در مدرسه منو دید و پرسید آیا آدم‌هایی با مشخصات ظاهری که او داد می‌شناسم یا نه. و خب هرچه رو که شنیده بود برام گفت. در آخر هم پرسید آیا این‌ها آدم‌هایی هستند که من به خاطرشون بقیه رو آدم به حساب نمی‌آرم؟

علی‌رغم تمام تلاشم گریه‌ام گرفته بود. اگر بعد از یک یا دو دیدار این همه حرف و حدیث درمی‌آید بعد از چند ماه و چند سال چه خواهند گفت. با همان بغض پرسیدم آیا لازم بود همه چیز را برای همه تعریف کند؟ به خصوص برای آقای آزاد که می‌دانست من با او رودربایستی دارم. اگر حرفم را قطع نکرده بود یک سناریوی تمام‌عیار تحویلش می‌دادم. راستش خودم هم باورم شده بود که آن همکلاسی آن‌جا بوده و من این همه را از او شنیده بودم. می‌دانستم او به ذهنش هم خطور نمی‌کرد که آقای آزاد این حرف‌ها را برایم گفته باشد. ولی آقای خردمند حرفم را قطع کرد و در حالی که از حرف‌های من خیلی رنجیده بود طلبکارانه گفت:

- بس کن دیگه. اولا تو خودت خوب می‌دونی که آزاد و هدایت تو رو دوست دارند. شاید تنها یا یکی از نادر دانشجویانی هستی که نگرانش هستند. هر دوی آن‌ها همیشه از تو تعریف می‌کنند. به تو امید دارند چون براشون مهم هستی. هدایت فارسی بلد نیست و نمی‌تونه حرفش رو خوب بیان کنه. قبول دارم که نحوه‌ی گفتنش بد بود

و من همین جا معذرت می‌خوام ولی اون توی غرب بزرگ شده و از ملاحظات کلامی ما بی‌اطلاعه. اون‌چه رو که گفت از خوشحالی بود....

- پس برای همین هم شعر گفتن منو مسخره کرد. این‌که «پس شعر و شاعری دلیلی داشته؟». تو غرب کسی شعر نمی‌گه؟ آیا من به شما گفتم که شعر می‌گم؟ من از شما خواستم که شعرهای منو بخونید و نظر بدید؟ مگه من می‌دونستم که بیش‌تر از یک سلام هم می‌شه به شما گفت؟ نمی‌دونم چرا آقای آزاد چیزی نگفتند.
- شانی بس کن. یا این مسأله رو همین جا تموم کن یا....
- یا چی؟ دیگه شعرهام رو نمی‌خونید؟ دیگه توی کلاس راهم نمی‌دید؟ دیگه منو رستوران آن‌چنانی نمی‌برید؟
- شانی من بابت تمام اون گفت‌وگو معذرت می‌خوام. از طرف هر سه نفرمون. حق دربست با توست.

آقای خردمند همه‌ی حرف‌های مرا باور کرده بود و صمیمانه عذرخواهی کرد. ولی من نمی‌توانستم وانمود کنم دکتر هدایت منظوری نداشته و یا این حرف از سطح فکر غربی‌اش آمده بود. آقای آزاد اول نمی‌خواست بگوید دکتر هدایت چه گفته بود که به او این همه گران آمده ولی به اصرار من گفت. شاید هم فکر کرده بود این رابطه در ابتدا خدشه‌دار می‌شود و نخواسته بود این کار را بکند. از نظر دکتر هدایت رابطه نداشتن من با جنس مرد سبب می‌شده که از من هنرمند ساخته نشود. به قدری از دکتر هدایت بدم آمده بود که دیگر امکان نداشت به هر دلیلی او را ببخشم. به من توهین شده بود و این گذشت‌ناپذیر بود. در حالی که تلاش می‌کردم به اشکی که در چشم‌هایم جمع شده بود راه خروج ندهم گفتم:

- چرا همه‌ی حرف‌ها رو براشون تعریف کردین؟ اون‌چه که من به شما گفته بودم خیلی خصوصی بود. چیزی بود بین من و شما. فکر نکردید از این به بعد من چطوری می‌تونم باهاشون روبه‌رو بشم؟ حتی اگر دکتر هدایت هم چیزی نگفته بود. آقای آزاد فرق می‌کنه، دست‌کم اون ملاحظه‌کاره. می‌دونستید که در سال گذشته خیلی از پسرها حتی جرأت نداشتن منو به اسم کوچکم صدا کنند. من برای خودم اعتباری داشتم.
- این اعتباره که با پسر یا مردی دوست نباشی؟
- برای من بود. گرچه از فردا دکتر هدایت تو دانشکده پخش می‌کنه،

البته اگر تا حالا نکرده باشه.

- این‌طور هم نیست. من ازش می‌خوام. قول می‌دم... هنوز می‌خوای با من شام بخوری؟

از روی صندلی بلند شدم. نمی‌دانستم این به معنی تأیید است یا تکذیب. تعبیر را سپردم به او. با چه عشقی حاضر شده بودم برای این دیدار و چطور یک‌مرتبه همه چیز خراب شد. با لحن آرامی گفت:

- در ضمن امروز خیلی قشنگ‌تر شدی.

بشنوی نشنوی یک مرسی گفتم.

- حرف‌های امروز هم تو همین جا می‌مونه شانی، تموم!
- بله، ولی....
- بدون ولی و اگر و اما.

لبخندی بی‌معنی تحویلش دادم چون هنوز خیلی عصبانی بودم. تازه مردم می‌گویند این اخلاق زن‌هاست که همه‌ی حرف‌هایشان را به هم می‌زنند؛ در حالی که رفتار آن‌ها به مراتب زننده‌تر از رفتار خاله‌زنک‌ها بود.

ما باز به همان رستوران قبلی رفتیم و باز روی پل تخت طاووس ایستادیم و به پایین نگاه کردیم. ناگهان گفت:

- راستی می‌دونی که من تا حالا با هیچ کس به این رستوران نیامدم؟

جوابی ندادم. به‌طورکلی ساکت بودم. او فقط می‌خواست خیال مرا راحت کند که کسی از وجود این رستوران باخبر نیست؛ به خصوص دکتر هدایت. آن شب گذشت. ولی من آدم جلسه‌ی قبل نبودم. فکر این‌که از فردا همه درباره‌ی من حرف خواهند زد عصبی‌ام کرده بود. می‌توانستم همان جا تمامش کنم و به همه‌ی حرف‌ها خاتمه بدهم. واقعیت این بود که عذرخواهی کمکی به من نکرد. به او گفتم که دیگر چیزی نخواهم نوشت. عصبانی شد ولی شاید با خودش فکر کرد موقت است و مرا به حال خودم گذاشت. نمی‌خواستم به بهانه‌ی شعر گفتن باز به اتاق او مراجعه کنم. در روزها و هفته‌های بعد از آن ساکت شده بودم. تلاش می‌کردم خیلی در دانشکده نباشم. آقای آزاد متوجه شده بود. سوالی نمی‌کرد ولی هر وقت می‌خواست مرا ببیند بهانه‌ای می‌آوردم. می‌دانستم از آقای خردمند هم سوالی نمی‌کند. فکر می‌کنم فرض را بر این گرفته بود که همه چیز بین من و آقای خردمند تمام شده و باز او می‌تواند به من بازگردد. بدون رقیب. آقای خردمند یک بار صدایم کرد و گفت که شعر گفتن و نگفتن من نباید دلیل دیدارهای ما باشد. بهانه آوردم که گرفتار امتحانات بچه‌های مدرسه هستم.

به یقین فهمید که هنوز آن گفت‌وگو را هضم نکرده‌ام. آقای آزاد مثل شوالیه‌ای که از یک دوئل عشقی زنده بیرون آمده خوشحال بود. می‌دانست که عاشقش نیستم ولی خوشحال بود که می‌دید آقای خردمند را هم نمی‌بینم. معتقد بود من با خیلی از دخترها و زن‌های دیگر تفاوت دارم و در کنار من احساس آرامش و اطمینان داشت. برای من هم او یک تکیه‌گاه قوی بود. به او اطمینان داشتم. به خصوص بعد از ماجرای دکتر هدایت و حمایتش از من اما...

•• •• ● •• ••

ناگهان همین تابستان گذشته، چند هفته بعد از ماجرای رستوران رین بو، کنفرانسی در دانشکده‌ی تربیت معلم برقرار بود. خانم همایی، یکی از بهترین استادان زن دانشکده‌ی ادبیات، قرار بود درباره‌ی «چگونه تاریخ را روایت کنیم» سخنرانی کند. من و آقای آزاد قرار داشتیم با هم برویم. ولی حالم خوب نبود. دل‌درد همیشگی مرا در تخت‌خواب نگه داشته بود. زنگ زدم عذرخواهی کنم ولی خط تلفن من افتاد روی خط شخص دیگری. اتفاقی که زیاد می‌افتاد و گاه همه به حرف‌های هم گوش می‌دادند و حتی اظهار نظر هم می‌کردند. صدای یک زن بود که عاجزانه از مردی درخواست می‌کرد او را همان موقع ببیند. صدای مرد... صدای آقای آزاد بود. خشکم زد. یخزده سر جایم ماندم. زن اصرار داشت آقای آزاد را همان بعدازظهر ببیند و او طفره می‌رفت. ولی با خنده نه می‌گفت و به زن می‌گفت درست نیست بچه‌هایش را تنها بگذارد. سرانجام بعد از کلی اصرار و اکراه از دو طرف، زن با حالتی هیستریک گفت که می‌آید مقابل در بزرگ دانشگاه منتظر می‌شود و تلفن را قطع کرد. دیگر زنگ نزدم. حاضر شدم و طبق معمول پریدم داخل تاکسی و رفتم دانشگاه. در تاکسی فکر می‌کردم چه حسی سبب شد تا من از تخت‌خواب به این شکل بزنم بیرون. حسودی؟ نه. آزردگی؟ نه. دروغ؟ بله. همین بود. درست بود که تلاش داشت طرف را از سر باز کند، ولی این زن که بود؟ رابطه‌ای وجود داشته و چه بسا هم‌چنان وجود دارد؟ شاید اگر با من قرار نداشت با این زن می‌رفت. پس کسان دیگری هم هستند. پس آن مظلوم‌نمایی که احساس کرده بود من به او نارو زده بودم بی‌مورد بود. آن مظلوم‌نمایی به‌خاطر یک شکست عشقی! در واقع این من بودم که مدت‌ها بود نارو را خورده بودم. باورم شده بود که این کشمکش دست‌نیافتنی برایش جذاب بوده و به راستی به دنبال یک هم‌نشین بوده است و بس.

وقتی رسیدم جلوی ماشین، آقای آزاد تازه از ساختمان بیرون آمده بود. همین که به هم رسیدیم تشویش را در صورتش دیدم. طبق معمول سلام کردم و او در حالی که به روشنی گیج بود پرسید چرا دیر کرده بودم و در ماشین را برای من باز کرد. نشستم داخل ماشین. گفتم حالم خوب نبوده ولی نمی‌خواستم سخنرانی را از دست بدهم. منتظر بودم تا ببینم از کدام در می‌رود بیرون. برخلاف همیشه، در اصلی را رد کرد و راند به سمت در باشگاه. با تعجب پرسیدم: «چرا از در اصلی نرفتید؟». گفت شلوغ است و گردش به چپ وقت می‌گیرد و سخنرانی شروع می‌شود. صورتم را برگرداندم طرف دیگر. مطمئن بودم فهمیده است من ناراحتم. جلوی در اصلی کمی ترافیک بود. ولی او به هیچ وجه به سمت در دانشگاه نگاه نمی‌کرد و فقط به جلو چشم دوخته بود. با تعجب پرسیدم:

- نمی‌خواهید ببینید اومده یا نه؟
- کی؟ کی اومده؟
- همون زنی که حدود نیم ساعت پیش باهاش تلفنی حرف می‌زدید. همونی که می‌خواست شما رو جلوی در اصلی ببینه.

شاید هیچ‌وقت هیچ‌کس آقای آزاد را در چنین حالتی ندیده بود؛ مثل دن کیشوت وقتی که شمشیرش می‌شکند و حیران باقی می‌ماند. با تعجب پرسید من از کجا می‌دانم.

- بهتره اول اونجا رو نگاه کنید. ببینید اومده یا نه؟ الان راه باز می‌شه و باید حرکت کنید.
- نمی‌خوام ببینم. اگر می‌خواستم ببینم از همون در اصلی می‌اومدم. یا اصلاً باهاش قرار می‌گذاشتم.

ولی من نگاه کردم. خیلی هم نگاه کردم. شاید زنی تنها را هم دیدم که سرگردان به این طرف و آن طرف نگاه می‌کرد ولی نمی‌شد صورت زن را از آن فاصله دید. ترافیک راه افتاد. ما در سکوت حتی به هم نگاه نمی‌کردیم. بعد از مدتی دوباره پرسید من از کجا می‌دانستم و چند وقت است خبر دارم. فکر کرده بود مدت‌هاست از این رابطه باخبرم و چیزی نگفته‌ام. کمی با خجالت حرف می‌زد. سر و صدای ترافیک کمکش کرده بود تا به صدا دربیاید. دستش را از روی دنده‌ی ماشین برداشت و گذاشت روی دست من. دستش را برگرداندم روی دنده. همه‌ی ماجرای اتصال تلفن را برای او تعریف کردم. بی‌کم و کاست. او هم گفت او زنی روانی‌ست. همسر یکی از دوستانش است ولی اسمی از آن دوست نبرد.

گفت مدت‌هاست آن زن مزاحمش می‌شود. شاید صدای زن و نحوه‌ی حرف زدنش عادی نبود ولی روانی؟! شاید خیلی عاشق بود و نمی‌توانست بدون آقای آزاد زندگی کند. شاید در زندگی چیزی کم داشت. دلم برای آن زن سوخت. آقای آزاد کسی نبود که زنی همین طوری به او زنگ بزند. البته به نظر من او نقطه‌ی ضعف بسیار روشنی در مورد زن داشت. ولی این‌که یک زن همین طوری به او زنگ بزند کمی دور از باور بود. مگر این‌که آقای آزاد از پیش با او رابطه‌ای داشته و این رابطه حالا به هر دلیلی از هم گسسته است. نپرسیدم این زن که بود، اسمش چه بود، چند مدت هست که هم‌دیگر را می‌شناسند، همسر کدام دوست و... هیچ سوالی نکردم. به این ترتیب به درستی روشن می‌شد که رابطه‌ی ما دست‌کم برای من فقط یک رابطه‌ی استاد و شاگردی بود، با احترام فراوان من به او به‌عنوان یک استاد. من صدای آن زن را شنیدم که به آقای آزاد التماس می‌کرد تا اجازه بدهد مثل قبل با هم باشند. مثل روزهایی که هم‌دیگر را دوست داشتند و فرصت جبران به او بدهد. آقای آزاد با حالتی تمسخرآمیز همراه با ترحم با آن زن حرف می‌زد. نمی‌توانستم برای خودم قصه‌بافی کنم ولی پرونده‌ی آقای آزاد را بستم. احساس کردم همه‌ی ماجرا را نمی‌گوید. نمی‌خواستم سوالی بکنم و دروغ بشنوم پس ترجیح دادم دیگر به این موضوع فکر نکنم. من هیچ وقت ابراز علاقه‌ای به آقای آزاد نکرده بودم ولی کتمان هم نمی‌کردم که او یک تکیه‌گاه محکم بود. از زندگی من، آمدورفت‌هایم، ورود و خروجم به دانشگاه و ساعت کارم در مدرسه خبر داشت. با مشکلات خانوادگی‌ام آشنا بود. یک بار کسی به من گفت من کمبود وجود پدرم را در او می‌بینم. شاید. ولی من خودم این احساس را نداشتم یا نمی‌فهمیدم. گاه برای برنامه‌هایی خاص به انستیتو فرانسه و یا گوته می‌رفتیم و گاهی به انجمن روابط فرهنگی ایران و شوروی برای دیدن فیلم‌های روسی. من راضی نبودم به سینما برویم. او مشکلی نداشت که با من دیده شود ولی من دوست نداشتم. سینما حالتی خصوصی داشت و من از این حد خصوصی بودن پرهیز داشتم. همیشه سینما رفتن یک تصور «خلوت کردن» به همراه داشت. وقتی با هم بودیم بیش‌تر اوقات او حرف می‌زد. از زندگی هنری‌اش، از پدر و مادرش و وابستگی‌اش به آن‌ها، از نامردی‌های دوستانش و....

می‌گفت اورسن ولز اولین فیلمش را درست در بیست و شش سالگی ساخت و او تصمیم گرفته بود اولین کتابش را در همین حدود سنی به چاپ برساند و این کار را کرده بود. کتاب به حق ارزش همان همشهری کین را داشت.

من از طریق همین صحبت‌ها با خیلی از هنرمندان آشنا شدم. او یک خواننده‌ی بسیار تیزبین بود و به من هم این مهم را می‌آموخت. به حزب و یا گروه سیاسی‌ای وابسته نبود اما با دستگاه مخالف بود و از چپ‌ها هم دل خوشی نداشت. آن‌ها را کم‌مطالعه می‌دانست. مذهبی نبود ولی به شدت به باورهای پدر و مادرش احترام می‌گذاشت. همیشه حسرت می‌خورد چرا به اندازه‌ی کافی امکان مالی نداشته تا در خارج تحصیل کند. گاه به شکلی که حسادت در آن هویدا بود این را در مورد آقای خردمند مطرح می‌کرد. زبان انگلیسی را خوب می‌دانست ولی حرف نمی‌زد. هیچ‌وقت نفهمیدم چرا با این عجله در سن جوانی ازدواج کرده بود. آن هم با کسی که او را نمی‌فهمیده است (او این طور می‌گفت). شاید حسادت به آقای خردمند تنها به تحصیلات او مربوط نمی‌شد بلکه به مجرد بودنش تا پشت سر گذاشتن سی سالگی نیز ربط داشت. شاید اگر او هم مسئولیت زن و بچه نداشت می‌توانست کتاب‌های بیش‌تری بنویسد. مشکلات مالی زیادی داشت: اجاره‌ی خانه، خرج خانواده، کمک به پدر و مادر. آقای خردمند هیچ کدام از این‌ها را نداشت. پدر و مادرش مرفه بودند و خانه‌ای زیبا را هم در اختیار او گذاشته بودند. لباس‌هایش همه خارجی بودند. ماشین نداشت ولی نه به خاطر این‌که پول نداشت. تاکسی را ترجیح می‌داد. راننده‌ی پدرش هم گه‌گاه برای رفتن به منزل پدر و مادرش و یا برگشتن از آن‌جا در اختیارش بود.

آزادی‌های آقای خردمند چیزی بود که آقای آزاد غبطه‌اش را می‌خورد. با اشاره یک بار گفته بود آقای خردمند این آزادی را دارد که به دور از چشم دیگران پذیرای من در خانه‌اش باشد. من هم با تأکید گفته بودم من هیچ وقت به منزل آقای خردمند نرفته‌ام. به هرحال آن روز نوعی بی‌اعتمادی نسبت به آقای آزاد در من به وجود آمد. او خوب می‌دانست عاشقش نیستم. از گذشته‌اش و از زن‌های زندگی‌اش برای من گفته بود. همه مربوط به گذشته بودند ولی این رابطه در زمانی بود که او به من اظهار علاقه می‌کرد. اگرعاشقش بودم امروز چه حال و روزی داشتم! آن‌وقت او با احساسات من بازی کرده بود. شاید دختر جوانی در سن و سال من حتی دست به خودکشی می‌زد. چرا حرفی از او نزده بود؟ چند تای دیگر مثل او بودند؟ چند تای دیگر مثل من بودند؟ همیشه می‌گفت من متفاوت هستم. این را به همه می‌گفت؟ شاید.

••• • ••••

یکی دوهفته‌ای از این ماجرا گذشت و برای من فاصله گرفتن از آقای آزاد روز به روز راحت‌تر می‌شد. یک شب حدود ساعت نه شب تلفن زنگ زد. مهمان داشتیم و خانه شلوغ بود. خوشبختانه خودم گوشی را برداشتم:

- الو بفرمایین.
- می‌خوام با شانی صحبت کنم. شانی شایسته.
- خودم هستم. شما؟
- من خانم آزاد هستم.

احساس کردم برق فشار قوی به من وصل کردند. از من چه می‌خواست؟ حسابی دست‌پاچه شده بودم. بی‌گمان او هم این را فهمیده بود.

- سلام. بله بفرمایید.
- می‌خوام ببینمت. می‌خوام باهات حرف بزنم. عوضی فکر می‌کنی کاری که می‌کنی درسته؟ درسته شوهر مردم رو بقاپی؟ چیه ترسیدی؟

بله ترسیده بودم. ولی این چه طرز حرف زدن بود؟ آقای آزاد را با همه‌ی دانش و محبوبیتش در کنار چنین زنی مجسم کردم. من این خانم را نمی‌شناختم ولی مثل زن‌هایی حرف می‌زد که چادر به کمر بسته و دست از دهن کشیده‌اند. ضربان قلبم به شدت می‌زد. بدون شک رنگم پریده بود.

- این چه حرفیه که می‌زنید؟ فکر می‌کنم سوءتفاهمی شده. من ترسی ندارم شما رو ببینم. کی؟

من می‌خواستم قبل از این‌که کسی چیزی بفهمد این مکالمه تمام شود و وقت داشته باشم فکر کنم.

- فردا ساعت نه بیا خونه‌ی ما. بلدی که؟
- نه خانم. بلد نیستم.

به راستی هم بلد نبودم. می‌دانستم در کدام خیابان است ولی هیچ وقت به آن محله نرفته بودم. آدرس را گرفتم و گوشی را گذاشتم. تمام کانال‌های مغزم بسته شده بود. این دیگر چه طوفانی‌ست؟ همین را کم داشتم. حالا چه کار کنم. امکان صحبت با آقای آزاد هم که نبود.

شب دل‌درد شدیدی به سراغم آمد. کمرم آن‌چنان تیر می‌کشید که نتوانستم بخوابم. طبیعت هم شوکه شده بود و انجام وظیفه‌اش را به جلو انداخته بود. آیا او حق داشت؟ بدون شک. من وقتی را از شوهر او می‌گرفتم که مال او و بچه‌هایش بود. چرا هیچ وقت به قضیه این طوری فکر نکرده بودم؟ دعوایی وجود نداشت. به واقع من حق را به او می‌دادم. اگر او با شوهرش مشکل داشت

چیزی بود بین آن‌ها و من حق نداشتم تأثیر اضافی روی این مشکل بگذارم.
صبح روز بعد که مامان رنگ و رویم را دید نگران شد. گفتم چیزی نیست. دو تا اسپاسموسیبالژین می‌خورم و می‌روم. مامان اصرار داشت که بمانم خانه و استراحت کنم. توضیح دادم کلاس خودم به کنار، کلاس بچه‌های مدرسه را نمی‌توانم تعطیل کنم. لباس مناسبی پوشیدم و از خانه خارج شدم. یک تاکسی خالی جلوی پایم توقف کرد. خواهش کردم مسافر دیگری نگیرد و مرا دربست ببرد به آدرسی که خواسته بودم.
خانه قدیمی و کوچک بود. زنگ زدم. خودش در را باز کرد. معلوم بود از وقتی بیدار شده چندین بار لباس و مدل موهایش را عوض کرده تا بهترین باشد. کمی بی‌ربط لباس پوشیده بود. بلوزی تنگ به رنگ قرمز تند با دامنی ترک و راه‌راه افقی به رنگ‌های سیاه و بنفش. موهای خرمنی داشت که معلوم بود بیگودی پیچیده و پوش فراوانی داده بود. قدش از من کوتاه‌تر بود. کمی چاق. برای اول صبح آرایش غلیظی داشت. او هم به‌طور یقین از سر تا پای مرا برانداز کرد. جلو افتاد و گفت که می‌رویم طبقه‌ی بالا چون پدر و مادر آقای آزاد در طبقه‌ی پایین زندگی می‌کنند. این اولین سختی برای یک زن شوهردار بود که با پدر و مادر شوهرش، هر چه قدر هم خوب، در یک مکان زندگی کند. خانه بسیار ساده بود و تمیز. خواست شربت بیاورد که تشکر کردم و نخواستم. اشتباه کردم. مطمئن بودم که گلو و صدایم خواهند گرفت. به نظر می‌آمد خیلی تلاش می‌کند به خودش مسلط باشد ولی هم‌چنان حالت تهاجمی داشت. شروع کرد به من درس اخلاق دادن. بعد از عمو و دایی و کس و کارش گفت که همگی تا چه اندازه آدم‌های مهمی هستند و بدون وجود و کمک آن‌ها آقای آزاد نمی‌توانست کسی باشد که حالا هست. این کمی بی‌انصافی بود. گفت که آقای آزاد هر آن‌چه را که بلد است مدیون اوست. نمی‌فهمیدم! گفت کتاب‌های آقای آزاد را در اصل او نوشته و آقای آزاد آن‌ها را به اسم خودش چاپ کرده است. یعنی چه؟ این دیگر خیلی زیاد بود. مافوق بی‌انصافی! در واقع یک نوع روان‌پریشی بود. ولی آن هم ربطی به من نداشت. به او اطمینان دادم از طرف من هیچ خطری متوجه زندگی آن‌ها نیست. گفتم آقای آزاد را خیلی دوست دارم ولی تنها به عنوان یک استاد خوب. درست مثل همه‌ی شاگردان او. گفتم برایم مهم نیست حرف‌هایم را باور کند یا نه ولی من شخص دیگری را دوست دارم. چرا این حرف را زدم؟ شاید خواستم خیال او را راحت کنم. گفتم برایم اهمیتی ندارد و نمی‌خواهم بدانم چه کسی این فکر را در مغز او جا داده و

اسم و شماره تلفن من را به او داده است ولی هر کسی که بوده اگر مرا می‌شناخته به‌طور قطع می‌خواسته مرا خراب کند. اگر او را می‌شناسد باید بگویم یا خواسته رد گم کند و یا قصدش خراب کردن زندگی آن‌ها بوده است. شاید با بی‌رحمی اضافه کردم: «و شما بازی رو باختید». نمی‌دانم چطور این حرف‌ها را زدم.
برای چند لحظه‌ای ساکت شد. احساس کردم به فکر فرو رفت. خداحافظی کردم. گفت: «شاید دوباره هم‌دیگر رو ببینیم» و من با اطمینان گفتم: «امیدوارم هرگز این اتفاق نیفته» و از در زدم بیرون.
باورم نمی‌شد این من بودم که با این زن روبه‌رو شده بودم و این دو جمله‌ی آخر را ادا کرده بودم. او ده سالی بزرگ‌تر از من بود. قیافه‌اش از آن نوع زن‌هایی بود که آدم با خودش فکر می‌کند خیلی در مورد مسائل زناشویی دانا هستند. خودم را جای او گذاشتم و فکر کردم هرگز خودم را وارد چنین بازی‌ای نمی‌کردم.

•••●•••

ناگهان تابستان گذشته، ولی نه خیلی گذشته، در کلاس دکتر هدایت اتوود کار می‌کردیم. هر دانشجویی می‌بایست به مدت پنج دقیقه روی صحنه می‌رفت و موضوعی را به نمایش درمی‌آورد. دکتر خواست نقش زنی را بازی کنم که شخصی به او زنگ می‌زند و می‌گوید شوهرش با زن دیگری رابطه دارد. کمی بعد شوهر از راه می‌رسد و... چند دقیقه‌ای فکر کردم و بازی را شروع کردم: تلفن را برداشتم. صدا مضطربم کرد. گوشی را گذاشتم و به اطراف خودم نگاه کردم. پرده‌ی پنجره را کنار زدم. به بیرون نگاه کردم. برگشتم جلوی میز آرایش. شانه را برداشتم و موهایم را شانه کردم. آرام‌آرام.
با صدای زنگ در تکانی خوردم. روبانی به انتهای موهایم انداختم و در را باز کردم. گفتم: «نمی‌دونستم بارون میاد، خیس شدی. کتت رو بده به من». و کار تمام شد. دکتر هدایت در بهت بود. گفت این بهترین کاری بود که تا آن موقع انجام شده و به هیچ وجه انتظار چنین صحنه‌ای را نداشته. گفت منتظر بود تا من هم داد و بی‌داد راه بیندازم یا مشتی قرص بخورم. شراره رگ دستش را در این اتوود زد.

•••●•••

به یقین من با دختری که ده سال از من کوچک‌تر است درباره‌ی شوهرم هم‌صحبت نمی‌شدم. اگر آقای آزاد بفهمد! باید می‌دانست من به آقای آزاد خواهم گفت. حتی از من نخواست این کار را نکنم. می‌گفت آقای آزاد عاشق اوست و تمام کارهای ادبی و هنری‌اش را به خاطر او انجام می‌دهد.حرف‌هایش ضدونقیض بودند. او نمی‌دانست در کجای آن زندگی ایستاده است. تا دانشگاه پیاده رفتم. در راه مدام فکر می‌کردم: از کجا اسم مرا می‌دانست؟ شماره تلفنم را؟ از آقای آزاد بعید می‌دانستم که چنین زنی داشته باشد. این زن برخلاف آن‌چه وانمود می‌کرد زن مغروری نبود. به شدت می‌خواست خودش را بالا بکشد. کدام بالا؟ او یک مادر بود. از این بالاتر؟ به یقین نگهداری از بچه‌ها، خانه و زندگی سبب شده بود که آقای آزاد با فراغت کتاب‌هایش را به اتمام برساند. پس دستش درد نکند. این نقش بهتری بود. ولی برعکس، او خودش را با آرایش غلیظ آراسته بود، به شکل بدی لباس پوشیده بود، حرف‌های احمقانه زد که بگوید از من بهتر است و شوهرش عاشق اوست. فکر کردم آقای آزاد اشتباه بزرگی در زندگی‌اش کرده ولی تاوان بی‌تجربگی‌اش را حالا باید این زن بپردازد. آقای آزاد در جوانی ازدواج کرده و تازه فهمیده دنیا پر از زن‌های دیگری‌ست که شاید به او نزدیک‌تر هستند و یا حتی تازه فهمیده «زن» چیست. شاید با عشق ازدواج کردند و بعد متوجه شدند که با هم تفاهم و توافق ندارند. ولی به این شکل خواسته و ناخواسته روح و روان همسرش را جریحه‌دار می‌کند و یا تا به حال کرده است. شاید من اولین زنی نبودم که او به میدان مبارزه طلبیده بود. شاید آخرین هم نباشم. حالا دیگر دربست حق را به این زن می‌دادم. نمی‌شود زنی را انتخاب کنی که مناسب زندگی خودت نیست و بعد بفهمی که اشتباه کردی. شاید مثل خیلی از مردان طالب زن سنتی هستی برای زندگی‌ات، ولی از معاشرت با زن‌های دیگر بیش‌تر لذت می‌بری. پس تو هم یکی مثل همگان. وقتی رسیدم به دانشگاه دیگر رمقی نداشتم. از خودم بدم آمده بود که به این بازی کشانده شده بودم. ترسیده بودم. در راه خیلی گریه کردم. یک‌راست رفتم اتاق آقای آزاد. رنگ و رویم حسابی پریده بود. با تعجب پرسید:

- سلام، چته؟ بازم میگرن؟
- بدتر از میگرن، همه‌ی بدنم درد می‌کنه. می‌دونید دارم از کجا می‌یام؟
- نه، از منزل؟
- بله ولی از منزل شما. از پیش خانم شما.

به یقین اگر سرپا ایستاده بود در آن لحظه می‌افتاد. برای یک لحظه خشکش زد.

- منزل ما، اون‌جا چی کار می‌کردی؟

ماجرا را برایش تعریف کردم. رنگش به وضوح سفید شد. لبخند تلخی گوشه‌ی لبش نشست. رنگ و روی مرا دید. ناراحت شد. به راستی و با تمام وجود ناراحت شد. شاید هیچ وقت فکر این‌جا را نکرده بود.

- نباید می‌رفتی.

- جدی نمی‌گید! یعنی وقتی زنگ زدند خونه چاره‌ی دیگه‌ای داشتم؟ می‌تونستم یکی به دو کنم و چونه بزنم؟ چطوری می‌تونستم دست به سرشون کنم؟ اونم اون موقع شب!

- می‌فهمم ولی ای کاش به من خبر می‌دادی.

- چطوری؟

- متاسفم. خیلی متاسفم. نمی‌دونم چی بگم.

می‌دانستم راست می‌گفت. اما من از دست او و همسرش عصبانی بودم. ولی چه کسی مقصر بود؟ آیا تمام گناه‌ها به گردن من بود؟ من به دنبال چه کسی و یا چه هدفی در این رابطه بودم؟ توجه در دانشگاه، بیش‌تر آموختن از او در مقایسه با دیگران، سایه‌ی پدر و یا... همه‌ی این‌ها برای یک دختر بیست‌ساله زیاد بود. من که نمی‌توانستم همه‌ی این‌ها را با هم داشته باشم. من خوشحال بودم که آدم مهمی مثل او از من خوشش می‌آمد. پس تقصیر او بود. او که فهمیده بود. او که استاد بود. او که پانزده سالی از من بزرگ‌تر بود. دور و برش پر بود از زن‌های مختلف. شاید من از همین خوشم می‌آمد. از این که من را بین تمام آن‌ها انتخاب کرده بود. من دوست داشتم آن پرنده‌ای باشم که چشمان هزار تیرانداز او را نشانه گرفته‌اند. ولی نه به این قیمت. تا چه اندازه جوانی کرده بودم! آقای آزاد گفت:

- برو منزل استراحت کن. نرو کلاس. ظهر میام می‌برمت مدرسه.

- نه ارزش نداره برم خونه و دوباره برگردم. کلاس که شروع شده. تا مدرسه هم یه کاری می‌کنم.

- شانی معذرت می‌خوام.

- تموم شد دیگه. نباید اتفاق می‌افتاد. امیدوارم پیامدی نداشته باشه.

آقای آزاد هنوز در شگفت بود چطور به دیدار زنش رفته‌ام. وقتی از اتاق بیرون آمدم، فکر می‌کنم حتی متوجه هم نشد. رفتم داخل کلاسی که می‌دانستم خالی‌ست. در را بستم و سرم را گذاشتم روی میز. انتظار میگرن را می‌کشیدم. ولی نیامد. شوک بیش‌تر از آن بود که میگرن به سراغم بیاید. رمقی در وجودم باقی نمانده بود.

گویی تمام انرژی‌ام فقط صرف این شده بود که سرپا بایستم و آن دیدار را به اتمام برسانم؛ بدون این‌که خم به ابرو بیاورم. اگر گریه و زاری می‌کردم، یا «ببخشید ببخشید» راه می‌انداختم یعنی احساسی پشت این رابطه بود. پس باید بی‌تفاوت می‌بودم و نشان می‌دادم که این بازی به من مربوط نمی‌شود و در حد من نیست. در واقع همین طور هم شد. در پایان، این خانم آزاد بود که از خودش ضعف نشان داده بود. او که در وقت خوشامدگویی مثل کلئوپاترا با آن موهای سیاه افشان به دور خودش و با طمطراق در را به روی من باز کرده بود، وقت خداحافظی زنی مفلوک بود که باید می‌نشست و فکر می‌کرد چرا مرا به حریم خانه‌اش راه داده. بارها تکرار کرد شوهرش عاشق اوست! اگر این طور بود من آن‌جا چه می‌کردم؟ این چیزی بود که در وقت خداحافظی دریافت ولی دیگر دیر شده بود. حالا باید با شوهرش رو در رو می‌شد. دیگر به من مربوط نبود. اگرچه دلم می‌خواست بدانم نخ‌های تمام این ماجرا در دستان چه کسی بوده. هنوز سرم روی میز بود که سید با یک لیوان چای بزرگ وارد اتاق شد.

- فهمیدم حالت خوب نیست برات چای تازه‌دم آوردم.
- سید دستت درد نکنه. اگر تو نبودی من توی این دانشکده چه کار می‌کردم؟
- دو سه تا از بچه‌ها بیرون هستن. بهشون گفتم از پشت در برند کنار. چیه؟ بازم سرت درد می‌کنه؟
- بله. بازم درد می‌کنه.
- چای بابونه خوردی؟ باید خودم بابونه بخرم بیارم این‌جا برات درست کنم. ولی شانی همه‌ی این دردها مال غذا نخوردنه. تو همش داری می‌دوی. از خونه به دانشگاه. از دانشگاه به مدرسه. از مدرسه به دانشگاه. این‌جام که یا سر کلاسی یا کتاب‌خونه‌ای یا داری برای این استاد و اون استاد کار می‌کنی. مواظب خودت باش. آهان شیرین‌بیان، باید شیرین‌بیان بخوری.
- چشم، چشم سید.
- تو سرت درد می‌کنه و منم دارم مغزت رو ترید می‌کنم. رفتم. بگیر استراحت کن.
- سید در را بست و رفت. ده دقیقه‌ای نگذشته بود که جواد در را باز کرد و آمد داخل کلاس و پیچ قفل در را از داخل چرخاند و در قفل شد.
- در رو چرا قفل می‌کنی؟ سرم درد می‌کنه. می‌شه تنهام بذاری؟

- فهمیدم. از لیوان چای سید! چرا سرت درد می‌کنه عزیزم؟ از عشاق سینه‌چاک کدوم یکی بی‌وفایی کرده؟

- مزخرف نگو جواد. برو بیرون.

جواد همکلاسی من بود و وانمود می‌کرد به من علاقه دارد ولی برای من او یک همکلاسی بود و بس. احساس کردم حالت بدی دارد. از جایم بلند شدم. آمد طرفم و دستم را محکم گرفت. با زور دستم را از دستش کشیدم بیرون و رفتم طرف در. از روی صندلی‌ها پرید و خودش را زودتر از من به در رساند و جلوی در ایستاد. مثل دیوانه‌ها می‌خندید. از لابه‌لای صندلی‌ها این طرف و آن طرف می‌رفتم تا دوباره به در برسم. ولی او در مقابلم سبز می‌شد. عصبانی شده بودم و یکسره می‌گفتم چه از جانم می‌خواهد؟ چرا عقلش را از دست داده است؟ فکر کردم بروم به طرف پنجره که بی‌فایده بود. آن کلاس مشرف به جایی نبود. درمانده شده بودم که ناگهان از پشت مرا گرفت. یک دستش را از بازو به پشتم فشار داد، چسباندم به دیوار و گردنم را بوسید. برگشتم و با ناخن‌هایم به صورتش حمله‌ور شدم. رهایم کرد. گفتم:

- تو دیوونه شدی؟ اگه در رو باز نکنی داد می‌زنم.

- داد نمی‌زنی. من تو رو می‌شناسم. آره من دیوونه‌ام. دیوونه‌ی تو. شانی دوستت دارم.

- این دوست داشتنه که مثل حیوون اومدی سراغم؟

وحشت کرده بودم. واقعیت این بود که می‌دانستم زورم به زورش نمی‌رسد. زورم هیچ وقت به زور هیچ مردی نرسیده بود! همان موقع یک نفر دستگیره‌ی در را چرخاند. اشاره کردم در را باز کند. شاید او هم ترسید. در را باز کرد و در حالی که همان طور هیستریک می‌خندید از در خارج شد. من هم از کلاس خارج شدم و در برابر نگاه متعجب آن شخص به سراغ سید رفتم. تمام بدنم می‌لرزید. او حق داشت. من فریاد نمی‌کشیدم. من هیچ وقت فریاد نکشیدم....

- سید من حالم خیلی بده. می‌رم خونه. سر کار هم نمی‌رم. اگر آقای آزاد سراغم رو گرفت بهش بگو.

حالت تهوع داشتم. دلم می‌خواست بروم داخل دستشویی و بالا بیاورم. گردنم اذیتم می‌کرد. رفتم دستشویی. خوشبختانه کسی نبود. دستمالی را از کیفم درآوردم. خیسش کردم و بارها و بارها کشیدم روی گردنم. گردنم قرمز شده بود. حالم از جواد به هم می‌خورد. دیگر حتی تحمل نداشتم که با او در یک کلاس باشم.

•••●•••

ناگهان تابستان گذشته، کلاس هشتم دبیرستان بودم. با دوستم فرح هر روز پیاده به منزل می‌رفتیم و پیاده برمی‌گشتیم. برای این‌که دور از اجتماع خشمگین باشیم از خیابان اصلی رفت‌وآمد نمی‌کردیم. خیابانی فرعی در دست ساخت بود که مستقیم به منزل ما می‌رسید. من و فرح در همسایگی هم بودیم. فرح دو سه سالی از من بزرگ‌تر بود ولی او هم کلاس هشتم بود. دختری بود با هیکلی درشت، صورت سفید، موهای بلند روشن و سینه‌های بزرگ برآمده. بیش‌تر مثل زن‌های جوان بود تا دخترها. به خصوص در مقایسه با من که لاغر بودم و هنوز سینه‌بند نمی‌بستم. یک روز وقتی داشتیم خنده‌کنان به خانه برمی‌گشتیم ناگهان یک نفر از پشت مرا به طرف خودش چرخاند و با شدت تمام مرا بوسید. به‌طور وحشتناکی شوکه شده بودم. فرح هم همین طور. او زودتر از من توانست فریاد بکشد و به آن شخص بد و بی‌راه بگوید و کمک بخواهد. به نظر می‌آمد یک سرباز بود. سرش تراشیده بود و کلاه سربازی به سر داشت. به خودم که آمدم فقط جیغ می‌کشیدم و می‌گفتم بی‌شعور، بی‌شعور. او هم در حالی که می‌دوید و از ما دور می‌شد با خنده‌ی ابلهانه‌ای فریاد می‌زد که نترسیم و دیگر این کار را نخواهد کرد. حالم بد شده بود. احساس کثیفی می‌کردم. دلم می‌خواست به اولین منزل بر سر راهم بروم و تا می‌توانم صورتم را با آب و صابون بشویم. انگار تمام ناپاکی‌ها رخنه کرده بود توی رگ و پی‌ام. قیافه‌ی سوفیا لورن در فیلم دو زن آمد جلوی چشمم، آن‌وقت که سربازها به او و دخترش در آن ساختمان قدیمی تجاوز کردند. فیلم را بدون اجازه دیده بودم. بزرگ‌ترها مهمانی دعوت داشتند. من، الوند و اروند منزل بودیم. آن‌ها با دوچرخه‌هایشان رفته بودند بیرون و من هم تنها در منزل مانده بودم و تلویزیون تماشا می‌کردم. آن شب تا صبح نخوابیدم.

•••●•••

وقتی رسیدم خانه مشوش و پریشان بودم. مامان از دیدنم در آن وقت روز تعجب کرد ولی چیزی نگفت. آقای آزاد چندین بار تا من به منزل برسم زنگ زده بود و مامان متوجه شده بود که اتفاقی افتاده است. فقط به من گفت به آقای آزاد زنگ بزنم. گفتم سرم درد می‌کند و می‌خواهم بخوابم. به‌طور غریبی خیلی زود

به خواب رفتم. روز بعد هم به بهانه‌ی میگرن از خانه بیرون نرفتم. خوشبختانه مدرسه هم نداشتم چون قرار بود بچه‌های کلاس مرا به کاخ گلستان ببرند. دو روز بعد، وقتی صبح رفتم دانشگاه، دکتر هدایت اولین کسی بود که دیدم.

-   شانی بیا ببینم حالت چطوره؟
-   سلام آقای دکتر. خوبم.
-   می‌تونیم با هم ناهار بخوریم؟

این دعوتی عجیب و غیرمنتظره بود از شخصی بی‌نهایت به دور از انتظار. خبری بود و حدس زدم به او واگذار شده تا آن خبر را به من بدهد. دلم خیلی شور افتاده بود. چه شده؟ بدون شک او هم از ماجرای خانم آزاد خبر دارد. آیا خانم و آقای آزاد دعوا کرده‌اند؟ شاید از ماجرای جواد باخبر شده! ولی چرا او باید با من حرف بزند؟ تمام مدت در کلاس به فکر بودم چه شده. به‌طوری که به هیچ عنوان نفهمیدم کلاس کی شروع شد و کی تمام شد.

از کلاس که بیرون آمدم، دیدم نیازی نیست دنبال دکتر هدایت بگردم. همان جا منتظرم بود. راه افتادیم. طوری بی‌خیال با من قدم می‌زد که گویی این کار هر روزه‌ی ماست. رفتیم به نزدیک‌ترین رستوران. خواست اول غذا را سفارش بدهیم و بعد حرف بزند. گارسون سفارش را گرفت و او شروع کرد:

-   دیروز من و ادیب منزل سهراب بودیم. صحبت از دانشجویان شد. من که از هیچی خبر نداشتم گفتم اگر همه‌ی دانشجویان مثل شانی بودند استادا غمی نداشتن. یک‌مرتبه زن سهراب عصبانی شد که این شانی مگه بیش‌تر از یک دختر فرصت‌طلبه؟ من فهمیدم که نباید حرف می‌زدم. شما این جور موقع‌ها یه چیزی می‌گید، چیه؟
-   هوا پسه؟
-   آره دیدم هوا پسه. ولی وقتی زن سهراب از اتاق رفت بیرون، از سهراب پرسیدم چی شده؟ سهراب گفت پریروز صبح شراره می‌ره اتاق سهراب. گریه و زاری می‌کنه که چرا نمره‌ی «ج» گرفته؟ بعد هم می‌گه که چرا او به تو «الف» داده؟ سهراب عصبانی می‌شه و بهش می‌گه او می‌تونه در مورد نمره‌ی خودش حرف بزنه ولی حق نداره در مورد تو یا هر دانشجوی دیگه‌ای حرف بزنه. شراره هم که دیوونه شده بوده سهراب رو تهدید می‌کنه که زندگی‌اش رو به آتیش می‌کشه. اونوقت بعدازظهر همون روز یه دختری زنگ زده به زن سهراب و خودش را جای تو معرفی کرده. بهش گفته عاشق سهرابه و هر طور شده اونو به دست میاره.

بعدشم سهراب جریان تو رو تعریف کرد که چطوری رفتی خونه‌شون. این همه‌ی ماجرا بود.

خیالش راحت شد. نفسی کشید و تکیه داد عقب. دست‌هایش را دراز کرد و کمی آن‌ها را کشید. دوباره به جلو آمد و شروع به خوردن غذایش کرد. در تمام این مدت حتی نیم‌نگاهی هم به من نینداخت و زیر لب گفت: «شروع کن». گفتم:

- ولی من نمی‌فهمم. شراره چرا باید به من حسودی کنه؟ اون که خیلی وضعش بهتر از منه.

بدون نفس کشیدن گفت:

- چرا مزخرف می‌گی؟

خیلی ساده و بی‌ریا گفت و با تشر ادامه داد:

- اگر فکر می‌کنه خوشگله، خوشگلیش به درد همین پسرای احمق دانشکده می‌خوره. یه ذره مغز توی کله‌اش نیست. اگر من جای سهراب بودم از اتاق می‌انداختمش بیرون.
- آقای آزاد چرا امروز نیومدند؟
- دیروز بعد از این‌که زن سهراب اون حرف رو زد در مورد تو، ادیب خیلی ناراحت شد و گفت هیچ کدوم از شاگردا به اندازه تو در کارشون جدی نیستند. زن سهراب هم با طعنه گفت: «اوه چقدر هم هوادار داره» و یک مشت چرت و پرت دیگه به همه‌ی ما. وقتی من و ادیب خداحافظی کردیم سهراب هم با ما آمد بیرون و بعد از هم جدا شدیم. سهراب صبح به من زنگ زد که دیشب منزل برادرش کرج بوده و دیر میاد.

ساکت بودم و به شراره فکر می‌کردم. چه افتضاحی به پا کرد. از رستوران که آمدیم بیرون دکتر هدایت پیشنهاد داد زنگی به آقای خردمند بزنم چون خیلی نگران من بوده. گفتم چشم بعد این کار را می‌کنم. ولی اصرار داشت که هر جا تلفن عمومی دیدم به ادیب زنگ بزنم. مثل معلمی که حواسش به شاگردش باشد تا تکلیفش را خوب انجام بدهد، سرانجام مرا فرستاد داخل یک کیوسک تلفن عمومی. یک دو ریالی هم گذاشت کف دستم. وقتی هم که تردیدم را دید، گفت ادیب که از همه چیز خبر دارد. این اولین بار بود که به منزل او زنگ می‌زدم. تلفن سه بار زنگ خورد و بعد او گوشی را برداشت و الوی کشیده‌ای گفت.

- سلام، منم شانی.

نمی‌دانم چرا بغضم گرفت. پرسید:

- چطوری؟ چی شده؟
- دکتر هدایت گفتند شما از همه‌ی جریان خبر دارید. از تلفن شراره، از خانم آزاد و..
- آره. کجایی؟
- با دکتر هدایت هستم. جلوی سینما بلوار.
- خب پس خیلی نزدیکی به من. یه سر بیا این‌جا.
- اون‌جا؟ کجا؟ چطوری؟
- یعنی چی چطوری؟ یک تاکسی بگیر و آدرس این‌جا رو بده. ده دقیقه هم طول نمی‌کشه.
- ولی من آدرس ندارم.
- ای دختر بد. نه شماره تلفن نه آدرس.

آدرس را داد. دکتر هدایت چیزی نپرسید. من هم توضیحی ندادم. ولی با چشم‌های اشک‌آلود از دکتر خداحافظی کردم. کلی هم تشکر کردم که به این ترتیب ماجرا را به من خبر داد. شاید جلودار شده بود تا جبران گذشته را بکند. فکر کردم برای آقای آزاد سخت بوده با من روبه‌رو شود. در تاکسی به شراره فکر می‌کردم. هیچ وقت از او خوشم نیامده بود. به نظرم عادی نبود. حالت‌های روانی عجیبی داشت. فکر می‌کرد همه باید ستایشش کنند. ولی همان طور که دکتر هدایت گفت شراره به نظر خیلی‌ها خوشگل نمی‌آمد. او همیشه به دنبال کسی بود تا دعوایی راه بیندازد. سیگار از دستش نمی‌افتاد به‌طوری که در آن سن و سال صدایش مثل زن‌های سیگاری پنجاه شصت ساله شده بود. از زندگی خانوادگی‌اش چیزی نمی‌دانستم ولی خیلی راحت و آزاد بود. بچه‌های چپ دانشکده از او خوش‌شان نمی‌آمد و این را به وضوح نشان می‌دادند. یکی دو هفته‌ای قبل از این ماجرا یکی از بچه‌های معماری با شراره دعوایش شده بود. شراره در بوفه‌ی دانشکده پاهایش را با کفش گذاشته بوده روی میز که احمدعلی، یکی از بچه‌های معماری که از گروه کوه‌نوردی - این گروه از بچه‌های کوه‌نوردی همگی چپ بودند - هم بود، عصبانی می‌شود و شروع می‌کند به او بد و بی‌راه گفتن. شراره هم کم نمی‌آورد و به او فحش‌های آن‌چنانی می‌دهد و سر آخر هم به او می‌گوید: «بچه گدا». احمدعلی همیشه با دوچرخه به دانشگاه می‌آمد. خیلی ساده و معمولی لباس می‌پوشید. سرش همیشه به کار خودش بود. اهل ایستادن و گپ زدن در حیاط و راهروها با دیگران نبود اما آن روز کاری می‌کند که شراره با گریه از بوفه بیاید بیرون. شراره همیشه دو نوچه هم به دنبال خودش داشت.

یکی همان خبرچین ساواک بود و یکی پسر پخمه و آرامی بود که بقیه‌ی پسرها خیلی تحویلش نمی‌گرفتند. ولی آن روز نوچه‌ها هم به شراره کمکی نمی‌کنند. بچه‌ها تعریف می‌کردند شراره و احمدعلی هر چه از دهان‌شان درآمده نثار هم کرده بودند. باور نمی‌کردم دو دانشجو چنین حرف‌های زشتی را به هم زده باشند. گرچه شراره حقش بود. یک ماه پیش از این، به خاطر این‌که یکی از استادها همیشه مست به سر کلاس می‌آمد، اعتصاب کردیم و سر کلاسش نرفتیم اما شراره و دو نوچه‌اش تنها کسانی بودند که به کلاس او رفتند. شراره دختر خطرناکی بود و به راحتی می‌توانست آتش به پا کند.

تاکسی نگه داشت و من سر کوچه‌ی منزل آقای خردمند پیاده شدم. وقتی زنگ را زدم قلبم داشت از قفسه‌ی سینه‌ام بیرون می‌آمد. در را باز کرد و تعارف کرد بروم داخل خانه. یک خانه‌ی نقلی یک‌طبقه بود. خیلی حواس جمعی نداشتم تا خانه را درست و حسابی ببینم. سرم را انداخته بودم پایین و قدم برمی‌داشتم. تلاش کردم به این ور و آن ور سرک نکشم. وارد اتاق که شدیم، احساس آرامش کردم. نمی‌دانم رنگ اتاق بود، خلوتی آن و یا بودن من در یک جای امن به دور از اجتماع خشمگین که این طور آرام شدم.

- رنگت خیلی پریده. الان یک چای عالی برات می‌آرم. بعد هم یک قهوه با شکلات خوب.

رفت طرف آشپزخانه و من مشغول تماشای اطراف شدم. همان‌طور که او می‌خواست: به دقت. اتاق، که شاید اتاق پذیرایی از مهمان بود، دو مبل راحتی خیلی بزرگ داشت که به صورت یک زاویه‌ی نود درجه کنار هم گذاشته شده بودند. میان این دو مبل یک میز چهارگوش بود. رنگ چوب مبل‌ها و میز سیاه بود. روی میز یک آباژور قشنگ گذاشته شده بود با دو سه جلد کتاب. لای یکی از کتاب‌ها یک «چوق الف» بود. پس کتابی بود که در دست خواندن داشت. همه‌ی کتاب‌ها به زبان انگلیسی بودند.

در گوشه‌ی مقابل مبل‌ها، یک میز درست شبیه همین میز سیاه بود که روی آن یک دستگاه گرامافون بود و در کنارش یک جامجله‌ای که پر از صفحه‌های هفتاد و پنج دور موسیقی بود. گوشه‌ی دیگر اتاق، یک میز ناهارخوری گرد چهارنفره با صندلی‌هایش و کنار میز، یک آباژور ایستاده‌ی خیلی قدیمی از جنس برنز که مشخص بود پارچه‌ی کلاهک آباژور به تازگی عوض شده و یک پارچه‌ی روشن بدون چین بود با طراحی و حاشیه‌ی بالا و پایین مصری. روی یکی از دیوارها یک تابلوی بزرگ مداد رنگی بود که به نظر منظره‌ای از یک آبادی کوچک بود

و کسی آن را با امضایش به او هدیه داده بود. وسط اتاق بین مبل‌ها و میز ناهارخوری هم یک گلیم کوچک به رنگ قرمز تند انداخته شده بود. بعد از ده دقیقه با یک سینی و دو لیوان چای در آن به اتاق برگشت. یک لیوان قاشق چای‌خوری داشت و دیگری نه. از روی میز یک زیرلیوانی که عکس گل رز روی آن بود، برداشت و لیوانِ با قاشق را گذاشت کنار من. بعد یک زیر لیوانی دیگر باز، با طرح گل رز ولی متفاوت با اولی، را برداشت و لیوان بدون قاشق را گذاشت روی آن. لیوان چای مرا برداشت و شروع کرد به هم زدن و داد دستم. جرعه‌ای از آن نوشیدم. چای با نبات بود به همراه عطر خوش گل بهارنارنج.

- دوباره میگرن؟
- بله. دو روز پشت سر هم.

نمی‌دانم چرا ناگهان به تشنج افتادم. بعد از مرگ پدرم هر وقت گریه می‌کردم بی‌اختیار پاهایم به لرزه می‌افتادند. گاه حتی نشستن کسی روی پاهایم هم کمکی نمی‌کرد. دستش را گذاشت روی زانوهایم و پاهایم را فشار داد به زمین. سخت گریه‌ام گرفته بود. پاهای من دست‌های او را هم تکان می‌دادند. خواست دراز بکشم روی زمین. یک کوسن از روی مبل برداشت و گذاشت زیر سرم. لرزه افتاده بود به تمام تنم. پاهایم از روی زمین بلند می‌شدند. از اتاق رفت بیرون و با یک پتو برگشت. پتو را به دقت کشید روی من. گفتم گرما کمکی نمی‌کند. اشک‌هایم را با دستمال کاغذی پاک می‌کرد و مرتب تکرار می‌کرد آرام باشم. دستش را به نوازش به روی صورتم می‌کشید. کمک کرد تا کمی از چای را بنوشم. به طرف گرامافون رفت و سوزن را روی صفحه‌ای گذاشت. برگشت طرف من. موهایم را عقب زد و گفت:

- چشماتو ببند. چشماتو ببند و به چیزی فکر نکن. ببین با خودت چه کردی! همه، هم تو رو می‌شناسند و هم اون دختر احمق رو. تلاش کن آروم باشی. من می‌رم برات آسپیرین بیارم.
- نه مرسی نمی‌تونم آسپیرین بخورم. تو کیفم....

کیفم را به دستم داد. دوتا قرص ۱/ گوتامین سی از کیفم درآوردم و تا به خودم بجنبم لیوان آب را به دستم داد. خواستم بنشینم ولی اصرار کرد دراز بکشم.

- یه کم آروم بگیر. منم از اتاق می‌رم بیرون تا راحت باشی.
- نه خواهش می‌کنم بمونید. من که امکان نداره این‌جا خوابم ببره. یه کم می‌مونم و بعد می‌رم.
- چرا به این زودی؟ الان تلاش کن آروم باشی. چشماتو ببند و یه کم

استراحت کن.

بعد از اتاق رفت بیرون. ربع ساعتی بعد لرزش پاهایم کم‌تر شده بود و آن شکل پرشی را نداشت. حالا درست مثل کسی که در سرمای وحشتناکی بدون بالاپوش گیر کرده باشد، می‌لرزیدم. قرص‌ها کمک کردند و رفته‌رفته آرام شدم. به‌طور معمول بعد از قرص‌ها آرامش خوبی به من دست می‌داد. مسکن قوی بود ولی اگر به خواب کوتاهی هم می‌رفتم درد هم ناپدید می‌شد. یک خلاصی و یک رخوت دل‌انگیز. فکر می‌کنم برای دقایقی خوابیدم. چشم باز کردم و دیگر نمی‌لرزیدم. شقیقه‌ام هم نمی‌کوبید. آرام شده بودم. متوجه شدم آقای خردمند کنارم روی زمین نشسته و در حالی که زانوهایش را به بغل گرفته به دیوار تکیه داده است. دلم می‌خواست به طرفم بیاید و دستم را در دست‌هایش بگیرد. مثل آدمی بودم که دارد از یک بلندی پرت می‌شود پایین و نیازمند دست‌هایی قوی‌ست که نگهش بدارد و بکشدش بالا. ولی او همان طور بی‌صدا نشسته بود و به من نگاه می‌کرد. تکانی به خودم دادم، نیم‌خیز شدم و نشستم. هم‌چنان صدای موسیقی می‌آمد. خوشحال شدم که خیلی طولانی از حال نرفته بودم. لبخندی زد. چشم‌هایش برق زدند. ساکت بودم و فکر می‌کردم. اگر مامان همه‌ی این‌ها را می‌فهمید! چرا این قدر ترسو بودم که بلافاصله رفتم به دیدن زن آقای آزاد؟ چرا شراره این کار را کرد؟ به یاد فیلم *شایعه*[۶] افتادم.

•••●•••

ناگهان تابستان گذشته، سینما رادیوسیتی فیلم شایعه را آورده بود با شرکت ادری هیپورن. خیلی دوست داشتم این فیلم را ببینم ولی افراد زیر هجده سال را راه نمی‌دادند و من فقط یازده سالم بود. شهرو می‌خواست با دوستش به دیدن این فیلم برود. کلی خواهش کردم تا راضی شد که مرا هم با خودش ببرد. کنترل‌چی سینما همسایه‌ی دوست شهرو بود و اذیت نکرد. فیلم درباره‌ی دو خانم معلّم بود که با هم خیلی دوست بودند. ادری هیپورن و شرلی مک‌لین. ولی یک شاگرد تنبل، حسود و دروغ‌گو از خانواده‌ای ثروتمند شایعه‌ی هم‌جنس‌گرا بودن آن‌ها را در مدرسه پخش می‌کند و موجب می‌شود آن دو مدرسه را ترک کنند. این در شرایطی اتفاق می‌افتد که یکی از آن دو در آستانه‌ی ازدواج با مرد مورد علاقه‌اش بود. این فیلم هم مثل فیلم‌های دو زن و *وای بر شکست‌خوردگان*[۷] تأثیر زیادی روی من گذاشت.

•••●•••

چرا شراره یک بیمار روانی‌ست؟ چرا باید در بین این همه آدم دکتر هدایت با من حرف بزند؟ چرا این‌جا هستم؟ هجوم این همه آزارم داد و دوباره شروع به گریه کردم. آقای خردمند نشسته بود و به من نگاه می‌کرد. شاید می‌خواست فکرم را بخواند. اشک‌هایم را پاک کردم و ایستادم. سرش را بالا گرفت و لبخند دیگری تحویلم داد. مثل این‌که بخواهد بگوید آفرین دختر خوب. آن زیباترین لبخند مردانه‌ای بود که تا آن موقع دیده بودم البته بعد از لبخند گریگوری پک.
او هم که دیگر ایستاده بود گفت:

- نمی‌دونستم سهراب عاشقته. می‌دونستم نگرانته ولی نمی‌دونستم تا چه اندازه‌ای دوستت داره.

با کنجکاوی پرسیدم:

- چطور مگه؟
- از دیشب از خونه آمده بیرون و برنگشته هنوز. او و سهیلا هیچ تفاهمی با هم ندارند. مال دو تا دنیای متفاوت هستند. ولی تا حالا پیش نیامده بود که سهراب از خونه بره بیرون. البته اون روز هم توی رین‌بو وقتی دکتر هدایت از تو گفت متوجه شدم که سهراب چطور برافروخته شد و فهمیدم دوستت داره ولی نه تا این حد. خب شیطون خانم تو چی؟ تو هم اونو دوست داری؟

نخواستم برگردم به این‌که او باید بداند من از چه کسی خوشم می‌آید. مگر همین چند روز پیش اعتراف نکرده بودم که «تو»ی شعرهایم کیست! شاید حق داشت که جدی نگرفته باشد. ما هم‌دیگر را نمی‌شناختیم. من که هیچ وقت به عشق در نگاه اول هم اعتقادی نداشتم. خیلی جوان بودم برای عشق و عاشقی. گذشته از آن عشق را باور نمی‌کردم و عشاق را مسخره می‌کردم. شاید علاقه‌ای به وجود آمده بود. آن طور که وقتی طرف را می‌بینی چیزی در دلت به لرزه می‌افتد. نمی‌دانی چیست ولی این لرزش را احساس می‌کنی. فقط می‌دانی که خوشایند است. ولی عشق... نه. همه‌ی احساس من در حد همان لرزه بود. این همان عشق بود؟

- گوش کنید. من یک دختر درس‌خون تمام‌عیار بودم و هستم. شاید اگر پدرم زنده بود الان توی دانشکده‌ی حقوق یا یکی از مهندسی‌ها نشسته بودم. ولی زنده نیست و من از تئاتر سر درآوردم.

امّا هم‌چنان دختر همان پدرم هستم و نباید ناامیدش کنم. هنوز خیلی جوونم برای این نوع روابط و راستش رو بخواهید عجله‌ای هم ندارم. وقتی وارد این دانشکده شدم هیچ کس رو نمی‌شناختم. شاید تنها کسی بودم که در طول هفته‌ی امتحانات حضوری و مصاحبه‌ها غریبه بودم. یک‌مرتبه و در اثر یک بحث و جدل توجه آقای آزاد به من جلب شد. من هم این اتفاق رو به فال نیک گرفتم. بله. ازش استفاده کردم. ولی نه سوءاستفاده. من آقای آزاد رو دوست دارم. همان طور که خیلی از بچه‌های دیگه دوستش دارند. همان‌طور که قباد آقای آزاد را دیوانه‌وار دوست داره و تمام مدت به دنبال اونه. همان‌طور که گاهی بچه‌ها استاد مورد علاقه‌شون رو ستایش می‌کنند. تنها تفاوت در اینه که من از علاقه‌ی آقای آزاد به خودم باخبرم. ولی هرگز به بودن با چنین آدمی حتی برای یک لحظه هم فکر نکردم. شاید جوونی کردم. شاید خودم رو مثل همیشه نازپرورده یافتم. شاید لذت بردم از این‌که ایشون منو دوست داشته باشند ولی وارد شدن به زندگی یک مرد زن‌دار مسأله‌ی خیلی مهمیه و من به هیچ قیمتی با هیچ زن شوهرداری این کارو نمی‌کنم. او یک استاد بی‌نظیره. من در همین مدت کوتاه خیلی چیزها ازش یاد گرفتم. خب این یک جواب بالابلند بود به یک سوال کوتاه.

در تمام مدت سرش پایین بود و به حرف‌های من به دقت گوش می‌داد.

-   شانی به من باید یک قول بدی. ازت می‌خوام که به هیچ وجه به روی شراره نیاری. تو خیلی خانم‌تر از اونی که بخوای با اون دهن به دهن بشی. نگران سهراب هم نباش. خودش می‌دونه چطوری از پس این قضیه بربیاد. در ضمن می‌خوام که دیگه به این قضیه فکرم نکنی.
-   چشم. این کارو نمی‌کنم. من اهل دهن به دهن شدن نیستم. من نگران خونه هستم. اگر شراره یا خانم آزاد به مامان زنگ بزنند چی؟
-   این کارو نمی‌کنند. فکر می‌کنم سهیلا متوجه شده چقدر سهراب رو آزرده. شراره هم اخطار گرفته که براش از رئیس دانشگاه توبیخ‌نامه بگیرن. مطمئن باش زرنگ‌تر از اونه که دانشگاه رو از دست بده.

لباسم را مرتب کردم. کیف و کتابم را برداشتم و خداحافظی کردم. هنوز اشک در چشم‌هایم بود. وقتی به خیابان قدم گذاشتم احساس کردم همه‌ی مردم از این ماجرا باخبرند.

روز بعد آقای آزاد در حیاط دانشگاه جلوتر از من راه می‌رفت. به خانمش فکر کردم. شوهرش مرکز توجه بود. همه دوستش داشتند. بدون شک همیشه با این ترس زندگی می‌کرده که روزی او را از دست خواهد داد. ولی به این ترتیب او تنها به رسیدن آن روز سرعت بخشیده بود. خودم را به جای او گذاشتم. شاید این اولین بار نبوده. پس چرا تا حالا متوجه نشده که این راه‌حل جواب نمی‌دهد. اگر من بودم یک ساک کوچک برمی‌داشتم و از خانه می‌آمدم بیرون. بچه‌ها چه می‌شدند؟ نه! باید ساک را می گذاشتم سرجایش؛ طوری که دیده نشود! آقای آزاد وارد اتاقش شده بود که من رسیدم. آمد بیرون از سید درخواست چای کند که مرا دید. صدایم کرد به اتاقش بروم.

- بشین.
- نه راحت‌ترم این طوری. شما حال‌تون خوبه؟
- آره من خوبم. تو چطوری؟ من خیلی بابت همه چیز معذرت می‌خوام.
- نه این چه حرفیه؟ بهتره دیگه درباره‌اش حرف نزنیم.
- بعدازظهر من باید برم موسسه‌ی دهخدا. می‌تونی با من بیای؟

با هم زیاد رفته بودیم آن‌جا. می‌خواستم این ملاقات‌ها را کم کنم ولی بعد از آن بحران نتوانستم نه بگویم!

خودش گفت:

- کلاست که تموم شد می‌ریم.

سوار ماشینش که شدم چشمم به دنبال شراره بود. متوجه شد که نگرانم.

- شانی فکرش رو نکن.
- بله، باشه. ولی من یه کم حالم خوب نیست. فکر نمی‌کنم بتونم با شما بیام.
- شانی تو خیلی باوقار با این مسائل برخورد کردی. همیشه فکر می‌کردم که تو خیلی خانمی. خیلی پخته‌تر از یک دختر جوان. ای کاش هنوز مثل قبل بودی.
- یعنی چی؟ من همون هستم که بودم.
- نه قبل... کاش... از خردمند نخواسته بودم که بیاد این‌جا درس بده. کاش... ازش نخواسته بودم که شعرهای تو رو بخونه. می‌دونم که منو دوست نداشتی و به یقین حالا به هیچ وجه نداری. نمی‌گم که اونو دوست داری. آشفتگی رو در تو می‌بینم.
- می‌دونید این چند روزه به من چی گذشته؟ چطور آشفته نباشم؟

دوستی با او افتخاری بود که من به آن پشت کردم. او پانزده سال از من بزرگ‌تر بود. به محض این که مشکلی پیش می‌آمد به او روی می‌آوردم. در تمام مدت حرف می‌زد و حرف می‌زد و حرف می‌زد و سخاوتمندانه دانشش را در اختیار من می‌گذاشت.

وقتی قدم‌زنان به کتابفروشی‌های روبه‌روی دانشگاه سر می‌زدیم در مورد هر کتاب ادبی، هنری، تاریخی کلی اطلاعات به من می‌داد. خیلی از کتابفروشی‌ها به اعتبار او به من احترام می‌گذاشتند. وقتی جلد تازه‌ای از مجموعه‌ی لغت‌نامه‌ی دهخدا چاپ می‌شد هرکدام چند شماره‌ای از قبل را دست می‌گرفتیم و با هم به کوچه‌ای در خیابان حافظ می‌رفتیم و به صحافی لانکامرر سر می‌زدیم تا آن چند شماره را برای صحافی به دستان پرهنر استاد صحافی آقای فریدریش لانکامرر بسپاریم. او نظرم را برای رنگ، خط و اندازه‌ی کلمات بر روی جلد خواست و برای نظر و انتخاب‌های خودش دلیل می‌آورد تا من بیاموزم. سرانجام هر دو صاحب مجموعه‌ای همسان شده بودیم. سر زدن به موسسه‌ی انتشارات فرانکلین، زیرپل حافظ، یکی از کارهای همیشگی ما بود و برای من بسیار لذت‌بخش. اغلب از هنرمندان هم‌دوره‌اش برایم می‌گفت. از چند نفری که برایش پاپوش درست کرده بودند. از آن‌هایی که کمکش کرده بودند و تعدادشان به دلیل حسادت بسیار کم‌تر از گروه اول بود. ولی در میان همه‌ی این گفت‌وگوها هیچ وقت حتی یک کلام هم در مورد زنش حرفی نزده بود. من تلاش می‌کردم خوب به حرف‌هایش گوش بدهم و آن‌ها را به خاطر بسپارم. استادانی در موسسه‌ی دهخدا، آقای لانکامرر با آن لهجه‌ی شیرینش، آقای جهانگیر افکاری با آن چهره‌ی همیشه جدی و فکورش و نیز مردان خوب کتاب‌فروش را به من معرفی می‌کرد. گاه در لابه‌لای حرف‌هایش می‌گفت که دوستم دارد و به سرعت از آن می‌گذشت.

- شانی، دوستت دارم.

- مرسی.

همیشه این تنها جواب من بود. او هیچ نمی‌گفت. حتی نمی‌پرسید احساس من چیست. پس آن زنِ جلوی در دانشگاه که بود؟ آقای آزاد چند نفر دیگر را در زندگی شخصی‌اش داشت؟ از اتاق آمدم بیرون و جلوی در بزرگ دانشگاه تاکسی گرفتم.

مامان داشت باجان را حمام می‌کرد. رفتم کمک. او را با کمک هم از حمام آوردیم بیرون و نشاندیمش روی تخت. تخت باجان را در اتاق نشیمن گذاشته بودیم.

می‌خواستیم از ما دور نباشد. وقتی از حمام می‌آمد بیرون موهایش را شانه می‌کردم و برایش می‌بافتم. همیشه هم می‌گفتم: «باجان این موها رو کوتاه کن» و آن موقع بود که ناراحت می‌شد و می‌گفت: «شماها با موهای من چه کار دارید؟». باجان بعد از مرگ پدرم آن قدر سرش را به دیوار کوبید و گریه کرد تا بینایی‌اش را از دست داد. مامان خیلی برای سلامتی چشمانش زحمت کشید ولی فایده نداشت.

بعد از بافتن موهای باجان به اتاقم رفتم. مامان هم در آشپزخانه مشغول بود. به چند روز گذشته فکر می‌کردم و به همه‌ی این اتفاقات پشت سر هم. دقایقی بعد مامان با سینی چای که بوی گلاب از آن بلند شده بود وارد اتاق شد. دو تایی با استکان‌های چای خوش‌عطر در دست‌هایمان نشستیم روی تخت. هر کدام به نوعی با این استکان‌ها ور می‌رفتیم و مشخص بود که هرکس غرق فکرهای خودش است. مامان گله داشتند که قلبش دیگر اجازه نمی‌دهد تا باجان را حمام کند. می‌گفت بلند کردن او برایش سخت است. حق داشت. به خصوص که باجان از ترس خودش را می‌چسباند به زمین. به‌طوری که تکان دادنش به راستی سخت بود. ولی چه می‌شد کرد؟ او همه‌ی ما بچه‌ها و دو تا از بچه‌های شکیبا را بزرگ کرده بود. حالا به دلیل ترس از راه رفتن و زمین خوردن قدرت پاهایش را هم از دست داده بود و چند وقتی بود که به کمک عصا راه می‌رفت؛ آن هم به اصرار ما. همه‌ی این ماجراها دست به دست هم داده بودند تا من روز بعد برای نرفتن به دانشگاه بهانه‌ای داشته باشم. روز بعد از آن هم سالگرد مرگ آقاجان بود. خوب شد به مامان گفته بودم که برای کمک به او به دانشگاه نمی‌روم. مراسم سالگرد همان طور که انتظار می‌رفت با مهمانان فراوان و گریه و زاری گذشت.

دو روز بعد که رفتم دانشگاه دیدم آقای خردمند و آقای آزاد در راهرو با هم هستند. روز درس آقای خردمند نبود و تعجب کردم چرا به دانشگاه آمده است. وقتی مرا دیدند هر دو با حالتی نگران پرسیدند کجا بوده‌ام. سلام دادم و به آقای آزاد گفتم که می‌دانستند سال پدرم بوده و گفته بودم در منزل می‌مانم. با خودم فکر کردم چه بسا یک سر دارد و هزار سودا. چرا باید یادش بماند؟ آقای خردمند تنها به گفت‌وگوی ما گوش می‌داد و در پایان از من خواست که بروم به اتاق آقای آزاد و منتظرش باشم. بعد رو کرد به آقای آزاد و گفت برای ده دقیقه‌ای اتاقش را لازم دارد.

درست پشت سر من وارد اتاق شد.

- دیگه این کارو نمی‌کنی.
- چه کاری رو؟
- اگر یه روزی به هر دلیلی نخواستی بیای دانشگاه خبر می‌دی.
- ولی شما که کلاس نداشتید. چهارشنبه‌ها هم از وقتی که من پوشه‌ای نمیارم ناگزیر منتفی شده بود.
- ولی به خاطر تو من الان این‌جام.
- ببخشید چطوری خبر بدم؟
- می‌تونستی به من زنگ بزنی.
- ولی من نمی‌دونستم که می‌تونم به شما زنگ بزنم.
- مگه شماره رو نداشتی؟ مگه قبلا زنگ نزده بودی؟
- چرا شماره رو دارم و پیش از این هم زنگ زده بودم ولی اون بار خودتون خواسته بودید. فرق داشت. من همین طوری زنگ نمی‌زنم.
- خب پس زنگ می‌زدی و اجازه می‌گرفتی.

بعد از گفتن این جمله خودش هم خنده‌اش گرفت. گفتم:

- معذرت می‌خوام که منتظر من شدین.
- انتظار مهم نیست. نگران شدم. تو در یک سال گذشته هیچ وقت غیبت نکردی. حالا باید تنبیه بشی و در عوض از این به بعد بیای منزل من. شاید بتونیم یه قرار ثابت بذاریم. مثلا چهارشنبه‌ها ساعت چهار بعد از مدرسه‌ات.

سرم را به علامت تأیید تکان دادم ولی بدون فکر این کار را کردم. با خودم گفتم باشد بعد درباره‌اش فکر می‌کنم.

اولین چهارشنبه جلوی در ایستاده بودم و نمی‌توانستم زنگ بزنم. دیدار دفعه‌ی قبل در منزلش یک دیدار اضطراری بود. ایستاده بودم بیرون و مثل یک معاملات ملکی کارکشته خانه را زیر نظر گرفته بودم. از پی تا پشت‌بام. خانه‌ی آجری قدیمی‌ای بود. پنجره‌هایش چوبی با رنگ قهوه‌ای سوخته. در چوبی منزل هم به همین رنگ بود. یکی دو پنجره‌ی کوچک داشت که به نظر می‌رسید هیچ وقت باز نشده‌اند. دو پنجره‌ی بزرگی که در دو طرف در بودند پرده داشتند. پرده‌هایی کلفت که به نظر کتان می‌آمدند. لای یکی از پنجره‌های اتاق سمت راست باز بود و هوای بیرون به‌سختی در جنگ با کلفتی پرده می‌توانست تکان مختصری به آن بدهد و بس. یک نفس بلند کشیدم و زنگ در را به صدا درآوردم. زنگ صدای ممتد نداشت

و تنها یک دانگ و دونگ کوتاه بود. در بازکن الکتریکی هم نداشت. خودش در را باز کرد. چشم‌هایش را کمی ریز کرد و در جواب سلام لبخندی تحویلم داد. لبخند یک بازیکن حرفه‌ای پوکر که چهار تا آس آورده و می‌داند دست رقیبش تنها یک جفت ناقابل بوده است. درست مثل استیو مک‌کوئین در فیلم بچه‌ی سین‌سیناتی. فقط یک لبخند. کنار کشید تا من جلو بیفتم.

- من بلد نیستم بهتره شما جلو برین.
- ولی قبلا اومدی.
- درسته ولی دفعه قبل ذهنم این‌جا نبود.
- خب بذار ببینم چقدر یادته؟
- چرا من باید بیست و چهار ساعته امتحان پس بدم؟
- چون شاگرد اولی و باید شاگرد اول هم باقی بمونی. همیشه.

همیشه را با تأکید گفت. انگار قرار بود من از گهواره تا گور در حال درس خواندن و شاگرد اول شدن باشم.

- خب اگر اشتباهی توی اتاق دیگه‌ای برم.
- در همه‌ی اتاق‌ها بازه برات. مهم نیست.

تمام زمین خانه موزاییک بود. رنگ دیوارها همه سفید. یک راهروی ده متری بود. در هر طرف سه در بود اما نه روبه‌روی هم بلکه به صورت زیگزاگ. در سمت راست یک اتاق خواب بود چون از در نیمه‌باز یک تخت‌خواب بزرگ را دیدم. در سمت چپ یک اتاق دیگر بود که دورتا دور آن تا سقف قفسه‌های پر از کتاب بود. در سمت راست بعد از اتاق خواب دری بود که می‌شد دستشویی را در آن دید. مقابل آن یک در کوچک بود که نمی‌توانست اتاقی دیگر باشد و شاید انباری و یا کمد جالباسی بود. بعد از دستشویی آشپزخانه بود که در آن کامل باز بود. پس اتاق آخر همان اتاقی بود که من پیش‌تر در آن‌جا بودم. البته در انتهای راهرو یک در دولنگه بود که وسط آن شیشه‌ای بود و شیشه‌ها پشت‌دری توری بسیار زیبایی داشتند. این در به حیاطی نقلی باز می‌شد. جلوی در اتاق ایستادم و به آن نگاه کردم. سرش را به علامت تأیید تکان داد و دستش را به علامت تعارف دراز کرد. وارد اتاق شدم.

- چای می‌خوای یا قهوه؟
- مرسی. هیچ کدوم.
- به قهوه‌ی من نه می‌گی؟
- نمی‌خوام مزاحم بشم.

دلم می‌خواست تا آخر عمرم آن‌جا بمانم.

- هیچ وقت با من تعارف نکن. من می‌رم قهوه درست کنم. تو هم راحت باش.

اتاقِ رو به حیاط دو لنگه پنجره داشت. ولی معلوم بود کسی به باغچه‌ی حیاط نمی‌رسد. گل‌کاری و جلوه نداشت. گیاهان باغچه همه به شکل گل‌هایی خودرو بودند که بیش‌تر گل‌هایشان ریخته بود. تک و توک روی ساقه‌ای گل بنفشی باقی مانده بود ولی در گوشه‌ی حیاط یک درختچه‌ی بزرگ بود. اول فکر کردم یاس زرد است. دلم برای تنهایی و بی‌سرپرستی آن گرفت. بوی قهوه تمام خانه را برداشته بود. با یک سینی و دو تا فنجان سفید آمد و سینی را گذاشت روی میز.

- می‌دونم عاشق گل هستی ولی من با باغچه کاری ندارم. کسی توی حیاط نمی‌ره.
- به خوبی پیداست. اون درختچه یاس زرده؟
- نه گل یخه.
- بیش‌تر دلم گرفت.
- از شعرهات فهمیدم که چه علاقه‌ای به گل و گیاه داری.

یک‌مرتبه ناپدید شد. چقدر این خانه ساکت بود. چه آرامشی داشت، خانه‌ای دنج و دوست‌داشتنی؛ این در و پنجره‌های قدیمی و محکم چوبی که اجازه نمی‌دادند صدای هیچ بیگانه‌ای وارد خانه شود.

با یک جعبه که اندازه‌ی یک کلاسور بود، آمد و آن را به طرفم دراز کرد.

- این مال توئه. امتحان کن. می‌خوام مطمئن بشم اندازه‌ست.

جعبه را گرفتم و به دقت روبان دور آن را باز کردم. در کمال تعجب دیدم هدیه یک لباس خواب اطلس به رنگ آبی خیلی کم‌رنگ بود که دور سینه‌اش تور دانتل سرمه‌ای‌رنگ دست‌بافت داشت. فکر کردم این که هدیه‌ای‌ست خیلی خصوصی. ترسیدم تنگ باشد، اندازه‌ام نشود و خجالت بکشم. فنجان قهوه‌اش را برداشت و از در رفت بیرون. زیر لب گفت امتحانش کنم. سریع فقط بلوزم را درآوردم و آن را نصفه‌نیمه به تن کردم. اندازه‌ی اندازه بود. انگار به تنم دوخته شده بود. وقتی دیدم اندازه است زود آن را درآوردم و دوباره گذاشتم داخل جعبه‌اش. داشتم دامنم را مرتب می‌کردم که با ضربه‌ای به در وارد شد.

با ناراحتی پرسید:

- اندازه نبود؟
- برعکس. خیلی هم خوب اندازه بود.
- پس چرا نذاشتی ببینم؟

جوابی نداشتم و فقط به دست‌هایم نگاه کردم. زیر لب «شیطونی» گفت که می‌شد حتی آن را نشنید. فنجان قهوه را داد دستم و نشستیم. برای یک ساعت و نیم نشسته بودیم و حرف می‌زدیم. از استادها، از دانشجویان و از اتفاقات اخیر. گفت که بعد از آن ماجرا دیگر دوست ندارد به منزل سهراب برود و ترجیح می‌دهد دیگر او را در جمع خانوادگی نبیند. از کلاس‌ها و نحوه‌ی درس دادن استادها خیلی سوال کرد. از من خواست ترجمه کردن را شروع کنم. گفتم که انگلیسی‌ام در آن حد نیست و او با اطمینان گفت که یاد می‌گیرم. چند تایی شعر برایش برده بودم. قرار هفته‌ی بعد را گذاشتیم و من خداحافظی کردم. جوابی نگرفتم ولی کیف و کتابم و همین طور بسته‌ی هدیه را به دستم داد و آنجا را ترک کردم. با خودم فکر می‌کردم چرا این آدم با سلام و خداحافظ مشکل دارد!

یک هفته بعد با دکتر محسنی، استاد با شال گردن ابریشمی زرشکی، جر و بحث مفصلی داشتم. دعوا بر سر امتحانی بود که می‌خواست از روی جزوه‌اش بگیرد و جزوه پر از غلط بود. با چشم‌های پر از اشک داشتم برای عبدی و منیژه و یکی دو نفر دیگر تعریف می‌کردم که بین من و دکتر محسنی چه رد و بدل شده بود که آقای خردمند از کنار ما گذشت و متوجه من شد. همگی سلام دادیم و او رفت. بعد از چند دقیقه از اتاقش آمد بیرون و صدایم کرد. پرسید چه اتفاقی افتاده که آن‌قدر پریشان حرف می‌زدم. چطور می‌توانست به اطرافش این همه توجه داشته باشد؟ برایش تعریف کردم:

-   جزوه‌ی دکتر محسنی پر از اشتباهات فاحشه. تاریخ‌هایی که استفاده کرده پر از غلطه. مثلا یکی قرن شانزده به دنیا آمده، ما نه تحلیلی از کارهای این آدم و نه نمونه اثری از آن را از زبان ایشان نشنیدیم. فقط حدس می‌زنیم که کار تئاتر می‌کرده و بعد همین آدم در قرن پانزده مرده!

تا حالا ندیده بودم که چشم‌هایش به این شدت بخندند. خنده را در چشم‌هایش دیدم و خودم هم خنده‌ام گرفت. مجبور شدم اضافه کنم که غلو نمی‌کنم و بهتر است حرفم را باور کند.

-   تازه ما همه با هم حرف زده بودیم. جزوه‌ی حجیمیه. یادگیری این همه تاریخ احمقانه است. به خصوص اگر غلط هم باشه. همه با هم تصمیم گرفتیم که امتحان ندیم ولی یک آدم رذل رفته بهش خبر داده و گفته که من عامل همه‌ی این اعتراضات هستم. اونم منو خواست به اتاقش و

صداش رو روم بلند کرد. سیصد صفحه پر از تاریخ و اسم. دائرةالمعارف را گذاشته جلوش و تازه موفق شده اونو غلط ترجمه کنه.

از اتاق بیرون آمدم و او در حالی‌که هم‌چنان می‌خندید قول داد با آقای آزاد ماجرا را پی‌گیری کند.

ما به راستی تصمیم گرفته بودیم اعتراض کنیم. فکر از هوشنگ آمده بود. هوشنگ یک تابلوی تمام‌قد از ظاهر یک دانشجوی چپ بود. درست عین ماکسیم گورکی سبیل‌های کلفتی داشت که روی لب‌هایش را می‌پوشاند، همیشه کتی برزنتی به تن داشت با یک کوله‌پشتی برزنتی. گویی همان لحظه دارد می‌رود کوه و با چه‌گوارا قرار دارد. تابستان و زمستان هم نداشت. ادا و اصول زیاد داشت. خوش‌قیافه اما بددهن بود. همیشه در حال دعوا با دیگری بود. باسواد بود ولی دوست داشت این سواد را در همه جا به نمایش بگذارد. جمع شدیم و با چند نفر دیگر از بچه‌ها رفتیم پیش آقای آزاد. شاید خیلی از بچه‌ها هنوز جزوه را نخوانده بودند یا قسمتی را خوانده بودند و دیگر ادامه نداده بودند ولی من تمام جزوه را خوانده بودم و زیر غلط‌ها خط کشیده بودم. آقای آزاد بعدازظهر مرا به اتاقش خواست و توضیح داد که دکتر محسنی سال‌هاست دارد روی این کتاب کار می‌کند و اگر بفهمد این همه غلط در کتابش وجود دارد خیلی آزرده می‌شود. گفتم که بهتر است این کتاب هیچ وقت چاپ نشود چون به هیچ دردی نمی‌خورد.

یک روز به امتحان آقای محسنی باقی مانده بود که جنجالی به پا شد. امتحان فلسفه داشتیم. امتحان خیلی سختی بود با استادی بسیار جدی. بچه‌ها در راهرو جمع شده بودند و همگی آشفته به نظر می‌رسیدند. عبدی توضیح داد آقای آزاد با دکتر محسنی صحبت کرده و او هم عصبانی شده و حالا یکی‌یکی بچه‌ها را به اتاقش صدا می‌کند. به نظر عبدی او به دنبال کسانی بود که این اعتراض را به راه انداخته بودند. چند نفری رفته بودند و چیزهایی گفته بودند ولی طبق معمول شراره کار همه را خراب کرده بود و گفته بود خیلی هم جزوه‌ی خوبی‌ست. در همین موقع هوشنگ مطابق معمول با هارت و پورت از اتاق دکتر محسنی آمد بیرون. بعد از چند لحظه دکتر محسنی مرا صدا کرد. با آن لهجه‌ی غلیظ مشهدی پرسید مشکل چیست؟ گفت می‌داند که من چه نظری در مورد جزوه‌اش دارم. بعد شروع کرد در اتاق دو متری مثل شیر در قفس این طرف و آن طرف رفتن و توضیح این‌که چند سال است روی این کتاب کار می‌کند و من چطوری با یک کلام تمام زحمات او را نقش بر آب کرده‌ام.

البته این را با ادبیات مخصوص به خودش گفت با الفاظی زننده. به‌طوری که هم به من توهین شده بود و هم دلم برای این همه خواری یک آدم سوخت. صدایش را حسابی بالا برده بود. گفتم من امتحان دارم و هر لحظه ممکن است امتحانم شروع شود ولی گوشش بدهکار نبود. با صدای بلند گفت:

-   خلاصه شانی جان....

حالم از این جان گفتن به هم خورد.

-   ... می‌دونم همه‌ی نمره‌هات الف بوده. می‌دونم سال گذشته شاگرد اول بودی ولی اگر از من الف نگرفتی دلخور نشی‌ها. فقط بدون ربطی به گفت‌وگوی امروز نداره.

این قدر دندان‌هایم را روی هم فشار داده بودم که دردشان را احساس می‌کردم. سعی می‌کردم در مقابل او اشک نریزم ولی با بغض گفتم:

-   برعکس آقای دکتر. حالا به راستی مطمئن هستم که اگر الف نگیرم به خاطر همین ماجراست.

در کشوی میزش را باز کرد و یک جعبه شیرینی ملکه بانو مشهدی بیرون آورد و در حالی که به من تعارف می‌کرد با خنده گفت : «بهتره قبل از امتحان دهنت رو شیرین کنی».چه وقاحتی! یک ربع از امتحان فلسفه گذشته بود. در حالی که می‌لرزیدم و نگران امتحان بودم بدون تشکر از اتاقش آمدم بیرون. با چشم‌های پر از اشک یک‌راست رفتم اتاق آقای آزاد تند و تند ماجرا را برایش تعریف کردم. مرا تا جلسه‌ی امتحان همراهی کرد و به استاد فلسفه که از دوستان قدیمی‌اش بود درگوشی توضیحاتی داد و استاد ورقه‌ی امتحان را به من داد. ورقه را گرفتم و نشستم. عبدی و منیژه مهربانانه نگاهم کردند. می‌دانستم این امتحان را «الف» نخواهم گرفت.

امتحانات گذشت و تعطیلات عید شروع شد. منیژه به شهرستان برگشت و عبدی به سراغ نامزدش رفت. با آقای آزاد یک بار دیگر به موسسه‌ی دهخدا رفتیم. دیگر مثل قبل نبودیم. هر دو تغییر کرده بودیم. ولی من هنوز احترام خاصی برایش قائل بودم. فقط یک بار توانستم آقای خردمند را ببینم. یک جلد کتاب کمدی الهی اثر دانته را به زبان انگلیسی و چاپ هزار و نهصد و شش به او هدیه دادم. باور نمی‌کرد که توانسته بودم کتاب را در تهران پیدا کنم. کتاب به زیبایی صحافی شده بود. شاید صاحب اصلی آن آقای لانکامرر را می‌شناخت! او هم گردن‌بند بسیار زیبایی به من داد. گردن‌بند از مهره‌هایی به رنگ آبی فیروزه‌ای بود که بین هر دو مهره مهره‌ای بی‌رنگ به شکل عاج قرار داشت.

بعضی از مهره‌ها یک‌دست آبی فیروزه‌ای بودند و بعضی از آن‌ها خال‌هایی به رنگ سیاه داشتند. گردن‌بند را بلافاصله به گردنم بستم. دیدار کوتاهی بود، خواست مسافتی را با من پیاده طی کند. با هم از منزلش بیرون آمدیم و به راه افتادیم. کمی از منیژه و عبدی گفتم. از رفتن منیژه به شهرستان، رفتن عبدی به دیدار نامزدش و... طرف‌های سفارت آمریکا بودیم که غیرمنتظره گفت:

- شانی، یه چیزی رو بدون. من دست‌های تو رو توی دست‌هام نمی‌گیرم. اگر چنین چیزی می‌خوای این تو هستی که باید تصمیم بگیری.

بعد دست‌هایش را بالا گرفت و انگشت‌های کشیده‌اش را به حرکت درآورد؛ گویی که پیانو می‌نوازد.

- ببین این دست‌های من. هر وقت خواستی می‌تونی اون‌ها رو توی دست‌هات بگیری. منتظر من نباش.

نمی‌دانستم چه بگویم. سکوت کردم و بس. شاید سرم را هم در آن لحظه انداختم پایین. روبه‌روی هم ایستادیم و طبق معمول من گفتم خداحافظ و او تنها به نشانه‌ی خداحافظی سری تکان داد.

تعطیلات عید بدون هیچ اتفاق خاصی گذشت. از قبل قرار گذاشته بودیم که چه روزی بعد از تعطیلات هم‌دیگر را ببینیم. دسته‌گل زیبایی خریدم و به دیدنش رفتم. در را باز کرد ولی تعارف نکرد بروم تو. از لای در نیمه‌باز گفت که مهمان برایش رسیده و عذرخواهی کرد. گل را گرفت و در را بست. همین. بلافاصله از آن‌جا دور شدم. با عجله قدم برمی‌داشتم ولی بعد از این‌که دور شدم یک‌باره در خیابان ایستادم. اتفاقی افتاده بود که نه می‌توانستم باورش کنم و نه هضمش. یعنی چه؟ با من قرار گذاشته بود و بعد مرا درست جلوی در منزلش جواب کرد! آیا درستش این نبود که به آن آدم بگوید قرار دارد و مرا برنگرداند؟ تحقیر شده بودم. دیگر دلم نمی‌خواست ببینمش. پس تاکسی گرفتم و رفتم منزل پری.

پری دوست صمیمی من بود. از فامیل‌های پدری. دوران بچگی را در کردستان گذرانده بود ولی بیش‌تر تابستان‌ها تا وقتی آقاجان زنده بود به تهران می‌آمدند و پیش ما بودند. یک طرف صورتش یک ماه‌گرفتگی بزرگ به رنگ صورتی داشت. درست یک نیمه‌ی صورت یک رنگ بود و نیمه‌ی دیگر رنگی دیگر. به همین دلیل پسری به او نزدیک نمی‌شد. از این نظر همیشه ناراحت بود و حق هم داشت. وقتی کلاس دهم بودیم برای همیشه به تهران آمدند. پری را هم در انوشیروان دادگر ثبت‌نام کردند. او دختر درس‌خوان و زرنگی بود.

خیلی راحت در مورد آن ماه‌گرفتگی با او حرف می‌زدم و شاید تنها کسی بودم که با ترحم با او برخورد نمی‌کردم. شاید چون از بچگی او را به همان شکل دیده بودم و آن زمان فکر نمی‌کردم آن ماه‌گرفتگی یک ایراد است. به او می‌گفتم وقتی بزرگ‌تر شود می‌تواند آرایش کند و آن ماه‌گرفتگی را تا حدودی بپوشاند. اغلب موهای خرمنش را به سمت ماه‌گرفتگی می‌ریخت تا صورتش را بپوشاند. او نزدیک‌ترین دوست من بود و هم‌دیگر را خیلی دوست داشتیم. پدر و مادر پری هم مرا خیلی دوست داشتند. پری خیلی کتاب می‌خواند و تصمیم داشت نویسنده و یا مترجم شود. وقتی به خانه‌ی آن‌ها رسیدم برایش تعریف کردم چه اتفاقی افتاده. او خیلی منفی‌باف بود. همیشه اولین اظهار نظرش حمله و قهر و دعوا بود. به من گفت بهتر است دیگر آقای خردمند را نبینم. اظهار نظری نکردم و بعد از یکی دو ساعتی که با هم گفتیم و خندیدیم به خانه رفتم.
منیژه از تعطیلات با انبوهی تعریف درباره‌ی خواستگارهای مختلف پول‌دار، اسم و رسم‌دار، خارج‌نشین و داخل‌نشین و این‌که او همگی را به خاطر آن پسر غول‌پیکر و خبرچین جواب کرده است به تهران برگشت. عبدی هم طبق معمول از ده با دنیایی تعریف از نامزد نازنینش برگشت. باز هم در دانشکده بودیم. همان استادان و همان کلاس‌ها. دو نفر استاد جدید به گروه اضافه شده بودند. با عبدی طبق معمول در راهرو مشغول صحبت بودیم. وسط حرف‌ها بودم که سید صدایم کرد و گفت آقای خردمند می‌خواهد مرا ببیند. نفسم به راحتی درنمی‌آمد. نمی‌دانستم چه بگویم. با او که نمی‌توانستم مثل یک دوست‌پسر هم‌سن و سال خودم دعوا و یا گله کنم. ولی نمی‌توانستم به روی خودم هم نیاورم. در حالی که با چشم‌هایم از عبدی کمک می‌خواستم از او جدا شدم. وارد اتاق شدم. سلام کردم و طبق معمول جوابی نشنیدم.

- من برای اون روز عذر می‌خوام.
- دو هفته ازش گذشته. مهم نیست.
- می‌دونم خیلی ناراحت شدی.
- ناراحت نه. عصبانی، توهین شده....

و وسط حرف‌هایم از اتاق آمدم بیرون و با همان سرعتی که یک روز گفتم «او»ی شعرهایم اوست ناپدید شدم. دوباره نمی‌دانم پله‌ها را با چه سرعتی طی کردم. به حیاط هم که رسیدم شروع کردم به دویدن. وسط حیاط ایستادم. برای یک لحظه‌ی کوتاه برگشتم و به پنجره‌ی اتاقش نگاه کردم. مطمئن بودم پشت پنجره است. همان جا ایستاده بود و رفتن مرا نظاره می‌کرد. تمام وجودم خشم بود.

دوان‌دوان رفتم سمت دانشکده‌ی حقوق و در کتاب‌خانه‌ی آن‌جا گوشه‌ای پیدا کردم و نشستم. از لحظه‌ای که مثل یخ جلوی در خانه‌اش آب شده بودم تا آن لحظه اشکی از چشم‌هایم نریخته بود. ولی در کتاب‌خانه بغضم ترکید. مدتی گذشت. کتابی جلوی رویم باز کردم و مشغول خواندن شدم تا بالاخره آرام گرفتم و به دانشکده برگشتم. عبدی نگران منتظرم بود. هنوز کمی وقت داشتیم که سید آمد و گفت که آقای خردمند در اتاق آقای آزاد منتظر من است. خواستم از او بخواهم که بگوید من رفته‌ام یا بگوید پیدایم نکرده که عبدی فکرم را خواند و گفت:

- شانی بالاخره چی؟

دوباره سلام کردم. خواست بنشینم. توجهی نکردم و ایستادم. دوباره با صدای بلند خواست بنشینم و به حرف‌هایش با دقت گوش بدهم. لبه‌ی صندلی نشستم. دوباره عذرخواهی کرد و گفت که دوستی بدون خبر به منزلش رفته و او چون فکر می‌کرده این منم که پشت در هستم در را گشوده ولی بعد از ترس این‌که من در همان لحظه برسم از دست به سر کردن او منصرف شده و به داخل منزل دعوتش کرده. با سردی تمام گفتم که نیازی به توضیح نیست و دوباره خواستم اتاق را ترک کنم. هر توضیحی برایم بی‌فایده بود ولی قبل از این‌که از جایم بلند شوم گفت:

- از این در بیرون نمی‌ری مگر این‌که این مسأله همین جا حل بشه.
- خواهش می‌کنم آقای خردمند. اجازه بدید برم. سرم داره می‌ترکه.
- نه. مگر این‌که قول بدی تا نیم ساعت دیگه منزل من باشی.
- واقعاً نمی‌تونم. تازه ممکنه هر لحظه کسی بی‌خبر بیاد خونه‌ی شما. راستش من یک درصد هم فکر نمی‌کردم کسی به خودش اجازه بده بی‌خبر به منزل شما سر بزنه.

این حقیقت بود. به قدری به قرارها و حتی جواب دادن به تلفن وسواس داشت که باورکردنی نبود کسی به خودش اجازه بدهد تا همین طوری به سراغ او برود.

- خودم هم همین فکر رو می‌کردم. خب حالا چند بار باید عذرخواهی کنم تا منو ببخشی؟
- مسأله بخشیدن شما نیست. من از خودم عصبانی هستم.
- شانی باید یاد بگیری فرصت توضیح به آدم‌ها بدی. من تا نیم ساعت دیگه منتظرت هستم.

قبول کردم. نیم ساعت بعد منزلش بودم. طبق معمول قهوه‌ی خوب و موسیقی کلاسیک. این بار موسیقی آوازی باخ بود. هیچ وقت باخ را دوست نداشتم

ولی روز به روز به موسیقی کلاسیک نزدیک‌تر می‌شدم و حالا از شنیدن باخ هم لذت می‌بردم. باز از اتاق رفت بیرون و با کاغذی لوله شده برگشت.

- بازش کن. برای توست. عذرخواهی کامل. امیدوارم خوشت بیاد.

پوستری بود اثر فولون[۸]. طرحی از یک مرد که با چوب درازی در دست بر روی طنابی در هوا راه می‌رفت. در پایین صفحه خطوطی به صورت مکعب مستطیل رسم شده بودند که نمایانگر ساختمان‌های بلند بودند و در وسط طناب یک قلب کوچک آویزان بود. رنگ پوستر بسیار زیبا بود. از بنفش ملایمی در آسمان شروع می‌شد، بعد سیکلمه، پس از آن صورتی و در انتها یک کِرِم آرام. توضیح داد پوستر آدمی را بیان می‌کند که بین چند عاشق در تقلاست. گفت که شاید شانی هم چنین موقعیتی دارد. چیزی نگفتم ولی به یقین به نظرم نرسید که آن‌چه او گفت معنای پوستر بوده باشد. او فقط خواست به من طعنه‌ای بزند و یا اگر خوش‌بینانه فکر می‌کردم پیامی را به من برساند. باز هم در مدت کوتاهی که آن‌جا بودم وقت به صحبت از استادها و دانشجویان گذشت.

ما به‌طور معمول هر کدام روی یکی از آن مبل‌های راحتی می‌نشستیم و گپ می‌زدیم و البته قهوه می‌نوشیدیم و موسیقی گوش می‌دادیم. و وقتی این حرف‌ها تمام می‌شد دیگر چیزی برای گفتن نبود و این بود که من جمله‌ی جادویی‌ام را می‌گفتم: «خب دیگه، من باید برم».

از این کم‌حرفی کلافه بودم. چرا چیزی برای گفتن نداشتم؟ من هرگز آدم ساکتی نبودم. همیشه از در و دیوار هم حرف برای گفتن داشتم. مطمئن بودم که او هم با بقیه ساعت‌ها حرف می‌زند. این بار کنایه‌ای زد که اگر صحبت از استادان و دانشجویان نباشد ما چیزی برای گفتن نداریم. راست می‌گفت. وقتی با او بودم گویی حرف‌هایم تمام می‌شدند. ولی این طور نبود و من تمام وقت در حال خودسانسوری بودم.

پوستر را بلافاصله به قاب‌سازی سر کوچه سپردم و خواستم قاب مناسبی برایش بسازد. تولدش نزدیک بود و تصمیم گرفته بودم یک هدیه‌ی بی‌نظیر برایش پیدا کنم. همه جا چشمم به دنبال هدیه‌ای بی‌مانند بود. بالاخره در خیابان منوچهری در بین خنزر پنزرهای یک مغازه آن‌چه را می‌خواستم در برابر چشمان خود یافتم. یک گوی رمز و اصطرلاب قدیمی رنگ و رو رفته‌ی برنجی که بر روی یک پایه‌ی دایره‌شکل از جنس برنج قرار گرفته بود. خیلی خوشم آمده بود و می‌خواستم یکی هم برای خودم داشته باشم. از فروشنده پرسیدم که آیا می‌تواند یکی دیگر هم برایم بیاورد؟

شروع کرد به بازار گرمی که این جنس عتیقه است و دیگر پیدا نمی‌شود. ولی بعد از کمی گفت‌وگو رفت و یکی دیگر برایم آورد. خیلی خوشحال شدم. خرید این قبیل اجناس برای خودم را تازه شروع کرده بودم. فروشنده هر دو را جدا جدا در انبوهی از کاغذ روزنامه پیچید و به من داد. درست حقوق یک ماهم را به فروشنده دادم ولی خیلی راضی بیرون آمدم.
روز تولدش شد و با هم قرار داشتیم. کادو را با کاغذ کاهی بسته‌بندی کردم. یک دسته‌گل مینای صورتی بزرگ، بدون برگ‌های اضافی و یا گل‌های عروس و بدون بسته‌بندی‌های معمول گل‌فروشی‌ها، برایش گرفتم. زنگ در دینگ دونگ کرد. در را باز کرد. سلام من و سکوت او. وارد اتاق که شدیم در کمال تعجب دیدم میز شام چیده است. بسیار باسلیقه: زیربشقابی‌های قرمز، دستمال‌سفره‌ی کتان سفید، بشقاب‌های سفید ساده و بسیار شیک با یک خط باریک طلایی به دورشان. قاشق و چنگال نقره‌ای قدیمی و یک پارچ آب با دو گیلاس بلند. سریع گل‌ها را گذاشت داخل گلدانی سرامیک و اجازه گرفت که قبل از خوردن شام هدیه‌اش را باز کند. سنگینی هدیه برایش سوال‌برانگیز شده بود. با پس زدن کاغذها و در حالی که با دو دستش گوی را گرفته بود حیرت‌زده شد. چندین بار پرسید از کجا هدیه‌ای به این زیبایی را پیدا کرده‌ام، چقدر پولش را داده‌ام و نباید چیزی به این گرانی می‌گرفتم. فوری روی میز چهارگوش بین دو تا مبل جایی باز کرد و گوی را روی آن درست زیر نور آباژور گذاشت. بارها و بارها تکرار کرد که هدیه‌ی بی‌همتایی‌ست. نمی‌دانست یکی از سخت‌ترین کارهایی بود که موفق به انجامش شده بودم. شام را به خاطر من خیلی زود خوردیم. خواستم کمکش کنم ظرف‌ها را بشوییم ولی قبول نکرد و گفت هیچ وقت چنین درخواستی از او نکنم. او در نزدیک شدن به زن‌ها پیشدستی نمی‌کرد و این حق را برای آن‌ها محترم می‌شمرد. معتقد هم نبود که غذا پختن و ظرف شستن تنها کار زن‌هاست. از همه مهم‌تر اعتقاد داشت اگر یک زن و مرد در جایی تنها هستند، جایی که هیچ کس آن‌ها را نمی‌بیند، سبب نمی‌شودتا مرد به خودش اجازه دهد به زن نزدیک شود و این تفاوت فاحشی بود که او با مردان دیگر و حتی با آقای آزاد داشت.
چند روز بعد با عبدی جلوی کمدش قرار داشتم. راهرو پر بود از کمدهای فلزی ارج که دانشجویان می‌توانستند وسایل‌شان را داخل آن‌ها بگذارند. من نیازی به آن کمدها نداشتم ولی عبدی چون همیشه با خودش یک ساک و دوربین و کلی وسیله حمل می‌کرد یک کمد داشت. قرارهای ما همیشه جلوی کمد او بود.

کمدها در ردیف‌های هشت‌تایی و سه ردیف پشت سر هم چیده شده بودند و کمد عبدی ردیف جلو بود. همان جا ایستاده بودم که صدای آقای خردمند و دختری از بچه‌های تلویزیون را در ردیف بعدی شنیدم. دختر اصرار داشت که آقای خردمند شماره تلفن او را بگیرد و به او زنگ بزند. آقای خردمند هم با خنده و شوخی طفره می‌رفت و می‌گفت او به کسی زنگ نمی‌زند. او دختری بود کوتاه‌قد، تپل، سفید و شیرین، با موهایی بلند که همیشه به دور سرش ریخته بود. در حرف زدن و سوال کردنش نوعی ساده‌لوحی و نادانی به چشم می‌خورد که به‌طور معمول دیگران را به خنده وامی‌داشت. من آن‌جا متوجه شدم که نه‌تنها ساده نیست بلکه خیلی هم دختر رند و محیل و سمجی‌ست. صداها به راحتی شنیده نمی‌شد چون به هر حال راهرو بود و محل عبور و مرور. باورم نمی‌شد آقای خردمند هم تن به چنین بازی‌هایی بدهد و در پشت کمدهای دانشجویان نرد عشق و عاشقی ببازد. به خصوص وقتی در کمال تعجب عبدی گفت آن دختر نامزد برادر آقای گیلانی‌ست. من و عبدی نمی‌فهمیدیم چه خبر بود. وقتی آن دختر از پشت کمدها بیرون آمد با عشوه و خنده به آقای خردمند گفت او از قبل شماره‌ی «آقا» را از کسی گرفته بوده. آقای خردمند هم بیرون آمد. تکه کاغذ کوچکی در دست داشت که با دیدن ما آن را در مشتش پنهان کرد. ما سلامی کردیم و من بلافاصله با عبدی مشغول صحبت شدم. عبدی با خنده پرسید: «خانم مارپل خوب کشف کردی؟» به عبدی نگاه کردم و گفتم: «چرا هیچ کس مثل تو پاک و خالص نیست؟» و دوباره از آقای خردمند رنجیدم. شاید حق نداشتم چون ما نه حرفی به هم زده بودیم و نه قول و قراری گذاشته بودیم ولی این سبب شد که پیشنهاد آقای آزاد برای رفتن به یک سفر را بپذیرم. او دو سخنرانی در دانشگاه تبریز داشت. هم می‌خواستم بروم و هم نه. ولی چون از آقای خردمند دلخور بودم تصمیم گرفتم به این سفر بروم تا او بفهمد.

- مطمئن نیستم مامان اجازه بدن.
- خب باید بپرسی. بگو که با من هستی.

آیا همین دلیل کافی بود که مامان اجازه بدهد؟ چرا باید اجازه می‌داد؟ چه فکر می‌کرد اگر اجازه می‌داد؟ برای اجازه ندادنش دلیل قانع‌کننده داشت. اما او بی هیچ پرسشی اجازه داد و پرسید کجا می‌خوابم. آقای آزاد از قبل گفته بود که من می‌توانم در خوابگاه دختران بخوابم. برگزارکنندگان برای آقای آزاد در هتل آسیا اتاق گرفته بودند. مامان نگران راه و جاده هم بود که خوشبختانه تا گفتم با قطار می‌رویم همه‌ی مسائل حل شد.

شاید بعد از همه‌ی آن اتفاقات و تلخی‌ها بد نبود دوباره با هم تنها می‌شدیم. شاید می‌توانستم با مهربانی به او بگویم که من هیچ وقت نمی‌خواستم با او باشم. وارد قطار شدیم. به کوپه که رسیدیم هر دو از تعجب ایستادیم و به هم نگاه کردیم. دو آخوند داخل کوپه نشسته بودند. کوپه چهارنفره‌ی درجه‌یک بود. هر دو آخوند بسیار تمیز و مرتب بودند. یکی از آن‌ها مرا به یاد ممتحن امتحانات دیپلمم انداخت.

•••●•••

ناگهان تابستان گذشته، امتحانات ششم نهایی تمام شده بود و نمرات را داده بودند. نمره‌ی هندسه مخروطات من از آن‌چه فکر می‌کردم کم‌تر شده بود. اعتراض نوشتم و با مامان رفتیم حوزه امتحانی. آخوند بسیار قدبلندی رئیس حوزه بود. برای بازرسی جلسات امتحانات احتیاج نبود تا او از بین شاگردان عبور کند. اگر در سر یا ته کلاس می‌ایستاد، می‌توانست همه را به وضوح ببیند. به همین دلیل در حوزه‌ی او تقلب بسیار کم اتفاق افتاده بود. وقتی مامان با او وارد صحبت شد مکثی کرد و تمام نمراتم را بررسی کرد. بعد سرش را بلند کرد و به من گفت تا به حال سابقه نداشته کسی نمره‌ی انشا در امتحانات نهایی بیست بگیرد و من باید منتظر بمانم تا او انشای مرا بخواند.

مامان با تغیّر گفت:

- آقا ما اومدیم این‌جا شما نمره‌ی هندسه مخروطات دخترم رو ببینید نه انشاش رو بخونید. لابد قصد دارید بیست انشا را هم بکنید هفده!

جواب داد که ورقه‌ی هندسه مخروطات را خواهد دید ولی باید مطمئن شود در نمره‌ی انشا هم اشتباهی رخ نداده است. دستور داد کسی آمد و از آن شخص تمام اوراق امتحانی مرا خواست. طرف رفت و با یک پوشه‌ی بزرگ برگشت. ورقه‌ی انشا را بیرون کشید و در کمال خونسردی شروع کرد به خواندن انشای من. گاه سری تکان می‌داد و گاه لبخندی می‌زد. خواندنش که تمام شد به مامان گفت:

- خانم بهتون برای داشتن چنین دختری تبریک می‌گم. مطمئن باشید به همان اندازه که نمره انشا به حق داده شده در نمره‌ی هندسه مخروطات هم کوتاهی انجام نگرفته. بهتره ادامه هم ندید چون ممکنه همه مثل من و کسی که به این انشا نمره داده از آن لذّت نبرند

و در نتیجه همان طور که گفتید نمره‌ی انشا را کم کنند و نمره‌ی هندسه مخروطات هم عوض نشه.

همه‌ی این‌ها را با احترام و مهربانی به همراه لبخند و نگاهی زیرچشمی به من بیان کرد. اتاق را ترک کردیم. مامان از موضوع انشا و نوشته‌ی من پرسید. انشا همیشه دو موضوع داشت. یا درباره‌ی انقلاب سفید بود و یا موضوعی آزاد مثل همان «علم بهتر است یا ثروت» کذایی. به مامان گفتم فقط یادم می‌آید موضوع آزاد را انتخاب کردم ولی به موضوع اولی پرداختم و آن را رد کردم. تا برسیم به خانه مامان مدام زیرلبی حرف‌هایی می‌زد که من احساس می‌کردم دارد مرا سرزنش می‌کند و نگران من شده است. نگران انشا و پژوی سفید مقابل منزل با دو مرد که عینک های دودی به چشم دارند و هر لحظه ممکن است زنگ در را به صدا درآورند.

•••●•••

چقدر آن آخوند قدبلند که سمت راست جلوی پنجره نشسته بود شبیه آخوند رئیس حوزه بود. وارد کوپه شدیم و به هم نگاه کردیم که چطور بنشینیم چون دو نفر آخوندها روبه‌روی هم نشسته بودند. پس ما باید هر کدام در کنار یکی از آن‌ها می‌نشستیم. همان آخوند قدبلند فوری از جایش بلند شد و به ما اشاره کرد جای او بنشینیم. بعد که نشستیم او سلام و علیک کرد و سر صحبت را با ما باز کرد. ما هر دو کتاب‌هایمان را باز کردیم و شروع کردیم به کتاب خواندن. من خیلی معذّب بودم. اگر آقای آزاد سوالی می‌کرد من تلاش می‌کردم فقط با یک بله و نه جواب بدهم و مکالمه را تا حد امکان کوتاه کنم. وقتی مأمور قطار برای چای وارد کوپه شد یکی از آن‌ها برای ما هم چای برداشت و پول آن‌ها را هم پرداخت. آقای آزاد با آن خنده‌ی همیشگی از آن‌ها تشکر کرد. بعد آخوند دیگر گفت: «انشاالله خوش‌بخت بشید» و به‌طور غریزی انشالله را خیلی غلیظ ادا کرد. مانده بودم بین این همه مسافر این قطار چرا ما باید درست به این دو آخوند برمی‌خوردیم. چای را داغ داغ خوردم. آن‌ها با هم پچ‌پچ می‌کردند. راه طولانی بود و باید به نحوی با حضور آن‌ها کنار می‌آمدیم. آقای آزاد رو به من کرد که لیوان چای را از دستم بگیرد و با اشاره خواست بروم بیرون. رفتیم در راهرو جلوی پنجره ایستادیم. با دلخوری و اعتراض گفت که حداقل جلوی این ملّاها صدایش نکنم آقای آزاد و یا شما خطابش نکنم.

- ببخشید، من نمی‌تونم. من نمی‌تونم شما را به اسم کوچک صدا کنم. غیر از شما هم نمی‌تونم با کلمه‌ی دیگه‌ای خطاب‌تون کنم. به این ترتیب بهتره هیچ حرف نزنیم.

عصبانی شده بود.

- شانی جان، این‌ها دو نفر ملّا هستند. فکر کردند من و تو زن و شوهریم. اگر بفهمند که غیر از این است تا مقصد لعن و نفرین نثارمان می‌کنند. حداقل نقش بازی کن. پس تو چه دانشجوی تئاتری هستی؟
- فکر نکنم ما سنگ بشیم. من تلاش می‌کنم دیگه صداتون نکنم. ولی بهتره کم‌تر با هم حرف بزنیم.

وقتی برگشتیم داخل کوپه آخوند قدبلند گفت آن‌ها در کوپه می‌مانند تا ما برویم برای شام و بعد که ما برگشتیم آن‌ها برای صرف شام خواهند رفت. این طوری از چمدان‌های همدیگر مراقبت می‌کنیم. ما تنها دو ساک کوچک داشتیم ولی پذیرفتیم و تشکر کردیم. وقتی ما از شام برگشتیم آخوند دیگر گفت آن‌ها برای صرف شام به بوفه می‌روند و بعد هم سری به دوستان‌شان خواهند زد. ما هم می‌توانیم هر تختی را برای خواب انتخاب کنیم و آن‌ها مشکلی نخواهند داشت. آقای آزاد گفت منظورشان این بوده که ما را تنها بگذارند. کمی در مورد انتخاب تخت برای خوابیدن حرف زدیم و خندیدیم و بعد هر کدام رفتیم روی تخت‌های بالایی و مشغول کتاب خواندن شدیم و دو تخت پایینی را برای آن‌ها گذاشتیم. وقتی آن‌ها برگشتند آقای آزاد خواب بود. من بی‌درنگ از جایم بلند شدم و نشستم. هر دو سرشان را انداخته بودند پایین. به آهستگی گفتم هر وقت که دوست داشته باشند می‌توانند چراغ را خاموش کنند چون من چراغ‌قوه دارم. فهمیده بودند که تا آن‌ها نخوابند من نخواهم خوابید. پس زود به خواب رفتند. صبح سحر که مأمور قطار فریاد «نماز، نماز» می‌کشید بیدار شدم. آخوندها نبودند. سریع رفتم دست و صورتم را شستم و موهایم را شانه زدم. وقتی برگشتم آقای آزاد بیدار شده بود. آخوندها بعد از ادای نماز به کوپه برگشتند و کمی گپ زدیم. پس از مدتی به مقصد رسیدیم و خداحافظی کردیم. آقای آزاد تاکسی گرفت و اول مرا به خوابگاه دختران رساند و بعد خودش رفت. قرار گذاشتیم کمی استراحت کنیم و عصر هم‌دیگر را در هتل معروف شهر ببینیم. وقتی وارد سالن هتل شدم، او با چند جوان مشغول صحبت بود. جوان‌ها محو او بودند؛ هیجان‌زده و مفتخر. از دور به من سلام داد و اشاره کرد نزدیک شوم. جوان‌ها برگشتند و متوجه من شدند. همگی کنجکاو و مودب سلام دادند.

او بلافاصله مرا معرفی کرد:

- بچه‌ها ناهید همکار من. بدون او خیلی از کارهای من انجام نمی‌گیره.

خشکم زد. چرا مرا ناهید صدا زد؟ جوان‌ها بی‌خبر از همه جا شروع کردند گرم و مهربانانه با من سلام و علیک کردن. با نحوه‌ی معرفی آقای آزاد احترام این جوان‌ها بیش از حد معمول بود و فکر کرده بودند من باید همکار خیلی مهمی باشم. آن‌ها نمی‌دانستند من حتی «خودم» هم نبودم. خیلی برخورنده بود. ناهید! این اسم از کجا آمد!؟ جوان‌ها اجازه ندادند من زیاد به فکر فرو بروم. من هم خیلی زود با آن‌ها گرم گرفتم و تصمیم هم نداشتم در آن شرایط چیزی بگویم. گرچه بسیار سخت بود در این چند روز یاد بگیرم که من کس دیگری هستم. این پسران و دختران جوان در مقابل آقای آزاد خیلی دست‌پاچه بودند. همگی سراپا گوش بودند و هر کدام مترصد فرصتی تا نشان دهد از دیگری معلومات بیش‌تری دارد.

آقای آزاد در هر شرایطی درس می‌داد. وقت راه رفتن، غذا خوردن، دیدار از یکی دو تا ساختمان تاریخی و همین طور در روز سخنرانی. گاهی یکی از این جوان‌ها با آرنج به دیگری می‌زد و با لحنی که می‌خواست امتیازش را به رخ بکشد به دیگری می‌گفت: «دیدی گفتم». من در کنار آن‌ها خوشحال بودم. دو تا دوست هم در خوابگاه دختران پیدا کرده بودم که آن‌ها را با خودم به این طرف و آن طرف می‌کشیدم و آن‌ها هم قاطی این مجموعه شده بودند و همگی خوش بودیم. روز آخر آقای آزاد گفت:

- خوش می‌گذره؟ دیدی خوب شد اومدی.
- بله خیلی خوش می‌گذره. بچه‌های باصفایی هستند. صاف و ساده و بی‌ریا.
- آره بچه‌های خوبی هستند. البته فعلاً. تا به تهران نرسیدن.
- بله به تهران نرسیدن که با ریا و ریاکاری آشنا بشن.
- انگار تو از چیزی ناراحتی. در این سه روز حتی یک کلمه هم با من حرف نزدی. چیزی شده؟
- فکر کردم قبل از این‌که سوال کنم خودتون توضیح می‌دین. این‌که من چرا ناهیدم؟ و ناهید کیه؟ خانم ناهید هر کی که هست چرا با او نیامدید؟
- ببخشید. من نمی‌خواستم این بچه‌ها اسم تو رو بدونن. ناهید اولین اسمی بود که به ذهنم اومد.

دلیلش را نفهمیدم ولی سوال بیش‌تری هم نکردم و موکول کردم به بعد. گرچه تمام این مدت که با این بچه‌ها بودم فکر می‌کردم اگر یکی از این جوان‌ها برای تحصیل در دانشگاه به تهران بیاید و اسم واقعی مرا بفهمد در مورد ما چه فکری خواهد کرد. واقعیت این بود که نخواستم سفر را خراب کنم. من با این جوان‌ها خوش بودم. من هم به اندازه‌ی آن‌ها در این مدت از آقای آزاد درس‌هایی آموختم. او معلم به دنیا آمده بود. گذشته از همه‌ی این‌ها، نمی‌خواستم حساسیت روی این اسم سبب شود اشتباه فهمیده شوم و آقای آزاد فکر کند من به این ناهید فرضی حسودی می‌کنم. بیش‌تر برایم حکم یک توهین را داشت. سفر به آخر رسید و ما به تهران برگشتیم. در بازگشت با یک زن و شوهر هم‌سفر بودیم. در همان ابتدا خودمان را معرفی کردیم و تا تهران راحت بودیم. به‌خصوص که در تمام طول سفر در مورد جوان‌ها و درس و بناهای تاریخی صحبت کردیم. در موقع شام که تنها بودیم به خودم جرأت دادم و پرسیدم آیا ناهید همان خانمی‌ست که مرتب به او زنگ می‌زند؟ جوابش نه بود. با خود گفتم پس یک نفر دیگر! البته اضافه کرد که زمانی زنی را به این اسم دوست می‌داشته ولی هر دو وابستگی‌های خودشان را داشته‌اند و عشق‌شان به جایی نرسیده. بعدها هم درمی‌یابد آن زن تنها می‌خواسته از محبوبیت و معروفیت او بهره ببرد. به نظر می‌آمد آقای آزاد به اندازه‌ی کافی زن در دور و بر خود دارد؛ زنانی بزرگ‌تر، باتجربه‌تر و به یقین آزادتر از من. پس قضیه‌ی من چه بود؟ چرا باید مرا دوست داشته باشد؟ چرا باید دروغ بگوید؟ آیا این علاقه به فرهنگ «دختر چهارده ساله» برمی‌گشت!؟ یعنی حتی در میان مردان تحصیل‌کرده و روشن‌فکر هم‌چنان «دختر چهارده ساله» مقوله‌ای جدا بود؟ نمی‌فهمیدم. سفر به پایان رسید و به هیچ کس درباره‌ی سفر چیزی نگفتم. بهار زود گذشت و تابستان با عجله فرا رسید. دیگر مدرسه‌ای در کار نبود و باید به دنبال تدریس خصوصی می‌بودم. چند شاگرد پیدا کردم و می‌توانستم از منزل بدون توضیح خارج شوم و آقای خردمند را راحت‌تر ببینم. ولی به این سادگی‌ها نبود. چون هیچ وقت این من نبودم که پیشنهاد می‌کردم او را ببینم. همیشه بهانه‌ای لازم بود: خواندن شعرها، گرفتن کتابی از او، گرفتن جزوه‌های من برای کلاس بعدی یا برای امتحانات؛ چون هم او و هم آقای آزاد از جزوه‌های من برای طرح سوال استفاده می‌کردند و... حتی در زنگ زدن هم همیشه تردید و تعلّل داشتم. او همیشه بعد از سه زنگ جواب تلفن را می‌داد و اگر پاسخ نمی‌داد به این معنی بود که یا خانه نیست و یا خانه است و مهمان دارد.

گاه این جواب ندادن‌ها به قدری تکرار می‌شد که من لج می‌کردم و برای مدتی زنگ نمی‌زدم. به هر حال خودم را حسابی در این تابستان با داشتن چندین شاگرد خصوصی و خیاطی مشغول کردم و سعی کردم برای مدتی دور از اجتماع خشمگین به سر ببرم. این تنهایی حس خیلی خوبی به من داد. این حس که می‌توانی خودت باشی و خودت. آقای خردمند در اولین روز کلاسش به من بی‌اعتنا بود. ولی در آخر درس، وقتی داشتم کلاس را ترک می‌کردم، بدون این‌که اسمم را ببرد رو به من کرد و گفت:

- هفته‌ی بعد پوشه فراموش نشه.

نمی‌شد از من به زور یک شاعر ساخت. نمی‌توانستم به‌طور مرتب شعر بنویسم. جلسه‌ی بعد دست خالی به سراغش رفتم و گفتم شعری ننوشته‌ام و نمی‌توانم به این شکل هر هفته یک پوشه شعر تحویل بدهم.

- راستش رو بخواهید در چند ماه گذشته بعضی وقت‌ها شعرهایی رو به شما نشون دادم که مال مدت‌ها پیش بود. فقط اون‌ها رو دوباره‌نویسی کردم. در ضمن در چند ماه گذشته هم آن قدر درگیری داشتم که شعر و شاعری رو فراموش کردم.

خوشبختانه عصبانی نشد و گفت:

- مهم نیست. میونه‌ت با ترجمه چطوره؟

هفته‌ی بعد آقای خردمند را دیدم. نه او چیزی پرسید که چرا زنگ نزدم و نه من حرفی زدم. او یک کتاب شعر به من داد به اسم اشعار منتخب[9] و خواست ترجمه‌اش کنم. این اولین کتاب انگلیسی‌ای بود که به من داد. کتاب در اصل گزیده‌ای بود از شعرهای یک شاعر ایتالیایی. تمام هفته تلاش کردم کتاب را بخوانم ولی پیش نمی‌رفتم. دو یا سه شعر اول را می‌خواندم و باز برمی‌گشتم به صفحه‌ی اول. شنیده بودم که ترجمه‌ی شعر کار سختی‌ست ولی این کتاب بی چون و چرا خیلی سخت بود. هر چه می‌خواندم کم‌تر درمی‌یافتم. یقین کردم قصدش شکنجه‌ی من بوده! شاید هم انتقام شیطنت سر کلاس را می‌گرفت. راستی از دادن این کتاب به من چه منظوری داشت؟ نمی‌فهمیدم چرا آموزش فن ترجمه را از سخت‌ترین راهش انتخاب کرده بود. آن هم برای کسی مثل من که به جز دایرکت متد، همان چهار پنج جلد کتابی که در دوره‌ی دبیرستان سال به سال به ما می‌آموختند، متن انگلیسی دیگری نخوانده بودم. هفته‌ی بعد دست خالی رفتم و برایش توضیح دادم که کتاب بسیار سخت بود و نتوانستم ترجمه‌اش کنم. جرأت نکردم بگویم حتی یک شعرش را هم نفهمیدم.

جرأت هم نکردم بگویم چرا از یک کتاب ساده‌تر شروع نکرد. به‌طور مثال از یک داستان کودک و یا یک قصه‌ی کوتاه؟ خواست کتاب را نگه دارم تا برایم کتاب دیگری بیاورد. باز هم بدون هیچ صحبت دیگری از هم جدا شدیم؛ بدون ابراز کلام مستقیمی ما با هم قهر بودیم.

هفته‌ی بعد با یک مجموعه قصه‌ی کوتاه از نویسندگان مختلف انگلیسی‌زبان به سراغم آمد. این بهتر بود. کتاب را گرفتم و بدون هیچ حرف اضافه‌ای از هم جدا شدیم و به این ترتیب شروع کردم به ترجمه. بعضی از کلمات را هرگز نشنیده بودم. در لغت‌نامه هم پیدا نمی‌شدند و یا اگر بودند هیچ ربطی به بافت قصه نداشتند. بعد متوقف می‌شدم و ادامه نمی‌دادم. از کسی هم نمی‌توانستم سوال کنم. کسی را نداشتم که تا حد ترجمه کردن انگلیسی بلد باشد. به این ترتیب گفت‌وگوهای ما محدود شد به ترجمه‌های من ولی نه به آموزش ترجمه. غلط می‌گرفت ولی نمی‌گفت چرا! مگر نه این‌که او یک استاد بود پس چرا چیزی یاد نمی‌داد!؟ یک بار که به درستی متوجه درماندگی‌ام شده بود گفت به این شکل باید زبان را یاد بگیرم. گفت که باید با لغات بجنگم و بجنگم، به یک یا دو لغت‌نامه اکتفا نکنم و ده‌ها و ده‌ها بار کلمه‌ها را عوض کنم. در این مواقع او را بدسرشت‌ترین معلم دنیا می‌دیدم. کسی که برای آموزش خساست به خرج می‌داد. سرانجام اولین قصه را تحویلش دادم. قصه را بیش از بیست بار ترجمه کرده بودم تا بالاخره خودم از آن راضی شدم. جوابش یک لبخند بود و بس. باید آن شب جشن می‌گرفتم؟ شانزدهم آذر دیگری آمد اما تفاوت امسال را با سال‌های گذشته به خوبی احساس می‌کردم. بزرگ‌تر شده بودم. دیگر اخبار را از زبان ارس نمی‌شنیدم بلکه این من بودم که خبرها را به دیگران می‌دادم. طبق معمول مامان نگران بود و دوست نداشت در چنین روزهایی به دانشگاه بروم. به او اطمینان دادم که گاردی‌ها با ما تئاتری‌ها کاری ندارند. ولی امسال تظاهرات گسترده‌تر بود. رهبری و نبض تظاهرات همیشه در دانشکده‌ی فنی بود. از هنرهایی‌ها تعداد معدودی در تظاهرات شرکت می‌کردند و همان عده هم در جاهای دیگری به تظاهرکنندگان اضافه می‌شدند.

فرمانده‌ی گارد دانشگاه تهران یک افسر تنومند بود که با توجه به شغلش پلیدی را می‌شد در صورت او سراغ گرفت. مدتی بود با یک دختر لوند و خوشگل از دانشکده‌ی ادبیات در محوطه‌ی دانشگاه دیده می‌شد. همه با تنفر به آن دختر نگاه می‌کردند. آن روز من و عبدی داشتیم به طرف دانشکده‌ی علوم می‌رفتیم، وقتی از کنار آن‌ها رد می‌شدیم، من بشنوی‌نشنوی گفتم:

«چقدر وقیح». هنوز یک قدم هم دور نشده بودیم که آن دختر فریاد کشید: «چی گفتی؟». من به روی خودم نیاوردم. دوباره فریاد کشید:

- هی عینکی! با تو هستم.

عبدی قبل از این‌که بایستم بازویم را گرفت و مرا به سمت جلو کشاند و شتابزده گفت:

- به روی خودت نیار. بدو بریم بیرون.
- پس راه‌پیمایی چی می‌شه؟
- بیا از در ادبیات می‌ریم بیرون. بعد از پزشکی برمی‌گردیم.
- اگر دیگه رامون ندن؟
- بعد می‌ریم سینما.

خندیدیم و به موقع به دانشکده‌ی پزشکی رسیدیم و همراه جمعیت به سمت دانشکده‌ی علوم سرازیر شدیم. جلوی دانشکده‌ی علوم گارد حمله کرد. بچه‌ها متفرق شدند و من و عبدی دوان‌دوان با تعداد زیادی از دانشجویان خودمان را به داخل دانشکده‌ی علوم رساندیم. همه نفس‌نفس می‌زدیم. بعضی از بچه‌ها باتوم خورده بودند. عبدی با خنده گفت سینما بهتر بود یا دانشکده‌ی علوم؟ گاردی‌ها بیرون ایستاده بودند و به تعدادشان اضافه شده بود. ما هم داخل دانشکده اسیر شده بودیم ولی هم‌چنان شعار می‌دادیم و شعار اصلی‌مان خروج گارد از دانشگاه بود. طرف‌های ساعت پنج فکر کردیم تک‌تک بیرون برویم. به عبدی گفتم باید زودتر بروم وگرنه مامان دیوانه می‌شود و بهتر است با هم نباشیم. تعداد افراد گارد کم‌تر شده بود. دانشکده‌ی ادبیات را رد کردم و نزدیک هنرها بودم که دیدم چند تا از بچه‌ها درست جلوی میله‌های سمت خیابان شاهرضا دارند فوتبال بازی می‌کنند. متعجب به این گروه نگاه می‌کردم که یک‌مرتبه خودم را در بین بچه‌هایی دیدم که فریادکشان شعار می‌دادند و می‌دویدند. چند نفری فحش‌های آن‌چنانی به هنرهایی‌ها دادند که «بی... تظاهرات نمی‌کنید به درک، حداقل جلوی دید مردم بازی نکنید». چند نفری هم در بین فریادهای ضد گارد و ضدحکومت هنرهایی را سوسول صدا کردند. گاردی‌ها فحش‌های رکیک می‌دادند و به هر که می‌رسیدند باتومی نثارش می‌کردند و اگر طرف نمی‌توانست به موقع فرار کند بدون شک چند باتوم نوش جان می‌کرد. به طرف حیاط کوچکی پایین‌تر از سطح حیاط دانشکده، بین آتلیه‌های نقاشی و استودیوهای گروه‌های نمایشی، دویدم. در آن حیاط کوچک همیشه بعد از ظهرها دانشجویی دور از اجتماع خشمگین در حال درس خواندن بود.

آن موقع هم بی‌اعتنا به تمام سروصداها با جزوه‌های خودش مشغول بود. هنوز پا به اولین پله نگذاشته بودم که باتومی خیلی محکم به کتفم خورد. صدای فرمانده‌شان بلند شد که «احمق‌ها! مگه نمی‌گم به پاهایشان بزنید» و سرباز احمق این بار بدون مهلت دادن به من باتومش را به پشت پایم هم زد. تعادلم را از دست دادم. پاهایم تا شدند و شش پله را به پایین سُر خوردم و وسط چمن از حال رفتم. سربازی که مرا زده بود تنبیه را کافی دانست و به سراغ دیگری رفت. دانشجویی که مشغول درس خواندن بود فوری به سراغم آمد و سرم را در دستانش گرفت. نمی‌دانستم از درد کتف بنالم یا از درد پاهایم. پرسید:

- سرت به جایی نخورد؟ منو خوب می‌بینی؟ می‌تونی پاهات رو تکون بدی؟ این چند تاست؟

دو انگشتش را در هوا برای من تکان می‌داد. پرسیدم:

- باید توی این هیر و ویر جواب این همه سوال رو بدم؟
- نه خوبه! معلومه سرت به جایی نخورده!

با ناله و گریه پاهایم را راست کردم. روی ساق پاهایم خون و زخم و ورم بود. کمی که آن‌ها را کشید فریاد کشیدم.

- خوبه، خیلی خوبه.
- چی خوبه؟ من دارم از درد می‌میرم، تو می‌گی خوبه!
- می‌دونی اون طوری که تو پله‌ها رو اومدی پایین من ترسیدم که یا ضربه مغزی شده باشی یا فلج. می‌تونی بلند شی؟
- نمی‌دونم. ولی تلاش می‌کنم.

با ناله و کمی گریه، خجالت می‌کشیدم خیلی گریه کنم، پاهایم را راست کردم. مثل این بود که روی ساق‌هایم جسم سخت و تیزی را از پایین تا بالا با فشار کشیده باشی. بعضی جاها پوست و گوشت رفته بود. انگار به جای شش پله سی و نه پله[۱۰] را روی ساق پاها و از لبه‌ی پله‌ها پایین آمده بودم.

ـ من کمک می‌کنم اول یه کم بشینی. من اوسط هستم. سال آخر پزشکی‌ام. سال آخری هستم و می‌خوام زودتر دکتر بشم و برگردم شهر خودم.

لازم نبود توضیح بیش‌تری بدهد. منظورش به درستی روشن بود. کُرد بود. سال آخر بود و دنبال دردسر نمی‌گشت. می‌خواست برود بیجار تا در خدمت مردمش باشد. کمکم کرد و به زحمت تلاش کردم روی زمین بشینم.

- روی یکی از پله‌ها بشینی بهتره.
- نه اون‌جا، نه. اونا قاتل پاهای من هستند.

قاه‌قاه خندید.

- تو چقدر جسوری دختر! توی درد و گریه هم دست از شیطنت برنمی‌داری!

جسور را با لهجه‌ی خوب کُردی گفت.

- تو به چشم زدن اعتقاد داری؟
- چشم؟
- آره دیگه وقتی می‌گن فلانی رو چشم زدن و باید اسفند دود کنی.
- نه.
- خب پس نمی‌دونی. از وقتی یادم میاد همه می‌گفتن که پاهام قشنگ هستن. اون قدر پسرا پشت سرم راه رفتن و از پاهام تعریف کردن که این بلا سرم اومد. البته برام گاه‌گداری اسفند دود کردن، ولی بی‌فایده بود.

همین طور که پرحرفی می‌کردم به کمک او روی دومین پله نشستم. هم‌چنان می‌خندید و به حرف‌های من گوش می‌داد و کار خودش را می‌کرد. از هر دو پایم خون سرازیر بود. مثل مصدوم‌های جنگی شده بودم. شانه‌ام درد می‌کرد. اوسط رفت و شلنگ آب را آورد و با بی‌رحمی هر چه تمام‌تر - این مساله را به او گفتم - آب سرد را گرفت روی پاهایم. بعد دستمالی از جیبش درآورد و آرام خون‌ها را پاک کرد. پرسیدم:

- این دستمال تمیز بود دیگه، نه؟
- بله. به جان مادرم تمیز بود.
- اِ! یعنی چی شما پسرها تا تقی به توقی می‌خوره پای مادر بیچاره‌تون رو وسط می‌کشید؟
- خب اشتباه کردم. ببخشید حق با توست. بگو ببینم اسمت چیه شیطون خانم؟
- شانی.
- چه اسم قشنگی! خب شانی خانم هر طوری که هست باید راه بیفتی تا با هم بریم بهداری.
- خیلی ممنون. بیام بگم چی؟ ببخشید من داشتم تظاهرات می‌کردم که کتک خوردم و از پله‌ها افتادم؟
- بچه‌های بهداری که غریبه نیستن. همون بچه‌های دانشکده‌اند. تازه می‌ریم پیش یکی از دوستای من.

زیر بغلم را که گرفت جیغم بلند شد. کتفم دیگر داغ نبود و حسابی درد می‌کرد. خواستم بروم و طرف دیگر بدنم را بگیرد. مثل کسی که زیرلب فحش بدهد گفت که حسابی از من پذیرایی کرده‌اند. راه رفتن خیلی سخت بود ولی با خنده گفتم: «لیلا خالد[11] بازی درآوردن از این حرف‌ها هم داره». از جلوی گاردی‌ها که رد می‌شدیم چپ‌چپ به ما نگاه می‌کردند. جایی هم یکی از سربازان برای خودشیرینی فرمانده‌اش پرید وسط و پرسید چه اتفاقی افتاده است. اوسط خیلی آرام به او توضیح داد که ما با هم قرار داشتیم و من دیر کرده بودم و تا به او رسیدم از پله‌ها کله‌معلق شدم. سرباز هم خنده‌ی احمقانه‌ای کرد و چیزی به ترکی گفت که هیچ کدام از ما نفهمیدیم. رسیدیم به بهداری. اوسط دوستش را پیدا کرد و مرا نشاند روی یک تخت معاینه. دوستش پرسید چه شده و اوسط جواب داد:

- داشتیم گرگم به هوا بازی می‌کردیم یهویی جلوی پله‌ها پاش سر خورد.

دکتر خندید و گفت:

- خب لابد با سربازا. کجا بودین؟
- راستش من یک کنج خلوت در دانشکده‌ی هنرها پیدا کرده بودم و این خانم شیطون هم هر روز می‌اومد اون‌جا و نمی‌ذاشت من درس بخونم و می‌گفت چرا نمی‌ری دانشکده‌ی خودتون؟ منم گفتم که در اصل به خاطر ایشان من اون کنج رو انتخاب کردم.
- و بعد گرگم به هوا بازی کردید؟

صدای جیغ من وقتی پنبه‌ی آغشته به الکل و دتول را روی زخم گذاشت شوخی را به آخر رساند. هر دو پایم را پانسمان کرد. چند تا مسکن داد. خداحافظی کردیم و راه افتادیم. اوسط تاکسی گرفت و خودش هم با من سوار شد. گفتم که می‌توانم تنهایی بروم ولی رضایت نداد و با اشاره گفت به تعارف ادامه ندهم. راننده پرسید «دربست» و اوسط گفت «بله». ولی من گفتم راننده در صورت تمایل مسافر دیگری را هم سوار کند. بعد خیلی آهسته به اوسط توضیح دادم که شاید شخص دیگری مثل من زمین خورده باشد. راننده که به ظاهر گوش تیزی داشت و یا از اوضاع و احوال اطراف دانشگاه متوجه وضع من شده بود، خودش را قاطی کرد و گفت:

- نامردا دخترا رو هم می‌زنن؟

اوسط پرسید:

- کیا؟

- نترس داداش. من امروز بیست بار دور دانشگاه رو دور زدم.

من گفتم: «همه رو می‌زنند». ولی اوسط پرید وسط حرفم.

- البته ایشون کتک نخورده از پله‌ها افتاده پایین.

راننده خوشش نیامد که اوسط دل به دلش نداد. ما هنوز آدرس را نداده بودیم. وقتی راننده پرسید «کجا؟» اوسط به من مهلت نداد و آدرسی را به راننده داد که کمابیش وسط راه من بود. قبل از این‌که سوار تاکسی شویم اسم خیابان منزل مرا پرسیده بود و من خوشم آمد که این همه احتیاط به خرج داد.

· · • • ● ● · ·

ناگهان تابستان گذشته، در کلاس کنکور با پسر نازنینی آشنا شدم. با قدی متوسط، لاغراندام و شکمی کمی جلو آمده. چشم‌های خیلی ریزی داشت و موهای جلوی سرش ریخته بودند. وقتی که می‌خندید دیگر چیزی را نمی‌دید. همیشه به شوخی به او می‌گفتم وقتی داریم راه می‌رویم نخندد چون ممکن است بیفتد داخل چاه و چاله‌های شهرداری. طنز فوق‌العاده‌ای داشت و همیشه در کلاس سبب خنده می‌شد. با هم خیلی دوست شده بودیم. برای ارتش کار می‌کرد و می‌خواست لیسانس بگیرد که یا حقوقش برود بالا و یا به کلی از ارتش بیرون بیاید. پدرش نوحه‌خوان بود و به همین دلیل مدت‌ها پیش از منزل زده بود بیرون. در مورد خانواده‌اش هیچ وقت سوال نمی‌کردم. همیشه اگر خودش دوست داشت مطلبی را تعریف می‌کرد. اسمش اشکبوس بود. شوخی می‌کرد و می‌گفت «یا اشک صدام کنید یا بوس. در هر دو حال جواب می‌دم». ولی من صدایش می‌کردم «پناه» چون فامیلی‌اش پناهی بود. درست تابستان قبل از ورود به دانشگاه بود که یک شب چند سرباز و چند مرد شخصی‌پوش به کلاس کنکور ریختند. من و پناه و دوست مشترک‌مان ساسان، که یک بچه پول‌دار بود و همیشه از دوست دخترهایش حرف می‌زد، همیشه سر یک میز می‌نشستیم. وقتی آن‌ها ریختند همه‌ی ما وحشت کرده بودیم. آن روزها پناه هم دوست‌دختری پیدا کرده بود که همسن و سال خودش بود. پناه از من و ساسان سه چهار سالی بزرگ‌تر بود. دوست دخترش دانشجو بود و فلسفه می‌خواند. ما پناه را مسخره می‌کردیم و می‌گفتیم نه به خاطر ارتقای شغلی و یا علم بلکه به خاطر خانم لیلا خالد است که می‌خواهد وارد دانشگاه شود. این اسمی بود که من روی دوست‌دختر او گذاشته بودم.

آن شب پناه و ساسان را بردند. مردی که آن‌ها را می‌برد قیافه‌ی پر از بلاهتی داشت. موهای کثیف ژولیده‌پولیده، سفیدی چشم مایل به قرمز، دماغ کج و کوله‌ی مشت‌خورده و صورتی که معلوم بود دو سه روزی‌ست اصلاح نشده است. وقتی پناه را از ته میز کشید بیرون، لب پایینش را به یک سمت کشید و یواشکی به من گفت نوبت من هم می‌شود. وقتی رسیدم خانه از ترسم ماجرا را برای مامان تعریف کردم. اشتباه بزرگی بود چون هم نگرانش کردم و هم هزار و یک سوال پلیسی از من کرد. بالاخره مرا با یک چای گل بابونه خواباند ولی می‌دانستم که خودش تا صبح پشت پنجره بیدار نشسته بود تا ببیند پژو یا پیکان سفیدی سراغ من می‌آید یا نه. صبح با یک دل‌پیچه‌ی حسابی بیدار شدم. خوشبختانه پناه زنگ زد و گفت حال هر دوی آن‌ها خوب است. گفت دوست‌دخترش را روز پیش با مشتی اعلامیه گرفته بودند. دنبال پناه بودند تا از او هم بازجویی کنند. پناه احمق هم به آن‌ها گفته است که مدت‌هاست با آن دختر به هم زده چون با من دوست شده است. بعد هم اضافه کرده که من هم یک دختر سرهنگ پول‌دارِ لوس هستم که سر از این کارها درنمی‌آورم. به هر حال آن‌ها بعد از آن شب نه سراغ من آمدند و نه به دنبال پناه و ساسان رفتند. دوست دختر هم بعد از سه ماه آزاد شد.

••●●●●••

دل‌پیچه آمده بود سراغم. از تاکسی که پیاده شدیم اوسط گفت:

- به همین راحتی که نمی‌شه به همه اطمینان کرد. تازه می‌خواستی آدرس خونه رو هم بدی تا آقایون خسته نشن دنبالش بگردن و یک‌راست بیان در خونه. به کُرد بودنت باید شک کرد.

یادم نمی‌آمد که که در مورد کُرد بودنم اشاره‌ای کرده باشم ولی حق با او بود. خجالت کشیدم. اما فکر کردم چرا باید به اوسط اطمینان کنم. آدمی که می‌گوید دنبال آرمان و گروهی نمی‌رود چرا که می‌خواهد دکتر شود! خیلی‌ها می‌خواهند دکتر، مهندس، وکیل و یا معلم شوند. خیلی‌ها سال آخر هستند و سردسته‌ی تظاهرات‌اند. این‌که نشد حرف!

- حق با توست. اشتباه کردم. بله دختر کُرد هم می‌تونه اشتباه کنه. گرچه یادم نمی‌آد که به تو گفته باشم همشهری تو هستم. امروز همه‌ی کارهام هوایی بود. ولی دیگه بسه. فکر می‌کنم از این‌جا به بعد

رو هم خودم می‌تونم تنهایی برم. تو خیلی زحمت کشیدی و من حسابی ممنونم. ولی این طوری بهتره.

- بدون شک بهتره هم‌شهری.

برایم تاکسی گرفت و رفت. هیچ کنجکاوی نکرد.

مامان تا در را باز کرد زد توی سرش و آن‌چنان اشک از چشم‌هایش سرازیر شد که من فکر کردم حاج دربندی داشته قبل از آمدن من در خانه روضه می‌خوانده. به او اطمینان دادم که طوری نشده و از پله‌ها افتاده‌ام پایین. شب را با دو سه تا نوالژین سر کردم و روز بعد هم ماندم خانه. حتی قادر نبودم راه بروم چه برسد به این‌که دوباره به دانشگاه بروم و مجبور به دویدن شوم. عصر مامان اصرار داشتند که بروم پیش دکتر اکبری. ولی مدت‌ها بود که دیگر دلم نمی‌خواست پیش این دکتر خانوادگی بروم. راه و پله‌های مطب او را بهانه کردم و رفتم به کلینیک جدیدی که به‌تازگی نزدیک منزل باز شده بود. دکتر پانسمان‌ها را عوض کرد و گفت بهتر است کمی استراحت کنم و راه نروم. پنج‌شنبه و جمعه در پیش بود. کلاس‌ها هنوز تق و لق بودند. شنبه در راهروی پایین نشسته بودم که عبدی آمد. حالش گرفته بود و گفت رضا و صفر ـ که هر دو از بچه‌های معماری و از دوستان نزدیک ما بودند ـ را گرفته‌اند. هر دو خیلی ناراحت بودیم. به‌خصوص برای رضا که حتی فکرش را هم نمی‌کردیم. صفر هم‌خانه‌ی رضا آدم ناآرامی بود. بیش‌تر هیاهو داشت تا اعتقاد حقیقی. همیشه در حال شعار دادن بود. خیلی عصبی بود. هر دو لاغراندام بودند و انگار زندگی دانشجویی دور از خانواده کمک می‌کرد که جثه‌شان کوچک‌تر شود. همیشه با هم بودند و همیشه با بچه‌های چپ معماری دیده می‌شدند. صفر خیلی حرف می‌زد و گاه فحش‌های رکیک می‌داد ولی رضا خیلی ساکت و محترم بود. هر دو از بچه‌های جنوب بودند اما از بنادر متفاوت. بعدازظهر بود که سر و کله‌ی صفر پیدا شد. من از دیدنش خیلی خوشحال شدم. ولی عبدی به من هشدار داد خیلی احساساتی نشوم و زیادی خودم را به او نزدیک نکنم. اما من فضول بودم و مهم‌تر از آن می‌خواستم از وضع رضا بپرسم. رضا را خیلی دوست داشتم. مثل بقیه‌ی پسرها نبود. سرش به کار خودش بود. کم‌حرف. به چپ بودن تظاهر نمی‌کرد. چپ مادرزاد بود. صفر خیلی دمق بود. وقتی از حال رضا پرسیدم گفت از او خبری ندارد. از خودش و از بازجویی‌اش در کمیته‌ی مشترک پرسیدم. من عجله داشتم. تعریف بلافاصله از یک حادثه با این‌که بعد از مدتی درباره‌ی آن اتفاق صبحت شود فرق دارد. زمان قصه را عوض می‌کند و خواسته و ناخواسته

دخل و تصرف در آن صورت می‌گیرد. من می‌خواستم عین ماجرا را بشنوم. از صفر پرسیدم که چطور او را آزاد کردند و او گفت:

- شانی، وقتی می‌گیرنت نمی‌دونی چقدر از تو می‌دونند. می‌ذارنت توی یه اتاق با یه مشت کاغذ و یک خودکار و می‌گن بنویس. نمی‌دونی چی بنویسی. اگر هر چی رو که می‌دونی بنویسی شاید همه رو ندونند و اگر ننویسی شاید بدونند. در هر دو صورت توی دردسر می‌افتی.

بغضش گرفته بود.

- و تو هر چه رو که می‌دونستی نوشتی؟
- اگر تو هم بودی همین کار رو می‌کردی.

صدایش می‌لرزید و تن صدایش مهاجم می‌شد. ادامه داد:

- تو که نبودی. تو که نمی‌دونی چه وضعیه. آره! من نوشتم.

شروع کرد با مشت به زمین کوبیدن.

- نوشتم، می‌خواستی چه کار کنم؟
- هیچی صفر. راست می‌گی. من در چنین موقعیتی نبودم. ولی می‌شه ننوشت. نه؟ نمی‌دونم.

عبدی که در گوشه‌ی دیگری روی پله‌ای نشسته بود و تمام حواسش به من بود. صفر کمی خودش را جمع و جور کرد. پولیور سیاه یقه‌اسکی‌اش را تا نصف صورتش بالا کشید و ساکت شد.

وقتی با عبدی راه افتادیم او گفت: «بچه‌ها می‌گن که رضا رو صفر لو داده. اول صفر رو توی خیابون می‌گیرن و بعد کمیته می‌ریزه خونه‌ی رضا. اتاقش پر از اعلامیه بوده». فهمیدم که برای مدتی طولانی رضا را نخواهیم دید. نمی‌دانم چرا از صفر متنفر نبودم. تنفر او از خودش کافی بود. ضمن این‌که من حد این ماجرا را نمی‌دانستم. کسی از آن آدم‌های وحشی مچ دست مرا نپیچانده بود تا بدانم تحمل من تا چه اندازه است. دلم پیش رضا بود. چرا هیچ چیز درباره‌اش نمی‌دانستیم؟ مادرش چه می‌کرد؟ هیچ خبر داشتند؟ عبدی باید می‌رفت. گفتم من مدتی راه می‌روم. جلوی مدرسه‌ی اتفاق، اول خیابان آناتول فرانس، از هم جدا شدیم. آن‌جا یک تلفن عمومی بود که مرا کشید داخل خودش. دو ریالی را از ته جیبم انداختم در دستگاه تلفن و شماره‌ی آقای خردمند را گرفتم. نمی‌دانستم چرا این کار را کردم. طبق معمول الوی کشیده‌ای گفت و من سلام دادم.

- منم شانی.
- جانم. کجایی؟

- دانشگاه بودم.
- حالت خوبه؟

نگرانی در صدایش آشکارا محسوس بود.

- نه خوب نیستم. هیچ خوب نیستم.
- می‌تونی بیای اینجا؟
- می‌تونم؟
- البته که می‌تونی. همین الان.

یک تاکسی دربست گرفتم. در ماشین گریه‌ام گرفته بود. راننده‌ی تاکسی پیرمرد آرامی بود که یک‌ریز آیه‌ای از قرآن را زمزمه می‌کرد و گاهی هم زیر لب می‌گفت: «از دست شما جوون‌ها» ولی نه سوالی بود و نه حرفی. هنوز پاهایم به شدت درد می‌کردند و کیفم را هم نمی‌توانستم روی شانه‌ی چپم بیندازم. خیلی زود رسیدم. زنگ در را زدم. انگار پشت در منتظرم بود.

- سلام.
- بیا تو. چی شده؟ کتک خوردی؟
- بله. ولی الان خوبم.
- پیداست.

این طعنه‌ای بود به ظاهر من. رفتیم داخل اتاق و من روی همان مبل همیشگی نشستم. آقای خردمند رفت و با یک لیوان آب برگشت.

- قهوه الان حاضر می‌شه.
- می‌تونم برم دستشویی؟
- معلومه که می‌تونی. همون در روبه‌روست.

ترسیده بودم. من از خودم ترسیده بودم. از این‌که دستگیر شوم و ندانم تحملم چقدر است. در آیینه به خودم نگاه کردم. از خودم سوال کردم. ولی نمی‌شد فهمید. صفر راست می‌گفت؟ نه. پس رضا چه؟ می‌توانستم کدام یک باشم. صفر یا رضا؟ آبی به دست و رویم زدم و آمدم بیرون. به پاهایم نگاه کرد و پرسید:

- مگه تو رو چطوری زدن؟
- نه این مال زدن نیست. یه سرباز با باتوم زد پشت پام و باعث شد از پله‌ها بیفتم پایین. این مال چهار روز پیشه.
- یعنی تو چهار روز پیش کتک خوردی و این بلا رو سر خودت آوردی بعد امروز دوباره رفتی دانشگاه؟ من فکر می‌کردم تو عاقل‌تر از این‌ها باشی. می‌دونی اگر بگیرنت چه بلایی سرت میاد؟ به مامانت فکر کردی؟

به برادرت؟

نفهمیدم چرا یک‌باره در مورد برادرم حرف زدیم.

- همین فکر مامان بود که امروز مثل ترسوها سرم رو انداختم پایین و به سراغ بقیه نرفتم. نمی‌فهمم مگه بقیه مادر ندارند؟

بعد تمام ماجرای صفر و رضا را تا آخرین لحظه‌ی داخل دستشویی و جلوی آیینه‌ی منزل او برایش تعریف کردم.

- چون عقل به خرج دادی فکر می‌کنی ترسو هستی؟ می‌خواستی بگیرنت؟ دو سه روزی نگهت دارند و بعد مثل هوشنگ و امثال هوشنگ بیای بیرون و ادعای چپ بودن داشته باشی و قهرمان بشی؟ شانی یه کم عمیق‌تر فکر کن. چی می‌خوای؟ عدالت اجتماعی یا برچسب قهرمانی؟ تازه قهرمان به تعبیر این جوجه‌روشن‌فکرهای چپ؟

خوب می‌دانستم دارد از چه کسانی حرف می‌زند. شنیده بودم هوشنگ شب‌های تظاهرات می‌رفت موهایش را از ته می‌تراشید و صبح روز بعد در حیاط دانشکده رژه می‌رفت که : «هی منو ببینید. دیشب کمیته بودم». او یک معترض حرفه‌ای بود. باران می‌آمد فحش می‌داد به رئیس دانشگاه که چرا کفش مناسب به پا ندارد. باران نمی‌آمد فحش می‌داد به وزیر کشاورزی که محصول کشاورزان از بین می‌رود. بی‌ادبی و تهاجم برایش یک نوع مبارزه بود. حرف‌های رکیک بار دختران دانشکده کردن هم جزئی از همان مبارزه.

- شما فکر می‌کنید تمام بچه‌هایی که تظاهرات می‌کنند مثل هوشنگ هستند. این طور نیست. شما ایران زندگی نکردید. از مشکلات خیلی از دانشجویان چیزی نمی‌دونید. هوشنگ پیش اونا مثل شاه زندگی می‌کنه. اون‌ها ادا ندارند. خودشون هستند. به کاری هم که می‌کنند ایمان دارند. درباره‌اش هم حرف نمی‌زنند بلکه فقط عمل می‌کنند. مثل رضا.

- درسته، مطمئن هستم که رضا و امثال رضا با هوشنگ متفاوتند. ولی من مشکلم با سواد این آدم‌هاست. این بچه‌ها مطالعه‌ی کافی ندارند. با دو تا جزوه از مارکس خوندن که کسی چپ نمی‌شه. باید خوند. خیلی هم. محض خاطر مادر گورکی رو خوندن، فیلم‌های سوزناک روسی مثل لک‌لک‌ها پرواز می کنند رو دیدن، یا چپ و راست تئاتر برشت اجرا و تماشا کردن از کسی چریک نمی‌سازه. روزی که شعرهاتو خوندم و اون‌ها رو دسته‌بندی کردم به همین دلیل بود که گفتم سواد سیاسی نداری.

چقدر ادبیات انگلیس خوندی؟ از راسین و کرنی چی می‌دونی؟ از نویسندگان اسپانیایی چی خوندی؟ از ادبیات نوین آمریکا؟ تازه تو نسبت به خیلی‌ها مطالعه‌ی بیشتری داری.

همین طور می‌گفت و من هم گوش می‌دادم. بعد نزدیکم شد و دست‌های مرا در دست‌هایش گرفت و آن‌ها را بوسید. چندین بار. ولی یکباره رهایشان کرد و گفت:

-   نشد. آخر هم نشد. من همیشه می‌خواستم که تو آغازگر باشی. من می‌خواستم که تو بخوای دست‌های منو توی دست‌هات بگیری یا منو بغل کنی، و یا ببوسی.

با بغض گفتم که اگر با من بود هیچ وقت این اتفاق نمی‌افتاد و بعد لبخندی از سر تشکر زدم.

-   می‌دونم عزیزم. ولی این تو هستی که مهمی. باید یاد بگیری. یاد بگیری این تو هستی که باید چیزی رو که می‌خوای به دست بیاری.

دست‌هایم را دوباره گرفت و از روی مبل بلندم کرد و گفت بهتر است زودتر بروم خانه تا مامان نگران نشده است.

-   چشم. حتماً به‌روی چشم. ولی شما در مورد برادرم چی می‌دونید؟
-   خیلی کم. سهراب کمی برام گفته. یه روزی درباره‌اش حرف می‌زنیم.

به خانه که رسیدم به اتاقم نرفتم. نشستم پیش مامان و باجان. دست‌هایم هم‌دیگر را نوازش می‌کردند و گاه به گاه آن‌ها را یواشکی بو می‌کردم. هم‌چنان ترجمه می‌کردم و تلاش می‌کردم به موقع به دستش برسانم. به این کار علاقه‌مند شده بودم. از کلنجار رفتن با یک لغت و یا یک جمله آن‌چنان برانگیخته و مست از لذت می‌شدم که گاه همه کارهای دیگر را زمین می‌گذاشتم. دی ماه هم گذشت و بهمن آمد و جشنواره‌های مختلف از راه رسید. قبل از جشنواره‌ی سپاس آقای خردمند خواست به دیدنش بروم. ملاقات کوتاهی بود. احساس می‌کردم از بوسیدن دست‌هایم پشیمان شده و من هم در این مدت هیچ قدمی جلو نگذاشته بودم. تنها می‌خواست به من خبر بدهد به مدت دو هفته مهمان دارد و نمی‌تواند مرا ببیند. سر در نمی‌آوردم. حدود دو ماه از آخرین دیدار خصوصی ما می‌گذشت. چه لزومی داشت این توضیح را به من بدهد؟ من هنوز با او رودربایستی داشتم و نمی‌توانستم آن‌چه را که فکر می‌کردم به زبان بیاورم. هنوز رابطه‌ی شاگرد و استادی برای من قوی‌تر بود. نمی‌فهمیدم چرا خواسته بود رودررو به من بگوید که نمی‌تواند مرا ببیند.

مگر ما تمام مدت از حال و روز هم خبر داشتیم؟ یا فقط منظورش ساعاتی بود که به ترجمه اختصاص داشت! خب این مهمان کیست؟ اسمش چیست؟ زن است یا مرد؟ آیا بقیه هم در قرنطینه به سر خواهند برد یا این محرومیت تنها نصیب من شده؟ بی‌خود به خودم قبولاندم که مهم نیست. هر کسی می‌خواهد باشد. به من چه مربوط؟ ولی چرا به من خبر داد؟ احتیاجی به این اعلام برنامه بود؟ پس من برایش مهم هستم! چه خوب که جشنواره شروع می‌شود و من مشغول خواهم بود. ولی نمی‌توانستم هیچ رفتار و یا گفته‌ای را به هم ربط بدهم و برایش دلیل منطقی پیدا کنم.

اولین شب جشنواره‌ی فیلم بود که با چند نفر از بچه‌ها وارد سالن سینما شدیم. دانشکده برای همه‌ی دانشجویان تئاتر بلیت مجانی تهیه کرده بود. این طوری بیش‌تر بچه‌های تئاتری آن‌جا بودند. داشتم در سالن چشم می‌گرداندم که یک‌مرتبه چشمم به دکتر هدایت افتاد که کنار ملازمان همیشگی‌اش، چند نفر از دختران دانشکده، ایستاده بود. کنار او آقای خردمند با یک دختر خیلی جوان و ناز خارجی ایستاده بود. دختری بود با قدی کوتاه، موهای خوش‌حالت بور و صورتی تر و تازه و بدون هیچ‌گونه آرایش. در تمام مدت روی لب‌های پرگوشت و خوش‌ترکیب دختر جوان خنده‌ای از ته دل خودنمایی می‌کرد. به آن دختر چشم دوخته بودم. نمی‌دانم چرا احساس می‌کردم مهمان هموست. وقتی آقای آزاد به جمع آن‌ها نزدیک شد متوجه شدم که آقای خردمند او را به آقای آزاد معرفی کرد. حالا آن‌ها چهار تایی با هم حرف می‌زدند و ملازمان دکتر هدایت با باقی بچه‌ها قاطی شده بودند. این دختر از من جوان‌تر بود. پس او دو هفته با این دختر خواهد بود. او که بود؟ به‌راحتی می‌توانست دختر آقای خردمند باشد. دلم نمی‌خواست آقای خردمند مرا ببیند. تلاش کردم قبل از آن‌ها وارد سالن شوم. آقای آزاد مرا دید و خودش را به من و عبدی و منیژه رساند که با هم وارد سالن می‌شدیم و همگی پیش هم نشستیم. هیچ کس درباره‌ی این دختر حرفی نمی‌زد. در تمام مدت جشنواره به عمد فیلم‌هایی را دیدم که آقای خردمند پیشنهاد نکرده بود. از عبدی و منیژه عذرخواهی کردم و با پناه از این سینما به آن سینما می‌رفتم. می‌توانستم بنشینم خانه و بیرون نروم ولی از حرصم در سینماها می‌چرخیدم تا بالاخره این دو هفته که به اندازه‌ی دو ماه طولانی بود سپری شد و اولین جلسه‌ی کلاس بعد از مهمان‌بازی رسید.

معرکه گرفته و جروبحث داغی را سر فیلم نگهبان شب راه انداخته بودم. پسرها بیش‌تر دور و برم بودند چون آن‌ها برای چند صحنه‌ی سکسی دیدن این فیلم را

از دست نداده بودند. از دخترها تنها منیژه در کنارم بود که او هم یکریز نق می‌زد چرا من در مورد این فیلم حرفی نزده بودم تا او هم فیلم را ببیند. وقتی آقای خردمند وارد کلاس شد وانمود کردم او را ندیده‌ام و حرفم را قطع نکردم. مطمئن بودم که متوجه مقصودم شده. با لحن بی‌تفاوتی پرسید که اجازه می‌دهم کلاس را شروع کند و یا قرار است من جای او را بگیرم؟ طبق معمول از گوشه و کنار صدای خنده‌های ریز احمقانه بلند شد. بدون جواب، بدون این‌که حتی سر برگردانم، رفتم و سر جایم نشستم. همیشه من بودم که بعد از درس سوال می‌کردم و یا اگر او نظری می‌خواست من از اولین کسانی بودم که نظرم را می‌دادم ولی آن روز تمام مدت سرم پایین بود و طبق معمول پرنده‌ای را طرح می‌زدم. بزرگ، کوچک، لاغر، چاق؛ فقط یک پرنده در اندازه‌های مختلف. وقتی به چیزی فکر می‌کردم و یا عصبی بودم این عادت همیشگی من بود. اگر کاغذ و مداد دم دستم بود ده‌ها بار طرح این پرنده را می‌کشیدم. سرم به کار خودم بود که صدایم کرد. مسلم بود که حرف‌هایش را به دقت گوش می‌دادم. سوالی پرسیده بود و کسی جوابش را نداده بود. از من جواب می‌خواست. خیال خودم را راحت کردم و گفتم جواب را نمی‌دانم. ولی او رضایت نداد. حق هم داشت. ما در این مورد با هم حرف زده بودیم. تعجب را در نگاهش می‌دیدم. نمی‌خواستم فکر کند دارم از روی بدجنسی این کار را می‌کنم. پس خواستم که سوالش را دوباره تکرار کند. صدای خنده‌ی وقیحانه‌ی شراره با دوستش را شنیدم. بار دوم جواب دادم. بعد سرم را برگرداندم طرف شراره و دوستش و نگاه عاقل اندر سفیهی به آن‌ها انداختم. رضایت را هم در صورت آقای خردمند دیدم. در واقع این حس شاگرد برتر بودنم بود که به حس دیگرم، شاید حس حسادتم، غلبه کرد. با خودم گفتم چه خوب، پس من هنوز عاشق نشده‌ام.

وقتی کلاس تمام شد اولین نفر بودم که به طرف در خیز برداشتم ولی قبل از این که به در برسم صدایم کرد. صبر کردم تا بچه‌ها سوال‌ها و خوش و بش‌های الکی‌شان را کردند. مرتب به ساعت نگاه می‌کردم و وانمود می‌کردم عجله دارم. یکی دو بار به من نگاه انداخت تا بالاخره بچه‌ها رفتند. هم‌چنان کنار در ایستاده بودم. خواست بنشینم.

- ببخشید! نمی‌تونم عجله دارم.
- از کی تا حالا عجله داری؟
- این چه سوالیه؟ خب از وقتی که کلاس باید تموم می‌شد.
- ولی ساعت پایان این کلاس که هیچ وقت معلوم نبوده.

- می‌دونم.
- خب؟ دردسر جدید؟
- نه همه چیز خوبه. از شانزده آذر هم خیلی گذشته.
- خب نمی‌خوای حال منو بپرسی؟
- شما که به نظر خوبید. چرا وقتی روشنه باید سوال کنم؟
- درسته. امروز هم هیچ سوالی نداری؟
- نه. فکر نمی‌کنم.

مثل این‌که از حرص می‌خواست بگوید خب نداری که نداری به جهنم، ولی آرام‌تر گفت:

- همین؟! منم می‌تونم همین بازی رو مثل تو ادامه بدم. می‌تونم همین الان از در بیرون برم و بعد هم هیچ. انگار نه انگار اتفاقی افتاده. با تو هم همون رفتاری رو داشته باشم که با بقیه دارم. این طوری راضی می‌شی؟ شعر نوشتن رو کنار گذاشتی، حالا نوبت ترجمه است. باشه. ولی بگو چرا این کارو می‌کنی؟ رابطه باید دوطرفه باشه. رابطه تعهد طلب می‌کنه. مسئولیت داره. بیا راه بیفت بریم. باید همین جا حل بشه. راه بیفت بریم.
- دو بار تکرار کردید راه بیفتیم! خب بریم کجا؟ مگه من کار و زندگی ندارم؟

بد جایی گیر کرده بودم. اگر می‌گفتم نه خیلی به او برمی‌خورد. ضمن این‌که می‌دانستم اگر نروم برای همیشه از دستش داده‌ام. منتظر بودم به اصرار کردنش ادامه بدهد که ناگهان گفت:

- من کار و زندگی تو هستم.

این جمله را آن‌چنان گفت که دگرگون شدن رنگ صورتش محسوس بود. حتی زمانی که این حرف را زد به من نگاه هم نکرد. سرش کامل رو به هوا بود. ولی این جمله خیلی معنا داشت و نمی‌توانستم از آن بگذرم. سرم را انداختم پایین. این بار با هم راه افتادیم. طبق معمول به طرف در آناتول فرانس قدم زدیم. هر دو ساکت بودیم. به‌طور یقین هر دو به آن‌چه او گفته بود فکر می‌کردیم. کلماتی به زبان آورده بودکه مسئولیت به وجود می‌آورد. درست مثل قبول کردن یک رابطه.

- شانی فکرت رو به زبون بیار. دلت می‌خواد منو بزنی؟

به آرامی گفتم: «بله».

- خب چرا این کار رو نمی‌کنی؟
- شما از من چی می‌خوایین؟
- می‌خوام منو بزنی. همین جا. تو از من دلخوری. دلیلش را هم نمی‌خوای بگی. حتی نمی‌خوای درباره‌ی چیزی سوال کنی ولی اینو بدون تا تو نپرسی من جوابی برای سکوت تو ندارم.
- شما هم منتظر سوال من نباشید. شما خوب می‌دونید سوال من چیه و اگر حرفی درباره‌اش نمی‌زنید منم دلیلی نمی‌بینم سوالم رو به زبون بیارم.
- پس اگر من حرفی نزنم برای تو هم فرقی نمی‌کنه؟
- نخیر فرق می‌کنه.
- خب چطوری فرق می‌کنه؟ پرونده می‌کنی و می‌زنی زیر بغلت. چقدر از این پرونده‌ها داری؟ با چند نفر قطع رابطه کردی به جای این‌که مشکلت رو مطرح کنی؟
- با خیلی‌ها. آدم‌ها به خودشون زحمت توضیح نمی‌دن. همیشه که نباید سوال کرد.
- آدم‌ها می‌خوان که تو به حق خودت پی ببری.
- این روزها همه دارند منو متوجه حق خودم می‌کنن. چرا؟ وقتی آدم‌ها در قبال حرفی که می‌زنن و یا رفتاری که می‌کنن توضیحی نمی‌دن من از کجا بدونم که حق من این وسط چیه؟
- با پرسیدن.
- و به‌طور یقین همه جواب می‌دن! آاا ببخشید آقای آزاد، آیا من حق دارم بپرسم چرا شما که توجه خاص، خیلی خاص، به من دارید و من باید جواب‌گوی همسرتان باشم دیگه چرا باید سپر بلا بشم برای زنان دیگه‌ای که با شما رابطه دارند؟ آقای جواد مالکی، دانشجوی مفنگی، آیا من حق دارم بپرسم شما چطور به خودتون اجازه می‌دید در کلاس را به روی من ببندید و مثل حیوون به من حمله‌ور بشید؟ با عرض معذرت، خانم شراره خانم، شما رو چی خطاب کنم که درخورتون باشه؟ ممکنه به من حق بدید از شما گله کنم که چرا برای من رسوایی به بار می‌آورید در حالی که نمره «ج» هم براتون زیاده؟ آقای دکتر هدایت، استاد تمام‌قد غرب‌زده‌ی ما، خیلی شرمنده‌ام ولی آیا حق دارم بپرسم که چرا در جمع دهن باز می‌کنید و از این‌که من رابطه جنسی با کسی ندارم ابراز نگرانی می‌کنید و و و....

- بله. همه‌ی این‌ها حق توست.
- بله؟ ولی همین شما نبودید که به جز مورد جواد که می‌خواستید براش درخواست توبیخ کنید در مقابل یکی‌یکی این آدم‌ها منو دعوت به سکوت کردید؟ تازه جواد رو هم نه به این خاطر که به من توهین کرده بود بلکه به خاطر این‌که اون احمق، دکتر و استاد و یا دانشجوی مورد علاقه‌ی استادان دیگر نبود. البته بگذریم که اگر شما هم نمی‌خواستید من سکوت کنم من در خودم نمی‌بینم که بتونم با آدم‌های وقیح دهن به دهن بشم. همه چی برمی‌گرده به همون خانم بودن. در واقع تو خانمی پس خفه شو. نه آقای خردمند من حقی ندارم که سوال کنم. من از شش هفت سالگی اینو فهمیدم.
- پس در واقع هیچ احساسی نسبت به من نداری. پس دروغ گفتی که «تو» من هستم. همون طور که هیچ وقت به سهراب احساسی نداشتی.
- حساب احساس با حق جداست. همان طور که حساب آقای آزاد با شما.

بغضم گرفته بود ولی با سرسختی داشتم مقاومت می‌کردم.

- بسیار خب. شعر گفتن رو کنار گذاشتم. منتظرید تا دانشکده را هم کنار بذارم؟ شما از من چی می‌خوایین؟ می‌خوایین بگم که در دو هفته‌ی گذشته از حسادت مُردم؟ که دلم براتون تنگ شده بود؟ که اگر نباشید زندگی معنا نداره؟ نه هیچ کدوم این اتفاقات نیفتاد و نخواهد افتاد. می‌بینید که من این‌جا زنده ایستادم. من دیگه باید برم. خداحافظ.

وسط راه بودیم. هیچ متوجه نبودم که چقدر راه رفته بودیم. سرم را انداختم پایین و راهم را کج کردم و از او جدا شدم. باور نمی‌کرد. خودم هم باور نمی‌کردم. بعد چه می‌شود؟ یعنی تمام شد؟ به همین سادگی؟ ولی مگر نه این‌که همیشه همین طوری اتفاق می‌افتد؟ یک برخورد کوتاه. یک دلخوری. یک لجبازی و تمام.

چند روز بعد داشتم وارد کلاس می‌شدم که سید صدایم کرد و گفت آقای خردمند پای تلفن کارم دارد. تعجب کردم. رفتم اتاق آقای آزاد. گوشی تلفن روی میز بود. برداشتم. الوی کشیده‌ای گفت و من سلام کردم و بلافاصله با تعجب گفتم «بله؟». خیلی معمولی گفت می‌توانم بعد از مدرسه بروم منزل او؟ خیلی سریع اضافه کرد که باید مرا ببیند. خوشحال شدم قهر نکرده. اگر زنگ نمی‌زد و پیشنهاد دیدار نمی‌داد چه می‌شد؟ من کسی نبودم که مثل آن دختر تپل خواهش و تمنا کنم. به‌خصوص که خودم پشت کرده و جدا شده بودم.

روزهای آخر زمستان بود. کمی به سر و وضع خودم نگاه کردم. پیراهن قهوه‌ای رنگی را که مامان بافته بود به تن داشتم. با چکمه‌های قهوه‌ای. یک کلاه و شال گردن نارنجی بافتنی هم داشتم که شال گردن را اگر یک بار دور گردنم می‌پیچیدم هنوز دو طرفش تا پایین زانوهایم می‌رسیدند. پالتو قهوه‌ای سوخته‌ای هم پوشیده بودم که تازه خریده بودم؛ از آن‌هایی که از خود کلاه دارند و دور کلاهش پوستی داشت کم‌رنگ‌تر از رنگ پالتو. سرمای خشک بدی بود. من هم که همیشه دست‌ها و پاهایم یخ‌زده بودند. رفتم پیش سید و کمی دست‌هایم را کنار سماور همیشه به راهش گرم کردم ولی خواهش کردم برایم چای نریزد. زود به مدرسه رفتم و منتظر پایان وقت شدم. بعد تاکسی گرفتم و چند قدمی دورتر از منزلش پیاده شدم. پنج دقیقه‌ای زود رسیده بودم. نمی‌دانم چرا ولی همیشه طوری بود که من سر ساعت زنگ را به صدا درمی‌آوردم. برای سر وقت بودن رفتم بقالی سر کوچه‌ی منزلش و یک بسته آدامس خریدم. فروشنده پسر جوانی بود که با هم دو سه دقیقه‌ای خوش و بش کردیم. پرسید آیا تازه به آن محل آمده‌ام که گفتم مال آن محل نیستم و تا صحبت به جاهای باریک نکشیده بود از مغازه زدم بیرون. سر ساعت رسیدم. مدتی بود که برف می‌بارید و با انگشتان یخ‌زده‌ام زنگ را فشردم. باز هم سلام و باز هم بدون جواب: «زود بیا تو. هوا سرده». وارد خانه شدم. گفت : «چه شال‌گردن قشنگی». خوشحال شدم که شال گردن را تأیید کرد ولی در مورد پالتو چیزی نگفت. پالتو را که درآوردم از پیراهنم خیلی تعریف کرد و مطمئن بودم علتش این بود که تشخیص داده بود کار دست است. وقتی می‌خواست پالتو را آویزان کند گفت : «پالتوت هم قشنگه. بهت میاد. این‌ها رو از کجا گیر می‌یاری؟». خوشحال شدم. نمی‌دانست که من برای خرید هر تکه لباس چقدر باید سختی بکشم و پول جمع کنم. اغلب هم از لباس‌های مامان و شهرو استفاده می‌کردم. نمی‌خواستم از مامان برای خرید لباس و کیف و کفش پول بگیرم. او باید خرج الوند را در این‌جا و اروند را در پاریس می‌داد که هیچ‌کدام کار نمی‌کردند. بوی قهوه تمام خانه را گرفته بود. وقتی قهوه را آورد دو تا پیش‌دستی هم در کنار فنجان‌ها بود که در هر کدام یک تکه کیک بود. ما عادت داشتیم قهوه را با شکلات سوئیسی می‌خوردیم. از دیدن کیک تعجب کردم ولی زود توضیح داد که شب گذشته سالگرد ازدواج پدر و مادرش بوده و مادر کیک پخته بود و این هم سهم من است و بعد اضافه کرد:

- شانی، سکوت خیلی چیز بدیه. تلاش کن حرف بزنی. خب غرض از این

همه کتاب خوندن چیه؟ مسلما نه فقط یادگیری درباره‌ی نویسنده‌ها و سبک‌هاشون. اگر با من حرف نزنی من نمی‌دونم تو از چی خوشحال و از چی ناراحت می‌شی. نمی‌دونم چه حرفی و یا حرکتی آزارت داده و در این صورت اون حرف‌ها و حرکت‌ها تکرار خواهند شد. ولی اگر درباره‌اش صحبت کنی یا متقاعد می‌شی که از اساس موردی برای ناراحتی وجود نداشته و یا اون مساله دیگه تکرار نمی‌شه. پدر و مادر من درست چهل ساله که ازدواج کردند ولی هنوز برای حرف زدن با هم وقت کم می‌یارند. درباره‌ی هر چیزی که برات مسأله‌ست سوال کن. من هیچ وقت از جواب طفره نمی‌رم.

به دهانش چشم دوخته بودم. با خود می‌گفتم خوش به حال پدر و مادرت. دست‌هایم را گرفت در دست‌هایش و مرا کشید به طرف خودش. روی مبل نشسته بود و من پایین پاهایش روی زمین نشستم. گرمایی از نوک انگشتانم تا مغزم رفت و از مغزم به قلبم سرازیر شد. داغ شدم. بدون شک صورتم هم گل انداخت.

- خب حالا قول می‌دی حرف بزنی؟
- تلاش می‌کنم. قول می‌دم که تلاش کنم.
- خب شروع کن. برای امتحان از همین حالا.

نمی‌خواستم حرف بزنم. دلم می‌خواست زمان می‌ایستاد و دست‌های من تا ابد در دست‌های او باقی می‌ماند. فکر کردم بهتر است اول از مهمانش شروع نکنم : «چرا به اون دختر لوس تلویزیونی جواب مثبت ندادید؟». او به روشنی می‌دانست دارم از که حرف می‌زنم پس با سوال جوابم را نداد. چشم‌هایش پر از خنده شد. یکی از جذابیت‌های او این بود که چشم‌هایش می‌خندید. در واقع اول چشم‌هایش می‌خندید بعد حرکت به لب‌ها می‌رسید. لب‌هایش را به یک طرف می‌کشید و چال روی گونه‌ی آن سمت گود می‌افتاد. بعد چشم‌ها را ریز کرد، یک ابرو را بالا برد، پیشانی‌اش را خط انداخت و گفت:

- تو که خودت دلیلش رو گفتی. چون لوسه. من از دخترای لوس خوشم نمیاد. بدتر از اون، اون‌هایی هستند که می‌خوان خودشون رو آویزان آدم کنند. ولی شما گوش ایستاده بودید؟
- نه... نه. اتفاقی بود. عبدی طبق معمول داشت با دوربین‌هاش توی کمد ور می‌رفت. ولی خب صداتون راحت شنیده می‌شد.
- خوب شد گفتی. دفعه‌ی بعد حواسم باشه.
- یعنی شما همیشه پشت کمدها با شاگرداتون حرف می‌زنید؟

برای این‌که از زیر جواب فرار کند و یا نشان بدهد که حرف مرا جدی نگرفته است به کیک اشاره کرد. در حین کیک و قهوه خوردن خیلی عادی از مسافرتم با آقای آزاد گفتم. هیچ عکس‌العملی نشان نداد و تنها پرسید سخنرانی چطور بود. برای این‌که به او اطمینان بدهم ما با هم به یک سفر رفتیم و بس، نحوه‌ی معرفی خودم به آن جوانان و تلفن آن زن مرموز را هم تعریف کردم. قاه‌قاه خندید. ولی در مورد معرفی به نوعی حق را به آقای آزاد داد. گفت او به خاطر من این کار را کرده و اگر کسی از این سفر باخبر شود به یقین فکرهای دیگری درباره‌ی این سفر خواهد کرد. حق داشت ولی متوجه نشده بود من می‌خواستم تلافی کنم چون درست بعد از روز تولدش بود که صحبت‌های پشت کمد را شنیده بودم. برای همین گفتم که من برای سفرم دلیل داشتم.

- و دلیلت چی بود؟
- الان نمی‌خوام درباره‌اش حرف بزنم.
- باز هم نه!
- من گفتم تلاش می‌کنم حرف بزنم. نگفتم که همه چی رو می‌گم.

پرسیدن در مورد آن دختر خارجی را صلاح نمی‌دانستم. یعنی حاضر بودم این رابطه به پایان برسد ولی من سوالی درباره‌اش نکنم. نمی‌خواستم جوابی داده شود که شنیدنش برایم گران می‌آمد. برای من در هر شرایطی احترام خودم حرف اول را می‌زد. من این رابطه را نمی‌شناختم. به آن اطمینان نداشتم. مسئولیتی در قبال هم نداشتیم. پس نباید سوالی می‌کردم که جوابش «به تو مربوط نیست» باشد.

- باشه. این دفعه برای تمرین بد نبود. ولی باید یاد بگیری بیش‌تر از این‌ها حرف بزنی. دفعه‌ی بعد باید دلیل سفرت رو بگی.

هیچ وقت نمی‌دانستم کی وقت خداحافظی‌ست. گاهی اوقات می‌دانستم که بعد از دیدار با من قرار دیگری دارد یا باید برود منزل پدر و مادرش ولی اغلب خودم را بلاتکلیف می‌دانستم. از ترس این‌که زمان هم به سکوت بگذرد همیشه مدت کوتاهی آن‌جا می‌ماندم. وقتی بلند شدم فنجان قهوه و بشقاب کیکم را داخل سینی بگذارم آن‌ها را از دستم گرفت و هر دو را گذاشت روی میز. درست همان‌جایی که بود. ساکت از جایم بلند شدم و خداحافظی کردم.

آقای خردمند به محبوب‌ترین استاد دانشکده تبدیل شده بود. خودش هم خوشحال بود. بدون اغراق آقای آزاد هم خوشحال بود گرچه برای خیلی از

دانشجویان او دیگر مرتبه‌ی محبوب‌ترین را نداشت. به خاطر کلاس‌های آقای خردمند در دانشکده سر و کله‌ی آدم تازه‌ای پیدا شده بود. چهره‌ای هنری که همه می‌شناختند. یک هنرپیشه‌ی زن تئاتر و سینما که شوهرش هم کارگردان سینما بود. به نظر ده سالی بزرگ‌تر از من بود. چند باری او را در حیاط دیده بودم که منتظر آقای خردمند بود. نمی‌فهمیدم چرا برای دیدن آقای خردمند به دانشگاه می‌آمد. آن هم سر غروب. صورت خیلی درشتی داشت با هیکلی کمابیش چاق و درشت. موهای خیلی بلند که مثل دخترمدرسه‌ای‌ها دو تا می‌بافت و به دو طرف صورتش می‌انداخت. به نظرم در لباس پوشیدن خیلی شلخته بود یا به این وسیله می‌خواست سنش را پنهان کند. دامن چهارترک گشاد می‌پوشید با جوراب‌های کلفت و کفش‌های تخت و گنده که وقت راه رفتن از پشت پایش بیرون می‌زدند. فکر می‌کنم حوصله نداشت از اول تا آخر کلاس بنشیند و به درس دادن آقای خردمند گوش بدهد. او می‌خواست به تنهایی با آقای خردمند حرف بزند. یک‌بار که کلاس خیلی طول کشید و دیگر شب شده بود، از کلاس که بیرون آمدیم، او را دیدم که منتظر آقای خردمند بود. با هم به راه افتادند. همان‌طور شلخته و بی‌سلیقه لباس پوشیده بود. چیزی پایین دامنش در شب برق می‌زد. متوجه شدم به جای پس‌دوزی دامن دو سه تا سنجاق قفلی به پایین دامنش زده. ظاهرش به آقای خردمند نمی‌آمد. آقای خردمند از آن‌هایی بود که می‌شد کمد لباس‌هایش را حدس زد؛ همه‌ی پیراهن‌ها اتوکشیده به ترتیب رنگ روی هم گذاشته شده‌اند، کت و شلوارها هم همه به‌طور مرتب آویزان. آن دو همسن و سال هم بودند. یک‌مرتبه به خودم آمدم و متوجه شدم که دارم آن‌ها را تعقیب می‌کنم. درست همان طوری که در ده‌سالگی‌ام آن پسر خوش‌قیافه‌ی محل را با دوست دخترش دنبال کردم.

•••●•••

ناگهان تابستان گذشته، دخترهایی که از من و مهرو بزرگ‌تر بودند اسم پسر خوش‌قیافه‌ای را گذاشته بودند «زاغول». شبیه مایکل سارازین[۱۲] بود ولی کوتاه‌تر از او. همه‌ی دخترهای محل حتی شهرو به این پسر چشم داشتند و وقتی او از خیابان ما رد می‌شد چنان آه می‌کشیدند که دل من هم برایشان کباب می‌شد. یک روز او را در کوچه‌ای فرعی، که به خیابان ما می‌خورد، دیدم. رفته بودم تا برای شهرو از دوستش دفتری را بگیرم.

هنوز چند قدم از او دور نشده بودم که دیدم شمسی دختر عذرا خانم بنداناز دوان‌دوان از من گذشت و خودش را به او رساند و با هم به راه افتادند. من هم مسیرم را عوض کردم و به دنبال آن‌ها روان شدم. سر از پا نمی‌شناختم. فکر کردم اگر آن‌ها را دنبال کنم می‌توانم به تألم همه‌ی آن دختران سینه‌چاک پایان دهم. آن‌ها می‌رفتند و من هم در تعقیب‌شان بودم. قصد توقف نداشتند، حرف می‌زدند، می‌خندیدند، مقابل مغازه‌ها می‌ایستادند و ویترین‌ها را تماشا می‌کردند، حتی زاغول وارد یک بقالی شد و با دو تا آلاسکا بیرون آمد و شاد و شنگول زود آن‌ها را خوردند. ناگهان به خودم آمدم و دیدم در خیابانی هستم که هرگز آن‌جا نبوده‌ام. هوا هم تاریک شده بود و من به‌هیچ‌وجه متوجه نشده بودم. یک‌مرتبه بغضم گرفت.خیلی ترسیده بودم. برگشتم و با تمام قوا دویدم. به سر همان کوچه‌ی فرعی که رسیدم بغضم ترکید و نفسم به آخر رسید. اشک‌هایم را با گوشه‌ی دامن چین‌دارم پاک کردم و دوباره به طرف منزل دویدم.

خوشبختانه مهمان از راه رسیده بود و کسی به غیر از باجان متوجه غیبت من نشده بود. او با قیافه‌ای ترسناک سوال کرد تا آن موقع کجا بوده‌ام. دوباره اشکم سرازیر شد و او هم که شاید مرا صحیح و سالم دیده بود روانه‌ی پذیرایی از مهمانان شد.

صبح روز بعد، روی سکوی جلوی در خانه نشسته بودم و کتاب می‌خواندم که ناگهان زاغول جلویم سبز شد. پروین، دختر همسایه و دوست شهرو، با دو دختر خواهرش که هم‌سن من بودند ولی من با آن‌ها قهر بودم، روی سکوی منزل خودشان نشسته بودند و بافتنی می‌بافتند. یاد فیلم صامت یوسف در سرزمین مصر افتادم که درباره‌ی یوسف و البته زلیخا بود که به نظرم خنده‌دار آمده بود چون یوسفش زیبا که نبود هیچ، خیلی هم قیافه‌ی مسخره‌ای داشت. مطمئن بودم که با دیدن زاغول پروین و آن دو دختر عنان از کف داده و میله‌های بافتنی را در دستان خود فرو کرده‌اند. در اوج این افکار بودم که ناگهان سر و کله‌ی زاغول پیدا شد و از من پرسید:

- چرا دیشب منو تعقیب کردی؟ به بابات چقلی‌تو بکنم؟

از رو نرفتم و گفتم:

- من تو رو تعقیب نکردم.

فهمید که ترسیده‌ام. با انگشت اشاره‌اش برایم خط و نشان کشید و گفت:

- اگر یک بار دیگه دنبال من بیفتی به اون بابای سرهنگت می‌گم.

آن قدر از این «بابای سرهنگت» گفتنش بدم آمد که با پررویی گفتم:

- من صد سال سیاه دنبال تو نمی‌افتم.

با چشم‌غره‌ای مرا ترک کرد. داشتم در را باز می‌کردم تا خودم را داخل خانه بیندازم که پروین صدایم کرد و پرسید:

- چی کارت داشت؟ چی می‌گفت؟ برای چی داشت دعوات می‌کرد؟

مهلت نمی‌داد که حداقل جواب یک سوال را بدهم و سوال بعدی را بپرسد. برای همین گفتم:

- برید پی کارتون. اون دوست‌دختر داره. خیلی هم خوشگله!

روی «خوشگله» حسابی تأکید کردم. البته راست گفته بودم. دختر عذرا خانم خوشگل بود. همین شد. حرف مثل فواره‌ی چرخان در محل پیچید و دخترهای محله وقتی زاغول بیچاره را می‌دیدند با گفتن پیف پشت‌شان را به او می‌کردند.

می‌دانستم آقای خردمند همیشه بعد از کلاس پیاده به منزل می‌رفت. انگار می‌خواستم بدانم با هم به منزل آقای خردمند می‌روند یا در نیمه‌ی راه جدا می‌شوند. می‌گفتند و می‌خندیدند. سر و صدای ماشین‌ها زیاد بود و نمی‌شد حرف‌هایشان را شنید. هنوز به میدان کاخ نرسیده بودیم که متوجه شدم کسی پشت سرم است و حرف‌هایی می‌زند که مشخص نیست. نمی‌دانم چرا بدون آن‌که به پشتم نگاه کنم احساس کردم تنهاست. جلوی روشنایی سینما گلدن‌سیتی به پشتم نگاه کردم. مرد کوتاه‌قد و چاقی بود که خنده‌ی کریهی تحویلم داد. در حدود چهل سال با ابروهای خیلی پرپشت و مشکی. صورتش از آن صورت‌هایی بود که هرچه قدر هم تراشیده می‌شوند باز دون‌دون سیاه ریش‌ها هنوز هم روی پوست‌شان دیده می‌شود. هر دو دستش داخل جیب‌هایش بود. من دیگر به آدم‌هایی که جلویم راه می‌رفتند فکر نمی‌کردم بلکه به‌طور کامل متوجه مرد پشت سرم بودم که ناگهان آقای خردمند و آن زن ایستادند. شاید یک‌مرتبه تصمیم گرفتند بروند سینما. من هم یک‌مرتبه آهسته کردم؛ به‌طوری که ناگهان احساس کردم صدای نفس‌های آن مرد را می‌شنوم. با صدای چندش‌آوری پشت گوشم گفت «می‌خوای؟». در یک دهم ثانیه راهم را کج کردم ولی همین که برگشتم متوجه شدم که او دستش را برده داخل زیپ شلوارش که از قبل بازش کرده بود. آن‌چنان از وسط خیابان گذشتم و خودم را به طرف دیگر رساندم که باعث شدم یک ماشین ترمز وحشتناکی کند

و توجه دیگران را جلب کند. نفس‌نفس می‌زدم و هم‌چنان می‌دویدم. در یک لحظه، در تاریکی، نگاهم با نگاه آقای خردمند تلاقی کرد. نمی‌توانستم بگویم مرا دید یا نه. از آن فاصله سخت بود. ولی صدای ترمز آن ماشین همه را متوجه وسط خیابان کرده بود. خوشبختانه یک تاکسی جلویم توقف کرد. پریدم داخل آن. دو روز بعد آقای خردمند را در راهرو دیدم. با سال پایینی‌ها کلاس داشت. صدایم کرد.

- پریشب کجا می‌رفتی؟
- پیاده‌روی می‌کردم.
- ممکنه دیگه اون خیابون رو برای پیاده‌روی انتخاب نکنی؟ اون هم وقتی هوا تاریکه.
- چه اشکالی داره؟ همه همین کار رو می‌کنن. مگه خود شما توی اون خیابون راه نمی‌رفتید؟
- اشکال داره. شما وقتی تنها هستید دیگه توی اون خیابان راه نخواهید رفت. مردها به اشتباه می‌افتند.

نفهمیدم منظورش از این حرف چیست برای همین دنبال قضیه را نگرفتم. فکر می‌کنم او هم متوجه بی‌اطلاعی من شد. با خنده‌ی شیطنت‌باری پرسید:

- منو دنبال می‌کردی؟
- بله. من عادت دارم مردم رو دنبال کنم. از بچگی از این کار خوشم می‌اومده. شما حتی با من خداحافظی هم نکردید. به همین سادگی.
- نه خانم خوشگله. نمی‌خوام کسی حرف بی‌ربطی بزنه. این خانم هم سمجه هم فضول. کافیه یک کلام بشنوه تا فردا همه‌ی شهر داستان رو بدونند.
- خب چرا آدم باید با چنین کسی دوستی کنه؟
- برای این‌که به هر حال یک دوسته. اون شب هم تلاش می‌کردم از دستش در برم ولی نشد. بگذریم. ولی این چه عادت بدیه که داری؟

از گفتن «بگذریم» خوشم نیامد. بگذریم یعنی تمام. یعنی دیگر درباره‌اش حرفی زده نخواهد شد. یعنی انگار نه انگار چیزی اتفاق افتاده است. پس من چرا باید حرف بزنم؟ چرا آدم‌ها حرف‌هایشان را فراموش می‌کنند.

- نمی‌دونم. عادته دیگه.
- باید برام درباره‌اش بگی.
- بله حتماً. یه روزی.

- آهان... چه خوب. پس یه روزی چیزی برای گفتن هست.

از این هم خوشم نیامد.

- من از این گفتنی‌ها زیاد دارم. ولی حرف زدن درباره‌ی این جور موضوع‌ها وقت مناسب می‌خواد. باید زمینه‌اش پیش بیاد.

- چقدر با بقیه تفاوت داری! راستی فیلم اون شب خیلی بد بود.

و این تفاوت به نظرم قشنگ آمد. خوشحال شدم که برایم روشن کرد آن شب به سینما رفتند ولی بعد... درباره‌ی بعد از آن حرفی نزد. فکر کردم همین توضیح یعنی تمام. از سکوت من راضی نبود ولی واضح بود که از زن پرحرف هم بدش می‌آید. سری به علامت خداحافظی تکان داد و به کلاسش رفت. منتظر بودم تا عبدی بیاید و برایش از تعقیب آقای خردمند بگویم. دیر کرده بود. وقتی رسید طبق معمول دست‌هایش پر از عکس بود. ماجرای تعقیب را برایش تعریف کردم و گفتم که چطور توانستم تا انتها بروم ولی در مورد مردک فقط گفتم مزاحمم شده بود و ادامه دادم که آقای خردمند از من خواسته تنهایی به آن خیابان نروم. من عاشق خیابان تخت جمشید بودم. همیشه وقتی بازی ایروپولی می‌کردیم آن خیابان و خیابان ویلا خیابان‌های مورد علاقه‌ی من بودند. ولی عبدی برایم گفت از بچه‌ها شنیده که آن خیابان به‌خصوص در بعضی از ساعات محل ایستادن برخی زن‌هاست. یاد یکی از دوستانم افتادم که از قضا بسیار هم باملاحظه لباس می‌پوشید. هیچ وقت ندیده بودم مینی‌ژوپ بپوشد. دانشجوی حقوق بود. در یک جمع دخترانه تعریف می‌کرد که یک بار در خیابان تخت جمشید طرف‌های خیابان بهار منتظر تاکسی بوده که زنی به او نزدیک می‌شود و می‌پرسد که آیا او آن روز می‌خواهد آن‌جا بایستد؟ و او هم مودبانه جواب می‌دهد که خیلی وقت است آن‌جا منتظر است. بعد زن به او جواب می‌دهد: «پس بی‌خیال من می‌رم توی خیابان بهار». بعد همگی کلی خندیدند و من نفهمیدم چرا و نپرسیدم که بقیه به من نخندند. بعد با عبدی قاهقاه خندیدیم که آقای خردمند پیدایش شد. عبدی زود خودش را جمع و جور کرد و به طرف کتاب‌خانه رفت. آقای خردمند گفت که اگر می‌توانم به دفترش بروم و کمکش کنم تا جزوه‌های پلی‌کپی شده را چک کند. در حین مرتب کردن صفحات پرسید که قضیه‌ی تعقیب کردن آدم‌ها چه بود؟

ماجرای زاغول را برایش تعریف کردم. بدون کم و کاست. اضافه کردم:

- از این ماجراها زیاد بود. ولی هیچ وقت پیش نیومده که قاتلی رو تعقیب کنم. گذشته از همه‌ی این‌ها خیلی دلم می‌خواد کارآگاه خصوصی بشم.

خندید و گفت:

- بهتره کم‌تر فیلم جنایی ببینی.

خوشبختانه منیژه و دوست پسرش به هم زدند. می‌دانستم که با هم رابطه‌ی جنسی داشتند ولی هیچ وقت سوالی از منیژه نمی‌کردم مگر این‌که خودش چیزی را توضیح می‌داد. من از رابطه‌ی جنسی وحشت داشتم چون فکر می‌کردم همیشه خطر حامله شدن هست. رابطه‌ی جنسی را می‌شد پنهان کرد ولی حاملگی را نه. گاه منیژه می‌خواست توضیحاتی بدهد که چطور می‌شود از آن فرار کرد ولی من جرأت شنیدن هم نداشتم. در عین حال برایم عجیب بود چرا آقای خردمند هیچ وقت تلاش نکرد خودش را به من نزدیک کند. یک زن و یک مرد علاقه‌مند به هم زیر یک سقف چند ساعتی با هم باشند و هیچ اتفاقی نیفتد!؟ به یقین آن تمایل را به من نداشت وگرنه چنین چیزی غیرممکن بود. این روزها منیژه زمزمه‌ای را شروع کرده بود که به منزل ما نقل مکان کند. سال چهارمی بودیم و دیگر به او در خوابگاه اتاق نمی‌دادند. باجان به کلی مخالف بود. مامان بدش نمی‌آمد و من با باجانم موافق بودم. منیژه وضع مالی بدی نداشت و می‌توانست با چند تا دختر دیگر خانه‌ای اجاره کند ولی اصرار داشت بیاید پیش ما. روزی نبود که باجان به مامان گوشزد نکند این کار درستی نیست. بیچاره مدام می‌گفت که می‌داند خانه مال مامان است و تصمیم‌گیرنده اوست ولی این کار صلاح نیست. به متلک می‌گفت بعضی‌ها غیرپرست هستند. او به‌طور غریبی ضدغیر بود. خیلی به‌ندرت به کسی رو می‌داد تا به او نزدیک شود. او عاشق بچه‌های هوویش بود. اول عاشق شکیبا بعد ارس و بعد هم من. نه این‌که بقیه را دوست نداشت ولی ما سه تا را می‌پرستید. منیژه با تلفن‌های مکرر مادرش به مامان به منزل ما نقل مکان کرد. او دختر بگوبخندی بود. دائم در خانه می‌خواند و می‌رقصید. باجان حرص می‌خورد و مامان می‌خندید. منیژه بیش‌تر از من با مامان وقت صرف می‌کرد و طوری شده بود که دیگر بود و نبود من در منزل خیلی مشهود نبود. پس طولانی‌تر بیرون می‌ماندم. دعوت بچه‌های دیگر را برای کارهای بازیگری می‌پذیرفتم. در همین زمان بود که سر اتود بازیگری یکی از سال بالایی‌ها با پسری دوست شدم. او به‌طور خاصی لباس می‌پوشید. من و یا شاید خیلی‌های دیگر به لباس پوشیدنش می‌خندیدیم. شلوارهای پاچه‌گشاد به پا می‌کرد که همیشه روی زمین کشیده می‌شدند و هیچ‌وقت بدون بند شلوار نبود. کراوات‌های اجق وجق می‌زد و همیشه جلیقه‌های پارچه فاستونی راه‌راه به تن داشت. طوری راه می‌رفت که پاهایش به هم ساییده می‌شدند

و صدای سائیدگی را می‌شنیدی. موهای مشکی بلندی داشت که ژولیده به اطراف صورتش می‌ریخت. اهل سمنان بود. سیه‌چرده، چشم و ابروی مشکی، دماغ بسیار خوش‌ترکیب ولی دهانی بزرگ و گشاد. همیشه قیافه می‌گرفت و با دو سه تا دختر هم‌دوره‌ی خودش خیلی جور بود. آن‌ها برایم گفته بودند که غلام پسر باسوادی‌ست که از طنز فوق‌العاده‌ای هم برخوردار است. در طول تمرینات برای یک کار نمایشی ما به هم نزدیک شدیم. بیش‌تر با هم حرف می‌زدیم. گاهی بعد از تمرین برای خوردن چای و شیرینی با هم بیرون می‌رفتیم. احساس می‌کردم نگران پایان کار است و این‌که آیا بعد از آن ما همین رابطه را خواهیم داشت یا نه. غلام دو سه سالی از من بزرگ‌تر بود ولی سه سال بعد از من وارد دانشگاه شده بود. اهل کتاب و نوشتن بود. در تهران برادرهایی داشت که تحصیل‌کرده بودند و زندگی خوبی داشتند. با این‌که او به‌نوعی خیلی عجیب و غریب بود ولی ما با هم اوقات خوبی داشتیم. می‌شد بدون ترس از بقیه به این ور و آن ور رفت. شاید به او نمی‌آمد ولی خیلی خوب می‌دانست چطور با یک دختر رفتار کند. با اداهای سانتی‌مانتالی دخترها آشنا بود. همیشه در را باز می‌کرد و می‌ایستاد تا من وارد یا خارج شوم. تاکسی که می‌گرفت در را باز می‌کرد و من می‌نشستم و بعد خودش می‌نشست؛ حتی در شدیدترین ترافیک‌ها با حوصله‌ی کامل این کار را می‌کرد. همیشه هدیه‌ای برای من داشت. به‌طور مرتب شعر عاشقانه‌ای در دفترهای من می‌نوشت. شعری از خودش و یا از دیگران: «من از دلبستگی‌های تو با آیینه دانستم که بر دیدار طاقت‌سوز خود عاشق‌تر از مایی». یا: «خیال‌انگیز و جان‌پرور چو بوی گل سراپایی / نداری غیر ازین عیبی که می‌دانی چه زیبایی».

شاید همه‌ی این کارها را آقای خردمند هم می‌کرد. البته برای من شعر نمی‌گفت. مطمئن بودم هیچ کدام از همکلاسی‌های من چنین رفتاری را با دوست‌دخترهایشان ندارند. آن‌ها حتی موقع ورود به کلاس‌ها اول خودشان وارد می‌شدند و در اکثر مواقع در را هم رها می‌کردند. من در دبیرستان چیزی به اسم دوست‌پسر نداشتم. یعنی جرأتش را نداشتم. بدون شک دو سه نفری بودند که من فکر می‌کردم دوست‌شان دارم ولی بیرون رفتن با آن‌ها امکان‌ناپذیر بود. دیکتاتور بزرگ، حضرت چرچیل، خیلی جدی اولتیماتوم خودش را در دوره‌ی دبیرستان داده بود: پسربازی ممنوع. این ترس از او نبود که خیلی حس‌ها را در من از بین برده بود، بلکه این باور به او بود. باور به این‌که او بدِ هیچ‌یک از ما را نمی‌خواست. هیچ کس به‌طور مستقیم از پسرها حرف نمی‌زد. همیشه

ایما و اشاره بود. و همیشه تهدیدها با این جمله‌ی جادویی شروع می‌شد که:
«اگر من جای مادر اون دختره بودم...» و همین کافی بود که آدم هیچ وقت
نخواهد جای آن دختر باشد. مامان تضاد عجیبی در افکارش داشت. از یک طرف
زنی بود متجدد، بی‌تعصب، شیک، گه‌گاه هم سیگاری با ژست تمام گوشه‌ی لب
داشت و گاه خشک‌اندیش و بی‌نهایت سخت‌گیر.

دوستی با آقای آزاد و آقای خردمند مرا یک‌باره از سن و سال خودم بسیار دور
کرده بود. پسرهای هم‌دوره‌ام را پخته و بالغ نمی‌دیدم. ولی غلام متفاوت بود.
خیلی مطالعه می‌کرد. اشکال در این بود که او عاشق من شده بود و می‌خواست
مرا به فامیلش معرفی کند و من طفره می‌رفتم. در خیابان گاهی بغلم می‌کرد.
توی سینما دست‌هایش را به پشت گردنم می‌انداخت. وقتی مرا با تاکسی به
منزل می‌رساند یواشکی بوسه‌ای از من می‌گرفت. از خانواده‌ی شلوغی می‌آمد
که همه شهرستان بودند. دو برادر در تهران داشت. یکی تاجر بود با وضع
خوب و دیگری کارمند مخابرات. یکی دو بار بعضی از لباس‌های او بوی تریاک
می‌دادند. از او سوالی نکردم. ولی هم محتاط بودم و هم کنجکاو. بالاخره یک روز
در یک رستوران شیک او با خانم برادرش قراری گذاشت و مرا با او آشنا کرد.
زن خنده‌رو و پرحرفی بود که بدبختانه در شوخی‌هایش از کلمات جنسی زیاد
استفاده می‌کرد و من با این زبان بیگانه و از آن گریزان بودم. زری، همسر برادر
غلام، گفت من اولین دختری هستم که غلام به او معرفی کرده است. گفت که
رابطه‌ی او با برادران شوهرش بسیار نزدیک است و با خنده اضافه کرد که آن‌ها از
دوست‌دخترهایشان برای او تعریف می‌کنند ولی شوهرش از دوست‌دخترهایش
به او هیچ نمی‌گوید و قاه‌قاه خندید. ما هنوز رستوران را ترک نکرده بودیم
که برادر بزرگ غلام، شوهر زری، هم آمد. کت و شلوار خیلی شیکی به تن
داشت. سنجاق کراوات، دکمه سردست‌هایش و ساعتش بسیار گران بودند.
کفش‌هایش برق می‌زدند، می‌توانستی صورت خودت را در آن‌ها ببینی. ولی این
آدم‌ها به‌طور عجیبی مصنوعی به نظر می‌آمدند. غلام گفته بود که هر دو برادر
کمونیست هستند و این برادر مغز متفکر گروهی بوده که همگی چند سالی‌ست
به زندان افتاده‌اند ولی او چون خیلی زرنگ بوده جان سالم به در برده است.
این‌که حالا چطور این کمونیست دوآتشه تاجر و پول‌دار شده را نمی‌فهمیدم. یا
باید بیش‌تر با آن‌ها آشنا می‌شدم و یا باید همان جا رابطه‌ام را قطع می‌کردم.
عشق و محبت غلام روز به روز به من بیش‌تر می‌شد. من هم‌چنان گه‌گاه آقای
خردمند را می‌دیدم. یک بار نزدیکی‌های خانه‌اش من و غلام را دید که با هم

راه می‌رفتیم. هر دو به او سلام کردیم و او هم با سر جواب داد و رد شد. دومین باری که خانواده‌ی غلام را دیدم روز تولد برادر بزرگش بود. زری مهمانی گرفته بود و مرا هم دعوت کرده بودند. برای این‌که مامان اجازه بدهد، منیژه را هم با خودم بردم که اگر دیر برگشتیم دوتایی باشیم. البته دیر یعنی ساعت ده شب. نه یک دقیقه دیرتر از آن. تازه اصرارهای منیژه باعث شد که مامان همین اجازه را بدهند. وقتی وارد منزل شدیم زری مرا به عنوان نامزد غلام معرفی کرد. حسابی عصبانی شدم. با غلام هم همان جا اوقات تلخی کردم که این یعنی چه و او کلی عذرخواهی کرد و گفت زری وقتی مشروب می‌خورد نمی‌فهمد چه می‌گوید. آن شب فهمیدم که زری یک الکلی تمام‌عیار است. منیژه بیش‌تر از من قاطی مهمانی شد. می‌رقصید و با برادر دیگر غلام گرم گرفته بود. وقت خداحافظی برادر بزرگ غلام به هر کدام از ما یک سکه‌ی کامل طلا داد. منیژه از خوشحالی گویی سکه را بلعید. من مانده بودم چه بگویم. تولد او بود و او به مهمان‌ها سکه هدیه می‌داد! حتی اگر نه به همه بلکه تنها به برگزیده‌ها! این یعنی چه؟ در راه‌پله سکه را دادم به غلام و گفتم من نمی‌توانم آن را بپذیرم. تاکسی جلوی خانه منتظر ما بود. غلام خواست ما را برساند و برگردد ولی من قبول نکردم. منیژه نشست ولی غلام قبل از این‌که من وارد تاکسی شوم به من گفت:

- شانی. می‌دونی من عاشق تو هستم. حالا می‌خوام بدونم تو چه احساسی نسبت به من داری؟
- غلام من عاشق تو نیستم. ولی خیلی خوشحالم که با تو دوستم.
- دوست! من می‌گم دوستت دارم.
- و منم می‌گم مرسی. ولی من نمی‌خوام دوست‌دختر کسی باشم. اصلاً هم دلم نمی‌خواد کسی برای خودش تصمیم بگیره که منو نامزد تو بدونه. هیچ وقت از تو سوالی درباره‌ی دوست‌دخترهای قبلی‌ات نکردم و نخواهم کرد. اگر چیزی گفته شده تو خودت گفتی. شاید اگر این رابطه ادامه پیدا کنه روزی به عنوان یک دوست‌پسر دوستت داشته باشم ولی الان نه.

سوار تاکسی شدم و کم و بیش برای منیژه گفتم که بین ما چه گذشت.

تا مدتی تلاش کردم غلام را نبینم. اولین باری که آقای خردمند را دیدم همه‌ی ماجرای غلام را برایش تعریف کردم و گفتم خیلی خوب می‌دانستم با غلام رابطه‌ای نخواهم داشت ولی برای فرار از احساسی که گریبانم را گرفته بود به سمت غلام جذب شدم. از برادرهایش گفتم و از زن برادرش.

گفتم که او به هیچ وجه سنخیتی با من نداشت. آقای خردمند ناراحت شد. طبق معمول با پشت دستش صورتم را نوازش کرد و پرسید:

- شانی. چرا با خودت این کار رو می‌کنی؟ از چه احساسی حرف می‌زنی که به خاطرش به این رابطه‌ها تن بدی؟
- احساس می‌کنم دارم درگیر می‌شم. من همیشه از این که عاشق بشم و یا به یک مرد فکر کنم فرار کردم. الان احساسم چیز دیگه‌ای می‌گه. من نمی‌تونم سالی ماهی یک بار شما رو ببینم و در عین حال به دنبال بیش از سهمم باشم.
- تو چرا به من نگفتی که ما می‌تونیم بیش‌تر از دو سه هفته یک بار هم‌دیگر رو ببینیم؟ من فکر می‌کردم این تو هستی که علاقه‌ای به دیدار بیش‌تر نداری.
- چطور این فکر رو کردید؟ شما گفتید چیزی رو از من نمی‌خواهید. خوب می‌دونید که من شاگرد خوبی هستم و زود نکته رو می‌گیرم. خب من هم فهمیدم که نباید چیزی از شما بخوام. شما وقتی منو با غلام دیدید خیلی عادی عکس‌العمل نشان دادید. در واقع به من هم یاد دادید که من هم اگر شما رو با زن دیگری دیدم حق ندارم که ناراحت بشم. من دارم چی می‌گم؟ ببخشید. نباید عکس‌العمل نشان بدم. مگه من...؟

لبخند پرسشی همیشگی را تحویل داد. یک ابرو بالا انداخت و چشم‌ها را ریز کرد و با لب‌های بسته که به یک سمت تمایل می‌یافتند زل زد به من. سرم را پایین انداختم. با دستش سرم را بالا گرفت و گفت: «ادامه بده». ولی قبل از این‌که ادامه بدهم زنگ در به صدا درآمد. عذرخواهی کرد و از اتاق رفت بیرون و در اتاق را هم بست. از سلام و علیک صدای مهمان را شناختم. یکی از بچه‌های سال پایینی بود که خواهرش از فارغ‌التحصیل‌های دانشکده‌ی ما بود. بعد از صحبتی کوتاه در بسته شد. آقای خردمند به اتاق برگشت. بدون هیچ توضیحی کیفم را برداشتم و خداحافظی کردم و گفتم که ادامه‌اش همین جا تمام شد. دلخور شد. ولی نه توضیحی خواست و نه توضیحی داد! لبخند به لبش بود ولی در چشم‌هایش شماتتی را می‌دیدم که باید هر چه زودتر از آن فرار می‌کردم. در را که بستم گریه‌ام گرفت. چقدر تنها هستم. آیا اگر من آن‌جا نبودم آن دختر به جای من بود و بعد... و دخترها و زن‌های دیگر. آیا او هم مثل آقای آزاد و غلام از این‌که با من رابطه‌ی جنسی نداشت ناراحت بود؟ ولی در مورد او

فرق می‌کرد. هیچ وقت نخواسته بود. گرچه من از بی‌تجربگی خودم می‌ترسیدم و نگران این بودم که در این مورد شاگرد خرفت و نفهمی باشم. این همان مرحله‌ای بود که من از شاگرد اول نشدنش می‌ترسیدم. ولی تمامش این نبود. بیش‌تر تربیت بود تا ترس. یا ملغمه‌ای مساوی از هر دو.

سرانجام سال چهارم تمام شد و من شاگرد اول شدم. مراسم فارغ‌التحصیلی با حضور شاه انجام می‌گرفت. شاگرد اول‌های رشته‌های مختلف ردیف می‌ایستادند و شاه آن‌ها را مورد «تفقد ملوکانه» قرار می‌داد. به همه گفته بودم به این مراسم نخواهم رفت. خوش‌بختانه مامان و ارس استقبال هم کردند. شاگرد اول سال قبل از من، بورس اروپا گرفته بود. آقای آزاد و آقای خردمند خیلی اصرار کردند که در این مراسم شرکت کنم و شاید بتوانم بورس بگیرم ولی به هیچ وجه زیر بار نرفتم. درست بود که یک فعال سیاسی نبودم و به هیچ گروه و حزبی تعلق نداشتم ولی برای خودم مرامی داشتم که دلم نمی‌خواست حتی خودم آن را زیر سوال ببرم. من کسی نبودم که تحت هیچ عنوانی با شاه دست بدهم و در مقابل اعلیحضرت کرنش کنم. این هم تکه‌ای بود که شانی را ساخته بود.

• • • ● • • •

ناگهان تابستان گذشته، تابستان‌های خیلی گذشته، من هر سال بدون ردخور از کلاس اول دبستان تا کلاس هشتم دبیرستان در مسابقات مختلف رقص، نمایش، روزنامه‌نگاری و دکلمه شرکت می‌کردم. این مسابقات تاریخ معینی داشت ولی اگر کسی در این مسابقات برنده می‌شد مدرسه در جشن‌های مختلف از او دعوت می‌کرد تا برنامه‌اش را در آن جشن اجرا کند و این جشن‌ها به‌طور معمول در روزهای بخصوصی مثل چهارم آبان، روز مادر، یا بیست و یکم آذر اتفاق می‌افتادند. من هم در این برنامه‌ها شرکت می‌کردم. تا کلاس هشتم نه خودم و نه کسی از افراد خانواده حساسیتی در مورد شرکت در این برنامه‌ها نشان نمی‌داد. به‌طور مثال کلاس هفتم در روز بیست و یکم آذر من شعری از شهریار را چنین دکلمه کردم:

انیشتین صدها احسنت ولیکن صد هزار افسوس / بشر از کشف و الهام تو دارد بمب می‌سازد / انیشتین اژدهای جنگ/ کام وحشتناک خود را باز خواهد کرد / چه می‌گویم؟ / مهر و وفا محکوم اضمحلال خواهد بود و... شعر از شهریار بود و با آب و تاب تمام آن را دکلمه کردم. بعضی از معلم‌ها و پدر و

مادرها دستمال‌های سفیدشان را درآورده بودند و اشک‌هایشان را پاک می‌کردند و من تهییج‌شده سنگ تمام گذاشتم. ولی این آخرین دکلمه‌ی من در چنین روزهایی بود و بعد از آن فقط به مسابقات بسنده کردم. کسی مستقیم مرا از این کار بازنداشت ولی مشخص بود که دیگر بزرگ شده‌ام و باید خودم تشخیص بدهم.

•••●••

به مراسم نرفتم و بورس هم نگرفتم. دیگر دانشگاهی در کار نبود. هم‌چنان به کلاس‌های زبان فرانسه در انجمن ایران فرانسه می‌رفتم. درس خصوصی ریاضی می‌دادم. بعضی از پدر و مادرهایی که به بچه‌هایشان درس خصوصی می‌دادم پولم را در همان جلسه می‌دادند و بعضی‌ها که وضع مالی خیلی خوبی داشتند این کار را موکول به محال می‌کردند. گاهی مسافت‌های طولانی راه می‌رفتم و با همان اندک پول خوشحال بودم. از دانشگاه‌های مختلف کشورهای اروپایی درخواست پذیرش برای دوره‌ی فوق‌لیسانس کرده بودم. بعد از مدت خیلی کوتاهی از دانشگاه استراسبورگ فرانسه برایم پذیرش آمد. مهلت بسیار کم بود و باید عجله می‌کردم. آقای آزاد و آقای خردمند خیلی خوشحال بودند و امید زیادی به من داشتند. ولی غلام که متوجه شده بود من برای رفتن مصّر هستم مدام طعنه می‌زد و می‌گفت تو دو روزه برمی‌گردی. رابطه‌ام با آقای خردمند داشت شکل دیگری به خودش می‌گرفت. دیگر دانشجوی او نبودم. به دلایل مختلف برای من هدیه می‌خرید. به‌طور مثال چون یک بار هم‌دیگر را در ساعت هفت و نیم صبح ملاقات کردیم یا اولین باری که در روز جمعه قرار گذاشتیم. یا اولین باری که من در خیابان دست او را در دستم گرفتم.

رفتن به کلاس فرانسه فرصت مناسبی برای من بود که او را ببینم. او هم سه روز در هفته را برای من خالی می‌گذاشت که هم‌زمان با روزهای کلاس من بود. بعد از کلاس هم‌دیگر را می‌دیدیم. کسی خبر نداشت طول مدت کلاس‌های من چقدر است. هر روز بیش‌تر و بیش‌تر او را می‌شناختم. گاهی با هم در منزل غذا می‌خوردیم: نان و پنیر فرانسوی، چند ورقه کالباس و یا تخم مرغ نیمرو. در تمام مدت هم سونات‌های ویوالدی در منزل طنین‌انداز بود. گرچه در طی این چند سال آشنایی من با موسیقی کلاسیک بیش‌تر شده بود ولی هنوز ویوالدی برای من جایگاه خودش را داشت. دیگر از بچه‌های دانشکده و یا استادها هم حرفی به میان نمی‌آمد. هر روز بیش‌تر دلم می‌خواست با او وقت بگذرانم

ولی می‌دانستم عاشقش نیستم. لباس خریدن و آرایش کردن برایم به صورت معضل بزرگی درآمده بود. باید فکر می‌کردم چه بپوشم و یا موهایم و صورتم را چطور آرایش کنم که مورد پسند او باشد. اگر در مورد لباسی ابراز عقیده نمی‌کرد آن لباس به ته کمد من می‌رفت. در شرایطی نبودم که با دست و دلبازی برای خودم خرید کنم ولی گاه می‌نشستم پای چرخ خیاطی و پیراهن و یا دامنی برای خودم می‌دوختم. او به ظاهر من هم دقت فراوانی نشان می‌داد. از لوازم آرایش گرفته تا مدل و رنگ لباس. آرایش صورت باید بسیار محو می‌بود. البته من به‌طور معمول آرایش نمی‌کردم و فقط مژه‌هایم ریمل داشتند. نه رژ لبی، نه خط چشمی و نه سرخاب و سفیدابی. در یکی از روزهایی که به دیدار او می‌رفتم یک بلوز نباتی‌رنگ حریر پوشیده بودم با دامن نباتی‌رنگی که گل‌های نارنجی و برگ‌های قهوه‌ای داشت. طبق معمول زود رسیدم و در خیابان مجاور قدم می‌زدم تا وقت بگذرد. باران گرفته بود و چتر نداشتم. هیچ وقت چتر به دست نمی‌گرفتم. درست لحظه‌ای که خواستم به طرف در منزل او بروم ماشینی در چاله‌ای افتاد و تمام آب کثافت آن چاله را پراکند به تمام هیکل من. افتضاح شد. جایی هم برای داد و بی‌داد نبود. اتفاقی بود که افتاده بود. با همان وضع زنگ در را به صدا درآوردم. در را باز کرد و حیرت‌زده به من نگاه کرد. اول نگران شد چون فکر کرد زمین خورده‌ام ولی فوری برایش توضیح دادم چه اتفاقی افتاده. خنده‌ام گرفته بود چون نمی‌توانستم تکان بخورم. دستم را گرفت و به داخل حمام هدایتم کرد. چقدر تمیز بود. سفیدِ سفید. آیا کسی هیچ وقت داخل آن حمام خودش را شسته بود؟

- برو خودت رو تمیز کن. لباس‌هات رو هم درآر بده به من. این آب‌ها پر از کثافت‌اند.
- ولی....
- قبل از این‌که بری زیر دوش اون‌ها رو بده من. من می‌رم برات حوله بیارم با یه چیزی که بتونی تنت کنی.

رفتم داخل حمام و بلوز و دامن را از لای در به دستش دادم و حوله را گرفتم. بدون این‌که موهایم را خیس کنم دست و پایم را شستم و آمدم بیرون. حوله را به تن کردم. پادری حمام که دستشویی هم در آن بود سه تا در داشت؛ یکی برای توالت، یکی برای حمام و یک در هم به راهرو که کل مجموعه را جدا می‌کرد. در پادری ایستادم. نمی‌دانستم چه کار کنم. خوشبختانه به پشت در زد و «بله»ای گفتم که یعنی دوش گرفتنم تمام شده. سرش را آورد جلو و نگاهم کرد.

لبخندی زد ولی مطمئن بودم که فهمید نگرانم. یک پیراهن مردانه به رنگ
آبی خیلی کم‌رنگ به دستم داد و گفت : «فعلاً اینو بپوش». پیراهن را پوشیدم.
خجالت می‌کشیدم. به سر تا پای من نگاهی انداخت و گفت:

-   چقدر پیراهن مردانه بهت میاد. همین طور این رنگ.

بعد جلو آمد و یقه‌ی پیراهن را کمی بالا داد. یکی دو دکمه از بالای یقه را - که
من به تلاش تمام بسته بودم - باز کرد و گفت «این طوری قشنگ‌تره» و خندید.
یاد جین فوندا توی فیلم پابرهنه در پارک افتادم. دستم را گرفت و به طرف
آشپزخانه رفتیم. فنجان قهوه را به دستم داد و برگشتیم داخل اتاق همیشگی.
با خود فکر می‌کردم برای این‌که به من نزدیک شود این بهترین لحظه است.
آرزو داشتم این کار را بکند. سخت در آغوشم بگیرد و بوسه‌بارانم کند و بعد
بقیه‌ی دکمه‌های پیراهن را باز کند. برای ادامه‌اش تصوری نداشتم ولی تا همان
جا به نظرم خیلی سینمایی بود. ولی او طبق معمول صندلی همیشگی را به
من نشان داد.

-   لباس‌هام!

-   نگران نباش. این طوری بیرون نمی‌ری. لباس‌هات رو دادم خشکشویی
    سر کوچه. باید می‌دیدیش که چطور منو ورانداز کرد. راستی امروز تو
    از جلوی مغازه‌اش رد نشدی؟

با سر اشاره کردم که نه.

-   سال‌هاست منو می‌شناسه و این اولین بار بود که من لباس زنانه بهش
    می‌دادم. مطمئن بود که لباس‌های مادر نیست. تا بخوای بری حاضر
    می‌شه.

-   ببخشید. حسابی به دردسر افتادید.

-   چه دردسری. مطمئنم که آقای دین‌پرست لکه‌ها رو تشخیص می‌ده.
    خوب هم می‌دونه که من اهل توضیح دادن نیستم.

بعد از من خواست که بایستم تا دوباره به من نگاه کند. پیراهن به دلیل گشادی
به یک طرف لغزیده بود. بلند شد و موهایم را که به خاطر خیس نشدن بسته
بودم باز کرد. دستی به میان موهایم برد و آن‌ها را به دورم ریخت. چقدر آرام
و با حوصله. بعد با پشت دستش گونه‌ام را نوازش کرد و خیلی آرام به من
نزدیک شد. با دو دستش صورتم را گرفت و به طرف صورتش برد. با ملایمت
تمام صورتش را به صورتم چسباند. انگار دور یک فیلم معمولی را آهسته کرده
باشند. بعد به آرامی لب‌هایش را روی لب‌هایم گذاشت. تا همان جا کافی بود

که بخواهم دنیا متوقف شود. من هم بوسیدمش. زیر گوشم زمزمه کرد : «آروم. آروم. این طوری». آموزش آغاز شد. دستش در موهایم می‌رقصید و پشت گردنم می‌چرخید. دست‌هایمان را به هم کلید می‌کردیم و به دو طرف می‌بردیم و به پایین می‌کشیدیم. بعد پرسید:

- اسم من چیه؟

جوابی ندادم. دوباره پرسید :

- اسم من چیه؟ صدام کن. اسمم رو بگو.
- سخته. ببخشید خیلی سخته.
- بگو اسمم چیه. شانی بگو اسم من چیه؟

و برای اولین بار من او را به اسم کوچکش صدا کردم.

- ادیب. ادیب.
- بگو. باز هم بگو.

همچنان که همدیگر را می‌بوسیدیم تکرار می‌کردم:

- ادیب... ادیب.
- شانی. شانی. چه اسم قشنگی! شانی.چه آهنگ قشنگی داره این اسم! تمام این لحظات چقدر طول کشید؟ دو دقیقه؟ سه دقیقه؟ بعد آرام برگشت فنجان قهوه‌ی مرا از روی میز برداشت.
- سرد شده. ببرم عوضش کنم قهوه‌ی گرم برات بیارم.

چیزی نگفتم. سرم را زیر انداختم و دوباره روی مبل لم دادم. پاهایم را بردم بالا و جمع کردم داخل شکمم و دست‌هایم را به دور پاهایم حلقه کردم. وقتی وارد اتاق شد شیرین‌ترین لبخند دنیا را به لب داشت. گفت:

- دختر شیطون.
- من؟
- بله تو. می‌دونی چند وقته جلوی خودم رو می‌گرفتم که این اتفاق نیفته؟ و این حالت زیبای امروز تو منو درهم شکست.
- پشیمون هستید؟
- هم آره و هم نه. خوشحالم که فهمیدم اسم منو بلدی. میشه لطف کنی و دیگه فعل جمع هم به کار نبری.
- قبول کنید....
- خب همین الان گفتم فعل....
- قبول کن خیلی سخته. خیلی زمان می‌بره.

- تو داری می‌ری. مگه نه؟
- می‌تونم نرم. می‌تونم بمونم.
- این حرف رو نزن. باید بری. باید بری و دنیای دیگه‌ای رو تجربه کنی.

اشک در چشم‌هایم جمع شد.

- تو دختر فهمیده و باشعوری هستی. نباید زندگیت رو بی‌جهت هدر بدی.
- دوست داشتن یک نفر هدر دادن زندگی‌ست؟
- آره. چون آدم‌های دیگه‌ای قراره توی زندگیت پیدا بشن. قصه به امروز و به این اتاق ختم نمی‌شه.
- ولی اگه نتونستم بمونم؟
- اتفاقی نیفتاده. برمی‌گردی. ولی باید تلاش کنی طاقت بیاری. باید با خودت بجنگی. اولش خیلی سخته. در ضمن من نمی‌دونستم تو کسی رو دوست داری.
- فکر کنم خودم هم نمی‌دونستم.
- خب شاید گذراست. بیش‌تر فکر کن. شاید واقعی نیست... من برم لباساتو بگیرم.

وقتی به سر خیابان رسیدم احساس کردم پاهایم می‌لرزند. از لحظاتی که به بوسیدن هم گذرانده بودیم سرمست بودم. از طرفی به شدت دلم گرفته بود. رابطه‌ای داشت شکل می‌گرفت که آرزویش را داشتم اما با رفتن من تمام می‌شد. از آن روز به بعد شکل دیدارهای ما تغییر کرد. وقتی به هم می‌رسیدیم بی‌وقفه هم‌دیگر را در آغوش می‌کشیدیم. ولی هیچ وقت از این فراتر نمی‌رفتیم. یک بار از او پرسیدم چرا هم خودش را آزار می‌دهد و هم مرا. با قاطعیت گفت بیش‌تر از این نمی‌تواند پیش برود.

- ولی خیلی‌ها در همین شرایط هستند و بیش‌تر از این‌ها به هم نزدیک می‌شن.
- شانی چنین چیزی از من نخواه. من پسر چهارده ساله نیستم که بخوام با دخترا بازی کنم.

می‌دانستم دارم پررویی می‌کنم ولی پرسیدم:

- پس منیژه و دوستش که همیشه با هم هستند چی کار می‌کنن؟

کاش نشنیده بود. سوالم حکایت از ناآگاهی من بود ولی دلم می‌خواست بیش‌تر از این‌ها به او نزدیک می‌شدم. با صراحت و قاطعیت از من خواست هیچ وقت

اصرار نکنم. برایم باارزش بود که مثل مردان دیگر به دنبال سوءاستفاده نبود. گفت برای او بسیار سخت است وقتی در آغوش هم هستیم جلوی خودش را بگیرد ولی مجبور است به خاطر من این کار را بکند. گفت که هیچ وقت با هیچ دختر باکره‌ای رابطه برقرار نکرده و نمی‌کند. گفت رابطه‌ای که کامل نباشد مخصوص پسرهای زیر سن بیست سال است و به نظرش در شأن او نیست که به چنین کاری دست بزند. به هر حال بحثی نبود که من هم با ادامه‌اش راحت باشم. قبول کردم که دیگر درباره‌اش حرف نزنیم. آیا همه‌ی مردان می‌توانستند تا این حد خوددار باشند. بدون شک زنانی در زندگی او بودند که با آن‌ها بدون دغدغه به رخت‌خواب برود. به یقین یکی از آن‌ها همان خانمی بود که بعضی شب‌ها منتظرش می‌شد. نمی‌فهمیدم رابطه‌ی بدون تعهد و بدون احساس یعنی چه.

هنوز اول پاییز بود که از طریق پری فهمیدم وزارت علوم ژاپن از طریق سفارت این کشور برای شاگردان رتبه اول دانشگاه‌های سراسری کشور امتحانی گذاشته و به پنج نفر اول به خرج دولت ژاپن بورسیه می‌دهد. با آقای آزاد و ادیب صحبت کردم. گفتند فرصتی بی‌نظیر است. به سرعت ثبت‌نام کردم و هم‌زمان شروع کردم به زبان ژاپنی یاد گرفتن که کار کرام‌الکاتبین بود. مدتی بود که پذیرش فرانسه در دستم بود ولی وسوسه‌ی درس خواندن در ژاپن قضیه‌ی دیگری بود. فرانسه همیشه در دسترس بود. هنوز پاییز تمام نشده بود که سفارت ژاپن از صد و پنجاه شاگرد رتبه‌ی اول تمام دانشگاه‌ها یک امتحان گرفت. دو هفته بعد نتایج اعلام شد و من یکی از آن پنج نفر بودم. اول آپریل وقت پرواز ما پنج نفر بود. سفارت ژاپن مهمانی‌ای برگزار کرد تا ما پذیرفته‌شدگان را با هم آشنا کند. سوری مهندس کشاورزی بود از دانشگاه کرج. محمود مهندس برق از دانشگاه علم و صنعت. بهروز مهندس از مدرسه‌ی عالی تلویزیون، آرش پزشک از دانشکده‌ی پزشکی دانشگاه تهران و من. خیلی زود با هم دوست شدیم. آرش پسر فوق‌العاده خوش‌مشربی بود که از هر اتفاقی ماجرایی پر از خنده و شوخی می‌آفرید. سوری دختر افتاده‌ای به نظر می‌آمد. محمود خیلی مذهبی بود. بهروز از خانواده‌ی کوچکی می‌آمد، مادرش را از دست داده بود و با خواهر و پدرش زندگی می‌کرد. او بسیار سر به زیر و آقا بود. مثل من هنوز تردید داشت که بتواند آن‌ها را تنها بگذارد. سوری از شهرستان آمده بود و سال‌ها دور از خانواده زندگی کرده بود و به راستی خودساخته بود. مادرش به دور بودن عادت داشت در حالی که من در تمام مدت به تنها گذاشتن مامان و باجان فکر می‌کردم.

سفارت ژاپن برای ما پنج نفر در حد آموزش ابتدایی مکالمه روزمره هفته‌ای یک روز کلاس خصوصی زبان گذاشت. من که از قبل شروع کرده بودم آشنایی بیش‌تری داشتم و آرش مرتب می‌گفت که لزومی ندارد بقیه زبان یاد بگیرند چون شانی بلد است.

خبر قبولی من و رفتنم به ژاپن بمبی بود که در بین فامیل و دوستان منفجر شد. مامان به هیچ وجه خوشحال نبود. مطمئن بودم آرزو می‌کرد که زلزله‌ای بیاید و آن مملکت از بین برود تا پای من به آن نرسد. فرانسه برایش قابل دسترس بود چون مرتب به دیدار اروند می‌رفت ولی ژاپن نه. دو خواهرم هم خوشحال نبودند و می‌دانستم نگران مسئولیتی بودند که با نبودن من به گردن آن‌ها می‌افتاد. باجان گریه می‌کرد و می‌گفت طاقت دوری مرا نخواهد آورد و از این دنیا خواهد رفت. برای الوند فرقی نمی‌کرد. طبق معمول عاشق شده بود ولی این بار به ازدواج ختم شده و هنوز در ماه‌عسل بود. هیچ وقت هم مسئولیتی به گردن نگرفته بود که حالا نگرانش باشد. اروند هم به‌طور طبیعی نمی‌توانست از فرانسه برای من نظری بدهد. تنها ارس خوشحال بود و معتقد بود که من هر طور شده باید به این سفر بروم. می‌گفت او همیشه آرزو داشته کشورهای زیادی را ببیند و حالا بدون هیچ زحمت و خرجی این موقعیت برای من فراهم شده و باید از آن استفاده کنم. ابوالفضل، رفتگر عزیز محله، بعد از باجان و مامان غمگین‌ترین فرد بود. من و مامان خیلی به ابوالفضل می‌رسیدیم. صبح‌ها به صبحانه دعوتش می‌کردیم و با ما سر یک سفره می‌نشست. در طول روز هم دو سه باری برای نوشیدن چای به ما سر می‌زد. آن قدر سیگار می‌کشید که شکل دودکش شده بود. غلام در مورد فرانسه رفتن من شک داشت ولی خبر قبولی ژاپن مطمئنش کرد که ماندگار نیستم. حسابی عصبانی شده بود. سه روز قبل از سفر موقتی رفتم تا با آقای قادری، یکی از معاونین دانشکده‌ی حقوق که همیشه خیلی کمکم کرده بود، خداحافظی کنم به سراغم آمد. اول شروع کرد به داد و بی‌داد که در اتاق آن مردکه چه می‌کردم. گفتم برای خداحافظی رفته بودم و این چه سوالی‌ست که می‌پرسد. ولی او عقلش را از دست داده بود و فریاد می‌کشید من حق ندارم از ایران بیرون بروم. من هم عصبانی گفتم او حق ندارد با من این طوری صحبت کند که دستش را بلند کرد و سیلی محکمی به گوش من زد. عینکم به گوشه‌ای پرتاب شد و دستش گردن‌بند بسیار قشنگی ـ که ادیب به خاطر قبولی در امتحان ژاپن به من هدیه داده بود ـ را پاره کرد و تمام مهره‌های آن نقش زمین شدند.

متوجه شده بود آن گردن‌بند هدیه است ولی فکر می‌کرد هدیه‌ی آقای آزاد است. مطمئن بودم آن را به عمد پاره کرد. به یقین دستش گیر نکرده بود. داشتم از خجالت می‌مردم. اگر کسی آن صحنه را دیده بود چه می‌گفت. اگر با آن وضع به اتاق آقای قادری برمی‌گشتم غلام از دانشگاه اخراج می‌شد. اگر می‌رفتم به دانشکده‌ی خودمان و به آقای آزاد چیزی می‌گفتم باز نتیجه اخراج غلام بود. او مثل سگی که مرتب روی زمین را بو می‌کشد از این طرف به آن طرف می‌رفت و مهره‌های گردن‌بند را جمع می‌کرد و یکسره با خشم تکرار می‌کرد تقصیر من بود که این اتفاق افتاد. عینکم غیرقابل استفاده شده بود. تازه وقتی این را فهمید از کاری که کرده بود خجالت کشید. نمی‌دانستم چه کار کنم. در روزهای آخر پولی نداشتم که بخواهم خرج عینک کنم. باید عینک دیگری می‌گرفتم. افتاد به التماس که بروم منزل زری تا حالم بهتر شود. من بدون عینک مثل گربه‌ی بدون سبیل بودم. کاری نمی‌توانستم بکنم. رفتیم بیرون از دانشگاه. یک تاکسی دربست گرفت و مرا گذاشت داخل آن و آدرس منزل برادرش را داد. خوشحال بودم که همراهم نیست. زری در را که باز کرد خبر داشت چه اتفاقی افتاده است. تازه آن‌جا بود که به گریه افتادم. انگار تا آن لحظه خودم را نگه داشته بودم. من هم ماجرا را برایش تعریف کردم. برایم چای آورد و کمی آرامم کرد. یک ساعتی گذشته بود که غلام آمد. با عینکی درست مثل عینک خودم و یک هدیه. گردن‌بندی که به نظر گران می‌آمد. به همان رنگ گردن‌بند خودم. ولی رابطه‌ی من و غلام مثل همان گردن‌بند گسسته شده بود. نمی‌خواستم هدیه را قبول کنم ولی اصرار کرد این هدیه‌ی دم راهی‌ست و ربطی به اتفاق امروز ندارد. آرام شده بودم. با او حرف زدم و گفتم علاقه‌ی من به او هیچ وقت عشق نبوده و من بارها این را به او گفته بودم. گفتم از بودن با او خوشحال بودم ولی هیچ وقت نگفتم که دوستش دارم و باید خودش این را می‌فهمید. هنوز حرف‌هایم تمام نشده بود که مرا محکم به طرف کوه رختخواب‌ها هل داد. منزل زری مهمان‌سرای فامیل شوهرش بود و همیشه در گوشه‌ی یکی از اتاق‌ها کوهی از لحاف و تشک خودنمایی می‌کرد. غلام با وجود جثه‌ی لاغرش آدم پرزوری بود. طوری مرا به رخت‌خواب‌ها تکیه داده بود که نمی‌توانستم بجنبم. می‌دانست صدایم درنمی‌آید. فقط پشت سر هم می‌گفتم این چه کاری‌ست که می‌کند؟ ولی او گوشش بدهکار نبود. چپ و راست مرا می‌بوسید. چندشم شده بود. تلاش می‌کردم دورش کنم. داشتم خفه می‌شدم. همین موقع دستش رفت طرف زیپ شلوارش و آن را با تکان دادن هیکلش از پایش انداخت پایین.

دیگر افتاده بودم به التماس. همین طور از روی دامنم خودش را به من می‌چسباند. هنوز شورتش را درنیاورده بود که گوشش را محکم گاز گرفتم. رهایم کرد و شروع کرد به بد و بی‌راه گفتن. رخت‌خواب‌ها به هم ریخته شده بود و نمی‌توانست به دنبالم بیاید. آن قدر آشفته بودم که زری می‌توانست حدس بزند چه اتفاقی داخل آن اتاق افتاده. بیچاره فکر کرده بود به ما مهلت حرف زدن و آشتی کردن داده است. وقت خداحافظی به زری گفتم مشکل غلام این بود که من با او نخوابیدم و در حالی که گریه می‌کردم از خانه‌ی آن‌ها آمدم بیرون. پله‌های ساختمان را پایین می‌رفتم و صدای فریادهای زری را می‌شنیدم که می‌گفت: «همه‌تون مثل همید. تو هم یک کثافتی لنگه‌ی برادرت. دختره حق داره که بره و تنهات بذاره. امیدوارم هیچ وقت بر...». جلوی در خانه گردن‌بندش را پاره کردم و ریختم همان جا. می‌دانستم زود بیرون خواهد آمد. می‌خواستم ببیند. چرا باید همیشه رعایت همه را می‌کردم! در خیابان گریه می‌کردم و می‌دویدم. خوشحال بودم که دارم از همه‌ی این وقایع دور می‌شوم. از این‌که از بچگی تا به حال صدایم را خفه کرده بودم از خودم خسته شده بودم. خیلی جوان بودم ولی خیلی خسته.

شب سفر رسید. عصر نشده همه خانه‌ی ما جمع شده بودند. دو روز پیش با آقای آزاد و آقای خردمند خداحافظی کرده بودم. آقای آزاد گفته بود هر طور شده سری به من خواهد زد. هر دو نصیحتم کرده بودند که زود از پا درنیایم و طاقت بیاورم. آقای خردمند در مورد غربت برایم گفته بود. مامان آن قدر در این مدت گریه کرده بود که هر لحظه امکان داشت تصمیمم را برای رفتن عوض کنم. باجان که تا آن موقع آقای آزاد را خیلی دوست داشت حالا شروع کرده بود به نفرین کردنش. یکسره می‌گفت سبب این سفر او بوده و آرزو می‌کرد بچه‌هایش از او جدا شوند تا بفهمد دوری یعنی چه. می‌گفت دیگر کسی نیست به دادش برسد. با چشمان بیمارش گریه می‌کرد و می‌خواند:

- امیدم داره می‌ره. عصای دستم داره می‌ره. سنگ صبورم داره می‌ره. روحم داره می‌ره. خانم خانم‌ها داره می‌ره. دیگه کی دستم رو بگیره؟ کی حمومم کنه؟ کی ببرتم دستشویی؟ کی لباس تنم کنه؟ آی... ای داد و ای بی‌داد... من بی رخ شانی زیستن نتوانم.

و دوباره همه‌ی این حرف‌ها را از اول پی می‌گرفت. سرش را می‌بوسیدم. چشم‌هایش را می‌بوسیدم و می‌گفتم «برمی‌گردم. نمی‌رم که اون جا بمونم». مامان جلوی من حرفی نمی‌زد. دو تا خواهرهام سرگرم پذیرایی بودند. گریه نمی‌کردند ولی

ناراحت بودند. بلد هم نبودند که بنشینند و با هم صحبت کنند تا برای این دو زن راه‌حلی بیابند. مامان بعد از مرگ پدرم همیشه از ناراحتی قلبی شکایت داشت و این من بودم که همیشه همراهش به این دکتر و آن دکتر می‌رفتم. البته وقتی من دبیرستانی بودم همیشه شهرو بود که به همه‌ی ما می‌رسید. شکیبا سرش به زندگی خودش، در واقع به بدبختی خودش، گرم بود. زندگی با یک مرد غیرمسئول و بزرگ کردن بچه‌ها برایش فرصتی باقی نمی‌گذاشت. سر شام سرهنگ افضلی که از دوستان شوهر شکیبا بود رو کرد به من و گفت:

- شانی خانم می‌دونید اگه یه مو از سر مامان‌تون کم بشه تقصیر شماست؟

حرف خیلی سنگینی بود. به یقین اگر ارس در اتاق بود جوابی به او می‌داد. چشم‌هایم پر از اشک شد. لقمه در گلویم گیر کرد. خیره نگاهش کردم. فکر کردم من به دلایل زیادی از این مرد بدم می‌آمده و فهمیدم که بی‌شعوری یکی از آن‌ها بود. چرا این احمق صلیب به این سنگینی را به روی دوش من گذاشت؟ نمی‌دانم چطور دهن باز کردم.

- مامان پنج تا بچه‌ی دیگه هم دارند که همه از من بزرگ‌ترند.

ولی دیگر نتوانستم سر شام بنشینم. رفتم تو بغل باجانم و آن‌جا گریه سر دادم. سرانجام همه به جز باجانم راهی فرودگاه شدیم. بیست نفری می‌شدند. حتی ننه‌صحرا باجان را تنها گذاشت و آمد فرودگاه. چهار نفر دانشجوی بورسیه‌ی دیگر هم آمده بودند. سوری با دو نفر آمده بود، مامان و خاله‌اش که با روسری و چادر گل‌دار آمده بودند فرودگاه و پیدا بود که متدین هستند. محمود یک ایل به دنبال خود داشت. مادرش و بقیه‌ی خانم‌ها که تعدادشان زیاد بود همه چادر مشکی به سر داشتند و علاوه بر این، او تمام مدت یک آفتابه‌ی پلاستیکی بسیار بدرنگ با خودش حمل می‌کرد. آرش را ده دوازده نفری مشایعت می‌کردند. خانم‌ها چادری و غیرچادری بودند؛ معمولی و گرم. بهروز هم با پدر، خواهر و سه پسرعمویش آمده بود. همگی خیلی موقر و آراسته. سلام و علیک کوتاهی همه با هم کردیم و قرار شد تا وقتی در سالن انتظار هستیم با فامیل خودمان باشیم. خداحافظی با تک‌تک همراهان خیلی سخت بود و سخت‌تر از همه با مامان. با خودم فکر می‌کردم آیا این سفر ارزش آزردن او و باجانم را دارد؟ می‌دانستم که تمام شلوغی و شیطنت و سر و صدای خانه من بودم. حالا این دو زن بیچاره در تنهایی چه باید می‌کردند؟ همه را بغل کردم و بوسیدم؛ حتی ابوالفضل رفتگر نازنین محله را. ولی با سرهنگ افضلی فقط دست دادم. در لحظات آخر غلام هم خودش را رساند فرودگاه.

گریه می‌کرد و عذرخواهی پشت عذرخواهی. می‌خواست با او تلفنی در تماس باشم. در حال خداحافظی بودیم که یک‌مرتبه رعد و برق شدیدی شروع شد. گویی آسمان تاریک یک‌باره تصمیم گرفت آن قدر ببارد تا روشن شود. همه نگران شده بودند آیا پرواز انجام می‌گیرد یا نه؟ ابوالفضل می‌گفت حتی آسمان هم از رفتن شانی خانم گریه‌اش گرفته است. سرانجام کسی از طرف سفارت به ما نزدیک شد. چهار نفر دیگر را پیدا کرده و به دنبال من بود. مامان را دوباره دیوانه‌وار بوسیدم و با چهار دانشجوی دیگر راه افتادیم. پاسپورت‌های ما دست آقای سفارتی بود. با هر قدم برمی‌گشتم و دوباره به مامان نگاه می‌کردم. آیا دوام می‌آورد؟ من چطور؟ آقای سفارتی ما را تا ترانزیت همراهی کرد. چهار پنج باری دولا راست شد و بالاخره رضایت داد و رفت. من و سوری پیش هم نشستیم و سه تا پسرها پیش هم. هنوز هم‌دیگر را نمی‌شناختیم و نمی‌توانستیم با هم راحت باشیم. آرش یکسره می‌خندید و با همه شوخی می‌کرد. محمود مشغول قرآن خواندن بود. آفتابه‌ی پلاستیکی بد رنگش را که داخل هواپیما هم آورده بود. شاید من و بهروز بیش‌تر از سه تای دیگر ناراحت بودیم. راه با یک توقف کوتاه در تایلند خیلی طولانی بود. بچه‌ها همگی بی‌درنگ خوابیدند ولی من تمام راه بیدار بودم و آرام گریه می‌کردم. یک بار سوری بیدار شد و گفت: «ای بابا. خسته نشدی؟» و دوباره خوابید. بعد از یک پرواز هجده ساعته بالاخره به اوساکا رسیدیم. دو ماشین به دنبال ما فرستاده بودند تا ما را به خوابگاه ببرند. آن‌جا متوجه شدیم پسرها را از ما جدا می‌کنند. اول فکر کردیم خوابگاه‌ها دخترانه یا پسرانه است ولی این چنین نبود. کمی غرغر کردیم ولی نه ما می‌فهمیدیم آن مردانی که به دنبال ما آمده بودند چه می‌گفتند و نه آن‌ها متوجه می‌شدند که ما چه می‌گوییم. قرار شد بعد اعتراض کنیم. کارهای ثبت‌نام در خوابگاه به سادگی انجام شد. خانمی که مدیر خوابگاه ما بود را باید ماما سان[13] صدا می‌کردیم. با توجه به این‌که چند ماهی ژاپنی خوانده بودم یک چیزهایی می‌فهمیدم ولی سوری چیزی متوجه نمی‌شد. خوشبختانه خوابگاه مخصوص دانشجویان خارجی بود و تعداد زیادی دانشجو از چهار گوشه‌ی دنیا آن‌جا بودند. بعد از مشخص شدن اتاق‌ها به سراغ ماما سان رفتم و در مورد تلفن زدن به خارج پرسیدم. خوشبختانه ارس مقداری دلار به من داده بود. در دفتر ماما سان آن‌ها را تبدیل به ین کردم و فوری خودم را به اتاق مخابرات رساندم. متصدی تلفن به خارج از کشور پیرمرد چاقی بود که به‌نظر می‌آمد خندیدن بلد نیست. شماره را گرفت و مرا به کابین شماره دو فرستاد. گویی مامان پای تلفن منتظر نشسته بود

چون به محض این‌که تلفن زنگ خورد گوشی را برداشت و هر دو گریه کردیم. تند و تند از پرواز و خوابگاه برایش گفتم. قربان و صدقه می‌رفت و سفارش می‌کرد که مراقب خودم باشم. دو سه بار هم به باجان تشر زد که ساکت باشد تا بفهمد من چه می‌گویم. از او خواستم گوشی را بگذارد کنار گوش باجان تا او هم بشنود. با گریه می‌گفت: «رولم، رولم». از کابین آمدم بیرون و گریان از پیرمرد اخمو تشکر کردم و به اتاقم رفتم. زار می‌زدم و با خودم می‌گفتم من با این دو زن چه کردم. می‌دانستم بدون من نگهداری از باجان برای مامان چقدر سخت خواهد بود. دلم برای هر دوی آن‌ها می‌سوخت. مامان و باجان تمام فکرم را به خود مشغول کرده بودند. هنوز فرصت فکر کردن به دیگران را نداشتم.

شب اتاق خیلی سرد بود. سوری هم نمی‌خواست تنها بخوابد. رخت‌خوابش را جمع کرد و آمد به اتاق من و روی زمین خوابید. چون تمام پرواز را بیدار بودم اولین شب را راحت خوابیدم. در واقع بیهوش شدم. صبح فکر لحظه‌های آخر در فرودگاه بودم و غلام هم در نظرم آمد. التماسش برای تلفن کردن را به یاد آوردم و ناگهان متوجه شدم که من شماره تلفن غلام را به یاد نمی‌آورم. شماره‌ی بسیار سرراستی بود که از ذهن من پاک شده بود. خنده‌ام گرفت و با صدای بلند خندیدم. سوری بیدار شد و با تعجب پرسید چرا می‌خندم. برایش ماجرا را تعریف کردم. معتقد بود که ناخودآگاهِ من خواسته به کلی او را از ذهنم پاک کنم. خوشحال بودم که شماره از یادم رفته است.

خوابگاه در یک محله‌ی مسکونی بود که هیچ مغازه‌ای در اطرافش به چشم نمی‌خورد. محله بسیار سبز و قشنگ بود. دور تا دور خوابگاه پر از بوته‌های گل‌های آزالیای صورتی بود. از در اصلی که وارد ساختمان خوابگاه می‌شدیم دو راه ورودی داشتیم. یک راه به سمت اتاق‌های دختران و دیگری به سمت اتاق‌های پسران می‌رفت. غذاخوری، اتاق بازی، اتاق تلویزیون و کتاب‌خانه مشترک بود. رفت‌وآمد به اتاق‌ها برای پسرها و دخترها آزاد بود ولی دخترها در شب بعد از ساعت معینی اجازه نداشتند در قسمت پسرها باشند.

من و سوری اولین صبحانه را در سالن غذاخوری خوردیم. میزهای دراز با ده دوازده صندلی در دو طرف ردیف به ردیف چیده شده بودند. روی هر میز کتری‌های خیلی بزرگی بود به اندازه‌ی کتری‌های قهوه‌خانه‌های ایران پر از چای سبز داغ. اولین‌بار بود چای سبز می‌دیدیم. سوری از آن خوشش نیامد. صبحانه هم نان و پنیر و تخم مرغ بود. آشپز تخم مرغ را به صورت خیلی جالبی مثل رولت جلوی چشم‌مان درست می‌کرد که خیلی هم خوشمزه بود. ما می‌توانستیم

حتی غذای خودمان را هم در آشپزخانه‌ی کوچکی در همان سالن بپزیم. آن‌جا بود که برای اولین بار زکریا را دیدیم. یک مرد خیلی چاق با شکم گرد برآمده، کچل و کوتاه‌قد که در آشپزخانه داشت برای خودش صبحانه آماده می‌کرد. سر میز نشسته بودیم که او از آشپزخانه‌ی کوچک سرک کشید و با صدای بلند همراه با خنده‌ی مسخره‌ای داد کشید که آیا ما ایرانی هستیم؟ این برخورد اول بسیار زننده بود. هر دو سلام کردیم ولی از این‌که صدای یک ایرانی را مثل غرش یک شیر در آن وسط شنیدیم هیچ خوشحال نشدیم، به خصوص که او بی‌خودی می‌خندید و وقتی بیرون آمد دیدیم پیژامه به پا دارد. از ما خیلی بزرگ‌تر بود. چند دقیقه‌ای نگذشته بود که یکی از خدمتکارها با آقای ایرانی دیگری در سال غذاخوری پیدا شد. خدمتکار ما را به او نشان داد و رفت. اسمش پرویز بود. خودش را خیلی مودبانه معرفی کرد. برعکس زکریا اصلاح‌کرده و تمیز بود. شلوار جین به پا داشت و شال گردن ابریشم آبی خوش‌رنگی هم به گردن که البته در آن وقت صبح در ناهارخوری خوابگاه کمی عجیب بود. با ما دست داد و گفت برای هر کمکی به ما آمادگی دارد. شماره‌ی اتاقش را داد و گفت که زکریا پنج سال و او دو سال است که آن‌جا هستند. نشست سر میز و با ما صبحانه خورد. مبادی آداب بود و توضیح داد که رفتار زکریا کمی عجیب و غریب است و مجبور نیستیم تحملش کنیم. در مورد لباسشویی پرسیدیم. گفت برای ما کیسه‌هایی برزنتی می‌آورند که اسم‌مان روی آن‌ها نوشته شده. لباس‌ها را در آن‌ها می‌اندازیم و خدمتکار در روزهای معینی آن‌ها را می‌برد و روز بعد شسته و اتوکرده تحویل می‌دهد. پرویز زن و بچه داشت. برای من و سوری عجیب بود که کسی زن و بچه‌اش را بگذارد ایران و دو سال بیاید ژاپن و هیچ برنامه‌ی مشخصی هم نداشته باشد. البته از این‌که در اولین دیدار گفت زن و بچه دارد از او خوش‌مان آمد. گرچه به‌کلی آدم دلچسبی به نظر نمی‌آمد. شاید آدم بی‌مسئولیتی‌ست. شاید از ازدواجش راضی نیست و این راه فرار است. شاید از پول بورسیه خرج زن و بچه را تامین می‌کند. با ما برخورد خوبی داشت. قرار گذاشت منتظرمان باشد تا ایستگاه مترو را به ما یاد بدهد.

من و سوری خیلی زود آماده شدیم. برای رسیدن به مترو باید مسافتی را پیاده طی می‌کردیم که از وسط پارک خیلی قشنگی رد می‌شد. پیشنهاد کرد در موقع تاریکی هوا هیچ وقت آن راه میان‌بر را انتخاب نکنیم چون ژاپن آدم سادیستی زیاد دارد. ایستگاه مترو خیلی بزرگ و زیبا بود. همین که به خوابگاه برگشتیم اسمم را در بلندگو صدا کردند. کمی گیج به اطرافم نگاه کردم.

پرویز گفت که صدای کورو سان[۱۴] متصدی تلفن است و می‌گوید من تلفن دارم. به طرف اتاقش دویدم و کابین را به من نشان داد. نمی‌دانم چرا فکر کردم باید ارس باشد ولی در کمال تعجب صدای غلام بود. پرسید چرا به او زنگ نزده‌ام. حتی آن موقع هم خنده‌ام گرفت و گفتم شماره‌اش را فراموش کرده‌ام. برای چند ثانیه‌ای سکوت کرد. معلوم بود به او برخورده. توضیح داد مامان با اکراه شماره را به او داده است. مرتب هم تکرار می‌کرد من عصبانی‌اش کرده بودم. صبح روز بعد هنوز داخل اتاقم بودم که دوباره اسمم را از بلندگو شنیدم. دوان‌دوان به طرف اتاق کورو سان رفتم. این دفعه خنده‌ی بانمکی بر لب داشت و شماره‌ی کابین را با انگشتانش به من فهماند. برای این‌که بگویم کمی ژاپنی بلدم شماره را به ژاپنی تکرار کردم. آقای آزاد بود. برای جاخالی نباشه به مامان زنگ زده بود و شماره را گرفته بود. می‌دانستم مامان برای این‌که از من خبر بیش‌تری بگیرد حاضر است به همه‌ی دنیا شماره‌ام را بدهد. از آنجا تعریف مختصری برایش کردم. هنوز جایی را ندیده بودم. می‌دانستم آرزویش این بود که جای من باشد. گفت:

- ‌ شانی فقط سه روزه رفتی ولی همه جای شهر چشمم به دنبالته. دیگه عشقی برای رفتن به دانشگاه ندارم. می‌دونم این اواخر خیلی به هم نزدیک نبودیم ولی همیشه دیدنت با اون همه شادابی، سرزندگی، خنده‌های مستانه در راهروها، این طرف و اون طرف دویدنت و کمک‌های همیشگیت منو از بدبختی‌های خودم دور می‌کرد. ولی خوشحالم که اون جایی و بدون که با تمام وجودم طلبت می‌کنم.

از تلفنش خیلی تشکر کردم و قول دادم خیلی مفصل در مورد سفر ژاپن برایش نویسم. خیلی زود مشکل زندگی کردن با سوری را دریافتم: خواب. سوری درست برعکس من عاشق خواب بود. در همین سه روز چندین بار مجبور شده بودم به اتاقش بروم و بیدارش کنم. معلوم بود از آن‌هایی‌ست که با صدای زنگ ساعت هم بیدار نمی‌شوند. گذشته از خواب، مراسم حاضر شدنش هم خیلی طولانی بود. فهمیده بودم نماز می‌خواند ولی نماز صبح را درز می‌گرفت. نمی‌دانم چه چیزهایی به صورتش می‌زد که این قدر زمان می‌برد. موهای قشنگی داشت که احتیاجی به آرایش نداشت. پرپشت، صاف، سیاه و کوتاه. درست مثل موهای ژاپنی‌ها نه مثل موهای فرفری و بلند من که مجبورم می‌کرد در هوای مرطوب ژاپن تا صبح با بیگودی‌های گنده بخوابم، و تازه روز بعد انگار نه انگار. خوشبختانه خیلی زود فهمیدم که بی‌فایده است و به حال خود رهایش کردم.

صبح روز چهارم، سر میز صبحانه که نشسته بودیم، یکی از دانشجویان با سینی صبحانه‌اش آمد سر میز ما. روز پیش او را دیده بودم و به نظرم آمده بود باید مال آمریکای لاتین باشد. شبیه ایرانی‌ها بود. با انگلیسی شکسته و بسته حرف می‌زد. خودش را معرفی کرد: ری‌بی‌ئِرو. از برزیل آمده بود. بانمک بود. انگلیسی، فرانسه و پرتغالی را قاطی حرف می‌زد. بعد از چند دقیقه دوستش هم به ما پیوست. اسمش رُدریگو بود. هر دو پزشک بودند. ردریگو اما بزرگ‌تر بود. خیلی مودب و بیش‌تر شبیه فرانسوی‌ها. در مجموع ما دویست و پنجاه دانشجوی خارجی تازه‌وارد از سراسر دنیا بودیم که در این دو خوابگاه زندگی می‌کردیم. از برخی کشورها مثل کشورهای اروپایی و آمریکایی تنها یکی دو نفر و از بقیه مثل چین، اندونزی، ویتنام، فیلیپین، هند و تایلند شاید ده‌ها نفر. ری‌بی‌ئرو اسم مرا بلد بود. البته خیلی خوب ادا نمی‌کرد. ولی باعث تعجب بود. از او پرسیدم از کجا اسم مرا یاد گرفته است. گفت از روزی که وارد شدیم ده‌ها بار اسم من در بلندگو اعلام شده و گاه دیده من چطور به طرف کابین‌های تلفن می‌دوم. علاوه بر مامان، آقای آزاد و غلام، خواهرهایم، ارس و عبدی هم چندین بار زنگ زده بودند. فکر کردم انگشت‌نما شده‌ام. ری‌بی‌ئرو با زبان شکسته‌بسته پرسید آیا تمام ایران قرار است به من زنگ بزنند و با خنده پرسید «شاه چطور؟ آیا او هم به من زنگ خواهد زد؟». شاه را با لحن مسخره‌ای ادا کرد. معلوم بود که اطلاعاتی درباره‌ی ایران دارد. وقتی می‌خواستیم خداحافظی کنیم پرسید آیا شب به مهمانی می‌رویم یا نه؟ می‌دانستیم برای تازه‌واردها مهمانی گرفته‌اند. نه سوری و نه من خیال رفتن نداشتیم. جواب سربالایی دادیم و از خوابگاه زدیم بیرون تا با مترو به دانشگاه برویم و قبل از شروع کلاس‌ها زمان در راه بودن و انتظار در مترو را به دست بیاوریم. سفر پرهیجانی بود. کمی گم شدیم ولی از این‌که با هم بودیم خوشحال بودیم. کلی خندیدیم. ناهار عجیب و غریبی خوردیم. سوری مدام بد و بی‌راه می‌گفت که این غذاها چیست این‌ها می‌خورند. ولی من تلاش داشتم عادت کنم. خسته برگشتیم و چپیدیم داخل اتاق‌هایمان. طبق معمول به محض تنها شدن اشک‌هایم سرازیر شد. اوایل شب بود که از پشت بلندگو اسم‌های من و سوری را به فارسی اعلام کردند. پرویز بود و از ما دعوت می‌کرد تا به مهمانی برویم. سوری وارد اتاقم شد و پرسید چه کار کنیم. بدون فکر گفتم می‌رویم. تا سوری حاضر شود یک بار دیگر هم صدایمان کردند. این دفعه کورو سان بود. هر دو جین به پا کردیم. سوری بلوز سفید و من بلوز صورتی کم‌رنگی پوشیدم و رفتیم پایین. تا وارد سالن شدیم همه سوت زدند

و ابراز احساسات کردند. ما هم قاطی بقیه شدیم. زکریا هم بود. حرف زدنش مثل فریاد کشیدن بود. همه می‌رقصیدند. سوری رقص‌های خارجی را بلد نبود. ولی پرویز به درستی حرکات را می‌دانست و دو تایی کلی با هم رقصیدیم. چاچا، راک اند رول و... نزدیکی‌های آخر شب بود که پرویز یک نوار کاست از جیبش درآورد و همه را دعوت به سکوت کرد. از بچه‌ها خواست یک دایره درست کنند و مرا کشید وسط و آهنگ بابا کرم گذاشت. غافل‌گیر شده بودم. گفتم این آدم‌ها که نمی‌دانند باباکرم چیست. ولی همه دست می‌زدند و می‌خواستند که من برقصم. گفت:

- رو کم کن. همه‌ی جغرافیا این‌جاست. یالا ببینم چی کار می‌کنی. من رفتم وسط و شروع کردم به باباکرم رقصیدن. بنا به دستور چرچیل من از شش سالگی تا کلاس ششم دبستان در کلاس‌های رقص خانم لازاریان تعلیم رقص دیده بودم. چند سالی هم با سازمان رقص فولکلور ایران کار کرده بودم. در دانشگاه هم که واحد درسی داشتیم در مرکز گروه باله ملی پارس. با فوت و فن و کرشمه‌ی رقص ایرانی آشنا بودم. غلغله‌ای شده بود. وقتی آهنگ تمام شد همه می‌خواستند یک بار دیگر برقصم. ولی دیگر کافی بود. با همه خداحافظی کردیم و با سوری برگشتیم به اتاق من و کمی با هم حرف زدیم و خندیدیم و بعد سوری به اتاقش رفت. از فردای آن روز دخترها و پسرها مرا سکسی سان صدا می‌کردند. تمام تلاشم بر آن شد که اسمم را به همه یاد بدهم. در تمام این مدت پسرهای ایرانی هم‌گروه ما فقط یک بار به ما زنگ زده بودند که حال‌مان را بپرسند. آن‌ها از ما خوشحال‌تر بودند و حسابی مشغول خوش‌گذرانی. قرار گذاشتند اولین شنبه‌ی قبل از شروع درس ناهار بیایند به خوابگاه ما. من و سوری خورشت بادمجان درست کردیم. سوری با خودش دو سه کیلویی برنج آورده بود. پسرها با دو آقا، یکی ژاپنی و یکی ایرانی آمدند. آقای ژاپنی مبلّغ دین بودا بود. به خوابگاه‌های دانشجویان خارجی رفت‌وآمد می‌کرد تا آن‌ها را به دین بودا دعوت کند. صورت خیلی مهربانی داشت. ولی آقای ایرانی هیچ احساس خوبی در لحظه‌ی اول به ما نداد. سوری هم یکسره غر می‌زد این دیگر کیست که پسرها با خودشان آورده‌اند؟ مرد درشت‌اندام و قدبلندی بود. صورتی آبله‌رو داشت با موهای تابدار و کمابیش بلند که در اطراف صورتش ریخته شده بود. درست مثل شیر نر. ژاپنی را مثل بلبل حرف می‌زد و همین باعث شد حس حسادت من نسبت به او بالا بگیرد. پرویز گفت دورادور او را می‌شناسد. احساس من این بود که او آدمی معمولی نیست ولی به بچه‌ها حرفی نزدم.

من و سوری دریافته بودیم که هیچ کدام از این سه نفر، زکریا، پرویز و این آقا، از طریق همین بورسیه‌ای که ما داشتیم به ژاپن نیامده بودند. به آهستگی این مهم را با پسرها در میان گذاشتیم. پری هم سال‌ها پیش شش ماهی از طریق سفارت به ژاپن رفته بود ولی او هرگز دانشگاه نرفته بود. شاید ما دومین گروه از بورسیه‌ی وزارت علوم دولت ژاپن بودیم. اسم آقای ایرانی جلال بود. من توانستم در فرصتی به بهروز بگویم که کمی مواظب باشند. همه می‌دانستیم ساواک همه جا از این جور آدم‌ها دارد. احساس من این بود که او ساواکی‌ست و برای همین خواسته به بچه‌ها نزدیک شود. حالم خیلی خوب نبود ولی با بچه‌ها همراه بودم. پسرها می‌گفتند خوابگاه ما خیلی بهتر از مال آن‌هاست. بعد همگی رفتیم خارج از خوابگاه. من لرز داشتم. پرویز گفت خانم شانی (مرا این طور خطاب می‌کرد) حالش خوب نیست و بهتر است برگردیم. هوا نم باران داشت و تمام اطراف خوابگاه پر از گل‌های رنگارنگ بود. پسرها می‌گفتند ما شمیران هستیم و آن‌ها میدان لشکر. خوشبختانه آقای ژاپنی ماشین داشت و نیازی نبود ما با پسرها تا ایستگاه مترو برویم. آقای ژاپنی ما را به صرف شام در هفته آینده به منزلش دعوت کرد. دیگر حسابی لرزم گرفته بود. با وجود این، تا رسیدیم به خوابگاه، اولین کاری که کردم تلفن زدن به مامان بود. گویی چون مریض بودم دلم بیش از همیشه می‌خواست کنار مامان باشم. همیشه تلفن‌های من به گریه و زاری هر دوی ما می‌گذشت و در این میان من احوال همه را می‌پرسیدم و او هم سفارشات لازم را می‌کرد. گفت آقای آزاد هر روز زنگ زده و حالش را پرسیده است. این فرق آقای آزاد بود با بقیه. او حال مامان را می‌فهمید. البته با دلخوری گفت غلام هم مرتب زنگ می‌زند. از این‌که مامان به خاطر غلام نگران من بود اذیتم می‌کرد. نمی‌خواستم رک و پوست‌کنده به او بگویم غلام برایم مهم نیست چون هیچ وقت هم نگفته بودم که مهم است. وقتی به اتاقم برگشتم به این دو و آقای خردمند فکر کردم. آقای آزاد را دوست داشتم و به او احترام می‌گذاشتم ولی عاشقش نبودم. آقای خردمند را، که هنوز گاهی آقای خردمند صدایش می‌کردم و گاه ادیب، خیلی دوستش نداشتم ولی احساس عجیب غیرقابل توصیفی نسبت به او داشتم، شاید عشق توام با عقل! غلام را نه دوست داشتم و نه عاشقش بودم. من کسی نبودم که با پسر هم‌سن و سال خودم دوست شوم. هفته‌ی آشنایی با محیط گذشت و روز اول درس آغاز شد. دانشگاه محیط خیلی کوچکی بود. بیش‌تر شبیه دبیرستان‌های ما بود تا دانشگاه. پسرها در حیاط روی نیمکت نشسته بودند که من و سوری رسیدیم. آن‌ها با یک پسر اسرائیلی

دوست شده بودند. پسر خوبی بود که چون تنها بود با پسرها دوست شده بود. کلاس‌ها کوچک بود و گرم. در هر کلاس یک پنکه‌ی کوچک کار می‌کرد. پسرها و سوری در یک کلاس بودند و من در کلاس دیگر تنها بودم. خیلی ناراحت بودم که تنها افتاده‌ام ولی نمی‌شد کاری کرد. تقسیم‌بندی براساس رشته‌ها بود. هر کلاس استاد راهنمایی داشت که همه نوع کمکی به بچه‌ها می‌کرد. این دانشگاه فقط دانشگاه زبان بود و بعد از یادگیری زبان هر کدام به گوشه‌ای می‌رفتیم که هنوز نمی‌دانستیم کجاست. استاد راهنما باید ما را برای رفتن به دانشگاه‌های اصلی آماده می‌کرد. استاد راهنمای کلاس من یوشیدا سن‌سی[۱۵] بود. مردی بود بلندقد، بسیار خوش‌قیافه، خوش‌پوش و خوش‌تیپ که موهای بلند مشکی‌اش اغلب توی صورتش می‌ریخت و او با ژستی مردانه آن‌ها را به کناری می‌زد. درسی هم که با او داشتیم فرهنگ تطبیقی بود. انگلیسی را خیلی خوب حرف می‌زد و چندین کتاب درباره‌ی یادگیری زبان ژاپنی به انگلیسی و ژاپنی نوشته بود. معلم راهنمای کلاس سوری و پسرها خانمی بود هم‌سن و سال یوشیدا سن‌سی ولی ریزه، کوتاه‌قد و بی‌نهایت جدی. او به همه‌ی کلاس‌ها کانجی[۱۶] درس می‌داد؛ همان خط نوشتاری ژاپنی که به قول آرش خط آپارتمان‌نگاری بود. همگی ما خیلی زود با بقیه دوست شدیم. کلاس‌ها مخلوطی از همه‌ی فرهنگ‌ها بود. من همکلاسی‌ای داشتم از فرانسه که در کمال تعجب اسمش رومن رولان بود. او معلم بود. دوست اسرائیلی پسرها در کلاس من بود و اسمش اَدم مندل بود. پسرها آدم صدایش می‌کردند و می‌خندیدند و البته به خودش هم توضیح داده بودند. اَدم هر وقت می‌خواست با کسی شوخی کند یک جوری ربطش می‌داد به ایدی امین دیکتاتور خون‌خوار اوگاندا. از قضا یک پسر نازنین هم از همان اوگاندا هم‌کلاس من بود به اسم عیسایی که هم شوخ بود و هم خیلی مهربان. دو دانشجو هم از افغانستان داشتیم. از نظر سنی از ما بزرگ‌تر بودند. هر دو مرد. یکی به اسم رافی بسیار معقول و خوب و دیگری، حشمت‌الله، که زن و چند بچه در افغانستان داشت. مرد ولنگاری که تمام تلاشش یافتن دوست‌دختر بود. کچل بود و کلاه‌گیس به سرش می‌گذاشت که خیلی قیافه‌ی احمقانه‌ای به خودش می‌گرفت. از اروپای غربی تنها رومن رولان بود و از آمریکا هیچ‌کس و از کانادا یک دختر که از قضا اولین دوست‌دختر حشمت‌الله شد. پسرهای گروه ما بچه‌های خیلی سالم و خوبی بودند. با هم خوب جور شده بودند؛ درست مثل من و سوری. انگار سال‌هاست همگی هم‌دیگر را می‌شناسیم. من و بهروز هنوز در فکر ایران بودیم. او به فکر پدر پیر و خواهر تنهایش بود

و من به فکر مامان و باجانم. ولی همگی با هم خیلی وقت می‌گذراندیم. گاهی تعطیلات آخر هفته من و سوری غذا می‌پختیم و پسرها می‌آمدند پیش ما. تازه سه هفته‌ای از کلاس‌ها گذشته بود که من سر کلاس احساس ضعف کردم و به‌طور ناگهانی از حال رفتم. سوری برایم تعریف کرد تمام دانشجویان به هم ریخته بودند ولی یوشیدا سن‌سی به کمک سوری و یکی از خانم‌های اداری مرا در ماشین یوشیدا سن‌سی گذاشته بودند. وقتی بلندم کرده بودند تا به ماشین برسم مثل آدم در حال احتضار بودم. درست مثل زمانی که در اتاق عمل هستی و داروی بیهوشی را به تو داده‌اند و از تو خواسته‌اند تا بیست بشماری و هیچ وقت هم به یاد نمی‌آوری که تا چند شمردی. وقتی چشم باز کردم در اتاق دکتر بودم و به دستم سرُم وصل بود. دکتر دوست یوشیدا سن‌سی بود و بسیار مهربان. سرُم که تمام شد به یوشیدا سن‌سی گفت من باید تحت نظر باشم و بهتر است به درمانگاهی نزدیک محل خوابگاه بروم. او یک متخصص قلب بود. وقتی به هوش آمدم با من کلی درباره‌ی ایران حرف زد. او ایران را به خوبی می‌شناخت. شماره تلفن رد و بدل کردیم و برگشتیم. در ماشین یوشیدا سن‌سی گفت من تأثیر خوبی روی دکتر گذاشته‌ام و خیلی تعجب کرده بود که دکتر شماره تلفنش را به من داده و از من خواسته بود که از حالم به او خبر بدهم. اضافه کرد باید چیزی در من باشد که مردم را به خودم جذب می‌کنم و زیر لب گفت:

- فکر می‌کردم تنها من هستم.

•••●•••

ناگهان تابستان گذشته، ادیب یک گردن‌بند خیلی قدیمی به من هدیه داد که از جنس نقره بود. یک گوی کوچک که دو نیمه بود و به وسیله‌ی یک گیره‌ی خیلی کوچک که به شکل مار بود آن دو نیمه به هم وصل می‌شدند و یک گوی را می‌ساختند. وسط هر نیم‌کره از بیرون یک مهره‌ی آبی بود. توضیح داد که زنان در قدیم داخل این گوی را از مهره‌ی مار پر می‌کردند و آن را به سینه می‌انداختند تا معشوق‌شان را به خود جلب کنند. با خنده از من خواست که همیشه آن را خالی نگه دارم چرا که من خود به خود مهره‌ی مار دارم.

•••●•••

یوشیدا سن‌سی مرا به خوابگاه رساند و تحویل سوری داد و گفت تا دو سه روز می‌توانم کلاس نروم. بعد به سراغ ماما سان رفت تا با او برای وقت گرفتن از دکتر صحبت کند. احساس می‌کردم حالم خوب نیست. هیچ قوایی در تنم نبود. حتی نمی‌توانستم در تخت‌خوابم بنشینم. به‌طور ناگهانی داشتم تمام توانم را از دست می‌دادم. ترسیده بودم اگر همین طور پیش برود باید چه کار کنم. دو روز بعد کارگر نظافت اتاق‌ها درِ اتاقم را زد. گفت ماما سان از دکتر وقت گرفته و یوشیدا سن‌سی هم پایین منتظرِ من است. به سختی لباس پوشیدم و به کمکِ خانم نظافتچی رفتم پایین. یوشیدا سن‌سی با ماما سان مرا به دکتر بردند. ماما سان بیرون منتظر شد و یوشیدا سن‌سی با من به داخل اتاق دکتر آمد. قیافه‌ی دکتر خیلی شیرین و خنده‌رو بود. این از شانس من بود که هر دو دکتر بسیار خوش‌رو بودند. دکتر گفت فشار من خیلی پایین است و همان هم باعث شده از حال بروم ولی دلیلش یک فشار پایین همیشگی نیست. بلکه یک اُفت ناگهانی‌ست. بعد آمپولی به من زد که اندازه‌اش سه چهار برابر آمپول‌های معمولی بود. از بزرگی آمپول ترسیدم. گفت چند ویتامین و داروی دیگر را قاطی کرده و من باید برای مدتی هر چهار روز یک بار این آمپول را بزنم. آمپولش مثل آمپول‌های قدیمی بود که قاب فلزی داشتند و آن را روی چراغ با جوشاندن آب داخل همان قاب فلزی ضدعفونی می‌کردند. دکتر از من خواست کمی دراز بکشم و بلافاصله از جایم بلند نشوم و یوشیدا سن‌سی را ـ که نگران به من نگاه می‌کرد ـ به کناری کشید و با هم شروع به صحبت کردند. من حسابی لاغر شده بودم و این در حالی بود که دوستان دیگرم اضافه‌وزن پیدا کرده بودند. وقتی یوشیدا سن‌سی به طرفم برگشت اشک‌هایم سرازیر شده بود. با ملاطفت اشک‌هایم را پاک کرد و با هم راه افتادیم. ماما سان نبود. گفت زودتر از او خواسته بوده که برود. حالم خیلی بهتر شده بود. دکتر توضیح داده بود دارو رفته‌رفته کمکم خواهد کرد تا قوای از دست رفته را به دست بیاورم. در دو هفته‌ی گذشته متوجه نشده بودم که دارم تحلیل می‌روم. یک احساس درونی و نگرانی مرا از پا درآورده بود. یوشیدا سن‌سی مرا سوار ماشین کرد و گفت اول کمی در شهر می‌گردیم و بعد مرا به خوابگاه خواهد رساند؛ وقتی که سوری برگشته باشد و بداند که من تنها نیستم. بعد پرسید:

- شانی سان. چیه؟ چرا اینقدر نگران هستی؟
- نمی‌دونم. من خیلی کم مریض می‌شم. به‌طور معمول دختر قوی و سالمی هستم. آزمایش‌های قبل از گرفتن ویزای ژاپن این را نشان می‌ده.

چرا باید از هوش برم؟ چرا باید این قدر ضعیف بشم که نتونم سر پا بایستم و راه برم؟

- شانی سان، دکتر گفت که تو مریض نیستی بلکه «غربت‌زده» شدی و این گاهی از بیماری فیزیکی بدتره.

درباره‌ی «غربت‌زدگی» زیاد شنیده بودم ولی هیچ وقت فکر نمی‌کردم این طور آدم را مریض کند.

- می‌دونید... فکر نمی‌کنم بتونم طاقت بیارم. من یک لحظه از فکر ایران درنمی‌یام.

با انگلیسی‌ای که هنوز خیلی هم روان نبود توضیح دادم که نگران مامان و باجان هستم. باجان را گفتم مادربزرگم چون توضیح این‌که باجانم چه نسبتی با من دارد خیلی سخت و شاید دور از فهم او بود.

- ولی باید طاقت بیاری. غربت سخته. ولی می‌گذره. عادت می‌کنی. من سال‌هاست با دانشجویان خارجی کار می‌کنم و خیلی‌ها رو دیدم که اولش براشون سخت بوده ولی بعد عادت کردند. کمی به خودت وقت بده. هنوز یک ماه نشده.

- شنیدم اگر از شش ماه بگذره آدم موندگار می‌شه. ولی من فکر نمی‌کنم به شش ماه برسم. دلم می‌خواد بمونم. این‌جا رو دوست دارم ولی می‌دونم که نمی‌تونم. مامانم و باجانم به من احتیاج دارند.

ماشین را جایی پارک کرد و گفت برویم کمی قدم بزنیم. خیابان قشنگی بود. پیاده شدیم و از من خواست تا خسته شدم به او بگویم. گریه می‌کردم و او با نگرانی به من نگاه می‌کرد. به یک کافه رسیدیم. پر بود از مجسمه‌های سامورایی. سه تا میز چوبی قدیمی داشت با شش تا صندلی. جای فوق‌العاده‌ای بود. به جز آن سه میز و صندلی‌هایش، جلوی پیش‌خوان مثل بار چندین چهارپایه‌ی بلند بود و دو سه نفری آن‌جا نشسته بودند و چای می‌نوشیدند. نشستیم و قهوه سفارش دادیم. کمی از زندگی‌ام گفتم و کلی تشکر کردم و برگشتیم خوابگاه. داخل خوابگاه نیامد و وقتی پیاده شد تا مرا دم در همراهی کند گفت اگر من دوست داشته باشم می‌توانیم باز هم با هم بیرون برویم و من با کمال میل پذیرفتم و خداحافظی کردیم. نزدیک آمدن سوری بود. ماما سان مرا به دفترش خواست و حالم را پرسید. از اتاق او که بیرون آمدم، بچه‌ها همگی بیرون منتظرم بودند. آرش تا مرا دید طبق معمول تکیه کلامش را به کار برد: «لامصب سطح بالاست. رفیق مارو استادش می‌بره دکتر» و همه خندیدند.

او در این مدت کوتاه اعتقاد پیدا کرده بود ما ایرانی‌ها از همه فهمیده‌تر و باکلاس‌تریم و در هر زمینه‌ای با همین جمله «لامصب سطح بالاست» هر مطلبی را در این مورد به اثبات می‌رساند.

پسرها بعد از گذشت یک ساعت ما را ترک کردند. راهشان تا خوابگاه خیلی دور بود و کلی لطف کرده بودند تا آن‌جا هم آمده بودند. ری‌بی‌ئرو با ردریگو هم دقیقه‌ای بعد رسیدند. ری‌بی‌ئرو از ردریگو خواسته بود که چند کلمه‌ای به انگلیسی برای من بنویسد و آرزوی سلامتی برای من کرده بود. اما جدا از همه سوری نگران بود. او چیزی را می‌دید که بقیه نمی‌دیدند. من آدم غربت نبودم. شاید هم گه‌گاه صدای گریه‌های مرا از اتاقش شنیده بود. متاسفانه ظرف چهار روز حال من بدتر شد. یک بار دیگر از حال رفتم ولی خوشبختانه سوری پیش من بود. او نمی‌خواست به دانشگاه برود. می‌ترسید اگر نباشد و من از حال بروم هیچ کس خبردار نشود. دو روز بعد طبق معمول با مامان حرف زدم ولی تلاش کردم محکم باشم و از مریضی‌ام نگویم. روز چهارم دوباره یوشیدا سن‌سی به سراغم آمد و با هم به دکتر رفتیم. به دکتر گفتم چندین بار دیگر از حال رفته‌ام. آمپول را زد و دارو تجویز کرد. ولی برای ده دقیقه‌ای با یوشیدا سن‌سی حرف زد. داروها را همان جا گرفتیم. یوشیدا سن‌سی که خوب می‌دانست من منتظرم بدانم دکتر چه گفته است، گفت:

- دکتر هم‌چنان عقیده داره که تو غربت‌زده شدی و اگر داروها کمک نکنند ـ که در واقع این میل باطنی و ناخودآگاه توست ـ تو دچار افسردگی خواهی شد و باید قبل از چنین اتفاقی برگردی به وطنت.

قطره‌های اشک از گوشه‌ی چشمم لغزید و به گوشه‌ی لبم رسید. می‌دانستم غربت‌زدگی چیست ولی افسردگی! یعنی چه؟ منظور این است که دیگر نخواهم خندید یا از گل، غذا، کتاب، فیلم و تئاتر لذت نخواهم برد؟ وطن. این وطن است که دارد مرا ویران می‌کند یا نگرانی‌های مربوط به خانواده؟ خودم هم برایش جوابی نداشتم. آیا مامان و باجان را بهانه قرار می‌دادم؟ می‌دانستم که به خاطر مردی نبود چون دلم در گروی کسی نبود. حتی روزها می‌گذشت و من به ادیب فکر هم نمی‌کردم. دلم نمی‌خواست در مریضی تصمیم بگیرم. به یوشیدا سن‌سی قول دادم به زودی خوب خواهم شد و لبخندی زدم. خوشحال شد و با هم رفتیم در یک چای‌خانه نشستیم. کلی حرف زدیم. انگلیسی من با صحبت کردن با او پیش‌رفت کرده بود. پرسید چه منظره‌ای را دوست دارم. گفتم من عاشق رودخانه و پل هستم و او گفت صحنه‌ی کندن هواپیما از روی زمین را دوست دارد.

بلافاصله پیشنهاد کرد برویم تا جایی را به من نشان بدهد. باورکردنی نبود. مرا برد نزدیک یک فرودگاه کوچک که در طرف دیگر آن یک رودخانه در جریان بود. روی رودخانه چندین پل خیلی قدیمی بود که با چوب‌های نی ساخته شده و تعدادی از آن‌ها هم ریخته بودند. او گفت وقتی دلش گرفته است به آن‌جا می‌رود و به لحظه‌ی بلند شدن هواپیما از روی زمین خیره می‌شود. اضافه کرد هر کدام می‌توانیم به صحنه‌ی مورد علاقه‌ی خودمان خیره شویم. وقتی برگشتیم به خوابگاه با من به غذاخوری آمد. بچه‌ها همگی منتظرم بودند. این بار جلال هم بود. یوشیدا سن‌سی را می‌شناخت و با او مثل بلبل ژاپنی صحبت می‌کرد. آمپول اثر کرده بود و حالم خیلی بهتر بود. قرار شد همگی با هم شام بخوریم و من هم به سلول تنهایی خودم برنگردم. بچه‌ها خیلی محبت داشتند. یکی برایم پرتقال پوست می‌کند. یکی چای به دستم می‌داد. سوری برایم سوهان آورده بود تا فشارم برود بالا. ری‌بی‌ئرو وسط ما ایرانی‌ها می‌پلکید و تلاش می‌کرد کمکی باشد. به مامان زنگ زدم و گفتم کمی سرما خورده‌ام. در همین فاصله چندین بار تلفن مرا خواست؛ مامان، آقای آزاد، غلام و عبدی زنگ زدند. تلفنچی می‌خندید و می‌گفت نفر بعدی وزیر علوم ژاپن خواهد بود که زنگ خواهد زد تا حال مرا بپرسد. از او عذرخواهی کردم. خندید و گفت اگر کسی به من زنگ نزند او کاری برای انجام دادن ندارد. جلال خیلی خودمانی شده بود. چند باری در گوشم گفت مریضی‌های من از سالمی سوری بهتر است. خوشم نیامد و نادیده گرفتمش. سوری دختر فوق‌العاده قوی و زیرکی بود که با کسی رودربایستی نداشت. همه دور میز بزرگی نشسته بودیم و من متوجه نگاه‌های متفاوت یوشیدا سن‌سی و ری‌بی‌ئرو بودم. آن شب گذشت و من تصمیم گرفتم خودم به خودم کمک کنم. دوباره چهار روز بعد، خودم به تنهایی به دکتر رفتم. دکتر با تعجب پرسید:

- به نظر میاد که تصمیم گرفتی این‌جا بمونی؟
- نه هنوز دکتر. ولی تصمیم گرفتم مریضی دلیل ترک این‌جا نباشه. می‌خوام در سلامتی تصمیم بگیرم.

اولین روز بعد از مریضی وسط حیاط دانشگاه هیاهویی به پا شد. همه دورم را گرفته بودند و حالم را می‌پرسیدند. آرش هم طبق معمول می‌گفت: «لامصب سطح بالاست. اگر الان الیزابت تیلور هم این وسط بود این طوری دوره‌اش نمی‌کردن». در راهرو یوشیدا سن‌سی با خنده به طرفم آمد. خوشحال بود حالم خوب شده و گفت باید جشن بگیریم. قرار گذاشتیم بعد از کلاس هم‌دیگر را ببینیم.

از سوری خواستم تا همراه ما باشد ولی برایم تعریف کرد با یک دانشجوی مجار دوست شده و قرار است با هم به پارک بروند. پسر خوش‌قیافه‌ای بود ولی تنش به‌شدت بوی عرق می‌داد. پسرها هم حسابی مشغول بودند و با چند دختر ژاپنی دوست شده بودند.
شاید من هم داشتم می‌رفتم تا با یوشیدا سن‌سی رابطه‌ای را آغاز کنم. مرا به یک کافه‌ی عجیب برد، توضیح داد که خیلی به آن کافه علاقه دارد چون خیلی اروپایی‌ست. درست می‌گفت. رستوران تابلوهایی از شهرهای مهم اروپا داشت: ساختمان ساعت گرینویچ لندن، برج ایفل پاریس، فواره‌های جادویی بارسلونا. چند کار از پیکاسو و یک مجسمه‌ی کوچک از دن کیشوت تنها روی یک میز خیلی کوچک. میز رویه‌ای شیشه‌ای داشت و زیر شیشه یک صفحه، از کتاب دن کیشوت اثر سروانتس، به زبان اسپانیایی بود با کارت پستالی از نقاشی معروف پیکاسو از دن کیشوت. رنگ مجسمه از چوبی به رنگ قهوه‌ای بود که به سرخی می‌زد و آن هم داخل حفاظی شیشه‌ای بود. جلوی میز ایستاده بودم و خیره شده بودم به زنجیر بین من و دن کیشوت.

•••●●••

ناگهان تابستان گذشته، نه خیلی دور، شاید همین سال پیش... تولد ادیب بود. گیج بودم که برایش چه بگیرم. در خیابان روبه‌روی در اصلی سفارت شوروی مغازه‌ای بود که کتاب‌های روسی می‌فروخت. قفسه خیلی کم داشت. بیش‌تر کتاب‌ها روی زمین انبار شده بودند. داخل ویترین خاک‌گرفته‌اش نقاشی‌های کوچک و بزرگی بودند که روی کاغذهای کاهی ترسیم شده و بی‌نظم و ترتیب آن‌جا پراکنده شده بودند. همگی خاک‌گرفته. اطراف مغازه هم طرح‌هایی با مداد کنته بودند که به دیوارها نصب شده بودند. آدم می‌ترسید به آن‌ها دست بزند مبادا از کهنگی پودر شوند. در میان همه‌ی این به هم ریختگی‌ها مجسمه‌ی فلزی خاک‌خورده‌ای از دن کیشوت داخل ویترین تک و تنها قد برافراشته بود و همان‌طور گرد و غبار گرفته حریف می‌طلبید. صورت نیکلای چرکاسو[17] را داشت. نیکلای چرکاسو در نسخه‌ی روسی دن کیشوت بازی کرده بود. بچه که بودم فیلم را دیده بودم و قیافه‌اش همیشه در نظرم بود. چند باری وسوسه شدم مجسمه را برای خودم نگه دارم ولی از طرفی فکر کردم بزرگ‌ترین کشف دنیا را کرده‌ام. با خودم فکر می‌کردم چقدر ادیب از دیدن

این مجسمه خوشحال خواهد شد. حاضر بودم به هر قیمتی آن را بخرم. این یک هدیه‌ی بی‌نظیر بود. البته نمی‌توانستم تصمیم بگیرم در صورتی که مجسمه‌ای از سروانتس هم می‌بود کدام یک را انتخاب می‌کردم. گرچه یافتن همین یکی اتفاقی جادویی بود. مغازه‌دار مجسمه را از ویترین بیرون آورد. دستمالی دورش کشید که خاکش را بگیرد و یکی دو تا کاغذ کاهی هم به دور آن پیچید. با بندی حصیری آن را بست و من هم به همان شکل آن را به ادیب هدیه دادم. عکس‌العمل ادیب وقتی هدیه را گرفت کمی نامأنوس و عجیب بود. حسم این بود بیش‌تر جا خورده تا آن‌که خوشش بیاید. ولی چرا؟ با لب و لوچه‌ی افتاده منزلش را ترک کردم.

•••●•••

یوشیدا سن‌سی صدایم کرد و مرا به کافه‌ای در کشور ژاپن برگرداند. چقدر راه آمده بودم. نشستیم پشت میز چوبی گردی که رنگ و رویش رفته بود. روی آن پر از نوشته‌های مختلفی به زبان ژاپنی و اسپانیایی بود. یوشیدا سن‌سی توضیح داد همه‌ی آن نوشته‌ها در مورد دن کیشوت است و من هم اگر بخواهم می‌توانم چیزی بنویسم. سراغ فروشنده رفت و قلمی از او گرفت. نمی‌دانم چرا با خط فارسی نوشتم : «آیا در هر مردی یک دن کیشوت نهفته است؟» و برای یوشیدا سن‌سی ترجمه‌اش کردم. فنجان قهوه را گرفتم در دست‌هایم و خیره شدم به نقشی که با مهارت روی آن ترسیم شده بود. به فکر قهوه‌های ادیب افتادم. یوشیدا سن‌سی که متوجه شد مدتی‌ست هیچ نگفته‌ام از من پرسید:

- شانی! نمی‌خواهی ایران رو فراموش کنی؟
- نه هرگز.
- پس گرفتن دکترا چی می‌شه؟ این یک بورس فوق‌العاده‌ست. می‌دونی که همه نمی‌تونن چنین شانسی داشته باشن.
- می‌دونم. تلاش هم می‌کنم این‌جا بمونم. ولی هیچی در دنیا نمی‌تونه سبب بشه که من ایران رو فراموش کنم.

بعد از من خواست از ایران برایش بگویم. از شهرم. خانه‌ام و فامیلم. بعد پرسید آیا شخص به خصوصی در ایران منتظر من است؟ گفتم:

- کسانی منتظر من هستند که من نمی‌خوام منتظرم باشن.
- و کسی هست که تو بخوای منتظرت باشه؟

- نمی‌دونم. اشکال اینجاست که نمی‌دونم. صحبت از ایران خیلی شیرینه اما دلتنگم می‌کنه.

- من این "اما[۱۸]" گفتن تو رو خیلی دوست دارم. خیلی شیرین تلفظش می‌کنی. گذشته از همه‌ی این حرف‌ها، دیگه منو به اسم کوچکم یوکاتا صدا کن. من سال‌ها در اروپا و آمریکا زندگی کردم. اسم اول مأنوس‌تره.

این طوری صحبت را عوض کرد. می‌دانستم دکتر به او گفته بود شرایط من باید طوری باشد که کمتر به ایران فکر کنم. من هم صحبت را عوض کردم و پرسیدم:

- راستی می‌دونی دن کیشوت و نوشته‌هاش در اینجا چه می‌کنن؟

- صاحب مغازه زمانی عاشق یک دختر اسپانیایی می‌شه که نویسنده بوده. خودش در رادیو برنامه اجرا می‌کرده. هنوز هم گاهی دعوتش می‌کنند. این کافه رو از قبل داشته ولی عشق به اون دختر اسپانیایی پای دن کیشوت رو هم به اینجا باز می‌کنه.

- خب چی به سر عشقشون اومد؟

- ازدواج کردند و مدتی با هم زندگی کردند ولی بعد اون دختر نتونست خیلی اینجا طاقت بیاره.

انگار ناگهان متوجه شده باشد که چه گفته بی‌درنگ ساکت شد.

دیگر به‌طور مرتب بعد از کلاس با هم بودیم. همه‌ی جاهای دیدنی شهر را به من نشان داد. گاه برای رفتن به تئاترهای مختلف از شاگردان کلاس‌های دیگرش که همگی ژاپنی بودند می‌خواست تا مرا همراهی کنند. وقتی هم جایی برای رفتن نداشتیم به آن محل می‌رفتیم که یک طرفش رودخانه بود و طرف دیگرش باند فرودگاه. من سرم را به طرف رودخانه و او سرش را مخالف جهت من به سمت فرودگاه می‌گرداند. دست‌هایمان در دست‌های هم بود و برای دقیقه‌های طولانی هر کدام خیره به نقطه‌ای می‌شدیم که دوست داشتیم. من به سراغ تهران و همه‌ی دلبستگی‌هایم در آنجا می‌رفتم. ولی هیچ وقت از او نپرسیدم به چه فکر می‌کند. از این‌که در کمال احترام و مهربانی با من رفتار می‌کرد خوشحال بودم. با توجه به این‌که سوری ترجیح می‌داد بخوابد تا به کشف این شهر و آن شهر برود من بیش‌تر وقتم را با یوکاتا می‌گذراندم.

- سوری مگه ما چقدر وقت داریم که تو این همه می‌خوابی؟ این مملکت پر از جاهای قشنگه. باید بریم و ببینیم. وقت زود می‌گذره.

- شانی جان من می‌خوابم. تو هم برو و به کشفیاتت برس و بعد بیا برای من تعریف کن.

- من دوست دارم با تو باشم. وقتی تو این‌جا تنها هستی من دچار عذاب وجدان می‌شم. با اون پسر مجار هم که خیلی نمی‌چرخی.

- ببین من از تئاتر و موسیقی کلاسیک یا تئاتر و موسیقی سنتی ژاپنی خوشم نمیاد. اونم موسیقی این‌ها که همه جور صدای عجیب و غریبی از خودشون درمی‌یارن. من دوست دارم مهستی گوش بدم. اما پسر مجار ازم خواسته فردا برم خونه‌اش برام گیتار بزنه ولی من بدون تو نمی‌رم.

- اون تو رو دعوت کرده و می‌خواد تو رو ببینه.

- غلط کرده. تو هم باید با من بیای.

- سوری تو از من بزرگ‌تری. این بچه‌بازی‌ها چیه؟

- یا با من میای یا نمی‌رم.

روز بعد با هم رفتیم سراغ پسر مجاری. او برای خودش اتاقی گرفته بود. خیلی جای خوبی نبود. وقتی در را باز کرد و مرا هم با سوری دید خشکش زد. ما را به داخل اتاقش دعوت کرد. قهوه‌ای برایمان درست کرد و شروع کرد به گیتار نواختن. یک ربع، نیم ساعت، یک ساعت... تمام نمی‌شد. سوری هم یکسره فحش می‌داد که حالش از هر چه گیتار است به هم خورد. حق داشت. او حتی خوب هم نمی‌نواخت و بعد به زبان مجاری هم با صدایی که به مراتب بدتر از صدای گیتارش بود برایمان آواز می‌خواند. شاید هم حق داشت. چون انگلیسی بلد نبود و من مانده بودم که سوری و او با چه زبانی می‌خواهند با هم حرف بزنند. بعد از دو ساعت شکنجه از آن‌جا آمدیم بیرون. به سوری گفتم بهتر است کسی را پیدا کند که حداقل بشود چهار کلمه با او حرف زد، گیتار هم نزند، آواز هم نخواند.

تلفن‌های من به تهران بدون کم و کاست ادامه داشت. کورو سان می‌گفت تا حالا دانشجویی نداشته که این همه پول تلفن بدهد. می‌گفت من تمام پول بورسیه‌ام را خرج تلفن به ایران می‌کنم. مرتب هم نامه می‌نوشتم. آقای آزاد گه‌گاه زنگ می‌زد و یا نامه می‌فرستاد. نامه‌های عاشقانه‌ای که هیچ فکرش را نمی‌کردم. باورم نمی‌شد این همه در زندگی او نقش داشتم. غلام هم مرتب زنگ می‌زد و بهانه‌اش این بود که من فراموشش نکنم. گاهی هم سوال‌های احمقانه می‌کرد که سبب می‌شد بیش‌تر از او فاصله بگیرم. گاه توهین می‌کرد و بعد عذرخواهی پشت عذرخواهی. تصمیم گرفتم دیگر به تلفن‌هایش پاسخ ندهم. برای ادیب یک نامه و کارت پستال زیبا از ژاپن فرستادم. جوابی نگرفتم و

تصمیم گرفتم دیگر نامه‌ای برایش نفرستم. هر وقت آقای آزاد زنگ می‌زد حال او را می‌پرسیدم. حالم بهتر شده بود و مشغول درس خواندن بودم. به زودی دوره‌ی زبان تمام می‌شد و ما پنج نفر هر کدام باید به گوشه‌ای می‌رفتیم و از هم جدا می‌شدیم. یک شب وقتی با گروهی از بچه‌ها در غذاخوری نشسته بودیم ری‌بی‌ئرو آمد و از من خواست برای کار مهمی به اتاقش بروم. چون جلوی همه درخواست کرده بود فکر کردم اشکالی ندارد.

به اتاقش رفتم. تا وارد اتاق شدیم گفت:

- می‌خوام زنم بشی.

بعد از هضم جمله زدم زیر خنده. این سریع‌ترین پیشنهاد ازدواجی بود که تا آن موقع شنیده بودم. اول او هم با من خندید ولی بعد قیافه‌اش در هم رفت و به فرانسه گفت شوخی نمی‌کند. خیلی شمرده و مودبانه گفتم من خیال ازدواج ندارم. با خودم فکر کردم فرقی نمی‌کند این موجود در کجای این کره‌ی خاکی به دنیا آمده و بزرگ شده. برای همه‌ی آن‌ها معادله فقط یک طرف دارد: «من». هرگز به قسمت دوم اهمیتی نمی‌دهند. به راستی که درصد بالائی از آن‌ها کپی برابر اصل هستند. چیزهایی گفت که نفهمیدم. بعد ناگهان مرا هل داد و انداخت روی تخت. اتاق‌های ما کوچک بود و خیلی جای این طرف و آن طرف رفتن نداشت. دست‌های مرا به دو طرف سرم برد و خودش را انداخت روی من. با زور تمام دست‌هایم را در دو طرف نگه داشته بود و تلاش می‌کرد مرا ببوسد. صورتم را به این طرف و آن طرف می‌بردم و نمی‌گذاشتم این کار را بکند. دو سه باری کله‌ام محکم به دماغش خورد. یک دست مرا رها کرد تا به طرف زیپ شلوارم برود. با دست رها شده‌ام موهایش را کشیدم و به او گفتم اگر ادامه بدهد فریاد می‌کشم و کمک می‌خواهم. فکر می‌کنم کمک را به ژاپنی فهمید. با زانو محکم کوبیدم به شکمش و از اتاق زدم بیرون. اگر کسی مرا با آن قیافه می‌دید خیلی بد می‌شد. ایستادم پشت در و کمی خودم را مرتب کردم و راه افتادم. قلبم آن‌چنان تند می‌زد که نمی‌توانستم از پله‌ها پایین بروم. دلم می‌خواست برگردم به اتاقش و با مشت و لگد به او حمله کنم. به غذاخوری برنگشتم و یک‌راست به اتاقم رفتم. در را بستم و خودم را انداختم روی تختم. پس فرقی نمی‌کند! هر مردی در هر کجای دنیا به خودش اجازه می‌دهد که مهاجم باشد. دیگر نمی‌خواستم به غذاخوری بروم. ولی فکر کردم امشب نروم فردا چه؟ در ضمن سوری منتظرم بود و اگر برنمی‌گشتم او فکر می‌کرد من هنوز در اتاق ری‌بی‌ئرو هستم. بلند شدم

و دستی به سر و صورتم کشیدم و به غذاخوری برگشتم. ردریگو جلوی در غذاخوری منتظرم بود. قبل از این‌که بروم داخل سالن از من خواست با او بروم بیرون خوابگاه و کمی قدم بزنم. با تغیر به او گفتم هر کاری دارد بهتر است همان جا به من بگوید. کاغذی را به من داد که از طرف ری‌بی‌ئرو بود. بدون این‌که آن را باز کنم مچاله‌اش کردم و انداختمش در سطل آشغالی که درست جلوی در بود. بعد او خیلی محترمانه عذرخواهی کرد و گفت نامه تنها یک عذرخواهی بوده به زبان پرتغالی که او خواسته بود نامه را به همراه مترجم فرستاده باشد. به او گفتم برایم عجیب است که آن دو نفر چطور با هم دوست هستند. سوری منتظر بود و از غیبت طولانی من نگران شده بود. خیلی کوتاه به او گفتم از من خواستگاری شد و من رد کردم. همین. با تعجب پرسید با توجه به این‌که من از ردریگو خوشم می‌آید چرا پیشنهادش را رد کردم.

- سوری این ردریگو نبود که از من خواستگاری کرد. ری‌بی‌ئرو بود. ولی در مورد ردریگو... به نظر من اون مرد خوش‌قیافه و محترمی‌ست ولی من با اون‌هایی که زبون‌شون رو می‌فهمیدم مشکل داشتم چطوری می‌تونم زن کسی بشم که از سه زبان فرانسه و انگلیسی و ژاپنیش به زور می‌تونم دو تا جمله رو بفهمم؟

خوبی سوری این بود که دنبال هیچ چیز را نمی‌گرفت. در این چند روز یک نامه از منیژه رسید. نوشته بود به لندن می‌رود. به او زنگ زدم. طبق معمول از خنده بی‌خودی ریسه می‌رفت و حرف می‌زد. گفت خانواده‌ی پسری که دکتر است به خواستگاری او رفته‌اند ولی خود پسر ایران نیست و او عکسش را دیده است و بس. از او پرسیدم از کجا می‌داند که طرف پزشک است؟ شاید عکس هم مال کس دیگری باشد. همه‌ی عیب‌ها را رویش گذاشتم ولی منیژه می‌خندید و خوشحال بود. به بی‌خیالی‌اش حسودی کردم. چطور می‌شود که گاه آرزو می‌کنیم کاش ما هم سهمی از حماقت دیگران داشتیم؟

دیدارهای من با یوکاتا ادامه داشت. یک بار همه‌ی ما را به ویلای خودش دعوت کرد. او می‌خواست از این راه مرا خوشحال کند. جلال هم که در این جمع حاضر شده بود تلاش می‌کرد خیلی به من نزدیک شود. بچه‌ها متوجه شده بودند. یکی دو بار بهروز به دادم رسید. در ژاپن اگر تمام ایرانی‌ها دور هم جمع می‌شدیم بیست نفر هم نمی‌شدیم. این بیست نفر شامل دو مهندس متعلق به گروه قبل از ما بودند. یکی مجرد و دیگری با زن و یک بچه. با پرویز و زکریا، هفت نفر ما بودیم. جلال و کارمندان سفارت و شاید کارمندان ایران‌ایر که

البته آن‌ها در توکیو بودند. تلاش می‌کردیم خیلی سطحی با جلال رابطه داشته باشیم. به‌طور خلاصه به یوکاتا هم توضیح دادم که چرا ما با جلال راحت نیستیم. ناراحت شد و عذرخواهی کرد که او را دعوت کرده. در تمام مدت یوکاتا از من عکس می‌گرفت. کار ذوقی او عکاسی بود. عکس‌هایش فوق‌العاده بودند. من که خیلی اهل عکس گرفتن نبودم به او گفتم:

- داری فیلم‌هات رو حروم می‌کنی. من بدعکسم.
- صبر کن تا عکس‌ها چاپ بشه. بعد می‌بینی که درست به زیبایی همین کوه‌های سبز هستی.

یاد غلام افتادم و شعرهایی که دم به دم برای من می‌خواند:

«به زیورها بیارایند وقتی خوب‌رویان را / تو سیمین‌تن چنان خوبی که زیورها بیارایی من از دلبستگی‌های تو با آیینه دانستم / که به دیدار طاقت‌سوز خود عاشق‌تر از مایی».

سرانجام دوره‌ی یادگیری زبان تمام شد. مدارک دانشگاهی را به دستمان دادند و زمان جدایی ما فرا رسید. سوری به کی‌یوشو، دورترین نقطه از اوساکا می‌رفت. آرش به توکیو و بهروز و محمود به دانشگاه چیبا که نزدیک به توکیو بود و من به کیوتو می‌رفتم. از این بابت خوشحال بودم چرا که کیوتو به اوساکا نزدیک بود. شهر را می‌شناختم. بارها یوکاتا مرا به آن‌جا برده بود. خودش در یکی از دانشگاه‌های کیوتو درس می‌داد. چند باری هم با دختری که از دانشجویانش بود به تئاتر رفته بودیم. با وجود این که من عاشق شهر بزرگ و شلوغ بودم ولی در آن شرایط خوشحال بودم که به شهر کوچکی می‌روم. کیوتو یکی از زیباترین شهرهای ژاپن بود. دو هفته تعطیلی داشتیم و در این دو هفته باید به دانشگاه‌هایمان سر میزدیم و ثبت‌نام می‌کردیم. پسرها خیلی خوشحال بودند. آن‌ها نزدیک هم بودند ولی جدایی من و سوری خیلی سخت بود. تصمیم گرفتیم چون دانشگاه من نزدیک بود اول به سراغ دانشگاه سوری برویم. سفری ترتیب دادیم که از چند شهر مثل هیروشیما هم دیدار کنیم و بعد به شهر سوری برسیم. با هم رفتیم یک آژانس مسافرتی. دیگر بلد بودیم کمی ژاپنی حرف بزنیم ولی طرف‌مان که خیلی هیجان‌زده شده بود فکر کرد ما مدرک‌مان را در ادبیات زبان ژاپنی گرفته‌ایم. تند و تند چیزهایی گفت و سرآخر با خنده و ده بار دولا و راست شدن دو تا بلیت را گذاشت داخل یک پاکت با انبوهی بروشور و تحویل ما داد. وقتی کارت بانک را به او دادم متوجه شدم چقدر هزینه‌اش کم شده است. خوشحال برگشتیم به خوابگاه و به همه پز دادیم

که چه بلیت ارزانی تهیه کرده‌ایم. تا رسیدن به شهر دانشگاهی سوری می‌توانستیم از یک باغ وحش طبیعی در دل کوه و موزه‌ی جنگ هیروشیما دیدن کنیم.

شب قبل از سفر یوکاتا را دیدم. عکس‌های سفر به ویلا را آورده بود. دو تا از عکس‌ها خیلی زیبا بودند و عکاسی که آن‌ها را چاپ کرده بود از او خواسته بود آن‌ها را به صورت پوستر چاپ کند و به عنوان تبلیغ بگذارد داخل ویترین استودیوی خودش. گفته بود پول خوبی هم می‌دهد. گفتم تصمیم با اوست.

صبح روز بعد من و سوری راهی سفر شدیم. هر دو به شدت هیجان‌زده و خوشحال بودیم. برای اولین بار سوار قطار شین کان‌سن[۱۹] شدیم. اولین توقف ما در محل باغ وحش بود. وقتی مأمور قطار به سراغمان آمد و بلیت‌ها را خواست با احترام بلیت‌ها را به او دادم. مأمور به بلیت‌ها نگاهی انداخت و او هم با احترام تمام چیزی گفت و منتظر ایستاد. من و سوری نگاهی به هم انداختیم و گیج و گنگ به او نگاه کردیم. بعد او دوباره ولی این بار با صدای بلندتری چیزی گفت که قیافه‌ی جدی و آهنگ صدای او سبب شد ما همان چهار کلمه ژاپنی را هم که بلد بودیم فراموش کنیم. سوری که در چنین مواقعی عادت داشت بد و بی‌راه بگوید که این‌ها بلد نیستند حرف بزنند و این‌که با آن حرف می‌زنند زبان نیست با عصبانیت به ژاپنی گفت: «من زبان ژاپنی رو نمی‌فهمم». مأمور قطار هم مثل ما کلافه شده بود. به او گفتم : «خیلی ببخشید ما خارجی هستیم و خوب ژاپنی حرف نمی‌زنیم». مأمور قطار خنده‌اش گرفت و گفت:

- شما خیلی خوب و با لهجه‌ی خوب ژاپنی حرف می‌زنید و می‌گید ژاپنی نمی‌فهمید!

- ببخشید آقا. فقط همین جمله رو بلدیم. شما یک بار آرام بگید که بلیت ما چه اشکالی داره.

دوباره توضیح داد. متوجه شدیم همه‌ی پول بلیت را پرداخت نکرده‌ایم و او از ما باقی پول را می‌خواهد. فکر می‌کردیم تمامی خرج سفر را کامل در آژانس پرداخت کرده‌ایم. قرار شد در ایستگاه بعدی ما را از قطار پیاده کنند و یا کسی پیدا شود که به ما توضیح بدهد. به ایستگاه رسیدیم. مأمور دیگری آمد و از ما خواست پیاده شویم. از قطار که پیاده شدیم مأمور قبلی به اتفاق یک مأمور پیر به‌طرف ما آمدند. پیرمرد خیلی محترمانه به ما سلام کرد و طبق معمول به نشانه‌ی احترام خم شد. بعد به انگلیسی توضیح داد ما فقط یک سوم پول را پرداخت کرده‌ایم و باید باقی پول را بدهیم. هر دو خجالت‌زده شده بودیم.

بیچاره پیرمرد مرتب عذرخواهی می‌کرد چرا که انگلیسی را در زمان جنگ یاد گرفته و خیلی خوب بلد نیست حرف بزند. شرمنده باقی پول را همان جا به مأمور اولی دادیم و سوار قطار شدیم. سوری یکسره فحش می‌داد و زیر بار نمی‌رفت. به او حالی کردم که یک جای این مجموعه بلیت و باقی رزروها که خانم آژانسی دودستی تقدیم ما کرده و به خاطرش هزار بار خم و راست شد می‌لنگد و بهتر است سوری دیگر فحش ندهد چون هر اتفاقی که افتاده از نادانی ما بوده است. در ایستگاه باغ وحش پیاده شدیم. آن‌جا یک دهکده‌ی کوچک بود. با هزار مکافات سراغ باغ وحش را گرفتیم و دریافتیم که چند کیلومتر دورتر از ایستگاه قطار است و این‌که مجبوریم پیاده مسیر را طی کنیم چرا که تنها اتوبوسی را که از آن دهکده به باغ وحش می‌رفت از دست داده بودیم. ساک و کیف و کتاب به دست راه افتادیم. تا به هتل رسیدیم نفس از هر دوی ما گرفته شده بود. پاهای سوری زخمی شدند چون کفش چرمی پاشنه‌دار به پا داشت ولی من کفش کتانی پوشیده بودم. هتل روی تپه بود. وارد شدیم و سراغ اتاق‌مان را گرفتیم. هیچ کس انگلیسی حرف نمی‌زد. مأمور پشت میز هتل پیرزنی را صدا کرد که اتاق ما را نشان بدهد. با پیرزن وارد اتاق شدیم. قیافه‌ی هر دوی ما در آن لحظه دیدنی بود. درست شکل لورل و هاردی شده بودیم در مواقعی که هر دو متعجب می‌شدند و به هم نگاه می‌کردند. صحنه به قدری خنده‌آور بود که هر دو ناگهان زدیم زیر خنده. اتاق دونفره‌ای را پیش خودمان تصور کرده بودیم ولی آن اتاق سی و دو نفره بود. دو ردیف دوطبقه در دو طرف اتاق بود که در هر ردیف هشت رختخواب قرار داشت. یعنی سی و دو نفر قرار بود در آن اتاق بخوابند. برگشتیم به میز متصدی هتل و سراغ اتاقی دوتخته را گرفتیم. متصدی گفت که هیچ اتاقی به جز همان اتاق خالی نیست و با پولی که ما داده‌ایم فقط می‌توانیم در چنین اتاقی شب را بگذرانیم. پرسیدم آیا کس دیگری هم به آن اتاق خواهد آمد؟ خنده‌ی ریزی کرد و گفت معلوم نیست. هر دو خسته بودیم و به خوابیدن در همان اتاق تن دادیم. تا دیروقت بیدار ماندیم که مطمئن شویم کسی نخواهد آمد. بعد مقداری از رختخواب‌ها را پهن کردیم و دو تایی از این طرف به آن طرف قل می‌خوردیم و می‌خندیدیم. سوری می‌گفت کلاه سرمان گذاشتند ولی من مطمئن بودم اشتباه از خود ما بوده است. ما حتی به آن کاغذهایی که آن خانم تحویل‌مان داد نگاه هم نکرده بودیم. بی‌گمان توضیحات لازم در همان بروشورها بودند. هر دو خوب می‌دانستیم که چنین سفری هیچ وقت دیگر تکرار نخواهد شد. صبح زود بیدار شدیم

چون دریافته بودیم حمام خصوصی وجود ندارد و بدتر این‌که این حمام عمومی زنانه و مردانه خواهد بود. پاورچین پاورچین خودمان را به حمام رساندیم و قرار گذاشتیم یکی با لباس منتظر بماند تا دیگری حمام کند. خوشبختانه بدون دردسر حمام کردیم و به اتاق برگشتیم. با رخت‌خواب‌ها خداحافظی کردیم و برای خوردن صبحانه به غذاخوری هتل رفتیم. خوب به خاطر داشتیم که خانم خندان در آژانس مسافرتی گفته بود تمام هتل‌ها با صبحانه هستند ولی وقتی که غذاها را دیدیم سوری حالش بد شد. من حاضر بودم همه چیز را امتحان کنم ولی برای سوری خوردن بعضی غذاها عذاب الیم بود. به هر شکلی که بود آدرس رستورانی را از مستخدم هتل گرفتیم و از تپه‌ای به تپه‌ی دیگر راه افتادیم. آن‌جا بود که خوشمزه‌ترین صبحانه‌ی عمرمان در ژاپن را خوردیم. نان تست فرانسوی آغشته به کره با نیمرو و ژامبون. البته سوری ژامبون نخواست. این صبحانه مرا به یاد صبحانه‌های هتل پالاس نبش کوچه‌ی دبیرستان البرز انداخت. دیدن باغ وحش یکی از بیهوده‌ترین دیدارهای ما از دیدنی‌های ژاپن بود. در یک اتوبوس نشسته بودیم و هر از گاهی همه‌ی سرها به یک سمت می‌رفت و با یک صدای ناآشنا دوباره همگی به سمت دیگر برمی‌گشتیم. هیچ نبود جز چند شیر و چند فیل. توقف بعدی شهر دانشگاهی سوری بود. دیگر فهمیده بودیم باید منتظر قیمت‌های پیش‌بینی‌نشده باشیم. در کی‌یوشو وارد یک هتل چهارستاره شدیم. مأمور پذیرش هتل به خوبی انگلیسی صحبت می‌کرد. این‌بار بدون غافل‌گیر شدن محترمانه تفاوت پول را پرداخت کردیم ولی فقط برای یک شب. هتل عالی بود. دوش گرفتیم و کمی استراحت کردیم تا وقت شام شد. تصمیم گرفتیم خارج از هتل غذا بخوریم چون می‌دانستیم غذای هتل گران است. مدت‌ها بود پیتزا نخورده بودیم و می‌دانستیم نباید گران باشد. از جوان مأمور پذیرش آدرس رستورانی را گرفتیم که پیتزا داشت و به راه افتادیم. خوشبختانه دور نبود. سر یک میز دونفره نشستیم و هنوز غذا سفارش نداده بودیم که صدای قهقهه‌ی خنده‌های‌مان فضای رستوران را پر کرد. داشتیم سفر را تا رسیدن به این رستوران مرور می‌کردیم. در همین زمان جوانی به سمت ما آمد تا سفارش غذا بگیرد. وقتی منوی غذا را به طرف‌مان دراز می‌کرد در نهایت تعجب به ما گفت: «سلام». هر دو اول فکر کردیم چیز دیگری شنیده‌ایم. به روی خودمان نیاوردیم. ولی او دوباره سلام کرد و بعد به انگلیسی توضیح داد از حرف زدن ما فهمیده ایرانی هستیم و خواست به انتخاب خودش پیتزا بیاورد و کمی هم پیش ما بنشیند. او صاحب رستوران بود. توضیح داد

در آمریکا زندگی می‌کرده و آن‌جا دوست‌دختری داشته به اسم «مهرفر». مهرفر اسمی بسیار نایاب بود. مثل اسم دخترداییِ من. اسمی ساختگی که از اول اسم پدرش مهرداد و اول اسم مادرش فریده گرفته شده بود. دختر بی‌نظیری بود که خیلی درس‌خوان نبود و او را قبل از گرفتن دیپلم به آمریکا فرستادند. دوست‌دختر جوان ژاپنی در واقع همان دخترداییِ من بود. او هم می‌دانست که چطور اسم آن دختر را مهرفر گذاشته‌اند. اتفاق غیرقابل باوری بود. از سفرمان برای او گفتیم و او ما را راهنمایی کرد که به هتل ارزان‌تری برویم. صبح روز بعد دوباره ساک به دست به دنبال ثبت‌نام دانشگاه سوری رفتیم. اقامت در کی‌یوشو هم تمام شد و ما در بازگشت راهی هیروشیما شدیم. باورکردنی نبود که تمام این شهر سی سال پیش با خاک یکسان شده بوده. شهری بسیار زیبا و تمیز. پارک معروفی در دل شهر هیروشیما مهم‌ترین مقصود ما از دیدار این شهر بود. پارک صلح که موزه‌ی صلح هم در آن قرار داشت. موزه‌ای که تمام اسناد مربوط به جنگ دوم جهانی و انداختن بمب اتمی توسط آمریکا در این شهر را در خود جا داده بود. موزه طی دو سال بعد از جنگ ساخته شده بود. این مکان آن‌چه را که از بازماندگان این حمله‌ی اتمی باقی مانده بود، هم‌چون عکس‌ها، لباس‌ها، قمقمه‌های سربازان و تصاویر قبل و بعد از حمله را در خود جای داده بود. دیدارکنندگان چهره‌هایی متفاوت به خود می‌گرفتند. در چهره‌ی بعضی می‌توانستی اندوه و افسوس را ببینی. در گروهی خشم و نفرت از این همه خصومت و در چهره‌ی چند ژاپنی ترس و نگرانی از تکرار چنین جنایت. از بیمارستانی درست در لحظه‌ی فرود بمب فیلمبرداری شده بود و این فیلم به‌طور مرتب در سالنی نمایش داده می‌شد. سوری به سالن فیلم نیامد و به جای آن در فضای آزاد پارک ماند. فیلم دل‌خراش بود. بیش‌ترین صحنه‌ها مربوط می‌شد به یک بیمارستان در هیروشیما که جای زخمی‌های جنگی بود. بعد تصاویری از تنها ساختمانی که بعد از فرود بمب به جا مانده بود. ساختمانی گنبدی‌مانند که تنها اسکلت گنبد آن باقی مانده بود. این ساختمان هنوز به همان شکل در وسط همین پارک پابرجا بود. فیلم که تمام شد سوری بیرون سالن منتظرم بود. در راهرو دفتر یادبود بسیار بزرگی به قطع برلینی گذاشته بودند که مردم بعد از دیدن موزه اگر خواستند چیزی در آن بنویسند. ده‌ها نوع دست‌خط از زبان‌های مختلف در این دفتر دیده می‌شد و بیش از همه انگلیسی و ژاپنی. تک و توک خط فارسی پیدا کردم. دلم می‌خواست وقت داشتم و حداقل نصف این یادداشت‌ها را می‌خواندم. یادداشت دو سرباز آمریکایی

خیلی نظرم را جلب کرد. یکی نوشته بود: «من یک سرباز آمریکایی هستم. از آن‌چه که در این موزه دیدم احساس شرم کردم. امیدوارم خداوند ما را برای جنایت علیه بشریت ببخشد». و دیگری نوشته بود: «من یک سرباز آمریکایی هستم. ای کاش با ویتنام هم همین کار را می‌کردیم». شهر بعد از سی سال پر بود از زنان، مردان، جوانان و بچه‌های معلول. این بمب تا سال‌های سال در سلامتی این مردم اثرگذار بوده و خواهد بود. در موزه مانکن‌هایی گذاشته بودند که تأثیر بمب را درست بعد از لحظه‌ی فرود آن روی مردم نشان می‌دادند. بدن‌هایی که در حال آب شدن بودند و گوشت و پوست از آن‌ها آویزان شده بود. بعضی از لباس‌ها، قمقمه‌ها، اسلحه‌ها و یا متعلقات سربازها و مردم که در اثر این بمب ذوب شده بودند را هم به نمایش گذاشته بودند. در نهایت ما موزه را با اندوه عمیقی در وجودمان ترک کردیم ولی خوشحال بودیم که فرصت تماشای این شهر را داشته‌ایم. در واقع تمام این سفر یک طرف، دیدار از هیروشیما در طرف دیگر. ما هر دو یک سوال داشتیم: آیا باز هم تکرار خواهد شد؟

در نبود من، یوکاتا استاد راهنمای دانشگاه اصلی مرا پیدا کرده بود. حتی برای ملاقات با او به کیوتو هم رفته بود. هفته‌ی بعد استاد راهنمای من در دانشگاه اوساکا سخنرانی داشت و یوکاتا برای بعد از سخنرانی با او قرار گذاشته بود. به نظر می‌آمد که در دیدار قبلی هر دو همکار از هم خوش‌شان آمده. یوکاتا به من گفته بود او یکی از بهترین شکسپیرشناسان ژاپن است. بعد از صحبت‌های معمولی درباره‌ی من، این‌که چه خوانده‌ام و وضعیت دانشگاه‌های هنری در ایران چگونه است، وارد صحبت سرنوشت‌ساز شدیم. بدون تعارف به من گفت این کاری نیست که من بخواهم در مدت دو سالی که در آن‌جا هستم به انجام برسانم بلکه به‌طور خیلی جدی باید چیزی حدود هفت تا ده سال وقت بگذارم. به صراحت گفت تئاتر یعنی ادبیات و من با یادگیری یک زبان روزمره نمی‌توانم به این مقصود برسم. باید به‌طور جدی اول زبان ژاپنی بخوانم بعد ادبیات ژاپن و سپس تئاتر و با توجه به این‌که زبان ژاپنی زبان بسیار سختی‌ست پس باید زمان بیش‌تری صرف این کار شود. درست می‌گفت. من با عدد و رقم و فرمول یا با بدن انسان کار نداشتم. برای باقی بچه‌ها که رشته‌ی مهندسی خوانده بودند ادامه تحصیل خیلی راحت‌تر بود. حتی برای آرش که پزشکی خوانده بود. چون اکثر کتاب‌ها برای او به زبان انگلیسی بودند. ولی من با زبان و ادبیات سر و کار داشتم. با کلمات و روح و احساس هر کلمه. چند ماه یادگیری زبان ژاپنی آن هم فقط برای گذراندن زندگی روزمره مثل دانستن یک کلمه بود

در کل مثنوی. وقتی استاد راهنما صحبت می‌کرد یوکاتا متوجه نگرانی من شده بود. بدون شک با خودش فکر می‌کرد ای کاش ترتیب این ملاقات را نداده بود ولی آخرش چه؟ استاد راهنما در پایان گفت:

- شانی سان، فکر می‌کنی چند درصد انگلیسی‌زبان‌ها بلد هستند شکسپیر را بخوانند؟ می‌دونی که چیزی حدود دو هزار کلمه برای اولین بار توسط او به وجود آمده و این‌ها جدا از کلماتی‌ست که او از زبان‌های دیگر به عاریت گرفته است.

این‌ها را می‌دانستم. ادیب به اندازه‌ی کافی در این باره و تلمیحات شکسپیر برایم گفته بود. در نهایت به من گفت اگر امکانش را دارم بروم به انگلیس یا فرانسه و آن‌جا تئاتر بخوانم. بروم به دنبال شکسپیر و یا مولیر. وقتی از او جدا شدیم یوکاتا به روشنی غم‌زده بود. خودم این‌ها را به خوبی می‌دانستم. می‌توانم بگویم از همان روزهای اول کلاس زبان ژاپنی در ایران فهمیده بودم ولی به هر حال می‌خواستم از این موقعیت استفاده کنم. به دوری و غربت فکر نکرده بودم. یوکاتا گفت می‌توانم به رشته‌های ساده‌تری در تئاتر فکر کنم. به گریم و یا به دکور صحنه. درست می‌گفت ولی این دوره‌ها بسیار کوتاه بودند. معتقد بود که می‌توانم دوره‌های مختلف بگیرم و دوره‌ی بورسیه را بگذرانم. باید درباره‌اش فکر می‌کردم. نمی‌دانستم خوشحال بودم یا نه. از یک طرف گویی مُهر تأییدی بود بر این‌که من به اشتباه به این کشور آمده‌ام و این خودش دلیلی‌ست برای این‌که باید برگردم و از طرف دیگر ناراحت بودم که در میان ما پنج نفر این تنها من بودم که با مشکل روبه‌رو شده بودم و بر سر دوراهی گیر کرده بودم. روز بعد به کیوتو رفتم. یوکاتا یکی از شاگردانش را به من معرفی کرده بود که برای ثبت‌نام کمکم کند. خوشبختانه کارها به راحتی انجام شد و همان جا من در مدرسه فیلم کیوتو برای مونتاژ فیلم ثبت‌نام کردم. خداحافظی برای همه‌ی ما سخت بود. به خصوص برای من و سوری که از همه‌ی ما خیلی دور می‌شد. گاه به او حسودی می‌کردم که چقدر راحت با غربت روبه‌رو می‌شد. یاد صحنه‌ای از پاریس بلوز[20] مارتین ریت[21] افتادم. جایی که دختر سیاه‌پوست آمریکایی در پاریس تلاش دارد به سیدنی پواتیه بفهماند پاریس با همه‌ی قشنگی‌اش وطن نمی‌شود و آن‌ها باید به آمریکا برگردند. مامان وقتی شنید من و سوری از هم جدا شدیم کلی گریه و زاری کرد. آن قدر از دوری و تنهایی سوری و نزدیک بودن من به پسرها و استاد یوشیدا برایش گفتم که بالاخره آرام شد. گفتم شاید فقط برای دوره‌ی مونتاژ فیلم و گریم بمانم و بعد از آن برگردم.

باز اتاقی در خوابگاه کیوتو گرفتم. شاگرد یوکاتا، هیروکو، اکثر اوقات با من بود. با هم انگلیسی حرف می‌زدیم و مرتب به تماشای فیلم و تئاتر می‌رفتیم. این دختر به قدری مهربان بود که شب و روزم را نمی‌فهمیدم. هیروکو مرا به منزلشان می‌برد و مادرش برایم کوفته‌برنجی به سبک ژاپنی درست می‌کرد. یوکاتا هفته‌ای دو سه بار به دیدنم می‌آمد و با هم حسابی گردش می‌کردیم. از کلاس‌های مونتاژ فیلم خیلی لذت می‌بردم. چند درس هم از گروه تئاتر گرفته بودم که بسیار سخت و خسته‌کننده بود. سر کلاس‌ها تمام اعضای بدنم تبدیل می‌شد به گوش. گاه از خودم بیرون می‌رفتم و خودم را نگاه می‌کردم. در میان آن همه دانشجو گویی یک گوش عظیم روی صندلی نشسته بود. خیلی از حرف‌ها را نمی‌فهمیدم به خصوص که بعضی از استادان خیلی تند حرف می‌زدند. مراجعه به لغت‌نامه بی‌فایده بود چون هر کلمه در هر جمله معنای متفاوتی داشت. گاهی فهمیدن انگلیسی آن‌ها هم برای من سخت بود. اغلب هیروکو بود که به کمکم می‌آمد. کلاس‌های عملی خیلی بهتر بود. کلاس گریم در گروه تئاتر از کلاس‌های مورد علاقه‌ام بود. به هر شکلی که بود یک سال گذشت و ما قرار گذاشتیم همگی در همان خوابگاه اولی دور هم جمع شویم. من اولین کسی بودم که مدرکی از مدرسه‌ی فیلم گرفته بودم. بقیه هنوز راه زیادی در پیش داشتند. البته هیچ کدام از ما برای مدرک گرفتن نیامده بودیم. این بورس در واقع یک فرصت مطالعاتی برای همه بود. برای آن‌ها همین فرصت مطالعاتی کافی بود. با تجربه برمی‌گشتند و به همان کارمندی یا پزشکی خود ادامه می‌دادند ولی برای من فرق می‌کرد. من به مدرک احتیاج داشتم. در یک تعطیلی عمومی سه روزه همگی برای دیدار مجدد قراری گذاشتیم. چقدر برای هم حرف داشتیم. گذشته از آن، دیدار بچه‌های قدیمی در خوابگاه قبلی هم فرصت خوبی بود. به سراغ کورو سان رفتم و از او خواستم شماره‌ی مامان را برایم بگیرد. تا مامان گوشی را برداشت زد زیر گریه. همیشه آخرهای صحبتمان گریه و زاری می‌کرد. پرسیدم چه شده و معلوم شد که شب پیش دایی‌ام فوت کرده. پرسیدم چرا تنهاست و گفت بچه‌ها سرِ کار و زندگی خودشان هستند. مامان عاشق این برادرش بود. ولی چرا باید در چنین روزی تنها باشد. از کابین تلفن که بیرون آمدم عظیم، دوست خوب افغان همگی ما که با پسرها هم‌اتاق بود، بیرون منتظرم بود. تلفن من طولانی شده بود و او نگران به سراغم آمده بود. گفت بهتر است اول برویم قدری قدم بزنیم. بچه‌ها دور آرش بودند که معرکه گرفته بود. به عظیم گفتم من به ایران برمی‌گردم. تلاش کرد مرا متقاعد کند

زود تصمیم نگیرم. یادش انداختم وقتی خانمش هنوز به ژاپن نیامده بود چقدر برایش بی‌قرار و نگران بود. گفتم من دو تا پیرزن را به حال خودشان گذاشتم و آمدم این‌جا. این خودخواهی‌ست. یوکاتا هم آمد بیرون. عظیم ماجرا را برایش گفت و ما را با هم تنها گذاشت. او هم تلاش کرد مرا متقاعد کند سریع تصمیم نگیرم.

- نمی‌تونم. تا حالا هم خیلی تلاش کردم. من می‌ترسم. از غربت می‌ترسم. از دوری. از این‌که بلایی سر باجان و یا مامانم بیاد و من این‌جا باشم. در اون صورت نمی‌تونم خودم رو ببخشم. چطوری بعد از اون می‌تونم با احساس گناه زندگی کنم؟

- تو خیلی حساسی. بی‌خود از روز اول تو رو رمانتیک سان صدا نزدم. خنده‌ام گرفت. او از همان ابتدا مرا رمانتیک سان صدا می‌کرد. هر بار هم کتابی به من هدیه می‌داد تقدیمش می‌کرد به رمانتیک سان.

تصمیمم را گرفتم و بعد به بچه‌ها گفتم. یوکاتا با مسئولان بالاتر از خودش صحبت کرده بود. آن‌ها حاضر شده بودند بلیتی مجانی در اختیار من بگذارند که به ایران بروم، دیدار کوتاهی داشته باشم و دوباره برگردم. یوکاتا به آن‌ها توضیح داده بود موقعیت سلامتی مادرم در خطر است. همه می‌گفتند این یک موقعیت طلایی‌ست. آرش می‌گفت «لامصب سطح بالاست. همه کاری براش می‌کنن». یوکاتا توضیح داد تا به حال مسئولین برای هیچ‌کس چنین امتیازی قائل نشده‌اند ولی من تصمیم خودم را گرفته بودم. تلاش کردم به او هم بفهمانم برای من و او آینده‌ای وجود ندارد و هر چه زودتر از هم جدا شویم بهتر است. خبر را به تهران دادم. آقای آزاد زنگ زد و عصبانی بود. می‌گفت همه‌ی کارهایش را کرده تا از فرصت مطالعاتی‌اش برای آمدن به ژاپن استفاده کند و حالا که فقط در انتظار بلیت است من دارم برمی‌گردم. همیشه می‌گفت آرزویش دیدار از ژاپن است و وقتی من به ژاپن آمدم خیلی خوشحال بود که پایگاهی برایش به وجود آمده ولی من هیچ‌وقت حرفش را جدی نگرفته بودم. ته دلم خوشحال بودم که این اتفاق افتاده است چرا که دلم نمی‌خواست با او تنها باشم. من که گفته بودم عاشقش نیستم. می‌خواست بیاید این‌جا دو ماهی با من باشد و بعد چه؟ دلخور شد. رنجید. حتی با صدای بلند گفت: «حداقل دو سه ماهی طاقت بیار». من هم قاطعانه گفتم «نه». او حتی نظر مرا نپرسیده بود و این مرا خیلی عصبانی کرد. از طرف دیگر، به خاطر تلفن‌های مکرر غلام، مامان بعد از این‌که خودش سبب این تصمیم شده بود به شهرو گفته بود من به خاطر غلام دارم برمی‌گردم.

این دیگر دیوانه‌کننده بود. از لای دندان‌هایم صدایی درمی‌آوردم و عصبانی بودم و حرص می‌خوردم. شهرو که تمام عمرش به عاشقی گذشته بود برای من نامه می‌نوشت که این پسرها فقط اشک تمساح می‌ریزند و من نباید به خاطر غلام تصمیم به برگشت بگیرم. چرا هیچ کس نمی‌فهمید؟ آخرین تلفن آقای آزاد دیگر آخرین نشانه‌اش به هدف بود «آقای خردمند داره می‌ره آمریکا و معلوم نیست که برمی‌گرده یا نه». خب که چه؟ دلیل تصمیم من برای برگشت تنها مامان و باجانم بودند. اگر آن‌ها نبودند به یقین می‌توانستم بیش‌تر بمانم. نمی‌گویم برای همیشه ولی طولانی‌تر. متوجه بودم که مامان گاهی حرف‌هایی می‌زد و برای جلب توجه من صحنه‌سازی می‌کرد. به‌طور مثال سال پدرم زنگ زده بودم. ظهر به وقت ژاپن حدود نه و نیم به وقت تهران بود. می‌دانستم که به‌طور معمول صبح به سر خاک می‌رفتند. ولی وقتی از او سوال کردم گفت که نرفته‌اند. سال افتاده بود به دوشنبه. پدرم هم یک روز دوشنبه ما را تنها گذاشت. مامان با حالتی که گله از تنهایی داشت گفت بچه‌ها گرفتارند. با او خداحافظی کردم و بلافاصله به شکیبا زنگ زدم. معلوم شد که همگی قرار گذاشته‌اند سال را جمعه بگیرند. این ترفند همیشگی مامان بود. همه‌ی ماجرا را تعریف نمی‌کرد. تا جایی که خودش می‌خواست و می‌توانست روی من اثر بگذارد تعریف می‌کرد. همه‌ی این‌ها را می‌دانستم و تصمیم به بازگشت گرفته بودم. مامان همیشه برای بیماری‌هایش غلو می‌کرد چرا که مثل هر انسانی توجه می‌خواست و عجیب بود که من از این رفتارش دلگیر نمی‌شدم. کلافه چرا ولی رنجش هرگز. خوب می‌دانستم که نبودن من چقدر آزارش می‌دهد. این یک واقعیت بود. حتی در مورد ازدواج من هم نظر دوگانه‌ای داشت. می‌دانستم که آرزوی عروس شدن مرا دارد ولی چون ازدواج من به معنی جدا شدن از او بود روی کسانی که مرا می‌خواستند ایرادهای بنی‌اسرائیلی می‌گذاشت. من تصمیم به بازگشت گرفته بودم و این نه به تعبیر آن‌ها به خاطر غلام بود و نه به تعبیر آقای آزاد به خاطر ادیب. از ادیب کارت پستالی دریافت کردم. آقای آزاد خبر را به او داده بود. مختصر نوشته بود که آن‌ها به قدری محو جادویی بودن ژاپن بودند که به سختی زبانش فکر نکرده بودند و این‌که بهتر است برگردم و به فرانسه بروم. ولی از رفتن خودش حرفی نزده بود. شنیده بودم که کشور ناآرام است و در بعضی شهرها دارد اتفاقاتی می‌افتد. بلیت بازگشت با تاریخی که من در نظر داشتم از طریق یوکاتا به دستم رسید، به همراه نامه‌ای رسمی با امضای وزیر علوم ژاپن که اظهار تأسف کرده بود از این‌که مجبورم این کشور را ترک کنم.

بچه‌ها در همان خوابگاه قبلی در اوساکا برایم مهمانی خداحافظی گرفتند. آن خوابگاه درست مثل خانه‌ی من بود! سوری از کی‌یوشو آمده بود و با پسرها وسایل و غذای پذیرایی را فراهم کرده بودند. سالن مهمانی پر از کاغذهای رنگی بود. شام و رقص و در آخر شب هم آتش‌بازی. بعضی از بچه‌ها به عنوان یادگاری هدایایی به من دادند که بیش‌تر آن‌ها کتاب بود. می‌دانستم بارم برای پرواز زیاد است. وقتی به ژاپن می‌آمدم از شوهر شهرو شنیده بودم که دوستی در ایران‌ایر ژاپن دارد. پس به او زنگ زدم و کمک خواستم. او هم اسم همان دوست را به من داد در حالی‌که خیلی هم مطمئن نبود که طرف او را به‌یاد بیاورد. به او زنگ زدم. سلام و علیک سردی کرد و با بی‌میلی گفت وقتی به توکیو رسیدم به او زنگ بزنم تا در مورد اضافه‌بار صحبت کنیم. قرار شد گروه پنج نفره‌ی ما به اضافه‌ی یوکاتا، هیروکو و کومیکو، دوست دوره‌ی کلاس گریم من، دوباره در توکیو برای خداحافظی جمع شویم. باورکردنی نبود که آن‌ها تنها برای خداحافظی با من تا توکیو بیایند. یوکاتا برای من و سوری در یک هتل خوب اتاق گرفته بود. خودش هم به خوابگاه دانشگاه توکیو می‌رفت. بقیه به جز آرش هم صبح روزی که من می‌رفتم به توکیو می‌آمدند و شب برمی‌گشتند. من و سوری تصمیم داشتیم دو سه روزی در توکیو بمانیم تا دیدار کوتاهی از آن‌جا داشته باشیم. در مکالمه‌ی تلفنی با آقای سیامند گرامیان، هم‌کار شوهر شهرو در ایران‌ایر توکیو، از او پرسیده بودم که چطور او را بین آن همه جمعیت در فرودگاه بشناسم و او با خنده گفته بود که از سبیل‌هایش. خودش هم اضافه کرده بود که او هم می‌تواند دختران ایرانی را حداقل از چشم‌هایشان تشخیص بدهد. آقای گرامیان حق داشت. با سبیل‌هایی غیر معمول دم در هواپیما ایستاده بود. قبل از این‌که ما آشنایی بدهیم او به سمت ما آمد. رو به من کرد و گفت که به مقر فرماندهی او خوش آمده‌ایم و بعد از آن سلام و علیک کرد. از او پرسیدم از کجا فهمیده کدام یک از ما شانی‌ست و بی رودروایسی گفت:

- پای تلفن معلوم بود که با یک دختر لوس و ادایی طرف هستم. وقتی هم که گفته بودم از چشم‌ها می‌تونم شما رو بشناسم چیزی نگفته بودی.

از این‌که لوس خطابم کرد خوشم نیامد. ولی درگوشی به من گفت در این هواپیما تنها یک چشم درشت بود. بعد خودش را کمی جمع و جور کرد. البته در حالی که در تمام مدت لبخند داشت. وقتی منتظر چمدان بودیم با غرغر گفت مردم می‌روند ژاپن و لباس‌های گران می‌خرند و تمام مجسمه‌های ژاپنی را هم می‌اندازند داخل چمدان‌هایشان و بعد می‌خواهند اضافه‌بار ندهند.

حرفش خیلی برخورنده بود. تازه بعد از این‌که از طرف همکاری معرفی شده بودم! به او توضیح دادم که یک، دارم بعد از یک سال برمی‌گردم و دو، من مقدار زیادی کتاب به همراه دارم. در ابتدا خیلی قانون قانون می‌کرد. سنگینی هواپیما، مقررات و ارفاق قائل نشدن، ولی هنوز نیم ساعتی نگذشته بود که همه‌ی این حرف‌ها را کنار گذاشت. تا روز پرواز چمدان‌هایم را در اتاق خودش نگه داشت. پیشنهاد کرد ما را با ماشین خودش به هتل برساند. این همه چرخش برای یک دختر لوس در کم‌تر از یک ساعت! گرامیان یک کُرد تمام‌عیار بود. بلند و چهارشانه. قیافه‌ی مردانه‌ی ایرانی با سبیل‌های بسیار کلفت مثل دراویش. موهای جلوی سرش ریخته بودند. با وجود هیکل و سبیل و به‌رغم سخنرانی در مورد اضافه‌بار قیافه‌ی مهربانی داشت؛ با خنده‌ای که بعد از هر جمله‌اش به صورتش نقش می‌بست. وقتی داخل ماشین نشستیم از سخنرانی‌هایش در مورد اضافه‌بار عذرخواهی کرد. گفت در کارش خیلی جدی و سخت‌گیر است. پرواز یک پرواز مستقیم شانزده ساعته به تهران است و باید خیلی مراقب باشد که خطای انسانی در این پرواز رخ ندهد. حتی توضیح داد چند روز پیش جلوی بار یکی از والاحضرت‌ها را هم گرفته و بارش را با هواپیمای بعدی فرستاده بوده. با متلک پرسیدم: «آیا والاحضرت متقاعد شدند چرا که ایشان هم به قانون احترام می‌گذاشتند؟ یا دل در گرو صاحب این سبیل داده بودند چرا که شما هنوز سر بر تن دارید؟». خندید و گفت:

- خوشحالم که درست حدس زدم. تو خیلی شیطونی. البته باید بگم پای تلفن فکر کردم از اون دخترهای لوس پول‌دار هستی که بارت بدون شک باید مجانی حمل بشه. ولی خیلی زود فهمیدم تو اگر لوس بودی به ژاپن نمی‌آمدی. دختر ایرانی با رمز و رازهاش. با لوندی‌ها و دلبری‌هاش. می‌دونی تا از در هواپیما قدم بیرون گذاشتی دیدم تو «آن» داری.
- پس سرپرست جدی ما اهل حافظ‌خوانی هم هستند!

جلوی ماشین کنار او نشسته بودم و سوری در صندلی پشت بود. او بیش‌تر محو بیرون بود تا به ما گوش بدهد ولی در کمال تعجب دستی به شانه‌ی من زد و گفت:

- «آن» چیه؟

خندیدم و گفتم بعد برایش تعریف خواهم کرد. از آقای گرامیان پرسیدم چند سال است به ایران نرفته؟

- پانزده سال. از وقتی به ژاپن آمدم دیگه به ایران نرفتم. قرار بود رئیس ایستگاه پاریس بشم. پررویی کردم و ایران‌ایر تبعیدم کردم ژاپن.

- تبعید بدی هم نبود. مطمئنم همه جای دنیا رو در این پانزده سال دیدید. حالا چرا به ایران نرفتید. فامیل....

- با ایران‌ایر لج کردم. پدر و مادرم هر سال آمدند و اون‌ها را دیدم.

- چقدر بزرگوارید. سالی یک بار بهشون بار عام دادین.

به هتل رسیدیم. هتل قشنگی بود. وارد هتل که شدیم آقای گرامیان جلو افتاد تا کلید اتاق را برایمان بگیرد. ولی قبل از این‌که او به میز پذیرش برسد یوکاتا از طبقه‌ی دوم هتل ـ که بالکنی نعل‌گونه به سالن هتل داشت ـ اسم مرا فریاد زد. آقای گرامیان به طرف من برگشت و گفت:

- قضیه چیه؟ وزیر علوم به پیشوازت اومده؟

- نه خیر. ایشان استاد من هستند. برای خداحافظی اومدن. بچه‌های دیگه‌ای هم هستند که بعد می‌یان.

یوکاتا خوشحال از دیدن ما پایین آمد. آن‌ها را به هم معرفی کردم. آقای گرامیان درست مثل یک ژاپنی حرف می‌زد. پانزده سال زمان کمی نبود. آن هم برای جایی که در آن ایرانی پیدا نمی‌شد. شاید تنها ایرانی‌های توکیو مأمورین سفارت بودند که به نظر نمی‌آمد با آن‌ها روابط خوبی داشته باشد. کلید اتاق را گرفتیم. از آقای گرامیان خداحافظی کردیم و من و سوری به اتاق‌مان رفتیم و یوکاتا به دانشگاه برگشت. قرار شد طرف‌های عصر برگردد و با هم شام برویم بیرون. من و سوری خوشحال بودیم که مشکل بار حل شد و مجبور نشدیم چمدان‌ها را با خودمان حمل کنیم. به اتاق‌مان که رفتیم هر کدام روی تخت ولو شدیم. چند دقیقه‌ای نگذشته بود که سوری به خواب عمیقی فرو رفت و منِ سردرگم و غمگین را به حال خودم تنها گذاشت. یک‌باره احساس کردم چقدر ژاپن و مردم خوب و محترمش را دوست دارم. تمام لحظه‌های شاد و تلخ مثل دستگاه اسلاید از جلوی چشم‌هایم عبور کردند. کومیکو با من دوست شد چون خارجی بودم. دختری که همیشه می‌خندید و شاد بود و بقیه را به خنده وامی‌داشت. عیسایی، دوست اوگاندایی من، که وقتی یک هفته بعد از شروع کلاس زبان مجبور شد ناگهان آپاندیسش را عمل کند، باورش نمی‌شد کسی برای ملاقات او به بیمارستان برود و ساعت‌ها بالای سرش بنشیند تا اثر داروی بیهوشی از بین برود. تی بور دوست لهستانی‌ام که کتاب کارتون جالبی درباره‌ی عادات چشم‌گیر ژاپنی‌ها به من هدیه داد و برایم نوشت: «تقدیم به دوست زیبای من، غمگین مباش». اسم کتاب کامیکازه[۲۲] بود. کامیکازه در لغت به معنای باد ربانی‌ست. همچنین برمی‌گردد به طوفان سهمگینی که در قرن سیزده

در جنگ بین مغول‌ها، کره‌ای‌ها و چینی‌ها از یک طرف و ژاپنی‌ها در طرف دیگر به وقوع پیوست و این طوفان سبب شد که شمار غیر قابل باوری از ناوگان‌های مغول‌های مهاجم در دریا سرگردان و نابود شوند. زندگی در ژاپن هر تازه‌واردی را هم‌چون یک قایق حقیر ماهیگیری بدون بادبان، گیر افتاده در طوفان، به دوران درمی‌آورد و او را آن قدر به این طرف و آن طرف می‌کشاند تا شخص به‌طور کامل سرگشته و سردرگم شود. طنز این کتاب درباره «بودن» در ژاپن در کامیکازه‌ی امروزی بود. یاد اولین روز بارانی‌ای افتادم که می‌خواستم تاکسی بگیرم و تاکسی آن قدر تمیز بود که منصرف شدم و تا خوابگاه پیاده رفتم. اولین باری که با چاپ‌استیک غذا خوردیم و پس از مدتی من خبره شدم و سوری هیچ وقت نخواست یاد بگیرد. روزهایی که مریض بودم و این‌که چه زود با کلمه‌ی "هوم‌سیک²³" آشنا شدم. بی‌صدا گریه می‌کردم. از ضعف خودم در مقابل سوری عصبانی بودم. او هم مثل من پدر نداشت. آن‌ها یک خواهر و یک برادر بودند ولی سوری مشکلی با تنها گذاشتن مادرش نداشت. نامه‌نگاری نمی‌کرد و دیر به دیر به ایران زنگ می‌زد. من در این مدت یک جعبه کفش نامه جمع کرده بودم که داخل چمدانم بود. سوری را صدا زدم. به خواب عمیقی فرو رفته بود و نفس‌های باصدایی می‌کشید. دلم می‌خواست بلیت را در همان لحظه کنسل کنم. تلفن را برداشتم و به آدم‌های ناشناس زنگ زدم. به مردم مهربان و مودب ژاپنی می‌گفتم در کشورشان دانشجو بودم و دارم آن‌جا را ترک می‌کنم ولی وطن آن‌ها را خیلی دوست دارم. خودم هم نمی‌دانستم چرا این کار را می‌کردم. انگار بند نافی بود که نمی‌خواستم پاره شود. تمام تلاشم را در آخرین لحظات می‌کردم تا این بند هر چه دیرتر جدا شود. با جوانی صحبت کردم که در شرکت کشتیرانی کار می‌کرد و ایران را می‌شناخت. کمی طولانی‌تر از بقیه با هم حرف زدیم. هیچ‌کس اعتراض نکرد. هیچ‌کس فحش نداد. هیچ‌کس نگفت من دیوانه‌ام. همه مودبانه برایم آرزوی موفقیت کردند. سوری همچنان خواب بود و من نمی‌دانستم چطور لحظه‌ها را بکشم. آخرین مکالمه که تمام شد تلفن زنگ زد. فکر کردم یوکاتاست. به ژاپنی الو گفتم. صدای آن طرف آقای گرامیان بود که می‌خندید. گفت انگشتش کبود شده آن قدر شماره‌ی من را گرفته و پرسید من این همه مدت با کی حرف می‌زدم. البته سوالش به شکلی بود که انتظار جواب نداشت و به همین دلیل بلافاصله به جمله‌ی بعد پرداخت؛ دعوت از من و سوری و یوکاتا برای شام. به او گفتم قرار است ما با یوکاتا شام برویم بیرون. اصرار کرد چون او ساکن توکیوست پس بهتر است

هر سه نفر ما مهمان او باشیم. زنگ زدم به یوکاتا. دعوت را پذیرفت و قرار شد به هتل بیاید تا همگی با هم برویم.
در رستوران من روبه‌روی یوکاتا و در کنار آقای گرامیان نشستم. صحبت‌های اولیه درباره‌ی آقای گرامیان بود. چند سال است که در ژاپن زندگی می‌کند و چگونه ژاپنی را یاد گرفته است. آقای گرامیان گنجینه‌ی طنز و شوخی بود. او قاه‌قاه به حرف‌های خودش هم می‌خندید و مژه‌های پرپشت و درهم رفته‌اش که چشمان سیاهش را در محاصره داشتند، از خنده‌اش خیس می‌شدند. من هم می‌خندیدم و اشک‌هایم سرازیر می‌شدند. یوکاتا متعجب بود. آقای گرامیان تمام حرف‌هایش را تند و تند برای او ترجمه می‌کرد و او هم می‌خندید. خنده‌های ما بیش‌تر می‌شد وقتی یوکاتا می‌فهمید ولی سوری هنوز نمی‌فهمید و ما مجبور بودیم هر سه نفری دوباره برای سوری قصه را تعریف کنیم. یوکاتا تا حالا ندیده بود من قاه‌قاه بخندم. در میان مردم آرام و خوددار ژاپنی آقای گرامیان یک پدیده‌ی شگفت‌انگیز بود. مثل یک کوه آتشفشان همین طور با حرف‌هایش گرمی به وجود می‌آورد. شاهکارهای او گرفتاری‌هایش با پلیس راهنمایی و رانندگی بود. عجیب بود آدمی که در کار خودش آن همه رعایت قانون را می‌کرد چطور می‌توانست در موقع رانندگی از هیچ قانونی پیروی نکند و تازه آن‌ها را با آب و تاب هم تعریف کند. از خلاف‌های همیشگی‌اش پارک کردن ماشین بود در هر جایی که دلش می‌خواست و بهانه‌اش هم این بود که این کشور به قدری کوچک است که جای پارک ماشین ندارد و اغلب اوقات هم از پرداخت جریمه با همین شوخ‌طبعی‌اش سرباز می‌زد. یکی از این دفعات ماشینش را در محلی غیرقانونی پارک می‌کند و به سراغ کارش می‌رود. وقتی برمی‌گردد متوجه می‌شود پلیس چرخ ماشینش را قفل زده و نمی‌تواند حرکت کند. برگه‌ای هم روی شیشه است که از او خواسته شده به نزدیک‌ترین ایستگاه پلیس راهنمایی مراجعه کند. داستان را این طور تعریف کرد:
«می‌دونستم این دفعه شوخی نیست. آن‌ها بارها به دلیل پارک ممنوع منو جریمه کرده بودن. به ایستگاه راهنمایی رفتم و منو به اتاق رییس هدایت کردن. تا وارد اتاق شدم دیدم یک عکس از مونالیزا روی دیوار پشت سرش آویزونه. درجا خنده‌ام گرفت. ایستگاه پلیس راهنمایی و عکس مونالیزا! ولی حرفی نزدم. سلام کردم و ساکت ایستادم در حالی که تلاش می‌کردم بدون پلک زدن خودم را محو تصویر مونالیزا نشان بدم. رئیس ایستگاه شروع کرد به حرف زدن و من هم وانمود کردم به نشنیدن. بالاخره کلافه شد و پرسید که

آیا من هیچ ژاپنی می‌فهمم؟ جوابش را ندادم. یقین کرد که نمی‌فهمم. تا آمد دوباره سوال کند پریدم توی حرفش که "خیلی خوبه". کلافه‌تر شد و از جاش بلند شد ولی قبل از این‌که حرف دیگه‌ای بزنه پرسیدم "این عکس دوست‌دختر شماست؟". احساس کردم می‌خواد سرش را به دیوار بکوبه. گیج و مبهوت نگاهم کرد که دارم درباره‌ی کی حرف می‌زنم. دوباره تکرار کردم "این عکس را می‌گم. این عکس دوست‌دختر شماست؟" رئیس پلیس که در حال سکته کردن بود گفت: "آقای محترم. این تصویر مونالیزاست". بلافاصله گفتم: "چه اسم قشنگی" و شروع کردم به تکرار مونالیزا و زمزمه کردن مونالیزای نات کینگ کُل. مبهوت بود. دستش رو به هم می‌مالید. نگاه عاقل اندر سفیهی به من انداخت و باز ناامید نشد و گفت: "این شاهکار داوینچی‌ست". من هم بی‌تفاوت به او گفتم: "من همیشه دلم می‌خواست دوست‌دختری به اسم مونالیزا داشتم و آهنگ نات کینگ کل را براش می‌خوندم". دیگه ترکید و با خنده از اتاق بیرون رفت. منتظر عکس‌العملش بودم که با دو سه نفر وارد اتاق شد. در حالی که با دست منو به آن‌ها نشان می‌داد گفت که من مونالیزا را نمی‌شناسم و فکر می‌کنم آن نقاشی پرتره‌ای از دوست دختر اوست».

به این‌جا که رسید ما هر سه از خنده بریده بودیم. یوکاتا قاه‌قاه می‌خندید و تکرار می‌کرد : «باورنکردنیه. باورنکردنی». قصه بالاخره به این شکل تمام می‌شد که همه‌ی آن آدم‌هایی که وارد اتاق شده بودند هم می‌گفتند «باورنکردنیه! باورنکردنیه!». بالاخره او را آزاد می‌کنند و ماشین را هم به او برمی‌گردانند. ما چنان به قصه‌های گرامیان گوش داده بودیم که فراموش کرده بودیم مدت‌هاست بشقاب‌های غذا به انتظار خالی شدن در مقابل ما قرار گرفته‌اند. دوباره به اصرار آقای گرامیان غذای گرم سفارش دادیم. او بدون مکث تعریف‌های جالب و خنده‌دار می‌کرد و ما همگی چشم به دهان او دوخته بودیم. به‌طوری که متوجه گذشت زمان و خالی شدن رستوران نشده بودیم. سرانجام کارکنان رستوران مجبور شدند عذر ما را محترمانه بخواهند. یوکاتا خواست با تاکسی ما را برساند ولی آقای گرامیان پیشنهاد داد اول او یوکاتا را می‌رساند و بعد ما را به هتل می‌برد.

صبح با هزار مکافات سوری را بیدار کردم تا برویم گشتی در توکیو بزنیم. به او یادآوری کردم بعد از ظهر که من می‌روم دانشگاه تا از یوکاتا خداحافظی کنم او می‌تواند راحت بخوابد. توکیو خیلی شلوغ‌تر از اوساکا بود. ما هم دیگر خیال بازدید از معابد را نداشتیم. فقط در خیابان‌های معروف قدم زدیم. به رستوران شیکی رفتیم و به هتل برگشتیم. سوری خوابید و من به سراغ یوکاتا رفتم.

هنوز چند دقیقه‌ای از پایان سخنرانی او باقی مانده بود که به آنجا رسیدم. در پایان هفت هشت نفر دانشجوی دختر دوره‌اش کردند. به راستی او یک مرد خیلی خوش‌تیپ و خوش‌قیافه در میان ژاپنی‌ها بود. مرا از دور دید و دست تکان داد. دخترها همگی برگشتند و خیلی زود همه متفرق شدند. «استاد دوست‌دختر خارجی داره». وقتی دخترها از کنارم رد می‌شدند این حرف را چندین بار شنیدم. یوکاتا باید به پروازش می‌رسید. در راهروی دانشگاه از هم خداحافظی کردیم و او مثل یک پسربچه که نخ بادبادکش از دستش در رفته باشد گریه کرد. مرا بوسه‌باران کرد. من هم گریه کردم. اشک‌های مرا پاک کرد و گفت من نباید ناراحت باشم چون تجربه‌ای در این مدت کوتاه کسب کرده‌ام که خیلی از همدوره‌ای‌های من تا پایان دو سال هم کسب نخواهند کرد. اشاره کرد به سفرهای متعدد من به شهرهای دور و نزدیک اوساکا، داشتن دوستان زیاد ژاپنی و رفتن به خانه‌های آن‌ها که مرا خیلی زود با فرهنگ ژاپنی آشنا کرد.

- شانی من تا حالا عاشق دیدن لحظه‌ی کندن هواپیما از زمین بودم. ولی این بار نمی‌تونم بیام فرودگاه و شاهد بلند شدن هواپیمایی باشم که تو رو برای همیشه از من می‌گیره. راستش دیگه هیچ‌وقت به دیدار چنین منظره‌ای نخواهم رفت.

به این ترتیب کتاب یک آشنایی دیگر هم بسته شد. به هتل برگشتم. سوری همچنان خواب بود. رفتم زیر دوش و بی‌صدا گریه کردم. هنوز زیر دوش بودم که سوری به داخل حمام سرک کشید و گفت آقای گرامیان پای تلفن است و می‌خواهد بداند اگر ما شب کار نداریم بیاید دنبال‌مان برویم تا جاهای دیدنی توکیو را به ما نشان بدهد. قبول کردم و سر ساعت حاضر بودیم. سوری این دو سه روز به راستی متفاوت بود. هر کاری را که من دوست داشتم بدون چون و چرا انجام می‌داد. کم می‌خوابید و سر ساعت مقرر حاضر بود. صبح‌های زیادی بود که من تنها به دانشگاه می‌رفتم چون او خواب بود. سرش را از روی بالش بلند می‌کرد و به من می‌گفت: «تو برو من بعد میام» و یا در دیدار از شهرهای اطراف و رفتن به تئاتر و کنسرت که همیشه تنها می‌رفتم. او اهل این برنامه‌ها نبود و خوابیدن را ترجیح می‌داد ولی حالا دربست با من همراه بود. حقیقت این بود که در تمام این مدت اگر سوری نبود شاید من خیلی زودتر برمی‌گشتم. داشتن یک همزبان در کنارم، به خصوص که سوری بسیار دختر ساده و خوبی هم بود، دوری را برای من قابل تحمل کرد. ما خیلی به هم وابسته شده بودیم. من برای حضورش در تمام این مدت سپاس‌گزار او بودم.

در حالی که آقای گرامیان در مورد شهر مثل یک راهنمای توریستی برای ما توضیح می‌داد در خیابان‌های شلوغ و پرهیاهوی توکیو گشتیم. بعد او از ما خواست برای نوشیدن چای خوب ایرانی به آپارتمانش برویم. آپارتمان بسیار ساده‌ای داشت. هیچ وسیله‌ای که به چشم بیاید در آن نبود. از مجسمه، عروسک، نقاشی، یا گلدان‌های ژاپنی هم اثری نبود. آپارتمانی تمیز و مرتب و آشکارا متعلق به یک مرد تنها. همسرش سال‌ها پیش او را ترک کرده و به ایران برگشته بود چون طاقت زندگی در ژاپن را نداشت. یک گرامافون سونی بسیار خوش‌ظاهر در گوشه‌ی اتاق به طرف پنجره خیابان نظر را جلب می‌کرد. صفحه‌ها در یک جاصفحه‌ای معمولی چوبی که روی زمین قرار داشت جا گرفته بودند و چند تایی هم روی زمین بودند. سراغ صفحه‌ها رفت. گلچینی از بهترین‌ها بود. پرسید با کی شروع کنم و من گفتم با «الهه». ترانه‌ی دونفره الهه و ویگن را گذاشت : «رفتم پریشانم از دیدارت رفتم». من و سوری هم با آهنگ دم گرفتیم. آهنگ پشت سر آهنگ و چای و سوهان و شکرپنیر. ساعتی از نیمه‌شب گذشته بود. سوری خسته شده بود که آقای گرامیان پیشنهاد مشروب داد. قیافه‌ی سوری در آن لحظه به درد یک عکاس حرفه‌ای می‌خورد. آن‌چنان نه گفت که خنده‌ام گرفت. محض دور کردن آقای گرامیان به او گفتم من کمی شراب می‌خواهم. بلافاصله پس از این‌که آقای گرامیان به دنبال گیلاس رفت سوری با آرنج به من سقلمه زد که چرا قبول کردی، ما چه می‌دانیم این آدم کیست، شاید خیالی داشته باشد. قاه‌قاه خندیدم. گفتم سوری جان ما دو نفریم. گفت خب باشد. وسط حرف بودیم که آقای گرامیان آمد و شراب را تعارف کرد. گیلاس شراب را به طرف دهانم برده بودم که او پیشنهاد داد اگر ما بخواهیم می‌توانیم آن‌جا بخوابیم. نه گفتن سوری این بار بیش‌تر یک فریاد برای کمک بود. آن‌چنان خنده‌ام گرفت که نصف شرابی که در دهانم بود ریخت به سر و صورت و لباسم. محترمانه از آقای گرامیان تشکر کردم و گفتم اگر اشکالی ندارد ما با تاکسی برگردیم.

در تخت‌خواب‌ها ولو شده بودیم و به آن لحظه‌ها و نه گفتن‌های سوری می‌خندیدیم که به خواب رفتیم. بیچاره سوری گفت انتظار نداشته باشم او صبح زود بیدار شود. به این ترتیب دومین شب اقامت در توکیو هم گذشت و من ساعت به ساعت به ترک ژاپن نزدیک می‌شدم. دلم می‌خواست تمام توکیو را در یک آن ببلعم. فکر می‌کردم از این کشور، این فرهنگ و مردمان این کشور خیلی کم می‌دانم. آیا سوری می‌توانست تا دو سال دیگر به همه‌ی این‌ها پی ببرد؟

بعید می‌دانستم. دو سه ساعتی بیش‌تر نخوابیدم و صبح زود بیدار شدم. قصد نداشتم سوری را بیدار کنم و تصمیم داشتم یادداشتی برایش بگذارم و بروم بیرون تا او راحت بخوابد. ساعت هشت و نیم صبح بود که تلفن زنگ زد. داشتم از در بیرون می‌رفتم. پریدم و تلفن را برداشتم تا سوری بیدار نشود. فکر کردم پسرها آمده‌اند ولی آقای گرامیان بود. پرسید:

- خواب بودی؟
- نه. داشتم می‌زدم بیرون. سوری خوابه.
- پس من تا یک ربع دیگه جلوی در هتل منتظرت هستم.
- می‌خوای با هواپیما بیای؟

یک ربع بعد جلوی در هتل بود. اول رفتیم صبحانه‌ی خوبی خوردیم و سپس رهسپار دیدار از موزه‌ی ملی ژاپن شدیم. او معتقد بود که موزه مال مُرده‌هاست پس با عجله موزه را گشتیم. باورکردنی نبود که یک مرد ایرانی چهل ساله این همه انرژی داشته باشد و تا این حد شاد باشد. از همسرش چیزی نمی‌گفت. تنها گله‌اش این بود که او بلد نبود بخندد. از او دلخوری نداشت که نتوانسته بود زندگی در ژاپن را تحمل کند. این او بود که ژاپن را مثل وطن خودش دوست داشت. از آن‌جا به خیابان معروف گینز[1] رفتیم. خیابانی با معماری غربی و پر از مغازه‌های ژاپنی و اروپایی. یک زمانی مثل بازار تهران بوده است تا دست‌خوش آتش‌سوزی می‌شود و امپراطور وقت دستور می‌دهد ساختمان‌ها را در این خیابان به شکل بناهای غربی بسازند. زنگی به هتل زدم. سوری گوشی را برنداشت. فکر کردم هنوز خواب است. از پذیرش هتل هم که پرسیدم هنوز پسرها نیامده بودند. برای ناهار با آقای گرامیان به یک رستوران شیک رفتیم. من بارانی نازکی به تن داشتم چون یک خط در میان باران می‌بارید. وقتی آن را از تنم درآوردم تا به دست گارسون بدهم آقای گرامیان به سر تا پای من نگاهی کرد و گفت: «فتبارک‌الله احسن الخالقین». خندیدم و گفتم:

- این دیگه چی بود؟ دعای قبل از غذا؟
- اصلاً شوخی نبود که بهش بخندی. خیلی هم جدی گفتم. زیر این بارونی نمی‌شه فهمید چه لعبتی داره راه می‌ره.
- طوری حرف می‌زنین انگار اولین باره که منو می‌بینین.
- راستش رو بخوای امروز خیلی خوشگل‌تر شدی. این خنده‌های از ته دلت رو دوست دارم.

سرم را پایین انداختم و آرام یک مرسی گفتم. غذا را سفارش دادیم و مثل

از قحطی برگشته‌ها غذا خوردیم. آقای گرامیان یکسره حرف می‌زد. خاطره‌هایش را تعریف می‌کرد که بیش‌تر به لطیفه شباهت داشتند. وسط حرف‌ها و خنده‌ها یک‌باره گفت:

- شانی سفرت رو به عقب بنداز. بذار خوب ژاپن رو نشونت بدم.

برایش آخرین جمله‌ی یوکاتا را گفتم. گفت درست است که من به یُمن دوستی با یوکاتا خیلی جاها را دیده‌ام ولی به یقین هنوز خیلی جاها هست که ندیده‌ام. درست می‌گفت ولی من دیگر طاقت ماندن نداشتم. برایش گفتم کجاها را دیده‌ام و چقدر دوست ژاپنی داشتم که مرتب به منازل آن‌ها می‌رفتم. باورش نمی‌شد در این مدت کوتاه شهرهای زیادی را دیده باشم و یا با این همه دوست ژاپنی رفت‌وآمد کرده باشم. وقتی فهمید قرار است دو سه نفری از آن‌ها برای خداحافظی از اوساکا و کیوتو به توکیو بیایند حسابی تعجب کرد.

- تو حتی کاری کردی که ژاپنی‌ها هم لوست کردند.

- من لوس نیستم. برگشتنم هم ربطی به لوسی نداره. باید مثل شما چهارده پانزده سال می‌چسبیدم این‌جا و به ایران نمی‌رفتم؟ راستی چطور طاقت آوردی؟

- خیلی ساده. من کسی را نداشتم که لوسم کنه. پدر و مادرم هم آن قدر دختر و پسر و نوه دور و برشون رو گرفتن که کم‌تر یادِ من می‌کنن. هر وقت هم که خواستند منو ببینند براشون بلیت فرستادم اومدن این‌جا. در ضمن گفتم برات که ایران‌ایر منو تبعید کرد به ژاپن. نمی‌خوام قیافه‌ی هیچ کدوم از آن‌ها را ببینم. بگذریم. باید اعتراف کنم که لوسی بهت می‌آد.

- گفتم که من ـ لوس ـ نیستم.

یاد حرف ادیب افتادم که می‌گفت: «همه مردم دنیا دست به دست هم دادند تا تو را لوست کنند. من‌جمله من». برای چند لحظه از همه چیز غافل شدم. گرامیان آدم تیزی بود و لحظه را گرفت. چشمکی زد که پر از سوال بود و آن‌ها را به زبان آورد:

- چی شد؟ کجا رفتی؟ کیه؟ به من می‌گی؟ کسی هست؟ تو کی هستی؟ از کجا اومدی؟ دختر لوسی که دل از همه می‌بری؟ لوس احساساتی.

برای این‌که از جواب به این همه سوال در بروم گفتم:

- می‌دونی یوکاتا منو رمانتیک سان صدا می‌زد. وقت خداحافظی هم کتاب رومئو و ژولیت را به زبان ژاپنی به من هدیه داد و نوشت: «برای رمانتیک سان».

و بعد خودم متعجب ماندم که یوکاتا چه زود و ساده به گذشته پیوست. رسیدیم جلوی هتل. آقای گرامیان دستم را گرفت و پرسید:

- نمی‌شه از خر شیطون بیای پایین و برنگردی؟ قول می‌دم کاری کنم که پشیمون نشی.
- در این مدت خیلی به این موضوع فکر کردم و باور کنید هیچ وقت به اندازه‌ی این لحظه دلم نمی‌خواسته که بین رفتن و موندن، موندن رو انتخاب کنم. ولی نمی‌تونم. من آدم غربت نیستم. در تمام ماه‌های گذشته مثل امروز شاد نبودم. امروز فرق داشت. شرایط فرق می‌کرد. با شما خیلی خوش گذشت ولی شرایط امروز دیگه تکرار نمی‌شه. شما می‌دونستین من دارم می‌رم و سنگ تموم گذاشتیدکه خیلی ازتون سپاس‌گزارم ولی امروز فقط متعلق به امروز بود. به شرایط هر دو نفر ما در امروز تعلق داشت. تکرار نمی‌شه.
- حتی اگر قول بدم کاری کنم که هر روز بهتر از امروز باشه؟
- نمی‌شه. من عاشق ایران هستم. وقتی می‌گم امروز فقط متعلق به امروز بود، به خاطر اینه که من می‌دونم دارم می‌رم. لحظات سختی رو دارم می‌گذرونم. شاید اگر در شرایط دیگری بودم به اندازه امروز لذت نمی‌بردم. شما هم همین طور.

ناگهان حرفم را قطع کرد.

- ممکنه انقدر منو شما شما و آقای گرامیان صدا نکنی؟
- نمی‌فهمم، چرا همه با "شما" گفتن من مشکل دارند؟ بله. چشم. تو بعد از سال‌ها به یک دختر ایرانی برخوردی، به یقین در تمام این سال‌ها به جز مهمان‌دارها و خانواده‌ی جلیل سلطنت دختری پاش به این کشور نرسیده بوده. حالا یک‌مرتبه با دختری روبه‌رو شدی که نه مهمان‌دار هواپیماست و نه از خانواده‌ی سلطنتی....
- من عاشق تو شدم. من عاشق یک دختر لوس فهمیده، مهربون و زیبا شدم. یک دختری که لوسی‌اش با همه متفاوته. من این لوسی را به جان می‌خرم.
- آخه تو هیچی از من نمی‌دونی. منم به جز این‌که تو از همسرت جدا شدی چیز دیگه‌ای درباره‌ی تو نمی‌دونم. این دو سه روز در تاریخ زندگیم به حساب نخواهد آمد. ولی ما با هم تفاوت داریم. یعنی در همین دو سه روزه متوجه اختلافات فکری‌مون نشدی؟ تو طرف‌دار شاهی و من شاه رو قبول ندارم. تو به هر دلیل پانزده ساله ایران را ندیدی

و برای من پانزده ماه دوری غیرقابل تحمل بود. هر شب با گریه خوابیدم. می‌خوای چند ماه دیگه این‌جا بمونم و بعد متوجه همه‌ی این‌ها بشیم و اون وقت با یک شکست عشقی به ایران برگردم؟ من ژاپن را دوست دارم. از دوستام و استادام تا تلفنچی خوابگاه و متخصص قلب که تنها یک بار منو دید همه به من محبت داشتند. می‌دونی همین دکتر آدرس منو در ایران گرفته تا با هم نامه‌نگاری کنیم. باورت می‌شه تلفنچی اولین خوابگاه من در موقع خداحافظی قطره‌های اشک از چشمش سرازیر شد؛ یک مرد ژاپنی شصت ساله که به قول خودش سی ساله که شاهد آمدن و رفتن دانشجوهاست و هیچ وقت اسم کسی را هم یاد نگرفته با تبحر تمام در میکروفن اسم منو صدا می‌زد «شایسته سان». آره من ژاپن و مردمش را دوست دارم. ولی من متعلق به این‌جا و این آدم‌ها نیستم.

- آره من این‌جا را دوست دارم. این مردم را خیلی دوست دارم. مردمی که مهربانند و دروغ نمی‌گن. مردم مملکتم منو تبعید کردند و منم به تلافی به اون‌جا برنمی‌گردم.
- شاید من لوس باشم ولی تو هم لجبازی. آیا تمام مردم ایران تو را به این‌جا فرستادند و یا یکی از آدم‌هایی که در خدمت سیسمتی‌ست که تو دوستش هم داری؟ با این لجبازی چی را می‌خوای ثابت کنی؟ به کی می‌خوای نشون بدی که با ایران قهر کردی؟ آیا کسی که مسبب اخراج تو بوده هنوز سر پست خودش هست؟ نه. تنها یک مشت کاغذه که داره برای تو تصمیم می‌گیره. تو با ایران‌ایر لج کردی ولی پدر و مادرت را از دیدار خودت محروم کردی. خواهر و برادرهات. کسانی که دوستت دارند. من این طوری نیستم. من آدم‌ها را دوست دارم. من به عشق بقیه زنده‌ام. من دلم حتی برای گل‌فروش سر خیابون‌مون، برای رفتگر محله، برای راننده‌های خوب تاکسی که نمی‌دونم کی هستند ولی سر صحبت را باهاشون باز می‌کنم تنگ شده....
- تو زیادی احساساتی هستی.
- گفتم که من «رمانتیک سان» هستم.
- شانی، هنوز وقت داری. فکر بلیت رو نکن اصلاً. همین چند ساعت باقی‌مونده رو قول بده به موندن فکر کنی.

از ماشین پیاده شدم و به سراغ سوری رفتم. حاضر بود. سریع لباس عوض کردم

و شلوار جین همیشگی را به پا کردم. سوری پرسید:

- خوش گذشت؟
- آره. خیلی خوب بود. خیلی بهتر از خوابیدن بود. کاش اومده بودی.
- شانی، از آقای گرامیان خوشت اومده، نه؟
- آره، خوشم اومده. شاید آرزو هم می‌کردم که کاش خیلی پیش‌تر دیده بودمش. ولی الان دیگه هم خیلی دیره هم خسته شدم از مردانی که یهویی عاشقم می‌شن. من تا چند ساعت دیگه روی آسمان ژاپن خواهم بود نه روی زمینش.
- خب می‌تونی همین جا روی زمین بمونی. می‌تونی نری. حالا دلیل داری برای موندن.
- این تویی که چنین سوالی می‌کنی؟ نه ندارم. مردی که سه سال می‌شناختم سبب نشد من ایران رو ترک نکنم حالا سه روز آشنایی منو به زمین اینجا بچسبونه؟ حس الان من غصه‌ی کندن از اینجاست. ولی دلیل برای رفتن خیلی قوی‌تره.
- مطمئنی؟

دروغ نمی‌گفتم. باید مردی را که می‌خواستم خوب می‌شناختم. نحوه‌ی حرف زدن، نشستن و برخاستن، تحصیلات، علایق، حتی نحوه‌ی رانندگی آن مرد برایم اهمیت داشت. من یک لیست بلندبالا داشتم که باید آن شخص از آن پرسش‌نامه حداقل نود درصد نمره را می‌آورد. آقای گرامیان به نوعی مرا مجذوب خودش کرده بود. در این مدت کوتاه تمام وقتش را در اختیار من گذاشته بود. غربت ژاپن یکباره رخت بربسته بود. مرد کُردی با سبیل‌های پرپشت که جز دو چشم شفق‌رنگ محاصره‌شده با انبوه درهم‌رفته‌ی مژه‌های سیاه زیبایی دیگری نداشت مرا دعوت به تجدیدنظر کرده بود. حالا سه تایی جلوی بساط بلوط‌فروش ایستاده بودیم تا بلوط داغ بخوریم. اولین بلوط را شکست، پوستش را درآورد و آن را به دهان من گذاشت. در همان لحظه خیلی جدی و در کمال صراحت از من خواست که با او ازدواج کنم. ابایی نداشت از این‌که سوری هم بشنود. اشک در چشم‌هایم جمع شد. مکثم طولانی‌تر از یک جواب فکرشده بود. بلوط دیگری را شکست و آن را در دهان سوری گذاشت و رو به او گفت:

- به قول خودش، پسر به فراست دریافت.

و تمام شد. همین. پسرها آمده بودند و در خوابگاه دانشگاه توکیو اتاق گرفته بودند. دو دوست خوب ژاپنی من هم شب گذشته رسیده بودند و شب را

در منزل دوست‌شان گذرانده بودند. صبح روز بعد بچه‌ها دوره‌ام کردند و آرش همه را می‌خنداند و می‌گفت کسی حق گریه کردن ندارد. کارهای مربوط به پاسپورت و بلیت را انجام دادیم. آرش هم تمام کارهای مربوط به بار را به عهده گرفت. با گرامیان طوری گرم گرفته بود که گویی سال‌ها بچه‌محل بودند. چند تا عکس یادگاری هم گرفتیم. خداحافظی با سوری خیلی سخت بود. البته دوستان ژاپنی هم پا به پای ما گریه کردند. من سردرگم و در اغما سوار هواپیما شدم. برای گرامیان هدیه‌ای گرفته بودم ولی قبل از سوار شدن به هواپیما موفق به دیدارش نشدم. وقتی کارت پرواز را به دستم دادند سراغش را از مأمور ایران‌ایر گرفتم. گفت روی باند فرودگاه است. سوار هواپیما شدم و او را روی باند ندیدم. سراغش را از یک مهمان‌دار گرفتم. گفت به سالن فرودگاه برگشته است. نگران شده بودم که هواپیما بلند شود و من نتوانم با گرامیان خداحافظی کنم. صندلی‌ام در ردیف اول بود و دو مرد در کنارم بودند که هیچ‌کدام چهره‌های مطلوبی نداشتند. هر دو چشمان دریده‌ای داشتند. یکی خوش‌هیکل و بلند و دیگری چاق و کوتاه. از آن قیافه‌هایی که در همان دیدار اول دل آدم را می‌زنند. یکی دو بار دیگر از مهمان‌دارها سوال کردم. سرانجام یکی از آن‌ها به طرفم آمد و گفت: «خیال‌تون راحت باشه. تا آقای گرامیان برای آخرین بار هواپیما را بازرسی نکنند و دستور پرواز ندهند این هواپیما بلند نخواهد شد». خیالم راحت شد. هدیه را محکم در دست‌هایم گرفته بودم و به‌طور عصبی با انگشت‌هایم روبان دورش را دستکاری می‌کردم. مرد قدبلند با لبخند چندش‌آوری پرسید:

- شما با آقای گرامیان نسبتی دارید؟

به ذهنم رسید که جوابش را ندهم ولی آهسته گفتم:

- بله. از بستگان من هستند.

هم‌چنان که لبخند کریهش را بر لب داشت با آرنج به بغل‌دستی‌اش زد و جمله‌ی مرا تکرار کرد. در همان لحظه گرامیان با آن اندام درشت و متناسبش در وسط راهروی هواپیما سبز شد. بی‌اراده خودم را به آغوشش انداختم. بوسیدمش و هدیه‌اش را دادم. چقدر کودکانه عمل کردم. احساس کردم جلوی مسافران دست‌پاچه شد ولی او هم مرا بوسید و خداحافظی کرد. چشم‌های مسافران به ما بود. وقتی پشتش را کرد که برود بلند گفتم:

- خیالت راحت باشه. داروها رو زود به خانم جان می‌رسونم.

برگشت و با چشمانی که پر از اشک بود چشمکی زد و گفت:

- خیالم راحته، بگو خیلی زود می‌بینم‌شون.

و رفت. مرد بلندقد دوباره پرسید:

- انگار خیلی ناراحتید که دارید این‌جا رو ترک می‌کنید.

این بار جواب ندادم. سرم را به سمت دیگر کردم. او هم رو به دوستش کرد و بلند که من هم بشنوم گفت: «چه بداخلاق!».

هواپیما که بلند شد و کمربندها را که باز کردیم، مرد بلندقد رفت سراغ یکی از مهمان‌داران زن و با او مشغول صحبت شد. مرد کوتاه‌قد فرصت را غنیمت شمرد و جای او را گرفت. به محض نشستن شروع کرد به سوال کردن از من که چه مدت است در ژاپن زندگی می‌کنم، چرا آمدم، چرا دارم برمی‌گردم، کجایی هستم، پدرم کیست و از این قبیل سوالات. تلاش کردم جواب‌های بی‌ربط بدهم. من هم شروع کردم به سوال کردن تا او بیش‌تر حرف بزند. لهجه‌ی شهرستانی داشت. پرسیدم اهل کجاست؟ بادی به غبغب انداخت و گفت عموزاده‌ی سرلشکر ناصری‌ست. آن زمان شاید خیلی‌ها نمی دانستند نام رئیس ساواک چیست ولی برای امثال من دانستن آن اظهر من الشمس بود. تازه فهمیدم این‌ها که هستند. مأموران امنیتی داخل هواپیما. مثل کفتری که سینه‌اش را جلو داده باشد و بغ‌بغو کند حرف می‌زد. مأمور به این احمقی نوبر بود. وقتی مأمور ایران‌ایر که مسئول شماره صندلی ها بود. از من پرسید سیگاری هستم یا غیرسیگاری، من ضمن گفتن غیرسیگاری اضافه کردم که از بستگان آقای گرامیان هستم. چه اشتباهی. او هم به حساب خودش لطف کرده بود و اولین صندلی را به من داده بود که راحت باشم و جلوی پاهایم آزاد باشد. صندلی در کنار دو مأمور ساواک. هجده ساعت پرواز را باید در کنار این دو جانور تحمل می‌کردم. بعضی‌ها دوست ندارند در پرواز با کسی هم‌صحبت شوند. ولی در یک سفر هجده ساعته چطور می‌توان از یک مکالمه‌ی کوتاه خودداری کرد؟ مدت کوتاهی نگذشته بود که مرد قدبلند برگشت و مرد کوتاه‌قد رفت سر جای خودش کنار پنجره. من کتابم را باز کردم و وانمود کردم مشغول خواندن هستم و نمی‌خواهم با کسی حرف بزنم. مرتب در کتابم سرک می‌کشید. گاهی هم با دوست قدکوتاهش پچ‌پچ می‌کرد تا بالاخره مرد قدکوتاه به خواب رفت. شال گردنی را روی پاهایم انداختم و کتابم را درست روبه‌روی صورتم گرفتم. ناگهان مرد قدبلند دستش را به طرف زیر شال برد و روی پای من قرار داد. تلاش کرد دامنم را بالا بکشد. یک‌باره ستون فقراتم یخ کرد. یارای گفتن کلامی را نداشتم. آرام‌آرام دامنم را می‌کشید به طرف بالا. نفسم به شماره افتاده بود. کتاب را به عمد پرت کردم وسط راهرو و ناگهان برای بلند کردن

آن از زمین خیز برداشتم. ولی به صندلی‌ام برنگشتم. ترسیده بودم. باید چه می‌کردم؟ این مرد یک مسافر معمولی نبود. چه کسی حرفم را باور می‌کرد؟ من کسی نبودم که در چنین مواقعی سروصدا راه بیندازم. کی در عمرم این کار را کرده بودم؟ انتهای هواپیما، جایی که متعلق به مهمان‌دارهاست، خالی بود. تنها یک مهمان‌دار مرد جوان آنجا ایستاده بود. رنگ و رو و چشم‌های خیس مرا که دید تعجب کرد. پرسید حالم خوب است یا نه؟ با سر اشاره کردم خوب نیستم. پرسید آیا از پرواز می‌ترسم؟ آهسته گفتم که نه، ترسی از پرواز ندارم. با ترس و لرز برگشتم به صندلی خالی‌ام نگاه کردم. رد نگاهم را گرفت و پرسید آیا جلو می‌نشینم که جواب مثبت دادم. چقدر با حوصله با من حرف زد. یک لحظه احساس کردم دندان‌هایش را روی هم فشار داد. مرا نشاند روی یکی از صندلی‌های مهمان‌داران. بعد عذرخواهی کرد که نمی‌تواند جایم را عوض کند چون هواپیما پر است ولی اگر در چین کسی پیاده شود بدون شک این کار را خواهد کرد. برای مدتی آنجا نشستم. شاید او هم ترسید جای مرا عوض کند. هواپیما توقفی کوتاه در پکن داشت. برایم خیلی جالب بود که حتی قسمت کوچکی از کشور چین را ببینم. فرودگاه‌ها در کشورهای مختلف تا حد زیادی معرف آن کشور هستند. فرودگاه بسیار کثیف بود. توالت‌ها از قسمت عمومی فرودگاه هم کثیف‌تر. در توالت‌ها دستمال کاغذی معمولی نبود بلکه بیش‌تر شبیه پاکت میوه بود و گویی سطل آشغالی در آنجا نباشد تمام این به اصطلاح دستمال‌ها در محوطه‌ی توالت‌ها و حتی تا چند قدمی بعد از آن محوطه پخش بود. ولی در عقب سالن مسافران، سالن دیگری وجود داشت که مسافران می‌توانستند از آنجا دیدن کنند و آن سالن بسیار تمیزی بود که به نظر محلی برای کنفرانس‌ها و یا خوشامدگویی‌های رسمی بود. مجسمه‌ی فوق‌العاده بزرگی از مائو در مقابل صندلی‌ها قرار داشت. همه چیز به رنگ قرمز بود. همین. نه فروشگاهی نه رستورانی. فقط چند دکه. زود برگشتیم داخل هواپیما. در راه برگشت به هواپیما روی باند دو ساواکی خودشان را به من رساندند. ساواکی قدبلند آهسته در گوشم گفت می‌توانم سر جایم برگردم و کاری با من ندارد. این همه وقاحت! خوشبختانه هواپیما به اندازه‌ی کافی جای خالی داشت که بتوانم جای دیگری بنشینم. همان مهمان‌دار مرد جوان هم وسایلم را جابه‌جا کرد. کلی تشکر کردم و اسمش را هم در اول کتابم نوشتم تا بعد هم شوهر شهرو و هم آقای گرامیان از او تشکر کنند. چراغ‌های هواپیما خاموش شد. کتاب را بستم و چشم به سیاهی آسمان دوختم. همه به خواب رفته بودند ولی من هم خوابم نمی‌آمد

و هم می‌ترسیدم اگر چشم روی هم بگذارم سر و کله‌ی مرد ساواکی پیدا شود. به آینده فکر می‌کردم. این اواخر خبرهایی از ناآرامی در گوشه و کنار کشور شنیده بودم. زندگی من هم مثل آینده‌ی کشورم نامعلوم بود.

فرودگاه مهرآباد تهران مثل همیشه شلوغ و زنده بود. طبق معمول هم همه‌ی خانواده و دوستان برای استقبال آمده بودند. البته به جز ارس! تعریف‌های مقدماتی در ماشین از طرف مامان بود. منیژه عروسی کرده بود که البته خبر داشتم ولی خبر نداشتم که مامان را دعوت نکرده بوده. همسایه‌های خوب طبقه بالا رفته بودند و جای آن‌ها را سرگردی با خانواده‌اش گرفته بودند. «خوبند!». این تمام تعریف مامان بود از آن‌ها. آقای آزاد همان روز چند بار زنگ زده بود. عبدی هم بالاخره ازدواج کرده بود و باجان عزیزم از صبح آواز «گل اومد، بهار اومد» را خوانده بود و گریه کرده بود و بی‌صبرانه منتظر رسیدن من تا صبح بیدار نشسته بود. باجان روسری قشنگی به رنگ آبی با گل‌های بنفش به سر کرده بود. با دو دست بشکن می‌زد و ترق و تورق صدا درمی‌آورد و آواز می‌خواند. همه تشنه‌ی شنیدن از ژاپن بودند. چپ و راست باجان را بغل می‌کردم و سرش را می‌بوسیدم. مامان خیلی زود شادی‌اش را پنهان کرد. آن‌چه مشهود بود این‌که باجان تحلیل رفته و مامان کم‌حوصله‌تر شده بود. یک سال و اندی برای هیچ‌کدام از ما سه نفر زمان کوتاهی نبود.

آقای آزاد روز بعد به دیدنم آمد. دیگر عصبانی نبود و فقط تشنه‌ی شنیدن تعریف‌ها از سرزمین آفتاب بود. برایش تعدادی کتاب با بهترین کیفیت و یک مجسمه‌ی کوچک از بودا آورده بودم. خیلی نمی‌توانستیم حرف بزنیم چون از همسایه‌ها گرفته تا فامیل برای دیدن می‌آمدند و می‌رفتند. ابوالفضل هم حمام کرده بود. پیراهن تمیز پوشیده بود و چای می‌آورد. هر بار که چشمش به من می‌افتاد خنده‌ی مهربانی بر صورتش نقش می‌بست؛ گویی تمام دنیا را در سینی چای او گذاشته و تقدیمش کرده‌اند. آقای آزاد نمی‌رفت و ترجیح می‌داد در بین این رفت‌وآمدها تا می‌توانم برایش تعریف کنم. به او گفتم صحبت‌های جدی در مورد دانشگاه‌ها و تئاتر باشد برای بعد ولی از یوکاتا گفتم و از آقای گرامیان که به مدت چهل و هشت ساعت عاشقش شدم. گفت:

- بدجنس این‌ها را برای من هم می‌گی؟ خب استاد چی شد؟ عشق چهل و هشت ساعته چی شد؟
- هر دو در ژاپن تبدیل به خاطره شدند. با بلند شدن هواپیما مسائل زندگی آدم عوض می‌شه.

برایش تعریف کردم یوکاتا چقدر از لحظه‌ی کندن هواپیما از زمین خوشش می‌آمد. گفتم:

- حتی دقایقی قبل از آن لحظه‌ی کندن هواپیما از زمین همه‌ی اتفاقات تبدیل می‌شن به خاطره. هجوم نادانسته‌ها و دانسته‌ها از آن‌چه در پیش رو داری به قدری سریعه که حتی برای پرداختن به خاطره‌ها وقت کم میاری.

بعد از آقای خردمند پرسیدم. آقای آزاد با لبخندی سوال کرد که مگر نمی‌دانم. دلم فرو ریخت. ازدواج کرده؟ چه چیزی را نمی‌دانستم؟

- نمی‌دونستی رفته سفر؟ رفت آمریکا. برات گفته بودم.

رفت! دیگر سوالی نکردم. این «رفت» یعنی برای همیشه؟ در ماه‌های آخر، بعد از دیدار با استاد راهنمای ژاپنی، خیلی به آقای خردمند فکر کردم. فکر مشخصی نبود. به بودن با او فکر می‌کردم. بعد از لحظاتی سکوت پرسیدم:

- در نامه‌ی آخرم پرسیده بودم آیا امکان کار برام هست؟

- البته که هست. تلویزیون، فرهنگ و هنر و دانشگاه. یکی یکی سراغ هر سه می‌ریم. تلویزیون قبل از همه. چون به هر حال امکان پیشرفت توش زیاده.

از شدت دیدارها که کاسته شد با آقای آزاد قرار گذاشتیم به تلویزیون برویم. در حیاط دانشکده قدم می‌زدم و منتظر آقای آزاد بودم که با غلام روبه‌رو شدم. به طرفم آمد. فکر کردم می‌خواهد سلام و علیک کند و باز هم بگوید چقدر مرا دوست دارد. خواست با هم برویم بیرون که رد کردم و او یکباره شروع کرد به فحاشی. سرم را انداختم پایین که از او دور شوم ولی خیلی سمج بود. بلندبلند فحش‌های رکیک می‌داد. چند تا از بچه‌های معماری رد می‌شدند. سرم را انداختم پایین و به روی خودم نیاوردم که من مخاطب او هستم. قدم‌هایم را تند کردم و به اتاق آقای آزاد رفتم. نمی‌توانستم حرف بزنم. حس می‌کردم رنگم پریده. آقای آزاد از پشت پنجره ما را دیده بود. پرسید باز چی شده و آن پسر چه کار داشته. برایش گفتم. عصبانی شد. خواست برود به دنبال او که مانع شدم. گفت این بار دیگر برایش درخواست اخراج خواهد کرد. منصرفش کردم و گفتم به خاطر فحش دادن به من نباید او را از تحصیل محروم کرد. غلام سال آخر بود. کسی نبود که بخواهد در کار هنری باقی بماند. این برادرها همگی عشق کلاه‌برداری و پول‌دار شدن داشتند و جالب این‌که خود را مدافع حقوق کارگر هم می‌دانستند. همان جا به زری زنگ زدم. ماجرا و خطر اخراج و توبیخ

را برایش گفتم و خواستم طوری با غلام حرف بزند که دیگر مزاحم من نشود. ناراحت شده بود و گفت این برادرها همه لنگه‌ی هم هستند. همه می‌خواهند یا با پول یا با زور هر چیزی را به دست بیاورند.

در راه رفتن به تلویزیون آقای آزاد تلاش کرد با سوالات بیش‌تر درباره‌ی ژاپن مرا از حال خودم بیرون بیاورد. به این فکر می‌کردم که مامان از روز اول از غلام خوشش نیامد و من نمی‌دانستم چه چیزی در او دیده بود. ساختمان تلویزیون برای خودش دم و دستگاهی داشت. همه چیز زیادی لوکس و شیک بود. در مقایسه با دانشگاه آدم‌ها مصنوعی بودند. در همان نگاه اول از آن‌جا به عنوان محل کار خوشم نیامد. شخصی که آقای آزاد می‌خواست مرا برای کار به او معرفی کند یک آمریکایی بود ولی او درست زمانی که به من وقت مصاحبه داده بود در اتاقش مشغول صحبت با شخص دیگری بود. منشی آقای رئیس هم که خیلی آقای آزاد را تحویل می‌گرفت، درست شکل کاریکاتورهای منشی‌های روی جلد مجله فکاهی توفیق بود. موهای پرکلاغی‌اش را چنان پوش داده بود که انگار برق دویست و بیست ولت به او وصل کرده باشند. آرایش صورتش هم آن‌چنان بود که اگر با ناخن بلند روی پوستش خط می‌کشیدی، انگار که کره را با ناخن برداری، زیر ناخنت پر می‌شد از کرم پودر و هزار وسیله‌ی آرایشی دیگر. قد کوتاهی داشت و کفش‌های خیلی پاشنه‌بلندی به پا کرده بود. دماغش را هم عمل کرده بود.

چند باری به اتاق رئیس رفت و برگشت و هر بار هم نگاه عشوه‌گرانه‌ای به آقای آزاد انداخت. من به این همه تلاش می‌خندیدم. نیم ساعتی بود که آن‌جا منتظر نشسته بودیم. کلافه شده بودم و از آقای آزاد خجالت می‌کشیدم. خانم منشی سرانجام گفت آقای رئیس گفته‌اند باید چهل و پنج دقیقه‌ی دیگر منتظر بمانیم.

به آقای آزاد نگاهی انداختم و گفتم:

- شما واقعاً فکر می‌کنید من می‌تونم این‌جا کار کنم؟
- حتماً، چرا که نه؟
- فکر می‌کردم منو می‌شناسید! از همه‌ی این‌ها گذشته، این آقا به ما وقت داده بود. من به کنار. چطور به خودش اجازه می‌ده که شما رو معطل کنه؟ وقت شما خیلی باارزش‌تر از اونه که در انتظار ایشون سپری بشه. معذرت می‌خوام ولی بهتره بریم. من عطای این کارو به لقاش می‌بخشم.
- مهم نیست شانی، من پشت این درها پوستم کلفت شده. ولی نمی‌تونیم

همین طوری بریم. خوب نیست.

- حرکت این آقای رئیس خوب نیست. ما که تصمیم نداریم وقت مجدد بگیریم پس بریم. شاید این طوری متوجه بشه که وقت آدم‌ها براشون ارزش داره.

آقای آزاد متوجه شد دارم جدی حرف می‌زنم. پس راه افتادیم. خانم منشی تلاش کرد آقای آزاد را متقاعد کند ولی دیگر آقای آزاد هم دلخور شده بود. به ادیب فکر می‌کردم و به این‌که اگر بود تمام این قصه را لحظه به لحظه برایش تعریف می‌کردم. از آقای آزاد خواستم همان جا در دانشگاه بمانم و به همان کارهای تحقیقاتی که با او شروع کرده بودم ادامه بدهم. کار دانشگاه خیلی سریع انجام شد و مشغول به کار شدم. هم‌چنان از این طرف و آن طرف کشور خبر ناآرامی‌ها می‌رسید. آقای آزاد اتاقی در اختیارم گذاشته بود و با دل و جان کار می‌کردم. ساعت اضافی می‌ماندم و حسابی مشغول بودم. سید هم طبق معمول مرتب چای تازه‌دم برایم می‌ریخت. دیگر به ژاپن فکر نمی‌کردم تا این‌که در یک بعدازظهر، درست وقتی که نور آفتاب در جنگ با پرده پیروز شده بوده و به داخل اتاق تابیده بود، در حالی که دراز کشیده بودم و کتاب می‌خواندم تلفن زنگ زد. مامان گوشی را برداشت و شنیدم خیلیِ رسمی سلام و علیک کرد و گفت:

- شانی خیلی از شما تعریف کرده. واقعاً متشکرم. می‌دونم که مزاحم‌تون شد.

من! مزاحم؟ مامان ادامه داد:

- بله. بله. همین جاست. الان صداش می‌کنم. خواهش می‌کنم سری به ما بزنید.

و بعد مرا صدا کرد.

- شانی، آقای گرامیان.

مثل تیر شهاب پریدم. مامان در آنی که تلفن را از دستش می‌قاپیدم توانست به من بگوید ایشان ایران هستند. هنوز شش ماه نشده بود که برگشته بودم.

- سلام. سلام. کجایی؟

صدای گرمش با خنده گفت:

- همین جا خانوم لوس خوشگل. ببین چطوری منو بعد از پانزده سال کشوندی این‌جا.
- واقعاً؟ راست می‌گی؟ الان کجایی؟
- الان از منزل پدر زنگ می‌زنم. دیشب رسیدم ولی نخواستم بی‌موقع زنگ بزنم. صبح هم که می‌دونی، هر چی کُرد ساکن مرکز بود ریختند

این‌جا. ولی دیگه نتونستم طاقت بیارم. می‌تونم ببینمت؟
- آره حتماً. بگو کجا؟
- من شهرآرا هستم. تو می‌تونی بیای؟
- آره. جلوی در جنوبی پارک شهرآرا خوبه؟ من پرواز می‌کنم ولی نه با ایران‌ایر.

وقتی از ژاپن برگشتم مامان برای من یک رنو خرید. این تشکر گرانی برای حضور من در خانه بود. ولی هنوز چند روزی مانده بود تا ماشین را تحویل بگیرم و باید سوار تاکسی می‌شدم. نمی‌دانم چطور حاضر شدم و از خانه زدم بیرون. هنوز تاکسی اولین چراغ راهنمایی را پشت سر نگذاشته بود که ناگهان ترمز وحشتناکی کرد. من که در عالم دیگری بودم نفهمیدم چه شده بود. راننده از ماشین پرید بیرون و تازه فهمیدم کم مانده بوده بچه‌ای را زیر بگیرد. راننده گوش بچه را گرفته بود و یک‌ریز فحش می‌داد، بعد سرش را به هوا می‌کرد و غرغر می‌کرد. پیاده شدم و گوش بچه را از دستش بیرون آوردم. بچه‌ی پررویی نبود. رنگش پریده بود و فهمیده بود اشتباه کرده. چشمکی زدم و گفتم: «همیشه این طوری نیست. یه وقت بلایی سر خودت می‌یاری». رنگ راننده‌ی بیچاره ـ که از آن‌هایی نبود که فحش خواهر و مادر بدهد ـ مثل لبو قرمز شده بود و سبیل‌هایش هم به لرزه افتاده بودند. گفت:

- خانم خونه‌خرابم می‌کرد. کی باور می‌کرد؟ یه پدر پیدا می‌کرد و صد تا مادر. چی به سر بچه‌های خودم می‌اومد؟ همگی از گرسنگی تلف می‌شدند.

بعد سرش را دوباره بالا گرفت و تند و تند چیزهایی گفت و برگشت پشت فرمان. خواستم بزند کنار و کمی بایستد. یادم نرفته بود که چقدر عجله داشتم ولی دلم به حال راننده سوخته بود و می‌خواستم آرام بگیرد. خوشحال بودم که به او نگفته بودم عجله دارم. از طرفی گویی خودم هم به آن چند لحظه نیاز داشتم. من داشتم کجا می‌رفتم؟ آن همه هیجان برای چه بود؟ آقای گرامیان بعد از پانزده سال به خاطر من به ایران برگشته بود! چند دقیقه‌ای به دیدار نمانده بود و من باید دست‌کم تکلیفم را با خودم روشن می‌کردم. بعد از چند لحظه راه افتاد و سر ساعت رسیدیم. از تاکسی پیاده شدم و پول خوبی به راننده دادم. تعجب کرد. گفتم شیرینی بخرد و با زن و بچه‌هایش نوش جان کنند. باز هم سرش را بالا گرفت و چیزهایی گفت و خداحافظی کرد.

به این طرف و آن طرف نگاه کردم و آقای گرامیان را در یک جیپ یافتم.

سوار شدم. طبق معمول می‌خندید و پشت سر هم می‌پرسید که حالم چطور است. حال پدرش را پرسیدم.

- می‌دونی من پدر دنیادیده‌ای دارم. تا منو دید گفت که پای یک زن در کاره. گفت که من برای دیدار او نیامدم و تنها یک زن می‌تونه منو بعد از پانزده سال به ایران برگردونه. اول خواستم بهانه‌ی اداری بیارم ولی او خوب می‌دونست که پانزده ساله من از آمدن به ایران طفره رفتم. نمی‌تونستم با دروغ گفتن بهش بی‌احترامی کنم. شانی با من ازدواج می‌کنی؟

انگار جمله‌ی آخر را نفهمیدم. شاید این هم قسمتی از حرف‌های پدرش بود که من به درستی گوش نمی‌دادم. تکرار کرد.

- شانی زن من می‌شی؟
- ما هیچی از هم نمی‌دونیم. من حتی تا حالا تو رو به اسم کوچیکت هم صدا نکردم.
- می‌دونم. تو لوس‌ترین و خانم‌ترین دختر دنیایی. ولی من که گفتم لوسیت رو به جان می‌خرم و خانمی تو رو تاج سرم می‌کنم. شانی من بعد از این همه سال برگشتم ایران. نه تنها پدرم، همه فهمیدند که علت این سفر یک زنه. پدرم طوری خوشحاله که تاب نداره تو رو یه روز دیرتر ببینه.
- نمی‌دونم چی بگم. به خودم می‌بالم. باور کن از اون دسته دخترانی نیستم که بخوام دلبری کنم و طرف رو از پا دربیارم. ولی ای کاش اول برام می‌نوشتی که چه قصدی داری. ای کاش اول به من می‌گفتی و بعد به پدرت. من از دیدنت خیلی خوشحالم. خوشحالم که بعد از این همه سال داری فامیلت و ایران رو می‌بینی. ولی باور کن من به ازدواج فکر نمی‌کنم. تو خوب می‌دونی من به یک بورسیه با شرایط عالی به خاطر مامان پشت پا زدم. چطور می‌تونم با تو ازدواج کنم و راهی این کشور و اون کشور بشم؟
- این تنها دلیله یا فقط یه بهانه است؟
- نه، تنها دلیل نیست ولی بهانه هم نیست. چرا بهانه؟ یعنی تو باور نداری من چرا برگشتم؟ ما دو تا با هم تفاوت داریم. تو ایران رو دوست نداری و ترجیح می‌دی هر جای دیگه دنیا باشی جز ایران. ولی من عاشق ایرانم. من نمی‌تونم در جایی زندگی کنم که هم‌زبون و هم‌فرهنگ من نباشند

و با مردمش دردها و شادی‌های مشترک نداشته باشم. می‌دونی تمام اون فستیوال‌های رنگارنگ و دیدنی ژاپنی برای من معنایی نداشتند؟ بله زیبا و خیره‌کننده بودند ولی قسمتی از من نبودند. چهارشنبه‌سوری مال منه. خوب یا بد، غلط یا درست دلم می‌خواد از روی آتش بپرم و بگم زردی من از تو، سرخی تو از من. مردم ژاپن بی‌نهایت مودب بودند ولی من همین مردم خودم رو بیش‌تر دوست دارم. شاید باور نکنی که بعد از بازگشتم دیگه حتی آزرده نمی‌شم اگر مردی بهم متلک بدی بگه. اون‌ها رو می‌فهم. محرومیت‌ها و بی‌فرهنگی‌شون رو می‌فهمم. خواهش می‌کنم نرنج . تو منو با این سفر شرمنده کردی و مغرور. امیدوارم با این کشور و مردمش آشتی کرده باشی و باز هم بیای ولی....

- شانی بسه. من عاشق تو شدم. درست همون لحظه‌ی اول. نگاهت و راه رفتنت آن‌قدر باوقار بود که بلافاصله فهمیدم با بقیه فرق داری و همین باعث شد که عاشقت بشم. البته بماند که چقدر افتخار کردم وقتی فهمیدم دختر کُردی. ته دلم می‌دونستم جواب رد می‌شنوم ولی نخواستم تا آخر عمرم بگم «اگر...».

- خیلی متاسفم. حداقل مطمئنم من کاری نکردم تا تو عاشقم بشی. من غمگین‌تر و گیج‌تر از اون بودم که بخوام برای تو دلبری کنم. حتی در شرایطی نبودم که به چنین چیزی فکر کنم. شاید ما در اون دو سه روز به وجود هم احتیاج داشتیم.

- نه تو هیچ کاری نکردی. خود خودت بودی و به همین دلیل من عاشقت شدم. ادا نداشتی، ژست نمی‌گرفتی. مصنوعی نبودی. مثل تو خیلی کم پیدا می‌شه.

● ● ● ● ● ● ●

ناگهان تابستان گذشته، دو تابستان پیش بود که سرگرد کریم امیرانی به من پیشنهاد ازدواج داد. سرگرد امیرانی افسر کُرد گارد شاهنشاهی بود. او دوست حمید سردسته‌ی اعتصابیون دانشکده‌ی حقوق بود. سرگرد از آن دسته افسرانی بود که بدون کنکور از طرف ارتش وارد دانشگاه می‌شدند. آن دو دوست، ترکیبی بسیار عجیب از یک دانشجوی همیشه معترض ضدشاه با یک افسر گارد وفادار به شاه بودند.

حمید مرا دوست داشت. دیوانه‌وار. یعنی به حقیقت **دیوانه ــ وار**. او خوش‌قیافه، خوش‌هیکل، درس‌خوان و با ابهت بود ولی وای به وقتی که عصبانی می‌شد، در چنین مواقعی دیگر خودش نبود. تبدیل می‌شد به یک مرد بی‌شخصیت بدون وقار، یک آدم بی چاک و دهن که قادر بود تمام فحش‌های رکیک را به زبان بیاورد. امان از روزی که کسی در یک جایی به من نگاه می‌کرد. مهم نبود کجا، آن وقت او تبدیل می‌شد به یک آدم بی‌سواد بی اصل و نسب و بی سروپا و آن‌چه را که نباید از چنته بیرون می‌ریخت و نثار آن شخص می‌کرد.

درست برعکس، سرگرد امیرانی بسیار تودار، محجوب و آرام بود. برای هر دوی ما همیشه این سؤال پیش می‌آمد که چگونه با حمید دوست شده‌ایم و چطور او را تحمل می‌کنیم. وقتی کریم مطمئن شد من جواب رد به حمید دادم پا جلو گذاشت و گفت او مدت‌هاست که عاشق من شده. دفترچه‌ای را نشانم داد پر از شعرها و نامه‌هایی که از روز اول برای من نوشته بود. سرانجام یک روز به من پیشنهاد ازدواج داد و وقتی جواب رد شنید به من گفت:

ـ مثل تو کم پیدا می‌شه. من در این مدت می‌بینم که کمابیش همه‌ی کیفیات روحی تو رو می‌شناسم و همه شکلی از تو رو دیدم. با سلیقه‌ت آشنا شدم. ظریف و نکته‌سنجی. غم خاموش تو رو و غم گویای تو رو دیدم. خنده‌ی فاش و خنده‌ی در گلوی تو رو دیدم. اندکی از خشم قشنگ تو را دیدم. حتی یک بار اشک تو رو دیدم. ولی اعتراف می‌کنم که هرگز خروشت رو نشنیده بودم تا روزی که خروش قهر تو از دست حمید دیوانه که قدر تو رو ندونست به گوش من رسید. حمید نفهمید که چه کسی رو از دست داد. تو «آنِ» حافظ رو در خود داری. تو خود خودت بودی و هستی. بدون ادا. بدون ژست.

•• •• ● •• ••

آن روز آقای گرامیان تلاش کرد چیزهایی بگوید که فضا را تلطیف کند ولی موفق نشد. با هم خداحافظی کردیم و قرار شد از حال هم خبر بگیریم. یک هفته بعد زنگ زد و خداحافظی کرد و فقط خواست با پدرش سلام و علیکی کنم. در واقع این خواسته‌ی پدرش بود. گوشی را گرفتم و صدای گرم پدرش را که چقدر صمیمانه بود با آن لهجه‌ی شیرین کُردی شنیدم. بعد از سلام و علیک کوتاهی گفت:

- خانم عزیز، من فقط یک جمله می‌خوام بگم، متشکرم که سبب شدی پسرم با ایران آشتی کنه. قول داده به زودی برگرده.

از آقای گرامیان بزرگ خیلی تشکر کردم و با سیامند هم به امید دیدار نزدیک خداحافظی کردم.

از ادیب خبری نبود. من هم از آقای آزاد سوالی نمی‌کردم. او مدت‌ها بود که دیگر پاپیچ من نمی‌شد. احساس می‌کردم کسی را پیدا کرده و نمی‌دانم چرا به نرگس شک برده بودم. نرگس دختر خواستنی‌ای بود. هم‌سن و سال من. هر وقت دلش می‌خواست درس می‌خواند و هر وقت دلش نمی‌خواست به مسافرت‌های خارج از کشور می‌رفت و دوباره به دانشگاه برمی‌گشت. موهای لختی داشت که مثل شبق سیاه بود. چشم و ابروی زیبایی داشت. لب‌های قیطانی و خوش‌ترکیب. کمی کوتاه بود و تپل. دلبری در وجودش بود. همیشه در حیاط دانشکده یا مشغول سر و کله زدن با پسرها بود و یا در حال سیگار کشیدن. در بد و بی‌راه گفتن با همان ادبیات پسرها ید طولایی داشت. بدون وقفه سیگار می‌کشید. من که هیچ‌وقت سیگار و سیگاری را دوست نداشتم از سیگار کشیدن او لذت می‌بردم. یک سیگاری حرفه‌ای بود. مثل بعضی از دخترها برای ژست نبود که سیگار می‌کشید. دود به وجودش بسته بود. با استادها هم خیلی بی‌پروا شوخی می‌کرد. این بی‌پروایی هم قسمتی از او بود که نمی‌دانم چرا جلف به نظر نمی‌آمد. وقتی دانشجو بودم با هم سلام و علیک هم نداشتیم ولی وقتی من از ژاپن برگشتم وضع فرق کرد. اوایل می‌رفت و می‌آمد به من سلام می‌داد. چندین بار در روز این اتفاق می‌افتاد. درست با همان شیطنتی که به استادها سلام می‌داد و پشت سرشان هروکر می‌خندید. آن‌قدر این کار را کرد تا مرا از رو برد و بعد از آن ما تبدیل شدیم به دو دوست خیلی صمیمی. نرگس از یک خانواده‌ی بهایی می‌آمد. ولی خودش مذهبی نبود و جدا از خانواده زندگی می‌کرد. طبقه‌ی اول یک خانه‌ی قدیمی را در کوچه پس کوچه‌های ده ونک اجاره کرده بود و با یک دختر دیگر در آن خانه زندگی می‌کردند. برعکس نرگس، آن دختر قیافه‌ی زمختی داشت. در همان اولین دیدار از او خوشم نیامد. نرگس در مقابل او دیگر نرگس همیشگی نبود. گویی از او می‌ترسید. در مورد هر کاری باید با او مشورت می‌کرد. مشخص بود که آن دختر هم از من خوشش نیامده بود. وقتی نرگس برایش توضیح داد چطور با من دوست شده آشکارا دلخور شد. مدتی بعد وقتی نرگس با یکی از پسرهای سال پایینی ادبیاتی دوست شد و دوستی آن‌ها جدی شد آن دختر قهر کرد و از آن خانه رفت.

حالا من فکر می‌کردم آقای آزاد هم مثل همه‌ی دور و بری‌های نرگس دارد از خانه‌ی مجردی او سوءاستفاده می‌کند. نرگس یک ازدواج کوتاه‌مدت ناموفق داشت. شاید به همین دلیل همه به خودشان اجازه می‌دادند تا به او نزدیک شوند. یک روز بدون برنامه‌ی قبلی تاکسی گرفتم و رفتم سراغش. تاکسی که رسید جلوی در منزل، ماشین آقای آزاد را جلوی در دیدم. بلافاصله از راننده خواستم که برگردد و مسافر دیگری را هم سوار نکند. راننده هم از خدا خواست. سرم را به شیشه گذاشته بودم و به درخت‌های گوناگون و سر به فلک کشیده نگاه می‌کردم و هر کدام از آن‌ها را در خیالم به کسی تشبیه می‌کردم. درخت‌های میوه مثل نرگس بودند. زیبا و سرشار از زندگی. حیف که قدر خودش را نمی‌دانست. به دنبال ذره‌ای محبت با همه دوست می‌شد. نرگس عاشق آقای گرمسیری بود. آقای گرمسیری سبک‌شناسی درس می‌داد. سیه‌چرده و لاغر بود. بدلباس و ژولیده. از لباس‌هایش بوی ناخوشایندی می‌آمد. نه بوی تن. بوی مخلوطی از الکل و تریاک. نرگس او را خیلی دوست داشت و من علتش را نمی‌فهمیدم. من از او خوشم نمی‌آمد و نمی‌توانستم بپذیرم کسی با عقاید چپ و آزادی‌خواهانه اسیر الکل و تریاک باشد. کلی هوادار بین دانشجویان داشت و نرگس هم او را می‌پرستید. دوستی نرگس با آن دانشجوی سال پایین که از نوچه‌های آقای گرمسیری بود، شاید به دلیل جلب حسادت او بود. ولی آقای آزاد چه؟ او چطور می‌توانست از نرگس سوءاستفاده کند؟ همه رفته بودند زیر سوال.

به نظرم آقای گرمسیری مثل آن درخت‌های خشکی بود که پر از شاخه هستند ولی تنها در همان بالای بالا برگ‌های سبزی دارند. باغبان هنوز امیدی دارد که قطع‌شان نکرده است ولی بدون شک خواهد کرد. آقای آزاد مثل درخت‌های زبان گنجشک می‌ماند که کنار خیابان‌ها کاشته شده بودند. کوتاه، پربرگ، سایه‌گستر. هر کسی می‌توانست زیر سایه‌ی آن‌ها مدتی لم بدهد و این سایه از هیچ کس دریغ نمی‌شد. دلم برای نرگس می‌سوخت. او به دنبال آرامش بود و برایش فرق نمی‌کرد که این آرامش را پیش چه کسی می‌یافت. یک بار نرگس برایم تعریف کرده بود که آقای آزاد گه‌گاه به سراغش می‌رود و او به راستی اذیت می‌شود. ولی او هم مثل خیلی از ما دخترها مشکل بی‌صدایی داشت.

از بازگشت آقای خردمند ناامید شده بودم. مامان هم فشار می‌آورد که تا زنده است باید عروسی مرا ببیند. می‌ترسید بلایی سرش بیاید و به خیال خودش من سامان نگرفته باشم. گاهی با حسرت می‌گفت می‌میرد و مرا در لباس عروسی

نخواهد دید و گه‌گاه با ناخرسندی می‌گفت من هم می‌خواهم مثل نرگس شوم و تنها زندگی کنم و آزاد باشم. به خصوص از وقتی که با مامان نرگس دوست شده بود و او موفق شده بود فکر مامان را با حرف‌هایش نسبت به نرگس حسابی مسموم کند.

از دانشگاه دستور آمده بود که زمان کار تحقیقاتی من تمام شده و اگر می‌خواهم در دانشگاه بمانم باید به تدریس مشغول شوم. با آقای آزاد و آقای گیلانی مشورت کردم و قرار شد با درسی تحت عنوان «مقصود از تدوین» کار تدریس را شروع کنم. علاوه بر آن‌چه که در ژاپن آموخته بودم، قبل از شروع کلاس، برای مطالعه زیر نظر آقای گیلانی فرصت کافی داشتم. حالا دیگر به‌طور رسمی عضو هیئت علمی دانشگاه بودم. سرانجام تصمیم گرفتم به خواستگاران چراغ سبز نشان بدهم. همان طور که حدس می‌زدم اولین نفر برادرخانم سروان مستأجر مامان بود. خانم سروان خیلی به من محبت داشت. همیشه از من تعریف می‌کرد. آن طور که پیدا بود مامان هم سر پله‌ها در صحبت‌های روزانه‌اش با خانم سروان به او گفته بود که شانی از خر شیطان آمده پایین و حاضر به ازدواج شده است. خانم سروان هم همان جا مرا برای برادرش خواستگاری کرده بود. می‌دانستم مامان به‌رغم این‌که برادرخانم سروان جوان محجوب و مودبی بود موافق نبود که دامادش باشد. داماد مامان باید مثل هنرپیشه‌های هالیوودی می‌بود در حالی که برادر خانم سروان از یک مرد معمولی هم معمولی‌تر بود. خانم سروان تصمیم داشته دختری را به برادرش معرفی کند ولی او گفته بوده یا شانی یا هیچ‌کس! چه حرف بیهوده‌ای! البته او خیلی مبادی آداب بود. درست برعکس برادر کوچک‌ترش که در هر فرصتی در راهروی منزل می‌خواست به آدم دست‌درازی کند. من تصمیم گرفتم خیلی سریع و صریح جواب این خواستگاری را بدهم و تکلیف این «یا شانی یا هیچ‌کس» را هر چه زودتر روشن کنم. مدت‌ها بود از احساس او باخبر بودم ولی هرگز قصد نداشتم با کسی که لباس یونیفورم نظامی به تن دارد ازدواج کنم؛ با وجود تمام احترامی که به پدر خود داشتم. یک روز برادر بزرگ خانم سروان را سر کوچه دیدم و با هم قدم‌زنان به سمت خانه رفتیم. خیلی رک به او گفتم وقتش را با عشق یک‌طرفه تلف نکند. جواب من منفی‌ست و بهتر است همین جا تمامش کند. نقطه. سرخط. هیچ نگفت. قرمز شد، آب دهانش را قورت داد ولی کلامی به زبان نیاورد تا به منزل رسیدیم. خوشبختانه به خانم سروان هم برخورد و صحبت‌های سرپله با مامان برای همیشه خاتمه یافت. خاله، پسردایی، دختردایی، همسایه‌ها و دوستان هر کدام

پسری را معرفی می‌کردند و همگی اذعان می‌داشتند که آن شخص را خیلی خوب می‌شناسند و این‌که او یگانه‌ی دهر است و صد البته که همگی این پسرها دکتر، مهندس و یا صاحب شرکت بودند. همه پول‌دار، خوشگل، خوش‌هیکل و نازنین. به این فکر می‌کردم که با وجود این همه مرد نازنین چطور دخترها گرفتار مردان دائم‌الخمر، حسود، خسیس، عیاش و حتی دست به کتک می‌شدند. با خواهش و تمنا از مامان خواستم اجازه بدهند خواستگارها را خارج از منزل ببینم. مامان نگران بود وقت تلف شود و من در خانه بمانم. دختر خواهرم فتانه چهار سال از من کوچک‌تر بود و دو سالی بود که ازدواج کرده بود. خب، او درس‌خوان نبود، خیلی خوشگل بود، سر به هوا بود و پدر و مادرش می‌ترسیدند حتی نتواند دیپلمش را بگیرد. دختران دایی و خاله هم همه عروسی کرده بودند. همچنین دخترهای همسایه که با هم برای کنکور شب‌ها در کوچه درس می‌خواندیم. سرانجام مامان رضایت داد خواستگار به منزل نیاید. دومین خواستگار را یکی از پسردایی‌های مامان معرفی کرد. این آقا یک دکتر داروساز بود که نمایندگی یکی از شرکت‌های معتبر دارویی سوئیس را داشت. تحصیل‌کرده و بسیار پول‌دار. قرار گذاشتیم در هتل کنتینانتال هم‌دیگر را ببینیم. من می‌خواستم تنها بروم ولی مامان معتقد بود من دارم «خارجی‌بازی» درمی‌آورم و باید بی برو و برگرد با شکیبا بروم. سر وقت رسیدیم ولی آن‌ها هنوز نیامده بودند. به شکیبا گفتم برگردیم ولی قبول نکرد. هتل کنتینانتال یک بوتیک لباس خیلی قشنگ داشت. از شکیبا خواستم برویم به آن‌جا نگاهی بیندازیم. شکیبا عاشق خرید بود و به همین خاطر فوری قبول کرد. یک پالتو بارانی خیلی قشنگ چشمم را گرفت. یک طرف پالتو بود و طرف دیگر بارانی به قیمت دو هزار تومن. خیلی زیاد بود ولی پالتویی بود مدل پالتوی کیم نواک در فیلم آدم رام[۲۴]. از هتل به مامان زنگ زدم و گفتم می‌خواهم آن پالتو را بخرم. هم عصبانی و هم خندان پرسید که من رفتم شوهر کنم یا پالتو بخرم؟

- مامان جان حالا شوهر دیر کرده ولی پالتو این‌جا آماده منتظر منه.

پالتو را خریدیم و به سرسرای هتل برگشتیم. پسردایی مامان و آقای خواستگار پشت میزی درست روبه‌روی در ورودی نشسته بودند و مشغول صحبت بودند. بچه‌های دایی مامان که هفت هشت تایی بودند هیچ‌کدام دیپلم نگرفته بودند. دایی مامان بازاری بود و پسرها هم همگی تاجر شده بودند. البته دیگر نه در بازار بزرگ که پدرشان در آن‌جا چای می‌فروخت بلکه در ساختمان‌های شیک بالای شهر. آن‌ها دخترعمه‌شان را که مامان من باشد خیلی دوست داشتند

و به وجود او و همه‌ی فرزندانش افتخار می‌کردند. جلو رفتیم و مراسم معرفی انجام شد. فرخ پسردایی مامان پیش‌تر به‌طور کامل مرا به آقای دکتر معرفی کرده بود. این‌که دولت ژاپن از من دعوت کرده بود به ژاپن بروم و من یکتا هستم و چنین و چنان. آقای دکتر که می‌خواست سر صحبت را باز کند نه گذاشت و نه برداشت و یک‌مرتبه از شکسپیر شروع کرد. فکر کردم اگر فلسفه خوانده بودم الان بحث دکارت و هایدگر را پیش می‌کشید و اگر خیاط بودم از برش آستین صحبت می‌کرد. شاید طبیعی بود ولی نه اول ب بسم‌الله. ناگهان خنده‌ام گرفت. جواب کوتاهی به او دادم و بعد با فرخ شروع به صحبت کردم. آقای دکتر هم به ناچار با شکیبا که از قضا بسیار هم‌صحبت خوبی بود به گفت‌وگو نشست. فرخ بسیار آدم جالبی بود. طنز فوق‌العاده‌ای داشت و پس از مدت کوتاهی قاه‌قاه خنده‌ی ما دو نفر بلند شد. شکیبا گه‌گاه زیرچشمی به من نگاه می‌کرد و یا لب می‌گزید ولی من که انگار برای اولین بار بود فرخ را کشف کرده بودم غرق در لذت گفت‌وگوی بین خودمان بودم. فرخ هم گویی فراموش کرده بود به منظور دیگری به آن‌جا آمده بود. من کوچک‌ترین بچه‌ی خانواده بودم و خیلی به مهمانی‌های فامیلی نرفته بودم. شاید به ندرت و کوتاه و رسمی فرخ را دیده بودم. فاصله‌ی سنی هم البته در میان بود. به راحتی حدود بیست سال اختلاف سن داشتیم. با وجود این کشف فرخ خیلی خوشایند بود. سرانجام بدون این‌که من و آقای دکتر دوکلمه با هم حرف بزنیم خداحافظی کردیم. موقع خداحافظی در گوش فرخ گفتم بهتر است این اجناس گران‌بها را در همان شرکت نگه دارد. او هم به شوخی ضربه‌ای به گونه‌ی من زد و شیطونکی گفت و راهی شدیم. مامان منتظر بود. فکر می‌کنم در تمام مدت غیبت ما طرح لباس عروسی مرا هم ریخته بود. ولی من اول از پالتو شروع کردم. تنم کردم و مثل همان کیم نواک وسط اتاق راه رفتم. مامان هم یکسره می‌گفت: «آخه دختر از یارو بگو».

- مامان‌جان، از مال و ثروت نپرسید، اون خونه‌ی سفید در ملاصدرا که چهار تا ستون مرمر داره و هر وقت از جلوش رد می‌شیم با حسرت بهش نگاه می‌کنیم مال آقای دکتره. تنها خودشون و مادرشون، چی‌چی‌السلطنه، اون جا دو تایی با هم زندگی می‌کنند. البته با خدم و حشم.
- خب این‌که بد نیست.
- این‌که بده یا بد نیست بماند. قد آقای دکتر تا سر شونه‌ی منه. آخ نمی‌دونید کنار فرخ دو متری چقدر خنده‌دار بود. درست مثل چیچو و فرانکو بودند.

شروع کردم به خندیدن و شکیبا با اعتراض گفت که من دروغ می‌گویم و دکتر هم‌قد شکیبا بود و من دوباره خندیدم چون شکیبا از من کوتاه‌تر بود.

- مامان‌جان در ضمن یارو مو هم نداشت. فکر نکنم شما داماد کچل بخوایید.

دوباره صدای شکیبا بلند شد که من بی‌خود می‌گویم و مرد بیچاره فقط کمی جلوی سرش خالی بود. مامان که ناامید شده بود با دلخوری گفت بهتر است بگویم نمی‌خواهم ازدواج کنم و روی پسر مردم عیب نگذارم که من قاه‌قاه زدم زیر خنده.

- مامان، شما فکر کردید من رفتم یک پسر جوان خوش‌قیافه و خوش‌تیپ ببینم. یک شاهزاده به روی اسب؟ یا فکر کردید آلن دلون از فرانسه آمده و من جواب رد بهش دادم؟ نخیر. اون یک ترشیده بود. هم‌سن و سال خود فرخ و خیلی هم زشت. مگه مرد ترشیده نمی‌شه؟پول داره که داره می‌خوایین زن پولش بشم. می‌شم.

شکیبا سرش را پایین انداخت. مامان به او نگاهی انداخت و حرف مرا باور کرد. برای مامان داشتن داماد خوش‌قیافه از امتیازات اولیه بود. حاضر بود در مواردی کوتاه بیاید ولی دامادش می‌بایست خوش‌قیافه باشد. حقیقت این بود که هم شوهر شکیبا و هم شوهر شهرو هر دو خیلی خوش‌قیافه بودند.

- مامان باور کنید هیچی رو دروغ نگفتم. البته بذارید اینم بگم که خیلی شیک بود. کت و شلوار آبی تیره با راه‌های سرمه‌ای تنش بود. پیراهنش هم دکمه سردستی بود، دکمه سردست‌ها هم خیلی شیک و به‌طور یقین گران بودند. اگر شما می‌خواهید بله رو بگم بفرمایید. ولی جواب من «نه» هستش. نه، نقطه ته خط. ولی راستی مامان چقدر فرخ نازنینه. کلی با هم حرف زدیم.

حُسن این ملاقات نزدیک شدن من به فرخ و خانواده‌ی مهربانش بود. دو سه هفته بعد، خاله‌ام پسری را معرفی کرد. قرار شد خانه‌ی خاله خانم هم‌دیگر را ببینیم. این بار با مامان رفتم.

خواستگار پسر یکی از همکارهای خاله‌خانم در سازمان زنان بود. خانم اربابی، دوست خاله‌خانم، تمام حق پسرش را خورده بود. هر چه پسر کم‌حرف و محجوب بود خانم اربابی پیاپی حرف می‌زد و مغز می‌خورد. به جای این‌که از پسرش حرف بزند از افتخاراتش در سازمان زنان می‌گفت. جزئی از افتخاراتش این بود که چطور در زمان انتخابات مجلس شناسنامه جمع می‌کند. از شناسنامه‌های دوست و آشنا گرفته تا بقال، میوه‌فروش، قصاب و حتی رفتگر محله و کس و

کارشان را می‌گیرد و تقدیم خانم اسمش را نبر در سازمان زنان می‌کند و به این ترتیب برای کاندیدای مورد نظر سازمان رای جمع می‌کند. اول تعجب کردم این آدم‌ها چطور شناسنامه‌هایشان را برای دادن رای به این آدم می‌دهند. ولی بعد به این نتیجه رسیدم که بدبخت‌ها برای رهایی از دست این مادر فولادزره حاضرند جان‌شان را هم بدهند چه برسد به رای‌شان. من حسابی شلوغ‌بازی درآوردم. شیطنت کردم. خندیدم و مسخرگی کردم. وقتی آن‌ها رفتند خاله‌خانم با دلخوری گفت اگر نمی‌خواهم ازدواج کنم چرا مردم را سر کار می‌گذارم. ناراحت بود که از خجالت چند روزی نمی‌تواند برود سازمان زنان. البته ته دلش خوشحال بود که من خانم اربابی را دست انداختم. خیالم راحت بود که هیچ کدام، نه مادر و نه پسر، مرا نپسندیدند. ولی هنوز از خاله جان خداحافظی نکرده بودیم که تلفن به صدا درآمد. از صحبت‌های خاله‌خانم فهمیدم که دارد با خانم اربابی حرف می‌زند.

- استدعا دارم. مصدع اوقات شدیم. سلام بنده و عرض ارادت سرهنگ را خدمت شازده عزیزمان ابلاغ بفرمایید. تصدق شما. تشریف می‌بُردید منزل بعد زنگ می‌زدید. آخه از کیوسک سر کوچه....

گوشی را که قطع کرد ناگهان شروع کرد به کِل کشیدن. خوشحال بود که می‌تواند با خانم اربابی وصلت کند. صد البته که نه به خاطر من بلکه به دلیل موقعیت خودش در سازمان زنان. به ظاهر پسر آرام و محجوب که در تمام مدت لام تا کام حرف نزد به دنبال دختری سرزنده و شوخ بوده و خانم سازمان زنان هم به دنبال جانشینی جوان برای خودش تا آن طور که می‌خواهد تربیتش کند و او را در سازمان زنان به جای خود بگذارد تا خود ایشان به فراموشی سپرده نشوند. به مامان گفتم چقدر هضم این خانم سخت بود. خوشبختانه او هم موافق بود. بگذریم که خاله‌خانم مغز مامان بیچاره را ترید کرد ولی مامان به او گفت شانی در واقع زن این خانم می‌شود نه زن پسرش و بهتر است چنین وصلتی را فراموش کنیم. خوشحال بودم که مامان خودش قضیه را خاتمه داد و من مجبور نبودم به او هم توضیح بدهم که چرا زن پسر شازده و خانم اربابی نمی‌شوم.

این روش کارگر نیفتاد و من در خانه ماندم. مامان می‌گفت من حتی محل کارم را هم عوض نکردم که شاید آدم جدیدی را در آن‌جا ببینم. نه با دلخوری ولی با دلسوزی می‌گفت که به دانشگاه چسبیده‌ام. دیگر تسلیم شدم و گفتم به هر کسی که می‌خواهید بگویید بیاید خانه برای خواستگاری. یک شب وقتی با مامان بحث می‌کردیم با گریه گفتم من همش بیست و پنج سال دارم و هنوز زندگی نکرده‌ام.

چرا این قدر عجله دارند مرا اسیر کنند. یادم آمد که برای شهرو گاه دونفر دونفر با هم به خواستگاری می‌آمدند. مامان معتقد بود که در و همسایه فکر می‌کنند من خیلی جدی هستم و هر کسی را قبول ندارم. برای همین کسی پا جلو نمی‌گذارد. گاه‌گداری کسی پیدا می‌شد و به خواستگاری می‌آمد. بیش‌تر آن‌ها خوب بودند. جوان‌های نجیب و آرامی که مرا می‌پسندیدند چون می‌توانستم آن‌ها را تکمیل کنم. گه‌گاه به ادیب فکر می‌کردم. بدون این‌که چیزی به من بگوید از ایران رفت؟ عبدی را کم‌تر می‌دیدم. نامزدش را به تهران آورده بود و ازدواج و گرفتاری‌های زندگی با یک کار نیمه‌وقت در کانون پرورش فکری کودکان تمام وقتش را پر می‌کرد. منیژه، عروس پستی، هم رفته بود نروژ. نروژ! نمی‌دانم چرا. بدون شک به شوهرش آن‌جا پول بهتری می‌دادند تا انگلیس. شاید هم هرگز انگلیس نبوده. چه می‌دانم. تنها نرگس را مرتب می‌دیدم. یک روز ماجرای آقای آزاد را برایم تعریف کرد. گفت یک بار که با او کلاس داشته سوالی از او می‌پرسد. آقای آزاد از نرگس می‌خواهد که بعد از کلاس به دفترش برود تا آن‌جا جوابش را بدهد. وقتی نرگس و آقای آزاد تنها بودند صحبت‌های مختلفی می‌شود و آقای آزاد که از من شنیده بود نرگس تنها زندگی می‌کند خودش را به منزل او دعوت می‌کند و نرگس هم می‌پذیرد.

- شانی، این مردا همه‌شون دیوونه‌اند. باور کن همه‌شون مشکل دارند. پیر و جوون. استاد و دانشجو. مسلمان و جهود و بهایی. یکی بدتر از دیگری. همگی مشکل جنسی دارند. کاریش هم نمی‌شه کرد.

گفت آقای آزاد در حالی که هیجان‌زده و دست‌پاچه بوده به او حمله‌ور می‌شود. گفت تا دو روز درد داشته است. البته نرگس دختر آفتاب و مهتاب‌ندیده نبود. وقتی در مورد خونریزی گفت خیلی ترسیدم و خواستم به دکتر برود ولی خودش گفت دیگر جای نگرانی نیست. گفتم:

- نرگس چرا با خودت این رفتارو می‌کنی؟ مگه گوشت قربونی هستی که هر کسی چنگ بندازه و یک تکه‌ات رو برداره؟ چرا قدر خودت رو نمی‌دونی؟ چرا می‌ذاری این طوری ازت سواستفاده بشه؟

ولی نرگس دوست داشت آزار ببیند. چه به دست خودش و چه به دست دیگران. نرگس همیشه با مادرش بر سر مسائل مذهبی دعوا داشت. یک ازدواج ناموفق با یک غیربهایی داشت که به طلاق ختم شده بود. طلاق! مادر نرگس اول به خاطر ازدواج او با یک غیربهایی و دوم به سبب طلاق به شدت با نرگس مشکل داشت و همه‌ی این‌ها سبب شده بود که او تنها زندگی کند. این‌ها کافی بود

که مامان هم نرگس را به‌رغم همه‌ی مهربانی‌ها و قیافه‌ی شیرینش دوست نداشته باشد. مادرها گویی تبانی‌های پنهانی با هم دارند. بالاخره نرگس با یک دانشجوی سال پایینی ازدواج کرد. ازدواجی که همه می‌دانستند طلاق را به دنبال خواهد داشت. او برای خودش نذر کرده بود تا فدا شود.

سرانجام یک روز خانم عزت‌الملوک که از دوستان قدیمی ما بودند به همراه جوانی به منزل ما آمدند. جوان خوش‌رو و مودبی بود. آهنگ صدای قشنگی داشت و خوب حرف می‌زد. البته او خواستگار نبود. از بستگان خانم عزت‌الملوک بود. برای خانم عزت‌الملوک آش نذری برده بود و بعد او را رسانده بود منزل ما. وقتی آمده بودند مامان اصرار کرده بود او هم بیاید و شربت خنکی بخورد. خانم عزت‌الملوک به تازگی در سن پنجاه و هشت سالگی با یک سرهنگ ارتش شصت و شش ساله ازدواج کرده بود. لباس سفید پوشیده بود و پای سفره‌ی عقد هم نشسته بود. این جوان پسر یکی از هم‌ولایتی‌های سرهنگ بود. این طوری آشنایی من و صدرا شروع شد. خانم عزت‌الملوک هم خودش را فاتح بزرگی اعلام کرد. با تنبک و دمپایی‌های پرپری صورتی‌اش عکسی گرفت و به ما هدیه داد. او بسیار زیبا ضرب می‌زد و برادرش اقبال خان تار خوب می‌نواخت. وقتی آقاجان زنده بودند و در منزل ما مهمانی‌های دوره‌ای برگزار می‌شد خواهر و برادر با هم می‌زدند و می‌خواندند «امشب شب مهتابه...».

صدرا پسر باسواد، آرام و معقولی بود. می‌گفت پدر مستبدی دارد که او بی‌نهایت صدرا را دوست دارد، شاید بیش‌تر از فرزندان دیگرش. از خانواده‌ی شلوغی می‌آمد. چندین و چند خواهر و برادر. دو سال زندانی کشیده بود. در شلوغی‌های شانزده آذر دستگیر شده بود. اقتصاد خوانده بود و در وزارت دارایی شغل خوبی داشت.

خیلی زود از من خواستگاری کرد. فقط یک درخواست از من داشت و دیگر هیچ. به روی صحنه‌ی تئاتر نروم. من بازیگر فعالی نبودم. در واقع وجود آقای آزاد سبب شده بود من بیش‌تر به تئوری تئاتر علاقه‌مند شوم. گذشته از آن، شلوغی‌ها و دگرگونی‌های این اواخر آینده‌ی روشنی را برای تئاتر رقم نمی‌زد؛ به‌طوری که من ترجیح می‌دادم یک زن آکادمیک باشم گرچه همچنان روحیه‌ی هنری در من بسیار قوی بود. صدرا با فعالیت‌های پشت‌صحنه مخالفتی نداشت. فکر کردم به خاطر پدرش که خیلی متعصب بود نمی‌خواهد من به روی صحنه بروم. بدون چون و چرا قبول کردم. صدرا انسان خوبی بود. هر کسی که او را می‌دید جز تمجید و تعریف چیزی برای گفتن نداشت.

خیلی زود پدر و مادر صدرا برای خواستگاری رسمی به منزل ما آمدند. پدر صدرا مردی کوتاه قامت، کمی چاق، با ته‌ریش ولی خوش‌پوش و خوش‌صحبت بود. وقتی او در مورد مهریه از مامان سوال کرد من بیرون اتاق بودم. مامان گفت بهتر است خود شانی را صدا کنیم و شما از او سوال کنید. در مقابل پدر صدرا راحت نبودم. با صدای آرامی گفتم من مهریه نمی‌خواهم. با گفتن این حرف گویی من دستور جنگ بین‌الملل سوم را داده باشم. رنگ پدر صدرا پرید. ابروهای پرپشت و فلفل نمکی‌اش در هم رفت و با صدای خشنی گفت چنین چیزی عملی نیست. صدرا نشسته بود و مثل یک بره‌ی بی‌گناه نگاه می‌کرد. متعجب بودم که چرا چیزی نمی‌گوید. من از پیش به او گفته بودم مهریه نمی‌خواهم. یعنی به پدرش نگفته بود؟ پدر صدرا با عصبانیت در حالی که دیگر سرپا ایستاده و آماده‌ی رفتن شده بود به مامان گفت آن‌ها بی‌مایه و مال نیستند و مردم چه خواهند گفت؟ مامان تلاش کرد با سیاست صحبت کند ولی سنگ به سندان کوبیدن بود. پدر صدرا که به راه افتاده بود گفت هر چقدر مهریه‌ی عروس تازه‌اش هست مهر من هم خواهد بود. در واقع حکم صادر کرد. من که تا آن موقع ساکت بودم و به توپ و تشرهای او گوش می‌دادم یک‌باره به صدا درآمدم.

- آقای تقوی، نه من مینا عروس تازه‌ی شما هستم و نه صدرا مرتضی‌ست. من زن مردی نمی‌شم که حتی پول سینماش رو باید خانوادش توی جیبش بذارن. مرتضی از صدرا بزرگ‌تره ولی هنوز بی‌کاره. عروس تازه‌تون هم به جای خودش. پس خواهش می‌کنم منو با عروس تازه‌تون مقایسه نکنید. من روی خودم قیمت نمی‌ذارم ولی اگر قرار بشه این کارو بکنم مطمئن باشید که شما از عهده‌اش برنمی‌آیید.

اولین بار بود که در مقابل کسی حرفم را می‌زدم. همین که این حرف از دهن من خارج شد اولین کسی که عکس‌العمل نشان داد مامان بود. فکر می‌کنم به این خاطر بود که حرف مرا باور کرد. صدای عجیب و غریبی از گلویش بیرون آمد که به هیچ کلامی نزدیک نبود. پدر صدرا بدون این‌که حرف دیگری بزند از اتاق بیرون رفت و از منزل خارج شد. مطمئن نیستم با مامان خداحافظی کرد یا نه. مادرش هم به دنبال او روان شد و خیلی آهسته با مامان و نه با من خداحافظی کرد. صدرا هم در بهت کامل به دنبال آن‌ها از در رفت بیرون و با ما خداحافظی کرد؛ بیش‌تر شبیه یک خداحافظی همیشگی بود. با رفتن آن‌ها نفس راحتی کشیدم. پذیرفتن «همسر کسی شدن» خیلی سخت‌تر از آن‌چه بود که تصور می‌کردم.

در همین یک ساعت متوجه این امر شدم. اشتباه کرده بودم که به صدرا جواب مثبت داده بودم. مامان معتقد بود که این ماجرا به همین جا ختم نمی‌شود. حق با او بود. دو سه روز بعد وقتی از سر کار به خانه می‌آمدم در کوچه ماشین برادر بزرگ صدرا را دیدم. تا مرا دید از ماشین پیاده شد. انگار تازه از سالن سینمایی که فیلم می‌خواهم زنده بمانم[۲۵] را نشان می‌داده خارج شده باشد. به دنبالش سه خواهر صدرا، همگی بزرگ‌تر از خودش، هم پیاده شدند. برادر صدرا محترمانه با من سلام و علیک کرد. خودش را معرفی کرد ولی من همگی را از روی عکس‌های عروسی مرتضی که صدرا نشانم داده بود به اسم می‌شناختم. صمد، برادر بزرگ صدرا، گفت رد کردن حرف پدرشان خیلی سخت است و تا به حال کسی جرأت نکرده روی حرف پدرشان حرفی بزند، که البته هم از ترس بوده و هم از احترام نسبت به زحماتی که پدرشان برایشان کشیده بوده. گفتم:

- آقای محترم، مادر من به تنهایی ما را به این‌جا رسونده. پدر شما می‌تونه سخت‌گیر و یک‌دنده باشه. شما هم چه از روی ترس یا احترام می‌تونید به حرفاش گوش کنید. ولی او نمی‌تونه برای بچه‌های مردم هم تصمیم بگیره. ما به این نوع زندگی عادت نداریم. صدرا نمی‌تونه حرف پدرش رو زمین بندازه، چه خوب! ولی من مجبور نیستم به یک‌دندگی ایشون تن بدم. ایشون فکر کرد تو خونه‌ی ما میدان جنگه که فرمان بدن باید چی کار کنیم. فکر احترام مامان مرا نکردند! اگر صدرا هنوز نمی‌دونه که فرار از مشکل، مشکل رو حل نمی‌کنه پس شاید همون بهتر که مدتی تنها باشه.

در را باز کردم و الکی تعارفی به یک استکان چای کردم. خواهرها در تمام این مدت ساکت بودند و تنها خواهر وسطی حسابی ترش کرد. خداحافظی کردند و رفتند. وارد خانه که شدم به خودم آفرین گفتم. ولی واقعیت چه بود؟ آیا برای فرار از وضعیت خودم نبود که می‌خواستم ازدواج کنم؟در واقع نمی‌دانستم چه کسی را می‌خواهم. از فکر ادیب بیرون نمی‌آمدم. هرگز هم بیرون نیامدم ولی هیچ‌وقت هم نتوانستم در خلوت خودم او را به عنوان همسرم ببینم. برایم سخت بود مجسم کنم او هر آخر هفته با من راه بیفتد تا ناهار یا شامی را با مامان و باجانم بگذرانیم. یا با ما به مهمانی، تولد، و یا عروسی بیاید. یا اگر بچه‌ای در کار باشد شیر به دهانش بگذارد و یا او را به دکتر ببرد. در کنار او من می‌بایست برای همیشه همان دانشجو باشم و او همان استاد. او مثل یک کتاب خطی عتیقه‌ی باارزش داخل قفسه‌ای بود که حفاظ شیشه‌ای داشت.

کتابی نبود که همه جا در دست باشد. شب‌ها نمی‌توانستی آن را در تخت‌خواب بخوانی و بعد که خوابت برد کتاب به گوشه‌ای پرت شود. زمان خودش را داشت. کلید قفسه هم دست خودش بود. هر وقت دلش می‌خواست تو به سراغش بروی بازش می‌کرد. برش می‌داشتی، نگاهی به آن می‌انداختی، چند صفحه‌ای را با دقت بدون هیچ اشتباهی می‌خواندی و کتاب را به همان شکل اول می‌گذاشتی سرجایش. احساس خودم نسبت به او را نمی‌شناختم و نمی‌دانستم که به راستی عشق بود یا نه.

دو سه روزی گذشته بود که دوباره وقتی از دانشگاه برمی‌گشتم ماشین صمد را جلوی در دیدم. این بار با دو خواهرش آمده بود. دعوتشان کردم بیایند داخل خانه. صمد همان حرف‌های دو روز پیش را تکرار کرد. فقط این بار بیش‌تر در مورد صدرا و عزیز بودن او برای خانواده گفت. مثل روضه‌خوانی که هم خودش گریه می‌کند و هم بقیه را به گریه می‌اندازد، هر بار که اسم صدرا را می‌آورد اشک از چشم‌های هر سه نفرشان روان می‌شد. خواهر بزرگ‌تر که بچه‌ی اول هم بود می‌گفت با وجود این‌که صدرا بچه‌ی بزرگ خانواده نیست ولی برای همه نقش پدر دوم را دارد و اضافه کرد کسی نمی‌تواند ناراحتی او را ببیند. گفتم تمام آن‌چه اظهار می‌دارند برای آن‌ها مهم است. چرا می‌بایست مرا با عروس جدیدشان مقایسه می‌کردند. درآمد من اگر بیش‌تر از صدرا نبود کم‌تر از او هم نبود. گفتم هر کس آزاد است روی خودش قیمت بگذارد ولی زندگی من قابل خرید و فروش نیست. نه با پول و طلا و نه با کلام‌الله. همان آیینه و شمعدان و شاخه نبات ما را بس. می‌فهمیدم که صدایم به وضوح می‌لرزد. وقتی حرف‌هایم تمام شد صمد گفت با تمام شرایط من موافقند و خوشبختی صدرا را می‌خواهند. ناگهان خواهر دومی با ترشرویی گفت در شرایطی که پدرشان با این عروسی مخالف است ما می‌توانیم با هم ازدواج کنیم ولی نباید انتظار داشته باشیم آن‌ها به عروسی ما بیایند. خواستم جواب بدهم که صمد و خواهر بزرگ‌تر دیدند الان است که هر چه بافته بودند پنبه شود، خودشان خواهر دیگر را ساکت کردند. صمد گفت او با پدرش صحبت می‌کند و خواهر بزرگ‌تر هم تأکید کرد که آن‌ها به عروسی خواهند آمد چه پدرشان موافقت کند چه نکند. البته خواهر دیگر غرغری کرد ولی کسی تحویلش نگرفت. با مهربانی رو کردم به خواهر بزرگ‌تر و پرسیدم:

- شما همگی همین طوری ازدواج کردید؟ قبل از ازدواج این همه جر و بحث داشتید؟ این طوری که آدم وحشت می‌کنه از هر چه ازدواجه.

- کمابیش. ما پنج تا خواهر همگی به خواست آقا بزرگ ازدواج کردیم. پسرها مشکل داشتند ولی نه به این شکل. صمد و مرتضی با عشق و عاشقی ازدواج کردند.
- و آقا بزرگ با این عشق و عاشقی مخالف نبود؟
- ای بابا! نمی‌دونید چقدر بدبختی کشیدیم.
- می‌دونید برای مامان من مهریه آخرین نگرانی بوده همیشه.

دوباره خواهر دومی خیز برداشت که چیزی بگوید ولی صمد جلوی حرف زدنش را گرفت و گفت:

- شانی خانم. خانواده‌ی ما خیلی سنتی‌تر از خانواده‌ی شما هستند. ما بیش‌تر از یک ساعته که این‌جا نشستیم و داریم حرف می‌زنیم ولی خانم شایسته حتی یک کلمه هم نگفتند. این تفاوت ما و شما رو مشخص می‌کنه. وقتی آقا بزرگ در جمعی باشند بقیه حرف نمی‌زنن و تنها سر تکان می‌دهند.

مامان لبخند طعنه‌آمیزی تحویل‌شان داد. صمد ادامه داد:

- ما به پدرمون خیلی احترام می‌ذاریم. تا به حال هیچ کس جرأت نداشته روی حرف آقا بزرگ حرفی بزنه.

مامان دیگر طاقت نیاورد و گفت:

- شما فکر می‌کنید چون ما سنتی نیستیم معنی احترام را نمی‌فهمیم. بچه‌های منم بهم خیلی احترام می‌ذارن، ولی از روی مهر نه از روی ترس. البته همه از دیکتاتور می‌ترسیدند ولی واقعیت این بود که در این گونه موارد ما آزادی عمل داشتیم. دیکتاتوری مامان برای بچه‌هایش مثل یک اردوی تربیتی همیشگی بود و نه بیش‌تر. حوصله‌ام داشت سر می‌رفت. گفتم:

- شاید وقت آن رسیده که کسی چیزی برخلاف حرف ایشون بزنه. یعنی همیشه هر چی گفتند درست بوده؟ من نه قصد لجبازی دارم و نه این‌که چیزی رو به کسی ثابت کنم. خانواده‌ی من از مهریه خوش‌شون نمیاد. البته پسرها بنا بر میل زن‌هاشون رفتار کردند. در ضمن به نظر من تمام این گفت‌وگو را باید خود صدرا با من می‌کرد و یا حداقل خودش حضور می‌داشت. به هر حال من سر حرف خودم هستم.

صمد قول داد که راه‌حلی برای این موضوع پیدا می‌کند. صبح روز بعد صدرا به دانشگاه زنگ زد و خواست مرا ببیند. صدایش به قدری شاد بود که به او حسودی کردم. حسادت به عشقی که به من داشت. یک ماه بعد قرار نامزدی را گذاشتیم.

نمی‌فهمیدم چرا دارم این کار را می‌کنم. انگار برایم مرحله‌ی دیگری بود مثل دیپلم گرفتن و یا دانشگاه رفتن، یا گواهینامه‌ی رانندگی. به هر حال گویی امری لازم بود که باید انجام می‌شد. یک سیر طبیعی. دنبال شاهزاده‌ی اسب‌سوار نبودم. با صدرا در خیلی از مسائل هم‌عقیده بودم. او بی‌نهایت دوستم داشت و به من احترام می‌گذاشت. حقه‌باز و پشتِ هم‌انداز نبود. صادق بود و مهربان. اهل سیگار و مشروب هم نبود. من از سیگار متنفر بودم. نسبت به خانواده‌اش بسیار مسئول بود. او به راستی برای آن‌ها پدر دوم بود و من به این هم اهمیت می‌دادم. قرار نامزدی ما به دلیل یک اتفاق ناگوار عقب افتاد.

یک عصر در منزل تنها بودم که تلفن زنگ زد. گوشی را برداشتم. از بیمارستان هزارتختخوابی بود. خبر دادند که ننه‌صحرا تصادف کرده. با هیچ کس حرف نزدم و تنها با ارس تماس گرفتم. بی‌درنگ تاکسی گرفتم. خوشبختانه بیمارستان دور نبود. زود رسیدم و جویای شماره‌ی اتاقش شدم. اتاقی در کار نبود. کسی مرا به یک سالن برد. در را که باز کردم سر جایم میخ‌کوب شدم. ناگهان دکتری به سراغم آمد و در حالی که داد و بی‌داد می‌کرد که چه کسی مرا به آن‌جا فرستاده از اتاق خارجم کرد. سر ننه‌صحرای کوچک‌اندام شده بود اندازه‌ی تمام تنش. خیلی نمی‌فهمیدم چه می‌گفتند ولی آن سان که پیدا بود مینی‌بوس به او زده بود و سرش خورده بود به جدول کنار خیابان. فکر نمی‌کردم عضوی از بدن بتواند تا این اندازه بزرگ شود. همان موقع ارس هم رسید. آن قدر حواس داشتم که جلوی او را بگیرم و نگذارم صحنه‌ای را ببیند که من شاهدش بودم. دکترها بالای سر ننه‌صحرا جمع شده بودند و داشتند مطالعه‌اش می‌کردند. راننده در بازداشت پلیس بود. چیزی که دیده بودم از مغزم بیرون نمی‌رفت. هنوز در بهت بودم و گریه نمی‌کردم. ارس پرسید چه اتفاقی افتاده و برایش تعریف کردم و تازه به گریه افتادم. برگشتیم منزل. نمی‌دانستم به باجانم چه بگویم. درست بود که آن‌ها همیشه با هم در حال دعوا بودند ولی ننه‌صحرا تنها کسی در این دنیا بود که باجان با او نسبت خونی داشت. بقیه را خبر کردیم. صدرا مسئولیت برخورد با راننده و پلیس را به عهده گرفت. مامان خیلی تلاش کرد در امامزاده عبدالله جایی برای او کنار قبر آقاجان بگیرد که نشد. مراسم را به‌طور مفصل برگزار کردیم. خاطرات همه از ننه‌صحرا در مورد مهربانی‌هایش بود و بس. شهرو از همه بیش‌تر گریه می‌کرد. او عزیزکرده‌ی ننه‌صحرا بود و بعد از ازدواج هم مثل قسمتی از جهاز به خانه شهرو رفته و بچه‌هایش را تر و خشک کرده بود. به این ترتیب نامزدی برخلاف نظر پدر صدرا شش ماه عقب افتاد.

مامان نامزدی مفصلی گرفت. آقا بزرگ هم خیلی خوشحال بود و با خانمش که هیچ نمی‌گفت در صدر مجلس نشستند. در همان شب همه‌ی فامیل من عاشق صدرا شدند. «چقدر آقاست، چقدر خوبه، چقدر مودبه، چقدر خوش‌قیافه‌ست، چقدر...» و صدرا همه‌ی این‌ها بود. خانواده‌ی معمولی و خوبی هم داشت. در مقایسه با ما آن‌ها کمی متعصب و مذهبی بودند. زن‌ها با مردهای غریبه حرف نمی‌زدند و فقط سلام و علیک می‌کردند. ولی ما این طور نبودیم. خواهرهای من با همه شوخی می‌کردند و می‌خندیدند. آن شب من روی دسته‌ی مبل یکی از صمیمی‌ترین دوستان صدرا نشسته بودم و حرف می‌زدیم که صدرا با ایما و اشاره صدایم کرد. از اتاق رفتم بیرون. خواست که کنار دوستش روی دسته‌ی مبل ننشینم. ما شب‌های زیادی با هم بیرون رفته بودیم و گاهی حتی سه تایی جلوی ماشین نشسته بودیم. توضیح داد جلوی پدرش این کار درست نیست. حسابی رنجیدم و گفتم:

- یعنی از حالا به بعد این طور خواهد بود و من باید مثل خواهرهای تو رفتار کنم؟

سرش را پایین انداخت و گفت:

- خواهش می‌کنم. لااقل تا آقابزرگ این‌جاست.

- ولی صدرا من اشکالی نمی‌بینم که روی دسته‌ی مبل مزدک بنشینم. توی بغل مزدک که ننشستم. اگر از الان این طور ریاکاری کنم تکلیفم در آینده چیه؟

صدرا که ترسیده بود مرا همان جا از دست بدهد لبخندی زد و گفت هر کجا دوست دارم بنشینم. به اتاق برگشتم و دیگر کنار کسی ننشستم. فامیل من خانه را غرق گل کرده بودند. خواهرهای صدرا می‌گفتند این‌ها برای عروسی چه خواهند کرد. یکی از دوستان سینمایی آقای آزاد هدایای او را آورد؛ یک مرغ قشنگ نقره‌ای کار صنایع دستی به همراه یک گلدان گل. خودم در را به روی آن شخص باز کردم. خودش را معرفی نکرد و فقط گل و کادو را داد و رفت. به این ترتیب من و صدرا نامزدی خودمان را به دوست و فامیل اعلام کردیم ولی دوباره من رویارویی دیگری با پدر صدرا داشتم. او معتقد بود باید صیغه محرمیت بین ما خوانده شود. به صدرا هشدار دادم من به هیچ قیمتی زیر بار نخواهم رفت حتی اگر این نامزدی دو سال هم طول بکشد. من به‌طور وحشتناکی از کلمه‌ی صیغه بدم می‌آمد. صیغه یا متعه یعنی تمتع بردن و حتی کلمه‌اش سبب می‌شد حالت بدی به من دست بدهد.

به هر حال به صدرا گفتم دیگر کافی‌ست و من همه چیز را به هم می‌زنم. آرامم کرد و هیچ وقت نفهمیدم و نپرسیدم چطور پدرش را راضی کرد. روشن بود این دخالت‌ها تمامی نداشت. آقابزرگ تصمیم نداشت که دخالت نکند و یا کم‌تر این کار را بکند. با این‌که تا به حال موفق نبود ولی نمی‌دانستم چرا دست برنمی‌داشت. شاید حریف به تورش خورده بود.
یک شب صدرا دوستان دانشگاهی‌اش را به یک رستوران دعوت کرد تا با من آشنا شوند. یکی دو نفری ازدواج کرده بودند ولی مجردها بیش‌تر بودند. در واقع آن‌ها بهترین دوستان صدرا در دوره‌ی دانشگاه بودند. جالب بود که دو تا از نزدیک‌ترین دوستان صدرا خانم بودند. نیمه‌های صرف شام یادم آمد باید به مامان زنگ بزنم.
سر راهم پروانه و ژانت، همان دو دوست او را دیدم که پشت در توالت ایستاده بودند و متوجه نشدند من پشت سرشان هستم. رستوران تاریک بود و سر میزها چراغ‌های کوچک قرمز روشن بود. شنیدم که آن‌ها دارند نقشه‌ی یک شرط‌بندی را طرح می‌کنند که طول ازدواج من با صدرا بیش‌تر از شش ماه نخواهد بود و معتقد بودند همه با آن‌ها موافق خواهند بود. به مامان زنگ زدم و برگشتم ولی درهم بودم. به صدرا گفتم آن‌ها بمانند و من به خانه می‌روم. صدرا دیگر با اخلاق مامان آشنا شده بود و می‌دانست نامزدی تغییری در مورد احکام ورود و خروج من از خانه ایجاد نکرده است. تمام شب مثل مار به خودم پیچیدم. به راستی چه کار کرده بودم. صدرا می‌توانست خیلی‌ها را خوش‌بخت کند؛ کسانی مثل همان دو دوست صمیمی‌اش. ولی مرا چطور؟ جوابی نداشتم. خود من چه؟ آیا می‌توانستم صدرا را خوش‌بخت کنم؟ من فکرنکرده کفتر را پرواز داده بودم و روی شانه صدرا نشسته بود. تمام آن شب فکر می‌کردم آن‌هایی که شرط به جدایی ما بستند به یقین شرط را می‌برند. بعد از آن شب این ترس همیشگی با من بود. اغلب در تخت‌خواب گریه می‌کردم و نمی‌دانستم چطور می‌توانم نامزدی را به هم بزنم. گاهی با گریه به سراغ مامان می‌رفتم و از او می‌خواستم که حلقه را پس بدهد. جواب مامان هم همیشه یک حرف بود:

- خودت تصمیم گرفتی. خودت انتخابش کردی. خودت هم حلقه رو پس بده. اگر این نامزدی رو طولانی نکنید و زودتر عروسی کنید این قائله هم ختم می‌شه.

علاقه‌ی صدرا روز به روز بیش‌تر می‌شد ولی دیدن و ندیدن او به‌طور مرتب مرا نه خوشحال می‌کرد و نه ناراحت. اگر چند روزی پیدایش نمی‌شد این مامان و

باجان بودند که آدم را سوال‌پیچ می‌کردند که این دیگر چه نوع نامزدی‌ست که شما از هم بی‌خبرید. جواب می‌دادم که شاید مریض است و یا رفته مأموریت. بعد آن‌ها پرخاشگرانه می‌گفتند: «یعنی چه رفته مأموریت و به نامزدش یک کلمه نگفته؟» و همین طور ادامه پیدا می‌کرد. وقتی صدرا دستم را در دست‌هایش می‌گرفت قلبم به تپش نمی‌افتاد و یا دلم فرو نمی‌ریخت. با او زندگی روی یک خط مستقیم بود، می‌دانست من عاشقش نیستم ولی خودش آن‌قدر عاشق بود که شاید به من فکر نمی‌کرد. مامان همیشه خوشحال بود که من مثل شهرو نبودم و در ارتباط با عشق آدم منطقی‌ای هستم. آیا راستی این طور بود یا من عشق را نمی‌شناختم؟ در این مدت هر از گاهی به منزل ادیب زنگ می‌زدم. امید داشتم روزی تلفن را بردارد. آقای آزاد را خارج از دانشگاه و به سببی می‌دیدم. می‌فهمیدم که سرش گرم است. کجا و با کی؟ برایم مهم نبود. خوشحال بودم که من وارد زندگی‌اش نشدم.

در یک بعد از ظهر گرم تابستان، مامان و باجان خواب بودند و من روی بالکن با لباس رکابی دراز کشیده بودم و کتاب «جان شیفته» را می‌خواندم. گاه خودم را جای آنت می‌گذاشتم و گاه به جای سیلوی که ناگهان زنگ تلفن به صدا درآمد. از ترس این‌که مامان و باجان بیدار شوند داخل اتاق پریدم و سریع تلفن را برداشتم. با شنیدن «الو»ی کشیده‌ای قلبم ریخت. ادیب بود. برگشته بود و می‌خواست مرا ببیند. قرار گذاشتیم فردای آن روز با هم ناهار بخوریم. شاید در تمام طول این چند سال دومین باری بود که به من زنگ می‌زد. گوشی را که روی دستگاه گذاشتم متوجه شدم که دارم می‌لرزم. ضربان قلبم تند شده بود و در دلم آشوبی به پا خاسته بود. طوری که پریدم داخل دستشویی و بالا آوردم. مامان بیدار شد و نگران پرسید که تلفن چه کسی بوده است. آبی به سر و صورتم زدم و گفتم که اشتباه بود و شاید من زیر آفتاب گرمازده شده‌ام. باجان هم که دیگر از خواب بعدازظهر بیدار شده بود مرتب می‌پرسید که چه شده و چرا کسی به او جوابی نمی‌دهد و طبق معمول به مامان خرده می‌گرفت که چرا دو دانه اسفند برای من در آتش نمی‌اندازد. می‌گفت خانم سرکیسیان همسایه‌ی روبه‌رویی همیشه از من تعریف می‌کند. حتی چند بار هم گفته بوده که ای کاش شانی خانم مسلمان نبود و عروس آن‌ها می‌شد. هم‌چنان ادامه می‌داد: «بد ارمنی! ماشاالله هم که توی زبان‌شان نیست!». بیچاره خانم سرکیسیان از آسوری‌های بسیار محترم بود که مرا خیلی دوست داشت. من در عالم خودم بودم. بی‌قرار فردا. ای کاش زمان به سرعت یک رعد می‌گذشت.

نمی‌دانستم تا فردا چطور صبر کنم. «جان شیفته» در همان بالکن ماند. صدرا زنگ زد شب برویم بیرون. گفتم حالم خوب نیست و ترجیح می‌دهم غذای بیرون را نخورم. نه بحثی کرد و نه اصراری. بالاخره شب شد و دیگر مجبور نبودم برای کسی نقش بازی کنم. من بودم و رفیق همیشگی‌ام رخت‌خواب. هزاران بار با خودم تکرار کردم «چی شد که رفتی؟ چی شد که برگشتی؟ چرا وقتی می‌رفتی با من حرف نزدی؟ چرا چیزی به کسی نگفتی؟»

آن شب تا صبح خواب به چشمم راه پیدا نکرد. قادر نبودم روی موضوعی تمرکز کنم. فکرها و تصویرها از ذهنم می‌گریختند. مثل سحرشده‌ای بودم که زمان و مکان برایش ساکن شده بود. حتی نمی‌توانستم به ملاقات فردا فکر کنم. راستی آیا آقای آزاد می‌دانست و به من هیچ نگفته بود!؟ آفتاب صبح هنوز نزده بود که خواب به سراغم آمد. بعد از دو ساعت وقتی بیدار شدم سرحال بودم. حمام کردم. موهایم را سشوار کشیدم. لباس خیلی قشنگی را که شوهر شهرو از آمریکا برایم آورده بود به تن کردم؛ لباس نباتی‌رنگی بود که گل‌های زنبق به رنگ آبی تیره داشت. دامنش کلوش بود. پارچه‌ی لختی که به تن آدم می‌رقصید. کلاه سرمه‌ای‌رنگی را که از ژاپن آورده بودم به سرم گذاشتم. گردن‌بند آبی، که از او هدیه گرفته بودم، را هم به گردن انداختم. من در بین دختران مامان از همه قد بلندتر بودم. از نامزدی به بعد هم کلی وزن کم کرده بودم. به کفش پاشنه‌بلند عادت نداشتم. کفش سرمه‌ای پاشنه سه‌سانتی به پا کردم. از خانه که می‌آمدم بیرون، مامان سر تا پای من را برانداز کرد و گفت:

- اوغور به خیر. کجا به سلامتی؟
- جای همیشگی؛ دانشگاه. فقط نه مثل همیشه. همین.

سر راه مجبور شدم بنزین بزنم. چند تا جوان که مرا با کلاه دیدند سوت بلندبالایی کشیدند. پمپ بنزینی بیچاره هم وقتی بنزین را زد و پولش را گرفت با غلظت تمام گفت: "Thank you". با خنده گفتم: «خواهش می‌کنم». تا ظهر سرِ کار بی‌قرار بودم. مرتب به خودم نهیب می‌زدم که به هیچ مسأله‌ای فکر نکنم و صبور باشم. نزدیک ظهر از اتاقم بیرون آمدم و در حالی که می‌رفتم تا سوار ماشین شوم آقای آزاد را دیدم. با همان لبخند زیرکانه‌ی همیشگی‌اش نزدیک شد و چشمکی زد.

- از دور فکر کردم اوا گاردنر داره به سمتم میاد.
- فکر نمی‌کنم هیچ وقت کسی فهمیده باشه که شما با حرف‌هاتون دارید تعریف می‌کنید یا متلک می‌گید. ولی به هر حال از این فکر خوشم اومد.

گرچه از دور. ولی خب مرسی.

- به‌هیچ‌وجه متلک نبود. عین واقعیت بود. امروز یه جور دیگه‌ای هستی.
   خب قضیه‌ی کنتس پابرهنه چیه؟

به کفش‌هایم اشاره کردم و گفتم:

- هیچی. امروز تصمیم گرفتم از قالب اسپرتی بیام بیرون.

- خیلی هم زیبا. چقدر هم این نوع لباس پوشیدن بهت میاد. و این کلاه!
   حالا کجا این وقت روز؟

- وقت ناهاره نه؟ با یکی از دوستام قرار دارم.

باز هم چشمکی زد و پرسید:

- دوست به‌خصوصیه؟

- همه‌ی دوستان به‌خصوصند آقای آزاد.

- خوش به حال اون دوست که امروز با اوا گاردنر ناهار می‌خوره.

- و نه با شانی! درسته؟

- حالا کی متلک می‌گه؟

خداحافظی کردیم. نشستم پشت فرمان و راندم طرف همان رستورانی که برای اولین بار به آن‌جا رفته بودیم. ماشین را پارک کردم. چند دقیقه‌ای زود رسیده بودم. وارد رستوران شدم. ادیب پشت میزی رو به در نشسته بود. سرش پایین بود و با لیوان آبی بازی می‌کرد. نفسم برای یک لحظه بند آمد. ضربان قلبم شدید شد. رفتم جلو و سلام کردم. بلند شد و دست داد. نگاه گیرایی به من انداخت و از سر تا پای مرا برانداز کرد.

گارسن پرید جلو و صندلی را عقب کشید. نشستم و کلاهم را از سر برداشتم و چشم دوختم به چشم‌هایش. نمی‌دانم چرا اشک در چشم‌هایم حلقه زد. درست مثل لحظه‌ای در فیلم کازابلانکا که اینگرید برگمن همفری بوگارت را می‌بیند و اشک در چشمانش حلقه می‌زند. برای چند لحظه‌ای چشم به هم دوختیم. بعد پرسید چه خبر و چه می‌کنم. مختصر جوابش را دادم. ولی نپرسیدم او چرا رفت و چرا برگشت. ده‌ها سوال داشتم ولی به خودم اجازه‌ی پرسیدن نمی‌دادم. چرا؟ آیا این همان خصیصه‌ای نبود که مرا از دیگران جدا می‌کرد؟ همان تمایزی که او تحسینش می‌کرد و عاشقش بود. می‌خواستم این تفاوت با دیگران را حفظ کنم. نشان بدهم که به استقلال او اهمیت می‌دهم و دلیلی وجود ندارد که بخواهد به من توضیح بدهد. ولی پس من چی؟ با دیدنش همه لحظه‌های تشنگی‌ام برای هر لحظه دیدنش و هر یک کلمه حرف زدنش بیدار شدند.

این احساس چه بود؟ آیا برای این بود که به همه بگویم این منم. این منم طاووس علیین شده! این منم که آقای خردمند با او قرار می‌گذارد. این منم که او حاضر است وقتش را با من بگذراند. این منم که او برایش هدیه می‌خرد. این منم که بیش‌تر دخترهای دانشکده آرزو داشتند الان جای من بودند، یا حسی در من هست که ورای همه‌ی این معادله‌های برتری‌ست. حسی که باعث شده لب‌هایم بلرزد. حسی که بدنم مورمور مطبوعی را احساس می‌کند. حسی که هیجان می‌آورد و شاید در یک کلام عاشقانه‌ست. بیش‌تر او پرسید و من جواب دادم. از کارم در دانشگاه پرسید. از مامان. از ارس و در میان این حرف‌های معمولی یک‌باره گفت:

-   شانی! تو خیلی خوشگل‌تر شدی!

یک‌مرتبه به خودم آمدم. فراموش کرده بودم مهم‌ترین اتفاق این مدت را برایش بگویم. لبخند تلخی زدم و گفتم:

-   راستی من نامزد کردم.

هر دو چند لحظه‌ای ساکت شدیم. لب‌هایش جمع شدند. نگاهش عوض شد. چشم‌هایش را طبق عادت ریز کرد. خودش را کمی جمع و جور کرد. لیوان آب را به دست گرفت و جرعه‌ای از آن نوشید. بعد سوال‌ها شروع شد. کیست؟ چه کاره است؟ کجا با هم آشنا شدیم؟ آیا من دوستش دارم؟ و آخرین سوال: عروسی کی خواهد بود؟ همه‌ی سوالاتش را مثل یک شاگرد خوب جواب دادم. سوال آیا من دوستش دارم را تکرار کردم و اضافه کردم:

-   اون منو خیلی دوست داره.

-   تو چی؟ تو هم اونو دوست داری؟

-   می‌شه دیگه سوالی نکنید؟ خواهش می‌کنم. یعنی در این مورد.

بغضم گرفته بود. مثل این‌که تلنگری به سرم خورده باشد. چه زندگی‌ای در انتظار من است؟

-   باید مرد خوشبختی باشه.

این را برای پایان دادن به این مکالمه ادا کرد. نمی‌دانست که با آمدنش، با حرف زدنش، با آخرین جمله‌ای که ادا کرد چه طوفانی در ذهن من به وجود آورد. چرا او نخواست آن مرد خوش‌بخت باشد؟ چرا نگفت در آن لحظه می‌خواهد او به جای آن مرد باشد؟ چرا این جمله را با حسرت گفت؟ چرا نگفتم هنوز می‌تواند مرد زندگی من باشد؟ ولی آیا می‌توانست مرا داشته باشد؟ نه! گویی صدرا جواب ستون خالی جدول زندگی من بود! هر دو متوجه شده بودیم

بعد از صحبت در مورد صدرا سکوت‌هایمان طولانی‌تر شده بود. قبل از ترک رستوران پوستر بسیار بزرگی را به من داد که به دقت پیچیده شده بود. گفت خیلی به دنبالش گشته و بسیار دوستش داشته است. تعریف کرد با چه سختی‌ای آن را در راه با خودش حمل کرده تا خراب نشود. سوار ماشین شدیم و او را به منزلش رساندم. موقع پیاده شدن گفت:

- تو در همه کاری شاگرد اولی. حتی در رانندگی. شاید اولین زنی هستی که در موقع رانندگی در کنارش احساس امنیت کردم.

خندیدم و گفتم فقط چند ماهی‌ست که گواهینامه گرفته‌ام. رفت داخل منزل. نگاهی به پشت کرد و سری به علامت خداحافظی تکان داد. ماشین را روشن کردم و در کوچه‌ای خلوت پارک کردم. سرم را روی فرمان ماشین گذاشتم و بی‌اختیار های‌های گریه کردم. گریه برای خودم و برای تصمیمی که گرفتم. من دارم با زندگی‌ام چه می‌کنم؟ با زندگی انسان دیگری چه می‌کنم؟ می‌دانستم که ادیب مردی نیست که من بخواهم و یا بتوانم یک عمر در کنارش باشم. اما!... از یک طرف شاد بودم. سرمست از شنیدن این‌که اولین نفری بودم که می‌دانستم به ایران آمده و از طرف دیگر غمگین. پوستر را در ماشین باز کردم. زیبا بود. خیلی زیاد. طرحی بود از یک صحنه‌ی نمایش‌نامه‌ی هر طور که بخواهید شکسپیر. یک گرافیست لهستانی به اسم ستز‌اویسکی[۲۶] آن را کشیده بود. طرح سیاه‌قلمی بود از دو زن برهنه بر روی کاغذی کاهی‌رنگ. قبل از رفتن به منزل به سراغ قاب‌ساز عزیز رفتم و خواستم بهترین قاب چوبی را برای آن بسازد. قاب‌ساز که مرد بسیار نجیب و آقایی بود با تعجب نگاهی به پوستر انداخت و همان طور که سرش به پایین بود گفت که خیالم راحت باشد کار قشنگی تحویلم خواهد داد. آن شب هم صدرا را ندیدم. حتی کنجکاوی هم نکرد که چرا. شاید با خودش فکر کرده بود هنوز حالم خوب نیست. مامان متوجه شد که اتفاقی افتاده است. لباس عوض می‌کردم که به سراغم آمد و پرسید: «اتفاقی افتاده؟ با صدرا بگومگو کردی؟». خندیدم و گفتم:

- مامان جان، صدرا اون قدر خونسرده که نمی‌شه باهاش بگو داشت چه برسه به مگو.

مامان هم دیگر دنبال قضیه را نگرفت.

روز بعد به ادیب زنگ زدم تا هم از پوستر تشکر کنم و هم از ناهار. خوشحال شد و خواست فردای آن روز در منزلش هم‌دیگر را ببینیم. قبل از رفتن به منزلش به خیابان منوچهری رفتم. در مغازه‌های خنزرپنزرفروشی آن‌جا دنبال هدیه‌ای برایش گشتم.

چقدر هدیه خریدن برای این آدم کار سختی بود. در ویترین یک مغازه شمشیر سامورایی کوچکی را دیدم که روی دو تا پایه‌ی چوبی قرار داشت. همان را درجا خریدم. فروشنده متوجه شده بود من با آن شمشیر سحر شده‌ام و درست همان چیزی‌ست که می‌خواهم پس تا توانست قیمت را بالا برد. من هم چون دیرم شده بود و به‌طور معمول اهل چانه زدن نبودم پول را دادم و شمشیر را گرفتم. از خیابان منوچهری بیرون آمدم و جلوی اولین گل‌فروشی سر راهم توقف کردم ولی زود پشیمان شدم. سر اولین چهارراه سه دسته از گل‌های نرگس یک دست‌فروش را خریدم. سر ساعت زنگ در را فشار دادم. در را باز کرد و وقتی وارد اتاق شدیم بسته‌ی کادویی را به دستش دادم و گفتم بهتر است اول به گل‌ها برسد. پارچ آب را آورد و گل‌ها را در آن گذاشت. اتاق پر از بوی نرگس شد. پرسید:

- واقعاً فکر می‌کنی من خیلی خودشیفته‌ام یا همین‌طور اتفاقی این گل‌ها رو آوردی؟

می‌دانستم سخت است. می‌دانستم پشت کوچک‌ترین حرفی، قدمی، کاری باید معنایی نهفته برای این آدم وجود داشته باشد. چرا نپرسیدم آن پوستر را به چه دلیل برای من آورده بود؟ دیگر دیر بود! از نارسیس و گلدموند هرمان هسه ترجمه‌ای نبود. من گرگ بیابان، دمیان و سیذارتا را خوانده بودم. نگران شدم مبادا کنایه‌ای در این کتاب هست که روشنگر متلکی به اوست. با کمی مکث گفتم:

- اتفاقی نخریدم. من عاشق گل نرگس هستم. همین طوری هم دوست‌شون دارم. بدون زرورق و روبان.

خندید و گفت شوخی کرده است ولی مطئمن بودم باید معنایی درباره‌ی این گل وجود داشته باشد. باید کتاب را پیدا می‌کردم و می‌خواندم. شاید هم معنای گل‌ها را می‌دانست. شاید برای انگلیسی‌زبان‌ها این گل معنای عجیب و غریبی داشت. بدون شک شیفته‌ی خودش است وگرنه نباید چنین چیزی به ذهنش خطور می‌کرد. شیفتگی وصف جالبی‌ست. من هم شیفته‌ی او بودم. دوستش نداشتم. عاشقش نبودم ولی شیفته‌اش بودم. چقدر این‌ها با هم فرق داشتند؟

عکسی از نامزدی داشتم. من، صدرا و خلیل. چقدر لاغر شده بودم! عکس را به او نشان دادم. از خلیل گفتم که فقط رفیق جیب صدراست. از صدرا گفتم و این‌که چقدر آدم ساده‌ای‌ست و چطور زود به همه اعتماد می‌کند و چقدر با خلیل که از دوستان صمیمی‌اش است تفاوت دارد. او گفت:

- صدرا قیافه‌ش از خلیل خیلی بهتره. از چهره‌ش پیداست که آدم خوبیه. اون یکی، چه تو می‌گفتی چه نمی‌گفتی، از قیافه‌ش پیداست که ناخالصی داره.

درست می‌گفت. خلیل از همکلاسی‌های دوره‌ی دبیرستان و دانشگاه صدرا بود. یک موجود گداصفت و خسیس. امکان نداشت ما سه تایی جایی برویم و او دست در جیبش کند. خیلی هم راحت این را ابراز می‌کرد که شما دو نفرید و من یک نفر. او یک مفت‌خور تمام‌عیار بود. برای صدرا مادیات هیچ ارزشی نداشت برای همین دوست نداشت به شکوه‌های من در مورد خلیل گوش بدهد. گاه حتی مامان هم غرغر می‌کرد این چه مدل نامزدی‌ست که همیشه یکی همراه شماست. راست می‌گفت. ما هیچ وقت دو تایی جایی نمی‌رفتیم. از همه‌ی این‌ها برای ادیب گفتم و بعد حرف‌های مربوط به دانشگاه، فیلم، کتاب و موسیقی به میان آمد. برای اولین بار همین طور یک‌بند حرف زدیم. غروب شده بود و هوا رو به تاریکی می‌رفت و من هم‌چنان بی‌خیال نشسته بودم. تعجب کرد و پرسید تا کی می‌توانم بمانم و من بدون درنگ و بی‌هوا گفتم: «تا صبح». باور نکرد و فکر کرد شوخی می‌کنم. خودم هم به این مسأله فکر نکرده بودم. ولی یکباره به نظرم رسید اگر مامان اجازه بدهد چقدر خوب می‌شود. هیچ وقت تجربه‌ی ماندن در منزل دیگری را نداشتم. گفتم این اولین بار است که ما این طور طولانی و یک‌بند حرف زدیم و دلم می‌خواهد همین طور ادامه بدهیم. شاید تا صبح. تعجب کرد و تنها حرفی که زد این بود:

- مامان؟
- یه کاریش می‌کنم.

پیشنهاد داد برویم بیرون و شام بخوریم. گفتم ترجیح می‌دهم در خانه بمانیم. گیج شده بود ولی تلاش می‌کرد به روی خودش نیاورد. گفت در این صورت باید برود و از بیرون غذا بگیرد. با این مخالفت نکردم چون می‌خواستم به مامان زنگ بزنم. به محض این‌که از منزل بیرون رفت به مامان زنگ زدم. به او گفته بودم عصر می‌روم منزل سیمین. سیمین از بچه‌های سال پایینی من بود که در کار تزم کمک بزرگی به من کرد و با هم خیلی دوست شدیم. خوشبختانه مامان او را خیلی دوست داشت. از خانواده‌ی خیلی خوبی بود. وقتی زنگ زدم اول مامان کمی ناسازگاری کرد ولی بعد قبول کرد. فقط پرسید صدرا می‌داند؟ گفتم دلیلی ندارد صدرا بداند. مگر من از شب‌های صدرا که کجاست و با چه کسانی‌ست خبر دارم؟ تازه اگر زنگ زد بگویید من منزل سیمین هستم.

ادیب خیلی زود برگشت. میز را خودش چید و نگذاشت من کمکش کنم. شام را هر دو نصفه‌نیمه خوردیم. به نظر هر دوی ما دست‌پاچه می‌آمدیم. خواستم برای جمع کردن میز کمکش کنم ولی مثل گذشته نگذاشت. چای را درست کرد و برگشت به اتاق. صفحه پشت صفحه می‌رفت روی دستگاه گرامافون و ما حرف می‌زدیم تا این‌که هر دو به خمیازه افتادیم. گفتم در همان اتاق روی مبل می‌خوابم. ولی احساس کردم دلخور است. نمی‌فهمیدم چرا! دلم می‌خواست بغلم می‌کرد و تا صبح در کنارش می‌بودم. ولی او، که مشخص بود راحت نیست، گفت:

-   نخیر. من کیسه خواب دارم. من این‌جا می‌خوابم و تو توی اتاق خواب.

ناراحت بود و من نمی‌خواستم حرفی بزنم که حالش بدتر شود. با هم رفتیم به طرف اتاق خواب. لحاف را از روی تخت کنار زد و گفت:

-   ملافه‌ها تمیزند. می‌دونی که کولر ندارم. پس هر طوری که خواستی راحت بخواب.

خیلی جسارت به خرج دادم و گفتم:

-   نمی‌خوای برای مدتی پیش من بمونید؟

هنوز افعال و ضمایر را قاطی استفاده می‌کردم. گاه مفرد. گاه جمع. خیلی قاطع گفت: «نه». رفت و در اتاق را روی من قفل کرد. درست مثل فیلم در یک شب اتفاق افتاد. در آن فیلم هم وقتی کلارک گیبل و کلودت کولبرت در یک اتاق تنها شدند کلارک گیبل یک ملافه‌ی سفید را برداشت و بین خودش و کلودت یک پرده کشید. خشکم زده بود. یعنی چه؟ چرا این کار را می‌کند؟ از چه می‌ترسد؟ ولی جوابی نداشتم. تصمیم گرفتم به در هم نکوبم و سوالی هم در مورد رفتارش نکنم. خواب از چشمم پریده بود. شروع کردم به قدم زدن در اتاق. یکی دو ساعتی گذشت تا خوابم برد. صبح هم خیلی زود بیدار شدم. گرمم شده بود. از دیروز عصر توالت نرفته بودم. دلم درد گرفته بود و به خودم می‌پیچیدم. بد و بی‌راه می‌گفتم این چه حرکتی بود.

بالاخره آمد و در را باز کرد. تصمیم گرفته بودم سوالی نکنم. رفتم توالت و وقتی بیرون آمدم چای آماده بود. عصبانی بودم. احساس می‌کردم به من توهین کرده است. فکر می‌کردم آن قدر دوستم نداشته تا آرزوی نزدیک شدن به من را داشته باشد. از طرف دیگر فکر می‌کردم خب اگر آن شب را با من می‌گذراند فرصت‌طلبی به حساب نمی‌آمد؟ پس چقدر آقاست. نخواسته بود از این فرصت سوءاستفاده کند. دوباره عصبانی می‌شدم که می‌توانست اجازه بگیرد.

آیا هر مرد دیگری جای او بود آرزوی چنین موقعیتی را نداشت؟ افکارم مغشوش بود. بیش از هر حرکتی از این‌که در را قفل کرده بود عصبانی بودم. به من که اطمینان نداشت هیچ از خودش هم خاطرجمع نبود. او هم ساکت بود. رفتارش طوری بود که انگار به او توهین شده بود. حتی تلاش هم نمی‌کرد معمولی باشد. بعد از چای خداحافظی سردی کردم. عذرخواهی کردم که مجبور شده بود در کیسه‌خواب بخوابد و جای خودش را به من بدهد و از خانه بیرون آمدم. هنوز خیلی زود بود و شهر تن به شلوغی نداده بود. چه نکته‌ای را خواسته بود ثابت کند؟ به طرف پارک‌وی راندم و در گوشه‌ی زیبایی که در وقت دلتنگی و خوشی به آن‌جا پناه می‌بردم پارک کردم. سرم را گذاشتم روی فرمان ماشین و گیج بودم. باید به چه فکر می‌کردم؟ باید گریه می‌کردم؟ چرا؟ آیا اگر من دختر دیگری بودم او همین رفتار را داشت؟ بدون شک همین مرا از بقیه مجزا می‌کرد. در افکار خودم غرق بودم که ماشینی پشت ماشینم پارک کرد. اول فکر کردم ماشین پلیس است. ولی یک بی‌ام‌و آخرین مدل بود. ادیب در مورد کارخانه‌ی ساخت این ماشین، چه در دوره‌ی جنگ جهانی دوم و چه بعد از آن، توضیحاتی داده بود. به هر حال من نه این ماشین را دوست داشتم و نه رانندگان این نوع ماشین را که متعلق به طبقه‌ی خاصی بودند؛ مثل ماشین بنز که می‌گفتند مال بازاری‌هاست.

مردی از آن پیاده شد و به طرفم آمد. آدم خوش‌تیپ و شیکی بود. هیچ به صورتش نگاه نکردم. او یک «مرد» بود. نزدیک شد و سرش را آورد جلوی شیشه و گفت:

- خیلی زوده برای داشتن یک روز بد.

به سر تا پایش نگاهی انداختم و جوابش را ندادم. دوباره دهن باز کرد:

- معمولا این‌جا می‌یای؟

عصبانی شدم.

- ببخشید آقا. ما همدیگرو می‌شناسیم؟ قبلا همدیگرو دیدیم و من به خاطر نمی‌آورم؟
- نه. ولی می‌تونیم آشنا بشیم. من....

قبل از این‌که خودش را معرفی کند حرفش را قطع کردم:

- شما هر کی می‌خواهید باشید. بهتره سوار ماشین آشغال‌تون بشید و برید دنبال وصله‌تون بگردید. من هم‌صحبت خوبی برای شما نیستم.
- چه بداخلاق. صبح اول وقت. خواستم کمک کنم.

- من فریاد کمک کشیدم؟ می‌دونید چیه، شما تشریف داشته باشید. من می‌رم.

ماشین را روشن کردم. پایم را فشار دادم روی گاز و حرکت کردم. فکر کنم حتی از باد ماشین من کمی تلوتلو خورد. دندان‌هایم را روی هم فشار می‌دادم. پارک‌وی داشت شلوغ می‌شد. تلفن عمومی پیدا کردم و به مامان زنگ زدم و بعد به آقای آزاد هم خبر دادم که دیر می‌روم سر کار. بعد رفتم داخل کوچه پس کوچه‌های شمیران. ولی وقت نمی‌گذشت. تصمیم گرفتم به یک کافه‌ی شلوغ بروم. لباسم خوب بود. موهایم را هم جمع کرده بودم. من هیچ وقت در کیفم لوازم آرایش نداشتم. پس دو سه تا سیلی به گونه‌هایم زدم تا از بی‌رنگ و رویی صبح بیرون بیایم. چرا می‌خواستم به چنین جایی بروم؟ خوب می‌دانستم. من نگاه تحسین‌گرانه مردی را می‌خواستم. نگاهی که بگوید مرا می‌خواهد. همان جا. همان لحظه. آیینه‌ی ماشین را برگرداندم به طرف خودم و با تعجب چشم‌هایم را باز کردم و به خودم نگاه کردم. نه. من نبودم. من نمی‌توانستم این کار را بکنم. حتی اگر عصبانی بودم. حتی اگر احتیاج به توجه داشتم. مگر نه این‌که دقایقی پیش مردی خواسته بود به من نزدیک شود؟! قبل از آن‌که دیده شوم ماشین را روشن کردم و به سراغ قابسازی رفتم. قاب حاضر بود. به دقت لای کاغذ کاهی پیچیده شده و به دورش دو سه باری نخ پرک بسته شده بود. آقای قاب‌ساز نازنین خودش آن را داخل ماشین گذاشت. بسیار سنگین بود. به منزل که رفتم خوشبختانه مامان رفته بود خرید و سوال و جوابی در آن لحظه انجام نگرفت. باجان کمی ناراحتی کرد که چرا شب خانه نبودم ولی همین که دیگر در کنارش بودم او را راضی کرد. تابلو را باز کردم. خیلی بزرگ بود و من جایی برای آویختنش نداشتم. گذاشتمش گوشه‌ی دیوار و به آن نگاه کردم. انگار دارم به ادیب نگاه می‌کنم. او به آن تابلو نگریسته بود، توجهش را جلب کرده بود و برای من انتخابش کرده بود. ولی من کجای زندگی او بودم؟ به تابلو چشم دوخته بودم و زمزمه می‌کردم : «چی شد که رفتی؟ چی شد که اومدی؟ چرا نمی‌شه با تو مثل همه‌ی آدم‌های دیگه حرف زد؟ گله کرد؟ دعوا کرد؟ در آغوشت گرفت؟ تو کی هستی؟ از زندگی من چی می‌خوای؟ چرا به من زنگ زدی؟ تو که اهل زنگ زدن به کسی نبودی».

دو سه روزی گذشت. نمی‌توانستم به او زنگ بزنم. صدرا را هم کم‌تر می‌دیدم. سر به گریبان بودم. غذا نمی‌خوردم. احساس می‌کردم خرد شده‌ام. حال خودم را نمی‌فهمیدم. چیزی در زندگی‌ام بود که آرامش را از من گرفته بود. نمی‌خوابیدم.

گاه برای ساعت‌ها همین‌طور رانندگی می‌کردم. بالاخره طاقتم تمام شد و بعد از ده روز زنگ زدم. طبق معمول بعد از سه زنگ گوشی را برداشت و همان الوی کشیده را گفت. سلام کردم و مثل همیشه به جای جواب سلام گفت : «جانم؟». هیچ وقت نمی‌توانستم زنگ بزنم و تنها حالش را بپرسم. همیشه باید برای «جانم» که به معنی «چرا زنگ زدی؟» بود جوابی داشته باشم. بی‌معناترین احوال‌پرسی‌های معمولی در چنین مواقعی بین ما رد و بدل می‌شد. در کمال تعجب پرسید:

-   این روزها گرفتاری؟
-   نخیر. چطور مگه؟
-   من این شنبه آزادم.

پیشنهاد دیدارش به این شکل بود. نمی‌گفت می‌خواهم ببینمت یا می‌توانیم هم‌دیگر را ببینیم؟ فقط برنامه‌اش را اعلام می‌کرد. یاد گرفته بودم مثل خودش حرف بزنم.

-   چه ساعتی؟
-   مثل همیشه. ساعت سه.
-   باشه.

و گوشی قطع شد. بدون خداحافظی و یا سخنی دیگر.

پنج‌شنبه با صدرا شام رفتیم بیرون. صدرا اهل سینما، تئاتر و رقص نبود، فقط به موسیقی سنتی ایرانی علاقه داشت. برای همین تمام تفریح ما رفتن به رستوران بود و غذا خوردن و در ماشین نشستن و به صدای بنان و یاحقی و قوامی گوش دادن که خوشبختانه من‌هم آن‌ها را بسیار ستایش می‌کردم. هیچ وقت هم دوتایی تنها نبودیم. مامان هم‌چنان شاکی که:

-   شما دو نفر چهار کلمه حرف خصوصی ندارید که با هم بزنید؟ همیشه باید یه ینگه دنبال‌تون باشه؟
-   راستش رو بخوایین نه. حرف خصوصی نداریم. بدم نیست نفر سومی باشه که حداقل بشه با اون حرف زد.

چرا مامان نگران نمی‌شد؟ او که می‌فهمید! چرا فکر نمی‌کرد یک جای این رابطه می‌لنگد؟ چرا من خودم به خود نمی‌آمدم؟

شنبه سر ساعت سه زنگ خانه‌ی ادیب را زدم. بهتر از روز آخری بود که دیده بودمش. دیگر آن نگاه عصبانی را نداشت. مثل همیشه روی دو تا مبل راحتی نشستیم، گفتنی زیاد داشتم ولی طبق معمول حرفی نمی‌زدم.

احتیاج به کمک شخص دیگری داشتم تا از این مخمصه بیرون بیایم. دلم می‌خواست او کمکم کند. طبق معمول بوی دل‌پذیر قهوه در خانه پیچیده بود و دستگاه قهوه سه تا سوت همیشگی‌اش را زده بود ولی او به دنبال قهوه نرفت. از من خواست بروم جلوی پایش روی زمین بنشینم. رفتم و مثل یک گربه خودم را بین دو پایش جا دادم. شروع کرد به نوازش کردن موهایم. سرش را آورد پایین و سرم را بوسید. بعد پرسید:

- شانی. تو در مورد من چی فکر کردی؟

چه فکر کردم؟ منظورش چیست؟ چه موقع چه فکر کردم؟ من چه حقی دارم که در مورد او فکر کنم؟

- یعنی چی؟ نمی‌فهمم.
- شبی که اومدی این‌جا موندی در مورد من چی فکر کردی؟
- هیچ فکری. چه فکری باید می‌کردم؟
- می‌دونی که به من خیلی برخورد؟ تو انتظار داشتی که من اون شب با تو بخوابم. می‌خواستی نتونم در مقابل تو مقاومت کنم. توقع داشتی که بهت تجاوز کنم.
- تجاوز؟ چرا تجاوز؟
- مگه نمی‌خواستی این اتفاق بیفته؟
- اگر می‌خواستم که این اتفاق بیفته که اسمش تجاوز نمی‌شه. چرا این طوری بهش نگاه کردید؟ این فکر خیلی بده. خیلی بد.

خودم را کشیده بودم عقب و با تعجب به او نگاه می‌کردم.

- گذشته از اون، طوری حرف می‌زنید که انگار من نقشه‌ی قبلی کشیده بودم. به‌طور قطع این طور نبود. ناگهان پیش اومد و ناگهان دلم خواست که شب این‌جا بمونم. بله دلم می‌خواست بغلم کنید و تا صبح سرم رو بذارم روی سینه‌تون. دلم می‌خواست که موهام رو نوازش می‌کردید و بوسه‌بارانم می‌کردید. این‌ها همه طبیعی نیست؟ اشکالی داشت اگر یک شب، فقط یک شب، نقش یکی از زن‌هایی رو بازی می‌کردم که توی اون تخت خوابیدند و نه در تنهایی و پشت در قفل شده؟

متوجه شدم که دارم فعل جمع به کار می‌برم. خیلی وقت بود که این کار را نمی‌کردم ولی دوباره برگشته بودم به روال قبل این بار ناشی از احترام نبود و معذب هم نبودم که او را «تو» خطاب کنم بلکه از عصبانیت زیاده از حد من بود. ادامه دادم:

- فکر می‌کنم این شما بودید که فکر کردید من می‌خوام بهتون تجاوز کنم. برای همین در رو روی من قفل کردید و کلیدش رو با خودتون بردید. خواستید به من بگید شما عزت نفس دارید و من ندارم. فکر کردید معنی «تو، توی تخت بالا بخواب و من این‌جا توی کیسه خواب» را نگرفتم؟ فکر کردید اگر فقط در را می‌بستید به سراغ‌تون می‌اومدم؟ نه. منم عزت نفس دارم. من مثل بقیه نیستم. بله. باید اعتراف کنم که یک دختر بی‌تجربه هستم در این موارد ولی....
- شانی، چهارده سالگی رو نمی‌شه تو بیست و چهارسالگی تجربه کرد.
- چهارده سالگی؟ یعنی من باید در چهارده سالگی تجربه‌ی جنسی می‌داشتم؟ شما فکر می‌کنید این‌جا کجاست؟ اروپا؟ چهارده سالگی؟ پس من خیلی پرتم. شاید به همین دلیل هم برای شما جذاب نیستم. نمی‌دونستم جذابیت در خوابیدن با تعداد مردان بیش‌تره.. شما فرش رو یک‌باره از زیر پاهای من کشیدید.
- تو الان نامزد داری!

صدای بغض‌آلودم بلند شد.

- وقتی نداشتم چی؟ کی باعث شد من نامزد کنم؟
- وقتی نداشتی توقع داشتی من باهات بخوابم؟ تو دختری نیستی که آدم بتونه امروز باهاش بخوابه و فردا ولش کنه. تو فرق داری. چرا متوجه نیستی اگر این کار رو نکردم به خاطر احترام به تو بود.
- راستش متوجه نیستم. شما قبل از نامزدی به من نزدیک نشدید چون من با بقیه فرق داشتم، بعد از نامزدی هم به من نزدیک نشدید چون نامزد داشتم! ولی آیا نباید یک وقتی این اتفاق می‌افتاد؟ آیا نزدیک شدن به آدمی که دوستش دارم از احترامم کم می‌کنه؟ یعنی این مدت شما متوجه احترام خاص من به خودتون نشدید؟ شما فکر کردید من چون در چهارده سالگی کاری را نکردم الان حاضرم به هر قیمتی و با هر کس دیگری باشم.

دیگر نمی‌دانستم چه می‌گویم. فکر می‌کنم حرف‌های بی‌معنی زیادی زدم. او ساکت بود و گوش می‌داد. شاید خوشحال بود که من دارم خودم را خالی می‌کنم. کیفم را برداشتم و خداحافظی کردم. تا دم در به دنبالم آمد. پشت در سخت در آغوشم گرفت و مرا بوسید. بعد گفت:

- دختر کوچولو من دوستت دارم. خیلی بیش‌تر از اون‌چه فکر کنی.

باید میماندم و میپرسیدم چرا میگوید دوستم دارد؟ پس چرا از من دوری میکند؟ چرا آشکارا با من قرار نمیگذارد؟ راه رفتن با آن خانمی که شوهر دارد که بدتر است. ولی هیچ نگفتم. در را باز کردم و زدم بیرون.

این بار زنگ نزدنم طولانیتر شد. تکلیفم را نمیفهمیدم. وجود او حسی را در من زنده کرد که نمیشناختمش. تازه داشت متولد میشد. و این تجربهای بود که با دیگران نداشتم. دوازده روز گذشت. در دانشکده در اتاقم نشسته بودم که صدایش را از راهرو شنیدم. ضربان قلبم شدت گرفت. ضربهی کوتاهی به در خورد و وارد اتاق شد. از پشت میزم آمدم کنار و سلام کردم. پرسید چرا به او زنگ نزدم؟ نتوانستم جوابی بدهم. چرا نمیشد با این آدم حرف زد؟ فکرم را خواند.

- لامصب. چرا اونچه رو که توی ذهنت میگذره به زبون نمییاری؟

چرا حرف زدن در مورد خودت و در مورد احساست انقدر برات سخته؟

راست میگفت ولی نمیدانستم چرا. من که برای همه توضیح میدادم، من که به قول مامان هر اتفاقی را آنچنان تعریف میکردم که شنونده احتیاجی نمیدید حادثهای را دیده باشد چرا در مقابل او لال میشدم؟ نخواستم باز سکوتم طولانی شود.

- نمیدونم. هیچی نمیدونم. من که حرف زدم. به کجا رسید؟ من فقط میدونم که کسی نمیخواد کمکم کنه.

- وقتی خودت نمیخوای چه انتظاری از بقیه داری؟

همین موقع آقای آزاد به پشت در نیمهباز ضربهای زد و وارد اتاق شد. بعد از سلام و علیک معمول رو کرد به ادیب و گفت:

- خب! کی راهی هستی؟

راهی؟ کجا؟ باز هم دارد میرود؟ آقای آزاد از او سوال کرد که من بفهمم؟ پشتم یخ کرد. سردی ستون فقراتم را حس کردم. نمیتوانستم کوچکترین تکانی بخورم. قبل از اینکه به آقای آزاد جوابی بدهد به طرف من برگشت. نگاه من به هیچ جا نبود. مسخ شده بودم. فهمید. رو کرد به آقای آزاد و گفت: «زود». آنها با هم حرف میزدند ولی من چیزی نمیفهمیدم. هیچ صدایی نمیشنیدم. در حین باز و بسته شدن دهان آنها از اتاق خارج شدم. مثل این بود که از زیر هزاران دست و پا خودم را به بیرون میکشم. سید چای به دست به طرفم میآمد ولی بدون هیچ توجهی از او گذشتم. نرگس شاد و خندان در آفتاب با لباس رنگارنگ تابستانیاش این ور و آن ور میپرید و با چند تا پسر سال پایینی قهقهه میزدند. دستش را به طرفم تکان داد.

بدون شک صدایم کرد ولی من نشنیدم. کجا می‌رفتم؟ احساس می‌کردم ادیب از پشت پنجره دارد به من نگاه می‌کند. ولی توان نداشتم سرم را برگردانم و به او نگاه کنم. از در دانشگاه بیرون آمدم و جلوی یک تاکسی خالی را گرفتم و سوار شدم. پرسید «دربست»؟ خیلی آهسته جواب دادم «بله». از آیینه‌ی ماشین به من نگاه کرد و پرسید:

- خانم دانشجویید این‌جا؟
- نخیر.
- پس استادید! بهتون میاد استاد باشید. یعنی به ژست‌تون میاد ولی به سن و سال‌تون نمیاد.

جوابی نداشتم. حوصله‌ی توضیح دادن هم نداشتم. با خنده پرسید:

- خب حداقل بگید کجا برم.
- هر جا.
- آخه کدوم سمت؟
- فرقی نمی‌کنه. برید به طرف پارک‌وی.

گریه می‌کردم. آرام و بی‌صدا. راننده تاکسی هم متوجه شده بود و حرف نمی‌زد. رسیده بودیم میدان کندی. به راننده گفتم به دانشگاه برگردد.

- مطمئنید؟ نمی‌خوایین برسونم‌تون منزل‌تون؟
- نه آقا. ماشینم توی دانشگاهه.

راننده گیج شده بود. بعد میدان را دور زد و از جمشیدآباد برگشت. بدون شک امشب از یک دختر مجنون برای زن و بچه‌هایش تعریف داشت. رسیدم جلوی دانشگاه. پرسیدم:

- چقدر شد؟
- هیچی خواهر. مهمون ما باش.
- نه متشکرم. خواهش می‌کنم بگید چقدر باید بدم.
- سخت نگیر. به امید حق همه چیز درست می‌شه. منم خسته بودم. حوصله‌ی مسافرکشی نداشتم. خودم هم نمی‌دونم چی شد که جلوی پای شما ترمز کردم.
- خیلی ممنون.
- یا حق.

بدون این‌که وارد ساختمان دانشکده شوم به سراغ ماشینم رفتم و راه افتادم به سمت خانه. مامان به محض این‌که مرا دید پرسید چه شده. به دروغ گفتم

دلم درد گرفته و رفتم در اتاق و ولو شدم روی تخت. چند دقیقه‌ی بعد مامان با یک لیوان گل گاوزبان داغ به سراغم آمد. فکر کردم زن‌ها همیشه بهانه‌ای برای رنگ‌پریدگی دارند.

دو روز بعد ادیب به اتاق کارم آمد و خواست با هم برای قدم‌زنی برویم بیرون.

- خداحافظی توی اتاق دربسته راحت‌تره.

- هیچی هنوز معلوم نیست. مادر و پدر رفتند اتریش. مادر حالش خوب نیست. می‌خوان من برم پیش اون‌ها. شاید برای مدتی کوتاه تا حال مادر بهتر بشه. هنوز خودمم نمی‌دونم که قراره چی کار کنم.

دیگر حرفی برای گفتن نبود. نمی‌توانستم بغضم را هم پنهان کنم. برای مادرش آرزوی سلامتی کردم و بدون روبوسی خداحافظی کردم. او در اتاق من ماند و من کیف و کلاهم را برداشتم و از اتاق آمدم بیرون. به همین سادگی. بیش‌تر مبهوت؛ طوری که اشک هم از چشمام جاری نشد. او باز هم رفت.

روز عقد و عروسی رسید. صدرا مثل پرنده‌ای آزاد خوشحال بود. من هم به خودم قبولاندم همین است که هست. حوصله‌ی رفتن به سلمانی و عروس شدن نداشتم. خودم موهایم را به سادگی جمع کردم. لباسم هم ساده بود. خیاطی که لباس عروسی مامان را سی سال پیش دوخته بود لباس مرا هم دوخت. گل عروس هم به دست نگرفتم. عقد در خانه بود و عروسی در هتل پالاس همان نبش خیابان مدرسه‌ی البرز. تنها چیزی که مامان از صدرا خواسته بود عروسی مفصل بود. گرچه مهمان‌های ما صد نفر هم نشدند ولی مهمان‌های صدرا که تازه خانواده‌اش با عروسی مفصل هم مخالف بودند به دویست و پنجاه نفر می‌رسیدند. عقد تمام شد و من در تمام مدت گریه می‌کردم. این تصمیم اساسی و مهمی در زندگی من بود. بعد از عقد به هتل رفتیم. از لحظه‌ای که رسیدیم من رقصیدم تا به آخر. صدرا خوب رقص بلد نبود و من عاشق رقص بودم. پس با همه رقصیدم. البته یک رقص تانگو هم با صدرا داشتم. آقای آزاد در فرصتی کوتاه به طرفم آمد و با شیطنت پرسید:

- خب شب رو این‌جا می‌مونید؟

- نخیر. نخود نخود هر که رود خانه‌ی خود.

تعجب کرده بود. خنده‌اش را جمع کرد و متحیرانه پرسید:

- یعنی چی شانی؟ این دیگه بازی نیست. امشب شب عروسی شما دو تاس. اون پسر بیچاره چه گناهی کرده؟

- بازی و گناه چیه آقای آزاد؟ شما فکر کردین من این همه آدم رو کشیدم

این‌جا که بگم شب قراره با این آقا برم توی رخت‌خواب؟ آقای آزاد فکر می‌کردم حداقل شما منو می‌شناسید. این اتفاق بالاخره یه وقتی می‌افته و برای اون وقت هم لازم نیست جشنی گرفته بشه.

- نه شانی. تو زندگی رو به بازی گرفتی.
- برعکس. این زندگیه که منو به بازی گرفته. منم می‌گم بچرخ تا بچرخیم. الان هم برم یک کم بچرخم. با اجازه.

خنده‌ی تلخی کردم و دوباره وسط جمعیت رفتم تا برقصم. من با برادرهایم و دوستان‌شان جفت‌های خوبی برای رقص بودیم. چاچا، تانگو، راک اند رول و... آقای آزاد که حدس می‌زدم او هم رقص بلد نبود با تعجب به عبدی گفته بود «تنها خود شانی و برادرهاش رقص‌هاشون با همه‌ی آهنگ‌ها یکی نیست. بقیه با همه‌ی آهنگ‌ها یک جور می‌رقصند». صدرا کم‌تر آن وسط بود و بیش‌تر با مردم خوش و بش می‌کرد. گاهی می‌پرسیدم فلان شخص کیست و می‌گفت که نمی‌داند.

- یعنی چی نمی‌دونی؟ مگه تو دعوت نکردی؟
- خب همه رو که نمی‌شناسم. حبیبه به تنهایی هر چی فامیل شوهر و همسایه داشته رو دعوت کرده. من چه می‌دونم کی هستند.
- و این حبیبه خانم نبود که می‌خواست به این عروسی نیاد!؟
- چی؟
- هیچی بابا.

بدترین قسمت این جشن مراسم عکس گرفتن بود. اول که عکاس اصرار داشت از ما دو نفر در مسخره‌ترین اداها و نورها عکس بگیرد. بعد عکس گرفتن با مهمان‌ها بود. آن موقع فهمیدم خواهرها و برادرهای صدرا چه بلایی به سرش آورده‌اند و از همه بدتر حبیبه خانم. آن‌ها حتی خاله، دایی، عمه و عموی همسایه و هفت پشت آن طرف‌تر را دعوت کرده بودند. کسانی که مطئمن بودم بعد از آن شب من و صدرا هیچ وقت آن‌ها را نخواهیم دید و همین‌ها بیش از دیگران اصرار داشتند که با عروس و داماد عکس بگیرند. در پایان شب متوجه شدم من با خانواده‌ی خودم حتی یک عکس هم نگرفته‌ام. وقتی از سالن هتل بیرون می‌رفتیم، در حالی که مدت‌ها بود کفش‌هایم در دستم بود، یک عکس با مامان و شهرو و بچه‌هایش گرفتم. همان موقع هم بود که فهمیدم چقدر گرسنه هستم. من و صدرا به هیچ چیز لب نزده بودیم. تازه یادم آمد کیک را هم فراموش کرده بودیم. مهم نبود و ماند در شیرینی‌فروشی تا روز بعد.

عبدی سطل ماست بزرگی از آشپزخانه‌ی هتل گرفته بود و داخل آن را پر از غذا کرده بود. باجانم که خودش نخواسته بود به هتل بیاید در منزل بود و باید برای او هم غذا می‌بردیم. عبدی از روی هم ریختن شیرین‌پلو، خورشت فسنجان، گوشت بره با باقالی‌پلو، سالاد اولویه و ماست و خیار و ژله معجونی ساخته بود. وقتی به خانه رسیدیم این معجون را خوردیم و کیف کردیم و خندیدیم و همگی با سطل ماست عکس گرفتیم. نیمه‌شب بود که صدرا از همه خداحافظی کرد و رفت منزل خودش. من هم به اتاقم رفتم و بیهوش شدم. مامان و باجان کمی غرغر کردند و خوابیدند.

از فردای آن روز همه چیز مثل سابق بود. من هم‌چنان دختر خانه بودم و صدرا هم در منزل خودش بود. رفته‌رفته غرغرهای مامان بالا گرفت که این چه مدل زندگی زن و شوهری‌ست.

- شما اصرار داشتید که ما زودتر عروسی بگیریم. الان هم تا خانه‌ی مجزا نداشته باشیم به همین زندگی ادامه می‌دیم.

ولی سرانجام گله‌های مامان سبب شد ما به یک سفر «ماه عسل» برویم. من و صدرا سوار ماشین شدیم و به طرف شمال راه افتادیم. به رشت که رسیدیم، تازه صدرا متوجه شد باید از قبل جا رزرو می‌کرده. به هر هتلی که رفتیم جا نداشتند. به سراغ مهمان‌سراها رفتیم و بعد از آن مسافرخانه‌ها.

بالاخره هتلی با ساختمانی بسیار قدیمی پیدا کردیم و اتاقی گرفتیم. وقتی به داخل اتاق رفتیم اتاق بوی بد رطوبت و نم می‌داد. تمام آن دستمال‌های سفید به دقت ژورزده را روی ملافه‌ی کثیف مسافرخانه پهن کردم تا بتوانم روی تخت بخوابم. وقتی یک بقچه دستمال سفید را به من دادند با اکراه آن را پذیرفتم ولی در آن لحظه خوشحال بودم که حداقل می‌توانم روی آن‌ها دراز بکشم. جالب بود که این همه پارچه‌ی سفید را بدون هیچ توضیحی به من دادند: «این‌ها را هم داشته باش». البته که همه‌ی دختران هم‌سن و سال من و شاید حتی چهارده ساله‌ها هم کم و بیش درباره‌ی چند تکه دستمال سفید برای شب عروسی حرف‌هایی شنیده بودند ولی مطمئنم خیلی‌ها مثل من نمی‌دانستند با ده تکه دستمال سفید، هر کدام دو برابر سطح روبالشی، باید چه کار کرد! راستش وقتی این بقچه را به دستم دادند تا حدودی ترسیدم و به صدرا گفتم یادش باشد که گروه خونی من AB مثبت است. صدرا متوجه منظور من نشد. با خودم فکر می‌کردم حتی یک مجروح جنگی هم این همه پارچه‌ی سفید کتان لازم نخواهد داشت.

صدرا هم دست‌پاچه بود و هم خجالتی. من به رویای دخترها در این لحظه فکر می‌کردم و به حالی که خودم داشتم. وسط یک اتاق که از همه جایش بوی نم می‌آمد ایستاده بودم و صدرا از سر تا پای مرا می‌بوسید؛ بوسه‌هایی شتاب‌زده و بی‌مقصود. درست مثل یک مترسک بودم وسط یک گندم‌زار بعد از درو. چوب خشکی که دلیلی برای وجودش در آن‌جا نداشت. مسخره‌ترین کار برایم پوشیدن لباس خوابی بود که شهرو با سلیقه‌ی تمام برایم انتخاب کرده بود. به لباس خواب دست نزدم و با همان بلوزی که به تن داشتم روی تخت دراز کشیدم. خوشبختانه پتویی با خودمان آورده بودیم و مجبور نبودیم از پتوی مسافرخانه استفاده کنیم. ولی رخت‌خواب هم مثل اتاق بو می‌داد و حالت تهوع بدی به من دست داده بود. در این مدت که من داشتم دور و برم را نگاه می‌کردم و بوی مشمئزکننده را به ریه‌هایم فرو می‌بردم صدرا لباس‌هایش را درآورده بود و روی تخت‌خواب افتاده بود. بالاخره بدن‌های ما با هم تماس پیدا کرد. صدرا از خود بی‌خود شد. صدای مرا نمی‌شنید که تکرار می‌کردم «دارم اذیت می‌شم». آن قدر دندان‌هایم را به هم فشار داده بودم که می‌ترسیدم دهانم را باز کنم و مشتی از دندان‌هایم از میان لب‌هایم ـ که فکر می‌کردم آماسیده و کبود شده‌اند ـ ناگهان بیرون بریزند. کف دست‌هایم از فشار ناخن‌هایم خراشیده شده بود. از خودم اکراه داشتم. صدرا دو سه بار مرا بوسید و عذرخواهی کرد و بعد به خواب عمیقی فرو رفت. اشک‌هایم آرام‌آرام سرازیر شد و از گوشه‌ی چشم‌هایم به دو طرف صورتم لغزید. بانگ گریه‌ی من در صدای خروپف صدرا گم شد. آهسته بلند شدم و با همان دستمال‌های سفید ژورزده‌ی به دقت اتوشده ـ که حالا فقط چروک داشتند ـ خودم را تمیز کردم. راستی این دستمال‌ها برای همین کار بود؟ پس خون و خونریزی در کار نیست!؟ دستمال‌ها را گذاشتم در پاکت میوه‌ای که به همراه داشتیم و همه را به سطل آشغال روانه کردم. فلسفه‌ی پشت این دستمال‌ها چقدر توهین‌آمیز و حقارت‌بار بود. چرا هیچ کس هیچ توضیحی به من نداده بود؟ چرا من این همه ناآگاه بودم؟ شاید آن صحبت‌های یواشکی در نیمکت‌های ته کلاس مدرسه و یا آن پچ‌پچ‌های قدسی، تنها دختر ازدواج‌کرده‌ی هم‌دوره‌ای من در دانشکده، با بقیه‌ی دخترها و ریزریز خندیدن‌شان زیر پله‌های راهرو دانشکده خیلی هم بد نبودند و می‌شد چیزی یاد گرفت. از اول هم قرار نبود که من سندی به کسی نشان بدهم. هیچ کس به من نگفت باید دستمال‌ها را با خودم برگردانم. دوباره شلوارم را پوشیدم و رفتم روی تک مبلی که جلوی پنجره بود نشستم.

پاهایم را بالا آوردم و زانوهایم را به بغل گرفتم. از پنجره‌ی اتاق نور نئون قرمز و آبی هتل که خاموش و روشن می‌شد به اتاق می‌تابید و چشمک می‌زد. همان جا به خواب رفتم. خوشحال بودم که هیچ وقت برای چنین لحظه‌ای رویایی نداشتم که حالا با بودن در یک هتل درجه ده نمور و کثیف خراب شود. صبح زود صدرا بیدارم کرد و پرسید چرا روی مبل خوابیده بودم. جوابی نداشتم. بعد شروع کرد به عذرخواهی. از چه بابت عذر می‌خواست؟ از رفتارش که ملایمتی در آن نبود؟ از این‌که به خواب رفت و تا صبح حتی نفهمید که من در کنارش هستم یا نه؟ یا از این‌که باید اتفاق دیگری می‌افتاد و به هر دلیلی نیفتاد؟ هیچ نگفتم. ساک احمقانه‌ی ماه‌عسل را بستم و به صدرا دادم. برای مدتی در وسط آن اتاق ماندم و به همه‌ی اطرافم به دقت نگاه کردم. می‌خواستم چه چیزی را در حافظه‌ام ثبت کنم؟ این همه تلخی را؟ آیا نیازی به ثبت داشت و یا شب گذشته آن قدر در زندگی من تکرار خواهد شد که تبدیل به خاطره نشود؟ ما زودتر از موعد به تهران برگشتیم. هیچ‌کدام اهل حرف زدن درباره‌ی این موضوعات نبودیم پس هیچ‌کس سوالی نکرد و سراغی از آن همه دستمال هم گرفته نشد. ولی مامان هوشیارتر از این حرف‌ها بود و فهمیده بود که من خوشحال نیستم. به همین دلیل تصمیم گرفت خانه را در اختیار ما بگذارد و برای چند ماهی برود فرانسه. به این ترتیب زندگی زناشویی من و صدرا در اتاق خودم در خانه‌ی مامان با وجود باجان در کنار ما آغاز شد. خواهر کوچک‌تر صدرا قرار بود یکی دو روز بعد به آمریکا برود. اولین شب تنهایی ما بود. در اتاقی که بوی عطر می‌داد و رختخوابی که بوی تمیزی «تاید» می‌داد لباس خواب را پوشیدم. صدرا هیچ نگفت. رفتم کنار او دراز کشیدم. در کمال تعجب دیدم به من نزدیک نشد. یک‌مرتبه زد زیر گریه. تعجب کرده بودم و فکر می‌کردم شاید می‌خواهد رازی را با من در میان بگذارد ولی او در میان گریه‌اش یکسره تکرار می‌کرد که می‌خواهد برود به منزل خودشان. مثل بچه‌ای که پدر و مادر شب او را پیش همسایه گذاشته‌اند تا به عروسی بروند بهانه می‌گرفت. خنده‌ام گرفته بود. نمی‌فهمیدم چه شده. پرسیدم اتفاقی افتاده که من خبر ندارم؟ بعد گریه‌اش بلندتر شد و گفت که می‌خواهد برود پیش خواهرش. بلند شدم، در اتاق را باز کردم و گفتم:

- برو. این نه گریه می‌خواست نه زاری. برو و تا خواهرت نرفته لطف کن برنگرد این‌جا.

او هم بدون کلامی رفت. تخت‌خواب باجان درست کنار در بود. صدای در را شنید و بیچاره بیدار شد. فکر کرده بود دزد آمده است. تا آمد سر و صدا کند گفتم

که نترسد و با خنده گفتم داماد فراری از آب درآمد. در خواب و بیداری «آهانی» گفت و دوباره به خواب رفت. به ظاهر شنیدن صدای من برای این‌که خیالش راحت شود کافی بود. حال عجیبی داشتم. عصبانی بودم ولی می‌خندیدم. چند روزی گذشت. شبِ پرواز خواهرِ صدرا رسید. برای خداحافظی که رفتم از صدرا خواستم دو سه شبی پیش پدرو مادرش بماند تا آن‌ها تنها نباشند. تحمل نداشتم شب‌ها بیاید و برای تنهایی پدر و مادر پیرش مویه کند. روزها قضیه فرق می‌کرد. ما مشغول زندگی خودمان بودیم. عصرها هم تا دیروقت با دوستان صدرا دور هم بودیم و از اتفاقات غیرمنتظره‌ای حرف می‌زدیم که در گوشه و کنار کشور علیه شاه به پا می‌شد. بحث داغ سیاسی داشت همه‌گیر می‌شد. به این ترتیب یک هفته گذشت. اولین جمعه‌ی بعد از رفتن مامان بود که سرهنگ افضلی من و صدرا را برای صرف ناهار به باشگاه افسران بازنشسته در خیابان جمشیدآباد دعوت کرد. تازه مشغول غذا خوردن شده بودیم که سربازی آمد سر میز ما و در گوش سرهنگ پچ‌پچ کرد. سرهنگ سرباز را مرخص کرد و از ما پرسید خبری از تظاهرات داریم؟ دیشب یکی دو تا از بچه‌ها حرف‌هایی زده بودند ولی با تعجب گفتیم خبری نداریم. گفت در میدان ژاله تظاهرات شده و نیروهای انتظامی مردم را محاصره کرده‌اند. دیگر نمی‌توانستیم با خیال راحت آن‌جا بنشینیم و غذا بخوریم. تیراندازی به مردم! در بین حاضران باشگاه هم تشویش افتاد. رفت‌وآمد سربازهای وظیفه بیش‌تر به این تشویش دامن می‌زد. مهمان‌ها همگی افسر بودند و به یقین بی‌تاب شنیدن اخبار. آخرین گزارش نفس همگی را حبس کرد. ارتش به روی مردم آتش گشوده بود. بعد از خبر آتش زدن سینما رکس آبادان، این ناگوارترین خبر بود. سرهنگ گفت دولت بدون شک حکومت نظامی اعلام خواهد کرد. ما با عذرخواهی از او خداحافظی کردیم. وارد کوچه‌ی خودمان که شدیم طیبه، دوست و همسایه‌ی روبه‌رویی را دیدیم که پریشان در کوچه ایستاده بود. به طرف ما آمد و گفت آیا حاضر به کمک هستیم؟ در یک چشم به هم زدن صندوق عقب ماشین ما دو تا پر شده بود از ملافه‌های تمیز، الکل، پرمنگنات و بتادین که از همسایه‌ها جمع‌آوری کرده بودیم. مردم هر چه داشتند بی‌دریغ می‌دادند. ماشین‌ها که پر شد به طرف نزدیک‌ترین بیمارستان رفتیم. به بیمارستان هزار تختخوابی که رسیدیم، دیدیم جمعیت کثیری مثل ما آن‌جا جمع شده‌اند و افرادی هم از بیمارستان دارند به سرعت کمک‌ها را تحویل می‌گیرند. مردم شوک‌زده بودند. زن‌ها گریه می‌کردند و مردها گاهی بی‌هدف در اطراف بیمارستان این طرف و آن طرف می‌دویدند.

جوان‌ها کنترل همه چیز را در دست گرفته بودند. بچه‌ها ادای تیراندازی و زمین خوردن را درمی‌آوردند؛ چه زود یاد گرفتند! شهر حالت جنگی به خود گرفته بود. وقت برگشت به خانه، طیبه به منزل ما آمد تا با هم به اخبار گوش بدهیم. طیبه در دانشکده‌ی داروسازی دانشگاه تهران کار می‌کرد. دوست‌پسری هم داشت که استاد دانشکده‌ی پزشکی بود. از خانواده‌ای مذهبی می‌آمد ولی دوست‌پسرش بهایی بود. خوب می‌دانست آینده‌ای با هم نخواهند داشت. جالب بود که چهار روز پیش هر دو با هم به راهپیمایی روز عید فطر رفته بودند. طیبه از جمعیت فراوان صحبت می‌کرد. آن شب ارتش حکومت نظامی اعلام کرد. ولی این سبب نشد تا ملت ساکت بماند. از آن شب به بعد، شب‌ها به روی پشت‌بام‌ها می‌رفتیم و با همسایه‌ها صدا به صدای هم می‌دادیم و شعارهای ضدحکومتی را با هیجان تمام و بلندترین صدای ممکن به گوش حکومت می‌رساندیم. مامان نگران شده بود و مرتب از فرانسه زنگ می‌زد. بالاخره طاقت نیاورد و زود برگشت. خبر تیراندازی به مردم در تمام ایران پیچید و از دیگر شهرها هم خبرهایی درباره‌ی راهپیمایی‌ها و تجمع مردم می‌رسید. بعضی شب‌ها مامان بیدارمان می‌کرد و می‌گفت «مردم راه افتادند». به سرعت لباس می‌پوشیدیم و کفش‌های کتانی را به پا می‌کردیم و به خیابان می‌رفتیم. باجان چنگ به صورتش می‌انداخت و به مامان می‌گفت: «گیس بریده، این زن و شوهر جوون رو کجا دنبال خودت می‌کشی؟». دیگر به مشکلات خصوصی‌ام اهمیت نمی‌دادم. شور و هیجان دیگری داشتم. گویی تاریخ در مشت‌های گره‌کرده‌ی ما رقم می‌خورد.

روزها و هفته‌ها با سرعت می‌گذشتند. مردم تغییر کرده بودند. به هم کمک می‌کردند. عجیب‌تر از همه رانندگی بود. آن‌ها به هم راه می‌دادند. کسی سبقت بی‌مورد نمی‌گرفت. وقتی پلیس شب‌ها در راهپیمایی‌ها به مردم حمله می‌کرد مردها اول از همه هوای زن‌ها را داشتند. شب‌ها درِ اکثر خانه‌ها باز می‌ماند تا مردم در موقع فرار به خانه‌ها پناه ببرند. در جمع راهپیمایان حتی مسیحی، یهودی و البته خیلی به ندرت بهایی هم دیده می‌شد. حداقل دوست‌پسر طیبه گاه با ما می‌آمد. شب‌ها بچه‌های خانم سرکیسیان هم به روی پشت‌بام می‌رفتند و «الله اکبر» می‌گفتند! پدیده‌ای که خیلی عجیب بود نقل‌مکان‌های ناگهانی بود. خانواده‌ی سیما که دو منزل با ما فاصله داشتتند به‌طور ناگهانی اسباب‌کشی کردند و رفتند. داماد آن‌ها افسر نیروی هوایی بود و تمام خانواده شاه‌دوست بودند. سرهنگ مستأجر ما هم در همان ابتدا منزل را خالی کرد و رفت و به ما گفت به شهر دیگری منتقل شده است.

در کمال نامردی دو ماه اجاره‌ی مامان را هم نداد. طبقه‌ی بالا بلافاصله به یک آقای دکتر و خانمش با دو بچه‌ی کوچک ناز اجاره داده شد. بعضی شب‌ها کسانی به سراغ دکتر می‌آمدند و زنگ ما را می‌زدند. هیچ وقت سوالی نکردیم و دکتر را راحت گذاشته بودیم. راهپیمایی و تظاهرات بخشی از زندگی همگان شده بود. مهم نبود چه ساعتی از شبانه‌روز و یا در کدام منطقه از شهر هستیم. همین که صدای شعار می‌شنیدیم ما هم به دیگران ملحق می‌شدیم. مردم به راحتی کار خود را رها می‌کردند و به راهپیمایی می‌رفتند و البته دوباره به سر کار برمی‌گشتند چون به هر حال از محل کار خبرهای بیشتری شنیده می‌شد. آرام‌آرام اختلافات خانوادگی شروع شد. کم‌تر خانواده‌ای از این بحران در امان مانده بود. اختلافات به خانواده‌ی ما هم کشیده شد. شکیبا ـ که شوهرش افسر شهربانی بود ـ شاه‌دوست بود و با شهرو، که بین اعضای خانواده اولین نفری بود که روسری به سر کرد، مرتب درگیر می‌شدند. مامان بیچاره هم نمی‌دانست طرف چه کسی را بگیرد. ارس هم دیگر مثل سابق به ما سر نمی‌زد. حدس می‌زدم گرفتار کارهای مهم‌تری‌ست. با سمت و سو گرفتن شعارها ما کم‌تر به تظاهرات می‌رفتیم. مامان که دیگر از خانه بیرون نمی‌آمد. او نصیحت‌هایی از پدرش شنیده بود که خیلی با مذهب و دین همخوانی نداشت. او تنها دختر خانواده، یا در واقع تنها فرزند خانواده بود که به مدرسه‌ی فرانسوی‌زبان آلیانس[۲۷] رفته بود. گرچه به یاد آقاجان همیشه مراسم تاسوعا و عاشورا را برگزار می‌کرد. مراسم روضه‌خوانی دهه‌ی محرم بعد از فوت آقاجان تبدیل شده بود به دو روز تاسوعا و عاشورا که حاج‌آقا دربندی می‌آمد در اتاق خالی از جمعیت برای باجان و مامان و گاه‌به‌گاه یکی دو خانم همسایه بالای منبر می‌رفت. روی صندلی می‌نشست. مامان روی مبل و باجان روی تخت‌خواب. روضه‌اش را می‌خواند و کمی گپ می‌زد. بعد چای و شیرینی می‌خورد و می‌رفت. حاج‌آقا دربندی مرا هم خیلی دوست داشت و سلام و علیک گرمی با من می‌کرد. وقتی می‌آمد که به‌طور معمول من داشتم از خانه بیرون می‌رفتم و یا وقتی وارد خانه می‌شدم که او داشت خداحافظی می‌کرد. همیشه هم در برخورد با او راحت بودم. دامن کوتاه و یا بلوز آستین‌حلقه‌ای هم برای حاج آقا دربندی عجیب و غریب نبود. سرش همیشه پایین بود و با لبخندی جواب سلام می‌داد و یا خداحافظی می‌کرد. در این دوران اگر من اعلامیه‌ای داشتم ـ که همیشه اعلامیه‌ی چریک‌ها بود ـ دسته‌ای به دستش می‌دادم و از او می‌خواستم آن‌ها را به دست مردم بدهد. بیچاره حاج‌آقا با عبا و عمامه سوار موتور وسپای قاروقوری‌اش می‌شد

و اعلامیه‌ها را زیر صندلی موتور جا می‌داد. با عبایش آن را مستور می‌کرد و به راه می‌افتاد. نه سوالی می‌کرد و نه اعتراضی. به من اعتماد داشت. ارس قاه‌قاه به کار من می‌خندید. این روزها با حاج‌آقا بیشتر حرف می‌زدیم و از اتفاقات دور و بر شهر برای هم می‌گفتیم. حاج‌آقا به‌طور معمول ساکت بود و گوش می‌کرد و گفته‌های مرا قبول داشت. فکر می‌کرد من خیلی سرم می‌شود! ما هم مثل بسیاری دیگر همیشه در خانه را باز می‌گذاشتیم تا در صورت حمله به تظاهرکنندگان مردم بتوانند به منزل ما پناه بیاورند. در درگیری‌ها مردم را دستگیر می‌کردند و می‌بردند. یک شب اوایل نیمه‌شب بود که صدای زنگ در بلاانقطاع بلند شد. همه به سمت در رفتیم. دختر و پسری پشت در بودند. از آن‌ها خواستیم بیایند داخل خانه ولی امتناع کردند و سراغ دکتر را گرفتند؛ اما با اسمی اشتباه. ما گفتیم چنین کسی در منزل ما نیست. اسم را دو سه بار تکرار کردند و وقتی مطمئن شدند در یک چشم به هم زدن ناپدید شدند. صبح مامان ماجرا را برای آقای دکتر تعریف کرد. برای مامان مسجل شده بود آن‌ها به سراغ همین دکتر آمده بودند. «چرا؟». این فقط شم پلیسی خانم سرهنگ شایسته بود که می‌توانست جواب‌گوی این چرا باشد! دو روز بعد دکتر و خانواده‌اش اسباب‌کشی کردند و از منزل ما رفتند. بعد ما مستأجر مامان شدیم.

مملکت کم و بیش تعطیل بود. اگر کسی سر کار می‌رفت برای ایجاد اغتشاش در محل کار بود. صدرا با دوستش مزدک سردم‌دار شلوغی محل کار خود شده بودند. سرانجام رسم پایین کشیدن عکس و مجسمه‌ی شاه از بالای دیوار به اداره‌ی آن‌ها هم رسید و صدرا و مزدک با هم اتاق به اتاق رفتند و عکس شاه را پایین کشیدند. شب پدر صدرا زنگ زد و گفت ساواک به منزل آن‌ها ریخته و سراغ صدرا را گرفته‌اند. فاصله‌ی رانندگی از منزل صدرا تا منزل ما در آن ساعت خلوتی شب شاید به هفت هشت دقیقه هم نمی‌کشید. نمی‌دانم چرا پدر صدرا به این سادگی و خیلی سرراست آدرس خانه‌ی ما را به ساواک داده بود. شاید باور داشت دیگر شاه و ساواک نمی‌توانند غلطی بکنند. صدرا سراسیمه لباس عوض کرد و بالای پشت‌بام رفت. ما اعتراض کردیم که آن‌ها به همه جای خانه سرک می‌کشند و بهتر است از دیوار به منزل همسایه بپرد و آنجا پنهان شود. ولی برای هر تغییر رای دیر بود. چند دقیقه‌ی بعد صدای کوبیدن ضربه‌های وحشیانه به در، خانه را لرزاند. مامان سینه سپر کرده در را باز کرد. سه نفر شخصی‌پوش با اسلحه و دو سرباز وظیفه مثل وحشی‌ها ریختند داخل خانه. یکی از لباس‌شخصی‌ها به قدری مشروب خورده بود

که چشم‌هایش قرمز قرمز شده بودند و بیش‌تر از بقیه داد و فریاد و فحاشی می‌کرد. باجان هم داد و بی‌داد می‌کرد که این‌ها غلط‌های زیادی می‌کنند برای خودشان می‌ریزند خانه‌ی مردم. مامان همان طور سینه سپر کرده ایستاده بود ولی من روی مبل مچاله شده و نشسته بودم و زانوهایم را به بغل گرفته بودم و می‌لرزیدم. آن روزها من سخت مشغول ترجمه‌ی چه کسی از ویرجینا وولف می‌ترسد؟ ادوارد آلبی بودم. کاغذهای ترجمه روی یک میز و در گوشه‌ای از اتاق کنار تلویزیون بود. من و صدرا قبل از تلفن آقابزرگ مشغول تبادل اعلامیه‌هایی بودیم که هر کدام را از این ور و آن ور گرفته بودیم. وقتی آن‌ها ریختند داخل خانه من به منظور جمع‌وجور کردن کاغذها، اعلامیه‌ها را با ورقه‌های ترجمه‌ی خودم قاطی کردم. همان مرد مشروب‌خورده کاغذها را کمی به هم ریخت و پرسید آن‌ها چه هستند. جواب دادم کتاب ترجمه می‌کنم. ورقی را برداشت و خواند و خندید. خیالم راحت شد. بعد دستور داد دو سرباز پایین بمانند و بقیه مثل اس‌اس‌های هیتلری رفتند طبقه‌ی بالا. مامان به دنبال‌شان رفت و بعد از این‌که آن‌ها چند ضربه‌ای به در آپارتمان ما کوبیدند مامان گفت که مستأجر دارد و آن‌ها منزل نیستند. بعد رفتند پشت‌بام. فکر کردم آن‌ها چه راحت از سرکشی به منزل همسایه منصرف شدند. صدای در پشت‌بام که آمد پشتم تیر کشید ولی هیچ حرکتی از خود نشان ندادم. یکی از سربازها همان موقع به من نزدیک شد و آهسته گفت:

- نترس. دیگه نمی‌تونند با شوهرت کاری بکنند.

نگاه ساده‌ی یک بچه شهرستانی را داشت. من هم به زور لبخندی به او زدم. چند دقیقه بعد، سه مرد شخصی‌پوش آمدند پایین. مرد مست هم‌چنان قلدری می‌کرد و بد و بی‌راه می‌گفت. وقتی دیدم صدرا را با خودشان ندارند جان گرفتم. در تمام مدت نگران باجانم بودم که حرفی نزند. ولی او یکسره نفرین می‌کرد. مرد مست به طرف من آمد و با فریاد گفت بهتر است صدرا فردا خودش را به کمیته‌ی مشترک معرفی کند در غیر این‌صورت برایش دستور تیر صادر می‌شود. بلافاصله چشمم رفت طرف سربازی که نگاه ساده و بی‌ریایی داشت. او هم‌چنان با همان نگاه دزدکی به من چشمکی زد. قوت قلب خوبی بود. باجان هم که یک عمر در کنار یک پلیس زندگی کرده بود خوب می‌دانست دستور تیر چه معنی‌ای می‌دهد با عصبانیت عصایش را بلند کرد و سر مرد مست فریاد کشید:

- خبه خبه. جمع کن. چه غلط‌ها! دستور تیر! برو اول شلوارت رو بکش بالا

بعد از این غلط‌ها بکن.

دو تا سرباز وظیفه به هم لبخند زدند و مرد مست که حرف باجان به او برخورده بود با گفتن کلمات رکیک پیش از دیگران از در بیرون رفت. وقت رفتن هم به مامان تأکید کرد پیغام را به صدرا برساند. سرباز شهرستانی آخرین نفر بود که از در بیرون رفت و این بار خیلی راحت به من گفت: «نگران نباش». بعد از این‌که صدای ماشین‌شان دور شد صدرا در چارچوب در ظاهر شد. مامان بیچاره تازه نشست روی مبل. ما فکر می‌کردیم او پشت‌بام به پشت‌بام فرار کرده تا جایی خودش را پنهان کند. در حالی که در تمام این مدت بین دو کولر، مابین زمین و هوا، پنهان شده بود؛ جایی که یک بچه هم به سختی خود را در آن‌جا می‌داد. بعد از این‌که چایی درست کردیم و کمی حرف زدیم نیمه‌شب به طبقه‌ی بالا رفتیم. صدرا خودش را به من نزدیک کرد. هم‌چنان داشتم می‌لرزیدم ولی سخت در آغوشش گرفتم... باز هم زود به خواب رفت؛ در حالی که من بیدار و نگران او بودم.

صبح زود یکی از دوستان صدرا زنگ زد و گفت دیشب به منزل مزدک و یکی دیگر از همکاران صدرا رفته و آن‌ها را دستگیر کرده‌اند. صدرا تردید نکرد که باید خودش را معرفی کند. هیچ منطقش را نمی‌فهمیدم. بعضی‌ها می‌گفتند دیگر قانونی در کار نیست و معلوم نیست چه می‌شود. آن‌ها معتقد بودند بهتر است صدرا نرود. می‌گفتند آخر کدام دیوانه‌ای با پای خودش رفته بگوید که مرا بیندازید به هلفدونی؟ ولی چنین چیزی در مرام صدرا نبود. او هم در پایین کشیدن عکس شاه با بقیه همراه بود و مرامش قبول نمی‌کرد آن‌ها را بگیرند و او فرار کند. با هم به کمیته‌ی مشترک رفتیم. در راه تلاش کردیم وانمود کنیم موضوع مهمی نیست و زود آزاد خواهند شد. این بار دومی بود که سر و کار صدرا به کمیته‌ی مشترک و شاید بعد از آن به اوین می‌افتاد. مرا دلداری می‌داد که به‌طور یقین این بار بدتر از دفعه‌ی قبل نیست. دفعه‌ی قبل به دنبال ماجرایی بود که یکی از استادان سر کلاس موقع شنیدن اذان گفته بود «این صدای عرعر که نمی‌ذاره من درس بدم». دانشجویان کلاس را ترک کرده بودند و این ماجرا تبدیل شده بود به یک تظاهرات عمومی و به دنبال آن تعطیلی دانشگاه تهران. به دنبال صدرا به منزل‌شان می‌ریزند و او را موقع فرار از راه‌پله‌های منتهی به پشت‌بام دستگیر می‌کنند و برای یک سال به اوین می‌فرستند. جلوی در کمیته ما هم‌دیگر را در آغوش گرفتیم و بوسیدیم و از هم خداحافظی کردیم. عکس‌العمل‌ها در مقابل زندانی شدن صدرا گوناگون بود.

خانواده‌ی صدرا، به خصوص مادرش، گریه و زاری می‌کرد و دست به دعا داشت. زن مرتضی با پیراهن مردانه‌اش، که به روی دامنی گشاد می‌انداخت، و دمپایی سیاهش، در حالی که ناخن‌هایش را می‌جوید به عمل ساواک اعتراض می‌کرد. شاکی بود شوهر او را که سیاسی‌ست نگرفته‌اند و صدرا را دستگیر کرده‌اند. او به دنبال اعتباری برای خود و همسرش بود که گویی فقط از طریق زندان رفتن قابل کسب بود. مامان و خانواده‌ی من نگران ولی آرام بودند. البته شکیبا به رفتار صدرا اعتراض می‌کرد و می‌گفت چرا عکس شاه را از روی دیوار پایین آورده و پاره کرده؟ ارس نگران همه‌ی زندانی‌ها بود. می‌دانست کار رژیم تمام است ولی می‌ترسید رژیم دیوانگی کند و در روزهای آخر به یک کشتار دسته‌جمعی دست بزنند. یک هفته گذشته بود و خبری از صدرا نبود. روز نهم بود که زنگ زد و گفت به او وقت ملاقات داده‌اند. با برادر صدرا رفتیم ملاقات. البته ملاقات تنها برای من بود. در راه برادر صدرا گفت:

- شانی جان، اگر صدرا کف پاش رو نشون داد بدون که شلاق رو به پشتش زدند و اگر پشتش رو نشون داد بدون که شلاق رو کف پاش زدند. به‌خصوص از زندانی‌ها می‌خوان که یکی از این دو قسمت رو به ملاقات‌کننده نشون بدن.

صدرا به هیچ گروه و دسته‌ای وابستگی نداشت. عکس شاه را بدون دستور کسی پایین کشیده بود. پدرش به‌شدت ضدشاه بود. مرد مومنی بود که نمازش ترک نمی‌شد ولی اهل مسجد رفتن نبود. سختی زیادی کشیده بود و حق و حقوقش به دفعات پایمال شده بود. معتقد بود رژیم هیچ وقت کمکی به او و امثال او نکرده است. گذشتن از راهروها و حیاط کمیته‌ی مشترک شهربانی دلم را به درد آورد. در و دیوار به آدم فشار می‌آوردند. فرقی نمی‌کرد که کسی را با لباس فرم ببینم یا با لباس شخصی. به نظرم آن‌جا همه خیانت‌کار بودند. جوان‌های زیادی آن‌جا شکنجه شده بودند. از شکنجه‌های کمیته مشترک بسیار شنیده بودم. دیدن آن حوض وسط حیاط، خون درون رگ‌هایم را منجمد کرد. چه پاهای آش و لاش‌شده‌ی نازنینی که زمستان‌ها مجبور شدند تا در آن حوض یخ‌زده قدم بگذارند و بعد دور آن بچرخند. سرهنگ افضلی سفارش مرا کرده بود و سربازی که همراهم بود کمک می‌کرد تا مسیر بقیه‌ی ملاقات‌کنندگان را طی نکنم. بالاخره به اتاق ملاقات رسیدم. روی نیمکت نشسته بودم که صدرا را آوردند. حالش خوب بود. به آرامی پرسیدم که آیا او را شلاق زده‌اند؟ خندید و گفت نه. دنبالش را نگرفتم ولی با خودم فکر کردم بنا به گفته‌ی برادرش پس

هم کف پایش را شلاق زده‌اند و هم پشتش را. ملاقات کوتاه بود. گفت به زودی می‌آید به خانه و بس. صدرا را دست‌بسته و تنها رها کردم تا به سلول سرد و سیاهش برود و من آزاد به آغوش مامان برگشتم. به ماشین که رسیدم های‌های گریستم. به برادرش گفتم صدرا نه کف پایش را نشان داد و نه پشتش را.
ده روز بعد از ملاقات ما، مزدک و همکار دیگر صدرا را آزاد کردند. وقتی آن‌ها بیرون آمدند من پشت در زندان کمیته‌ی مشترک ایستاده بودم. مزدک گفت صدرا هم ظرف یکی دو روز آینده آزاد می‌شود. هر روز به کمیته‌ی مشترک می‌رفتم و در خیابان به انتظار می‌نشستم ولی از صدرا خبری نبود. از سرهنگ افضلی هم دیگر درخواستی نمی‌کردم چون شکیبا تذکر داده بود سرهنگ را در رودربایستی قرار ندهم. یک روز با خانم میانسالی آشنا شدم. کمی چاق بود و قدکوتاه، ولی به نظر چغر می‌آمد. موهای کوتاه پرپشت و فرفری داشت. صورت عبوسی داشت. شاید سختی‌های زندگی آن را تلخ کرده بود با وجود این لبخند گرمی به لب داشت. ترس در نگاهش دیده نمی‌شد. او سر صحبت را باز کرد و از زندانی من پرسید. ماجرا را برایش تعریف کردم و بعد به خودم اجازه دادم از زندانی او بپرسم. گفت در سال‌های ازدواج، همسرش بیش‌تر در زندان بوده تا در خانه و کنار او. خجالت می‌کشیدم اسم شوهرش را بپرسم ولی او از همسرش شعری خواند که به کنجکاوی من پایان داد. همسر او شاعری بود که از سرِاتفاق من تعداد زیادی از اشعارش را حفظ بودم. وقتی او شعر را شروع کرد من تمامش کردم. باور نمی‌کرد من بتوانم تمام آن غزل بلند را تا به انتها از حفظ بخوانم. خیلی خوشحال شد؛ گویی به او دلگرمی دادم. خودش هم به کار نویسندگی مشغول بود و می‌گفت این مهم است که جوانان به خاطر سیاست از ادبیات دور نیفتند، چرا که این دو، دست در دست هم دارند. دستش را در دست‌هایم گرفتم و آن‌ها را بوسیدم. مرا در آغوش گرم خودش گرفت. متوجه شد بدنم می‌لرزد. شال سیاه دست‌بافتی را که به روی شانه داشت به دور من انداخت. در زندان باز شد و چند نفری بیرون آمدند ولی نه صدرا در بین آن‌ها بود و نه همسر آن خانم. هم‌دیگر را برای خداحافظی تا روز بعد بغل کردیم. مرا بوسید و گفت:

- دخترم، من یک شبه به این مقاومت و استواری نرسیدم. صبر کن به زودی همه با هم آزاد می‌شن.

برای چند روزی من و همسر آن شاعر همدم هم شده بودیم. بالاخره یک روز شاعر عزیز آزاد شد. همسرش ما را به هم معرفی کرد. مرد شاعر گفت صدرا را دیده

و حالش خوب است. با هم خداحافظی کردیم. می‌دانستیم که دیگر همدیگر را نخواهیم دید. یک هفته بعد، کنار جوی آب نشسته بودم که صدرا ناگهان جلویم سبز شد. همدیگر را بغل کردیم و بوسیدیم. رنگ‌پریده بود ولی کلی از زندان تعریف داشت. آدم‌های مهمی را آن‌جا دیده بود. مطمئن بود که کار رژیم به آخر رسیده است و گفت بازداشت این دفعه با دفعه‌ی قبل تفاوت داشت. این بار از کتک خبری نبود. شلاقی هم در کار نبود. طوری حرف می‌زد که انگار به او خوش گذشته و از جلسات بحث زندانیان خیلی هم لذت برده بود.

در همسایگی ما به جز طیبه کسی از زندانی شدن صدرا خبر نداشت. مردم آن روزها تشنه‌ی قهرمان‌پروری بودند و از یک کاه کوهی می‌ساختند. شلوغی‌ها، تظاهرات هرروزه، راه‌پیمایی‌های سطح شهر، خبرهایی که از شهرستان‌ها می‌آمد همه‌ی اتفاقات دیگر را تحت‌الشعاع قرار داده بود. حتی زندگی زناشویی ما را. روزها به سرعت می‌گذشتند. من هم مثل هزاران نفر دیگر که آن روزها بلاتکلیف سر کار می‌رفتند به دانشگاه می‌رفتم و شاهد همه نوع بحث و جدل‌های گروه‌های مختلف بودم و عصر با کلی خبر به خانه برمی‌گشتم. دانشگاه آن روزها شکل عجیبی داشت. در هر گوشه‌ای گروه‌های سیاسی مشغول آموزش بودند. هر دو طرف خیابان‌های اطراف دانشگاه پر از کتاب‌فروش‌های کتب دست‌دوم بود. آن روزها تمام کتاب‌های ممنوعه‌ی سال‌های گذشته را می‌توانستی از طریق همین دست‌فروش‌ها تهیه کنی. قرار بود روز سیزده آبان تظاهرات گسترده‌ای در سراسر کشور برگزار شود. برای همین آن روز مثل همیشه نبود. دانشگاه جو نگران‌کننده‌ای داشت. به اتاقم رفتم و دیدم کسی نیامده است. سید خواست که در دانشگاه نمانم.

-    آخه خانم، خبری نیست که تو آمدی. برو خونه.

راست می‌گفت. وقتی به حیاط دانشکده آمدم حس خیلی بدی داشتم. سر و صدا نبود. بیش‌تر سکوت بود. یکی دو تا از بچه‌ها را دیدم و گفتم که دلم گواهی بد می‌دهد. به جمعیت دانشجویان اضافه می‌شد؛ حتی دانش‌آموزان هم از لای میله‌ها خودشان را به داخل می‌انداختند. ارتش در اطراف دانشگاه مستقر شده بود. من در دانشگاه نماندم. وقتی رسیدم خانه، صدرا جلوی در منتظرم بود. در همین فاصله‌ی کوتاه وقتی دانش‌آموزها مدارس را تعطیل کرده بودند و به داخل دانشگاه رفته بودند ارتش به روی آن‌ها آتش گشوده بود. بعد درهای دانشگاه را بسته بودند، بچه‌ها را آن‌جا حبس کرده بودند و گاز اشک‌آور به داخل حیاط دانشگاه انداخته بودند. هر لحظه به تعداد کشته‌شده‌ها اضافه می‌شد.

طیبه کمی بعد از من رسید. حالش حسابی بد بود. می‌گفت با هزار بدبختی خودش را به خانه رسانده است. ماشینش را در دانشگاه گذاشته بود و مسافتی را پیاده طی کرده بوده تا تاکسی پیدا کند. تعریف می‌کرد جلوی بیمارستان هزار تختخوابی غلغله‌ای به پا شده بود چون بیش‌تر زخمی‌های آن منطقه را به آن‌جا برده بودند. مردم به‌طور غریبی به خیابان‌ها ریخته بودند و شعارها خیلی تندتر شده بود. رفته‌رفته از این طرف و آن طرف می‌شنیدیم که سربازها اسلحه‌هایشان را زمین می‌گذارند و به مردم ملحق می‌شوند.

سرانجام روز فرار شاه هم رسید. فکر می‌کنم همه، انقلابی و مخالف انقلاب، در خیابان بودند. مردم عکس‌های شاه و خانواده‌اش را پاره می‌کردند. پوستر و تابلوهای عکس شاه در مغازه‌ها را زیر پا می‌انداختند و له می‌کردند. ماشین‌ها بوق می‌زدند. مردم شعار می‌دادند «شاه فراری شده، سوار گاری شده». زن‌هایی را دیدم که با گوشه‌ی روسری‌ها و یا با پشت دست‌هایشان یواشکی اشک‌های خود را پاک می‌کردند. گروه کثیری شادی می‌کردند و می‌رقصیدند؛ بی‌خبر از فردا و فرداها. بعضی‌ها هم زیر لب فحش می‌دادند؛ اقلیتی بودند که جرأت عرض اندام نداشتند. در چهره‌ی بعضی‌ها هم نگرانی دیده می‌شد. نگرانی از فردا، از بی‌سرپرستی. مثل کسانی بودند که باور داشتند گرچه پدر خانواده آدم شرور و ناکسی بود ولی بودنش بهتر بود تا نبودنش. ترس را در چشم‌های مات‌زده‌ی برخی حس می‌کردی. گویی همگی در یک بازی وحشت شرکت کرده بودند و یک‌باره وسط بازی به آن‌ها گفته شده بود از حالا به بعد دیگر بازی‌ای در کار نیست. مدت‌ها بود شکل جماعت راهپیما عوض شده بود. زن‌های بی‌حجاب کم‌تر و زن‌های چادری بیش‌تر شده بودند. شعارها بیش‌تر اسلامی بود تا ملی. حتی در بعضی از راهپیمایی‌های اخیر بین زن‌های چادری و غیرچادری یا شعاردهندگان مذهبی و غیرمذهبی درگیری و دعوا شده بود. مردم دست به گردن سربازان می‌انداختند و گل به لوله‌های تفنگ آن‌ها می‌گذاشتند و شعار «برادر ارتشی، چرا برادرکشی؟» سر می‌دادند. در صف تظاهرات حضور آخوندها بسیار چشم‌گیر بود. چه خبر شده بود؟ قرار بود چه شود؟

ماه بعد آقای خمینی از فرانسه وارد تهران شد. در مصاحبه‌ای تلویزیونی خبرنگاری در هواپیما از او پرسید چه احساسی دارد و او با قاطعیت گفت: «هیچی». در آن روز و آن لحظه که میلیون‌ها چشم به تلویزیون دوخته شده بود این حرف دفتر چند ماه راهپیمایی پر از خطر ولی سرشار از امید را برای بسیاری بست. مامان از همان ابتدا که اسم خمینی را شنید از راهپیمایی‌ها

دست کشیده بود. ولی در آن لحظه به‌کلی ناامید شد و گفت : «خدا به دادمون برسه». همیشه می‌گفت پدرش به آن‌ها سفارش کرده بوده اگر از خانه آمدند بیرون و چشمشان به ملّا خورد برگردند داخل خانه چون ملّا خوش‌یمن نیست. شاپور بختیار که در آن تاریخ نخست‌وزیر بود و امکانات ورود آقای خمینی را فراهم کرده بود ورود آقای خمینی را به کلیه‌ی مسلمانان ایران تبریک گفت. رهبران حزب‌ها و گروه‌های سیاسی بسیاری هم همین طور. تعداد بی‌شماری از نویسندگان و هنرمندان هم به همچنین. عده‌ی کثیری از مردم هنوز گیج بودند و به دور خود می‌چرخیدند. سرتیترهای روزنامه‌ها خبر از دگرگونی‌های باورنکردنی می‌داد:

ـ کارهای رضاخان و پسرش از حمله مغول‌ها بدتر بود. خمینی

ـ برای کم‌درآمدها آب و برق مجانی می‌شود. سخنگوی دولت

ـ جمهوری اسلامی با حکومت مذهبی تفاوت دارد. دکتر محمد مکری

ـ محتوی جمهوری اسلامی دموکراتیک است. دکتر سنجابی

ـ جز فساد از هیچ چیز دیگری جلوگیری نمی‌کنیم. خمینی

ـ اسلام دین آزادی است. آزادی کسی را سلب نمی‌کنیم. دکتر بهشتی

ـ در حکومت اسلامی دیکتاتوری وجود ندارد. خمینی

ـ رئیس کشور نخواهم شد. خمینی

ـ مارکسیست‌ها در ابراز عقیده آزادند. خمینی

ـ اقلیت‌های مذهبی در ایران احترام دارند. خمینی

آیا تاریخ در حال ثبت اتفاقی بی‌سابقه بود؟ آیا حکومتی تجربه‌نشده متولد می‌شد؟ دیگر در هر بحثی بیش‌تر شنونده بودم. ماشین انقلاب به سرعت به حرکت افتاده بود. چند روز بعد از آمدن خمینی راهپیمایی عظیمی از طرف هم‌افران و نظامیان دیگر در پشتیبانی از او انجام شد. من و صدرا در خیابان بودیم که جوادی، مستخدم ساواکی دانشکده، را دیدیم که پشت وانتی ایستاده بود و الله‌اکبرگویان فریادِ «برادر ارتشی اتحاد اتحاد» سر داده بود. بچه‌های چپ از او نفرت داشتند و دیگران هم، چه مستخدمین و چه دانشجویان، از او دوری می‌کردند چرا که او مردی بسیار وقیح و بددهن بود. در مجموع آدم کثیف، هیز و حریصی بود. حالا پشت وانت ایستاده بود و به مردم آب و شربت می‌داد.

من و صدرا دست‌هایمان را به هم می‌فشردیم. از هم می‌پرسیدیم که چند درصد از این انقلابیون لمپن‌هایی مثل جوادی هستند؟

شعارهای مرتبط با حجاب هم شنیده می‌شد. زن‌های چادر مشکی به زن‌های بی‌حجاب که می‌رسیدند ناسزا نثارشان می‌کردند. خیلی از زن‌های بی‌حجاب در راهپیمایی‌ها روسری به سر می‌کردند. رفته‌رفته پسوند «اسلامی» جز لاینفکی از هر کلمه، پدیده، ارگان و نهادی می‌شد و پا جای کلمه‌ی «انقلاب» می‌گذاشت. در چشم به هم زدنی خمینی رهبر کشور شد و گویی شب خوابیدیم و صبح بیدار شدیم و با رگبار فرهنگ اسلامی، هویت اسلامی، مجلس اسلامی، دموکراسی اسلامی، مدرسه‌ی اسلامی، دانشگاه اسلامی، هنر اسلامی و سرانجام حجاب اسلامی روبه‌رو شدیم. بازگشت به محل کار آسان نبود. همه جا پر از زنان و مردانی بود که یا یک‌شبه مسلمان شده بودند و یا از پستوهای خانه‌هایشان بیرون آمده بودند و می‌خواستند عرض اندام کنند. تحمل نگاه‌های زنان چادرسیاه که به بی‌حجابان لعن و نفرین می‌فرستادند بسیار سخت بود. دانشگاه بلبشوی عجیبی بود. هنوز همه‌ی گروه‌ها و حزب‌ها در آن‌جا مشغول به فعالیت بودند ولی گروه‌هایی که ملقب به چماق‌داران بودند به آن‌ها حمله می‌کردند و با چوب و چماق آن‌ها را می‌راندند. دیگر مثل دوران کوتاه قبل از انقلاب نبود که مردم هوای یکدیگر را داشتند، به هم کمک می‌کردند، حوصله‌ی شنیدن حرف مخالف را داشتند و بر سر چهارراه‌ها با وجود چراغ راهنما به هم بفرما می‌گفتند. حالا گروه‌هایی آمده بودند که می‌خواستند تعیین تکلیف کنند و دسته‌هایی که مأمور کتک زدن بودند؛ و چه بی‌محابا می‌زدند. در کمال تعجب خیلی سازمان‌یافته بودند. گروهی معلوم‌الحال که نه سواد داشتند و نه معرفت، نه مارکس را می شناختند و نه فوکو را، نه می‌دانستند چپ چیست و نه راست، فرق گروه و حزب و سازمان سیاسی حالی‌شان نبود، از همه‌ی این‌ها مهم‌تر یک آیه‌ی قرآن را هم بلد نبودند؛ در عوض به خوبی می‌دانستند به چه گروه‌هایی حمله کنند. چه کسی و یا چه کسانی آن‌ها را رهبری می‌کردند؟ اکثر آن‌ها چهره‌هایی کثیف و کریه داشتند که سابقه‌ی بزهکاری را می‌توانستی در آن‌ها به وضوح ببینی. به خوبی می‌شد فهمید با بسته شدن «قلعه» به میان مردم ریخته‌اند. به‌طور یقین در اول روز یا پایان شب به سراغ رابط یا سازمان‌دهندگان‌شان می‌رفتند و دستمزد آن روزشان را طلب می‌کردند. هر چه بود آن‌ها بی‌کار شده بودند و چه کاری بهتر از آن‌که به ذات خود برگردند؟ حالا به جای چاقوکشی در قلعه و کافه‌های اطراف به بچه‌های مردم تیغ می‌زدند. این‌ها همان عرق‌خورانی بودند که شیشه‌های عرق‌فروشی محل خود را شکستند و مغازه‌دار بیچاره را ــ که هر روز گیلاس عرق‌شان را پر می‌کرد ــ به باد کتک و ناسزا گرفتند

و خانه‌نشین کردند. ابن‌الوقت شدن بیماری واگیرداری بود و مثل طاعون داشت ریشه می‌دوانید. صدرا به دنبال به اصطلاح رؤسای طاغوتی اولین کسی بود که بعد از سین‌جیم اسلامی از محل کارش اخراج شد. البته نه به خاطر طاغوتی بودن. به این دلیل که در گذشته زندانی بوده و به یقین برای شرافتش! بعد از او مزدک و چند نفر دیگر بیرون رانده شدند. رفته‌رفته ما با اصطلاح جدیدی آشنا می‌شدیم: «پاکسازی». در پاکسازی خشک و تر با هم می‌سوختند.

صدرا در محل کارش بین همه محبوبیت داشت. رؤسایش با احترام با او برخورد می‌کردند و کارمندان همیشه به خاطر کمک‌هایی که او وقت و بی‌وقت به آن‌ها کرده بود دوستش می‌داشتند. ولی در این میان کسانی هم بودند که صدرا از دزدی‌هایشان باخبر بود و به آن‌ها اخطار داده بود. آن‌ها با چند نفر از مذهبیون تشکیل‌دهندگان گروه پاکسازی بودند. این ماجرا در هر محل کاری به وضوح دیده می‌شد. از آن پس من و صدرا با یک حقوق زندگی می‌کردیم؛ حقوق من. روزها صدرا نجاری می‌کرد و برای من قفسه‌های کتاب می‌ساخت و عصرها به دفتر خصوصی‌اش می‌رفت تا شاید کاری پیدا کند. مامان کمک بزرگی بود. یک بعدازظهر که صدرا منزل نبود تلفن زنگ زد. به‌طور معمول مامان گوشی را برمی‌داشت و اگر تلفن برای من بود او چند باری به روی دستگاه تلفن می‌زد. تلفن از بالا تق و توقی می‌کرد و بعد من گوشی را برمی‌داشتم. آن روز مامان این کار را نکرد. از راه‌پله مرا صدا زد. گوشی را برداشتم. صدای کشیده‌ی «الو»ی ادیب بود. صدا در گلویم خفه شد. نمی‌توانستم حرف بزنم. این‌جا بود. از تهران و از خانه‌اش زنگ می‌زد. در این شلوغی‌ها برگشته بود چه کار کند؟ فهمید من شوکه شده‌ام. مختصر حرف زدیم و قرار گذاشتیم در همان رستوران همیشگی همدیگر را ببینیم. گوشی را زمین گذاشتم و زل زده بودم به نقش‌های گلیم زیر پایم. باز هم همان سوال‌ها: چرا رفت؟ چرا برگشت؟ چرا به من زنگ زد؟ حالا زندگی من چه می‌شود؟ مامان که کنجکاو شده بود آمد بالا و پرسید:

- آقای خردمند بودند؟
- بله. خودش بود.
- چرا برگشته؟ مگه دیوانه است؟ پدر و مادرش چی؟ همه‌شون رو می‌کشند.
- پدر و مادرش در وین موندند. این طور که پیداست نتونسته بمونه. می‌خواد برگرده دانشگاه.

شب که صدرا آمد حال حرف زدن نداشتم. او هم مدت‌ها بود که حال و حوصله‌ی

درست و حسابی نداشت. جالب بود که به‌رغم اخراج صدرا ما هنوز طرفدار انقلاب بودیم و معتقد بودیم مثل هر انقلاب دیگری در دنیا، این‌ها پس‌لرزه‌های بعد از انقلاب هستند که به زودی از بین خواهند رفت و اوضاع درست خواهد شد. شکیبا می‌گفت:

- بابا شماها دیگه عجب رویی دارید. از کار بی‌کارتون کردند و هنوز دارید سنگ انقلاب را به سینه می‌زنید؟

و ما همچنان معتقد بودیم این نابسامانی‌ها و ناروایی‌ها در شروع هر انقلابی بوده و گذراست. عده‌ای فرصت‌طلب خودشان را جلو می‌اندازند ولی به مرور شناخته می‌شوند و غربال می‌گردند.

صبح روز بعد زودتر از همیشه بیدار شدم. کت دامن سرمه‌ای‌رنگی را به تن کردم. کلاه بره‌ی سفیدرنگم را به سر گذاشتم و رفتم سر کار. خیلی به ظهر نمانده بود که خود را به رستوران رساندم. ده دقیقه‌ای به وقت دیدار مانده بود که طاقت نیاوردم و وارد رستوران شدم. پشت میزی نشسته بود. تا دیدمش احساس کردم جریان خون در بدنم متوقف شد. نفسی کشیدم و تلاش کردم عادی باشم. ایستادم بالای سرش و سلام کردم. جلوی پایم ایستاد و صندلی را عقب کشید تا بنشینم. بی‌توجه غذا سفارش دادیم. اولین جمله‌اش این بود که چقدر زن بودن به من می‌آید و چقدر خوشگل‌تر شده‌ام. اخبار را مبادله کردیم. من از داخل و او از خارج کشور. در کمال تعجب گفت:

- می‌دونی نتیجه‌ی همه‌ی این هیاهوها چه خواهد بود؟ از بین رفتن فرهنگ.

خیلی برایم عجیب بود. ما فکر می‌کردیم انقلاب برای بهتر شدن همه‌ی زمینه‌ها رخ خواهد داد. عجیب‌تر این بود که او با اعتقاد به آن‌چه می‌گفت به ایران برگشته بود. فقط حرف زدیم و دست به غذا نزدیم. از صدرا پرسید. گفتم اخراج شده است. پرسید آیا از ازدواجم راضی هستم؟ سرم را پایین انداختم و زیرلب گفتم صدرا یک انسان واقعی‌ست. بعد زل زدم به چشم‌هایش. عمق غریبی داشت. خیلی غریب. پشت آن چشم‌های سیاه فرسنگ‌ها راه بود که می‌شد آن را با کمی دقت دید و بعد در یک جایی در آن مسیر گم شد. چند باری این اتفاق برایم افتاده بود. باز گم شدم. چشم‌هایم از اشک پر شد. پرسید:

- شانی. قضیه چیه؟

این چه سوالی بود؟ آیا به راستی نمی‌فهمید قضیه چیست؟ خوب می‌دانست که مراد من است. می‌دانست که چه احساسی نسبت به او دارم. فهمید جوابی ندارم.

بسته‌ی کادویی را که کنارش بود به دستم داد. معلوم بود بسته در چمدان بوده است. آن را باز کردم. یک شال مخمل مشکی ایتالیایی بود با طرح‌هایی طلایی به رویش. طرح‌ها مثل آتش‌بازی‌های در هوا بودند. خیلی قشنگ بود. بعد طبق معمول یک پوستر لوله‌شده هم برایم داشت. پوستر را باز کردم. طرحی از چهره‌ی شکسپیر بود که با اسم تمام آثارش طراحی شده بود. دو سه ساعتی آن‌جا نشستیم. گه‌گاه با غذا بازی‌بازی می‌کردیم تا وقت خداحافظی رسید. پرسید آیا می‌توانم باز هم ببینمش و من با میل تمام گفتم: «البته». در راه برگشت به خانه باز هم به سراغ قاب‌ساز رفتم. پوستر را دادم و گفتم خودش می‌داند چه قابی را برای آن پوستر بسازد. دو سه روز بعد تابلو حاضر بود. آن را در کنار تابلوی قبلی شکسپیر آویزان کردم. این تابلوها، کتاب‌هایم، ماسک‌هایی که از ژاپن آورده بودم، گرامافون انگلیسی قدیمی مامان با جلد چرم سبزرنگ و تصویر یک سگ و یک بوق خیلی خیلی بزرگ و جاقلمی‌های روسی یادگار پدر همه نشان‌دهنده‌ی «شانی» بودند. حالا دیگر خانه‌ی خودم را داشتم و می‌خواستم آن طور که می‌خواهم تزئینش کنم. هنوز چند ماهی از زندگی ما در طبقه‌ی بالای خانه‌ی مامان نگذشته بود که یک روز پدر و مادر صدرا برای ناهار به آن‌جا آمدند. وقتی آن‌ها رفتند صدرا با حالتی التماس‌آمیز از من خواست تابلوی آن دو زن برهنه‌ی نمایش «هر طور که بخواهید» شکسپیر را از اتاق نشیمن بردارم. گفتم یعنی چه، من این تابلو را خیلی دوست دارم و جواب داد پدرش این طور خواسته و محبت کرده و فرموده‌اند اگر خیلی این تابلو را دوست داریم جایش در اتاق خواب است و باید بگذاریمش آن‌جا. وقتی صدرا این را گفت سخت برآشفتم و گفتم:

- ولی این‌جا منزل منه. منم که تصمیم می‌گیرم چی رو کجا بذارم. نمی‌فهمم تو چرا هیچ توضیحی به پدرت ندادی و به جاش یک‌راست اومدی و از من می‌خوای که اتاقم رو اون طور آرایش بدم که پدر تو می‌خواد.

صدرا حرف‌های مرا قبول داشت. با استیصال این را می‌خواست و خوب می‌دانست آن تابلو تا چه اندازه برای من عزیز است. صدرا خیلی خوب بود؛ هم مرا عاشقانه دوست می‌داشت و هم به پدرش بی‌نهایت احترام می‌گذاشت. می‌توانستم تابلو را سر جایش نگه دارم و هر وقت پدرش به آن‌جا می‌آمد بردارمش. ولی این کار را نکردم و تابلو را بردم به دیوار اتاق خواب نصب کردم. دخالت‌های پدر صدرا حتی در کوچک‌ترین مسائل شخصی بچه‌هایش مرا عصبانی می‌کرد

و سبب شده بود سر هر موضوع کوچکی به صدرا خرده بگیرم که آیا از پدرش اجازه گرفته است تا ما رنگ اتاق را عوض کنیم، مبل نو بخریم، لباس من رکابی باشد و خلاصه اینکه اگر بابت مسألهای به دنبال دلخوری بودم برای خودم و صدرا موضوعی جهت بحث و جدل میآفریدم. صدرا تن به این جدل نمیداد، با صبوری میخندید و به قول معروف زیر سبیلی رد میکرد.

اواخر بهار بود. من و صدرا با شکیبا و شهرو و بچههایشان همگی رفتیم فرانسه دیدن اروند و همسرش. صدرا خیلی تلاش میکرد به من خوش بگذرد. رابطهاش با اروند بسیار گرم و برادرانه بود. ولی مسألهای وجود داشت که مرا آزار میداد و من نمیتوانستم آن را با کسی در میان بگذارم. با بازگشت ما از سفر، من با دو مسأله روبهرو شدم که هر یک به جای خود شوکی به من وارد آورد. اول اینکه وقتی به ادیب زنگ زدم تا خبر برگشتنم را بدهم خانمی به تلفن جواب داد. او به من گفت آقای خردمند از آن خانه رفته و من میتوانم اسم و شماره تلفنم را بگذارم و آن خانم آن را به ایشان خواهد داد. به او گفتم من از دانشکده زنگ میزنم و نیازی به این کار نیست. شوک دوم که تا حدودی خودم به آن آگاه بودم وقتی بود که به دکتر زنان مراجعه کردم و معلوم شد درست حدس زده و هنوز باکره بودم. این رابطه برای من بسیار سخت بود. من به عنوان یک دختر «امروزی» که مدتی هم در «خارج» زندگی کرده بودم دانش بسیار کمی دربارهی روابط جنسی داشتم. در منزل ما هیچ وقت صحبتی در این باره نمیشد. من هم آدمی نبودم که با دخترها در این باره حرف بزنم. به تنها کسی که تا حدودی میتوانستم اشارهای در این مورد بکنم شهرو بود. میدانستم او بیدرنگ مسأله را با مامان در میان میگذارد. خیلی سخت بود و من میخواستم از آن دستاویزی برای جدایی به وجود بیاورم. ولی در کمال تعجب مامان و شهرو به این نتیجه رسیدند که مهم نیست و بعد از مدتی مشکل برطرف میشود. این رسم صحبت کردن در مورد رابطهی زناشویی در خانوادهی ما بود. بهتدریج من هم با این مشکل کنار آمدم و به عنوان یک واقعیت آن را پذیرفتم. ولی رفتهرفته عصبی و زودرنج شدم و گاهی پرخاش میکردم. در این میان اتفاقات دیگری هم میافتاد؛ اختلاف فرهنگی و اجتماعی ما با خانوادهی صدرا. بهطور مثال، بعد از مدتی متوجه شدم هر بار خانوادهی صدرا را دعوت میکنم شوهرخواهر بزرگ او نمیآید. خواهرش نه با طعنه بلکه با دلخوری گفته بود علتش این است که من دوست ندارم در خانهام کسی پیژامه بپوشد. برای من این یک توهین بود که کسی بخواهد

با زیرشلواری در جمع بنشیند. هیچ کدام از برادرهای من پیژامه نمی‌پوشیدند و من هم دوست نداشتم صدرا، حتی وقتی دو تایی هم با هم بودیم، زیرشلواری به پا داشته باشد. پیژامه مال اتاق خواب بود. مامان به ما آموخته بود پیژامه پوشیدن در مقابل دیگران به قول خودش خارج از "اِتیکت[۲۸]" است. گویی من این را در منزل یکی از خواهرهای صدرا گفته بودم. صدرا گاه به مسخره کلمه‌ی اتیکت را به کار می‌برد و در واقع به مامان طعنه می‌زد و شاید این طوری تلافی دلخوری‌های من از پدرش را درمی‌آورد. یک بار به او گفتم اگر مردان خانواده‌ی او نمی‌توانند دو سه ساعتی را بدون پیژامه سر کنند من هم اهمیتی نمی‌دهم که با من رفت‌وآمد نداشته باشند. در خانه‌ی هر کدام از آن‌ها چهار پنج تا پیژامه برای مهمان همیشه تاشده آماده بود. از آن به بعد هر وقت خانه‌ی یکی از خواهرها یا برادرهای صدرا می‌رفتیم با یک پیژامه‌ی دست‌دوز برمی‌گشتیم و این نوعی لج‌بازی و دهن‌کجی به من بود. در کمد صدرا چندین پیژامه راه‌راه سبز و بنفش و سرمه‌ای روی هم تلنبار شده بودند.

مشکل دیگری که با صدرا داشتم نحوه‌ی رانندگی او بود که اغلب به درگیری او با راننده‌های دیگر ختم می‌شد. این آدم مودب، مهربان، و اجتماعی یک‌باره در رانندگی تبدیل می‌شد به یک مرد عامی، پرخاشگر و از همه مهم‌تر بددهن. یک شب با صدرا و خلیل شام رفتیم بیرون. ناگهان راننده‌ای پیچید جلوی ماشین ما. صدرا که رانندگی می‌کرد یک‌مرتبه مثل ناصر ملک مطیعی فیلم‌ها، وقتی که کسی به ناموسش چپ نگاه می‌کرد رگ غیرتش می‌زد بیرون، پیچید جلوی ماشینی که سبقت گرفته بود. راننده‌ی آن ماشین که تا کمر به سمت راست ماشین خم بود تا ناسزاهایش ناشنیده نماند هر چه فحش ناموسی بلد بود در مدت سی ثانیه آن‌چنان به ما نثار کرد که خون همه به جوش آمد. بعد صدرا طوری ماشین را چرخاند که او نمی‌توانست حرکت کند. هر دو از ماشین‌ها پیاده شدند. راننده قفل فرمان را به دستش گرفته بود. صدرا بدوبدو برگشت به ماشین و او هم زنجیر فرمان را به دست گرفت. در تمام این مدت خلیل در صندلی عقب ماشین لم داده بود و از جایش تکان نمی‌خورد. گفتم: «خلیل الان هم‌دیگر رو می‌کشند لااقل برو صدرا رو بکش بیار». آن‌ها مشغول فحش دادن به هم‌دیگر بودند و هنوز از اسلحه‌های سردشان استفاده نکرده بودند که خلیل به زور صدرا را آورد داخل ماشین. گفتم اگر یک بار دیگر و به هر دلیلی این طوری مثل لات‌های بی سر و پا بخواهد با هر کس و ناکسی درگیر شود من از ماشین پیاده می‌شوم و راهم را می‌گیرم و می‌روم. تمام عمرم از رفتن

دسته‌جمعی به باغ و صحرا در روزهای جمعه بدم می‌آمد؛ فقط به خاطر این نوع صحنه‌ها که بسیار هم رایج بود. مردم به دامن طبیعت می‌رفتند تا تفریح کنند و خوش باشند ولی ناگهان دو مرد بی‌منطق و بی‌عقل، چه بسا مست، به بهانه‌ی این‌که کسی به ناموس‌شان نگاه کرده و یا به زنی از فامیل متلکی پرانده گردش و تفریح را به دو خانواده زهرمار می‌کردند. در نهایت زن‌ها با دلخوری دیگ و قابلمه و چراغ غذاپزی را به فرمان مردان‌شان زیر بغل می‌زدند و بچه‌ها هم دلخور از این‌که با بر و بچه‌های همان کسی که با پدرشان به دعوا برخاسته بود اوقات خوشی را به بازی گذرانده بودند و با هم کلی دوست شده بودند، در حالی که یا گریه می‌کردند و یا آن‌ها هم به طرفداری از پدرشان چند فحش آبدار نثار بچه‌های دیگری می‌کردند، با دو سه تا پس‌گردنی از دست مادر همگی برمی‌گشتند به منزل؛ البته اگر در بین راه با دو یا سه راننده‌ی دیگر هم درگیر چنین صحنه‌هایی نمی‌شدند.

ولی پدر من اهل این گونه برخوردها نبود. در منزل ما فحش دادن، حتی فحش خیلی معمولی، جزای سنگینی داشت. به همین دلیل به هیچ وجه نمی‌توانستم بددهنی را تحمل کنم. گوشم به این نوع کلمات حساسیت داشت. به آرامی به صدرا گفتم:

- منو برگردون خونه. شامم رو هم خوردم.

در حالی که می‌لرزید به تندی گفت:

- یعنی چی؟ مگه چی شده؟
- مگه چی شده؟ فرق تو با اون مردک چیه؟ هر دوتون مثل هم هستید.
- من مثل اونم؟ دیدی جا... چطوری پیچید جلوی من.

فریاد کشیدم:

- جلوی من فحش نده. نه حالا نه هیچ وقت دیگه. تو هم پیچیدی جلوی اون. با این تفاوت که او یک آدم بی‌سواد بود و جنابعالی یک آدم تحصیل‌کرده.

صدرا بی‌کار بود و من نمی‌دانستم وضعیتم در محل کار چیست. انقلاب فرهنگی آغاز شده بود و استادان و دانشجویان دانشکده‌ی ما توسط دو دانشجوی معماری سال اولی وابسته به کمیته‌ی پاکسازی که مغز متفکر آن شخصی به اسم هاتف چرم‌ساز بود سین‌جیم می‌شدند. آن‌ها جوان‌های حزب‌الهی بودند که چرم‌ساز به عنوان سربازهای خودش از آن‌ها استفاده می‌کرد. اولین کسی که از دانشگاه اخراج شد آقای آزاد بود و به دنبال او آقای خردمند.

آقای آزاد سه تا بچه‌ی قد و نیم قد داشت. تازه از منزل پدر و مادرش جدا شده بود و برای خودش خانه گرفته بود. اجازه‌ی هر گونه کاری از او سلب شده بود. ادیب خودش بود و خودش. پدرش پول‌دار بود و به موقع از ایران خارج شده بود. از نظر مالی تأمین بود. یک خانه در اختیار داشت و خانه‌ی پدری هم خالی مانده بود. آقای آزاد و آقای خردمند هر دو معلم به دنیا آمده بودند و به تدریس عشق می‌ورزیدند. آموزش قسمت بزرگی از زندگی آن‌ها بود. آقای آزاد به گروه نمایش اعتباری بخشیده بود. آقای خردمند با کلاس‌هایش روح تازه‌ای به گروه داده بود. هیچ کس دیگری در آن زمان نمی‌توانست چنین تأثیر مثبتی بر روی یک گروه آموزشی بگذارد. بعد از این دو، که به اتهام اهل ذمه اخراج شدند، نوبت رسید به چپ‌های بزرگ و بعد هم تسویه‌ی خرده‌چپ‌ها. فهمیدم در مورد من بلاتکلیف هستند. آن دو دانشجوی مأمور پاکسازی که نمی‌دانم چرا تلاش می‌کردند خود را هم خیلی خشن نشان بدهند از من خواستند که بروم سر کلاس درس بدهم. پرسیدم : «من باید به کی درس بدم؟».

دانشجویان واقعی پشت میله‌های دانشگاه‌ها بودند. تنها مشتی دختر با چادر سیاه و پسر با انبوهی ریش در دانشکده ما می‌لولیدند که نمی‌دانستی از کجا آمده‌اند و که هستند. هیچ شباهتی به دانشجویان نداشتند. نپذیرفتم. هر روز جلسات سین‌جیم به راه بود. یکی از آن دو دانشجو که فکر می‌کرد به تنهایی انقلاب را به پیروزی رسانده و از قضا سر و وضع خوبی هم داشت اتهام بهایی بودن به من زد و خواست اخراج شوم. وقتی از آن‌ها پرسیدم که بر چه مبنایی چنین ادعایی دارند جواب داد:

-   بیشتر دوستان شما چه در بین استادان و چه دانشجویان بهایی هستند .

-   و این می‌تونه دلیل اخراج من باشه؟ چون دوست بهایی دارم؟

-   ما فکر می‌کنیم که خود شما هم بهایی هستید.

-   و این را بر چه مبنایی می‌گید؟ شما اگر مسلمان هستید که البته من فکر می‌کنم هستید، باید بدونید به قول شما اتهام به کافر بودن یک مسلمان چیست؟ شما که باید حسابی تمام پرونده‌ی استخدامی منو زیر و رو کرده باشید! به خصوص قسمت مربوط به ساواک رو.

هر دو مرتب به هم نگاه می‌کردند. واقعیت این بود که در بین آن همه دانشجو من تنها یک دوست بهایی داشتم. مشخص بود که به دنبال بهانه هستند.

دانشجوی آرام‌تر از من خواست تا تعیین تکلیف وضعیت استخدامی ترجمه‌ی کتابی در زمینه‌ی کاری‌ام را به عهده بگیرم. در این میان جلسات استادان دانشکده به ریاست حاجی‌لو - که یکی از استادان ابن‌الوقت نقاشی بود ـ به‌طور مستمر برگزار می‌شد. مدتی پیش رئیس قبلی دانشکده و معاونش اخراج شده بودند. این جلسات با مشتی حرف‌های بی‌ربط که توسط همین رئیس جدید گفته می‌شد و دو سه تا بادمجان دورقاب‌چین آن‌ها را تأیید می‌کردند به‌طور هفتگی برگزار می‌شدند. من از این رئیس جدید دانشکده خیلی بدم می‌آمد. به نظرم یکی از ریاکاران تمام‌عیار بود. از آن‌هایی که ظرف چند ماه جای مهر نماز روی پیشانی‌اش حک شده بود. در اولین جلسه بعد از اخراج آقای آزاد و آقای خردمند به هر دوی آن‌ها توهین کرد. دلیلی وجود نداشت به استادان اخراجی گیر بدهد. ولی از آن‌جایی که آدم حسودی بود با غیض و خباثت تمام این کار را کرد. من هم طاقت نیاوردم و در حالی که صدایم می‌لرزید بلند گفتم او حق ندارد به دو نفر از بهترین استادانی که آن دانشکده تا به آن موقع به خودش دیده بوده این گونه بی‌احترامی کند. من جوان‌ترین مدرس دانشکده بودم. خیلی به او برخورد که در مقابل آن همه استاد که دور اتاق بزرگ ریاست نشسته بودند آن گونه جواب او را دادم. در نگاه خیلی از استادان تحسین و تأیید را دیدم. آقای ابن‌الوقت در حالی که به صندلی ریاستش تکیه داده بود با تمام غیض به استادان دیگر رو کرد و گفت:

- این جلسه یا جای منه یا جای بچه‌کمونیست‌هایی مثل این دختر.

دیوانه شده بودم. پچ‌پچ بین استادان پیچید. من هم به صندلی‌ام تکیه دادم و در حالی که کتابی را مرتب به زانویم می‌زدم، محکم‌تر از او گفتم:

- من که جلسه رو ترک نخواهم کرد. شما اگر ناراحتید مختارید. در ضمن بهتره بدونید که من بچه کمونیست نیستم. تازه این شمایید که کتاب‌تون رو به علیاحضرت تقدیم کردید و ادای انقلابی بودن در میارید نه من.

چند روز قبل از اخراج آقای آزاد، خیلی اتفاقی با او کتاب پنجاه صفحه‌ای را در کتاب‌خانه‌ی دانشکده پیدا کردیم که نوشته‌ی همین حاجی‌لو بود. در صفحه‌ی نخست آن نوشته شده بود کتاب به مناسبت جشن‌های دو هزار و پانصد ساله به شهبانو تقدیم می‌شود امضا: عنایت‌اللّه حاجی‌لو. این کتاب آس برنده‌ای بود که در دست داشتم و درست مثل اعلامیه آن را در هوا می‌چرخاندم. از جایش بلند شد. رنگش پریده بود. قبل از این‌که در را باز کند به طرفم برگشت و گفت:

«نشانت می‌دهم». و در را محکم بست. چند نفری از استادان باسابقه خندیدند. چند استاد تازه‌کار با نگاه نگران به من چشم دوختند. از چند نفر صدای آفرین آفرین برخاست. دو سه نفر هم به دنبال حاجی‌لو اتاق را ترک کردند. وقت خروجشان هم فحاشی کردند ولی درست نفهمیدم چه گفتند. جلسه به هم خورد. نمی‌خواستم آن‌جا بمانم و به‌به و چه‌چه یک مشت آدم بزدل و ترسو را بشنوم. از اتاق آمدم بیرون. دکتر هدایت خودش را به من رساند. خیلی صمیمانه تشکر کرد. گفت من حق دانشجویی را نسبت به همه‌ی آن‌ها به جا آوردم. به دنبال او آقای گرمسیری خودش را به من رساند و گفت حکم اخراجش را گرفته است ولی هرگز این لحظه را فراموش نخواهد کرد. من نه با او کلاس داشتم و نه طرفدارش بودم.

چند روز بعد دوباره دو دانشجوی مقدماتی معماری مسئول پاکسازی مرا خواستند. واضح بود که خبرها به آن‌ها رسیده و بدون شک با سیر و پیاز داغ فراوان. دوباره شروع کردند به گفتن این‌که من بهایی هستم. این را دانشجوی گستاخ که کفش‌های گران‌قیمت به پا داشت گفت. او ریش هم نداشت. سر و وضع دانشجوی دیگر نشان می‌داد که از یک خانواده‌ی متوسط رو به پایین می‌آید. کفش‌های کتانی به پا داشت که از سمت خارج پا قسمتی از کف آن جدا شده بود. ریش انبوهی هم داشت. رو کردم به او و جواب دیگری را دادم.

- شما که مسلمان هستید چطور به قول خودتان «اتهام بهاییت» به من می‌زنید؟ گناهش را به گردن می‌گیرید؟

دانشجوی ریش‌دار که آرام‌تر بود پرسید:

- یعنی چی؟ بالاخره شما بهایی هستید یا نه؟

- من در جلسه‌ی پیش به شما گفتم که خیر من بهایی نیستم. خوشبختانه یا بدبختانه‌اش را هم نمی‌دانم. ولی شما اگر بر مبنای اطلاعات غلط حکم صادر می‌کنید که زهی افسوس. فکر می‌کردم تا به حال از روحانی محل که هر سال تاسوعا و عاشورا در منزل ما روضه می‌خونه سوال کرده باشید.

هر دو به هم نگاه کردند. متوجه شده بودند این یکی را اشتباه کرده‌اند ولی نمی‌خواستند خود را ببازند. هیچ وقت نمی‌خواستم از این مجالس روضه‌خوانی که بیچاره حاج دربندی تنها برای باجان روضه‌ی امام حسین می‌خواند، چیزی بگویم. شاید از زور عصبانیت از دهانم در رفت.

دوباره دانشجوی ریش‌دار از من پرسید:

- پس چرا تا این حد از استادان اخراجی مرتد در جلسه‌ی استادان دفاع کردید؟ شما که می‌دانید آن‌ها چرا اخراج شدند.
- شما دو نفر از بهترین استادانی را که این دانشکده به خود دیده بود اخراج کردید. در مورد نرگس هم باید بگویم درست است که او بهایی‌ست ولی در تمام راهپیمایی‌ها شرکت کرده و ضد شاه است. من چون او بهایی بود باهاش دوست نشدم. هم‌چنان که چون بهایی است با او قطع رابطه نخواهم کرد.
- چرا از رفتن به کلاس سر باز زدید؟

این را دانشجوی بی‌ریش پرسید.

- آقای محترم، من سنم خیلی بیش‌تر از شماها نیست. باید زیر نظر آقای آزاد و آقای خردمند کار یاد می‌گرفتم. آن‌ها هر دو استادان من بودند. مگر نه این‌که در و دیوار دانشگاه را پر کرده‌اید از شعار برای معلم: «معلم قافله‌سالار عشق است». که البته من نمی‌دونم اینو کی گفته. ولی این یکی طبق گفته دیوارنوشته‌ها از امام جعفر صادق است:....

وسط حرفم یک «علیّه‌السلام» گفت. من ادامه دادم:

- ... «در برابر کسی که از او علم می‌آموزید فروتنی کنید». یا اینو که از بچگی شنیدیم و من هنوز روی دیوار هم ندیدم که از پیغمبر....

و این بار هم وسط حرفم صلواتی بلند فرستاد.

- ... نقل شده که «از هر کس حرفی آموختی، بنده‌اش شده‌ای». استخدام من توسط آن‌ها صورت گرفت. در شرایطی که شما آن‌ها را اخراج کردید من که باشم که بعد از آن‌ها سر کلاس برم. تازه دانشجویی در دانشگاه نیست. دانشگاه رو تعطیل کردید. نصف دانشجویان اخراج و بعضی از آن‌ها بلاتکلیف‌اند. یک عده رو آوردید و می‌گید این‌ها دانشجو هستند. خب این‌ها چی می‌خوان یاد بگیرند؟ تئاتر شرق یا غرب یا هیچ کدام؟ شما افراد خودتان رو بفرستید به مسجد و من قول می‌دم هر روز در مسجد حاضر بشم و به آن‌ها یه درسی بدم. شاید هم می‌خواهید که به آن‌ها راه و روش آرایش رو درس بدم؟ ممکنه روزی به کارشون بیاد.

خون جلوی چشم دانشجوی پرخاشگر را گرفت و آماده‌ی هر گونه حمله به من بود که دانشجوی دیگر از او خواست تا برای چند دقیقه‌ای از اتاق برود بیرون. بعد به من توضیح داد او نمی‌خواهد مرا از دانشگاه اخراج کند. بابت به اصطلاح «تهمتی» هم که به من زده بود عذرخواهی کرد. از من خواست

تا به کار تحقیق و ترجمه ادامه بدهم و هفته‌ای یک‌بار هم با آن‌ها جلسه داشته باشم. در آخر هم به من گفت: «شما "اخلاق اسلامی" داری ولی خودتم نمی‌دونی». این طوری می‌خواست به من نشان بدهد به خشونت دانشجوی دیگر نیست. به ادیب زنگ زدم و جلسه بازجویی را برایش تعریف کردم. گفت دکتر هدایت از جلسه‌ی قبل که با حاجی‌لو و استادان بوده برایش گفته و از من خواست لجبازی نکنم و با آن‌ها درنیفتم. مسأله این نبود. مسأله احترام من به استادانی بود که شایستگی‌شان بسیار بیش از این‌ها بود و البته در نظر گرفتن حق دانشجویانی که بلاتکلیف مانده بودند.

این بازجویی‌های پی‌درپی سبب شد حقوق من پرداخت نشود. وقتی به بانک مراجعه کردم مسئول بانک با شرمندگی گفت در حال حاضر تا اطلاع ثانوی حساب من مسدود است. در این زمان بود که ادیب پیشنهاد کرد من و صدرا به منزل او نقل مکان کنیم. در پی یکی دو باری که با او صحبت کرده بودم دریافتم که او در این مدت خانه‌اش را به‌طور مجانی در اختیار همان خانمی قرار داده بود که در حیاط دانشگاه منتظرش می‌شد. همان که چندی پیش جواب تلفن من را داد. ادیب به منزل پدر و مادرش نقل مکان کرده بود. نمی‌دانم چرا در این مدت به من در این باره حرفی نزده بود. البته من هم سوالی نکرده بودم. پیشنهاد خیلی خوبی بود. ما هم پذیرفتیم و به این ترتیب مامان هم می‌توانست خانه‌اش را به‌طور رسمی اجاره بدهد و درآمدی داشته باشد. قرار شد به محض رفتن آن خانم من کارگری ببرم و خانه را آماده‌ی اسباب‌کشی کنم. ادیب در لفافه گوشزدی به من کرد که این خانم خیلی آدم تمیز و خانه‌داری نبوده است. در دیداری کوتاه کلید خانه را به من داد. وقتی وارد خانه شدم با یک سطل آشغال به وسعت یک خانه روبه‌رو شدم. این خانم تا توانسته بود تلاش کرده بود جایی را تمیز نگه ندارد. آن خانه‌ی همیشه پاک، مرتب، دنج و آرامش‌بخش تبدیل شده بود به یک آشغالدانی عجیب و غریب. من و طوبی، کارگر قدیمی مامان، مشغول تمیزکاری بودیم که یک‌مرتبه من با دو موش روبه‌رو شدم. تا آن موقع موش ندیده بودم. فریادم بلند شد و طوبی که زن چغر و درشتی بود به کمکم آمد. آن‌ها را کشت ولی می‌گفت اگر دو تا هستند یعنی موش بیش‌تری این‌جاست. طوبی رفت و مقداری مرگ موش خرید. آن را در سراسر اتاق‌ها ریختیم. حیاط تا بالای مچ پا از آشغال پر شده بود. حیاط را تمیز کردم، بوته‌ها و درخت‌ها را هرس کردم ولی هنوز می‌ترسیدم آن‌جا زندگی کنم. علاوه بر مرگ‌موش تعداد زیادی تله‌موش هم خریدیم و در سرتاسر خانه جاسازی کردیم.

سرانجام یک هفته بعد اثاث را بار کامیون کردیم و به منزل قدیمی ادیب رفتیم. در آن یک هفته هم تغییراتی در آن خانه دادیم. سرتاسر خانه را موکت سبز بسیار خوش‌رنگی کردیم و از آن حالت موزائیک کهنه بیرونش آوردیم. ادیب برایم سه قفسه کتاب گذاشته بود که با رنگ قفسه‌هایی که صدرا ساخته بود هماهنگی داشتند. اتاق نشیمن را درست به سبک ادیب درست کردم. مبل‌ها و میز ناهارخوری گرد در گوشه‌ای، و گرامافون و آباژور در گوشه‌ای دیگر. در باغچه‌ی کوچک حیاط گل‌های خودرو و علف‌های هرز قدعلم‌کرده را کندم و به جای آن‌ها گل کاشتم و فقط بوته‌ی زیبای گل یخ را نگه داشتم. به دانشگاه آدرس و تلفن جدید را خبر دادم. دو هفته‌ای از زندگی جدید ما در آن خانه گذشته بود که یک روز بعد از بازگشت به منزل تلفن زنگ زد. گوشی را برداشتم. صدای دختر جوانی بود. بدون این‌که «خانم» را به اول اسم فامیلم اضافه کند پرسید که آیا من شایسته هستم؟ تا گفتم بله شروع کرد به فحش دادن. الفاظی به کار می‌برد که به جرأت می‌توانم بگویم تا آن موقع از کسی نشنیده بودم. در خیابان دعوا زیاد دیده بودم. شنیده بودم که مردها چگونه به خواهر، مادر، زن و بچه‌های همدیگر فحش می‌دهند. فحش‌هایی که همه بار جنسی داشتند. ولی تا آن موقع نشنیده بودم که یک زن این گونه فحش بدهد. زن که نه، یک دختر جوان. او نام آلت جنسی مردانه را به کار می‌برد و از ضمیر اول شخص استفاده می‌کرد. آن‌چنان کلمات رکیک را ادا می‌کرد که انگار نقل و نبات است که از دهنش بیرون می‌ریزد. گوشی را به گوشه‌ای پرت کردم. ترسیده بودم. خیلی زیاد. تمام بدنم می‌لرزید. گریه‌ام گرفته بود. صدا و حرف‌هایش در گوشم زنگ می‌زدند. حتی نمی‌توانستم تصوری از فحش‌های او داشته باشم. به آقای آزاد زنگ زدم، جواب نداد. زنگ زدم به ادیب. او هم جواب نداد. زنگ زدم به آقای گرمسیری و خوشبختانه او جواب داد. گفت:

- ما رو ببین که بعد از اون جلسه امیدمون به تنها زن گروه بود.

- آقای گرمسیری ای کاش کتکم می‌زدند. لهم می‌کردند ولی این مزخرفات رو نمی‌شنیدم.

- معلومه کاری کردی که بدجوری سوختند. اون روز توی جلسه حسابی مردکه‌ی شیاد حاجی‌لو رو شستی و آویزون کردی. ولی خیلی عجیبه شانی، ساواک این آخرسری‌ها از شکنجه‌گر زن استفاده می‌کرد. این‌ها چه زود شروع کردند. راستی مطمئنی که تو طرف صحبتش بودی؟

- بله. اول اسمم رو گفت. یک خط در میون هم می‌گفت «استادیار بیچاره!

دانشگاه تو رو نمی‌خواد».

آقای گرمسیری کمی آرامم کرد. به محض این‌که گوشی را گذاشتم روی دستگاه دوباره تلفن زنگ زد. همان صدا بود. این بار اجازه ندادم حرف بزند. تا تکرار کرد استادیار بیچاره تلفن را قطع کردم. اگر مامان می‌فهمید دیوانه می‌شد. دیگر نمی‌گذاشت پا از خانه بیرون بگذارم. شب که صدرا آمد ماجرا را برایش تعریف کردم. نمی‌توانستم حرف‌های آن دختر را تکرار کنم. خیلی از آن فحش‌ها از ذهنم پاک شده بودند. فقط گفتم هر چه حرف خیلی خیلی زشت بود نثارم کرد. صبح روز بعد طبق معمول می‌خواستم ماشینم را وسط میدان دانشکده پارک کنم که سید دوان‌دوان خودش را به من رساند. قبل از این‌که از ماشین پیاده شوم جلوی در را گرفت و خواست که بروم و جای دیگری ماشین را پارک کنم. پرسیدم:

- چی شده؟ می‌خوان آتیشش بزنن؟
- خانمِ من، برو پارک کن دورتر. برو دانشکده‌ی ادبیات پارک کن. اول هم بیا پیش من.

ماشین را تکان ندادم و پیاده شدم. سید مرد مومنی بود. تبلیغات سبب شده بود انقلابی شود. ولی برای او من جای خودم را داشتم. هنوز مرا «خانمم» صدا می‌زد. وقتی با او راه افتادیم به من گفت ممکن است این آدم‌ها هر کاری با من بکنند ولی او هوای من را دارد. در همین موقع رضوانی، دانشجوی ریش‌دار کمیته‌ی پاکسازی را دیدم. به سید گفتم برود و خودم به سراغ آن دانشجو رفتم. قبل از این‌که به ماجرا اشاره‌ای کنم به او گفتم:

- اون رنوی بژرنگ رو اون‌جا می‌بینید؟ اون ماشین منه. می‌خواهید آتیشش بزنید؟ بزنید. ولی در مورد خودم من چاقو رو به اسید ترجیح می‌دم. البته اگر انقدر انصاف داشته باشید که در این مورد به من حق انتخاب بدید.

وانمود کرد چیزی نمی‌داند و یا به راستی نمی‌دانست. با تعجب پرسید:

- خانم این حرفا چیه؟ کی می‌خواد ماشین شما رو آتیش بزنه؟ چاقو و اسید چیه؟
- آدم‌های شما. همان‌هایی که مأمور تلفن کردن به این و اون هستند.

بعد ماجرای تلفن‌ها را برایش تعریف کردم. متوجه شد بدنم دارد می‌لرزد.

- صدای این دختر صدای یک دختر خیلی جوونه. چیزهایی رو که می‌گه از دهن کثیف‌ترین مردها هم نمی‌شه شنید. این اخلاقی‌ست که شما ازش حرف می‌زنید؟

با تغیّر به من گفت:

- حالا شما چرا فکر می‌کنید از جانب ماست؟
- برای این‌که شما توی نامه احضاریه‌تون برای سین‌جیم کردن منو «استادیار» خطاب کردید. آن‌هایی که دست اندر کار مراتب دانشگاهی هستند حداقل اینو می‌دونند که من هنوز استادیار نشدم.
- چرا فکر نمی‌کنید از طرف آقای حاجی‌لو است؟ مگه نه این‌که چند روز پیش با ایشون دعوایی داشتید!
- ظاهرا آقای حاجی‌لو با شما، دوست گستاخ‌تون، اون دختره‌ی بی‌شرم دیوسیرت و شاید یکی دو تا از این جانورها که بلدند فحش بدهند هر عصر جلسه داره. چه فرقی می‌کنه از طرف کیه؟ شما به راحتی می‌تونید خیلی وصله‌ها به من بزنید و منو اخراج کنید. لزومی به تهدید و شکنجه نیست.

قول داد ته و توی قضیه را دربیاورد. از او جدا شدم و راه افتادم طرف ساختمان گروه. چند قدمی رفته بودم که دختری با چادر سیاه جلویم را گرفت. به یقین دانشجو نبود. خواستم از کنارش بگذرم که راهم را سد کرد. مثل بازی گرگم و گله می‌برم. جا خورده بودم و نمی‌دانستم چه کار کنم. نفسم در سینه‌ام حبس شده بود. این به یقین صاحب همان صدای هتاک بود. معلوم بود متوجه ترسم شده است. به چشم‌هایم نگاه انداخت و در کیفش را باز کرد. قلبم دیگر نمی‌زد. اسلحه‌ی کوچکی داخل کیفش بود. پرسید آیا می‌دانم چیست؟ نگاهش کردم ولی نمی‌دیدمش. نمی‌توانستم بگویم چه قیافه‌ای دارد. دوباره گفت:

- اینو می‌بینی؟ من از این به جای ...م استفاده می‌کنم و تا ته می‌کنمش توی دهنت.

درست شبیه همان جمله‌ای بود که چندین بار از پشت تلفن ادا کرده بود. به قدری راحت این جمله را گفت که برای یک لحظه خودم را فراموش کردم و مانده بودم که این شمایل ایستاده جلوی من مرد است یا زن. ولی باز ترس بر من غلبه کرد و خنده از یادم رفت. این همه وقاحت باورکردنی نبود. دهان و گلویم خشک شده بود. به هیچ وجه نه تحمل وقاحت را داشتم نه قدرت رو در رو شدن با آدم وقیح را. این دختر کیست؟ با این سن و سال کم از چه کسی دستور می‌گیرد؟ تا به حال چند بار از این اسلحه استفاده کرده؟ به‌سرعت پشتم را کردم. هنوز حتی یک قدم هم دور نشده بودم که صدایم زد. نمی‌دانم چرا برگشتم. کنجکاوی و یا انداختن نگاهی نفرت‌آلود به او؟

شیشه‌ای کوچک در دستش بود. مایع درون آن را ریخت به سر تا پایم و رفت. بی‌حرف. بی‌صدا. در آن لحظه نفهمیدم چه بود. صورتم نسوخته بود و خوشبختانه عینکم به چشمم بود ولی آیا بلای دیگری سرم آمده بود؟ دوان‌دوان خودم را به ماشینم رساندم. اولین کاری که کردم به آیینه نگاه کردم. سالم بودم ولی حالا دور از خطر متوجه بوی مشمئزکننده‌ای شده بودم که هوای اتاق ماشین را پر کرده بود. زدم زیر گریه. ده‌ها دستمال کاغذی را از جایش کشیدم بیرون و سر و صورتم را پاک کردم. بی‌فایده بود. پشت ماشین یک گالن آب داشتم. همان‌جا وسط حیاط دانشکده آب را خالی کردم روی خودم. نمی‌خواستم به داخل ساختمان بروم. ماشین را روشن کردم و راندم طرف منزل ادیب. دستم را گذاشتم روی زنگ و نمی‌فهمیدم که دارم به‌طور مداوم زنگ در را به صدا درمی‌آورم. ادیب در را با حیرت باز کرد ولی بلافاصله دریافت حالم خوب نیست. آمد بغلم کند که از خودم دورش کردم. شوکه بودم و نمی‌توانستم حرف بزنم. متوجه بوی نامطبوع شد. رفتم طرف دستشویی. بی‌صبرانه می‌خواست بداند چه شده. صورتم را ده‌ها بار با صابون شستم. ولی لباس‌هایم هم آلوده شده بود. در حالی که بی‌اختیار گریه می‌کردم ماجرا را از همان پشت در دستشویی برایش تعریف کردم. خواست لباس‌هایم را دربیاورم و بروم زیر دوش. گریه‌ی من سخت‌تر شده بود. یک نایلون بزرگ از آن‌ها که روی لباس‌های خشکشویی می‌کشند به دستم داد و خواست لباس‌هایم را بریزم داخل آن و بگذارم پشت در حمام. رفتم زیر دوش و تا می‌توانستم با آب داغ و صابون خودم را شستم. هم‌چنان گریه می‌کردم. در حمام را که باز کردم دستش را دراز کرد و از لای در یک حوله به من داد. حوله را دور خودم پیچیدم. سخت بود با آن حالت بیایم بیرون ولی گفت لباس‌هایم را داده خشکشویی. در چارچوب در که ظاهر شدم در آغوشم گرفت. چه پناهی بود آغوش گرم او. گفت تمام این‌ها به خاطر او و آقای آزادست. گفتم:

- اون یک دختر هفده هجده ساله بود. نمی‌دونی چه نفرتی توی صورتش بود. نمی‌دونی چه قیافه‌ی وحشتناکی به خودش گرفته بود. نمی‌تونم بگم چه شکلی بود ولی کریه‌ترین زنی بود که تا اون موقع دیده بودم.
- خب دیگه تموم شد. حالا یه چای بهت می‌دم تا حالت خوب بشه.

مرا نشاند روی مبل همیشگی. گفت قیافه‌ی صاحب خشکشویی که حالا حزب‌الهی هم شده دیدنی‌تر از بار اول بود. خواست مرا بخنداند و یا دست‌کم از موضوع منحرفم کند. ولی این یک دعوا یا یک حادثه‌ی معمولی نبود.

- نمی‌دونی چه دشمنی‌ای توی چشم‌هاش بود. مطمئنم منو نمی‌شناخت. کی فرستاده بودش؟ حتم دارم این همونی بوده که چند روز پیش جلوی آقای سمیعی رو گرفته و ازش خواسته بوده در آتلیه‌ی مجسمه‌سازی را براش باز کنه. اون هم این کار رو نکرده و همین ماجرا پیش اومده. ولی آقای سمیعی دست از دهن کشیده و حسابی از خجالتش دراومده بود. اونم ول کرده و رفته. ولی من می‌دونم که اون از ترس من سوءاستفاده کرد. من برمی‌گردم دانشگاه. من هیچ کاری نکردم. من این طوری از دانشگاه درنمی‌آم. درسته که ترسیدم. خیلی هم ترسیدم ولی باید منو بیرون کنند.

- شانی. تو رو نمی‌خوان. هیچ کدوم از ما رو نمی‌خوان. ما زیادی هستیم. دیر یا زود نوبت توست و نوبت بعدی و بعدی. پس چرا می‌خوای برگردی و شاهد این نوع صحنه‌ها باشی؟

- باید ورقه‌ی اخراج رو بدن دستم.

- چه فرقی می‌کنه؟ می‌خوای هر روز ما با نگرانی منتظر خبری از تو باشیم؟ نمی‌فهمم دیگه چه اهمیتی داره؟ آن‌ها اومدند که ما نباشیم. با ناراحتی گفت اگر آقای آزاد و او نبودند این بلا سر من نمی‌آمد.

- اگر آقای آزاد و شما نبودید من این‌جا چی کار می‌کردم؟ من هر چی بلدم از شما دو نفر یاد گرفتم. همیشه هم ممنون هر دوی شما هستم.

چند لحظه‌ای رفت و لباس‌های مرا از خشکشویی گرفت. وقتی از خانه‌اش بیرون می‌آمدم بغلم کرد و گفت:

- شروع کن به نوشتن شعرهای سیاسی.

این لحظه‌ای متفاوت بود. لحظه‌ای که معنا داشت. پر از راز بود و باور. قدم که به خیابان گذاشتم، احساس کردم آدم قبلی نیستم؛ در من جوانه‌ای در حال روییدن بود. صدرا که آمد خانه ماجرای دانشگاه را برایش تعریف کردم. گفت بهتر است از فردا دیگر نروم سر کار. ولی روز بعد من دوباره دانشگاه بودم. تلفن‌های تهدیدآمیز کم‌تر شده بود. گه‌گاه زنگی می‌زدند که من فراموش نکنم دانشگاه مرا نمی‌خواهد. مشغول ترجمه‌ی کتابی شده بودم از استانیسلاوسکی با نام ساخت یک شخصیت[۲۹]. دو دانشجوی پاکسازی با این کار موافقت کرده بودند ولی حاجی‌لو دست از سرم برنمی‌داشت. کتبی و شفاهی توهین می‌کرد. نامه‌نگاری‌های بین من و او تبدیل شده بود به یک بازی کینه‌ورزی شدید. دانشجویان پاکسازی معتقد بودند این رئیس دانشکده است

که دنبال بهانه‌ای برای اخراج من است ولی سین‌جیم‌های آن‌ها هم به‌طور مداوم ادامه داشت. دیگر برایم مسلم شده بود که دست‌شان با هم یکی‌ست. آن‌ها همگی در یک جبهه بودند علیه قشر ما.

سرانجام یک روز دوباره مرا خواستند. باز هم سؤالات همیشگی. دانشجوی ریش‌دار پرسید چرا با آن‌ها راه نمی‌آیم؟ با تعجب پرسیدم :«چه باید بکنم؟ از من خواستید که در مدت معینی کتاب را ترجمه کنم و من هم مشغولم.»

می‌دانستم که این حرف‌ها بهانه است. در واقع وقت اخراج من هم رسیده بود. دانشجوی گستاخ از اتاق رفت بیرون و دیگری گفت:

-   می‌دونید خانم شایسته، من همیشه گفتم که شما اخلاق اسلامی دارید ولی....

-   آقا اخلاق اخلاقه. اسلامی و غیراسلامی نداره. شما یا بزهکارید یا ریاکارید یا آدمکش و یا هیچ کدام این‌ها نیستید....

این بار او وسط حرف من پرید و گفت حکم اخراج من حاضر است. با لحن افتخارآمیزی گفتم:

-   اگر منو نگه می‌داشتید از خودم ناامید می‌شدم. جای تأسف بود اگر من در جایی کار می‌کردم که رئیسم آقای حاجی‌لو باشد. یا با این دانشجوی مقدماتی بی‌ادب یک جا باشم و یا اون دختره‌ی هفت تیرکش هر... (حرفم را خوردم) ولی تکلیف این چهار ماه حقوق من که پرداخت نشده چی می‌شه؟

شاید جمله‌ی قبلی به اندازه کافی توهین‌آمیز بود که آن روی او را هم نشان بدهد. با بی‌تفاوتی گفت:

-   من از اون اطلاعی ندارم.

با تمسخر جواب دادم:

-   بله. یکی باید هزینه‌ی تلفن، سلاح‌های گرم و سرد رو تأمین کنه و به امثال این دختر حقوق بده. خیلی خوبه از ما می‌گیرید تا به آن‌هایی که به حقوق ما تجاوز می‌کنند پرداخت کنید.

بدون ناراحتی از اتاقش بیرون آمدم. متوجه شدم همه چیز تمام شد. دانشگاه تهران، دانشکده‌ی هنرهای زیبا، کتابفروشی‌های روبه‌روی دانشگاه، آتلیه‌های تمرین، تظاهرات و در رفتن‌های پی‌درپی به دانشکده‌ی حقوق و فنی همه به پایان رسیدند. به‌طور رسمی و کتبی من هم به خیل پاکسازی‌شده‌ها و بی‌کاران دوره‌ی انقلاب پیوستم. پروژه‌ی آقای چرم‌ساز موفقیت‌آمیز بود.

هر روز مطلب تازه‌ای می‌شنیدیم. هر روز یکی از دوستان و یا آشنایان ایران را ترک می‌کردند. مامان نگران خانه‌ی دوطبقه‌اش بود. ترس به دلش افتاده بود که خانه را از او بگیرند. روزنامه‌ی کیهان با تیتر «خانه نخرید، همه را صاحب خانه می‌کنیم» را در کشویی نگه داشته بود و مرتب به آن استناد می‌کرد. او دیگر پا به سن گذاشته بود و با رفتن من از آن خانه به تنهایی قادر به نگهداری از باجان نبود. با قلب‌درد و کمردرد مداوم خودش به کسی نیاز داشت تا کمکش کند. مدت‌ها بود باجان کنترل حواس و ادرارش را از دست داده بود. مجبور شدیم او را به بیمارستان منتقل کنیم. گاهی آدم‌ها را می‌شناخت و گاهی نمی‌شناخت. زمان برایش معنی نداشت. اگر یک روز به دیدنش نمی‌رفتم گله می‌کرد که یک ماه است به سراغش نرفته‌ام. گاهی هم اگر کاری داشتم و می‌دانستم که نمی‌توانم روز بعد ببینمش می‌گفتم: «من نیم ساعت می‌رم و برمی‌گردم». من و مامان کمابیش هر روز به او سر می‌زدیم. بیچاره مامان همیشه هم موقع بازگشت کلی گریه می‌کرد. ولی خوشحال بودیم که حداقل در بیمارستان خوبی بستری‌ست. دیدارهای من و ادیب به صورت یک برنامه‌ی منظم درآمده بود. منزل جدیدش خیلی بزرگ و زیبا بود. گرچه درِ چند اتاق، من‌جمله اتاق خواب پدر و مادرش، بسته بود و کاری با آن اتاق‌ها نداشت. بی‌کاری، نگرانی و خبرهای ناگوار مرا دچار حمله‌های میگرنی و معده‌درد شدید کرده بود. ادیب از من خواست به دایی او مراجعه کنم که طبیب حاذقی بود. معتقد بود او معجزه می‌کند و بدون شک می‌تواند به من کمک کند. دکتر سهرابی مردی بود کوتاه‌قد با سبیل انگلیسی. موهای به دقت شانه شده که به سمت بالا رفته بود. او درست شبیه کلود رینز[۳۰] با سبیل بود. بسیار تمیز و خوش‌صحبت. مطب کوچکی داشت در طبقه‌ی دوم ساختمانی قدیمی واقع در خیابان نواب. حتی تابلوی مطب هم در مقایسه با تابلوهای دکترهای دیگر کوچک و مینیاتوری بود. با رویی گشاده مرا پذیرفت. شاید هیچ احتیاجی نبود بگویم مرا چه کسی فرستاده است. با توجه کامل به حرف‌هایم گوش کرد و با دقت و وسواس تمام معاینه‌ام کرد. دستوراتی داد و خواست هفته‌ی بعد دوباره به سراغش بروم. خودم علت دردهایم را می‌دانستم. زندگی همه مردم از روال طبیعی‌اش خارج شده بود. خیلی‌ها نگران نان شب زن و بچه بودند. خیلی‌ها به زندگی پنهانی تن داده بودند. هر روز خبری از اعدام‌های به اصطلاح انقلابی در روزنامه‌ها چشم و خاطر را می‌آزرد. مردم خیلی زود خندیدن را فراموش کردند. هراسی ناشناخته به جان همه افتاده بود. از آن بدتر بی‌اعتمادی بود.

همسایه‌هایی که درِ خانه‌هایشان به روی آشنا و غیرآشنا باز بود درها را بسته بودند و به کنج خلوت خودشان پناه برده بودند. حتی این خلوت هم دیگر قابل اطمینان نبود و مادر فرزند خودش را و فرزند پدر و مادرش را لو می‌داد. همه از هم دور افتاده بودیم. از بچه‌های دانشکده خبری نبود. نمی‌دانستم چه کسانی مانده‌اند و چه کسانی رفته‌اند و چند نفر از آن‌ها گوشه‌ی زندان‌ها افتاده‌اند. زندگی خودم هم به دو پاره تقسیم شده بود. تا این‌که جنگ هم شروع شد. جنگی که می‌رفت تا خوزستان را با خاک یکی سازد. مامان سریع خانه‌ی دوطبقه‌اش را فروخت و در نزدیکی ما آپارتمانی خرید. از این بابت خیلی خوشحال بود ولی او به زندگی در آپارتمان عادت نداشت.

بیش‌تر محله‌ها میزبان مهمانان ناخواسته‌ای از جنوب بودند که به شهرهای بزرگ و کوچک سرازیر شده بودند. مردمی که زندگی خود را رها کرده، دست زن و بچه‌ها را گرفته، پدر یا مادری علیل را به کول گذاشته و به شهرهای دیگر پناه آورده بودند. تهران همانند بسیاری از شهرهای بزرگ پذیرای این آوارگان جنگ‌زده نبود. آن‌ها را به همین نام می‌خواندیم. گاه با دلسوزی و گاه با توهین. تازه این‌ها خوزستانی‌هایی بودند که دست‌شان به دهان‌شان می‌رسید و یا در شهرهای بزرگ دوست و فامیل داشتند و یا توان خرید مسکن. وای به حال آن آوارگانی که در آن ساختمان‌های نیمه‌کاره و یا زیر پل‌ها سفره و رخت‌خواب خود را پهن می کردند. در مدارس هم با بچه‌های آن‌ها به درستی رفتار نمی‌کردند. آن‌ها را «جنگ‌زده» صدا می‌زدند. حتی رفتار معلمین و دیگر افراد مدارس هم با آن‌ها خوشامدگویانه نبود؛ چه برسد به بقال سر کوچه و یا حاجی میوه‌فروش. وقتی عصرها زن‌ها در کوچه‌ها سر پله جلوی در خانه‌ی یکی از همسایگان جمع می‌شدند با پیدا شدن یک زن عرب خوزستانی، با آن عبای مشکی که به آن‌ها ابهتی می‌داد، متفرق می‌شدند و به خانه‌هایشان برمی‌گشتند و درها را می‌بستند. مردان جنگ‌زده حال و هوای بدتری داشتند. کار و زندگی را با هم از دست داده بودند و به جامعه‌ی پر از افاده‌ی پایتخت‌نشین‌ها و شهرهای بزرگ پناه آورده بودند. آن‌ها در مقابل زن و بچه سرافکنده و در مقابل مردانی که صبح به صبح به سرکارهایشان می‌رفتند و از این در به دری‌ها خبر نداشتند سرشکسته بودند. خیلی از مواد غذایی مثل شیر و برنج، شکر، روغن و همچنین مواد غیرغذایی مثل بنزین، نفت و سیگار کوپنی شدند. ما مردم پایتخت‌نشین در صف‌های طویل کالاهای کوپنی به راحتی جنگ‌زده‌ها را به عقب می‌راندیم. دلیل این دشمنی را نمی‌فهمیدم.

آن‌ها عامل این بدبختی نبودند. مردمان مظلومی بودند که همه‌ی زندگی خود را از دست داده بودند. در همسایگی ما آپارتمانی نیمه‌تمام وجود داشت که توسط گروهی از مردم بی‌خانمان ولی نه جنگ‌زده مصادره شده بود. در بین آن‌ها همه نوع آدمی بود. معتاد، کارچاق‌کن، قواد، بی‌کار، ولگرد و کارگر زحمت‌کش مظلوم. تازه همین‌ها کسانی بودند که جنگ‌زده‌ها را راه نمی‌دادند. بخت مردم خوزستان تا این میزان برگشته بود.

خانواده‌ی حمدان از یک ایل معروف در خرمشهر بودند که اکثرشان به دلیل جنگ به تهران آمده بودند. آن‌ها از دوستان صدرا بودند. وضع مالی خوبی داشتند و با اولین حمله به خرمشهر به موقع آن‌جا را ترک کرده بودند. بعد از مدتی که خوب در تهران‌جا افتادند هر کدام به تجارتی مشغول شدند. یکی از آن‌ها با صدرا شریک شد و یک شرکت تهیه و توزیع رنگ تأسیس کردند. حالا دیگر صدرا کار داشت و از صبح تا شب سر کار بود. تمام وقتش را با خانواده‌ی شریکش می‌گذراند. تمام مدت در اختیار آن‌ها بود. خواهر یکی را در بیمارستان بستری می‌کرد و همسر دیگری را به نزد دکتر سهرابی می‌برد. بچه‌هایشان را در مدارس مختلف ثبت‌نام می‌کرد. هر کدام نیاز به دکتر و یا دوا داشتند صدرا در خدمت آن‌ها بود. کلیه‌ی خریدهای خانه را برایشان انجام می‌داد. کارهایی که هیچ وقت برای ما نکرده بود. دیگر کاری به کار من نداشت. این که در خانه تنها هستم، بی‌کارم و یا پول دارم یا نه. از این‌ها گذشته او تمام مدت در سفر بود. در همین گیر و دار شهرو و بچه‌هایش هم ایران را ترک کردند. من وابستگی زیادی به بچه‌های شهرو داشتم و یک‌مرتبه خیلی تنها شدم. از طرف دیگر همه‌ی این‌ها سبب شد تا وقت بیشتری را با ادیب بگذرانم. به‌طور مرتب ترجمه می‌کردم و او برایم ویراستاری می‌کرد. این کار را کلمه به کلمه و جمله به جمله با دقت تمام انجام می‌دادم ولی هیچ آموزشی در این زمینه در کار نبود. نمی‌فهمیدم چرا در امر ترجمه تا این حد ممسک بود. هر هفته هم‌دیگر را می‌دیدیم. بسته‌ای از روزنامه‌های هفته‌ی قبل را به اضافه‌ی چند کتاب - که گاه‌گاهی در میان‌شان چند دلار می‌گذاشت - برای پدر و مادرش پست می‌کرد. اوایل خودش این کار را می‌کرد و یا با هم می‌رفتیم به اداره‌ی پست. پس از مدتی چون من ماشین داشتم به تنهایی این کار را می‌کردم. با مأمور اداره‌ی پست هم دوست شده بودم. حتی کتاب‌ها را من برایش تهیه می‌کردم. گرچه هر دوی ما از رفتن به کتابفروشی‌های روبه‌روی دانشگاه به خاطر حال و هوای وحشتناک آن اطراف پرهیز می‌کردیم.

از دار و دسته‌ی زهرا خانم و چماقدارانش گرفته تا خبرچین‌ها و لمپن‌های گوشه و کنار شهر دور دانشگاه جمع می‌شدند. گویی دانشجویان موجودات فضایی‌ای بودند که جایشان پشت میله‌ها بود و اگر خارج از آن محوطه دیده می‌شدند باید به آن‌ها حمله می‌کردند.

••••●••••

ناگهان همین تابستان گذشته، از در دانشکده با ماشین رنو بیرون می‌آمدم که دار و دسته‌ی زهرا خانم ریختند جلوی ماشینم. زهرا خانم پدیده‌ی عجیب و غریبی بود که با پیروزی انقلاب به پهنه‌ی دانشگاه‌ها قدم گذاشت؛ به خصوص دانشگاه تهران و دانشگاه پلی تکنیک و خیابان‌های اطراف آن‌ها. حداقل ما مستخدم خبرچین ساواک دانشکده را از قبل می‌شناختیم که بعد از انقلاب بلندگو به دست پشت وانت می‌ایستاد و گلو پاره می‌کرد، ولی زهرا خانم چهل و خرده‌ای ساله، که خیلی بیش‌تر از سنش می‌نمایاند، مثل اجل معلق یک‌مرتبه پرید وسط جمع جوانان و زنان. زنی بدچهره و کریه، با قدی کوتاه، کمی چاق، چادر خال‌خالی کثیفی را محکم مثل مقنعه‌ای، که بعدها مرسوم شد، دور سرش می‌پیچید و دامن چادر را سفت و سخت به دور کمر گره می‌زد. صدای گوش‌خراش و جیغی داشت که احتیاجی به بلندگو هم نداشت. آن‌هایی که با اصطلاحاتی از نوع کفاره دادن آشنایی داشتند به یقین بعد از دیدن او باید به صدقه و روزه و نماز متوسل می‌شدند. خیلی‌ها بر این باور بودند که او و دار و دسته‌اش را از قلعه با اسکورت به تجمع‌ها می‌آوردند. این موجود کریه‌المنظر با آن صدای چندش‌آور همیشه تعداد زیادی مرد به دنبال خود داشت. او با شعار «خمینی عزیزم بگو تا خون بریزم» علمداری می‌کرد و با گروه لمپن‌های خودش به این طرف و آن طرف حمله می‌برد. درست به وسط دروازه در دانشکده‌ی هنرها، که برخلاف معمول بعد از انقلاب آن روز باز بود، رسیده بودم که ناگهان زهرا خانم به کمک دست‌های دو لمپن لنگه‌ی خودش خوابید روی کاپوت ماشینم. صفحه‌ای از روزنامه را با دو دست به شیشه‌ی ماشینم می‌کوبید و فریاد می‌کشید «رئیس‌تون را اعدام کردیم، رئیس‌تون را اعدام کردیم» و من نمی‌دانستم این رئیس ما کیست! وحشت‌زده ماشین را به عقب راندم و از در دانشکده‌ی ادبیات از آن مهلکه خارج شدم. وقتی به خانه رسیدم روزنامه را دیدم. حکومت «پری بلنده» را اعدام کرده بود.

هر روز خبری از درگیری و یا ترور بقال و قصاب و کفاش می‌شنیدیم. یک شب مهمان یکی از دوستان صدرا بودیم که وسط مهمانی تلفنی به آن‌ها شد. بعد از نیم ساعت زن و شوهر من و صدرا را به اتاقی بردند و خیلی سربسته از ما پرسیدند آیا می‌توانند چند روزی با بچه‌هایشان در منزل ما بمانند؟ صدرا بلادرنگ جواب مثبت داد. آن‌ها دو بچه‌ی کوچک داشتند و به ما پناه آورده بودند. سریع به منزل برگشتیم و حدود یک ربع بعد آن‌ها هم رسیدند. فقط دو ساک کوچک داشتند. روز بعد من به دیدار ادیب رفتم و ماجرا را برایش تعریف کردم و گفتم برای مدتی نمی‌توانم او را ببینم. ما تلاش می‌کردیم زندگی معمولی خودمان را داشته باشیم ولی ترس و نگرانی‌ای که همراه ما بود زندگی را برای همه جهنم کرده بود. دلم برای بچه‌های کوچک آن‌ها می‌سوخت. یکی شش ساله بود و دیگری سه ساله.

یک روز، وقتی داشتم از خرید برمی‌گشتم، دیدم اطراف کوچه را بسته‌اند و تمام خیابان‌ها پر از مأمورهای پلیس و کمیته است. پاهایم سست شده بود و نمی‌توانستم جلو بروم. رفتم پیش حاجی میوه‌فروش که مغازه‌ی کوچکی درست روبه‌روی کوچه‌ی ما داشت. سر کوچه دو آپارتمان بلند وجود داشت. یکی تجاری بود و دیگری ساختمانی هفت هشت طبقه که به اصطلاح مستضعفین اشغالش کرده بودند. اول خیلی ترسیدم و فکر کردم هر چه هست مربوط به دوستان ماست. ولی حاجی گفت در طبقه‌ی پنجم ساختمان تجاری عده‌ای را گرفته‌اند. به من گفت یا بروم در مغازه او منتظر بمانم و یا بروم در اطراف کمی بچرخم و برگردم. نگران دوستان‌مان بودم و این‌که چه دارد به آن‌ها می‌گذرد. سه ساعت بعد برگشتم و دیگر خبری از کمیته‌چی‌ها و پلیس نبود. کلید انداختم و بلافاصله اعلام کردم که من هستم. خوشبختانه حال‌شان خوب بود. به شدت ترسیده بودند ولی به روی خودشان نمی‌آوردند. ماجرا مربوط می‌شد به پنج جوان پیکاری که داخل همان ساختمان تجاری دستگیر، بازجویی، محاکمه و اعدام شده بودند. خبر را فردای آن روز در روزنامه‌ها خواندم. البته خبر اعدام را سرایدار ساختمان داد که ندیده بود کسی زنده از آن ساختمان توسط پلیس و یا کمیته بیرون آورده شده باشد. او پنج جسد دیده بود؛ بدون این‌که صدای تیری بشنوند. احساس عجیبی نسبت به او پیدا کردم. شاید خود سرایدار بود که پلیس را خبر کرده بود. ساختمان را قرق کرده بودند ولی او آن‌جا بود!

فردای آن شب همگی جز صدرا در منزل بودیم که کسی مثل دیوانه‌ها به در کوبید. در اتاق را روی بچه‌ها بستم و از زهره و احد خواستم مراقب سر و صدای بچه‌ها باشند. به طرف در رفتم. از چشمی در نگاه کردم. مردی از ساختمان مستضعفین بود. در را که باز کردم با یک تبر پشت در ایستاده بود. می‌دانستم معتاد است. آمده بود تا از من باج بگیرد. شاید بچه‌ها را در حیاط دیده بود. گاهی که بچه‌ها کلافه می‌شدند زهره آن‌ها را به حیاط می‌برد و همیشه با اعتراض احد روبه‌رو می‌شد ولی چاره‌ای نبود. بچه‌ها به هوای آزاد و آفتاب احتیاج داشتند. آن مرد حالت ترسناکی داشت. من هم حسابی وحشت کرده بودم. گفت می‌داند من مهمان دارم و می‌داند آن‌ها مهمان‌های عادی نیستند. با دست آزادش طوری در را نگه داشته بود که من نتوانم در را ببندم. به او گفتم شوهرم منزل نیست و بهتر است برود و بعد بیاید. با زور در را بیش‌تر باز کرد تا داخل را ببیند. عصبانی شده بودم. می‌فهمید هم ترسیده‌ام و هم عصبی هستم. در یک لحظه که دستش را برداشت در را محکم به رویش کوبیدم و فریاد زدم دیگر جلوی خانه‌ی من پیدایش نشود. وقتی در را بستم متوجه شدم در تمام این مدت احد پشت در ایستاده بوده. نفسی کشیدیم و برگشتیم به اتاق. شب که صدرا آمد ماجرا را برایش گفتم. قرار شد با کارگر محترمی که او هم در آن ساختمان بود صحبت کند. ولی کارگر بیچاره خودش از دست این آدم‌ها عاصی بود و به صدرا گفته بود می‌ترسد زنش را روزها تنها بگذارد و به دنبال کارش برود. گفته بود که به زودی از آن ساختمان می‌روند چرا که چنین تصوری از ساختمان‌های اشغالی نداشته است. بعد از خبر اعدام آن پنج جوان و تهدید مرد تبر به دست، احد و همسرش زهره تصمیم گرفتند از آن‌جا بروند. روز بعد زهره با لباس و آرایش عجیب و غریب و یک کلاه‌گیس بور و یک روسری کوچک از منزل ما رفت. دو سه ساعت بعد هم احد با کلاه و عینک خانه را ترک کرد. قرار شد پروانه خواهر احد بیاید و بچه‌ها را ببرد. خداحافظی خیلی سخت بود. بچه‌ها یاد گرفته بودند مرا خاله صدا کنند. با رفتن آن‌ها خانه ساکت و خالی شد. من و صدرا در دو طرف میز غذاخوری نشستیم و ساکت گریه کردیم. چه زندگی‌ای را انتخاب کرده بودند و چه زندگی‌ای در انتظارشان بود! تکلیف آن دو بچه‌ی بی‌گناه در این دربه‌دری‌ها چه بود! به دستور لاجوردی، دادستان وقت، هر کس که مجاهدی را پناه می‌داد حکمش اعدام بود. صدرا نگران من بود و ادیب به شدت اصرار داشت من هر چه زودتر از ایران بیرون بروم. حتی برای مدتی کوتاه. آن روزها، اگر کسی اقامت کشور دیگری را نداشت، نمی‌توانست از کشور خارج شود.

سفارت‌خانه‌ها بیش‌تر یا بسته بودند یا ویزا نمی‌دادند. صدرا به کشورهای خلیج زیاد رفت‌وآمد می‌کرد و قرار شد برای من هم ویزا بگیرد.

صدرا اگر تهران بود صبح از خانه می‌رفت بیرون و شب برمی‌گشت. گاهی دیروقت. همیشه می‌گفت در شرکت و یا خارج از شرکت جلسه داشته‌اند. من گه‌گاه نرگس را می‌دیدم و با هم وقت می‌گذراندیم. هر دوشنبه هم با طیبه قرار ناهار داشتیم. ولی بی‌کاری آزاردهنده بود. بیش‌تر وقتم در منزل مامان می‌گذشت. به‌طوری که بدجوری به من عادت کرده بود و نبودنم در همان دوشنبه‌ها هم او را ناراحت می‌کرد. با طیبه برای ناهار می‌رفتیم این ور و آن ور. برای قهوه و خیار و سکنجبین می‌رفتیم به کافه‌ی خانم نهاوندیان در بلوار. ادیب و دوستانش هم آن‌جا جمع می‌شدند. ما فقط سری برای هم تکان می‌دادیم. به‌طور معمول ما زودتر از آن‌ها آن‌جا را ترک می‌کردیم و با ماشین طیبه یا با ماشین من به گردش در کوچه‌باغ‌های شمیران می‌پرداختیم. خیلی خوش می‌گذشت. دو تایی با هم حرف می‌زدیم. ادا درمی‌آوردیم و دیوانه‌وار با هم می‌خندیدیم. یک بار ادیب و دوستانش زودتر از ما کافه را ترک کردند. گروهی آقای پا به سن گذاشته هم که پاتوق‌شان همان کافه بود پایین پله‌ها ایستاده بودند و با هم حرف می‌زدند. من کت و دامن سفیدی پوشیده بودم. روسری‌ای به رنگ کرم و سفید، که از هدایای ادیب بود، را هم به سر داشتم. با کفش‌های کمی پاشنه‌دار سفید و کرم و کیف کرمی که با زنجیر به روی شانه‌ام آویزان بود. لباسم کامل پوشیده بود و دامنش تا زیر زانوهایم می‌آمد. وقتی داشتم از پله‌ها پایین می‌آمدم یکی از آن آقایان که گه‌گاه چشمکی هم به من می‌زد و من می‌گذاشتم پای سلام و علیک، بعد از این‌که خوب مرا برانداز کرد با صدای بلندی گفت: «فتبارک الله احسن الخالقین». من خیلی خجالت کشیدم. با طیبه دوان‌دوان و در حالی که ریزریز می‌خندیدیم بیرون رفتیم. آن روز با ماشین طیبه بودیم. می‌دانستم ادیب بعد از ناهار می‌رود منزل. یکی از دوستانش بعدازظهرهای دوشنبه کلاس خصوصی داشت و دیگری هم باید به کتابفروشی کوچکش برمی‌گشت. در میدان ونک از یک پسربچه دسته‌گلی صحرایی خریدم و ناگهان فکری به سرم زد. از طیبه خواستم برود به منزل ادیب. جلوی در از ماشین پیاده شدم. زنگ را به صدا درآوردم، گل را به داخل حیاط پرتاب کردم، پریدم داخل ماشین و سریع از کوچه بیرون رفتیم. بعد از آن روز هر دوشنبه این کار را می‌کردیم. جالب بود که وقتی ادیب را می‌دیدم هیچ حرفی از این ماجرا به میان نمی‌آمد. بعدها در ساعات مختلف این کار را می‌کردیم که لو نرویم.

ولی یک روزکه تنها بودم، احساس کردم این بار مچم را خواهد گرفت. پس تصمیم دیگری گرفتم. زنگ را به صدا درآوردم و گل به دست ایستادم. او که گویی پشت پنجره کشیک می‌داد آیفون را نزد و دوان‌دوان خودش را به در رساند. وقتی مرا دید هر دو خندیدیم. گفت چند بار اول شک داشته ولی بعد برایش مسلم شده هیچ کس غیر از من نمی‌تواند به‌طور مستمر این کار را انجام دهد. نمی‌دانستم او از کجا پول درمی‌آورد و زندگی را چگونه می‌گذراند. با کمک او من ترجمه‌هایی را انجام می‌دادم و بابتش از این و آن پولی دریافت می‌کردم. می‌دانستم او هم کارهایی مثل ویراستاری یا کمک برای نوشتن پایان‌نامه برای این و آن انجام می‌دهد ولی آیا از این کارها پولی هم درمی‌آمد یا فقط به دادن هدیه‌ای خاتمه می‌یافت؟ مامان نگران غذای او بود و می‌گفت این جوان کسی را ندارد برایش آشپزی کند و مادرش هم که دستش از تنها پسرش کوتاه است. گاه وقتی می‌خواستیم با صدرا اجاره را برایش ببریم سینی غذایی برایش فراهم می‌کردم و همیشه سالاد و سبزی خوردن و مربا هم می‌گذاشتم. گاهی هم اگر مهمان داشتیم مامان از سر قابلمه غذا برمی‌داشت و تا آمدن مهمان‌ها از من می‌خواست تا غذا گرم است به سرعت آن را به منزل او برسانم.

یک روز ادیب لیست چند کتاب خیلی نایاب و قدیمی را به من داد و گفت:

- این‌ها رو برای پدر می‌خوام. ببینم چه کار می‌کنی. باید خیلی پیدا کردن‌شون سخت باشه.

بعد از پاکسازی دانشگاه از رفتن به روبه‌روی دانشگاه و اطراف آن‌جا ابا داشتم ولی شنیده بودم در طبقه‌ی دوم ساختمانی یک کتابفروشی هست که خوشبختانه خیلی هم روبه‌روی دانشگاه نبود و آن‌جا می‌شد کتاب‌های قدیمی را پیدا کرد. وارد کتابفروشی که شدم، در کمال تعجب دیدم یکی از مستخدمین دانشکده‌ی حقوق آن‌جا کار می‌کند. آقای محمدی مستخدم مخصوص آقای قادری بود. سلام و علیک گرمی کردیم و لیست کتاب‌ها را به دستش دادم. آقای محمدی لیست را برد به اتاقی دیگر که چند تا آقا آن‌جا نشسته بودند. تنها توانستم یکی از استادان دانشکده‌ی ادبیات را بشناسم. آقای محمدی بعد از چند دقیقه بیرون آمد و گفت متاسفانه کتاب‌ها را ندارند. پرسیدم آیا می‌توانند آن‌ها را پیدا کنند؟ ولی این بار صاحب کتابفروشی از اتاقش بیرون آمد و قبل از این‌که حرفی بزند اول خوب سر تا پای مرا نگاه کرد و من هم او را ورانداز کردم. او به‌طورعجیبی شبیه کلارک گیبل بود. با همان ژست و ادا و سیگار گوشه‌ی لب. از آقای محمدی خواست برای من چای بیاورد و بعد رو به من کرد و گفت:

- به سن و سال شما نمیاد از این کتاب‌ها بخونید.
- برای دوستی کتاب‌ها رو می‌خوام و خیلی برام مهمه که پیداشون کنم.

لیست را گرفت و گفت به من خبر می‌دهد و خواست شماره تلفنم را برایش بگذارم. به او گفتم پیدا کردن من آسان نیست و من چند روز دیگر خودم به او زنگ می‌زنم. اسمم را روی تکه کاغذی نوشتم که وقتی زنگ می‌زنم بداند من هستم.

- چرا پیدا کردن‌تون سخته؟ مگه زندگی زیرزمینی دارید؟
- نخیر. من گاهی خونه‌ی خودم هستم و گاهی خونه‌ی مامانم.
- پس هر دو شماره رو برام بنویسید. من به محض پیدا شدن کتاب‌ها خبرتون می‌کنم.

شماره‌ها را یادداشت کردم. می‌دانستم یک بازی دارد شروع می‌شود. اسمم توجهش را جلب کرد و گفت اولین بار است چنین اسمی را می‌شنود. بعد آقای محمدی با سینی چای آمد. همان طور که تعارف می‌کرد برای اردوان زند، یا بهتر است بگویم آقای دون ژوان، تعریف کرد من چه خانمی هستم و چقدر با شخصیت و محترمم. از آقای محمدی تشکر کردم و از دفتر کتابفروشی بیرون آمدم. هنوز چند قدمی طی نکرده بودم که یک ماشین بنز شیک جلویم ایستاد. آقای دون ژوان بود. شیشه را پایین کشید و گفت:

- بفرمایید برسونم‌تون.
- شما هیچ فرصتی رو از دست نمی‌دید. مرسی. منزل من خیلی نزدیکه و می‌تونم پیاده برم.
- اشکالی نداره. من راه نزدیک هم می‌رم.

دیگر نمی‌شد خیلی راحت چنین گفت‌وگویی را در خیابان، آن هم روبه‌روی دانشگاه، ادامه داد. مردم در هر کاری دخالت می‌کردند. ممکن بود چند نفر مرد رد شوند و بیفتند به جان دون ژوان اتوکشیده. سوار شدم و آدرس منزل مامان را دادم. پنج دقیقه‌ی بعد رسیدیم. فاصله‌ای نبود و او فرصتی نداشت تا حرفی بزند. دو روز بعد زنگ زد و گفت چند تا از کتاب‌ها را پیدا کرده و می‌توانم بروم و آن‌ها را بگیرم. دو سه ساعت بعد در کتابفروشی بودم. دو تا از کتاب‌ها را برایم پیدا کرده بود. این بار مهمان نداشت و مرا به دفترش دعوت کرد. باید بگویم بعد از کلارک گیبل او برازنده‌ترین مردی بود که دیده بودم. قیافه‌ی خیلی مردانه‌ای داشت. قدبلند و چهارشانه. بی‌نهایت شیک. طرح جوراب‌هایش همانند طرح کراواتش بود. هر دو بار کراوات داشت در حالی که مردان دیگر از بستن کراوات منع شده بودند، چرا که کراوات نماد غرب است. دفتر کلارک گیبل تا سقف

پر از کتاب بود. یک کاناپه‌ی سه‌نفره با یک میز مستطیل و یک مبل تک‌نفره در مقابل کاناپه وسط اتاق بود. اتاق فرش کهنه ولی قشنگی داشت. دو دیوار پوشیده از کتاب بود. میز و صندلی کار او پشت به پنجره‌ای سرتاسری بود رو به خیابان انقلاب و دیوار چهارم سوای در ورودی تا سقف کتاب بود. من روی مبل تکی نشستم و او هم با ژست تمام در پشت میزش قرار گرفت. کمی صحبت‌های معمولی کردیم. فهمید ازدواج کرده‌ام و به شوخی گفت چرا عجله داشتم. من هم با خنده گفتم مدت‌ها بود که خیلی‌ها قطع امید کرده بودند. پول کتاب‌ها را حساب نکرد و گفت یک‌جا خواهد گرفت.

طبق قرار قبلی روز بعد ادیب را دیدم. تعجب کرد که دو تا از کتاب‌ها را پیدا کرده بودم. می‌گفت هیچ امیدی نداشته چون کتاب‌ها بسیار نایاب بودند. وقتی سراغ بقیه را گرفت گفتم قرار است خبرم کنند. با خنده گفت:

- فکر نمی‌کنم اون کسی که این‌ها رو پیدا کرده همه رو یک‌جا به دست تو بده.

- چرا این طور فکر می‌کنی؟ خودش گفت تا پیدا کنه خبرم می‌کنه.

- خانم خوشگله، من هیچ امیدی نداشتم که این دو تا پیدا بشن. من نمی‌دونم کدوم کتابفروشی رفتی ولی طرف اگر این‌ها رو داشته به یقین بقیه رو هم داره. اون می‌خواد تو رو بکشونه اون‌جا.

چند روز بعد دوباره آقای زند زنگ زد که بقیه‌ی کتاب‌ها را پیدا کرده است. رفتم و کتاب‌ها را گرفتم. در دفترش نشستیم و ساعت‌ها با هم حرف زدیم. دون ژوان مرد ساده و خوبی بود. پدرش یکی از بزرگان ادبیات فارسی بود ولی خودش خیلی به خواندن و نوشتن علاقه نداشت. دانش خود را وامدار شنیده‌هایش از دهان استادانی بود که کتابفروشی او را به عنوان پاتوق برگزیده بودند. تمام فامیلش رفته بودند آمریکا. پدر گاهی می‌آمد و گاهی می‌رفت و او مانده بود تا تجارت را حفظ کند. تنها بود. خیلی تنها. وقتی از پیش او برگشتم به منزل زنگ زد و گفت می‌خواهد یک حقیقت را برای من بگوید. گفت از من خوشش آمده است. خندیدم و گفتم: «شما مردها چه زود دلباخته می‌شین. تازه شما می‌دونی که من ازدواج کردم». با اعتماد کامل گفت:

- من منتظر می‌مونم. می‌دونم تو روزی جدا خواهی شد. حتی اگر صد سال طول بکشه هر روز پشت در منزلت خواهم بود.

- خوبه که اهل کتاب نیستی وگرنه فکر می‌کردم داستان‌های تخیلی زیاد خوندی. در ضمن من دارم می‌رم.

- کجا؟
- یک کشورِ شیخ‌نشین و از آن‌جا فرانسه.
- من منتظر می‌مونم. تا ابد.

همه‌ی کارها خیلی سریع انجام شد. صدرا با زحمت فراوان از طریق دوستی برایم ویزای امارات را گرفت. وقت ویزا می‌گذشت ولی ناگهان اتفاق ناگواری روی داد. هنوز جنگ در شهرهای مرزی ادامه داشت. یک روز پنجشنبه در منزل خودم بودم که از بیمارستان باجان زنگ زدند و گفتند او را به محلی در حوالی کرج انتقال داده‌اند. شخصی که در طرف دیگر خط بود با شتاب حرف می‌زد. پرسیدم: «یعنی چه، مگر می‌شود بدون اطلاع به ما مریض را جابه‌جا کنید و محل یعنی چه؟ اون‌جا یک بیمارستانه؟». آن شخص با همان شتاب گفت رضایت ما مطرح نبوده چون بیمارستان پر شده از مصدومین جنگی و جا کم دارند. آن محل هم جایی‌ست مثل خانه‌ی سالمندان. این حرف کمکی به حال من نکرد. مگر ما خودمان نمی‌توانستیم باجانم را به خانه‌ی سالمندان ببریم؟ مثل دستفروشی که بقیه‌ی پول را به داخل ماشین پرت می‌کند آدرس را به من داد و تلفن را قطع کرد. گوشی در دست من بود و بعد از لحظه‌ای بوق ممتد آن شروع شد. اول به ارس و مامان زنگ زدم. ارس بی‌درنگ خودش را به مامان رساند و با هم به کرج رفتند. من تمام مدت در خانه ماندم و گریه کردم. چند ساعت بعد مامان زنگ زد. او هم گریه می‌کرد. گفت که خانم شایسته - همیشه همین طور صدایش می‌کرد - به آن‌جا رسیده نرسیده اول موهای سرش را می‌تراشند و ناگهان به ضجه افتاد «شانی، اون نمی‌مونه. اون‌جا دق می‌کنه. باید از اون‌جا بیاریمش بیرون». مجبور بودیم صبر کنیم تا شنبه. جمعه با مامان رفتیم سرِ خاک آقاجان. می‌خواستیم جایی شیون و ناله کنیم. شنبه اول صبح صدای وحشتناکی از جسم سیاه لعنتی بلند شد که هیچ شباهتی به زنگ تلفن نداشت. سراسیمه گوشی را برداشتم. از بیمارستان بود. باجان گلِ من، حریرِ من، بلور من پریده بود. آن‌ها حتی به ما مهلت ندادند تصمیم بگیریم با پیکر نازنین او چه بکنیم. او را سرخود فرستاده بودند به قبرستانی که تا آن زمان هیچ درباره‌اش نشنیده بودیم: «بهشت سکینه»! خوشحال بودم که ارس را برای آخرین بار دیده بود، گرچه خودم برای همیشه دیدار عزیز او را از دست داده بودم. این بار صدرا و همسر شهرو با مامان رفتند و به دنبال آن‌ها همگی ما. بهشت سکینه قبرستانی بود بعد از کرج سرِ راه قزوین، و پیش از دفن باجان تنها پنج قبر داشت. سه پسر و دو دختر خیلی جوان. خیلی تعجب کردیم. همه در یک تاریخ.

گمانه‌ها زده شد. چند نفری به حالت مشکوک بر سر خاک آن‌ها رفتند و دعاهایی خواندند. در این سرمای استخوان‌سوز پنج جوانه تابِ زمستان را نیاورده بودند! از طریق صحبت‌های همسر شهرو با سیدی که مسئول قبرستان بود کاشف به عمل آمد پنج جوان، پنج زندانی سیاسی بودند که حکومت تبر به پیکر نازنین‌شان زده بود. یک هفته بعد، برای هفتم باجانم که به آن‌جا رفتیم، بنا به گفته‌ی همان سید، اشخاصی با ماشین زندان آمده بودند و هر پنج سنگ قبر را شکسته بودند. سید می‌گفت مادر یکی از آن‌ها گفته هر هفته تا زنده هست سنگی بر سر قبر جوانش خواهد گذاشت. سر بر خاک باجانم گذاشتم و گفتم: «عزیزم، مهمان پنج گلِ نورسته شدی، آن‌ها را به آغوش بکش همان طور که مرا به بغل می‌گرفتی».

سرانجام چمدان‌هایم را بستم و با صدرا راهی شارجه شدیم. چند روز قبل از رفتنم خبر دیگری در روزنامه بود. طبق خبر زهره در یک درگیری کشته شده بود. از احد خبری نبود. خیلی گریه و زاری کردیم و دیگر به‌هیچ‌وجه ماندن ما در ایران صلاح نبود. ولی صدرا به بهانه‌ی کار مرا در آن مملکت غریب تنها گذاشت و در کمال ناباوری به ایران برگشت. دو روز بعد به سفارت فرانسه رفتم و خوشبختانه ویزا گرفتم ولی تسلیم ویزا دو هفته طول می‌کشید. حال خوبی نداشتم. شکمم درد داشت و مرتب حالت تهوع داشتم. تمام وقت در هتل تنها بودم. شارجه شهری بود مصنوعی و بی‌فرهنگ. نه کتابفروشی، نه کتاب‌خانه و نه سینمای درست و حسابی. هر صبح دلم آشوب می‌شد و فکر می‌کردم باز روز شد و من باید در این اتاق بلاتکلیف به سر ببرم. غذا نمی‌خوردم. یک روز که هوا خیلی گرم بود به پارکی نزدیک هتل رفتم. روی تاب نشستم ولی هنوز دو سه باری بیش‌تر تاب نخورده بودم که سرم گیج رفت، تعادلم را از دست دادم و از روی تاب افتادم. چند تا خانم دورم جمع شدند. آن‌ها با هم عربی حرف می‌زدند و چیزهایی می‌گفتند که من نمی‌فهمیدم. خودم احساس می‌کردم رنگم حسابی پریده است. یکی از آن خانم‌ها به فارسی غلیظی از من پرسید آیا حامله هستم و من با تأکید تمام: «خیر، حامله نیستم». بعد او حرفم را برای بقیه ترجمه کرد و آن‌ها زدند زیر خنده. آن خانم به من گفت باید به بیمارستان بروم. گفت در بیمارستان آمریکایی‌ها در شارجه بیش‌تر دکترها ایرانی هستند و بهتر است سری به آن‌جا بزنم. روز بعد راهی بیمارستان شدم. دکتر بعد از معاینه و آزمایشی که از من گرفت حرف آن خانم را تأیید کرد. گریه‌کنان برگشتم هتل و تا چهل و هشت ساعت از اتاقم بیرون نیامدم. حالم بد بود و مرتب بالا می‌آوردم.

باید چه کار می‌کردم؟ بازگشتم به ایران بعد از این همه زحمت برای رسیدنم به شارجه صحیح نبود. گذشته از آن‌که نگرانی موقعیت خودم هم بود. ویزای فرانسه را گرفتم و با دنیایی شک و تردید راهی فرانسه شدم.

در پاریس اروند، لیزا[1]و دختر کوچک‌شان به پیشوازم آمدند. آن‌ها از قیافه‌ی من تعجب کردند. رنگ و رویی به صورت نداشتم و گذشته از آن تلاشی برای پنهان کردن حال و روز خودم هم نکرده بودم. من از هر دوی آن‌ها کوچک‌تر بودم ولی ناگهان خودم را در مقابل آن‌ها پیر احساس کردم. برادرم بدون هیچ ملاحظه‌ای گفت این چه قیافه‌ای‌ست و از خانمش خواست قبل از هر چیز فردا مرا ببرد به آرایشگاه و موهای فرفری‌ام را درست کنم. این اتفاق نیفتاد. من برای آن‌ها از روزهای انقلاب، جنگ، بی‌کاری و دربه‌دری‌ها گفتم. از ترس‌ها و نگرانی‌ها. آن‌ها در شهر کوچکی اقامت داشتند و من برای رفتن به کلاس و ثبت‌نام دانشگاه باید به پاریس می‌رفتم. برادرم مثل هر مرد دیگری متوجه حاملگی من نبود و یکسره می‌گفت من از پس تنها زندگی کردن و درس خواندن برمیایم ولی خانمش خیلی نگران من بود. من و لیزا بعد از چند روز به پاریس رفتیم تا من اتاقی اجاره کنم و تا شروع دانشگاه در کلاس زبان ثبت‌نام کنم. دو تایی در کافه‌ای نشسته بودیم و با هم مشغول انگلیسی صحبت کردن بودیم. مردی در گوشه‌ی دیگری از کافه نشسته بود. به نظر شرقی می‌آمد ولی نمی‌توانستم بگویم ایرانی‌ست. چشم‌هایش مثل چشم‌های مغول‌ها بود. به افغان‌ها شبیه بود. در تمام مدت به حرف‌های ما گوش می‌داد. وقتی می‌خواستیم کافه را ترک کنیم به سراغ ما آمد و از من پرسید آیا ایرانی هستم. گفتم بله. بعد بدون هیچ سوال و جواب دیگری از من پرسید آیا من با ادیب خردمند نسبتی دارم؟ گفتم:

- خیر. نسبتی با ایشون ندارم ولی از دوستان نزدیک من هستند. چرا این سوال را کردید؟
- من فکر کردم شما خواهر ادیب هستید. این همه شباهت در حرف زدن و ادا و حرکات باورکردنی نیست. حتی وقتی شما با این خانم به زبان انگلیسی حرف می‌زدید مثل این بود که ادیب روبه‌روی من نشسته.

بعد خودش را معرفی کرد: جعفر کیان. از نویسنده‌های مهاجر بود. خیلی درباره‌اش نمی‌دانستم. فقط در ایران، وقتی صحبت آمدن من به فرانسه بود، ادیب یکی دو باری اسم این شخص را برده بود. دوباره نشستیم و جعفر که اسم ادیب را شنیده بود خوشحال بود دوست مشترکی را پیدا کرده است. پرسید در پاریس چه می‌کنم. برایش توضیح دادم به دنبال اتاق و کلاس هستم.

بی‌درنگ پیشنهاد داد از آپارتمان او استفاده کنم که کسی در آن زندگی نمی‌کند. توضیح داد خودش با دوست دیگری زندگی می‌کند و آپارتمان خالی است. گفت می‌توانم تا هر وقت بخواهم در آن‌جا بمانم. من در حال ترجمه برای لیزا بودم و هنوز حرفم تمام نشده بود که او کلید آپارتمان را گذاشت روی میز. آدرس را داد و رفت. به همین سادگی.

ما دو تا خوشحال زنگ زدیم به اروند و خبر یافتن آپارتمان را دادیم. قرار شد تا عصر در پاریس بمانیم تا اروند بیاید و همه با هم به آپارتمان برویم. در این فاصله من در کلاس‌های آلیانس ثبت‌نام کردم. البته من از خیلی قبل از دانشگاه به کلاس‌های زبان انستیتو فرانسه می‌رفتم. گذشته از آن مامان هم خیلی خوب فرانسه حرف می‌زد و گاهی با هم تمرین می‌کردیم ولی می‌دانستم هنوز از خوب حرف زدن و فهمیدن خیلی دور هستم.

آپارتمان در یکی از بهترین محله‌های پاریس بود. ولی وارد آپارتمان که شدیم همه جا کاغذ و روزنامه بود و خاک. معلوم بود مدت‌هاست کسی آن‌جا را تمیز نکرده است. یک آپارتمان کوچک بود که در یک گوشه‌ی آن یک تخت‌خواب و در گوشه‌ی دیگری یک میز با دو صندلی قرار داشت. همین. کف زمین دور تا دور انواع روزنامه‌ها و اعلامیه‌ها دسته‌دسته چیده شده بودند. از روزنامه‌ی مجاهدین گرفته تا چریک‌ها، توده‌ای‌ها و حتی سطنت‌طلب‌ها. اعلامیه‌های همه‌ی این گروه‌ها و حزب‌ها و سازمان‌ها هم در همه جا دسته‌دسته دیده می‌شد. اروند با تمسخر گفت این آدم باید خیلی خط‌خطی باشد. گفتم من فکر می‌کردم چپ است. به هر حال سه تایی افتادیم به تمیز کردن آپارتمان. آشپزخانه‌ی بسیار کوچکی هم داشت با یخچالی متناسب با همان کوچکی که دو بطر مشروب داخل آن بود. بعد از این‌که همه جا را تمیز کردیم به منزل اروند برگشتیم و قرار شد روز بعد من با چمدان‌هایم به این آپارتمان نقل مکان کنم. روز بعد کمی پنیر و میوه خریدیم. اروند و لیزا مرا گذاشتند و رفتند. لیزا خیلی گریه کرد و نمی‌خواست مرا تنها بگذارد. ولی سرانجام من ماندم و یک اتاق به کلی ناآشنا در یک شهر غریب. از اتاق، از شهر، از غربت و از حاملگی وحشت داشتم. تلاش کردم با گوش دادن به موسیقی و کتاب خواندن خودم را سرگرم کنم. بارها گریه کردم و آرام شدم. میلی به غذا نداشتم. غروب شد. غمگین‌ترین غروب زندگی‌ام. ناگهان صدای زنگ آپارتمان بلند شد. آیفون را برداشتم. صدایی گفت از گل‌فروشی گل آورده است. گل؟ چه کسی برای من گل فرستاده بود؟ رفتم پایین و در کمال تعجب دیدم لیزای نازنین برای من

یک گلدان کوچک گل "مو گه[۳۱]" فرستاده بود. گلی بسیار زیبا که در ایران ندیده بودم ولی می‌دانستم کریستین دیور معروف‌ترین عطرش را از این گل می‌گرفت. بعد از یکی دو دقیقه عطر گل تمام اتاق را پر کرد. نیم ساعتی نگذشته بود که در آپارتمان تقی خورد و صدای کلید انداختن و به دنبالش باز شدن در آمد. وحشت کردم. به گوشه‌ی اتاق پناه بردم. قمرالملوک با صدای محزونش داشت «عاشقی محنت بسیار کشید» را در دستگاه ضبط می‌خواند که دیدم صاحب‌خانه وارد شد. با تعجب گفتم:

- من نمی‌دونستم شما کلید دارید!
- ببخشید. انگار این آپارتمان منه.

مست بود. ترسیدم و جوابی ندادم. نشست روی یکی از صندلی‌ها و چشم به همه جا گرداند.

- چقدر این‌جا عوض شده. معلومه که خیلی خانمی.
- من فقط این‌جا رو تمیز کردم. تلاش کردم به ترکیب خونه دست نزنم. روزنامه‌ها و اعلامیه‌ها همه اون گوشه هستند. البته به ترتیب!
- تعجب کردی؟
- از چی؟
- از این‌که این اتاق کل اپوزیسیون جمهوری اسلامیه. در واقع از هر ترانه خواننده‌ای.
- منظور از هر خواننده ترانه‌ای.

درست حرف نمی‌زد و من هر لحظه نگران‌تر می‌شدم. خیلی دست به عصا بودم.

- خب لابد گفتین این حیوون بی شاخ و دم کیه دیگه، نه؟

در واقع بی شاخ و دم هم بود. هیکل بزرگی داشت. چشم‌های بادامی، موهای سیاه لخت مشکی، چاق با شکمی برآمده که معلوم بود در اثر مصرف زیاده از حد مشروب به آن شکل درآمده است. جوابش را ندادم.

- به به قمر هم که گوش می‌دی.

سری تکان دادم.

- گل هم که خریدی!
- نه اینو خانم برادرم فرستاده.
- آفرین. توی یخچال یه شیشه ودکا هست. اونو برام بیار.

فهمیدم چه غلطی کرده‌ام. دست‌پاچه پیشنهاد آدمی را پذیرفتم که فکر می‌کردم دوست ادیب و نویسنده و روشن‌فکری سیاسی‌ست. او هیچ کدام نبود

یا حداقل دیگر نبود. گفتم:

- فکر نمی‌کنید بهتره برید؟ من خسته‌ام و می‌خوام بخوابم.
- اوهو. منو از منزل خودم بیرون می‌کنه.
- خواهش می‌کنم. این طور نیست. من فکر کردم شما این‌جا رو به من اجاره دادید. البته برام هزینه‌اش مهم نیست. به خصوص که موقته. چون شما گفتید تا جایی پیدا کنم. این‌جا هم این قدر خاک گرفته بود که مشخص بود کسی توش زندگی نمی‌کنه.

بغضم گرفته بود.

- باشه. فقط یک استکان می‌خورم.

خودش به آشپزخانه رفت. یک استکان برداشت. مشروبش را خورد. لیوانش را انداخت در ظرفشویی و بدون خداحافظی رفت. حیران بودم. گریه می‌کردم و نمی‌دانستم چه کار کنم. اروند زنگ زد ببیند آیا روبه‌راه هستم یا خیر. چیزی به او نگفتم. به رخت‌خواب رفتم و گویی بیهوش شدم.

یکشنبه مرده‌ترین روز در پاریس است. پاریس زیبا و شلوغ در یکشنبه‌ها دل‌گیر و بی‌حرکت است. شاید من صبح خیلی زود به خیابان زده بودم. از بلوار گاریبالدی تا ایستگاه متروی مون پارناس رفتم و برگشتم. هیچ‌کس در خیابان‌ها نبود. منطقه‌ی پول‌دارها بود. بدون شک همه خواب بودند و خدمتکارهایشان در آشپزخانه‌ها مشغول تهیه‌ی صبحانه. خوشحال بودم که بعدازظهر اروند می‌آید تا مرا ببرد و با چند تا از دوستان ایرانی‌اش آشنا کند. گرسنه‌ام شد. برگشتم سمت آپارتمان ولی می‌ترسیدم که آن غول بی شاخ و دم دوباره برگشته باشد. خوشبختانه نبود. یک نان تست برداشتم و با کمی پنیر خوردم. دوباره گریه‌ام گرفت. من سه ماهه حامله بودم؛ این وضعیت روحی‌ام بود و این وضعیت تغذیه‌ام. از ناهار روز پیش تا این صبحانه چیزی نخورده بودم. برای موجودی که در شکمم داشت رشد می‌کرد دلم سوخت. با ترس و لرز دوش گرفتم. نشستم و کمی فرانسه خواندم. دوباره نان تستی با پنیر گاز زدم و دراز کشیدم و به چهار فصل ویوالدی گوش دادم تا اروند آمد. با هم به منزل یکی از دوستان او رفتیم. نزدیک بود و من می‌توانستم پیاده هم بروم. محسن دوست اروند و مریم خانمش هر دو دانشجو بودند و در طبقه‌ی هم‌کف یک آپارتمان بلند با دختر چند ماهه‌شان در یک اتاق زندگی می‌کردند. اتاق دیگری هم روبه‌روی آن‌ها بود که یک زوج ایرانی جوان دیگر در آن زندگی می‌کرد. آشپزخانه، توالت و حمام مشترک بود. آپارتمان در اصل برای سرایدار ساختمان بود

که به این بچه‌ها اجاره داده شده بود. صفا و صمیمیت این بچه‌های ساده و بی‌ریا چنان بود که برای لحظاتی تمام مشکلاتم را از یاد بردم. محسن و اروند تمام مدت با هم شوخی می‌کردند و به یاد گذشته‌ها که هنوز فرانسوی نشده بودند، می‌خندیدند. اروند زود رفت ولی بچه‌ها مرا نگه داشتند. سفره‌ای روی زمین پهن کردند و همگی چسبیده به هم به دور آن نشستیم و غذا خوردیم و خندیدیم. وقت خداحافظی بچه‌ها خیلی اصرار کردند هر کاری داشتم به آن‌ها بگویم. شب محسن مرا به آپارتمانم رساند.

دوشنبه روز بهتری بود. صدرا زنگ زد و گفت خبر روزنامه در مورد زهره دروغ بوده و آن‌ها همگی سالم و در فرانسه هستند. گویی از این خبر پر درآوردم. ما همگی یک جا بودیم و من این همه مدت نمی‌دانستم. سوار مترو شدم و رفتم مدرسه‌ی آلیانس. خوشبختانه خیلی دور نبود. تنها مشکلی که وجود داشت حال من بود. من تمام مدت حالت تهوع داشتم. سر کلاس چندین بار مجبور شدم خارج شوم و دوباره برگردم. بالاخره بعدازظهر کلاس تمام شد و برگشتم منزل. حسابی گرسنه بودم ولی دیر بود و اکثر رستوران‌ها یادداشتی به پشت درهایشان زده بودند که غذا تمام شده است. بالاخره به یک نانوایی رفتم و یک نان گرفتم. نان را خالی خوردم. اگر خانه بودم الان مامان چه‌ها که برای من نمی‌کرد. هر آن‌چه غذا بود برایم می‌پخت. اول شب بود که کسی به در زد. از چشمی در نگاه کردم. جعفر بود. در را باز کردم. با خنده وارد شد.

- اومدم عذرخواهی کنم. حالم خوب نبود. خواستم ببینم کاری نداری. چیزی نمی‌خوای؟
- نه متشکرم. ولی چه خوب که سر حال هستید چون می‌تونیم درباره‌ی اجاره‌ی این‌جا حرف بزنیم. شما لطف کردید و من هم به قدری مستأصل بودم که درست و حسابی و به موقع درباره‌ی شرایط اجاره نتونستم حرف بزنم. خواهش می‌کنم در مورد قیمت راحت باشید. اگر برای من مناسب باشه که اجاره می‌کنم اگر نه قیمت یک هفته را می‌پردازم و می‌رم.
- من این‌جا رو برای اجاره ندادم به تو. دیدی گرد و خاک همه جا را گرفته بود. این آپارتمان جای همین کاغذ زباله‌ها بود. پولش را هم کس دیگری می‌ده. تو هم همین جا بمون. این‌جا محله‌ی خوب و راحتیه. حداقل تا شروع دانشگاه.
- ولی من نمی‌تونم همین طوری این‌جا بمونم.

- فعلاً تصمیمی نگیر. یه کم صبر کن. برای هر کاری عجله نداشته باش.

این همان حرفی بود که وقتی می‌آمدم ادیب به من گفت. از من خواست تا رسیدم شروع نکنم به دنبال کلاس و دانشگاه رفتن. معتقد بود کسی که از ایران خارج می‌شود آدم نرمالی نیست و حداقل شش ماه وقت می‌خواهد تا بتواند بفهمد زندگی معمولی یعنی چه. ولی من عجله داشتم. خیلی ساده گفتم:

- ولی من می‌ترسم.

- همه‌مون می‌ترسیم. حتی بعد از سال‌ها این‌جا بودن هنوز خیلی‌ها می‌ترسند. خب بگو ببینم ادیب در مورد من چی بهت گفته؟

- هیچی. فقط به من گفت دوستی داره به اسم «جعفر کیان». همین. ولی من خودم این‌جا دوستانی دارم که به دنبال‌شون هستم.

به عمد اسم احد و زهره را نگفتم. این آدم با این روزنامه‌هایش قابل اطمینان نبود.

- خب تو ادیب رو چقدر می‌شناسی؟ چطوری کپی اون حرف می‌زنی و اداهات مثل اونه؟ دوست‌دخترش بودی؟

از این جمله‌ی آخر که با خنده و متلک گفته شد خوشم نیامد. او راست می‌گفت. من درست مثل ادیب حرف می‌زدم و کلمات او را استفاده می‌کردم. در ابتدا تنها یک ادا بود برای خندیدن با همکلاسی‌ها. ولی رفته‌رفته این اداها و کلمات ملکه‌ی ذهن من شد. رفت به درون وجودم و جالب این بود که در برخورد با ادیب من صددرصد شانی بودم.

- من شاگرد آقای خردمند بودم. بعد از دانشکده رفتم ژاپن و وقتی برگشتم شدم همکار ایشون در دانشگاه. این سال‌ها برای یک رابطه دوستی کافیه نه؟

- اما بدجنس! هم‌دیگرو دوست دارید نه؟

نمی‌فهمیدم این اصرار برای چیست و او می‌خواهد چه را ثابت کند. از حضورش به شدت معذب بودم. چه مست. چه هشیار.. با تغیّر تمام گفتم:

- ما دوستان خوبی برای هم هستیم.

- باشه باشه. ناراحت نشو. نمی‌خواد بهت بربخوره. اصلاً پاشو بریم با هم غذایی بخوریم.

به فرانسه بهش گفتم من سیر هستم.

- من که نفهمیدم تو چی گفتی ولی عین این‌ها حرف می‌زنی. توی ژاپن فرانسه یاد گرفتی؟

این برای من تجربه‌ی تازه‌ای بود. درست مثل زمانی که از پشت میله‌های دانشگاه تهران رد می‌شدم و فکر می‌کردم تمام آدم‌های داخل دانشگاه موجودات باسواد و بافرهنگی هستند. الان هم انتظار نداشتم نویسنده‌ای با این ادبیات با من حرف بزند. گذشته از زبان گفتاری‌اش، او یکسره متلک می‌گفت. خوشبختانه وقتی دید من ناراحت شدم، به او هم برخورد و رفت.

از روز بعد کلاس‌های فرانسه شروع شد. اردوان اغلب زنگ می‌زد و حالم را می‌پرسید و به شوخی وعده می‌داد که اگر من زود برنگردم او خواهد آمد. مدارک دانشگاه ژاپن و دانشگاه تهران ارزیابی شده بود و من تصمیم داشتم برای دوره‌ی دکترا ثبت‌نام کنم. مصاحبه‌ی من یک ساعت و نیم طول کشید. اول اضطراب داشتم و به مدت یک ساعت تمام تلاشم این بود که خودم را به خانم استادی که مسئول دوره‌ی دکتری بود بشناسانم و ثابت کنم می‌توانم دانشجوی دکترا شوم. در پایان مصاحبه او مدارک ثبت‌نام دوره‌ی دکترا را به من داد و اظهار کرد از این به بعد بیش‌تر همدیگر را خواهیم دید. وقتی به آپارتمان برگشتم اردوان زنگ زد و جویای ماجرا شد. خیلی خوشحال شد و گفت همان طور که گفته تا نود سالگی‌اش منتظرم خواهد ماند. عجیب این بود که صدرا حتی زنگ هم نمی‌زد. بعدازظهر به شهر اروند رفتم و خبر قبولی‌ام را حضوری دادم. لیزا باور نکرد. سر میز شام بودیم که آن خانم استاد زنگ زد. لیزا گوشی را برداشت و شروع کرد به ایما و اشاره حرف زدن و دستش را در هوا تکان دادن. بعد دستش را گذاشت روی گوشی و به من گفت همان خانم استاد دانشگاه است. تندتند با هم حرف زدند. بعد روی کاغذ چیزی نوشت و گوشی را که گذاشت جیغی کشید و به اروند گفت که شانی راست می‌گوید. گویی در بین مدارکی که از من خواسته بود مدرکی را فراموش کرده بود و من برای اطمینان شماره‌ی اروند را به آن استاد داده بودم. روز بعد برگشتم به آپارتمانی که به راستی به من تعلق نداشت. کلید را انداختم و وارد اتاق شدم. در کمال تعجب جعفر آن‌جا بود. مست با پیراهن دکمه‌باز خوابیده بود روی تخت. هوای اتاق دل آدم را به هم می‌زد. نفس‌هایش بوی الکل مانده را در اتاق می‌پراکند. به طرف کمد رفتم تا ژاکتی بردارم و از اتاق خارج شوم که بیدار شد.

- هی خانم خوشگله کجا بودند؟ من دو ساعته که این‌جا منتظرم.
- با من کاری داشتید؟
- کار. آره. من از تو خوشم اومده. می‌دونی چیه؟ تو خود ایرانی برای من. بوی تو، حرکات تو، صدات، همش ایرانه.

- ببخشید ولی میشه بگین شما کجا زندگی می‌کنید؟ تنها هستید؟
- نخیر. من با دوست‌دخترم زندگی می‌کنم. ولی اون یک زن دیوانه و مجنونه. با تو خیلی فرق داره. مطمئنم که ادیب عاشقت بوده.
- آقای کیان من شوهر دارم و در حال حاضر هم حامله هستم.
- اوهو اوهو. شوهر و بچه به رخ من می‌کشی؟ من دو بار ازدواج کردم. از هر زنم هم دو تا بچه دارم.

بلند شد و به سمت کمد لباس‌ها رفت. از پایین کمد یک جعبه کفش بیرون آورد. پر از عکس. من هرگز به وسایل او دست نمی‌زدم. مابین عکس‌ها گشت و چند تایی را بیرون آورد. عکس زن زیبایی با موهای مشکی، خیلی جوان‌تر از خودش، با خنده‌ای زیبا را نشانم داد و بعد عکس دو تا پسر ده دوازده ساله را.

- نگاه کن. این زن دوم منه. این هم بچه‌هام هستن. زنم دیوانه‌ام کرده. می‌خواد بیاد این‌جا. آخه بیاد این‌جا چه کار؟ من نه کار دارم نه زندگی. اگر این شهین نبود وضع خودمم معلوم نبود.
- خب. اون زن شماست. با دو تا بچه مونده توی شهرستان. باید چه کار کنه؟
- بابا داره، ننه داره، فک و فامیل منو داره.
- با اون‌ها ازدواج کرده؟
- خبه. خبه. تو دیگه برای من موعظه نکن.

و بی‌مقدمه بلند شد و بدون این‌که عکس‌ها را سر جای خودشان بگذارد بیرون رفت. حوصله‌ی دیدن عکس‌ها را نداشتم. جعبه را گذاشتم سرِ جایش. این آدم چطور می‌توانست دوست ادیب باشد؟ چه می‌نویسد؟ سیاسی‌ست؟ یک مردک تنه‌لش، بی‌مسئولیت، بددهن که بیش‌تر اوقات مست است و پولش را از دولت فرانسه می‌گیرد و دوست‌دختری که معلوم نیست او کیست. پول این آپارتمان را هم دوستان شاهنشاهی‌اش می‌دهند. شاید هم از هر حزب و سازمان و گروهی پول می‌گیرد که اعلامیه‌های آن‌ها را در سطح شهر پخش کند و همه را همین جا انبار می‌کند. شاید این سیاسی‌ترین کاری‌ست که انجام می‌دهد. آیا در ایران کار می‌کرده یا آن‌جا هم روشن‌فکر کافه‌نشین بی بند و بار بوده؟ شاید مست کردنش در نتیجه‌ی زندگی پناهندگی‌ست؟ پناهنده به اجبار، تبعید ناخواسته! شاید به خاطر این‌که دیگر نمی‌تواند به ایران برگردد الکلی شده. شاید من به دنبال توجیهی هستم چرا که او دوست ادیب است. این مرد در جایی زندگی می‌کند که هنوز بعد از چند سال زبان آن‌جا را نمی‌فهمد.

او برای یادگیری زبان حتی تلاشی هم نکرده. خیلی‌ها در مهاجرت از غولی به اسم زبان می‌ترسند. به یقین او هم از آن دسته است و گذشته از این شاید خودش به این زندگی بی بند و بار آگاه است. شاید تبدیل به آدمی شده که خودش دوست ندارد. برای من این‌گونه هدر رفتن تحت هر شرایطی غیر قابل قبول بود.

چند روز بعد زنی به من زنگ زد. وقتی به فرانسه جواب تلفن را دادم تعجب کرد و به فارسی گفت «پس تو زنش نیستی». جواب ندادم و گوشی را گذاشتم. دوباره زنگ زد و من بدون گفتن الو گوشی را گذاشتم. روز بعد کیان زنگ زد. به او گفتم حدس می‌زنم دوست‌دخترش به آن‌جا تلفن کرده. اول عصبانی شد که چرا جواب تلفن را دادم. گفتم من این‌جا زندگی می‌کنم. برادرم و کس و کارم به من زنگ می‌زنند. نمی‌توانم جواب ندهم. بعد گفت خودش ترتیبش را می‌دهد. دو شب بعد دوباره بی‌خبر سر و کله‌اش پیدا شد. مست مست بود. می‌خندید و می‌گفت نترسم و با من کاری ندارد. دلش می‌خواهد آن‌جا بنشیند و ته‌مانده‌ی مشروبش را بخورد و برود. خواهش کردم مرا تنها بگذارد. گفت کجا برود. به خاطر من با دوست‌دخترش دعوا کرده و الان جایی را ندارد که برود. از این حرفش خوشحال شدم و گفتم:

- خواهش می‌کنم شما امشب برید، من همین فردا این‌جا رو خالی می‌کنم.
- نه، خودم می‌تونم بدون کمک تو مشکلم رو حل کنم.

روی تخت در کنجی خودم را جمع کرده و نشسته بودم. یک‌مرتبه به طرفم آمد. نه با مهربانی بلکه مثل حیوانی وحشی. مدام تکرار می‌کرد که مرا می‌خواهد، من خود ایرانم و می‌خواهد آن شب ایران را در بغل بگیرد. می‌گفت که می‌خواهد در آغوش ایران بخوابد. تلاش کردم از خودم دورش کنم ولی او مردی قوی‌هیکل بود. از یقه‌ی پیراهنم کشید و مرا به زمین انداخت. اول داد و بی‌داد کردم که چرا دارد دیوانگی می‌کند و تلاش کردم او را از خودم دور کنم ولی بعد به التماس افتادم. دست و پا می‌زدم ولی او گوشش بدهکار نبود. دیگر به گریه افتاده بودم.

- من حامله‌ام. خواهش می‌کنم به این بچه رحم کن.
- حامله‌ام حامله‌ام. انگار کسی تا حالا حامله نشده.

نه. من تا حالا حامله نشده بودم. نمی‌دانستم در حاملگی چه اتفاقاتی می‌افتد. من از حاملگی می‌ترسیدم. از تقلای زیاد می‌ترسیدم و او مثل یک کوه افتاده بود روی من. نمی‌دانم چه پیش آمد که یک‌دفعه کنار کشید. سرش را گذاشت

روی زمین و ناگهان به خواب رفت. در واقع بیهوش شد. خوشبختانه هنوز خیلی دیروقت نبود. وارد حمام شدم و با عجله لباسم را عوض کردم و زدم بیرون. نمی‌دانستم کجا بروم و آن وقت شب چه کار کنم. بی‌مقصد در خیابان‌ها راه می‌رفتم. کمرم درد گرفته بود. یکی دو بار در گوشه‌ای بالا آوردم. بعد خودم را رساندم به منزل محسن و مریم. محسن در را باز کرد. با تعجب به من نگاه کرد ولی زود کشید کنار تا من وارد خانه شوم. برایشان تعریف کردم که صاحب‌خانه‌ی من با دوست‌دخترش دعوا کرده و مست و لایعقل آمده آن‌جا. من هم نخواستم بمانم. در ضمن تصمیم گرفتم فردا آن‌جا را تخلیه کنم و شاید مجبور شوم چمدانم را یکی دو روزی آن‌جا بگذارم. آن‌ها با روی باز پذیرای من شدند. تخت خودشان را دادند به من و دو تایی روی زمین خوابیدند. دختر کوچولویشان هم در کالسکه‌اش خوابید. من تا صبح نخوابیدم. گاه محسن و گاه مریم سرکی می‌کشیدند و آهسته به من می‌گفتند بخوابم. روز بعد کلاس نرفتم. محسن رفت دانشگاه و مریم هم با دخترش به منزل خانمی رفت که بچه‌های آن خانم را نگه می‌داشت و درآمدی از این راه به دست می‌آورد. این بچه‌ها با حداقل درآمد در آن شهر گذران زندگی می‌کردند و خوش‌بخت بودند. کیان با یک آپارتمان که مجانی در اختیارش گذاشته بودند و با دوست‌دختری که خرجش را می‌داد فقط موفق شده بود یک آدم الکلی بی‌خاصیت معترض به زمین و زمان باشد. به آپارتمان برگشتم. بیدار شده بود و طبق معمول سیگار می‌کشید ولی هشیار بود. نگاهی به سر تا پای من انداخت و گفت:

- دختر دیوونه. آخه کجا رفتی؟ من که کاری نکردم. تو چرا رفتی؟
- این برای شما مهمه که من کجا رفتم؟ اگر توی خیابون می‌خوابیدم بهتر از این بود که با شما در یک خونه باشم. من همین امروز از این‌جا می‌رم.
- گفتم که عجله‌ای نیست.

به دنبال جواب بودم که تلفن زنگ زد. خودش گوشی را برداشت. اعتراض کردم اگر تلفن از ایران باشد و با سر اشاره کرد که نیست. راست می‌گفت. دوست‌دخترش بود. او قطع کرد و بعد همین طور زنگ پشت سر زنگ و هر بار او گوشی را می‌گذاشت و فحش می‌داد. چه فحش‌هایی. من مشغول جمع کردن وسایل و بستن چمدانم بودم. تلاش می‌کردم نشان بدهم دعوای آن‌ها به من مربوط نیست. بعد از حدود یک ربع ناگهان ضربه‌های محکمی به در خورد. کیان پرید و در را قفل کرد. زن از بیرون فریاد می‌کشید و فحش‌های رکیک می‌داد.

کیان هم از این طرف فحش می‌داد. بعد ناگهان سکوت شد. فکر کردم رفته. ولی زن با چکش برگشته بود و به در می‌کوبید. تلاش داشت دور تا دور قفل در را از جا بکند. کیان به طرف در رفت. سر راهش مرا هل داد به طرف حمام و گفت در را از داخل قفل کنم. بعد خودش در را باز کرد. می‌توانستم حدس بزنم دارند هم‌دیگر را می‌زنند. لای در را باز کردم. زنی بود چهل و خرده‌ای ساله که مثل دختران جوان لباس پوشیده بود. موهایش را از بالا دم‌اسبی کرده بود که در آن لحظه موها در دست‌های کیان بود و زن را به این طرف و آن طرف می‌کشید. مثل دو حیوان وحشی به جان هم افتاده بودند. هرگز چنین صحنه‌ای ندیده بودم. خودم را عقب کشیدم و در حمام را دوباره قفل کردم. صدای قفل زن را متوجه حمام کرد. خودش را به در حمام رساند. کیان فریاد می‌زد به طرف حمام نرود. زن در را گرفته بود و دیوانه‌وار به در می‌کوبید. کیان فریاد کشید:

- اون در رو باز کنی می‌کشمت.

ولی زن داشت در را از جا می‌کند که من در را باز کردم و سریع خودم را کنار کشیدم. مرا که دید خشکش زد. موهایش در هم ریخته بود و سر و صورتش قرمز شده بود. گفت:

- تو! تو که زنش نیستی.

صدایم می‌لرزید. دلم برایش سوخته بود. آرام گفتم:

- نه خانم. من زنش نیستم. من زن احمقی هستم که به ایشان اطمینان کردم و چون این آقا دوست یکی از دوستان من هستند فکر کردم این آپارتمان رو ازشون اجاره کنم. من نه ایشون رو می‌شناسم و نه چیزی از زندگی‌شون می‌دونم.

داشتم حرف می‌زدم که دوباره حالم به هم خورد. با دست به او اشاره کردم که از در برود بیرون. بهتش زده بود.کیان فریاد زد:

- کثافت بیا بیرون. اونو ولش کن. اون زن حامله‌ست.

جعفر وسط در حمام ظاهر شد. از موهای آن زن گرفت و او را به روی زمین تا آسانسور کشاند و فریاد کشید که برود گم شود. وسط راهرو ایستاده بودم و بهت‌زده به این صحنه‌ها نگاه می‌کردم. تمام صورت کیان، دست‌هایش و سینه‌اش خون‌آلود بود. جای چنگ‌های آن زن در تمام بدن او خط‌هایی از خون به جا گذاشته بودند. به آپارتمان برگشت و روی زمین ولو شد و شروع کرد به‌طور هیستریک خندیدن. رفتم بالای سرش ایستادم و خیلی محکم گفتم:

- لطفاً بلند شید، دست و صورت‌تون رو بشورید و از این خونه برید بیرون

تا من این‌جا رو تخلیه کنم و بهتون خبر بدم.

و بعد به حالت فریاد گفتم:

-   همین الان. همین الان برید بیرون.

بلند شد، دست و صورتش را شست و رفت. نشستم روی تخت و تازه شروع کردم به گریه کردن. من رکیک‌ترین فحش‌ها را از دهان این مرد نویسنده و آن زن شنیدم که به هم حواله می‌دادند. می‌ترسیدم بروم داخل حمام و دوش بگیرم. در دیگر قفل نداشت. عجیب بود که در تمام این مدت حتی یک همسایه هم در را باز نکرد ببیند آن‌جا چه خبر است یا هیچ‌کس به پلیس خبر نداد. این‌جا دیگر کجاست؟ دنیای متمدن؟ مدت‌ها همان طور روی تخت نشستم. بعد چمدانم را بستم. آن موقع روز اروند و لیزا نبودند، محسن و مریم هم همین طور. همه سر کار بودند و تا عصر نمی‌آمدند. کاش می‌دانستم احد و زهره کجا هستند. نمی‌توانستم آپارتمان را به همان شکل با در بدون قفل رها کنم و بروم بیرون. به راهرو رفتم و آن‌جا قدم می‌زدم که در آسانسور باز شد. شهین با دختر جوانی از آسانسور آمدند بیرون. شهین حسابی به خودش رسیده بود و هم‌چنان موهایش را دماسبی کرده بود در حالی که موهای پشت گردنش یک‌دست سفید بودند. آرایش غلیظی هم داشت. شاید می‌خواست کبودی‌های صورتش را پنهان کند. یک جعبه شکلات کوچک ولی گران برای من آورده بود. عذرخواهی کرد و گفت او و جعفر دیوانه هستند و گه‌گاه از این دعواها می‌کنند. دختر جوان که شهین او را محبوبه معرفی کرد، دختر عموی او بود، دختری بود ساده و معمولی. ناگهان پرید وسط حرف شهین و گفت:

-   البته این گه‌گاه یعنی روزی چهار پنج بار.

شهین چشم‌غره‌ای به او رفت. نمی‌خواستم برای شهین قیافه بگیرم. به نظرم همگی به نوعی قربانی بودیم. البته نمی‌شد برای رفتاری که آن‌ها داشتند، به‌خصوص کیان، پشت چنین عذری پنهان شد. ناگهان شهین به پاهای من نگاه کرد و گفت:

-   شما پاهاتون ورم داره.

-   نه فکر نمی‌کنم.

-   کفش‌هاتون خیلی قشنگ و خوش‌رنگه. آدم رو یاد کفش‌های بالرین‌ها میندازه. ولی من هنوز فکر می‌کنم که پاهاتون ورم داره.

متوجه شدم محبوبه یواشکی می‌خندد. شهین بابت رفتارش عذرخواهی کرد و رفت ولی محبوبه با بهانه‌ای الکی ماند. مفصل از خودش گفت و این‌که اقلیتی بوده

و چطور از ایران فرار کرده و چقدر طول کشیده تا پناهندگی‌اش را بگیرد. از دست دخترعمویش و کیان در همین چند روز عاصی شده بود. از برنامه‌اش پرسیدم و خواستم به جای سیاست به دنبال درس برود. به خودش این شانس را بدهد که از اول یاد بگیرد و چشم و گوش بسته و احساساتی سیاستی را دنبال نکند که به جز چند جزوه دست‌خط چیز دیگری از آن نمی‌داند. گفتم من به منزل دوستان برادرم می‌روم و آن‌جا منتظر برادرم می‌مانم. چمدان را او به دست گرفت و من هم ساکم را برداشتم. تا منزل محسن و مریم مرا همراهی کرد. باید قدری منتظر می‌ماندم تا مریم برسد. اصرار کردم که همین فردا برود سراغ کلاس‌های فرانسه و زبان یاد بگیرد تا مثل کیان مجبور نباشد برای هر کلمه حرف زدن محتاج کسی باشد. شهین در واقع زبان جعفر بود برای رفتن به دفاتر و سازمان‌های دولتی و حق و حقوق گرفتن‌ها. نشانه‌های انسانیت در جعفر از بین رفته بود. در واقع دیگر به نوعی دشمن ملت بود. محبوبه مرتب می‌گفت ای کاش من مجبور نبودم از آن‌جا بروم. یک بار هم از دهنش در رفت و گفت اجازه نمی‌دهد شهین دیگر مزاحم من شود. ما در همان مدت کوتاه با هم جور شده بودیم. وقت خداحافظی خنده‌ی موذیانه‌ای کرد و گفت: «راستی شهین به پاهای شما حسودیش می‌شه و پاهای شما ورم نداره». پرسیدم چرا این حرف را می‌زند او گفت:

- شب پیش داشتیم فیلم چگونه با یک میلیونر ازدواج کنیم؟ را می‌دیدیم. جعفر گفت یکی از اون سه تا زن هنرپیشه در فیلم پاهاش رو یک میلیون دلار بیمه کرده. بعد از این پا تعریف می‌کرد و می‌گفت به این میگن پا. امروز که شهین رو مجبور می‌کرد بیاد و از شما عذرخواهی کنه به اون می‌گفت خانمی رو از شما یاد بگیره. در مورد قشنگی پاهاتون هم گفت شهین که نگاهش به پاهای شما افتاد حسادتش گل کرد.

هم خنده‌ام گرفته بود و هم در تعجب بودم که این چه نوع عموزادگی‌ست. با وجود این گفتم:

- ولی فکر می‌کنم به زودی ورم کنه. اگر این طور شد حتماً بهش خبر می‌دم که خوشحال بشه.

مریم رسید و من و محبوبه گرم و دوستانه از هم خداحافظی کردیم.

بعد از سبک و سنگین کردن با مریم و محسن، تصمیم گرفتم به شهر کوچکی برگردم که برادرم در آن زندگی می‌کرد تا وقت دانشگاه برسد. گرچه کار آسانی نبود

ولی حاملگی را بهانه کردم و به اروند گفتم خجالت می‌کشم هر روز به خاطر حال به‌هم‌خوردگی از کلاس بیرون بروم. لیزا خوشحال بود و می‌گفت همان جا برایم معلم خصوصی خواهد گرفت.
اردوان زند مرتب زنگ می‌زد. اروند می‌گفت: «این آقا لابد چاه نفت داره که این همه از ایران زنگ می‌زنه». اردوان شاید تنها کسی بود که طولانی با من صحبت می‌کرد.
صدرا هر دو هفته یک بار زنگ می‌زد. وقت‌هایی که سفر بود این مدت طولانی‌تر هم می‌شد. در اصل او اهل تلفن نبود. خودم به مامان هفته‌ای یک بار زنگ می‌زدم. شکمم بیرون زده بود و حالم روز به روز بدتر می‌شد. حال به هم خوردگی‌ام پایانی نداشت. با لیزا به دکتر زنان رفتیم. دکتر گفت من دچار نوعی افسردگی شده‌ام که در بعضی از زنان به دلیل حاملگی عارض می‌شود. از من پرسید آیا در فرانسه خوشحال هستم و من گفتم نه. بعد او گفت بهتر است برای مدتی از فرانسه دور شوم. همه می‌خندیدند که من در فرانسه دچار افسردگی شده باشم. به ادیب زنگ زدم و از رفتار جعفر کیان گفتم. عصبانی شده بود که چرا سراغ او رفته‌ام. یادآوری کرد مگر نگفته بود تا رسیدم به دنبال دوستانم نباشم. توضیح دادم که همه‌ی اتفاقات تصادفی رخ دادند و در نامه برایش مفصل خواهم نوشت. از حالم گفتم و از این‌که باید برای مدتی از فرانسه دور شوم. او هم خندید ولی در عین حال پیشنهاد کرد بروم وین پیش پدر و مادر او.
پدر و مادر ادیب در فرودگاه وین منتظرم بودند. پیراهن بسیار گشادی به تن داشتم به رنگ سبز صدری که مدل ژوزفینی بود و قسمت جلوی سینه‌اش را با رنگ‌های شاد خودم گلدوزی کرده بودم. مادرش جلیقه‌ای را به تن داشت که من برایش بافته بودم. هر دو مرا سخت در آغوش گرفتند. مادرش به جلیقه اشاره کرد و پرسید:

- شما اینو بافتی دخترم؟
- بله. از کجا می‌دونید؟
- خیالت راحت. ادیب چیزی در این مورد نگفته. ولی وقتی زنگ زد که بگه تو داری میای این‌جا فهمیدم که تمام این هدایای قشنگ که به دستم می‌رسه کار یک خانم تمام‌عیاره. می‌دونی ادیب هیچ وقت در مورد هیچ خانمی با ما این طوری خصوصی حرف نزده. وقتی از دور می‌آمدی از آراستگی لباس و طرز راه رفتنت به خردمند نشونت دادم و گفتم: «اون خانمه».

نمی‌دانستم چرا از شکمم خجالت می‌کشیدم. با پدر و مادر ادیب به یک آپارتمان کوچک رفتیم. آپارتمانی که بسیار باسلیقه تزئین شده بود. عطر زعفران ته‌چین آپارتمان را پر کرده بود. ناهار خوردیم و به راستی معلوم بود آن‌ها تا چه اندازه خودداری کرده بودند که تا آن لحظه سراغی از ادیب نگرفته بودند. هر دو تشنه‌ی دانستن درباره‌ی او بودند. وقتی فهمیدند من در هر فرصتی برای ادیب غذا می‌بردم اشک از چشم‌هایشان‌جاری شد. گفتم که ادیب معتقد است بعد از مادرش دست‌پخت من از همه بهتر است. مادر بلند شد و سر مرا بوسید و گفت از این به بعد با خیال راحت غذا می‌خورد. در یک هتل کوچک نزدیک به منزل خودشان برای من اتاقی گرفته بودند. با هم پیاده تا آن‌جا رفتیم و قرار شد که طرف‌های عصر به دنبالم بیایند تا شهر را به من نشان بدهند. بعد از مدت‌ها خواب راحتی کردم. بیدار که شدم دوش گرفتم و آماده منتظر آن‌ها نشستم. خانم خردمند به بیماری ام اس مبتلا بود و خیلی توان پیاده‌روی نداشت. به‌طور معمول او را در کافه‌ای می‌گذاشتیم و من با آقای خردمند در همان اطراف کافه قدم می‌زدیم. مرد گرم و محترمی بود. شاعر بود و انبار انبار شعر حفظ بود که برای من می‌خواند. گفتم من در غربت ماندنی نخواهم بود و تصمیم به بازگشت گرفته‌ام. آن‌ها هم مثل تمام کسانی که این خبر را شنیدند از من خواستند در فرانسه بمانم تا بچه به دنیا بیاید و شناسنامه‌ی فرانسوی داشته باشد ولی من گفتم بیش از این طاقت ندارم. پس با هم به خرید سوغاتی برای ادیب رفتیم. برای خرید هر تکه لباس از من سوال می‌کردند که آیا اندازه‌ی درستی را انتخاب کرده‌اند یا خیر و من با خجالت تأیید و یا تکذیب می‌کردم. مادر ادیب برایم تعریف کرد مدتی قبل خانمی از دوستان ادیب به آن‌ها سر زده است. بی‌درنگ هم توضیح داد که ادیب هیچ نقشی در این دیدار نداشته. خانم از دفتر راهنمای تلفن شماره‌شان را پیدا کرده و به اصرار با آن‌ها قرار گذاشته بود. مادرش گفت آن زن خیلی شلخته بود. از آن‌هایی که فقط با ظاهرشان می‌خواهند بگویند چپ هستند. پیراهن مردانه پوشیده بود که روی دامن مشکی گشادش افتاده بود. با کفش‌های سیاه و جوراب سه‌ربع مشکی. خیلی به او برخورده بود که این زن چطور با چنین ظاهری به دیدن آن‌ها رفته و متعجب از این‌که چطور پسرشان با چنین زنی رفت و آمد داشته است؟ گفت از حرف‌های آن خانم دستگیرش شده بود که ایشان ادیب را دوست دارند. از مشخصاتی که داد فهمیدم او همان زنی‌ست که شب‌ها منتظر ادیب در حیاط دانشکده قدم می‌زد و برای مدتی خانه‌ی ادیب در اختیارش بود و یک بار جواب تلفن مرا داد.

ادیب گفته بود که او زن سمجی‌ست که رهایش نمی‌کند. یک هفته‌ی کامل با آن‌ها بودم. با خانم خردمند از درست کردن مربا و شیرینی حرف می‌زدیم و وقتی آقای خردمند بعد از خواب قیلوله‌اش به ما ملحق می‌شد صحبت از شعر و طنز و ادبیات کهن به میان می‌آمد که خانم خردمند هیچ کم نداشت از همسرش. آن‌ها زمان مشخصی جهت پیاده‌روی برای من در نظر گرفته بودند. سرانجام روز خداحافظی رسید. در فرودگاه مادر ادیب از آغوش من جدا نمی‌شد. ما سخت هم‌دیگر را در آغوش گرفته بودیم. دلم برای این پدر و مادر خیلی می‌سوخت که از دیدار تنها فرزندشان محروم بودند. آن هم در حالی که هر دو با بیماری‌های جدی دست به گریبان بودند. درست بود که آن‌ها در جای امنی بودند ولی پسرشان چطور؟ سرانجام پلیس فرودگاه مجبور به دخالت شد و با تذکر این‌که پرواز را از دست خواهم داد ما را از هم جدا کرد. وقتی از آن‌ها دور می‌شدم آقای خردمند با صدای بلند گفت:

- شانی جان. از پسر ما خوب مراقبت کن.

با بغض و گریه سرم را تکان دادم.

ایران از همه نظر سال سختی را پشت سر گذاشته بود. حمله‌های زمینی و هوایی عراق به شهرهای جنوبی، بمب‌گذاری‌های مختلف در تهران، بگیر و ببندها و خبرهایی که از این طرف و آن طرف درباره‌ی اعدام‌ها بود مردم را نگران کرده بود. به خصوص خارج از کشوری‌ها را که در بطن ماجراها نبودند و فقط اخبار ناگوار به آن‌ها می‌رسید. دستگیری‌های رژیم دیگر از سلطنت‌طلب‌ها و مجاهدین فراتر رفته بود و به چپ‌ها رسیده بود. من نگران خیلی‌ها بودم و از همه مهم‌تر ارس. بعد از سفر به وین نامه‌ی مفصلی برای ادیب فرستادم و تمام ماجرای جعفر را برایش نوشتم. تصمیم گرفتم دو سه روزی در پاریس بمانم تا هم قدری بگردم و هم خرید کنم. در یک هتل نزدیک به منزل محسن و مریم اتاقی گرفتم. خوشبختانه محسن کلاس نداشت و بچه‌هایی که مریم از آن‌ها نگهداری می‌کرد هم به سفر رفته بودند. با محسن و مریم و فرزند کوچک‌شان در شهر می‌گشتیم. وقتی بچه‌ی آن‌ها خسته می‌شد یا محسن و یا مریم به منزل برمی‌گشتند و من با دیگری به خرید می‌رفتم. محسن خیلی دوست داشت همراه من باشد چون معتقد بود من بی‌جهت در فروشگاه‌ها وقت تلف نمی‌کنم و به قدری راحت خرید می‌کنم که او وقت نمی‌کند در فروشگاه‌ها حتی سری به قسمت مردانه و یا الکترونیک بزند. همیشه هم غذای مختصری با هم می‌خوردیم و خوش بودیم. خیلی تلاش می‌کردند بهترین سفره را جلوی من بگذارند.

یک روز وقتی همه با هم از مترو بیرون می‌آمدیم محسن و مریم که دو طرف کالسکه‌ی دخترشان را گرفته بودند، زودتر از من از پله‌ها بالا رفتند. من دیگر سنگین شده بودم و شکمم جلو آمده بود. از هیکل خودم بدم می‌آمد گرچه مادر ادیب گفته بود زن وقتی باردار است از همیشه زیباتر است. مرتب خودم را جلوی آیینه و ویترین‌های مغازه‌ها نگاه می‌کردم و هر بار بیش‌تر از قبل از هیکل خودم ناامید می‌شدم. چرا هیچ‌وقت اوا گاردنر در فیلمی حامله نشده بود تا من ببینم چه شکلی می‌شوم! البته این حس قشنگی بود که موجودی داشت در من رشد می‌کرد و بزرگ می‌شد. هنوز پا روی پله‌ی اول نگذاشته بودم که احساس کردم ناگهان کیفم روی شانه‌ام سنگینی کرد. تا برگشتم دیدم دست یک جوان داخل کیفم است. بلافاصله چرخیدم و سیلی محکمی به گوش آن پسر زدم. وقتی برگشتم متوجه شدم سه نفر هستند. پسری که سیلی خورده بود به من حمله کرد و شروع کرد به کتک زدن من. یک دستم روی شکمم بود و با دست دیگرم تلاش می‌کردم جلوی حمله‌های وحشیانه‌ی او را بگیرم. در عین حال فریاد می‌کشیدم و محسن را صدا می‌کردم. سخت بود که آن‌ها صدای مرا بشنوند چون در خیابان بودند و من در زیرزمین ایستگاه مترو بودم. تأخیر من آن‌ها را نگران کرده بود و مریم به سراغم آمد. آن پسر وحشی شده بود و مرا به باد کتک گرفته بود. مریم منظره را که دید از همان بالای پله‌ها فریاد کشید و محسن را هم صدا کرد. دو تا پسر دیگر پسر مهاجم را می‌کشیدند تا از من دورش کنند. مریم هم با کیف چپ و راست به سر پسرک می‌زد. چند نفری رسیدند و پسرها پا به فرار گذاشتند. احساس می‌کردم تمام صورتم ورم کرده است. بازوهایم داغ شده بودند. مریم شیر دخترش را خالی کرد داخل دهان من. یک خانم و یک آقای مسن کمکم کردند تا از پله‌ها بالا رفتم. محسن خیلی ناراحت شده بود و به خودشان بد و بی‌راه می‌گفت که چرا مرا تنها گذاشتند و با تعجب گفت:

- باور نکردنیه. توی این پنج ماه تو اون قدر ماجرا داشتی که من توی این پنج سال که این‌جا هستم نداشتم.
- شاید این‌ها همه نشانه است. شاید به من می‌گن که برگردم.

مریم می‌گفت این طور نیست و من باید طاقت بیاورم. او دختر قوی‌ای بود که مرا خیلی به یاد سوری می‌انداخت. از پاریس بدم آمده بود و می‌خواستم هر چه زودتر برگردم. به اروند چیزی نگفتم ولی برای لیزا تمام ماجرا را تعریف کردم. اروند اصرار داشت من بمانم.

در مجموع او به سلامتی من توجهی نداشت. وقتی تلفنی با دکتر سهرابی صحبت کردم او هم عقیده داشت من بمانم پاریس تا بچه به دنیا بیاید. گفت که شیر و خیلی از مواد خوراکی کوپنی شده‌اند و مردم در صف‌های طویل می‌ایستند. گفتم: «برایم مهم نیست. من هم یکی مثل بقیه».

چند هفته‌ای طول کشید تا نامه‌ی ادیب به دستم رسید. نامه برایم دنیایی ارزش داشت. نوشته بود: «... بدرفتاری‌هایی که تعریف کرده‌ای (و خوشحالم که تعریف کرده‌ای و ته دلت تلنبار نکرده‌ای) هر آدمی را از پا درمی‌آورد. خیلی خیلی متاسفم، و بیش‌تر از متاسف کلمه‌ای ندارم وگرنه می‌نوشتم. حق داری کلافه باشی. حق داری متنفر باشی. و کاش بیش‌تر بیرون می‌ریختی و کم‌تر علیه خودت خرابش می کردی سر خودت. ... با همه‌ی این‌ها و هم‌چنان که پای تلفن آخرت (بی‌خبر از ماجرا) گفتم حادثه فقط حادثه‌ست. بی‌اهمیته، مگر که بهش دامن بزنی و بهانه‌اش کنی و پشتش قایم بشی. و فکر می کنم مال هر شهر غریبه‌ست. فقط دارم یادآوری می کنم که مال شهره. انگار ورای آدم‌ها و بدی آدم‌ها با غریبگی شهره که روبه‌رویی. رام می‌شه، مطمئن باش... ولی هر وقت دلتنگ شدی ول کن و برگرد».

نظرهای بقیه به جز مامان که می‌خواست من هر چه زودتر برگردم این بود که بمانم تا بچه در فرانسه به دنیا بیاید و صاحب پاسپورت فرانسوی شود. من هیچ به پاسپورت فرانسوی اهمیت نمی‌دادم. درست برعکس، دلم می‌خواست بچه‌ام پاسپورت ایرانی داشته باشد. عبدی هم در مکالمه‌ای تلفنی گفت وضع صدرا خوب است. گفت که او را در یکی از بنادر جنوبی دیده و آن طرف‌ها خیلی راحت می‌شود زنی را پیدا کرد و مدتی با او بود. او هم خواست من زودتر برگردم. این حرف عبدی مرا خیلی ناراحت کرد.

صدرا آن روزها در شرکت شریک تازه‌ای پیدا کرده بود که خیلی آدم صالحی نبود و در همان بندر جنوبی زندگی می‌کرد. هر کاری از او برمی‌آمد. آن‌ها چند برادر بودند که مشکلات و قراردادهای کاری‌شان را پای منقل تریاک با **آقایان** حل و فصل می‌کردند. برای من تریاک کشیدن حرکتی بسیار ناشایست و ناخوشایند بود. صدرا نه مشروب می‌خورد و نه سیگار می‌کشید چه برسد به این‌که تریاک بکشد. به این ایمان داشتم. ولی بارها با او دعوا داشتم چرا که دیر به خانه می‌آمد و لباس‌هایش بوی مشمئزکننده‌ی تریاک می‌داد. می‌خواستم لباس‌هایش را بیرون دربیاورد و با بوی تریاک قدم به خانه نگذارد ولی آیا این شریک برایش زن محلی هم می‌آورد؟ و او؟ آیا رد کرده بود؟

شاید برای صدرا راحت‌تر بود با چنین زنی باشد. شاید برای آن زن بیچاره هم صدرا مرد آرام و بی‌آزاری بود. ولی صدرا آدمی بود پای‌بند به اخلاق و نمی‌توانست در جایی یک نشانده داشته باشد. هر چه بود عبدی فکر مرا مسموم کرده بود. آیا اصرار صدرا برای ماندن من در فرانسه به همین دلیل نبود؟ راحت با این شریک باشد و مشکل رخت‌خوابش هم به همین شکل حل شود. تصمیم گرفتم مدتی به خودم مهلت بدهم. تا این‌که یک شب وقتی همگی پای تلویزیون نشسته بودیم احساس کردم نمی‌توانم پاهایم را تکان بدهم. آهسته به اروند گفتم انگار فلج شده‌ام و نمی‌توانم از جای خود بلند شوم. با خنده گفت:

- خب بلند نشو. همون جا بشین.
- نه شوخی نمی‌کنم. پاهام یخ بسته. خشک خشک شده.

فکر می‌کنم صورتم مثل برف سفید شده بود. چون وقتی اروند به طرفم برگشت ترسید و بی‌درنگ لیزا را صدا زد. بعد رعشه‌ی خفیفی به تن من افتاد. اروند بلافاصله به دکتری در شهر مجاور زنگ زد و بعد بخاری را روشن کرد و لیزا چند تا پتو روی پاهایم انداخت. دکتر نیم ساعت بعد آن‌جا بود. بعد از معاینه گفت من سالم هستم. هوا سرد شده بود و بدن من هنوز آمادگی پذیرش سرمای نرماندی را نداشت. به اروند یادآوری کرد مامان هم هر وقت در فصل سرما فرانسه بوده همین مشکل را داشته است. آمپولی تزریق کرد و رفت. سه ربع ساعتی گذشت تا من بتوانم سر پاهایم بایستم. نگران بچه‌ای بودم که با این همه اضطراب و اتفاقات گوناگون داشت در وجود من بزرگ و بزرگ‌تر می‌شد. روز بعد با لیزا برای اطمینان بیش‌تر پیش دکتر زنان رفتیم. خوشبختانه حال بچه خوب و طبیعی بود. ولی من دیگر مصمم شده بودم به ایران برگردم.

بازگشت من به تهران با چنین وضعیتی تغییری در مسافرت‌های صدرا پدید نیاورد. حتی یک هفته هم در تهران نماند و دوباره به سفر رفت. صدرا عوض شده بود و دیگر آن انسان سابق نبود. مامان مرتب شکایت می‌کرد اگر نصف شبی اتفاقی برای من بیفتد او که نمی‌تواند مرا به بیمارستان برساند. ولی صدرا هر بار می‌گفت برای یک هفته می‌رود و هر بار این یک هفته، سه هفته تا یک ماه طول می‌کشید. چند باری به دیدن ادیب رفتم. از ظاهرم خجالت می‌کشیدم ولی او هم مثل مادرش معتقد بود یکی از زیباترین دوره‌های زندگی یک زن زمان حاملگی اوست. در ادیب هم تغییری به وجود آمده بود که نمی‌فهمیدم چیست. حاملگی من نبود. اتفاقی که با جعفر افتاده بود، و یا مسأله‌ی دیگری؟ وقتی سوال کردم گفت که از من رنجیده ولی نگفت به چه دلیل.

او مسأله را باز نکرد و من هم به تنهایی خودم خزیدم.
زایمان وحشتناکی بود. بچه با سهل‌انگاری دکتر داشت از بین می‌رفت. سه شبانه‌روز درد کشیدم و روی زمین به دور خودم پیچیدم. هر بار که در پی درد توان‌فرسا به بیمارستان می‌رفتیم ما را به منزل می‌فرستادند که هنوز وقتش نیست. بار آخر در راهرو صدرا با صحنه‌ای روبه‌رو می‌شود، مردی به سر خودش می‌زده و سر دکتر فریاد می‌کشیده که بچه‌اش را دکتر کشته. صدرا هم با تهدید از دکتر می‌خواهد هر چه زودتر من را سزارین کند. شنیدم که پرستارها می‌گفتند بچه دارد خفه می‌شود.
بعد از درد فراوان، من صاحب یک دختر سالم و خوشگل شدم. دختری با دو چشم درشت سیاه که از همان ابتدا باز بود و به همه جا نگاه می‌کرد. من همان جا عاشق آن دو چشم شدم. دو روز بعد از این‌که به خانه آمده بودم مامان تلفن را برایم آوردند و گفتند آقای خردمند هستند. به سختی با او صحبت کردم. تولد بچه را تبریک گفت و حالم را پرسید و همین. تا دو ماه بعد از زایمان درد داشتم و خیلی نمی‌توانستم راه بروم. متاسفانه شیر هم نداشتم و بعد از سه روز شیر قطع شد. مامان دیگر اجازه نداد من به منزل‌مان بروم و به اصرار، با توجه به این‌که منزل ما آفتاب نداشت، و صدرا تمام مدت سفر بود ما را در منزل خودش نگه داشت. هر ماه پدر و مادر ادیب بسته‌ای شامل لباس‌های قشنگ و شکلات برای دختر کوچولوی من می‌فرستادند.
تمام روز در خانه بودم و سرگرم دختر کوچولویم. شکایت‌های مامان روز به روز در مورد غیبت صدرا بیش‌تر می‌شد ولی من راحت بودم. البته راحت‌تر بودم اگر برمی‌گشتم به خانه‌ی خودم ولی مامان اجازه نمی‌داد. در این مدت اردوان زند یکی دو بار به دیدنم آمد. هر بار با سبد گلی زیبا و چند جلد کتاب. مامان خیلی خوشش نمی‌آمد. من هم از او خواستم به من وقت بدهد تا راه بیفتم و خودم به کتابفروشی سر خواهم زد. یک روز که مامان نبودند آقای آزاد به دیدنم آمد. دخترم خواب بود. در آشپزخانه نشستیم و با هم حرف زدیم. از اتفاقات فرانسه برایش گفتم. متعجب بود که چرا از ادیب خبر ندارم. موقع خداحافظی ناگهان به من حمله‌ور شد. دلیل این رفتار را نمی‌فهمیدم. این خشونت در چنین موقعیتی چه معنایی داشت؟ او با مهربانی به من نزدیک نشد، برعکس با حالتی مهاجم به من حمله کرد. درست مثل جعفر و نمی‌فهمید چه می‌کند. او را به شدت از خودم راندم و گویی تمام دوستی چندساله در همان دیدار به پایان رسید. دقایقی قبل او بود که از رفتار کیان به شدت ناراحت شده بود و می‌گفت:

«چرا باید تمام زنان ما چنین لحظه‌هایی را تجربه کنند؟». به کجا برم شکایت به که گویم این حکایت؟ دفتر آقای آزاد هم برای همیشه بسته شد. دیگر تنها دکتر سهرابی بود که هر روز زنگ می‌زد و حالم را می‌پرسید. در تمام مدتی هم که در فرانسه بودم فقط از او به‌طور مرتب نامه به‌دستم می‌رسید:

«آوای خوش رنگین اِهلی که از - عرش می‌شنیدم — اینک در دیاری دیگر به‌گوش‌ها می‌رسد و من اما: چشم‌ها تهی مانده‌تر از گوش‌ها».

«تو خوبی؟ جا افتاده‌ای؟ *Installee* شدی؟ هر چه خوشی و موفقیت است برای تو آرزو دارم و تو سزاوار آن هستی».

«بر شاد کردن و شاد شدن قیمتی نمی‌توان گذاشت و تو به راستی قدرت شاد کردن داری. حتی با چند خط کوتاه».

«گیرم که دشواری‌هاست که نوشتی ولی فعلاً چه تو خواسته باشی یا به‌خواست معلم عزیز و محترمت اقدام به این کار کرده باشی در آن‌جا هستی و مطالعه‌ات را شروع کردی و می‌دانم که مشتاق آموختن و دانستن هستی. درست است که دانش خود به‌خودی به انسان والایی و افتخار می‌بخشد ولی هرگز از تو نشنیده بودم که بخواهی به دکترا تفاخر کنی. راست است که علم و هنر خود به‌خود بزرگواری و سرافرازی می‌بخشد ولی هرگز از تو نشنیده بودم که بخواهی سر را بالاتر بگیری و مغرور شوی. چرا علم بیشتر تو را از مردمت جدا کند؟

نه عزیزتر از جان و گرامی‌تر از چشمانم نه. تو در پایان درس‌هایت برگرد و اگر خواستی (یا ناچار شدی) با جگرگوشه‌ات به صف شیر برو و عجله نکن؛ **این صف تمام‌شدنی نیست**».

«دیروز نامه‌ات رسید. چقدر منتظرش بودم. خواندم و لذت بردم. صداقت گسترده و روشنش و بی‌ریایی صاف و بی‌موج و حبابش صاحب‌دل آشنا را به ستوه می‌آورد و وامی‌داردش که خالصانه به‌زانو درآید و با صفای دل بر پایش بوسه زند. آه که تو چقدر خوب و چقدر عزیزی.

چه سود بر افسوس که این‌چنین دیر تو را دیدم و شناختم و چه می‌شد اگر این چند سالی زودتر می‌بود».

«سلام شانی

مادر به من تلفن کردند و خواستند که جزوه‌ای در مورد راهنمایی زنان باردار برایشان فراهم کنم تا برای تو بفرستند».

«او یا با یک خودکار[۳۲] چند پشیزی دارد به یاد من می‌افتد و مرا در دست‌های قشنگ خود می‌بیند، راستی اگر به زیرپای خود نگاه کند و آن خودکار

شگفت‌انگیز آفرینش را (که با خود برد) ببیند پس چه؟ یا....
«الان روبروی منی. همین لحظه از فکرم گذشت و فکرم را می‌نویسم: مونالیزای من هنوز لبخند نزده متبسم است. از داوینچی خوش‌ترم، نه؟ پرده غنچه می‌درد خنده‌ی دل گشای او»
خوب می‌دانستم که او هم به من نظر دارد. شکمم هنوز درد شدیدی داشت. شاید اگر از ابتدا سزارین می‌کردند این همه آزار نمی‌کشیدم ولی تمام امعاء و احشاء شکمم آزار دیده بود و درد می‌کشیدم. ماما کمک خیلی بزرگی بود. روابط من هم بسیار محدود شده بود. دوستان یا فامیل صدرا با رعایت ماما به من سر می‌زدند. صدرا خیالش راحت بود من تنها نیستم. گویی من با مادرم ازدواج کرده بودم.
حملات هوایی عراق به شهرها شروع شده بود. اغلب نیمه‌شب‌ها. با اولین صدای آژیر به اتفاق همسایه‌ها به پارکینگ منزل ماما پناه می‌بردیم. من دخترم را زیر شکمم می‌گرفتم. ماما همسایه دیواربه‌دیواری داشت که یک خانم آلمانی بود و شوهر ایرانی داشت. او روز بعد از زایمان من پسری به دنیا آورد. زن بیچاره خیلی اذیت می‌شد. شاید از همه بیش‌تر می‌ترسید. آلمانی‌ها تصور وحشتناکی از جنگ دارند. آن‌ها جنگ را به مراتب شدیدتر از ما تجربه کرده‌اند. به‌طوری که حتی نسل‌های جوان‌شان هم به شدت از جنگ می‌ترسند و ضدجنگ هستند. لیزا چون آلمانی درس می‌داد دوستان آلمانی زیادی داشت که در دوران اقامت من در فرانسه، هم‌زمان با جنگ ایران و عراق، با آن‌ها صحبت جنگ می‌شد و من با حس و حال آن‌ها آشنا بودم. خانم آلمانی طاقت نیاورد و با خانواده به آلمان برگشتند. حمله‌ها که شدید شده بود شب‌ها من و ماما و دخترم سوار ماشین می‌شدیم و من به سمت فیروزکوه می‌راندم. شب را می‌ماندیم و صبح برمی‌گشتیم. ماما می‌گفت شانی دیگر با چشم بسته هم می‌تواند تا فیروزکوه براند.
من دیگر به‌طور کامل در آپارتمان ماما زندگی می‌کردم. بیچاره ماما همان اوایل انقلاب از ترس شایعات مجبور شد خانه‌ی دو طبقه‌اش را ـ یک طبقه‌ی آن محل درآمد اضافی بود ـ بفروشد و به آپارتمان کوچکی نقل مکان کند. در هر فرصتی هم گریه و زاری می‌کرد که چرا از ترس فلان آیت‌الله ارثیه‌ی ما فرزندانش را به باد داده. خانه‌ی کوچک ما خالی بود و صدرا در یکی از سفرهایش به تهران به من اطلاع داد خلیل گه‌گاه ممکن است به منزل ما برود و آن‌جا بخوابد. دلیلش را هم طبق معمول نگفت و من نمی‌فهمیدم

چرا او باید به خانه‌ی ما برود. رفته‌رفته من متوجه شدم این گه‌گاه به همیشه تبدیل شده است. متاسفانه خیلی زود دریافتم خانه پاتوق او و سه چهار نفر دوست بی‌کار، بی‌عار و معتاد شده بود. ولی مگر می‌شد این را به کسی گفت؟ یک بار وسط روز رفتم منزلم تا کتابی از آن‌جا بردارم. کلید انداختم ولی در از پشت قفل اضافی داشت که آن را چفت کرده بودند. هر چه کلون و زنگ در را زدم کسی در را باز نکرد. مرد همسایه بیرون آمد و گفت چند نفر در منزل هستند و خود او آن‌ها را دیده است. عصبانی شده بودم و با مشت به در می‌کوبیدم. از لای جانامه‌ای به داخل نگاه کردم و همگی آن‌ها را در راهرو دیدم که سر پا ایستاده بودند و منتظر بودند تا من خسته شوم و بروم. منقل کوچکی هم وسط راهرو بود. به خانه‌ی مامان برگشتم ولی چیزی به او نگفتم. واویلا می‌شد و حق هم داشت. آن‌جا منزل من بود. هنوز زندگی من آن‌جا بود. تمام وسایلم، کتاب‌هایم، یادداشت‌ها، یادگاری‌های مختلف از سفرها، عکس‌ها، لباس‌ها حتی لباس‌های زیرم هنوز آن‌جا بودند. با عصبانیت به صدرا زنگ زدم و گفتم آن خانه هر چه زودتر باید تخلیه شود. خیلی عصبی گفتم من فقط یک ساعت وقت می‌دهم. تمام کلیدها را هم بگذارند در خانه و بروند. مامان ماجرا را شنید. سری تکان داد و صحبتی نکرد. دو ساعت بعد در منزلم بودم. از صدرا هم که از قضا در تهران بود خواستم بی‌درنگ به منزل بیاید. خانه خالی بود. بوی مشمئزکننده‌ی تریاک و سیگار به داخل دیوارها رخنه کرده بود. من از این خانه هزار خاطره داشتم و آن را به زیباترین شکل آراسته بودم. اول به اتاق خوابم رفتم. بوی نامطبوع همه جا بود. آن‌ها روی تخت‌خواب من خوابیده بودند. قسمت بالای تخت‌خواب از چندین جا سوخته بود. درست مثل این‌که سیگار به دست و دست در بالای سر به چرت رفته بودند و سیگار تخت‌خواب را سوزانده بود؛ تخت‌خوابی را که من با وسواس فراوان از یحیی خان، نجار ماهر خواسته بودم تا برایم بسازد. روتختی و پتو پر از لکه‌های سوختگی بود. وقتی پتو را کنار زدم چشمم به ملافه‌ای افتاد که با سلیقه‌ی تمام از فرانسه خریده بودم. از دیدن ملافه حالم بد شد. ملافه‌ی صورتی، رنگ قهوه‌ای به خودش گرفته بود. مطمئن شدم مدت درازی بوده که از آن خانه استفاده می‌کردند. از صدرا بدم آمده بود. چطور توانسته بود اجازه بدهد مردان غریبه در تخت‌خواب زنش بخوابند؟ پس غیرت مردانه‌اش فقط در موارد به خصوصی کار می‌کرد؟ موکت سبز خوش‌رنگ پر از جاهای سوختگی بود. ظن به یقین جای آتش ذغال بود که به این طرف و آن طرف پرتاب شده بود. به سراغ قاشق و چنگال نقره‌ای رفتم

که مامان برایم گرفته بود. خوشبختانه سر جایش بود. یک چمدان کوچک داشتم و هر چیزی را که برایم باارزش بود داخل چمدان گذاشتم. عصبانیتم خیلی زود به گریه‌ای هیستریک تبدیل شد. برای جمع کردن دیر بود. چمدان را هل دادم زیر تخت‌خواب. در تمام مدت سر پا ایستاده بودم. دلم نمی‌خواست لباس‌م به جایی بخورد. در همین حال صدرا رسید. اول از همه او را به اتاق خواب بردم و ملافه را نشانش دادم. فوری ملافه را کشید و آن را به داخل وان حمام انداخت و آب و صابون ریخت رویش. با عصبانیت اعتراض کردم و گفتم آیا فکر می‌کند من دیگر روی آن ملافه می‌خوابم یا آن پتو را به رویم می‌کشم؟ گریه می‌کردم و داد می‌زدم و یکسره می‌گفتم: «ببین چه به سر زندگی من آوردن. تو به یک مشت معتاد اجازه دادی بیان توی خونه‌ات بساط راه بیاندازن. انقدر با تریاکی‌ها دم‌خور شدی که چنین صحنه‌هایی برات قبح خودش را از دست داده. من هنوز لباس زیرهام توی این کشوهاست. تو چی به سر زندگی من آوردی؟». می‌دانستم صدرا خودش مخالف چنین رفتارهایی بود ولی وقتی پای دوست به میان می‌آمد کلیه‌ی ضوابط و روابط را زیر پا می‌گذاشت. ناراحت بود ولی کوتاه هم نمی‌آمد و مرتب تکرار می‌کرد: «حالا مگه چی شده؟ خب می‌شوریم‌شون». همه‌ی این ماجراها مرا افسرده کرد. صدرا چند روزی بود و بعد به سفر رفت و این بار به تلافی بیرون کردن خلیل از منزل ماه‌ها برنگشت. دختر کوچولوی من بزرگ می‌شد و تنها موجودی بود که می‌توانست خنده به لب‌های من بیاورد. مامان به‌طور مرتب گله و شکایت می‌کرد این چه وضعی‌ست. حداقل صدرا باید بیاید و تکلیف زن و بچه‌اش را معلوم کند. بیچاره نگران من بود. من مرتب به یاد حرف عبدی بودم. مامان پیشنهاد داد من برای خودم کاری پیدا کنم و به همه جا هم سپرد. سرانجام صدرا بعد از شش ماه برگشت. مامان به محل کارش رفت و از او خواست تکلیف ما را معلوم کند. به او گفته بود چطور می‌تواند اسم پدر را روی خودش بگذارد در حالی که یک بچه‌ی یک ساله دارد که شش ماه است او را ندیده؟ از او پرسیده بوده آیا در خط مقدم جبهه است؟ در این صورت باید مرخصی بیش‌تری داشته باشد. این‌ها را دیگر با صدای بلند ادا کرده بود و تمام کارمندان و شرکاء همه‌ی حرف‌های او را شنیده بودند. نتیجه این شد که صدرا برگشت. عذرخواهی کرد ولی باز همان آش بود و همان کاسه. در تمام این مدت من ادیب را در دیدارهای چند دقیقه‌ای می‌دیدم که اجاره‌ی خانه را برایش می‌بردم. گاه با صدرا و دخترم تابان به سراغش می‌رفتیم. اگر تنها می‌رفتم داخل آپارتمان نمی‌شدم. او هم منزلش را عوض کرده بود.

از خانه‌ی بزرگ پدری درآمده بود و به آپارتمان نقلی‌ای در حوالی یوسف‌آباد رفته بود. یک بار گفته بود من با بقیه متفاوت هستم چون پیله نمی‌کنم. الان هم به‌رغم میل باطنی‌ام نمی‌خواستم به او پیله کنم. او نمی‌خواست بگوید چرا رنجیده و من هم نمی‌خواستم بپرسم. ولی به شدت از او عصبانی بودم. این من بودم که آزار دیده بودم. این من بودم که تنها بودم و او از نحوه‌ی پرداخت اجاره‌بها خیلی خوب این را می‌دانست. آخر از چه رنجیده بود؟ یک بار به من گفت من از گله‌هایم پرونده درست می‌کنم و آن‌ها را زیر بغلم می‌گذارم به جای آن‌که درباره‌ی آن‌ها حرف بزنم ولی حالا این او بود که این کار را می‌کرد. من هم خسته بودم و دیگر حوصله نداشتم. من در رابطه با همه خودم را فراموش کرده بودم. برای مامان نقش بازی می‌کردم که از نبودن صدرا ناراضی نیستم چون دارد کار می‌کند و آیا بهتر بود که کار نمی‌کرد؟ به صدرا خرده نمی‌گرفتم که تمام مدت ما را تنها می‌گذارد و معلوم نیست به دنبال چه کاری‌ست! گرچه هشدارها و شکایت‌ها از مامان گذشته بود و خواهران صدرا هم به من می‌گفتند چرا به دنبالش نمی‌روم تا ببینم کجاست و چه می‌کند! برایم اهمیتی نداشت. از پدر صدرا گله نمی‌کردم که حتی در مورد آراستن خانه‌ام هم باید نظر ایشان را جویا می‌شدم. من بچه‌ام را داشتم و همین برایم دنیایی بود. واقعیت این بود که من از سفرهای صدرا خوشحال بودم. او را کامل به حال خودش گذاشته بودم. گاهی بهانه‌گیری می‌کردم و دنبال دلیلی برای جدایی می‌گشتم ولی صدرا به‌رغم همه‌ی این دوری‌ها عاشق من بود و به این راحتی‌ها جدا نمی‌شد. تابان روز به روز بزرگ‌تر و شیرین‌تر می‌شد. با هم در خانه بازی می‌کردیم. در خیابان‌ها گردش می‌کردیم و شب‌ها دو تایی در بغل هم می‌خوابیدیم. دیگر وقتش بود او را به مهد کودک بفرستم. این طوری من هم می‌توانستم به دنبال کاری بگردم.

لیزا و شهرو لباس‌های خیلی قشنگی برای تابان می‌فرستادند. درست می‌شد مثل یک عروسک. موهای مشکی فرفری‌اش را به شکل‌های مختلف درست می‌کردم و به مهد کودک می‌بردمش. هر روز وقت برگشت به خانه از جلوی سینما تخت جمشید رد می‌شدیم. خانم فروشنده‌ی بلیت سینما بلند می‌شد و از پشت شیشه سرک می‌کشید و با خنده می‌پرسید:

-   می‌خوام ببینم دختر خوشگلت رو امروز چطوری درست کردی.

با رفتن تابان به مهد کودک من هم از طریق داماد یکی از دوستان مامان در یک شرکت معتبر واردکننده‌ی دارو و لوازم اتاق عمل کاری پیدا کردم.

مصاحبه‌ی جالبی با مدیران شرکت داشتم. من هرگز کار منشی‌گری را دوست نداشتم چون نه تایپ کردن بلد بودم و نه از تلکس و فاکس سر درمی‌آوردم. آن‌ها طبق سفارش می‌خواستند مرا استخدام کنند و بیچاره‌ها نمی‌دانستند چه شغلی به من بدهند. من با سه زبان آشنایی داشتم: ژاپنی، انگلیسی و فرانسه. تحصیلات دانشگاهی خوبی داشتم که به هیچ کار آن شرکت نمی‌آمد ولی آن‌ها مرا استخدام کردند. متوجه شدم منشی دارند و اضافه بر آن خانم منشی خیلی هم حرفه‌ای‌ست. محل قرارگیری شرکت در شهر و ساختمان آن خیلی خوب بود. قرار شد من کنار منشی بنشینم و با کارهای شرکت آشنا شوم.

از فردای مصاحبه کار را شروع کردم. از منشی خیلی خجالت می‌کشیدم چون هیچ کاری بلد نبودم. بعد از یک هفته فهمیدم منشی دختری بسیار بداخلاق است که همه از او می‌ترسند. او خیلی شیک می‌پوشید. انگلیسی را مثل بلبل حرف می‌زد. تایپ و تلکس را چشم‌بسته می‌توانست انجام بدهد ولی هیچ کدام از مشتریان دوست نداشتند با این خانم صحبت کنند و این برای شرکت تبدیل به یک معضل بزرگ شده بود. در همان چند روز اول بارها شاهد داد و بی‌داد کردن او بودم. فرقی هم قائل نمی‌شد، برایش تفاوتی نداشت که به مدیرعامل شرکت می‌توپید یا به آبدارچی. من فکر می‌کردم روز بعد از هر دعوا او به سر کار برنمی‌گردد ولی روز بعد هم‌چنان سر و کله‌اش پیدا می‌شد؛ انگار نه انگار. مهندس پنداری که مرا معرفی کرده بود بسیار با من مهربان بود و حسابی هوایم را داشت. ولی از او بیشتر، طبق معمول، آبدارچی شرکت بود که بیش از هر کس دیگری به من انس پیدا کرد. حسن آقا مرد پا به سن گذاشته‌ای بود که تمام روز سر پا جلوی سماور می‌ایستاد و یکسره در حال خدمت کردن به همه بود. حدود هجده نفر کارمند داشتند که همه مرد بودند و روزی نبود که چند مهمان ایرانی و یا خارجی، به آن‌جا رفت‌وآمد نکنند و حسن آقا از صبح زود که می‌آمد تا دیروقت غروب که می‌رفت بر سر دوپایش ایستاده بود. اما وقتی من برای چای یا ناهار به آشپزخانه می‌رفتم مجبورش می‌کردم که بنشیند و با من همراهی کند. رفته‌رفته با جوان‌ترین کارمند دوست شدم و ما دو تا و حسن‌آقا از آن پس با هم غذا می‌خوردیم. کم‌کم به اخلاق خانم منشی عادت کردم. البته بعد از چند باری که مرا هم مورد عنایت خاص خود قرار داد، ساعتی بعد هم از من عذرخواهی کرد. عصبانیت او و بددهنی‌اش دست خودش نبود. البته روسا از این وضعیت راضی نبودند ولی او کارش را بدون نقص انجام می‌داد. در این میان من با شخص دیگری آشنا شدم.

به کلام ساده او کارچاق‌کن شرکت بود و به زبان تجاری بازاریاب. تمام قرار و مدارها با ایرانیان و شرکت‌های خریدار در ایران با او بود. هوشنگ سردشتی، بازاریاب شرکت، که می‌گفت اهل کتاب هم هست ادعا داشت که چپ است. البته به نظر می‌آمد دو سهامدار اصلی شرکت هم که برادر بودند چپ باشند. جالب بود که خیلی زود همان کارمند جوان و حسابدار شرکت به من هشدار دادند در مقابل سردشتی مراقب حرف‌هایم باشم. سردشتی یک آدم پرحرف، در عمل مزاحم، بدقیافه، بسیار بدلباس، کثیف، ژولیده و بی‌نزاکت بود و بدتر از همه‌ی این‌ها به‌طور معمول زیپ شلوارش باز بود. آن چه خوبان همه دارند او هیچ نداشت. شنیده بودم مردها وقتی پیر می‌شوند عادت بستن زیپ شلوارشان از سرشان می‌افتد ولی این مرد داشت در جوانی پیری می‌کرد. بعد از مدتی شروع کرد به من گیر دادن و این کار را به شکل زننده‌ای انجام می‌داد. شوخی‌های جلف می‌کرد، بلندبلند حرف می‌زد و هیچ گونه ادب و احترامی را رعایت نمی‌کرد.

یک روز برادران نیک‌آذر، صاحبان شرکت، به همراه مدیر عامل و مهندس پنداری مرا خواستند و گفتند از آن روز من باید جای خانم منشی را بگیرم چون او دیگر نمی‌آید. ترسیدم و گفتم من از عهده‌ی این کار برنمی‌آیم. آقای نیک‌آذر بزرگ گفت مشتری‌هایشان متوجه تفاوت من و خانم شوشتری شده‌اند و از مکالمات تلفنی من بسیار تعریف و تمجید کرده‌اند. مدیر عامل هم اضافه کرد آن‌ها گفته‌اند ترجیح می‌دهند با من صحبت کنند تا با آن خانم طلب‌کار از همه. نفهمیدم چطور خانم شوشتری بدون خداحافظی ناگهان غیبش زد. البته من هم در این سه ماه خیلی از کارهای منشی‌گری را یاد گرفته بودم ولی هیچ وقت فکر نمی‌کردم که بتوانم جای خانم شوشتری را بگیرم. خیلی می‌ترسیدم. اگر یک تلکس به اشتباه می‌رفت کارم حسابی خراب می‌شد. تلفن شرکت بی‌وقفه زنگ می‌خورد و در این بین من باید نامه‌ها را دوانگشتی تایپ می‌کردم. شرکت بزرگ بود و در شهرستان‌ها هم شعبه داشت. مهندسین و دکترها تمام مدت در رفت‌وآمد بودند. آقای مزاحم هم دست‌بردار نبود. یک بار آقای نیک‌آذر کوچک گفت اگر کسی مزاحم من می‌شود بهتر است به آن‌ها بگویم. سردشتی برای من مهم نبود پس گفتم نگران من نباشند. من در آن‌جا کار و احترام را با هم داشتم. آن‌ها باور داشتند که من برای کار منشی‌گری آفریده نشده‌ام و با توجه به سطح توقع آن‌ها درآمد خوبی داشتم و مهم‌تر از همه از خانه دور بودم. پس نه متوجه غیبت صدرا می‌شدم و نه گله‌های مامان اذیتم می‌کرد.

البته این مامان بود که همیشه ما دخترانش را تشویق می‌کرد کار کنیم و دست در جیب خودمان داشته باشیم. همه‌ی مشکلات از نظر من حل شده می‌آمد تا این‌که دوباره حملات هوایی صدام آغاز شد. در همین زمان در شرکت دودستگی به وجود آمد و من با آقای نیک‌آذر بزرگ، آقای پنداری و گروهی از مهندسین و دکترها به ساختمانی در پیچ شمیران رفتیم و برادر کوچک‌تر و مدیر عامل و گروهی دیگر در همان محل باقی ماندند. رفت‌وآمد برایم آسان‌تر شده بود. گاه پیش می‌آمد که از پیچ شمیران تا میدان کاخ (فلسطین فعلی) را هفت دقیقه‌ای طی می‌کردم. نبودن صدرا این مزیت را داشت که ماشین دست من بود. من در منزل مامان ماندگار شدم. تابان در همان مهد کودک خودش ماند. رفته‌رفته همسایه‌های مامان پشت سرم غیبت می‌کردند که صدرا مرا طلاق داده و هر چند ماه یک بار می‌آید تا دخترش را ببیند و نفقه‌ی مرا بپردازد. این را دختر همسایه به من گفت که مامان، من و تابان را بسیار دوست می‌داشت. من هم با تصورات همسایه‌ها مشکل نداشتم. من و دخترم یک اتاق مامان را در اختیار داشتیم و با هم خوش بودیم. تابان را صبح‌ها به مهد می‌بردم و مامان زحمت به خانه آوردنش را می‌کشید. با زیاد شدن حملات کار ما این شده بود که یا به زیرزمین خانه‌ی مامان ـ که بسیار محکم بود ـ پناه ببریم و یا گاه از تهران فرار کنیم. در زیرزمین خانه‌ی مامان و پارکینگش همه‌ی اهالی آپارتمان جمع می‌شدند. این مواقعی بود که حملات هوایی قبل از نیمه‌شب بود. صدای بمب‌ها وحشتناک بود. همگی بعد از هیاهو به خیابان یا پشت‌بام می‌رفتیم تا از دود و آتش تشخیص بدهیم بمب به کدام سمت شهر افتاده و بعد تلفن‌ها اشغال می‌شد تا از کس و کار خبر بگیریم. وقت‌هایی هم بود که می‌گفتند حمله نیمه‌شب خواهد بود. در چنین مواقعی اگر روزِ تعطیل بود من تابان و مامان را سوار ماشین می‌کردم و به طرف فیروزکوه راهی می‌شدم. می‌رفتیم فیروزکوه و اگر شانس داشتیم مسافرخانه‌ای گیر می‌آوردیم و اگر نه داخل ماشین می‌خوابیدیم. صندلی عقب را برای تابان می‌گذاشتم. با کمربند ماشین می‌بستمش که نیفتد و خودم و مامان روی صندلی‌های جلو می‌خوابیدیم. درها را هم از داخل قفل می‌کردیم. به‌طور معمول تلاش می‌کردم در جای شلوغی که ماشین‌های زیادی بودند و مردم بساط خورد و خوراک‌شان را پهن کرده بودند پارک کنم. مامان دلش شور بقیه‌ی بچه‌ها را می‌زد. خانه‌ی شکیبا محکم بود و مقابل سفارت آمریکا. خیال‌شان راحت بود که آن طرف‌ها را نمی‌زنند. ارس شمیران می‌نشست و او هم منزل محکمی داشت که به زیرزمین می‌رفتند.

در محدوده‌ی سد لتیان خانه‌های سازمانی سازمان آب بود که الوند و خانواده‌اش به آن‌جا پناه می‌بردند. در یکی از این روزهای سخت و پرتنش که صدام اعلام کرده بود پشت سر هم تهران را خواهد کوبید، بر حسب تصادف صدرا تهران بود. من با شکیبا صحبت کرده بودم که بهتر است او هم در شهر نماند. ماشین من یک رنو بود ولی می‌توانستیم همگی در آن‌جا بگیریم. آن روزها ماشین‌ها تبدیل به اتوبوس شده بودند. من رفتم سراغ شکیبا، دخترش و دو تا نوه کوچولویش و بعد آمدیم منزل مامان. در کمال تعجب دریافتم صدرا حاضر نیست و نمی‌خواهد با ما بیاید. مامان هم که متوجه این قضیه شده بود زود رفت و سوار ماشین شد تا شاید من در تنهایی بتوانم صدرا را راضی کنم. او جِّد کرد که باید در تهران بماند. هر چه اصرار کردم ما چهار تا زن هستیم با سه تا بچه و او چطور می‌تواند قبول کند ما تنها برویم، به راحتی گفت وقتی او نیست من چه کار می‌کنم، حالا هم همان کار را بکنم. مامان و بقیه در ماشین منتظر بودند و ما در منزل مشغول بگومگو بودیم. می‌گفت شریکش از تهران بیرون نمی‌رود و او هم باید در تهران بماند. بگومگو تبدیل شد به دعوا و داد و بی‌داد. خودم را زدم. گریه کردم. خواهش کردم. به شریکش بد و بی‌راه گفتم، ولی فایده نداشت. صدرا بسیار آدم لجباز و یک‌دنده‌ای بود و این متاسفانه ارثی بود که از پدرش برده بود. گفته بود «نه» و اگر من آن‌جا خودم را هم می‌کشتم جواب او نه بود. گفتم پس از منزل مامان برود بیرون. حق هم ندارد که به خانه‌ی خودمان برود و بهتر است که برود و پیش شریکش بخوابد. زودتر از من از منزل رفت بیرون. جای معطلی نبود، آبی به سر و صورتم زدم و راهی شدم. تا نشستم داخل ماشین دختر شکیبا پرسید آیا صدرا مرا کتک زده؟ مامان ناگهان برگشت و به صورت من که قرمز شده بود نگاه کرد ولی قبل از این‌که سوالی بکند گفتم او مرا نزده است و من خودم خودم را زدم. نمی‌دانم باور کرد یا نه ولی راه افتادیم. تلاش کردم بگویم و بخندم و آواز بخوانم تا آن‌ها ناراحت نباشند. تا این جای زندگی‌ام را به همین شکل گذرانده بودم. من و صدرا زیاد بگومگو داشتیم و من باید همیشه در مقابل همه به خصوص مامان نقش بازی می‌کردم. شب به فیروزکوه رسیدیم. هر جا که رفتیم جا نبود. مردم همگی به شهرهای اطراف پناه آورده بودند. به ناچار به طرف روستای ورسک راه افتادم. شب بود. رانندگی آسان نبود؛ به خصوص با رانندگی بعضی از مردم و کامیون‌سوارها. در ورسک وقتی خواستم بنزین بزنم با مردی که برایم بنزین می‌زد مشغول حرف زدن شدیم. به داخل ماشین نگاه انداخت و پرسید

که ما مرد نداریم؟ دلم پر بود. گفتم:

- مرد یعنی چی؟ یعنی کسی که لباس زنانه تنش نکنه؟ چرا داریم. همه به کارهای خیلی مهم مشغولند. اون خانمی که جلو نشسته مامان منه. شوهرش رو سال‌ها پیش از دست داده. اونم بچه‌ی منه توی بغلش. اون خانم که پشت مامانم نشسته خواهرمه. شوهرش از صبح تا شب مسته. اون بدبخت باید وسط کمیته‌چی‌ها بره گالن گالن برای مردش عرق بخره و با ترس و لرز از این ور تهران به اون ور تهران حمل کنه. اون هم نوه‌ی بزرگشه روی پاش. اون خانم جوان هم دختر خواهرمه. شوهر اونم یک ساله رفته خارج تا بتونه راهی پیدا کنه و این‌ها رو هم ببره. چه غلطی می‌کنه من نمی‌دونم. اونم یک پسر دیگه‌شه که توی بغلش گرفته. اما بنده، شوهرم ترجیح داد در تهران بمونه چون شریک لندهورش با چهار تا پسر لندهورتر از خودش توی تهران موندند.

متوجه شدم که یک‌مرتبه بغضم را سر آن مرد بیچاره خالی کردم. وقتی پول بنزین را به او می‌دادم گفت ما می‌توانیم به منزل او برویم. گفت اتاق اضافه دارند و خوشحال می‌شود اگر ما قبول کنیم و برویم آن‌جا. گفت:

- اجازه بدید ما هم سهمی از این جنگ داشته باشیم.

بعد از کمی تعارف قبول کردم. شکیبا گفت: «شب سرمون رو نبرن؟». او از هر موجودی می‌ترسید. حیوان یا انسان. چند پسر زیر چراغ پمپ بنزین جمع شده بودند. آن مرد با یکی از آن‌ها درگوشی حرف زد و آن پسر بدوبدو دور شد. بعد مرد پمپ‌بنزین را بست و با دوچرخه جلوی ما راه افتاد. به منزل که رسیدیم در باز بود. خانمش آمد جلوی در. روسری گل‌گلی قشنگی به سر داشت. در تاریکی می‌شد دید حوضی هست و اطراف حوض گلدان‌های گل حنا و ناز وجود دارد. تا نیمه‌های شب دور هم در همان حیاط نشستیم و حرف زدیم. بچه‌ها هم با بچه‌های آن آقا بازی می‌کردند و می‌خندیدند. مامان کتلت مفصلی درست کرده بود و آن‌ها هم کته با نیمرو داشتند. همه را پهن کردیم وسط حیاط و با هم خوردیم.

بالاخره به اتاقی رفتیم که برای ما آماده کرده بودند. گوش تا گوش برای ما تشک‌ها را پهن کردند، با ملافه‌های سفید و متکاهایی با پارچه‌های گل‌دار رنگارنگ که وسط آن‌ها هم روکش‌های سفید بود. لحاف‌ها برعکس، رویه‌ی سفید داشتند و وسط آن‌ها از همان پارچه‌های گل‌دار متکاها گذاشته بودند. همه آن‌ها بوی تمیزی می‌دادند گویی ما اولین استفاده‌کننده‌هایشان بودیم.

همگی بدون چون و چرا خزیدیم داخل رخت‌خواب‌ها. حتی شکیبا که وسواس داشت گفت رخت‌خواب‌ها از مال خودش هم تمیزترند. البته با وجود این با روسری خوابید. من در حالی‌که سخت تابان را به خودم چسبانده بودم و هر از گاهی اشکی از چشم‌هایم سرازیر می‌شد، خیلی دیر به خواب رفتم. مطمئن بودم مامان تمام حواسش به من بود.

با وجود این صبح او زودتر از ما بیدار شد و بیدارمان کرد. خانم صاحب‌خانه سفره‌ی ناشتایی مفصلی را با نان تازه پهن کرده بود وسط اتاق پذیرایی. دور تا دور اتاق پتوهایی با روکش‌های سفید پهن کرده بودند و روی آن‌ها متکاهای رنگارنگ به دیوارها تکیه داده شده بودند. صبحانه‌ی دلچسبی بود ولی می‌بایست از دوستان تازه خداحافظی می‌کردیم. من آخرین نفر بودم که از منزل بیرون آمدم. گردن‌بند طلای ساده‌ای به گردن داشتم که گل شبدری به رنگ عقیق تیره به آن آویزان بود. آن را باز کردم و به گردن خانم صاحب‌خانه انداختم. قبول نمی‌کرد. اشک در چشم‌هایش پر شده بود. هم‌دیگر را در آغوش کشیدیم و با امید دیدار از هم خداحافظی کردیم. بعد به پمپ بنزین رفتم تا از آن مرد نازنینی که شب گذشته به ما پناه داده بود هم خداحافظی کنم. همگی از ماشین پیاده شدیم. بچه‌ها عمو‌عمو گویان برایش دست تکان می‌دادند. از آن‌جا به طرف ساری رفتیم و پس از کم شدن سر و صداها به تهران برگشتیم. روزها و شب‌های وحشتناکی بودند. به زیرزمین‌ها پناه می‌بردیم و بعد از صدای افتادن موشکی در فاصله‌ی حتی یک خیابان آن طرف‌تر همه شکر می‌کردیم که خوب و سلامتیم ولی نمی‌دانستیم چه بر سر دیگران آمده. طولی نکشید که خیلی‌ها به این تراژدی وحشتناک پی بردند و دیگر شکر کردن را هم کنار گذاشتند. مرگ هم‌وطن مرگ من بود.

در بازگشت می‌دانستم که باز هم صدرا را به مدت چند ماه نخواهم دید. برای دیدن ادیب هم وقت زیادی نداشتم. تمام وقت کار می‌کردم و بعد از کار هم دربست در اختیار تابان بودم. مامان هم دیگر از شکایت کردن دست برداشته بود. به درستی متوجه شده بود که برای من هیچ ندارد جز دردی مضاعف. صدرا فقط اجاره‌ی خانه را توسط خانم حساب‌دار شرکت برایم می‌فرستاد. در محل کار هم به جز مزاحمت‌های هوشنگ سردشتی همه‌ی مسائل روبراه بود. خوشبختانه مزاحمتش منحصر به محل کار بود و به خانه زنگ نمی‌زد.

● ● ● ● ● ● ●

ناگهان تابستان گذشته، چند سال پیش بود که مامان می‌خواست به فرانسه برود و من تنها بودم. گله می‌کرد اگر من هم مثل بقیه سر و سامانی داشتم دل او برای من شور نمی‌زد. این طور نبود. او دلش برای همگی ما شور می‌زد. می‌فهمیدم که بیش‌تر نگران تنهایی من بود. به خواهرهایم شکایت می‌کرد که من برای مردها طوماری از سوال به زیر بغل گرفته‌ام؛ اول از آن موجود بیچاره که می‌خواهد به من نزدیک بشود باید یک امتحان کنکور بگیرم. جالب بود که مامان اکثر سوالات را هم می‌دانست. طرف از سیاست چیزی می‌داند یا خیر؟ حافظ می‌خواند یا خیر؟ از سینما سررشته دارد؟ هفت سامورایی را دیده است یا نه؟ آیا نظرش درباره‌ی آمریکا مثبت است؟ و این‌ها تازه مرحله‌ی اول کنکور بود. من هم سر به سرش می‌گذاشتم و می‌گفتم جواب دادن به سوالات من آسان است چون فقط دو جوابی هستند.

•••●•••

من هیچ کدام از این سوال‌ها را از صدرا نپرسیدم. بله انبار انبار سوال داشتم ولی در مورد صدرا همه را با صداقتش تاخت زدم. شرایطم فرق می‌کرد. ادیب رفته بود و دیگر این مسائل برایم مهم نبود. به دنبال یک انسان بودم. صدرا یک انسان واقعی بود. بسیار از خودگذشته که متاسفانه بعد از ازدواج مرا هم جزیی از خودش به حساب می‌آورد و با این‌که دوستم داشت همیشه در مقابل دیگران از من هم می‌گذشت. ولی او دو مشکل اساسی داشت که کنار آمدن با هر دوی آن‌ها برایم سخت بود. مامان دوباره تصمیم گرفت به فرانسه برود تا شاید صدرا برگردد سر زندگی‌اش. با کمک خواهرهای صدرا که خیلی از غیبت او عصبانی بودند دوباره به خانه برگشت. بازگشت صدرا برای من فرقی نداشت. او یا نبود و یا وقتی هم که بود پیش شرکایش بود. صدرا متوجه نبود آن‌ها تا چه اندازه دارند از او سوءاستفاده می‌کنند و این مرا آزار می‌داد. مدت‌ها بود که دیگر تمام سفرهای خارج از ایران را بقیه می‌رفتند و کار در شهرها و مناطق بد آب و هوا یا خیلی دوردست برای صدرا بود. وقتی هم که پیش من بود روزگار به این می‌گذشت که تمام این چراها مطرح شود و بی‌جواب بماند و سر آخر هم قهر کند؛ عادتی که من از آن بیزار بودم. دلم می‌خواست جدا می‌شدم و به سراغ زندگی دیگری می‌رفتم ولی نمی‌فهمیدم چرا طلاق برای من از هر زندگی دیگری وحشتناک‌تر بود. بارها به او گفتم بیاید از هم جدا شویم،

موقع دعوا، وسط بحث، حین خوشی و او هم اغلب با عصبانیت تمام قبول می‌کرد و می‌گفت:

- تو برو درخواست بده من حرفی ندارم. فقط اینو بدون اگر پا توی راهروهای دادگاه بذاری دیگه تمومه. زن وقتی پاش به دادگاه باز شد مرد باید ولش کنه و بره.

چرا؟ مگر در دادگاه و راهروهای آن چه می‌گذشت که تا این حد نفرت‌انگیز بود؟ این بود که من می‌نشستم سر جایم. می‌ترسیدم مُهری ابدی به پیشانی‌ام بخورد. از طلاق بیزار بودم و علتش را هم نمی‌دانستم.

•••●•••

شاید ما از آن گروه بودیم که بچه‌هایمان مهم‌ترین اصل زندگی‌مان بودند. ما حاضر بودیم هر سختی را به خاطر آن‌ها تحمل کنیم. مگر نه این‌که مامان با هوویش داخل یک خانه زندگی می‌کرد؟ هر چقدر هم که او زن نازنینی بود به یقین برای مادر ما یک هوو بود. ما همگی درس غلط زندگی را از بردباری او آموختیم و هیچ کدام نفهمیدیم چرا باید مشکلات را تحمل کرد. اولین روز پاییز بود که ادیب به محل کارم زنگ زد. با تعجب سلام دادم. عذرخواهی کرد و گفت کتاب نایابی را می‌خواهد و آن را پیدا نمی‌کند. فکر کرد شاید بتواند از من کمک بگیرد. خوشحال شدم. یافتن کتاب می‌توانست ما را دوباره به هم وصل کند. به کمک اردوان کتاب را پیدا کردم. قرار گذاشتیم و هم‌دیگر را دیدیم و قراری بعدی در پی آن آمد. ولی من تمام وقت کار می‌کردم و بقیه‌ی وقتم برای تابان بود. در مدتی که هم‌دیگر را نمی‌دیدیم من حتی یک بار هم به او زنگ نزدم. همیشه گفته بود از آویزان شدن بدش می‌آید و من نمی‌خواستم این کار را بکنم. ولی شاید اشتباه کرده بودم. شاید او دوست نداشت بقیه آویزانش شوند ولی از من انتظار داشت. اما دیگر خیلی گذشته بود. حالا همه‌ی زندگی من تابان بود.

•••●•••

ناگهان تابستان گذشته، پنج سالی از ازدواج ما می‌گذشت و هنوز بچه‌ای در کار نبود. من بچه نمی‌خواستم و ترس بزرگی از بچه‌دار شدن داشتم. ولی خواهر صدرا فکر می‌کرد شاید با وجود بچه صدرا به زندگی بیش‌تر توجه کند

و دست از این مسافرت‌های همیشگی بردارد. دکتر سفارشاتی به صدرا و من کرده بود ولی من لازم دیدم به یک دکتر زنان مراجعه کنم و مطمئن شوم که آمادگی دارم و سالم هستم. دکتر باهوشی بود. بعد از معاینه و آزمایشات لازم از من پرسید چرا تا آن زمان نخواسته‌ام بچه‌دار شوم.

- نمی‌خوام، همین.
- پنج سال از ازدواج‌تون می‌گذره! خوردن قرص‌های جلوگیری خیلی هم بی‌زیان نیستند.
- بله می‌دونم. ولی همسر من بیش‌تر از دو سوم سال رو پیش من نیست. خب من خیلی هم قرص مصرف نمی‌کنم.
- تو می‌ترسی!
- می‌ترسم؟ از چی؟

چشم‌هایم از درون پنجره‌ی پشت سر او به اعماق دور خیره شدند. صدایش مرا به خود آورد.

- تو می‌ترسی که عشق به بچه جای عشق دیگری رو بگیره؟

سکوت کمابیش طولانی‌ای بین ما برقرار شد. سرم را انداخته بودم پایین و با انگشت‌های دستم بازی می‌کردم. دکتر هم صبورانه منتظر جواب من بود. او ادامه داد:

- اگر عشق بچه می‌تونه جای عشق دیگری رو بگیره چرا که نه؟ چرا بهش این فرصت رو نمی‌دی؟

بدون جواب با دکتر خداحافظی کردم و هرگز پیش او نرفتم.

•۰•۰●●۰•۰•

بعد از چند سال یک روز ادیب به من گفت:

- شانی تو توی خانواده شلوغی به دنیا آمدی و من در خانواده‌ای بسیار کم‌جمعیت. تو نمی‌دونی تک‌فرزند بودن یعنی چی. این کار رو با تابان نکن.

خیلی به حرفش فکر کردم. من که همیشه دلم می‌خواست به اندازه‌ی یک تیم بسکتبال بچه داشته باشم برای همین اولی هم پنج سال این دست و آن دست کردم.

یک روز ادیب پیشنهاد داد چون ما از منزل او استفاده نمی‌کنیم و خانه خالی مانده

بهتر است آن را بفروشیم. منزل به اسم پدر ادیب بود. صدرا تمام کارهای مربوطه‌اش را انجام داد و با وکالت خانه را فروختیم و پولش را به ادیب دادیم. وضع کاری من خیلی تعریف نداشت. سهام‌داران شرکت دوباره به جان هم افتاده بودند و باز گروهی جدا شدند و گروهی ماندند. مثل یارکشی کارمندان را قسمت کردند و من نصیب آن‌هایی شدم که به محل جدید رفتند. کار کم بود و من با مهندس پنداری و مهندس دیگری به دفتر کوچکی نزدیک به دفتر اصلی نقل مکان کردیم. بیش‌تر اوقات من در محل جدید تنهای تنها بودم. این محل از منزل مامان دور بود. وقتش هم رسیده بود که صدرا تصمیمی جدی برای منزل بگیرد. او کار می‌کرد و درآمد خوبی داشت. بالاخره آپارتمانی در طبقه‌ی دوم یک منزل خیلی قدیمی در کوچه پس کوچه‌های زعفرانیه اجاره کردیم. خانه متعلق به خانم میانسالی بود که با پسرش زندگی می‌کرد. پسرجوانی که بسیار با نزاکت بود. ولی مادرش یک «خانوم صاحب‌خانه‌ی» تمام‌عیار بود. می‌دانستیم که نمی‌توانیم برای مدت طولانی آن‌جا بمانیم. آن خانه از منزل مامان خیلی دور بود و رفت‌وآمد برایش سخت می‌شد. گذشته از آن من هم نمی‌توانستم به موقع و در صورت نیاز به او سر بزنم. او برای رفتن به دکتر و خرید به من متکی بود. مجبور شدم برای مدتی از این و آن برای نگه‌داری تابان کمک بگیرم ولی تن به پرستار خانه نمی‌دادم. به هیچ قیمتی حاضر نبودم تابان را با کسی در خانه تنها بگذارم. زمستان سخت در زعفرانیه، نبودن پی در پی صدرا، دور بودن مامان، راه دور محل کار و صاحب‌خانه‌ای که با دلیل و بی دلیل ناگهان سر و کله‌اش پیدا می‌شد دست به دست هم داده بودند تا مرا کلافه کنند. تصمیم گرفتم دو سه روزی سر کار نروم. حالم خوب نبود. با سر کار نرفتن حالم بهتر نشد. تمام مدت دل به هم خوردگی داشتم و فکر می‌کردم دوباره معده‌درد به سراغم آمده است. ترسیدم. من دوباره حامله شده بودم. برگشتم سر کار ولی دیگر همه فهمیدند. چپ و راست تبریک می‌گفتند. باز دوره‌ی وحشتناکی شروع می‌شد. من تا اتاق عمل در وضعیت حال‌به‌هم‌خوردگی بودم. اولین بار که دکتر رفتم و دکتر حاملگی‌ام را تأیید کرد شب منزل خواهر کوچک صدرا مهمانی بود. من در آشپزخانه به او خبر دادم و او در عرض یک ثانیه خبر را به همه رساند. خواهر وسطی صدرا وارد آشپزخانه شد و شروع کرد به بوسیدن و قربان صدقه‌ی من رفتن. تا به حال چنین چیزی از او ندیده بودم. با تعجب پرسیدم دلیل این همه هیجان چیست و او سینه جلو داد و گفت:

- دیگه کسی نمی‌تونه پشت سرت حرف بزنه. دهان‌ها بسته شد.

- چی؟ مگه کسی پشت سر من حرف می‌زده که شما هم می‌دونستید؟ کی؟ چه حرفی؟
- هیچی بابا. هیچی. حالا که همه تودهنی خوردند.
- این همه، کیا هستن؟ چرا باید کسی با حاملگی من تودهنی بخوره؟ من هیچ این حرف‌ها رو نمی‌فهمم. می‌شه یکی به من بگه قضیه چیه؟

خواهر کوچک صدرا قهقهه‌ای سر داد و گفت:

- اونا فکر می‌کردند تو نازایی. همین.
- یک، اونا کی هستند؟ دو، خوبه که من تابان رو این‌جا زاییدم وگرنه لابد می‌گفتند از فرانسه بچه به فرزندی قبول کردم. سه، من که با فامیل شما رفت‌وآمدی ندارم چرا باید منو موضوع حرفاشون بکنن؟ چهار، صدرا از این حرفا خبر داره؟
- اونا فکر می‌کنن تو رفتی فرانسه معالجه کردی و حامله شدی.
- این مسخره‌ترین حرفیه که شنیدم. رفتم فرانسه معالجه کردم. قبول. بعد از کی حامله شدم؟ شماها که به این مزخرفات گوش می‌دین چی؟ نمی‌تونستین نه ماه رو حساب کنید؟ بعد من در پنج ماهگی یک بچه‌ی تپل سالم به دنیا آوردم؟ این حساب سرانگشتی رو نتونستید به «اونا» حالی کنید یا شاید علتش این بود که خودتون هم در همین شک بودین؟ خب لابد همه هم به این نتیجه رسیدید که مشکل از من بوده! من هیچ وقت با خواهران صدرا این طور صحبت نکرده بودم. صدرا ناراحت شده بود. قبل از رفتن به سر میز غذا آن‌جا را ترک کردیم و به‌دنبال آن صدرا باز هم به سفر رفت.

محل کار خیلی با من راه آمدند. ولی مامان که دوباره از مسافرت‌های صدرا ناراضی بود بداخلاقی می‌کرد و برعکس همیشه خیلی کم‌کم نبود. تا ماه آخر رانندگی کردم و سر کار رفتم. طبیعی بود که سزارین شوم. این بار دکترم را عوض کرده بودم. دکتری بسیار انسان که مطبش نه در کلینیک‌های شیک و گران‌قیمت بالای شهر بلکه در زیرزمین خانه‌ی معمولی‌اش در خیابان آذربایجان بود. مطب همیشه پر از مریض بود. بارها شنیدم که مریض‌هایی از شهرستان به سراغش می‌آمدند و او گاه مجانی خیلی‌ها را ویزیت می‌کرد. روز بستری شدن را به من گفته بود ولی من نیمه‌شب دردم گرفت و چون نمی‌خواستم دکترم را اذیت کنم و نیمه‌شب بیدارش کنم تا صبح درد کشیدم در حالی که نمی‌دانستم این کار هم برای من و هم برای بچه‌ها - این بار دوقلو - خطرناک است.

بالاخره صبح اول وقت به بیمارستان رفتم و با فریاد پرستار روبه‌رو شدم که مگر دیوانه بودم این همه درد کشیدم و مریض سزارینی که نباید درد بکشد. مرا با عجله‌ی تمام به اتاق عمل رساندند و تا کارهای اولیه انجام شود دکتر هم خودش را رساند. بیهوشی کامل دادند و دو پسر سالم و خوشگل پا به دنیای من گذاشتند. دکتر سفارشات فراوانی برای مراقبت از من به پرستاران داده بود. ولی این اتفاق نیفتاد. شب دوم من زودتر از شب قبل به خواب رفتم. عصر خانم برادر صدرا خیلی به مامان اصرار کرد که ایشان بروند منزل و استراحت کنند چون خسته هستند و او پیش من بماند ولی مامان نپذیرفت. امکان نداشت به چنین درخواستی رضایت بدهد. ساعت یک نیمه شب مامان به سمت تخت من می‌آید که بالشم را درست کند و دستی به سرم بکشد. ناگهان متوجه می‌شود بالش خیس خیس است؛ به‌طوری که تشک را هم خیس کرده است. چند بار مرا صدا می‌کند که بیدار نمی‌شوم. سراسیمه پرستار را صدا می‌زند. پرستار می‌آید و فشار مرا می‌گیرد و هر چه مامان اصرار می‌کند پرستار بگوید فشار چند بوده است او چیزی نمی‌گوید و با عجله از اتاق بیرون می‌رود. ولی به عوض این‌که به بالاترش گزارش بدهد ناپدید می‌شود. مامان درمی‌یابد که من بیهوشم نه خواب. پس به سراغ بقیه می‌رود و از آن‌ها کمک می‌خواهد که بی‌درنگ به دکتر خبر بدهند. ولی آن‌ها تلاش می‌کنند خودشان کارهایی انجام بدهند. بیچاره مامان که راه به جایی نمی‌برد با دمپایی، در حالی که داد و بی‌داد می‌کرده، از بیمارستان خارج می‌شود. دربان به او می‌گوید اگر بیرون برود دیگر به بیمارستان راهش نمی‌دهد و مامان پشت سرش فریاد می‌زند: «مرد می‌خواهد چنین کاری بکند». با همان وضعیت جلوی ماشینی را می‌گیرد. یک ماشین جلوی پایش ترمز می‌کند. دو مرد جلو نشسته بودند. بدون هیچ ترسی سوار ماشین آن‌ها می‌شود و آن‌ها در کمال مردانگی مامان را می‌رسانند دم در منزل ما. زنگ در صدرا را بیدار می‌کند. به او می‌گوید به دکتر خبر بدهد. این طور نبود که به فکرش نرسیده باشد می‌تواند به صدرا زنگ بزند، بلکه فکر کرده بود او پیش تابان بماند ولی وقتی به خانه می‌رسد به صدرا می‌گوید که دلش طاقت نمی‌آورد در خانه بماند. پس در حالی که تابان خواب بوده صدرا او را دور پتو می‌پیچد و با هم به بیمارستان برمی‌گردند. وقتی به محوطه‌ی بیمارستان می‌رسند دکتر هم می‌رسد. دکتر پیشاپیش به انتقال خون هم زنگ زده و درخواست کیسه‌ی خون کرده بود و کم و بیش همگی هم‌زمان وارد بیمارستان می‌شوند. دربان حتی جرأت نمی‌کند جلوی آن‌ها را بگیرد.

سرانجام معلوم می‌شود پرستار شب در ساعت یک نیمه‌شب فشار مرا می‌گیرد و متوجه پایین بودن فشار خون من به‌طور غیرعادی می‌شود ولی چون خیلی خوابش می‌آمده گزارش نمی‌کند و می‌خوابد. دکتر که خیلی عصبانی بود می‌گفت: «انقلاب کردیم تا دکتر به پرستار و زیردستش اعتراض نکند. جرأت نداریم حرف و قانونی را به آن‌ها گوشزد کنیم، روی برمی‌گردانند و بدون رودربایستی می‌گویند مگه انقلاب کردند که ما دکترا سرشون داد بزنیم؟». طبق گفته‌ی دکتر اگر آن شب مامان پیش من نبود من مرده بودم.

مجبور شدم طولانی‌تر از معمول در بیمارستان بمانم. هم زایمان اول و هم زایمان دوم، هیچ کدام، سیر طبیعی نداشتند. ولی خوشبختانه در هر دو مورد بچه‌ها سالم و طبیعی بودند. برعکس نام‌گذاری برای تابان که مدت طولانی برایش وقت گذاشتم اسم پسرانم را از قبل انتخاب کرده بودم: توماج و توفان. صدرا می‌گفت این بار در اداره‌ی ثبت هیچ اذیتی در کار نبوده و مأمور هم اصرار نکرده که بچه‌ها می‌بایست اسم مذهبی داشته باشند. حتی مجبور هم نشده بود مثل بار قبل به مأمور ثبت احوال شیرینی بدهد. این بار مأمور که از قضا همشهری صدرا بوده بی‌گفت‌وگو اسم‌ها را پذیرفته و ثبت کرده است. هر دوی آن‌ها بی‌نهایت شیرین و خوشگل بودند. مثل تابان هر دو چشمان سیاه درشتی داشتند ولی موهایشان لخت مشکی بود. دیگر فرصت نداشتم به مشکلات یا کمبودهایم فکر کنم. مامان تمام مدت پیشم بودند. خون زیادی از بدنم رفته بود و حسابی ضعیف شده بودم. در هر دو زایمان به دلیل درد شدید و زایمان غیر معمول تا مدت‌ها قادر نبودم ورزش کنم. در نتیجه در اثر هر دو جراحی چند کیلویی اضافه‌وزن داشتم. از آن فرم دخترانه خارج شده بودم و حالا هیکل و قیافه‌ی زنانه پیدا کرده بودم. بعد از سه ماه برگشتم سر کار. از طوبی، همان کارگر قدیمی مامان، خواستم که بیاید و به مامان کمک کند. او با کمال میل پذیرفت. طوبی هم کمک مامان بود و هم دو پسرم را نگه می‌داشت. تابان به مدرسه می‌رفت و من هم به سر کار.

مامان هر روز بهانه می‌آورد. می‌دانستم طبق معمول با این بهانه‌ها می‌خواهد مرا وادار کند از صدرا بخواهم بیش‌تر در تهران بماند و کمک ما باشد. این یک واقعیت بود که آمد و رفت و کار در خانه‌ی من روز به روز برایش سخت‌تر می‌شد. ولی صدرا زیر بار نمی‌رفت و به هیچ صراطی مستقیم نمی‌شد. او به راستی با شرکایش وصلت کرده بود و نه با من. به سراغ یکی از دوستانش رفتم و از او خواستم با صدرا حرف بزند. دوستش هم نه گذاشت و نه برداشت و گفت:

- تقصیر خودته، طوری عمل کردی که هم زن خونه‌ای هم مرد خونه. تو مرد نمی‌خوای. چرا زن من اجازه نمی‌ده برم مأموریت؟ چرا زن برادر صدرا حتی به قیمت بی‌کار شدن شوهرش اجازه نداد که شوهرش برای صدرا کار کنه!؟

- گناه کردم که زندگی رو بدون اون چرخوندم و دم نزدم؟

- نه. گناه نکردی ولی اونو عادت دادی. کاری کردی که اون توی زندگی زناشویی منفعل بشه. توی محل کارش بهش احتیاج دارند و هر مردی این حس را دوست داره که بقیه بهش احتیاج داشته باشند. تو برای خودت هم مردی هم زن.

راست می‌گفت. احساس می‌کردم مامان هم خسته شده. از این برو و بیاها، گرچه خودم او را می‌بردم و می‌آوردم ولی به هر حال هم سن و سالی از او گذشته بود و هم از زندگی خودش دور می‌افتاد. طوبی هم دیگر جوان و قبراق نبود. او را فرستادم ده و گفتم به دنبال آدم مطمئنی باشد. با مدیران شرکت صحبت کردم و دو ماه مرخصی گرفتم. بچه‌ها را برداشتم و رفتم لندن پیش شهرو. خیلی خوش نگذشت؛ به‌رغم این‌که شهرو خیلی تلاش می‌کرد من و بچه‌ها در راحتی کامل باشیم. ولی آن‌ها خود مشکلات زندگی در مهاجرت را داشتند و حضور چهار نفر ولو سه بچه در آپارتمانی کوچک بسیار سخت می‌نمود. گرچه حضور توماج و توفان برای آن‌ها بسیار دل‌پذیر بود و همه را مشغول کرده بودند ولی دو ماه به سختی و با شتاب گذشت و من برگشتم. مشکل خانه نداشتن اولین سدی بود که سر راهم سبز شد. صاحب‌خانه خانه‌اش را می‌خواست. مدارس تمام شد و ما دوباره در آپارتمانی دیگر در ساختمان شکیبا ساکن شدیم.

یک روز با پری مشغول باز کردن کارتن‌های اثاث منزل بودیم که زنگ تلفن به صدا درآمد. گوشی را برداشتم.

- بله. بفرمایید.

- با آقای مهندس زربخش کار داشتم.

صدای مردانه‌ی بسیار زیبایی بود. جواب دادم:

- اشتباه گرفتید.

ببخشیدی گفت و قطع کرد. به پری گفتم که نمی‌دانی چه صدای قشنگی داشت. انگار خیلی وقت بود صدای مردانه‌ی قشنگی نشنیده بودم. برای من صدای هر کسی به خصوص مردان خیلی مهم بود. مثل صدای صدرا که آهنگ قشنگی داشت. بعد از پنج دقیقه آن شخص دوباره زنگ زد. من و پری هر دو پریدیم طرف تلفن.

- بفرمایید.
- می‌تونم با دکتر زربخش صحبت کنم؟
- ببخشید ولی شما دوباره همان شماره رو گرفتید. عرض کردم که اشتباهه. ما این‌جا دکتر زربخش نداریم.
- شما ببخشید ولی من همیشه با همین شماره با دکتر حرف می‌زنم.

و به دنبالش خنده‌ای کرد. صدایش توأم با نوعی شیطنت بود. فکر کردم بار دوم به عمد تلفن زده است پس دنبالش را گرفتم.

- آقای عزیز، ما این‌جا دکتر نداریم. به خصوص از نوع زربخشش. هنرمند داریم، جامعه‌شناس داریم، اقتصاددان داریم، مهندس هم گه‌گاه پیداش می‌شه ولی دکتر نداریم.

پری خوشحال شد که گفتم جامعه‌شناس داریم و خندید. ولی خنده‌ی آن آقا بلندتر و شیرین‌تر بود. پرسید:

- خب شما کدوم یکی هستید؟
- من هنرمنده هستم.

بلافاصله خودش را معرفی کرد.

- من دکتر فرهاد کشاورز هستم.
- پس دنبال همکارتون می‌گردید.
- همکار نه. دوست. اون دکتر نیست ولی ما دکتر صداش می‌کنیم. من هم پزشک نیستم. دکتر شیمی هستم.

احساس کردم می‌خواهد خودش را معرفی کند. بگوید که آدم تحصیل‌کرده‌ای‌ست و به هر حال از این همه آدم تحصیل‌کرده که من ردیف کردم عقب نماند.

- من گوشی رو نگه می‌دارم تا شما دوباره شماره‌ای رو که می‌خواهید بگیرید. به‌طور معمول این طوری کمک بزرگی به شرکت مخابرات می‌کنیم و تلفن‌ها به کار می‌افتند.
- خیلی ممنون. خوشحال شدم از صحبت کردن با یک هنرمند. من هم یه جورایی کار هنری می‌کنم. من نقاشم. ببخشید می‌تونم اسم این هنرمند رو بپرسم؟
- البته. اسم من شانی ست.
- به به. چه اسم قشنگی. تا حالا نشنیده بودم.
- من هم خوشحال شدم. پس من گوشی رو نگه می‌دارم تا شما دوباره شماره‌تون رو بگیرید.

- تا بعد.

خداحافظی‌اش برایم جالب بود. گوشی را گذاشتم و با پری مثل دوران هجده سالگی‌مان شروع کردیم ریزریز خندیدن. پری که در این مدت گوشش کنار گوشی بود تأیید کرد صدای این آقا قشنگ بود. نیم ساعت گذشته بود که دوباره تلفن زنگ خورد. پری پرید روی تلفن و گفت او جواب می‌دهد. تا من بخواهم گوشی را بردارم پری الو را گفته بود ولی طرف بی‌درنگ قطع کرد. گفتم:

- دیدی خانم خراب کردی. به هر صدایی که جواب نمی‌ده.

ده دقیقه بعد دوباره تلفن زنگ خورد و این بار من جواب دادم. او بود. گفت:

- سلام.

- سلام.

- خواستم تشکر کنم. حق با شما بود. تلفن دکتر اشغال بود و خط اتصالی می‌کرد روی تلفن شما.

- و شما هم شماره‌ی منو حفظ کردید برای روز مبادا؟

قاه‌قاه خندید و گفت:

- نخیر. خیلی باهوش نیستم. ولی شماره‌ی شما در یک عدد با شماره‌ی دکتر تفاوت داشت. دفعه قبل کس دیگه‌ای گوشی رو برداشت!

- بله. دوستم بود. جامعه‌شناس. در واقع بهترین دوستم.

پری از شنیدن این حرف خیلی خوشحال شد.

- چه خوب که آدم بتونه به کسی بگه بهترین دوستم.

- شما بهترین دوست ندارید؟

مکالمه خیلی بی‌معنی بود. ما فقط نمی‌خواستیم گوشی را زمین بگذاریم.

- خیلی‌ها دور و برم هستند ولی دوستی ندارم چه برسه به بهترینش. البته به‌طور معمول آدم همه‌ی اون‌ها رو دوست خطاب می‌کنه.

- من برعکس، دور و برم خلوته. چند تا دوست بیشتر ندارم.

بعد سکوت و به دنبالش تا بعد. گوشی را گذاشتم. پری کنجکاو بود که این بار او چه گفته است.

- شانی مطمئنم که این آقا گلوش گیر کرده. آخه لامصب صدای تو هم خیلی اغواگره.

- چی می‌گی پری؟

- خب دیدی صدای منو که شنید گوشی رو گذاشت. یه صدای کلفت، زمخت و خشن.

- نه بابا این طور نیست. خب فکر کرده که نمی‌شه هر بار که زنگ می‌زنه با یکی توی این خونه حرف بزنه.
- فکر می‌کنی بازم زنگ می‌زنه؟
- آره. مطمئنم که دوباره زنگ می‌زنه.
- ای بلا، از کجا می‌دونی؟
- از خنده‌هاش. از خداحافظیش.
- مگه چطوری خداحافظی کرد؟
- نگفت خداحافظ. گفت تا بعد.
- تا زنگ زد بلافاصله به من خبر می‌دی. قول؟
- حتماً دیوونه. به جز تو کی رو دارم که درباره‌ی چنین مطلبی بتونم باهاش حرف بزنم؟

همدیگر را بغل کردیم و برگشتیم به زندگی معمولی. دکتر فرهاد کشاورز هر روز زنگ می‌زد و هر روز بیش از یکی دو بار. او یک کتابفروشی سر خیابان یخچال داشت. پیانو می‌زد. کارخانه‌دار بود. از همسرش جدا شده و مشغول دعواهای مالی با او بود. همسرش تمام املاک و دارایی را با جعل امضای او برداشته بود و برایش همین کتابفروشی مانده بود که آن را کتاب‌خانه می‌نامید و یک آپارتمان. از کتابفروشی‌اش خیلی تعریف می‌کرد. آن را رفیق خودش صدا می‌کرد. می‌گفت خیلی زیبا آن را تزئین کرده. یک روز عصر، در میان حرف‌هایش، ناگهان از من خواست که بروم و از کتاب‌خانه‌اش دیدن کنم. گفتم من با بچه‌ها هستم. گفت چه بهتر. پس چهارتایی رفتیم. وارد کتابفروشی که شدم با یک مرد کم‌وبیش چاق و خیلی درشت اما نه بلندقد، موهای فلفل نمکی با فرهای درشت و چشمان سبز روبه‌رو شدم. او خیلی شبیه فدریکو فلینی بود. فقط قیافه‌ی فلینی جدی بود و قیافه‌ی او شوخ. به راستی که از دیدن من با سه تا بچه تعجب کرد و در حالی که می‌خندید به طرفم آمد و پرسید:

- شانی؟
- بله آقای دکتر کشاوز خودم هستم.

هیچ تمهیدی به کار نبرده بودم تا جوان‌تر یا خوشگل‌تر به نظر بیایم. به ساده‌ترین شکل رفتم. مگر چه می‌توانستم بکنم! روپوش و روسری و تمام. ولی خب هیچ آرایشی هم روی صورتم نبود. گفت که سری در کتاب‌خانه بگردانیم و برویم به اتاق پذیرایی. و این را با خنده گفت. حق داشت. کتابفروشی در اصل یک خانه‌ی نقلی خیلی قدیمی و قشنگ بود. بسیار باسلیقه تزئین شده بود.

در پشت صندوق تابلوی نقاشی قشنگی از یک کتابفروشی به دیوار آویزان شده بود. تابلو مردی را به روی نردبان نشان می‌داد که در حال خواندن کتابی بود در حالی که یک کتاب به زیر بغل داشت و یک کتاب در دست دیگر و چهارمی را در میان زانوانش نگه داشته بود. قفسه‌های کتاب در تابلو تا سقف پر از کتاب بودند. شاید اگر دکتر پیر می‌شد درست شکل همین مرد در تابلو می‌شد. تمام قفسه‌ها سفید بودند. اسم کتابفروشی آفتاب بود. بعد به قول خودش ما را به اتاق پذیرایی برد. یک اتاق کمابیش کوچک که دور تا دور آن قفسه‌های کتاب بود. در بعضی گوشه‌ها کتاب‌های زیادی روی زمین تلنبار شده بودند. یک طرف میز کوچکی بود با دستگاه قهوه‌جوش به رویش و چند بسته شکلات خارجی و ورقه‌های صورت‌حساب‌های مختلف. یک لیوان که عکس قصری روی آن چاپ شده بود و نوشته‌ای که فکر می‌کنم به زبان آلمانی بود. در گوشه‌ای دیگر سه‌پایه‌ای بود با نقاشی زن‌ها در باغ اثر کلود مونه و چند تابلوی بزرگ و کوچک دیگر. بزرگ‌ترین‌شان «ناهار قایقرانان» و کوچک‌ترین آن‌ها که می‌شد کامل آن را دید چترها اثر رنوار بودند. مقابل میز یک مبل راحتی به رنگ نارنجی خیلی تیره قرار داشت. بچه‌ها را روی آن نشاند. من روی صندلی پشت میز نشستم و خودش روی چهارپایه‌ای کوتاه مقابل سه‌پایه‌ی نقاشی قرار گرفت. از جایی که نشسته بودم اتاق کوچک دیگری پیدا بود که در آن یک پیانو با صندلی مخصوص و یک مبل (درست شبیه به مبل دیگر) به چشم می‌خورد.

به بچه‌ها شکلات تعارف کرد. تابان یک مرسی آرام گفت و به دنبال او توماج و توفان تشکر کردند؛ البته بسیار بلندتر و رساتر از تابان. توماج را به روی یک زانو و توفان را روی زانوی دیگرش گذاشت و سوال‌هایی معمولی از آن‌ها کرد و مدام به حرف زدن پسرها می‌خندید. بعد آن‌ها را گذاشت روی زمین و تابان را به روی زانویش نشاند. کمی بعد او را هم روی مبل نشاند و شروع کرد به درست کردن قهوه.

در تمام مدت تابان ساکت بود و کتاب می‌خواند ولی توماج و توفان مشغول شیرین‌زبانی بودند و او هم‌چنان از هم‌صحبتی با بچه‌ها کیف می‌کرد. کتابی را به همراه یک مشت مداد رنگی به پسرها داد. آن‌ها هم از دو طرف نشستند به رنگ کردن طرح‌های کتاب. بعد تازه شروع کرد به حرف زدن با من. از خودم پرسید. مختصر برایش گفتم؛ از کارم، تحصیلم، سفرم به ژاپن، اخراجم از دانشگاه و دیگر سفرهایم. برایش خنده‌آور بود که من چرا به ژاپن رفتم و چطوری با ژاپنی‌ها حرف زدم. ژاپن برایش مثل

کره‌ی مریخ بود. در این میان یکی دو تا مشتری آمدند. به سراغ آن‌ها رفت. صدای خنده‌اش را با آن‌ها می‌شنیدم. این آدم شادترین شخصی بود که در زندگی‌ام دیده بودم. بعد از دو سه مشتری گفت که در را قفل کرده و یادداشت گذاشته که نیم ساعت دیگر برمی‌گردد. او هم کمی از خودش گفت. به پسرها که نگاه می‌کرد به یاد پسرش می‌افتاد. گفت مادرشان جیب بچه‌هایش را پر از پول می‌کند که به سراغ پدرشان نروند. گفت پسرش که یازده سال بیش‌تر ندارد، جیب‌هایش پر از اسکناس‌های صد تومانی‌ست. از ساکتی بچه‌ها در تمام این مدت متعجب بود. می‌گفت مشتری‌ها برای چند دقیقه وارد کتاب‌خانه می‌شوند و بچه‌هایشان آن‌جا را روی سرشان می‌گذارند ولی این سه بچه بیش از یک ساعت است که آن‌جا نشسته‌اند و صدایشان درنیامده. بچه‌ها را آماده کردم که برویم.

باز هم به آن‌ها شکلات داد. از من خواست هر کتابی را می‌خواهم بردارم. تشکر کردم. خندید و گفت امانت ببرم و بعد از خواندن برگردانم. این طوری بهانه‌ی خوبی خواهم داشت که باز به آن‌جا سر بزنم. خیلی زود مرا تو خطاب کرد. بچه‌ها را بوسید و مرا با کتاب «گذشته چراغ راه آینده» روانه کرد. به بچه‌ها هم کلی کتاب داد. نشستیم داخل ماشین و در تمام راه لبخند روی لب‌های من بود. این آدم سرشار از زندگی بود. او در «لحظه» زندگی می‌کرد. از هر گفت‌وگویی که بوی غم و غصه می‌داد پرهیز می‌کرد. وقتی از بچه‌هایش هم حرف زد خیلی زود صحبت را عوض کرد. درست مثل این‌که کلید حالت روحی‌اش در دستش بود. آن را فشار می‌داد و غم‌ها و مشکلات به پس مغزش می‌رفتند. توماج ناگهان رشته‌ی افکارم را برید:

- مامان. این عمو آقاهه رو دوست داشتم. خیلی می‌خندید.
- آره عزیزم. این روزها مردم کم‌تر می‌خندند.

توفان گفت که او هم همین طور. تابان طبق معمول مشغول کتاب خواندن بود. با تلفن‌های مکرر دکتر کشاورز روز به روز رفت‌وآمد من هم به کتابفروشی بیش‌تر می‌شد.

در محل کار دوباره بین مدیران جدل شد و آن‌ها باز از هم جدا شدند. این بار خیلی سخت بود. با هر دو گروه خیلی دوست و نزدیک بودم و نمی‌توانستم انتخاب کنم. آن‌ها انتخاب را به عهده‌ی کارمندان گذاشته بودند. آن روزها شهرو اصرار داشت به انگلیس بروم و همان‌جا بمانم. خسته بودم. فکر کردم شاید از آن‌ها بخواهم برای مدتی به سر کار برنگردم تا ببینم ماندنی هستم یا رفتنی.

قبول کردند و من خانه‌نشین شدم. بد هم نبود. شاید صدرا متوجه می‌شد زن و بچه هم دارد و باید به آن‌ها هم برسد. او به‌طور معمول فکر نمی‌کرد هزینه‌ی مهد توماج و توفان به اضافه کلاس‌های انگلیسی و موسیقی تابان از کجا می‌آید. حتی سوال هم نمی‌کرد. گاه بعضی از دوستانم می‌گفتند شاید او کسی را خارج از تهران دارد. من مطمئن بودم چنین شکی در مورد او هرگز صدق نمی‌کند. ولی گاهی ته دلم نگران می‌شدم. او به جای شریکش به مدارس چهار بچه‌ی او سر می‌زد. حتی چند سال پیش دو سه نفر از شاگردان کلاس دهمی را که به پسر شریکش گفته بودند جنگ‌زده سر جای خودشان نشانده بود و این زمانی بود که هیچ خبری از نمرات دخترش نداشت. هر بار هم می‌گفتم چرا به جای پدر آن‌ها به مدرسه می‌رود، می‌گفت شریکش از او خواسته است. زندگی او بیش‌تر با شریکش، برادرها و پسرهای او می‌گذشت تا با ما. من هم بیش‌تر به کتابفروشی می‌رفتم. کتابی برمی‌داشتم، در آن تک مبل اتاق پشتی لم می‌دادم، قهوه می‌نوشیدم و فرهاد هم به کار معمولش می‌رسید. به ویزیتورهای انتشاراتی کتاب سفارش می‌داد، چند کتاب هم تحویل می‌گرفت و به مشتری‌ها می‌رسید. در این بین هم سری به من می‌زد و با هم گپ می‌زدیم. می‌گفت از وقتی از اروپا برگشتند و شرکت و کارخانه باز کردند خانم کارهای بازاریابی را به عهده گرفته بوده و تمام مسافرت‌های خارج را او به تنهایی می‌رفته است. گاه کله‌گنده‌ای از حکومت هم با خانم برای قراردادهای خارجی همراه می‌شده. یکی دو بار متوجه شده بود خانمش و شخص همراه یک اتاق در هتل گرفته بودند ولی به روی خانمش نیاورده بود. این برایم خیلی عجیب بود. منزل خیلی بزرگی در سعادت‌آباد داشتند که خانم آن را برداشته بود. شرکت را هم که به اسم هر دو بود خانم برداشته بود. کارخانه‌ی نساجی را هم همین طور. همه‌ی این‌ها به اسم هر دو سند خورده بود ولی او امضای دکتر را جعل کرده بود و بعد دکتر هم به خاطر بچه‌ها نخواسته بود مادرشان را برای جعل امضاء و کلاهبرداری به دادگاه بکشاند. چند مغازه باقی مانده بود که دکتر جلوی معامله‌ی آن را گرفته بود. چند ماهی به همین منوال گذشت. ما با هم خیلی وقت سر می‌کردیم. با هم به کتابفروشی‌ها می‌رفتیم تا مطمئن شویم کتاب‌های خواندنی را در کتاب‌خانه‌ی کوچکش دارد. آخرهفته‌ها هم به کوهنوردی می‌رفتیم.

آتش جنگ رو به خاموشی بود. گویی آن همه دربه‌دری، ویرانی و مرگ برای هیچ بود. مردمی که به تهران پناهنده شده بودند آرام‌آرام به شهرهایشان برمی‌گشتند ولی آبادان و خرمشهر هم‌چنان جای زندگی نبود. گه‌گاه شاهد

اتوبوس‌هایی بودم که سربازان را از جبهه برمی‌گرداندند. من هم برایشان بوق می‌زدم و دست تکان می‌دادم.

چند هفته‌ای از اعلام پایان جنگ گذشته بود که یک روز وقت ناهار ارس آمد پیش من. متوجه شدم بی‌قرار و ناراحت است. در آشپزخانه نشسته بودیم. برای آوردن کتابی از آشپزخانه بیرون آمدم و وقتی برگشتم دیدم ارس دارد گریه می‌کند. به شدت نگران شدم. پرسیدم چه شده و او گفت دوست نزدیکش محمد را اعدام کرده‌اند. می‌گفت مادر محمد در آخرین دیدارش پسرش را نشناخته بوده چون آن‌قدر به سر او ضربه زده بودند که سر محمد اندازه‌ی یک هندوانه‌ی بزرگ شده بود (درست مثل سر ننه‌صحرا). من تنها یک بار در لحظه‌ی مرگ پدرمان گریه‌ی ارس را دیده بودم. هیچ حرفی برای دلداری‌اش نداشتم. او زار می‌زد و به مراتب دل‌خراش‌تر از زمانی بود که پدرمان را از دست داده بودیم.

•• ● ••

ناگهان تابستان گذشته، کلاس دهم بودم. فریبا و آمنه بعد از مدرسه آمده بودند منزل ما تا با هم درس بخوانیم ولی مدام درس را رها می‌کردند تا آقاجان به آن‌ها بازی تخته نرد را آموزش بدهد. می‌خندیدیم و بازی می‌کردیم. دوستانم او را خیلی دوست داشتند. قبل از تاریکی هوا رفتند. طبق معمول بعد از درس‌هایم رفتم کنار آقاجان نشستم به حافظ خواندن. شام خوردیم و همگی خوابیدیم که ناگهان با صدای مامان که شهرو را بیدار می‌کرد تا آقاجان را به بیمارستان برسانند، بیدار شدیم. آن‌ها به سرعت رفتند. صدای ضجه و دعا خواندن باجان خواب از چشم همه گرفته بود. بالاخره برگشتند و در حالی که یک طرف آن قلندر را مامان گرفته بود و طرف دیگرش را شهرو، او را به روی تخت خواباندند. مامان همه‌ی ما بچه‌ها را هم به اتاق‌هایمان برگرداند. نیم ساعتی نگذشته بود که دوباره سر و صدا شروع شد. مامان به دکتر آقاجان زنگ زد چون به بیمارستان اطمینان نکرده بود. همه تا آمدن دکتر اکبری دوباره جمع شدیم در اتاق آقاجان.

دکتر رسید ولی دیگر خیلی دیر بود. گویی آقاجان سال‌ها بود که رفته بود. همه تو سر خودشان می‌زدند و گریه می‌کردند. ناگهان متوجه شدم که ارس نیست. به دنبالش در اتاق‌ها می‌گشتم که پشت در یکی از اتاق‌ها پیدایش کردم. زانو به بغل گرفته بود و گریه می‌کرد و مدام تکرار می‌کرد «بدبخت شدیم. بدبخت

شدیم». تصور من از مرگ در آن روزها خیلی محدود بود. شاید نمی‌فهمیدم چرا ارس می‌گوید بدبخت شدیم.

حالا ارس به مراتب شدیدتر گریه می‌کرد. محمد دوست صمیمی او بود. پسری بی‌نهایت پاک و مهربان. برایش گل گاوزبان با سنبل‌الطیب درست کردم. هر دو لیوانی خوردیم. بعد گفت می‌رود منزل محمد چون همه دارند آن‌جا جمع می‌شوند. از او خواستم این کار را نکند چون خوب می‌دانستیم رژیم دوست ندارد بعد از این‌که کسی در زندان اعدام شده برایش مراسم بگیرند. ولی او به حرف‌هایم گوش نداد و رفت. قرار بود به کتابفروشی بروم ولی نتوانستم. به دکتر کشاورز زنگ زدم و گفتم بعد به او توضیح می‌دهم. دقیقه‌ها برایم مثل ساعت می‌گذشت. در خیالم پشت هر چراغ قرمز ارس را می‌دیدم که سر به فرمان ماشین می‌کوبد. با خودش حرف می‌زند و به این روزگار نفرین می‌فرستد. ارس کسی نبود که این همه غم را طاقت بیاورد. هیچ نمی‌دانست چطور باید با مادر، همسر و فرزند محمد صحبت کند. در عوالم خودم غرق شده بودم و متوجه گذشت زمان نشدم. شاید هم سرم به روی میز افتاده بود و به خواب رفته بودم که ناگهان صدای زنگ مرا به خود آورد. آیفون را برداشتم. ارس بود. وقتی دیدمش رنگ به رو نداشت. دیگر گریه نمی‌کرد. می‌لرزید. گفت قبل از این‌که به در منزل محمد برسد دو نفر جلویش را گرفته‌اند و پرسیده‌اند کجا می‌رود. او هم گفته بود به مراسم ختم می‌رود. آن‌ها به او گفتند لازم نیست و به صلاحش است سوار ماشینش بشود و برود. به من گفت خانه‌ی محمد تحت نظر است. در حال حاضر بچه‌های زیادی آن‌جا هستند. همین طور همسر خودش. باید کسی به آن‌ها خبر بدهد. گفتم من این کار را می‌کنم. همین الان می‌روم. قرص آرام‌بخشی به ارس دادم و به دکتر زنگ زدم و گفتم می‌روم سراغش تا با هم جایی برویم. خیلی سریع رانندگی کردم. ماشین را جلوی کتابفروشی پارک کردم و با ماشین دکتر رفتیم. در ماشین همه چیز را برایش توضیح دادم. باورش نمی‌شد. از قصد شلوار جین به پا کردم با یک روپوش چین‌دار سبز روشن که خیلی به ندرت می‌پوشیدمش. روسری ابریشمی کم‌رنگی هم به سر کردم ولی رعایت حجابم را کرده بودم. خوشبختانه دکتر هم مثل همیشه رنگ شادی به تن داشت. نزدیک منزل محمد پارک کردیم.

بیش‌تر از یک ماشین با آدم‌های مشکوک آن‌جا پارک کرده بودند. از ماشین پیاده شدم. رفتم جلوی شیشه‌ی راننده و از دکتر خواستم الکی با من حرف بزند و بلندبلند بخندیم. بعد رفتم طرف منزل محمد. ساختمانی چهارطبقه بود. محمد و مادرش قبل از ازدواج او با هم در طبقه‌ی دوم زندگی می‌کردند. آن زمان ارس و خانواده‌اش هم در طبقه‌ی اول همان خانه زندگی می‌کردند. چند سال پیش وقتی به خانه‌ی آن‌ها می‌ریزند و محمد را می‌برند ارس جلوی در آپارتمان خودش ایستاده بوده و دیده بوده چطور او را از پله‌ها به زور پایین می‌کشیدند. این اتفاق تأثیر وحشتناکی روی ارس گذاشته بود.
قبل از این‌که زنگ در را بفشارم یکی از آن دو مرد به طرفم آمد و پرسید آن‌جا چه کار دارم. با خنده گفتم: «می‌خوام دوستم رو ببینم. پس اون دوست‌پسر غیرتی که می‌گه شما هستین؟» مردک فکر کرد من از همه چیز بی‌خبرم و مرا به حال خودم گذاشت مبادا شکارهای واقعی از دستش در بروند. در همین لحظه دیدم که برگشت و به دو تا ماشین دیگر که در هر کدام دو نفر آدم نشسته بودند دست تکان داد. وضع داشت خراب می‌شد. زنگ در آپارتمان محمد را فشار دادم. با صدایی که به راستی ضرورت در آن احساس می‌شد از پشت آیفون خواستم خانم ارس را صدا بزنند. سال‌ها بود با هم حرف نزده بودیم. به او گفتم منزل تحت نظر است و بهتر است همگی آرام‌آرام خانه را ترک کنند و خودش هم اگر لباس مشکی به تن دارد عوض کند. به خصوص روسری رنگی به سر کند و بیاید بیرون که منتظرش هستم. به سراغ ماشینش هم نرود. خوشبختانه گفت با آژانس به آن‌جا رفته. برگشتم و جلوی ماشین دکتر ایستادم. یک خانم و یک آقا از منزل بیرون آمدند و سریع در جهت مخالف ما حرکت کردند. بعد دو خانم دیگر آمدند و آن‌ها هم که به راستی مشخص بود نگران و مضطرب هستند به سمت دیگر خیابان رفتند. بعد خانم ارس آمد. برایش دست تکان دادم. به طرف ما آمد. بغل کردن و بوسیدن کسی که تمام عمرش تلاش کرده بود از ما جدا شود سخت بود. سوار ماشین شد و دکتر به سمت شمال شهر به راه افتاد. کسی حرف نمی‌زد.

•••●•••

ناگهان پنج تابستان گذشته، درست پنج سال پیش، وقتی ارس خبر داد محمد را گرفته‌اند مرا با خودش برد بیرون و گفت اگر اتفاقی برای او و زنش افتاد

بچه‌هایش را سرپرستی کنم. داشتم دیوانه می‌شدم. به او گفتم:

- ارس می‌دونی مامان دیوانه می‌شه؟
- هیچ مادری در چنین شرایطی دیوانه نشده.
- مامان می‌میره.
- مگه مادر گورکی مرد؟
- ارس داریم از واقعیت حرف می‌زنیم!
- باشه. مگه مادر محمد مرده؟ زندانی دو رژیم با اون همه شکنجه‌های وحشیانه. یک زن بی‌سواد با چشم‌های کم‌سو. الان چند ماهه هر روز می‌ره زندان دنبال محمد. دیوانه هم نشده.
- این‌که به سواد نیست. فکر می‌کنی چون مامان باسواده و چشم‌هاش خوب می‌بینن....

حرفم را قطع کردم. ارس از پشت عینک داشت گریه می‌کرد. به او اطمینان دادم مراقب بچه‌هایش خواهم بود.

•• •• ⬤ ••

دو روز بعد ارس دوباره به من سر زد. تازه متوجه شده بود من با دکتر رفته بودم منزل محمد و می‌خواست بداند او کیست. برایش توضیح دادم. نگران بود که آیا دکتر قابل اعتماد است یا نه. خیالش را راحت کردم. به او گفتم دلم می‌خواهد بروم در کتاب‌فروشی‌اش کار کنم ولی نمی‌دانم به صدرا چه بگویم. بدون هیچ حرف اضافه‌ای گفت: «بگو از دوستان من است، این بدهی رو به ایشون دارم». برای صدرا حرف ارس حجت بود. در دیدار بعدی با دکتر به او گفتم دنبال کار هستم و او بی‌درنگ کار در کتاب‌خانه‌اش را به من پیشنهاد داد.

- تو کتاب‌شناسی. من اهل کتاب نیستم. تو می‌تونی این‌جا رو زنده کنی.

بلافاصله قبول کردم. به صدرا تلفنی خبر دادم و با این‌که مخالف بود من در جایی، حتی کتاب‌فروشی، **فروشنده** باشم نتوانست روی حرف ارس حرف بزند و به این ترتیب من در کتاب‌فروشی مشغول کار شدم. اولین کاری که کردم جمع‌آوری کتاب‌های مبتذل و آشغال بود. وقتی نمایندههای فروش انتشاراتی‌ها می‌آمدند تلاش می‌کردم کتاب‌هایی را سفارش بدهم که ارزش خواندن داشتند. دوستان دکتر متوجه این تغییر شده بودند. آن‌ها بیش‌تر از چپ‌های قدیمی بودند. خانم‌هایی که هر روز به کتاب‌فروشی می‌آمدند

هم به این تغییر پی برده بودند. این دسته از خانم‌ها همگی یک‌شکل بودند. کاکل موهای میزامپلی‌شده‌شان از روسری درست مثل دست مشت‌شده بیرون بود؛ که برای من همیشه یادآور همان مشت محکم بود که صد البته دهان آمریکا را هدف نمی‌گرفت! چشم‌ها همگی آرایش کامل داشتند. خط چشم کلفت و ریمل چندین بار روی هم زده شده بود و آن را در خیابان پشت یک عینک آفتابی بسیار بزرگ پنهان می‌کردند. خط دور لب آیه‌ی آسمانی بود. همگی به یک رنگ خط دور لب داشتند و آسِ برنده همگی بینی‌های جراحی‌شده‌شان بود. روپوش‌هایشان با سرشانه‌های بزرگ به‌طور معمول مشکی و یقه‌های پهن با انواع گلدوزی‌های طلایی و نقره‌ای. روسری‌های چهارگوش خیلی بزرگ به سر می‌کردند که به انواع تمهیدات طوری آن‌ها را به دور سر می‌بستند که انگار مدل‌های کریستین دیور هستند. همگی به دنبال کتاب‌های یک نویسنده بودند: دانیل استیل. دیگر با شنیدن اسم دانیل استیل کهیر می‌زدم. بعد از دو هفته کتاب‌های دانیل استیل را به کمدهای زیر قفسه‌ها و اتاق پشتی منتقل کردم. این طوری از دست این گروه کتاب‌خوانان راحت می‌شدم؛ با این‌که می‌دانستم آن‌ها به دنبال دکتر بودند و خواندن کتاب‌های دانیل استیل ساده‌ترین مسیر برای صحبت کردن با او. آن‌ها به‌طور قابل درک از من خوش‌شان نمی‌آمد. دکتر بیش‌تر فرصت داشت به دنبال دعواهای خانوادگی برود و کتابفروشی را به دست من بسپارد. این خانم‌ها وقتی می‌آمدند و می‌دیدند دکتر نیست می‌پرسیدند: «خود آقای دکتر کی برمی‌گردند؟» و من با تأکید روی «خود ایشان» ساعت دقیق را به آن‌ها می‌دادم. در کنار کتابفروشی بوتیکی بود که روپوش مجلسی، لباس شب و کت و دامن می‌فروخت. جوان فوق‌العاده مهربان و محترمی به اسم فرید صاحب این بوتیک بود. دکتر مرا به او سپرده بود تا به اصطلاح هوای مرا داشته باشد. فرید همیشه در بالا و پایین کشیدن کرکره‌ی مغازه کمکم می‌کرد و مرتب برای بچه‌ها شیرینی و شکلات می‌آورد. ما رابطه‌ی بسیار دوستانه‌ای با هم داشتیم. گاهی از دست مشتری‌های مزاحم به او پناه می‌بردم و در نهایت با خنده و روی خوش او را ترک می‌کردم. فرید می‌گفت قبل از این‌که من در آن‌جا مشغول کار شوم دکتر به‌طور مفصل مرا به او معرفی و کلی از من تعریف خوب کرده بود. می‌فهمیدم دکتر به من علاقه‌مند شده. می‌گفت در عمرش زنی را ندیده که به اندازه‌ی من بتواند به او اعتماد کند. او دیگر کاری به صندوق نداشت. من به انتشاراتی‌ها سفارش می‌دادم، پول را از خریداران می‌گرفتم و آخر هفته بدون هیچ سوال و جوابی

پول را تحویلش می‌دادم. وقتی می‌خواستم پول‌ها را بشمارد می‌گفت روزی که از من خواسته بوده برایش کار کنم به این دلیل بوده که دیگر نگران شمارش پول نباشد. می‌دانستم زن‌های زیادی در زندگی‌اش بودند ولی با آشنایی بیش‌تر با او متوجه شدم او با کسی رابطه‌ی جدی ندارد. در واقع او از رابطه‌ی جدی پرهیز داشت. زن‌ها هم فقط برای یک منظور بودند. چند باری زنی آمد و کتاب دانیل استیل را خواست. نمی‌دانم چرا وقتی گفتم نداریم به او برخورد و به تندی با من حرف زد و سراغ دکتر را از من گرفت. حدود پنجاه سال سن داشت. دماغ عمل کرده، خط دور لب، موهای سیاه پرکلاغی، یک لایه‌ی ضخیم کرم پودر به روی صورت و ماتیکی با رنگ غلیظ و روسری شال‌مانند کریستین دیور که مارکش را می‌شد دید و کیف و کفش خیلی گران.

یک روز که طبق معمول آمده بود به دنبال کتاب دانیل استیل گفتم: «دیگه کتاب دانیل استیل نداریم خانم، سفارش هم نمی‌دیم». با چهره‌ای برافروخته پرسید آیا اتاق پشتی را گشته‌ام؟ من هم ناراحت شدم. ادامه داد که می‌خواهد دکتر را ببیند چون همیشه برایش کتاب را کنار می‌گذارد. تلاش کردم عصبانیتم را نشان ندهم. با آرامش گفتم که می‌تواند مطمئن باشد هیچ نسخه‌ای از دانیل استیل در کتابفروشی موجود نیست. مثل بچه‌ای که انگشت تکان بدهد که: «حالا بهت نشون می‌دم، می‌رم و با بابام میام» از کتابفروشی رفت. نیم ساعت بعد تلفن زنگ زد. گوشی را برداشتم و زنی در طرف دیگر خط شروع کرد به فحش‌های رکیک دادن. گوشی را گذاشتم ولی تمام بدنم به لرزه افتاده بود. بغضم گرفته بود. در مغازه را بستم و به سراغ فرید رفتم. با تعجب به من نگاه کرد. ماجرا را برایش تعریف کردم. برایم چای آورد و آرامم کرد. گفت متاسفانه زنانی هستند که زیاد به کتابفروشی رفت‌وآمد می‌کردند. شاید یکی از همان زن‌ها بوده که زنگ زده و بهتر است جدی نگیرم. آن زن بارها و بارها زنگ زد و من هر بار با شنیدن صدایش گوشی را گذاشتم. در طول زندگی‌ام این دومین بار بود که از دهان یک زن حرف رکیک می‌شنیدم. نمی‌دانم چرا اگر همین حرف‌ها را از دهان یک مرد می‌شنیدم برایم کم‌تر آزارنده بود. شاید روی حجب زنانه بیش‌تر حساب می‌کردم. به هر حال بعدازظهر شد و دکتر به کتابفروشی آمد. خیلی زود متوجه شد حالم خوب نیست. من آن‌جا خوشحال بودم. در میان کتاب‌ها عشق می‌کردم و با همه‌ی نماینده‌های فروش دوست شده بودم. دیگر حتی مدیران انتشارات هم به جای دکتر با من تلفنی صحبت می‌کردند. شکل آدم‌هایی که به کتابفروشی می‌آمدند عوض شده بود.

از یک قشر مشتری کنار استخرنشین و شکم‌سیر تبدیل شده بودند به گروهی که دنبال کتاب خوب بودند. تلاش می‌کردم بیش‌تر کتاب‌ها را بخوانم تا بتوانم با مشتری‌ها درباره‌ی آن‌ها حرف بزنم. پیرمردانی، که از دوستان دکتر بودند، می‌گفتند من عیش دکتر را منقض کرده‌ام. به همین خاطر وقتی دکتر پرسید چه شده قبل از این‌که برایش تعریف کنم از او خواستم اگر از بودن من در کتابفروشی ناراحت است رک و راست به من بگوید. متاسفانه وقتی از تلفن‌های آن زن گفتم به گریه افتادم. بغلم کرد. خیلی بزرگ بود و من در بغلش مثل یک جوجه بودم. گفت فقط به میل خودم است که می‌توانم از آن‌جا بیرون بروم و بس. از من خواست به آن تلفن‌ها بی‌اعتنا باشم تا خودش مسأله را حل کند. گفت بعد از تمام این سال‌ها کسی را پیدا کرده که به او اطمینان دارد و به این راحتی از او دست نمی‌کشد. درست می‌گفت. بی‌تعارف خیالش راحت بود. در شمال برای خودش ویلا می‌ساخت. باید مرتب می‌رفت و به آن سر می‌زد، به دعواهای زناشویی‌اش رسیدگی می‌کرد و با خیال راحت به تقسیم ارث‌ومیراث پدری بین خودش و دو خواهرش می‌پرداخت و به‌طور حتم به کارهای حاشیه‌ای هم می‌رسید! وقتی او نبود من حتی حقوقم را از صندوق برنمی‌داشتم. در این مدت یک بار هم خانمش به کتابفروشی آمد. عکسش را دیده بودم و شناختمش. سراغ دکتر را گرفت و طبق معمول جواب دقیق دادم. می‌دانست دکتر نیست. به عمد آمده بود تا مرا ببیند. زنی بود با قیافه‌ای خیلی معمولی که تلخی رفتارش زشتش کرده بود. از روسری‌اش گرفته تا کفش‌هایش همه خیلی گران بودند. چرا که نه؟ او یک زن تاجر موفق بود. متلکی هم پراند: «پس این شما هستی که خیلی قابل اعتمادی» و رفت. در این مدت من یک بار دختر و یک بار هم پسر کوچک دکتر را دیده بودم. با دخترش کمی گپ زده بودم و او از من خوشش آمده بود. بعد که به دکتر گفتم خانمش آن‌جا بوده گفت به احتمال زیاد به این دلیل بوده که دخترش از من خیلی در منزل تعریف کرده. آن طور که پیدا بود برای این‌که به مادرش اطمینان بدهد گفته بوده من با بقیه فرق دارم و او می‌خواسته خودش از نزدیک این فرق را ببیند. مطمئن بودم زنی که زنگ می‌زد و فحاشی می‌کرد همسرش نیست. او به خودش زحمت چنین کارهایی را نمی‌داد. از نظر او زن‌هایی که با دکتر در ارتباط بودند مشتی زن‌های بی‌کاره بودند که خیابان متر می‌کردند. او برای خودش کلاس داشت و خودش را در حد آن‌ها پایین نمی‌آورد. دکتر با او در اروپا آشنا شده بود. با هم ازدواج می‌کنند و با پول خوبی برمی‌گردند

و برای خودشان این‌جا دفتر و دستک می‌زنند. ولی خانم هیچ وقت به دیدار خانواده‌ی دکتر نمی‌رود. دکتر می‌گفت او فقط فوق‌دیپلم گرفت ولی از بس همه صدایش کردند خانم دکتر، یعنی خانمِ آقایِ دکتر، که امر به خودش هم مشتبه شد و آهسته‌آهسته خودش را در همه جا دکتر جا زد. دکتر در لحظه زندگی می‌کرد ولی خانمش آینده‌نگر بود. بچه‌ها هیچ کدام درس‌خوان نبودند. باید زیر بال آن‌ها را می‌گرفت. خانم برای دخترش، که هجده ساله بود، از قوم و خویش‌های خودش به دنبال همسر بود. دکتر خیلی مخالف بود. می‌گفت زنش به یقین دستور می‌دهد بی‌درنگ دخترش دست به کار بچه هم بشود تا هر فکر دیگری از کله‌اش دربیاید بیرون. او فکر کرده قدم برمی‌داشت. قصد کرده بود زیر پای دکتر را جارو کند و دستش را از شرکت و کارخانه کوتاه کند و موفق شده بود. به احتمال زیاد از وجود این زن‌های زودگذر اطراف دکتر هم باخبر بود. گرچه دکتر می‌گفت او وقتی با زن‌های دیگر رابطه پیدا کرد که خانمش از اتاق خواب با توهین بیرونش کرد. می‌گفت عنصر زنانگی در وجود همسرش نیست و من با خودم فکر می‌کردم چطور وقتی با او ازدواج کرده بود این عنصر وجود داشت؟ قضاوتی بی مورد! دکتر زندگی بدون تعهد را دوست داشت یا وانمود می‌کرد دوست دارد. دلش برای بچه‌هایش تنگ می‌شد ولی با ورود یک مشتری خوش‌مشرب - فرقی نمی‌کرد زن، مرد، پیر یا بچه - دلتنگی‌اش را فراموش می‌کرد. هیچ وقت حوصله نداشت کسی برایش از سختی‌ها و بدبختی‌هایش حرف بزند. فوری صحبت طرف را قطع می‌کرد و بحث دیگری را آغاز می‌کرد. زندگی برایش یک شوخی بود. نمی‌فهمیدم چطور آن زن که زنگ می‌زد و فحش می‌داد تا این حد او را جدی گرفته بود. چند باری که به کتابفروشی سر زده بود با حرف‌ها و حرکاتش تلاش می‌کرد مرا تحقیر کند. به من بگوید من یک فروشنده هستم و او یک خانم که به کار احتیاج ندارد. برایم مهم نبود. من این کار را دوست داشتم پس عصبانیت و نفرتم را هضم می‌کردم. این توهین بود که برایم قابل پذیرش نبود. یک بار سرزده طرف‌های غروب چیزی را بهانه کردم و رفتم کتابفروشی. آن زن آن‌جا بود و داشت گریه می‌کرد. ناگزیر به انتهای کتابفروشی رفت و پشتش را به من کرد. روز بعد از دکتر علت گریه‌ی او را پرسیدم. اول وانمود کرد که نمی‌داند از کدام زن حرف می‌زنم. توضیح دادم من به درستی می‌دانم او همان زنی‌ست که زنگ می‌زند و فحش می‌دهد. دکتر هم بالاخره تأیید کرد. گفت از شوهرش جدا شده و برای مدتی با هم بوده‌اند ولی دیگر ول‌کن نیست. دکتر هم حوصله‌ی رابطه‌ی جدی را ندارد.

حتی می‌خواسته در کتابفروشی کار کند ولی دکتر به او اطمینان نداشته است. برای همین است که عصبانی‌ست و زنگ می‌زند و فحش می‌دهد.
در میان مشتری‌های دکتر مرد جوانی به اسم ناصر بود که هر روز از جلوی کتابفروشی رد می‌شد و گه‌گاه هم داخل می‌شد و کتابی می‌خرید. همیشه هم سراغ دکتر را می‌گرفت. می‌گفت از گپ زدن با دکتر خوشش می‌آید. از دنیای بدون مشکل و مسأله‌ی او لذت می‌برد. به او گفته بودم دکتر هم مثل هر آدم دیگری مشکلات خودش را دارد ولی او معتقد بود دکتر ککش هم از هیچ مشکلی نمی‌گزد و یکی از بی‌خیال‌ترین آدم‌های روی زمین است که فقط به خودش فکر می‌کند. یک روز که او آن‌جا بود آن زن زنگ زد. این بار صدای زن دیگری هم می‌آمد که با هر فحش هر دو می‌خندیدند و بسیار چندش‌آور بود. تا گوشی را برداشتم او گفت:

- هرجایی. دکتر تا صبح با من بود.

گوشی در دستم ماند. ناصر پرسید چه شده. تندتند سوال می‌کرد «کیه؟ چی می‌گه؟». گوشی را سپردم به او. متوجه نشده بود و به چرندیاتش ادامه داده بود ولی با شنیدن صدای یک مرد گوشی را قطع کرده بود. چشم‌هایم پر از اشک شده بود. صدا از گلویم درنمی‌آمد. پرسید:

- این کیه؟
- یه زنی که با دکتر رابطه داشته. یا رابطه داره. نمی‌دونم. از وقتی من این‌جا مشغول کار شدم زنگ می‌زنه و فحش‌های رکیک می‌ده.
- مگه تو دیوانه‌ای که گوشی رو توی دستت نگه می‌داری؟
- نمی‌دونم چرا این کار رو می‌کنم. خشکم می‌زنه. آخه با من چه کار داره؟ بیاد دکترش رو ورداره و بره.
- این دکتر شیطون تو رو درگیر مسائل خودش کرده. لطف کن دیگه گوشی رو برندار یا زود قطع کن. بعد از مدتی خودش خسته می‌شه.

همان‌طور که حرف می‌زدیم، داشتم کتابی را برایش می‌پیچیدم. ما آن‌جا همیشه کتاب‌ها را لای کاغذهای کاهی بسته‌بندی می‌کردیم و به خریدار می‌دادیم. ناگهان گفت:

- می‌دونی زیباترین انگشت اشاره رو داری؟

بی‌اعتنا جواب پرتی دادم. چیزی مثل نمی‌دانم. ولی بعد از چند لحظه تازه فهمیدم او چه گفته. داشت نگاهم می‌کرد. خنده‌ام گرفت. او هم می‌خندید. پرسیدم:

- ببخشید نفهمیدم. انگشت اشاره؟

- آره. زنی رو ندیدم که انگشت اشاره‌ش به زیبایی مال تو باشه. دست‌های قشنگی داری.

- مرسی. یه وقتی پسری دنبالم کرده بود. دبیرستان می‌رفتم. بهم گفت چشمام سگ داره. اون موقع نمی‌دونستم این یک تعریفه. بهم برخورد. رفتم خونه و ماجرا را برای مامانم تعریف کردم. خوشبختانه به جای این‌که پیله کنه به پسره، برام توضیح داد که اون پسر منو تحسین کرده. به عنوان تعریف یه چیزایی شنیدم. مثل راه رفتنم قشنگه. چال‌های گونه‌هام قشنگند. ولی این اولین باره که کسی از انگشت اشاره‌م تعریف می‌کنه.

بعد او دستش را آورد و انگشت اشاره‌ی مرا در دست‌هایش گرفت و گفت:

- ارزش تو خیلی بیش‌تر از اونه که چنین زن‌هایی بخوان اشک به چشمات بیارن.

و دستم را رها کرد. کتاب را برداشت و بلافاصله خداحافظی کرد.

عصری که دکتر آمد ماجرا را برایش تعریف کردم. گفتم به من مربوط نیست او با چه زنی رابطه دارد ولی بهتر است خیال آن‌ها را راحت کند که من با او رابطه ندارم. من به‌هیچ‌وجه آدمی نیستم که جواب این جور آدم‌ها را بدهم. و ادامه دادم:

- خواهش می‌کنم بهش بگید دیگه وقتی من هستم این‌جا قدم نذاره. اگر شما شب تا صبح هم‌دیگر رو می‌بینید دیگه ساعت‌هایی که این‌جا نیستید نیاد و مزاحم من نشه. در ضمن، شما مردا براتون فرقی نمی‌کنه با کی هستید؟ یه کم احترام....

حرفم را قطع کرد و پرسید:

- کی گفته ما شب تا صبح با هم هستیم؟

- همین خانم. البته حیف خانم. گفت دیشب تا صبح باهاش بودید. البته خیلی چیزهای دیگه هم گفت.

- خیالت راحت. دیگه نخواهد اومد. من کار به کار کسی ندارم. ولی کسی بخواد پا روی دمم بذاره آدم دیگه‌ای می‌شم. بله من یه وقتی با اون خانم بودم. ولی اون قدر پیله کرد که پدرم رو درآورد. ماجرا مال خیلی قبل از اومدن تو به این‌جاست.

- ولی اون فکر می‌کنه من باعث شدم. من به راحتی می‌تونم برم.

- شانی اون دیوونه است. افسردگی داشت. هنوز هم داره. منم تنها بودم. زنم پدرم رو درآورده بود. نمی‌ذاشت بچه‌ها رو ببینم. تمام دارایی‌ام رو بالا کشیده بود. خب این زن پیدا شد و من باهاش رابطه برقرار کردم. ولی بعد شد موی دماغم. بیست و چهار ساعته داخل مغازه بود. گاهی دور می‌ایستاد ببینه کدوم زن بیش‌تر از معمول توی مغازه می‌مونه و بعد داد و بی‌داد راه می‌انداخت. حرف منو باور نمی‌کنی از فرید سوال کن. من حوصله ندارم کسی آویزونم بشه. یه روز خسته شدم و گفتم نمی‌خوام باهاش رابطه داشته باشم. هنوز نفهمیده من هیچ‌جوری نمی‌تونم تحملش کنم. حالا هم خودم ترتیبش رو می‌دم. اما خواهش می‌کنم وقتی زنگ می‌زنه زود گوشی رو بذار. من معذرت می‌خوام تا حالا هم مجبور شدی این قضیه رو تحمل کنی. من به وجود این خورشید توی مغازه احتیاج دارم. می‌فهمم که شکل مشتری‌ها عوض شده و از این بابت هم خوشحالم. راستش مدتی بود حتی حوصله‌ی این پیرمردا رو هم نداشتم که این‌جا رو پاتوق کرده بودند برای جوک‌های بی‌مزه یا بحث‌های سیاسی بی‌مایه‌شون.

بعد در حالی که می‌خندید اضافه کرد:

- درسته که من مرد شیطونی هستم ولی آدم محترمی‌ام. باور کن. به تو هم خیلی احترام می‌ذارم. حالا دیگه بسه. من می‌رم قهوه درست کنم.

صدرا در کار بدبیاری آورده بود. یکی از کله‌گنده‌ها خواسته بود با آن‌ها شریک شود. شریک صدرا راضی بود ولی صدرا زیر بار نمی‌رفت. شریکش گفته بود آن شخص مهره‌ای اساسی‌ست و به راحتی می‌تواند آن‌ها را یا به عرش برساند یا به زمین بزند. صدرا ترجیح می‌داد به زمین بخورد تا با واسطه‌ی چنین آدمی پول‌دار شود. این همان صفت ارزشمند صدرا بود. ولی او هیچ از مخارج خبر نداشت. من هم نمی‌گفتم و او هم به روی خودش نمی‌آورد. دکتر همان حقوقی را به من می‌داد که سر کار قبلی می‌گرفتم. آن‌جا تمام وقت بودم و این‌جا نیمه‌وقت. گاهی اگر در حین صحبت کردن از وضعیت زندگی‌ام شکایتی می‌کردم پولی در پاکت می‌گذاشت و آن را یواشکی مینداخت داخل کیفم که همیشه در اتاق پشتی بود. لباس بچه‌ها را شهرو مرتب از لندن می‌فرستاد. شکلات هم هم‌چنان از طرف پدر و مادر ادیب فرستاده می‌شد. آن طور که پیدا بود، ادیب در مورد قطع رابطه‌ی ما حرفی به آن‌ها نزده بود. بعد از آن روز، تلفن‌های آن زن تمام شد و من حال و روز خوبی در کتابفروشی داشتم.

کافی بود دکتر از کمبودی باخبر شود تا آن را فوری برایم تهیه کند. گاهی برایم روپوش یا روسری‌های زیبا از بوتیک فرید خریداری می‌کرد. او خیلی مرد خوش‌سلیقه‌ای بود. شاید چون نقاشی می‌دانست به رنگ‌ها خوب تسلط داشت. بچه‌های مرا بسیار دوست داشت. وقتی صدرا نبود گاه من و بچه‌ها را شام می‌برد بیرون و آن‌ها را مشغول نگه می‌داشت. وقتی صدرا از سفر می‌آمد او را شام دعوت می‌کردیم و باز تمام مدت با بچه‌ها شوخی و بازی می‌کرد. مامان نگران بود. می‌شد این را به خوبی فهمید. با این‌که دکتر بسیار مودبانه با او رفتار می‌کرد ولی حسی مامان را آزار می‌داد. چرا این قدر دیر به فکر افتاده بود که مردی زندگی مرا تهدید می‌کند؟ چرا حالا که خودم می‌توانستم خوب را از بد تشخیص بدهم او متوجه شده بود؟ او می‌ترسید به دلیل غیبت‌های طولانی صدرا من به سمت این مرد کشیده شوم، می‌ترسید که رابطه‌ای بین ما به وجود آمده باشد! چرا صدرا چنین حسی نداشت؟ یا شاید حس می‌کرد و حرفی نمی‌زد. ولی چرا؟ مدتی بود دکتر تلاش می‌کرد بیش‌تر در کتابفروشی باشد. به خصوص بعد از یک روز که کتابفروشی را غرق در گل نرگس دید. گل‌ها را ناصر آورده بود. از یک دست‌فروش همه‌ی گل‌های نرگسش را برای من خریده بود. گل‌ها را گذاشت روی میز و مثل باد از مغازه بیرون رفت. به دنبالش دویدم و جلویش را گرفتم.

- این کار یعنی چی؟
- هیچی. هیچ معنایی نداره. دلم خواست و بس.
- تو دیوونه‌ای. این همه گل؟ چرا حرف دلت رو نمی‌زنی؟
- دلم حرفی نداره.
- چرا داره ولی تو نمی‌تونی بگی. از چی می‌ترسی؟ که جواب متقابل نگیری؟
- نه نمی‌ترسم. دوستت دارم. از همون لحظه‌ی اولی که دیدمت. اون حجب توی حرکات و نگاهت رو تحسین کردم. تو متفاوت بودی. هستی. تو وقار داری. تفکر داری. همه به دنبال پول هستند ولی تو نه. دوستت دارم ولی نمی‌تونم بهت نزدیک بشم. همین. من زن دارم. بهت نگفته بودم. دکتر هم نمی‌دونه. او برای خودش زندگی می‌کنه. منم برای خودم. کاری به کار هم نداریم. در ضمن من به زودی کور می‌شم. دکتر بهت نگفته؟ این یکی رو می‌دونه. می‌دونم که زنم حوصله‌ی آدم کور رو نداره. برای همین ما حسابامون رو قبل از کوری من از هم جدا کردیم.

نمی‌دانستم چه بگویم. دروغ نمی‌گفت. می‌دانستم مشکل بینایی دارد ولی نمی‌دانستم تا چه حد جدی‌ست. دکتر اشاره‌ای کرده بود. اسم متخصص مشهور چشمی را گفتم و ناصر جواب داد برادر زاده اوست و گفته فایده‌ای ندارد. او حتی به انگلیس هم رفته بود. شبکیه‌ی چشم آسیب دیده بود و نمی‌توانستند کاری برایش بکنند.

از او خداحافظی کردم و برگشتم کتابفروشی. از خودم بدم آمده بود. می‌دانستم او به من نظر دارد. چرا وادارش کردم حرف دلش را بزند؟ من که احساسی به او نداشتم. چه فرقی می‌کرد. ناصر مردی بود از نظر ظاهر معمولی با ریش‌های خیلی بلند. از آن تیپ‌هایی که می‌دانی نه‌تنها تحصیل‌کرده‌اند بلکه بافرهنگ هم هستند. موسیقی کلاسیک را خیلی خوب می‌شناخت. نزدیک کتابفروشی در یک شرکت مهندسی کار می‌کرد. خیلی مودب بود. در مجموع آدم جالبی بود که می‌شد در حد کتاب و موسیقی با او ساعت‌ها حرف زد. اما وارد سیاست نمی‌شد.

دکتر که آمد بوی گلِ نرگس در تمام کتابفروشی پیچیده بود. برایش تعریف کردم گل‌ها از کجا آمده‌اند. خنده‌ای کرد و گفت خوب است که آدم حسودی نیست. اعتنایی به حرفش نکردم. حواسم پی مرد کتابخوانی بود که دیگر نمی‌توانست کتاب بخواند. از آن روز به بعد دکتر بیش‌تر در کتاب‌خانه پیدایش می‌شد. با خنده و شوخی حرف دلش را می‌زد:

- می‌ترسم نباشم یک روز بیام ببینم توی تمام قفسه‌ها به جای کتاب گل هستش و تو رو هم باغبان برده.
- نه. مطمئن باشید این اتفاق نمی‌افته. کسی منو نخواهد برد.
- راستی یک سوال دارم. چرا روز اول با بچه‌ها اومدی؟
- یعنی چی چرا؟ شما خواستی بیام و بچه‌ها خونه بودند. نمی‌تونستم که اون‌ها رو به حال خودشون بذارم و بیام. در ضمن گفتم که با بچه‌ها هستم و گفتی چه خوب!
- دلیل دیگه‌ای نداشت؟
- نه. چه دلیلی؟
- نخواستی به من بفهمونی که مادری؟
- نمی‌فهمم. مگه نگفته بودم که سه تا بچه دارم؟
- چرا گفته بودی ولی ترسیدی تنها بیای؟

خنده‌ی بلندبالایی کردم.

- ترسیدم؟ از چی؟ چرا باید ندیده از تو می‌ترسیدم؟ پس باید آفرین گفت بهت چون تا حالا خیلی تحمل کردی.

مدت‌ها بود یک خط در میان تو خطابش می‌کردم. در مورد او راحت بود. برعکس آقای آزاد و یا ادیب. سایه‌ی استادی آن‌ها همیشه بالای سرم بود. کمی درهم رفت و گفت:

- با تو نمی‌شه حتی معمولی صحبت کرد. تو حرف زدنت و نشست و برخاستت با بقیه فرق داره.
- من خودم می‌دونم که فرق دارم ولی تو چنین انتظاری نداشتی.
- خب منم که نمی‌دونستم تو کی هستی.
- پس تو به همین دلیل از من خواستی بیام؟ همین طوری به زن‌ها گیر می‌دی؟ بدون این‌که بدونی کی هستند؟ یعنی اگر من بدون بچه‌ها اومده بودم همون موقع می‌خواستی با من رابطه برقرار کنی؟ چقدر خوشحالم که با بچه‌ها آمدم اگر بچه‌ها چراغ قرمزی برای چنین رفتاری بودند. فکر نمی‌کنی اولین دیداره؟ شاید اون زن نخواد با تو رابطه داشته باشه. یا چون دعوت تو رو برای دیدار پذیرفته پس همه چی تمومه؟
- من هیچ وقت به زور با کسی نخواهم بود.

خیلی به من برخورده بود. یعنی همه همین طور فکر می‌کنند؟

- ما زن‌ها اغلب موجودات احساساتی و ضعیفی هستیم. شاید از بچگی تا بزرگی ازمون سوءاستفاده شده و به دلیل ترس از پدر، برادر و شوهر صدامون درنیومده. ترسیدیم کسی کسی را بکشه یا خانواده طردمون کنه و بدتر از همه تقصیر به گردن ما بیفته. ولی به یقین در مورد همه‌ی زن‌هایی که به نوعی مورد سوءاستفاده قرار گرفتند باید بگم هرگز به این معنی نبوده که اون‌ها راضی بودند یا راضی هستند که هر مردی هر کاری دلش می‌خواد باهاشون بکنه. خواهش می‌کنم دفعه‌ی بعد چه اولین بار باشه چه دهمین بار اول اجازه بگیر ازشون. مطمئنم وقتی راضی هستند لذت بیش‌تری خواهی برد مگر این‌که سادیسم داشته باشی.

این جمله‌ی آخر را با خنده گفتم و زدم به شوخی ولی حرف دلم را زده بودم. شاید او اولین مردی بود که توانستم در کمال راحتی در این مورد با او حرف بزنم.

•• •• ● •• ••

ناگهان تابستان گذشته، همین چند سال پیش بود. همان شرکت دارویی و لوازم اتاق عمل که برایشان کار می‌کردم مدیر اداری جدیدی آورده بود که یک ساواکی قدیمی بود و به هیچ وجه آبمان با هم توی یک جوی نمی‌رفت. فکر کردم نمی‌توانم ادامه بدهم و بهتر است دنبال کار دیگری بگردم. اگر کار خوبی پیدا کردم از آن شرکت درمی‌آیم. از روی آگهی روزنامه برای استخدام به یک شرکت رفتم. گوش تا گوش دختران و زنان جوان نشسته بودند. بیش‌تر آن‌ها خیلی زودتر از وقت مصاحبه‌شان آمده بودند. به تک‌تک آن‌ها به دقت نگاه کردم. برای هر کدام زندگی‌ای را تجسم کردم؛ این کار همیشگی من بود وقتی باید منتظر می‌ماندم. نوبت من شد. رفتم داخل اتاق آقای رئیس. دو مرد در حدود سی و پنج تا چهل ساله در اتاق بودند. یکی از آن‌ها روی کاناپه‌ی بزرگی نشسته بود و دیگری پشت میز ریاست قرار گرفته بود. مردی که روی کاناپه نشسته بود از من خواست کنارش بنشینم. در همان لحظه احساس بدی به من دست داد. ولی با فاصله‌ی حساب‌شده‌ای با آن مرد نشستم. به اصطلاح مصاحبه را شروع کرد و از همان ابتدا هم مرا تو خطاب کرد. در حین سوال و جواب‌های معمولی تکان می‌خورد و خودش را جابه‌جا می‌کرد تا آن قدر به من نزدیک شد که دستش رسید به شانه‌ی من. اول فکر کردم آن قدر جابه‌جا شد که دستش به‌طور اتفاقی به من خورد ولی بعد متوجه شدم که دارد با شانه‌ی من بازی می‌کند. حالا من خودم را جابه‌جا کردم و فاصله گرفتم. مردی که روی کاناپه نشسته بود به دیگری گفت به نظرش من انتخاب خوبی هستم. دیگری هم خنده‌ی چندش‌آوری تحویل داد و گفت:

-   خب به نظر میاد مدیر عامل از شما خوشش اومده و شما قبول شدید. از کی می‌تونید شروع کنید؟

حالم داشت به هم می‌خورد از این همه کثافتی که دیده بودم. از جایم بلند شدم و گفتم:

-   من قبول شدم ولی شما رد شدید. بدبخت اون کسی که بخواد با شما کار کنه.

قبل از این‌که جوابی بدهند اتاق را ترک کرده بودم. پشت سرم صدای قاه‌قاه خنده‌ی آن‌ها را شنیدم. در را محکم بستم و پشت در برای چند لحظه ایستادم. به چهره‌ی تک‌تک آن زنان و دختران بی‌گناه نگاه کردم. دلم می‌خواست

به تمام‌شان بگویم از آن‌جا بروند بیرون. بگویم من کار را گرفتم و وقت‌تان را تلف نکنید ولی چه فایده. این‌جا نه جایی دیگر. این گروه نه گروهی دیگر. امروز یکی از آن‌ها طعمه‌ی این شکارچیان وحشی و حریص می‌شد. در میان آن‌ها یکی از دختران نظرم را جلب کرد. معذب بود و مرتب در صندلی‌اش جابه‌جا می‌شد. شاید هم از همه جوان‌تر بود. به طرف او رفتم و گفتم:

- اگر می‌تونی جای دیگه‌ای به دنبال کار بگردی از این‌جا برو بیرون. تو خیلی حیفی برای چنین جایی.

نمی‌دانم چه چیزی در من دید و یا صدایم چگونه بود. بلند شد و روسری‌اش را مرتب کرد و با من از در بیرون آمد. به یک کافه دعوتش کردم و ماجرا را برایش تعریف کردم. گفت اولین بارش بوده درخواست کار داده و خودش به اندازه‌ی کافی ترسیده بود. کمی با هم حرف زدیم. برایش از دنیای کاری این نوع شرکت‌ها گفتم. خواستم به جایی برود که تعداد کارکنان زیاد باشد. به دنبال شرکت‌های معتبر باشد و هر آگهی کاری را دید زود اقدام نکند. گفت پدرش از ترس شیفت‌های شب اجازه نداده او پرستار شود. گفتم به هر حال او هم یک مرد است و هم‌جنس‌های خودش را خوب می‌شناسد ولی باید بداند برای مردانی که بخواهند از زن سوءاستفاده کنند شب و روز یکی‌ست. بیمارستان و شرکت و یا هر جای دیگری مثل هم است. گفت زمان شاه پدرش تمام مدت در عرق‌خانه‌ها بوده و مست به خانه می‌آمده. الان عرقش را در خانه درست می‌کند ولی کم‌تر مادرش و بچه‌ها را زیر کتک می‌گیرد. مدتی را با هم گذراندیم و با آرزوی پیدا کردن کار مناسب از هم جدا شدیم. تمام روز فیلم رم ساعت ۱۱ ۳۳ جلوی چشمم بود. آیا زلزله‌ای می‌توانست جواب همه‌ی ما زن‌ها باشد؟ زلزله‌ای که تنها زن‌ها را از بین می‌برد تا از دست این دنیای مردانه‌ی پر از خشم و شهوت راحت شوند و یا برعکس.

•• •●●●●••

ماجرای آن روز را برای دکتر تعریف کردم. خجالت‌زده شده بود. گفت هیچ وقت به دختری دست‌درازی نکرده و هیچ وقت هم بدون رضایت زنی به او نزدیک نشده. کمی هم رنجیده بود. می‌گفت چنین رفتاری را توهین به خودش تلقی می‌کند. راست می‌گفت. او بیشتر با زبان چرب و نرمش مردم را اغوا می‌کرد. واقعیت این بود که زن و مرد، پیر و جوان و حتی بچه‌ها سراغش را می‌گرفتند.

او زورگو نبود. شاید به این دلیل بود که در سنین جوانی به اروپا رفته بود و در محیطی مردسالار بار نیامده بود. به دنبال عشق و عاشقی نبود. اما به دنبال توجه و محبت واقعی بود. می‌دانست زن‌هایی که به دنبالش هستند یا موقت‌اند و یا پولش را می‌خواهند. معتقد بود حتی خواهرهایش به دنبال تلکه کردن او هستند. دو تا خواهر داشت که یکی در پاریس زندگی می‌کرد و یکی در شمال ایران. خواهری که در شمال بود دوست داشت به تهران بیاید. از شوهرش جدا شده بود و تنها بود. دکتر برایش آپارتمانی خرید و بعد از مدتی او هم ساکن تهران شد. رفت‌وآمد خانوادگی ما به‌خصوص وقتی صدرا تهران بود بیش‌تر شد. گاه منزل خودش و گاه منزل خواهرش دعوت می‌شدیم. در این میان شکیبا هم آن‌ها را دعوت می‌کرد. شده بودیم یک گروه. مامان با ما به منزل آن‌ها نمی‌آمد ولی اگر مهمانی در خانه‌ی من و یا شکیبا بود شرکت که می‌کرد هیچ از مصاحبت آن‌ها لذت هم می‌برد. به هرحال او بود و قوانین مربوط به خودش. دکتر عاشق آشپزی بود. اصطلاحاتی موقع آشپزی به کار می‌برد که هیچ وقت نشنیده بودیم. غذاها همیشه خیلی خوشمزه بودند و اصطلاحات او بی‌نظیر. می‌گفت غذا را با چند حبه سیر و یا کمی فلفل ترسانده. وقتی گوشت و پیاز را با هم قاطی می‌کرد می‌گفت که قورقوشان کرده. دست‌پخت خواهرش را قبول نداشت و می‌گفت سرهم‌بندی می‌کند. سلیقه‌ی خاصی در آشپزی داشت. ولی آشپزی مرا دوست داشت. به دقت مزمزه می‌کرد. وقتی مرغ شکم پُر درست می‌کردم می‌گفت این مرغ تِرُوْای[۳۴] شانی‌ست. خواهرش می‌گفت از هر سه کلمه حرف دکتر دو تایش شانی‌ست. می‌گفت دکتر حوصله‌ی حرف زدن با او را هیچ وقت نداشته ولی حالا به‌طور مرتب با او حرف می‌زند و از من تعریف می‌کند. بعد به قول خودش خواهرشوهربازی‌هایش شروع می‌شد:

- بمیرم برای برادرم. از بس اون زن حرصش داده که هیچ وقت نفهمیده خانواده و فامیل یعنی چی. من که هیچ وقت خونه‌اش رو ندیدم. گیرم که ده تا اتاق خواب داشته وقتی من که خواهرشم یک شب اون‌جا نخوابیدم چه فایده. بمیرم براش چه کیفی می‌کنه وقتی بین شماست.

خواهر دکتر بسیار خوش‌رو و ساده بود. عاشق حرف زدن و ریسه رفتن از خنده. سیه‌چرده، با نمک فراوان، چاق و کوتاه. دکتر می‌گفت هر روز از ونک قل می‌خورد تا برسد به بازار تهران.

- بمیرم براش. خنده از یادش رفته بود. کم‌کم داره قیافه‌ی نحس و هیکل نی‌قلیونی اونو از یاد می‌بره. بابا آخه داداش من به این هیکل

ماشاالله باید یه چیزی توی دستش بیاد.

بی‌پروا حرف می‌زد و وقتی شکیبا با ما بود، دوتایی تا مدت‌ها به حرف‌های او می‌خندیدیم.

- می‌دونی خیلی شما رو دوست داره. جیگرشو برم.

دکتر در چنین وقت‌هایی سرفه می‌کرد و به او علامت می‌داد که دارد زیاده‌روی می‌کند. می‌دانستم به من علاقه دارد. احترام زیادی برایم قائل بود. به من اطمینان داشت. بچه‌ها را تک به تک دوست داشت. به مامان، شکیبا و صدرا در خور خودشان احترام می‌گذاشت. من هم محتاج او بودم. محتاج خنده‌هایش. سرزندگی‌اش. توجهش به بچه‌ها و حقوق ماهانه‌اش. صدرا هیچ وقت نفهمید هزینه‌ی خانه و بچه‌ها از کجا می‌آید. او فقط از اجاره‌ی خانه خبر داشت و هیچ وقت به این صرافت نمی‌افتاد که خانه آب و برق و گاز هم دارد. خرج مدرسه و مهد و کلاس و بنزین ماشین هم هست.

حتی بردن ماشین به مکانیک کار من بود. شاگرد مکانیک پسری بود ارمنی. می‌گفت ندیده که زنِ شوهرداری ماشین به مکانیکی ببرد. بعد از یکی دو سالی از من خواست دیگر به آن‌جا نروم. من به او تلفن می‌کردم و او در اسرع وقت خودش را می‌رساند به منزل ما و همان جا ماشین را روبه‌راه می‌کرد. جالب بود که این به صورت یک اصل درآمده بود و او حتی در زمان حضور صدرا نیز همین کار را می‌کرد.

در ابتدای زندگی مشترک‌مان هر دو کار می‌کردیم و من نیازی به پول او نداشتم. وقتی هر دو بی‌کار شدیم من می‌رفتم داخل صف سیگار کوپنی، سیگار می‌گرفتم و می‌دادم به الوند تا برایم بفروشد. در آن زمان حکومت از همه دلال ساخته بود. این طوری فقط پول توجیبی‌ام را داشتم. در ضمن هر وقت بی‌کار می‌شدم درس خصوصی می‌دادم. در تمام این سال‌ها صدرا تنها یک بار، آن هم همان اوایل زندگی، صدایش درآمد که چرا از او پول نمی‌گیرم و آن هم به خاطر قطع تلفن بود. عصبانی شد و کلی سر و صدا راه انداخت و گفت اگر درخواست پول کنم از من چیزی کم نمی‌شود. من از شانزده سالگی کار کرده بودم. وقتی مامان اروند را فرستاد خارج بیش‌تر کار می‌کردم تا مامان برای هزینه‌ی تحصیل اروند در مضیقه نباشد. نمی‌دانم، شاید اشتباه از من بود. من او را به این روش عادت داده بودم. خودم هم عادت کرده بودم و حرفی نمی‌زدم. ولی دکتر فرق داشت. همیشه سوال می‌کرد آیا کم و کاستی دارم؟ می‌خواهم حقوقم را اضافه کند؟ بچه‌ها روبه‌راه هستند؟

بچه‌ها «عمو دکتر» صدایش می‌کردند و او هم کیف می‌کرد. دیگر از آن زن‌ها خبری نبود. پای همان زن را هم از کتابفروشی قطع کرده بود. ولی یک روز دوباره سر و کله‌ی آن زن پیدا شد. به او گفتم دکتر مسافرت است ولی اول هفته برمی‌گردد. ساکت رفت بیرون. وقتی دکتر برگشت برای اولین بار به تندی با او صحبت کردم. گفتم او هم لنگه‌ی بقیه است و زودتر از وقت همیشگی از مغازه زدم بیرون. رفتم خانه ولی تاب و قرار نداشتم. اگر قهر می‌کردم و دیگر برنمی‌گشتم تکلیفم چه بود؟ دکتر حقوق خوبی به من می داد. صدرا یک ماه پول داشت و یک ماه نداشت. گذشته از همه‌ی این‌ها، من از بودن در کتابفروشی لذت می‌برم. برایم فقط «کار» نبود. با مردم بودم. از مصاحبت با آدم‌های اهل مطالعه بهره می‌بردم. دکتر هم با خیال راحت به شمال می‌رفت. ما دیگر رفت‌وآمد خانوادگی داشتیم. چه توضیحی باید می‌دادم برای این قطع رابطه؟ بالاتر از همه‌ی این‌ها، من حقوق تمام‌وقت می‌گرفتم برای یک کار نیمه‌وقت. تکلیف صورت‌حساب‌ها چه می‌شد؟ کلاس‌های انگلیسی و موسیقی تابان، مهد کودک توماج و توفان؟ دکتر هم قرار بود بعد از دو روز دوباره برود سفر و این بار برای دو هفته. شاید به راستی هیچ نقشی در بازگشت آن زن نداشت. شاید آن زن دلش تنگ شده بود یا برگشته بود عذرخواهی کند. دو سه ساعتی طول کشید. طاقت نیاوردم. رفتم یک دسته گل رز زرد خوشگل خریدم بدون کاغذ و روبان و بسته‌بندی و رفتم کتابفروشی. وقتی خواستم وارد مغازه شوم در قفل بود. آن موقع عصر عجیب بود. نوبت دکتر بود که در کتابفروشی باشد. شاید رفته است مغازه‌ی بغلی ولی هیچ‌وقت برای رفتن به اطراف در را قفل نمی‌کرد. فقط یک یادداشت پشت در می‌گذاشت. شاید اتاق پشتی خوابیده. کلید داشتم. در را باز کردم و وارد کتابفروشی شدم. فکر کردم گل‌ها را می‌گذارم داخل گلدان روی میز و می‌روم بیرون. ولی به محض وارد شدن صدای خنده‌ی دو نفر را شنیدم. دکتر بود و یک زن. آن‌ها حتی متوجه کلید انداختن و ورود من نشده بودند. کنجکاوی داشت مرا می‌کشت. گل‌ها را گذاشتم روی میز. دکتر «الویی» از اتاق بغلی گفت و بعد از چند ثانیه در حالی که دست در موهایش می‌کشید، در چهارچوب در اتاق پیداش شد. ما فقط به هم نگاه کردیم. خنده روی صورتش ماسید. انتظار دیدن مرا نداشت. هیچ کدام حرفی نزدیم. من گل‌ها را پرت کردم روی زمین و از در زدم بیرون. دکتر در همان چهارچوب در مانده بود. نه یک قدم پیش نه یک قدم پس. سوار ماشین شدم و به سرعت از محل دور شدم. هنوز یک خیابان دورتر نرفته بودم

که پشیمان شدم و برگشتم تا ببینم آیا همان زن بود. دیر یا زود او باید از کتابفروشی بیرون می‌آمد. کمی دورتر ماشین را پارک کردم. می‌توانستم به وضوح درِ کتابفروشی را ببینم. طولی نکشید که یک زن از کتابفروشی بیرون آمد. لبخند به لب داشت. تا به آن موقع ندیده بودمش. زن درشت‌اندامی بود. مقنعه به سر داشت و یک شال بزرگ گل‌دار معمولی هم به روی آن انداخته بود. زنی نبود که تلفن می‌زد و فحش می‌داد. زنی که فحش می‌داد معلوم بود که وضع مالی خوبی دارد. از دکتر عصبانی بودم ولی هیچ حس حسادتی به این زن نداشتم. به خانه برگشتم و خودم را با بچه‌ها مشغول کردم. از فردای آن روز من باید کتابفروشی را به تنهایی اداره می‌کردم. هفته‌ی دوم هم گذشت و او نیامد. آخر هفته‌ی سوم زنگ زد و انگار نه انگار اتفاقی افتاده. می‌خندید. گفت یک هفته بیش‌تر شمال خواهد ماند. با اعتراض گفتم بهتر بود این را از پیش به من می‌گفت. وقتی برگشت تلاش کردم از برخورد با او پرهیز کنم تا بالاخره یک روز غافل‌گیرم کرد و زودتر از ساعت مقرر به کتابفروشی آمد. سلام و علیک سردی کردم. او با شوخی و خنده و کمی هم شرم اصرار داشت توضیح بدهد. تلاش کردم به او بگویم مهم نیست. ولی بود. گفتم که به‌هیچ‌وجه به من مربوط نیست. ولی دلم می‌خواست بدانم. گفت قبل از این‌که من به آن کتاب‌خانه بروم زنان زیادی در زندگی‌اش بودند ولی با رفتن من به کتاب‌خانه اتفاقی سر این زن‌ها افتاد که به سر کتاب‌های دانیل استیل افتاد. آن‌ها رفتند داخل جعبه‌های دربسته‌ای زیر میزها. دومین بار بود که این زن را می‌دیده. چند روز قبل از آن روز هم‌دیگر را دیده بودند. از ویترین کتاب‌خانه دکتر را می‌بیند و وارد مغازه می‌شود و بعد برای روزی که من دیدم‌شان قرار می‌گذارند. با خنده گفت تو همه چی رو خراب کردی. ولی بعد خیلی جدی گفت:

- شانی، من برای هیچ زنی به اندازه‌ی تو احترام قائل نبودم و نیستم. تو یک خانم به تمام معنی هستی. آرزو می‌کردم کاش زنی چون تو داشتم. ولی من هم یک مَردم. نیازهایی دارم.

و دوباره با خنده ادامه داد:

- خیلی هم برای شیطنت وقت ندارم. من برای تو و خانواده‌ت احترامی خاص قائلم.

نمی‌دانستم چه بگویم. حق داشت. من عاشقش نبودم تا بخواهم بدانم با کیست و یا به کدام زن نظر دارد. من تمامی عشقم را نثار بچه‌هایم کرده بودم و هیچ مردی را لایق چنین عشقی نمی‌دانستم. شنیده بودم که مردها از چنین زن‌هایی

خوش‌شان نمی‌آید. ما دو دوست خوب برای هم بودیم؛ مثل من و عبدی یا من و نرگس. پس هر دو فراموش کردیم و او قول داد دیگر در کتابفروشی «شیطنت» نکند.

یک شب ادیب تلفن کرد. خیلی عجیب بود. من به‌طور کامل از او بی‌خبر بودم. گفت از طرف دادگاه انقلاب او را خواسته بودند و در مورد زمینی که صدرا برایش فروخته بود سوالاتی کرده بودند. صدایش مثل بره‌ای بود که چاقوی قصاب روی گردن اوست. گفت به زودی می‌آیند سراغ صدرا و گوشی را گذاشت. همین!؟ هیچ توضیح اضافی نداد. صدرا گفت صبح همان روز از دادگاه انقلاب به او زنگ زده و خواسته بودند تا برای «پاره‌ای توضیحات» به دادگاه انقلاب برود. صدرا معتقد بود کار خلافی نکرده. از پدر ادیب وکالت داشته و زمین را فروخته. او باز هم با پای خودش رفت و باز هم برنگشت. طرف‌های غروب از زندان اوین زنگ زد که آن‌جاست. او را به جرم معامله برای شخصی که ممنوع‌المعامله بوده و از آن بدتر مفسدفی‌الارض هم بوده بازداشت کرده بودند. این کلمه‌ی مفسدفی‌الارض پشتم را به لرزه درآورد. همکاری با مفسدفی‌الارض جرمش چیست؟ بیست سال؟ ابد؟ یا اعدام؟ باید کاری می‌کردم. ولی چه کاری؟ به دکتر زنگ زدم. از او خواستم بیاید مرا ببرد خانه‌ی ادیب. قدرت رانندگی نداشتم. مامان کمی غرغر کرد و گفت بهتر است حالا که صدرا در زندان است با دکتر نروم بیرون. نمی‌فهمیدم این دو مسأله چه ربطی به هم دارند. دکتر در آن لحظه تنها کسی بود که می‌توانستم به او اعتماد کنم. او سریع خودش را رساند و با هم به منزل ادیب رفتیم. به شدت می‌لرزیدم. تصور این‌که صدرا امشب در اوین می‌خوابد و این‌که آیا من می‌توانم او را از آنجا بیرون بیاورم یا نه آزارم می‌داد. دلم پیچ می‌خورد و حال تهوع داشتم. سرم گیج می‌رفت. منزلش را عوض کرده بود ولی من هیچ وقت به آن‌جا نرفته بودم. آپارتمان نوسازی در کوچه‌باغ‌های شمیران. اتاق مهمان خلوت بود ولی گوی اصطرلاب هدیه‌ی تولد من هنوز روی میزش بود. همانی که آقای آزاد در یکی از کتاب‌هایش به دقت درباره‌اش حرف زده بود. ادیب می‌گفت چند روزی آن را به امانت برده بود تا بتواند درباره‌اش بنویسد. زیلوی کوچکی را هم که هدیه‌ی تولد سال دیگری بود انداخته بود وسط اتاق کنار صندلی راحتی. ولی از مجسمه‌ی دن کیشوت خبری نبود. گفت از دادگاه انقلاب به منزلش می‌روند و او را با خودشان می‌برند. معلوم بود که نمی‌دانست کجا چون چشم‌بسته بوده. آن‌جا از پدرش می‌پرسند و این‌که آیا او به ایران برگشته یا نه؟ که او می‌گوید نه. و بعد از املاک پدرش سوال می‌کنند.

او هم خیلی ساده می‌گوید خبری ندارد و کارهای مالی پدرش را در ایران شخصی به نام صدرا تقوی انجام می‌دهد که او نمی‌شناسدش. می‌لرزیدم. دندان‌هایم صدا می‌کرد. از من خواست به اتاقی بروم که گرم‌تر است. رفتیم داخل اتاق خوابش. هیچ ندیدم به جز یک رادیاتور که روی آن نشستم. حرف‌هایش را زد و من از آن‌جا آمدم بیرون. برای دکتر تعریف کردم که چه اتفاقی افتاده. او فقط یک کلام گفت: «نامرد». بعد با خودش زیر لب زمزمه کرد: «منو بگو که چی فکر می‌کردم».

چند روز بعد فهمیدم جرم صدرا سنگین است: نقد کردن اموال مالکی که از نظر حکومت فراری‌ست. به این در و آن در افتادم. صدرا دوست وکیلی داشت که با هم خیلی صمیمی بودند. به سراغ او رفتم. او هم شروع کرد به شماتت صدرا. می‌گفت صدرا در این باره با او مشورت کرده بود و او که خودش اهل معامله بوده به صدرا گفته بود بهتر است بی سر و صدا خودشان آن‌جا را بسازند ولی صدرا قبول نکرده و گفته بود صاحب زمین الان احتیاج به پول دارد. این واقعیت داشت. ادیب بی‌کار بود و پدر و مادر پیری داشت که خارج از وطن بودند. اتهام آن‌ها جدا از مذهب، مدیریت طولانی پدر ادیب در کارخانه‌ای معتبر بود که به دلیل درستی و امانتداری به آن‌جا رسیده بود. این را بارها راننده و خدمتکارشان به من گفتند، خانواده‌ی صدرا روزی بیست بار به من زنگ می‌زدند و خبر می‌گرفتند. ولی یک بار یکی از آن‌ها نیامد از من بپرسد آیا کاری می‌تواند برای من انجام بدهد یا نه. البته تقصیری هم نداشتند. آن‌ها دست و پای انجام چنین کارهایی را نداشتند. به یاد جوان خجالتی و محجوبی در دوران دانشجویی افتادم. او دانشکده‌ی حقوق می‌رفت. مرتب هم‌دیگر را در کتاب‌خانه‌ی مرکزی می‌دیدیم. همیشه پیدایم می‌کرد و روبه‌روی میز من جای می‌گرفت. می‌دانستم که مذهبی‌ست چون روزهایی که تمام مدت در کتاب‌خانه بودیم وقت اذان ظهر غیبش می‌زد. کم‌کم سلام و علیک شروع شد و رفته‌رفته گاه با هم می‌نشستیم و گپ سیاسی می‌زدیم. تا این‌که یک روز خیلی جدی از من خواستگاری کرد و من بدون تأمل جواب نه دادم. گفتم او مذهبی‌ست و آب ما با هم به یک جوی نخواهد رفت. اصرار نکرد ولی گفت همیشه مرا به خاطر خواهد داشت و می‌توانم روی دوستی‌اش حساب کنم. چند سال پیش اتفاقی او را دیدم. ازدواج کرده بود و دو پسر داشت. گفت در جاهای مختلف کار می‌کند. آدرس یکی از آن مکان‌ها را به خاطر داشتم: روزنامه‌ی «به‌روز». به سراغش رفتم. ماجرا را برایش تعریف کردم و گفتم صدرا فقط از روی دلسوزی این کار را کرده

و هیچ معامله‌ی دیگری در این میان نبوده. خوشبختانه تمام حرف‌های مرا باور کرد. امین شادمان که حالا وکیل شده بود و دفتری برای خودش داشت از جبهه برگشته بود. در حلبچه شیمیایی شده بود. خوب نمی‌توانست حرف بزند. از دوست دیگری درخواست کرد برای مشورت به ما ملحق شود. او را شناختم. عکسش را بدون ماسک در حمله‌ی به حلبچه روی صفحه‌ی روزنامه‌ها دیده بودم. تصویری بود که به سختی می‌توانست از ذهن پاک شود. وقتی به او گفتم از روی آن عکس او را می‌شناسم سرش را انداخت پایین و گفت در راه خدا بود نه برای روی جلد مجلات. این را صادقانه و صمیمانه گفت. هیچ کدام آن‌ها ریا نداشتند. امین شادمان که من او را به اسم کامل صدا می‌کردم قول کمک داد و دوست تازه، آقای طریقتی، وقتی از در بیرون می‌آمدم به من گفت:

- لطفاً به فکر رشوه نباشید. مطمئن باشید شما اگر یک ریال بدهید باید تمام زندگی خود و بقیه را بدهید. آن‌ها ریال به ریال خواهند گرفت و همسر شما را هم آزاد نخواهند کرد.

از این آدم حرف عجیبی بود. بعد برایم حکایتی را تعریف کرد: «ناصرالدین شاه به‌طور مرتب سراغ مرد تاجر ثروتمندی را می‌گرفته. سر هر ماه او را می‌آوردند و جویای ثروتش می‌شدند. هر بار او از جواب امتناع می‌کرده. پس او را به فلک می‌بستند و می‌زدند تا طاقت نمی‌آورده و نشانی مقداری از سکه‌های طلایش را می‌داده. هر ماه به همین منوال و هربار او مقاومت بیش‌تری می‌کرده و چوب بیش‌تری می‌خورده. تا این‌که یک بار هر چه او را می‌زنند او مقر نمی‌آید. شاه دستور می‌دهد دیگر او را نزنند چرا که دیگر سکه‌ای در کار نبوده».

یک ماه گذشت و صدرا هنوز بیرون نیامده بود. ملاقاتی هم در کار نبود. بعد از یک ماه یک روز زنگ زد و گفت اگر پدر ادیب نامه‌ای بفرستد که سفری پنهانی به ایران داشته و اسناد را امضا کرده او را آزاد خواهند کرد. به ادیب زنگ زدم و او خیلی راحت گفت نمی‌تواند چنین چیزی از پدرش بخواهد و بهتر است خود من به آن‌ها زنگ بزنم. نمی‌فهمیدم آیا برایش مهم نبود صدرا در آن لحظه کجاست؟ او با پولی که صدرا برایش مهیا کرده بود منزل جدیدی گرفته بود و برای من عجیب بود که نمی‌خواهد هیچ کمکی بکند. گیرم پدرش ناراحت می‌شد. دولت که نمی‌توانست به خاطر یک زمین برود خارج و او را دستگیر کند. واقعیت این بود که این مدارک توسط پدر ادیب امضا شده بود ولی با پست ارسال شده بود. صدرا فقط تسهیلات محضری را فراهم کرده بود. آن محضر هم بسته بود. رئیس دفتر در تصادفی در راه مشهد با زن و بچه‌اش کشته شده بود.

بالاخره خودم به پدر ادیب زنگ زدم. عصبانی شد و گفت امکان ندارد چنین کاری بکند. توضیح دادم صدرا زندان است و هر لحظه امکان دارد بلایی سرش بیاید. گفتم در اوین حساب و کتابی در کار نیست. تازه آن‌ها که قدم به قدم از این ماجرا باخبر بودند. با فریاد گفت دست از سرشان بردارم و گوشی را گذاشت. مات مانده بودم. آن‌ها در خارج بودند. در امنیت کامل. پسرشان هم که منکر همه چیز شده بود. پس چه شد آن همه ابراز نزدیکی و مهر و محبت؟! چه شد آن صدها نامه‌ای که به‌طور مرتب برای من روانه می‌کردند، فرزندان مرا فرشته خطاب می‌کردند و سفارش فرزند خودشان را هم به من می‌کردند!؟ واقعیت این بود که آن‌ها می‌ترسیدند ولی من ترس آن‌ها را نمی‌فهمیدم. بی‌گمان پسرشان ادعا کرده بود که مسلمان است وگرنه دست از سرش برنمی‌داشتند. دوباره بعد از یک ماه صدرا زنگ زد که در قبال وثیقه‌ای سنگین می‌تواند به‌طور موقت آزاد شود. دست و پا کردن پول کار سختی بود. تمام دارایی خانواده‌ی من و خانواده‌ی صدرا به این مبلغ نمی‌رسید. نمی‌توانستم سراغ شریک صدرا بروم. احساسم این بود که درز کردن این ماجرا از طرف آن‌ها آب می‌خورد. کسی از این ماجرا خبر نداشت. از طرف خانواده‌ی من امیدی نبود. از شکیبا نمی‌توانستم چنین درخواستی داشته باشم. ارس اجاره‌نشین بود و بقیه هم که در خارج زندگی می‌کردند. فقط سند منزل مامان بود که در گروی شخص دیگری بود. به سراغ آن شخص رفتیم و سند دیگری از او گرفتیم. از طرف خانواده‌ی صدرا سند منزل پدرش، دو خواهر و یک برادر را گرفتیم. خواهر دیگرش حاضر نشد سندش را بدهد. درمانده می‌شدم و غرغر می‌کردم که چقدر به او گفتم این کار را نکند. یکی از خواهرهای صدرا که رابطه‌ی خوبی هم با من داشت مرتب می‌گفت صدرا از روی انسانیت این کار را کرده و نباید سرزنش بشود. سندها را دادیم و صدرا از زندان بیرون آمد. به سراغ طریقتی رفتم و او گفت گذاشتن سند و آزادی موقت صدرا توسط آن‌ها انجام گرفته شده تا صدرا بیرون بیاید و خودش بتواند کاری انجام بدهد. با او به زندان اوین رفتیم. وقتی صدرا قدم به بیرون گذاشت خشکم زد. در همین مدت کوتاه کلی وزن کم کرده بود. رنگ و رویش پریده بود و ریشش بلند شده بود. طریقتی از ماشین پیاده شد و با او دست داد و زود نشست عقب ماشین تا صدرا جلو بنشیند. صدرا دستی به دور گردن من انداخت و من بلافاصله ماشین را روشن کردم و از آن‌جا دور شدم. طریقتی در راه سفارشاتی به صدرا کرد و قرار شد آرام‌آرام روی آزاد کردن سندها کار کنند.

صدرا آزاد شد ولی زندگی برای ما خیلی سخت شد. همه‌ی آن‌هایی که سندهایشان را گذاشته بودند نگران بودند و هر روز سراغ کار صدرا را می‌گرفتند. همگی حق داشتند ولی نگاه‌های شماتت‌آمیز و حرف‌های دوپهلو برای من بود. همه فکر می‌کردند من صدرا را وادار کرده‌ام این کار را بکند. صدرا اصرار داشت من با بچه‌ها از ممکلت خارج شوم تا بعد او هم به ما ملحق شود. نمی‌دانستم چطور می‌خواست این کار را بکند ولی دیگر از نقشه‌های عجیب و غریب او خسته شده بودم. می‌دانستم اگر ایران را ترک کنم حرف و حدیث بیش‌تر خواهد شد. دور و بری‌ها خواهند گفت سند آن‌ها گروست و من می‌روم خارج زندگی کنم. ولی صدرا دست از اصرار برنمی‌داشت. او می‌خواست خیالش از بابت ما راحت باشد. می‌گفت اگر مشکلش بیخ پیدا کند تنهایی از مرز خارج شدن برایش راحت‌تر خواهد بود تا بخواهد پنج نفر را فراری بدهد. در کمال ناباوری سفارت انگلیس به ما ویزا داد. زندگی را جمع کردم و از ایران خارج شدم. بعد از یک هفته بنا به توصیه‌ی صدرا درخواست پناهندگی کردم و به سرعتی باورنکردنی مرا پذیرفتند؛ یک زن تنها با سه بچه مورد قابل قبولی برای پناهندگی بود. این پذیرش در شرایطی بود که شهرو، الوند و دختر شکیبا هر کدام بعد از شش تا ده سال اقامت هنوز وضعیت اقامتی ثابتی نداشتند. قدم بعدی بیرون آمدن از خانه‌ی شهرو و گرفتن جایی برای خودم بود. اداره‌ی پناهندگی چند جایی را پیشنهاد کرد و من همه را به بهانه‌های مختلف رد کردم. هر کدام برای خود مشکلی داشتند. اتاق‌های تاریک و بدون آفتاب، بوی نم و رطوبت، پله‌های زیاد سیخکی و باریک که من باید بچه‌ها و کیسه‌های خرید را روی آن‌ها خِرکِش می‌کردم، محله‌های خیلی بد و خطرناک و بدتر از همه‌ی آن‌ها کپک، که برای سلامتی بچه‌ها مناسب نبود. سرانجام خانم سیاه خوشگلی که مأمور پناهندگی بود کلید آپارتمانی را گذاشت جلوی من و گفت این آخرین پیشنهاد اوست. یا قبول می‌کنم و یا شب در خیابان می‌خوابم. نباید می‌گفتم خواهرم جا دارد و می‌تواند ما را در منزلش نگه دارد. خوشبختانه آپارتمان در یک خیابان بسیار خوب بود و طبقه‌ی اول. اتاق‌ها مثل کوپه‌های قطار پشت سر هم بودند. اولین کوپه آشپزخانه بود. بعد اتاق نشیمن، بعد اتاق خواب اول، به‌دنبالش اتاق خواب دوم و در انتها حمام. اسم آپارتمان را گذاشتیم قطار. کمی اثاث به کمک الوند داخل آن ریختیم و از همان روز اول که کلید را گرفتیم ساکن آن‌جا شدیم. تلویزیون نداشتیم و سرگرم کردن بچه‌ها کار سختی بود. تمام روز را با کمک بچه‌ها به تمیز کردن قطار گذراندیم

و شب خسته رفتیم روی تخت من که دونفره بود و چهار تایی دراز کشیدیم تا من برای بچه‌ها داستان‌های خنده‌دار تعریف کنم و آن‌ها آرام‌آرام بخوابند. الوندگفته بود پنجره‌های قطار را باید شب‌ها ببندم. پنجره‌ها هم مثل پنجره‌های قطار بود ولی الوند می‌گفت خیلی‌ها واردند که چطور قفل این پنجره‌ها را هم، که تا نیمه باز می‌شوند، بشکنند و وارد آپارتمان شوند. توماج و توفان خواب‌شان برده بود ولی تابان هنوز بیدار بود که ما صدای جیغ و فریاد شنیدیم. پنجره‌ها بسته بودند ولی صدا به راحتی به گوش می‌رسید. صدا از طبقه‌ی بالا می‌آمد. زنی کوپه به کوپه می‌دوید و فریاد می‌کشید و کمک می‌خواست و مردی به دنبالش بود. تابان ترسیده بود. آرامش کردم و گفتم به ما مربوط نیست. باید تلاش کنیم به روی خودمان نیاوریم. گوش‌هایش را گرفتم و با موهایش بازی کردم تا به خواب رفت. خوشبختانه بالایی‌ها هم ساکت شدند. گرچه هنوز صدای گریه‌ی زن می‌آمد. به اتاق نشیمن رفتم. روی مبل چمباتمه زدم و آرام گریه کردم. فکر می‌کنم همان جا چرتم برده بود که صدای زنگ تلفن بیدارم کرد. قبل از دعوای همسایه با شهرو و الوند حرف زده بودم. دیگر کسی را نداشتم تا به من زنگ بزند. گوشی را برداشتم. آقای جباری بود. دوست شوهر شهرو که با هم رفت‌وآمد خانوادگی داشتند. یکی دو باری او را منزل شهرو دیده بودم. یک بار هم آن‌ها ما را به منزل‌شان دعوت کردند. قیافه‌ی تابلوی سفارتی‌ها را داشت. با ادبیات همان نوع آدم‌ها حرف می‌زد. زن و دو بچه داشت. کم و بیش هم‌سن و سال‌های بچه‌های شهرو. نگاه هیز بدی داشت که نه از من دریغش می‌کرد نه از شهرو. از او خوشم نمی‌آمد. سلام و علیکی کرد و گفت که می‌خواسته بداند من راحت هستم یا نه. صدایم گرفته بود و بغض داشت. خیلی مختصر برایش از سر و صدای همسایه گفتم. یک‌باره گفت:

- من الان میام اون‌جا پیش شما.

با دستپاچگی گفتم:

- نه نه. دیگه باید بخوابم. سر و صدایی هم نیست. باید زود بیدار بشم و بچه‌ها را ببرم مدرسه.

مدرسه‌ی بچه‌ها نزدیک خانه‌ی شهرو بود و من باید دو خط اتوبوس و دو خط مترو عوض می‌کردم تا به مدرسه برسم. گفت:

- خب من میام و صبح هم خودم می‌برم‌شون.

منظورش را نفهمیدم. یعنی خودش را برای خواب به منزل من دعوت می‌کرد!

- نه به‌هیچ‌وجه احتیاجی نیست. من می‌خوابم. راستی شماره‌ی این‌جا رو

از کی گرفتید؟

- خیالت راحت باشه. از شهرو خانم نگرفتم. باید بدونی که برای من کاری نداشت شماره‌ی شما رو پیدا کنم.

به خوبی منظورش را از جمله‌ی آخر فهمیدم. او مأمور اطلاعات سفارت بود. به یقین شوهر شهرو هم که مدت خیلی کوتاهی تا بازنشستگی‌اش باقی مانده بود از ترس این‌که گرفتاری برایش پیش نیاید به روی خودش نمی‌آورد که این شخص کیست و دوستی را در حد متعارفی نگه داشته بود. گرچه من همان را هم زیادی می‌دانستم. ولی این از آن مواردی بود که من مثل همیشه نمی‌توانستم درباره‌اش با کسی حرف بزنم. اولین نفر شوهرخواهر خودم بود که باور نمی‌کرد من خودم شماره تلفنم را به آن شخص نداده باشم. می‌گویند آدمی که مورد تجاوز جنسی قرار می‌گیرد از ترس این‌که دیگران باورش نکنند یا او را مقصر بدانند به کسی چیزی نمی‌گوید و همین سبب می‌شود متجاوز به تجاوزش ادامه دهد. آقای جباری برای چند شبی مرتب زنگ می‌زد. شب اول مجبور بودم گوشی را بردارم چون نمی‌دانستم شهروست یا الوند یا کسی از ایران. ولی اگر دیروقت بود دیگر جواب نمی‌دادم. صدایش مثل قیافه‌اش چندش‌آور بود و همیشه یک جمله‌ی تکراری داشت: «تنهایی؟ چرا نمی‌ذاری بیام از تنهایی درت بیارم؟» و بعد که پاسخی نمی‌گرفت تن صدایش عوض می‌شد: «بچه‌ها تنهان. هیچ جایی نمی‌رن. اجازه بده حداقل بیام و اون سه تا بچه رو از تنهایی دربیارم. ببرمشون گردش». من تشکر و خداحافظی می‌کردم. یکی دو بار به شهرو و شوهرش پیله کردم که چرا با این آدم رفت‌وآمد می‌کنند؟ شوهرش برافروخته شد و گفت آن‌ها هنوز به ایران رفت‌وآمد دارند و این شخص می‌تواند برایشان مشکل ایجاد کند. راست می‌گفت. هر کسی می‌توانست برای دیگری به راحتی و بی‌دلیل پاپوش بدوزد و دست آدم هم به هیچ جایی نرسد. دکتر کشاورز بیش‌تر از صدرا زنگ می‌زد و حالم را می‌پرسید. درست مثل وقتی که در فرانسه بودم و اردوان بیش‌تر از صدرا زنگ می‌زد.

- اونجا چی کار می‌کنی؟ آخه دختر خوب تو رو برای غربت نساختند. ول کن برگرد.

- چطوری برگردم؟ بعد از این همه خرج. بعد از این‌که به راحتی این‌ها به من جا و مکان دادند. بیام بگم نتونستم بمونم؟

- خب آره. چه اشکالی داره؟ مگه نه این‌که به صدرا ویزا ندادند.

- آره. دیروز فهمیدم. گفته برای تجارت می‌خواد بیاد. اون‌ها هم گفتند

هر وقت همسرت و بچه‌هات برگشتند تو می‌تونی بری.

- خب خانم خانما این طوری که نمی‌شه. می‌خوای تو اون‌جا بمونی اونم این‌جا؟ اون بچه‌ها بچه‌های اونم هستند.

- فرهاد تو یکی دیگه این حرف رو نزن. آن‌قدر از زندگی ما دور بوده که بچه‌ها حتی دلتنگش هم نیستن. تازه خودش خواست. مگه به زور ما رو نفرستاد؟ تمام زندگیش حرف حرفِ خودش بود و لاغیر. اگر آیه از آسمون نازل می‌شد اون تصمیمش رو عوض نمی‌کرد.

تلفن‌های فرهاد مرا دل‌تنگ می‌کرد. تا بالاخره صدرا گفت می‌رود شارجه و از آن‌جا می‌آید. گویی سفارت انگلیس در شارجه اطلاعات ما را ندارد! دست‌کم دو سال طول می‌کشید و در این دو سال نه ما می‌توانستیم برویم و نه او می‌توانست بیاید. بد جایی گیر کرده بودم. مامان نگران ما بود و می‌گفت باید همگی پیش هم باشیم. از طرف دیگر شهرو می‌گفت من به زندگی راحت عادت کرده‌ام و برایم سخت است آن‌جا زندگی کنم. از زندگی راحت چه می‌توانستم به او بگویم. در تمام عمرم شهرو سرش را گذاشت روی شانه‌های من و برایم درد دل کرد. از وقتی که من یک دختر دبستانی بودم و او یک دختر دانشگاهی. از عشق‌های مختلفش برایم گفت و مرا با خودش به این ور و آن ور برد تا مامان به او گیر ندهد. من هیچ وقت حرف‌های او را برای کسی بازگو نکردم. شهرو نمی‌دانست من گاه تا چه اندازه نیاز داشتم با کسی حرف بزنم ولی هیچ وقت از لحظات و اتفاقات تلخ و یا شیرین خودم برای او نگفتم. آن موقع که دختربچه‌ای بیش نبودم هیچ نگفتم چه برسد به حالا که خودم خیلی از ترس‌ها را تجربه کرده‌ام و یاد گرفته‌ام چطور از پسشان بربیایم. می‌دانستم از پس آقای جباری هم بر خواهم آمد طوری که کباب بسوزد ولی سیخ نه. نمی‌خواستم لطمه‌ای به زندگی شهرو وارد شود. هر روز بیش‌تر از روز پیش دلم می‌خواست به ایران برگردم. دلایل زیادی داشتم. آن‌چه مرا خیلی آزار می‌داد موقعیت صدرا بود. او تلاش می‌کرد به من بگوید نگران نباشم و مشکلش حل خواهد شد ولی من نمی‌توانستم باور کنم. مرتب هم می‌شنیدم که مردم سندهایشان را می‌خواهند. بدتر از همه‌ی این‌ها، اگر صدرا را می‌گرفتند چه می‌شد؟ صدرا کسی نبود که از سند مردم بگذرد و فرار کند. ولی اگر به زندان می‌افتاد چه کسی می‌توانست دنبال کار او بیفتد؟ تا همان جا هم تنها یک خواهرش بود که شماتتش نمی‌کرد. حتی برادرزاده‌ها و خواهرزاده‌ها به حرف درآمده بودند و وکیل پدرها و مادرهایشان شده بودند. همه هم حق داشتند.

طعنه‌هایشان را می‌شنیدم که می‌گفتند زن و بچه‌هایش راحت دارند در لندن زندگی می‌کنند در شرایطی که هر لحظه ممکن است آن‌ها را از خانه‌هایشان بیرون بیندازند. یک روز تصمیم خودم را گرفتم. بچه‌ها تعطیل بودند. آن‌ها را پیش شهرو گذاشتم و به اداره‌ی مهاجرت رفتم. البته دو ساعتی با شهرو بگومگو کردیم. راهی بسیار دور بود که خوشبختانه بدون این‌که گم شوم به موقع رسیدم. رفتم تا پاسپورتم را پس بگیرم و به ایران برگردم. در صف طویلی ایستاده بودم. می‌دانستم ساعت‌ها باید آن‌جا معطل باشم. به فاصله‌ی دو یا سه نفر بعد از من یک آقای جوان خوش‌قیافه و خوش‌اندام ایستاده بود. به نظرم آمد باید اسپانیایی باشد. رفتم آب بخورم که دیدم او جای مرا گرفت. به طرفش رفتم و به انگلیسی اعتراض کردم چرا این کار را کرده که او به فارسی جواب داد جا را برای من نگه داشته است. شرمنده شدم. هنوز نیم ساعت نگذشته بود که ما مثل دو دوست قدیمی که مدت‌هاست هم‌دیگر را ندیده‌اند ماجراهای زندگی‌مان را برای هم گفتیم. اسمش ارسطو بود و داشت بعد از بیست سال برمی‌گشت ایران. می‌گفت خسته است. از مهاجرت، از هوای انگلیس و از سردی مردمش. کتاب «ابراهیم در آتش» در دستم بوده که او می‌فهمد ایرانی هستم. می‌گفت او هم فکر کرده بود من اسپانیایی هستم. از پدرش برایم گفت که توده‌ای بود و قبل ازانقلاب از ترس این‌که زمانی برای پسرش مشکلی پیش بیاید او را به انگلیس فرستاده بود. او هم درس خوانده و مهندس شده بود و هم‌چنان مجرد باقی مانده بود. گفت خانواده هم برایش خواب دیده‌اند. پنج ساعت در اداره‌ی مهاجرت با هم بودیم. چندین بار قهوه و بیسکوئیت خوردیم. در این پنج ساعت هر دو نفر زندگی‌مان را دوره کردیم و سرانجام هر دو پاسپورت به دست در حالی که خوشحال بودیم دیگر زیر پرچم ملکه نیستیم اداره‌ی مهاجرت را ترک کردیم.

در این مدت من چند باری به شهرو زنگ زدم و گفتم در چه موقعیتی هستم. ولی وقتی کارم تمام شد به او خبر ندادم چون می‌خواستم با ارسطو بروم و غذایی بخوریم. هر دو سخت گرسنه بودیم. هوا گرفته بود. ارسطو خواست در منزلش غذا بخوریم. سر راه غذای چینی گرفت. نمی‌دانم چرا پذیرفتم به منزلش بروم. اگر با ارسطو نمی‌رفتم به یقین زودتر به منزل می‌رسیدم. ارسطو به اندازه‌ی کافی در انگلیس زن دیده بود که با دیدن یک زن، آن هم با سه بچه، دست‌پاچه نشود و تنها از مصاحبت آن زن لذت ببرد. ما هر دو در یک نقطه از زندگی به هم رسیده بودیم: برگشتن به وطن؛ البته با سال‌ها اختلاف.

او تشنه‌ی شنیدن از ایران بود و من بی‌تاب مرور لحظه‌ها. او می‌پرسید و من شاید با شیطنت سیر و پیاز داغش را زیاد می‌کردم تا او بیش‌تر مشتاق برگشت شود. وسایلش را به دقت بسته‌بندی کرده بود. تنها طوطی زیبایی را با خود نمی‌بُرد که قولش را به آخرین دوست‌دخترش داده بود. بعد از دو ساعتی او مادام بوواری را به منزل شهرو رساند. کسی سوال‌پیچم نکرد چطور برگشتم. همه به نوعی دلخور و در فکر بودند. ولی من آرامش داشتم چون پاسپورتم را پس گرفته بودم. خوشبختانه هنوز مُهر پناهندگی به آن نخورده بود. آن‌ها مرا قبول کرده بودند ولی پرونده باید پروسه‌ی خودش را طی می‌کرد. ارسطو از من خواسته بود روز بعد به او زنگ بزنم. دلش می‌خواست بچه‌ها را ببیند. مثل دو دوست خیلی قدیمی بودیم که بعد از مدت‌ها به هم رسیده‌اند. گاه زمان خیلی کوتاهی لازم است تا به کسی اطمینان کنی و گاه حتی پس از گذشت سال‌ها هنوز نمی‌دانی در کجای یک دوستی ایستاده‌ای. ارسطو به سراغ ما آمد و پنج تایی به اتفاق پسر شهرو به پارک رفتیم. پسر شهرو باور نمی‌کرد که ارسطو قصد بازگشت دارد. می‌گفت مثل این است که یک انگلیسی تمام‌عیار برود و در ایران زندگی کند. آن دو با هم‌دیگر و با بچه‌ها کلی فوتبال بازی کردند. عصر هم ما را جلوی آپارتمان شهرو پیاده کرد. وقت خداحافظی گفت:

- شانی، بگم الان آرزوم چیه؟
- حتماً.
- آرزوم اینه که تو رو زودتر دیده بودم.

خندیدم و گفتم:

- و چی می‌شد؟
- هر دو می‌موندیم.
- ارسطو جان. تلاش کن مثل ارسطو فکر کنی.

و باز نیشخندی زدم. جواب داد:

- من هیچ وقت منطق نداشتم. شنیدی که می‌گن برعکس نهند نام رومی زنگ. البته بگذریم که بابام به یاد یکی از هم‌قطاراش اسم منو گذاشت ارسطو.
- فهمیدم. همان موقع که گفتی پدرت توده‌ای بودند. ارسطو ستوان ارتش بود.
- چیزی هست که تو ندونی؟
- آره. این‌که شما مردا چطوری به این سرعت عاشق می‌شید؟

- من ایران منتظرت هستم.
- باشه. به شرطی که کارت عروسی یادت نره.

•••••

ناگهان تابستان گذشته، دکتر سهرابی بعد از چند ماهی که از آشنایی ما می‌گذشت یک روز چوق‌الفی را به من هدیه داد که خودش آن را نقاشی کرده بود و با خط خوش روی آن نوشته بود: «شانی قدرت عجیبی در شاد کردن انسان‌ها دارد». با دلبری آن را نشان ادیب دادم.

•••••

طی چند روزی که باید خانه را خالی می‌کردم و تا روز، یا بهتر بگویم همان دقیقه‌ی پرواز، با شهرو جر و بحث داشتیم. او پرچم انگلیس را هوا می‌کرد و من پرچم ایران را. تمام مدت کارمان شده بود مقایسه‌ی این دو کشور. چیزی که به‌هیچ‌وجه به قیاس درنمی‌آمد. ولی شهرو، اولین عضو خانواده که حجاب به سر کرد و تا مدت‌ها با شکیبا به دلیل شاه‌پرستی‌اش قهر بود، یک خانم انگلیسی دوآتشه شده بود و من هنوز خون ایرانی در رگ‌هایم بود. آخرین جمله‌اش در فرودگاه این بود:

- پشیمون می‌شی. توی همون فرودگاه با دیدن اولین مأمور پشیمون می‌شی. برام تعریف کن.

ولی آن‌قدر همدیگر را دوست داشتیم که می‌دانستم منظورش از پشیمانی آزار دیدن نیست.

چهار روز به برگشتنم مانده بود. به یکی از دوستان ادیب زنگ زدم. نمی‌دانم چرا باز این کار را کردم. نویسنده‌ی معروفی که بعد از انقلاب، به دلیل موقعیت مالی خوبی که داشت، با خانواده‌اش ساکن انگلیس شده بود. من عاشق یکی از رمان‌های او بودم و دلم می‌خواست این را حضوری به او بگویم. تشنه‌ی شنیدن از زندگی خیلی‌ها بود. قرار ناهار گذاشتیم. خیلی از ادیب، آقای گرمسیری و آقای آزاد پرسید. طوری برخورد کرد که گویی مرا از قدیم می‌شناسد. شاید پیرو همان جمله‌ی جادویی: «دوست ادیب دوست منه» بود. بعد از ناهار با هم در یکی از خیابان‌های زیبای لندن قدم زدیم تا من به قطار برسم.

گِله کرد چرا این‌قدر دیر به او زنگ زده‌ام و نصیحتم کرد به ایران برنگردم و در لندن بمانم. گفت در حال باز کردن یک مرکز فرهنگی برای ایرانیان مقیم لندن است ولی به دلیل گرفتاری نمی‌تواند آن‌جا را اداره کند و اگر من بمانم می‌توانم به او کمک کنم و بعد مدیر آن مرکز شوم. پول خوبی هم پیشنهاد کرد.

- بیا همین الان بریم و بلیتت رو همین سر نبش کنسل کنیم.ایران چیه بابا؟

با بغض گفتم:

- آقایِ «زن‌ها تکرار می‌شوند» شما چرا این حرف رو می‌زنید؟ من عاشق آسفالت‌های تهرانم. من با مردی که دوستش داشتم روی آسفالت‌های تهران قدم زدم. شما فکر می‌کنید چقدر باید در خیابان‌های ملکه قدم بزنم تا یک جایی برام تبدیل به خاطره بشه؟

زن‌ها تکرار می‌شوند؛ زیباترین و معروف‌ترین کتاب او بود. آن روز هم کلی کتاب با خودش آورده بود تا من به ایران ببرم. گفت:

- شانی. من فکر می‌کردم حالا با یک خانم زِستی مدل خود ادیب روبه‌رو می‌شم. ولی تو زنِ غیر قابل تکراری. از دیدارت خیلی خوشحال شدم.

بعد ساک چرخداری را به دستم داد و گفت سه سری کتاب داخل ساک هست. یک سری برای ادیب. یک سری برای آقای آزاد و یک سری برای من.

- سری سوم کم‌تر از بقیه است. راستش قبل از آشنایی با تو بود. فقط جهت ادب آوردم.

صبح روز بعد زنگ زد و گفت تا صبح با همسرش به یاد آسفالت‌های تهران گپ زدند و خندیدند. من هر سه سری کتاب را در ساکی که کتاب‌های دیگر را گذاشته بود جا دادم.

حق با شهرو بود. در همان بدو ورود در فرودگاه آزار دیدم. من با کلی چمدان بازگشتم. چون با کلی چمدان رفته بودم. رفته بودم که زندگی دیگری را در آن‌جا آغاز کنم. خیلی چیزها با خودم برده بودم. حالا با همه‌ی آن‌ها به اضافه‌ی سوغاتی، لباس‌های تازه‌ای که خریده بودیم و کلی کتاب برمی‌گشتم. بچه‌ها حسابی خسته شده بودند. نیمه‌شب به تهران رسیدیم و آن‌ها کمابیش از خواب بیهوش بودند. چندین ساعت در فرودگاه لندن بودند. بعد هم پرواز و به دنبالش صف پاسپورت. به صف بازرسی چمدان‌ها نرفتم. سرم را انداختم پایین از چراغ سبز گمرک رد شوم که مأموری با ابروان پیوندی و ریش انبوه مشکی جلویم را گرفت و گفت:

- هی خواهر. کجا با این همه بار؟

رفتم نزدیک و سرم را درست بردم روبه‌روی صورتش و گفتم:

- ببین آقا. من با این سه تا بچه رفته بودم که خارج بمونم و اون‌جا زندگی کنم و هرگز هم به ایران برنگردم. ولی برگشتم. می‌دونی چرا؟ چون این‌جا رو بیش‌تر دوست دارم. اومدم به قول شما سنگر خودم رو حفظ کنم. اعتراض تو و بددهنی دیگری هم نمی‌تونه منو از این‌جا جدا کنه. این زندگی‌ایه که با خودم بردم و حالا هم برش گردوندم. الان هم می‌رم تو صف قرمز می‌ایستم تا خیال تو یکی راحت بشه که چیزی ندارم.

وقتی گفتم آمدم سنگرم را حفظ کنم لبخندی خودی به لبش نشست و گفت:

- خب بفرمایید برید. من فقط وظیفه‌ام رو انجام می‌دم.

از او تشکر کردم ولی همین که چرخ را به راه انداختم مرد میانسالی با جثه‌ی کوچک و ریش بزی جلو آمد. موهای جلوی پیشانی‌اش ریخته بود و یک کت و شلوار بزرگ‌تر از خودش به تن داشت. با لحن تندی پرسید:

- کجا؟
- این آقا گفتند می‌تونم برم.
- نخیر. برید اون طرف. باید بازرسی بشید.

در حالی که دور می‌شد زیر لب غرغر کرد:

- عجب پررو هستند این مردم. با ده تا چمدون اومده می‌خواد راست‌راست هم از این در بره بیرون.

فکر کردم منظور شهرو از پشیمانی همین جا و همین لحظه بود. رفتم و در صف چراغ قرمز ایستادم. صفی که احتمال می‌رفت مسافران باید عوارض گمرکی بدهند. بچه‌ها خسته بودند. توماج در بغلم خوابش برده بود. توفان را ـ که خوابیده بود ـ گذاشته بودم روی چمدان‌ها و تابان هم محکم پایم را گرفته بود. می‌دانستم بیرون همه منتظر من هستند. نوبت من شد ولی آن مأمور ریش بزی آمد جلوی مأموری که قرار بود چمدان‌های مرا بازرسی کند و گفت خودش می‌خواهد بار مرا ببیند. به او گفتم: «آقا بچه‌های من خسته‌اند اگر می‌شه...» که بی‌اعتنا به من رفت. بارها رفت و آمد و با بی‌اعتنایی کامل از جلوی من گذشت. هیچ معلوم نبود چرا قصد کرده بود تا مرا آزار بدهد. انگار کار هر روزش بود به کسی گیر بدهد و حالا نوبت من بود. صدایم درآمد که در کشورهای دیگر می‌گویند اول آن‌هایی که بچه دارند بیایند جلو. احمقانه بود که از امری به‌هنجار و عادی مثال بیاورم. این‌جا آجر بر آجر سوار نبود.

بچه‌های بیچاره باید توی صف‌ها از پا دربیایند. مأمور اولی که نمی‌دانم پاسدار بود، بسیجی بود یا سرباز وظیفه به سراغم آمد و پرسید چرا هنوز منتظرم. گفتم طرف دارد اذیت می‌کند. به بچه‌ها نگاهی انداخت، سری تکان داد و رفت. دوباره صدایم درآمد که از همین دم در می‌خواهند حتی بچه‌ها یاد بگیرند قرار است با چه کسانی طرف باشند. کمابیش همه‌ی کارکنان گمرک به من نگاه می‌کردند و گویی به‌خوبی می‌دانستند من در تاری افتاده‌ام که فقط خود آن عنکبوت می‌تواند راهی برایم باز کند. چند تا پرواز پشت سر هم آمدند. تابان یک‌مرتبه روی زمین سر خورد و از حال رفت. فهمیدم این مدت ایستاده خوابیده بود. بالاخره آقای ریش‌بزی آمد و خیلی بی‌ادبانه گفت چمدان‌هایم را بگذارم بالا روی میز بازرسی. توماج را گذاشتم روی میز که صدایش بلند شد:

- چرا بچه رو می‌ذاری این‌جا؟ گفتم چمدون‌ها رو بذار.
- آقا من دو تا دست بیش‌تر ندارم. نمی‌تونم هم بچه رو که توی بغلم خوابه نگه دارم و هم چمدون رو بذارم اون بالا. شما انگار نمی‌بینید که بچه‌های من چه وضعیتی دارند. به اندازه‌ی سه تا پرواز منو این‌جا نگه داشتید. انگار من تاج ملکه‌ی انگلیس رو با خودم آوردم.

خوشبختانه قبل از این‌که بتواند جواب بدهد دیدم اوستا، پسر شکیبا، که از دربان اجازه گرفته بود، خودش را به ما رساند.

- خاله چی شده؟ چرا آنقدر طول دادید؟

می‌دیدم که آقای ریش‌بزی دارد این پا و آن پا می‌کند باز هم فرار کند. زیپ چمدان را باز کردم و به اوستا گفتم بچه‌ها را با خودش ببرد بیرون. توماج و توفان را به بغل گرفت. تابان را هم بیدار کرد و به دنبال خودش راه انداخت و به کمک همان جوان اولی از آن‌جا بیرون رفتند. آقای ریش‌بزی دو تا چمدان را دید و تاج ملکه را پیدا نکرد. به سراغ ساک کتاب‌ها رفت که ساک بزرگی هم بود. با اخم پرسید داخل آن چیست؟ این‌جا بود که پشتم یخ کرد. ناگهان آن سه سری کتاب آمد جلوی چشمانم. من خامی کرده بودم و آن‌ها را چک نکرده بودم. با دستپاچگی گفتم:

- کتاب. همش کتابه.
- این همه کتاب! چی هستند؟
- همه جور کتابی. کتاب‌های درسی بچه‌هام. کتاب‌های درسی خودم. حافظ، سعدی، شمس، نیما، شاملو... لابد می‌شناسید نه؟

کتاب‌هایی که از دوست ادیب گرفته بودم زیر همه‌ی کتاب‌ها بود. در ساک را

باز کرد و خواست کتاب شمس را بردارد ولی انگشت‌های کوتاهش همراهی نکرد و کتاب افتاد سر جایش. زیپ ساک را کشید و گفت که می‌توانید بروید. می‌خواستم خفه‌اش کنم. آخر چرا؟ راه افتادم و رفتم در آغوش خانواده؛ به جز صدرا که حضور نداشت. او طبق معمول، به منظور بیگاری برای شرکایش در مأموریت بود. باقی همه خوشحال بودند و می‌گفتند: «کفتر جلد باز هم برگشت». زندگی بلافاصله شروع شد. باید به دنبال کار می‌رفتم. دوستی کاری را در مرکزی هنری پیشنهاد کرد. برای مصاحبه رفتم. بسیار ساده و بدون هیچ آرایشی. ولی با روپوش و روسری نه مقنعه. بعد از مصاحبه رئیس آن مرکز گفت من همه‌ی امتیازات را دارم ولی با آن ظاهر نمی‌توانم سر کار بروم. با تعجب پرسیدم مگر ظاهر من چه اشکالی دارد؟ او در کمال تعجب گفت رنگ روپوش و شلوارها، روسری و حتی کیف و کفش من با هم هماهنگی دارند. بی درنگ خداحافظی کردم و دیگر به آن‌جا برنگشتم. من با خنده پای تلفن این‌ها را برای شهرو تعریف می‌کردم و او هر بار شروع می‌کرد به گفتن اگرها و مگرها. چهار ماه در خانه ماندم و مکرومه می‌بافتم و به دوست و فامیل می‌فروختم. کناره‌های دستانم پینه بسته بود. کار بیهوده‌ای هم بود چون طناب و وسایل مکرومه به خودی خود گران بودند. نمی‌دانستم آیا فرهاد کسی را گرفته و یا این‌که هنوز به وجود من در کتابفروشی احتیاج دارد؟ به دیدارمان آمده بود ولی هیچ کدام اشاره‌ای به این موضوع نکرده بودیم. برای مجله‌ای نقد تئاتر می‌نوشتم و برای هر شماره هم معرفی داشتم از موزه‌های جهان. پولی هم در کار نبود. باز به پیشنهاد یکی از دوستان اجرای برنامه‌ای رادیویی را به عهده گرفتم. معرفی کتاب در برنامه‌ی شب رادیو. این دو کار آخری را دوست داشتم. تا این‌که یک روز کارگردان برنامه از من پرسید آیا من زنجیر به پا دارم؟

- بله. چطور مگه؟
- حراست منو خواسته. البته نه برای زنجیر پای شما بلکه به دلیل دیگری و بعد تذکر داده که به شما بگم زنجیر پاتون رو دربیارید.
- به حق چیزهای ندیده. اون زنجیر رو چطوری دیدند؟ یک زنجیر بسیار نازکه. تازه من همیشه جوراب خیلی کلفت به پا می‌کنم و روی جوراب هم شلوار دارم. اون چشم‌ها به دنبال چه تصوراتی بودند که زنجیر پای منو دیدند؟

•• ••• ••

ناگهان تابستان گذشته، سال پنجاه و هشت بود که برای گرفتن پاسپورت جدید با مشکلی روبه‌رو شدم و مجبور شدم به وزارت امور خارجه بروم. زنی که مأمور بازرسی زنان بود آن‌چنان دست به بدن من می‌کشید که حالت تهوع به من دست داده بود و طبق معمول صدایم هم درنمی‌آمد. آدم‌های متجاوز، چه زن و چه مرد، چه خوب می‌دانند انسان‌های ضعیف در چنین مواقعی صدایشان درنمی‌آید. وقتی حالت تهوع به فعل درآمد مرا رها کرد. خودم را به میز خانمی رساندم که مسئول کارم بود. رنگ به صورت نداشتم. آن خانم پرسید حالم خوب است یا نه و برایش ماجرا را گفتم. گفت امضاء جمع کرده‌اند و به زودی آن زن اخراج خواهد شد. معلوم شد صابون تن این زن به تن تمام خانم‌هایی که در آن وزارت‌خانه کار می‌کردند خورده است.

•••●•••

کار رادیو را رها نکردم. ولی کار نقد و مکرومه را کنار گذاشتم چرا که فرهاد خواست به کتاب‌خانه‌اش برگردم. این پیشنهاد بسیار به موقعی بود چون یک روز بعدازظهر صدرا با دو ساک پلاستیکی و مقداری کتاب به منزل آمد و گفت دیگر سر کار نمی‌رود. سرانجام با شریکش به هم زده بود. گفت: «شانی باید از صفر شروع کنیم». هیچ نگفتم «چقدر گفتم». این چقدر گفتم‌ها فقط می‌توانست منجر به دعوا و مرافعه شود، تازه چه سود! در این مدت چند باری صدرا مجبور شد به دادگاه انقلاب سر بزند و هر بار من باید با ترس و لرز منتظر می‌شدم تا او برگردد. تب خارج از کشور رفتنِ مردم تمامی نداشت.

در این میان سیمین دوست خوب من هم تصمیم گرفته بود برود کانادا. از صدرا خواست که بگذارد من با او به سوریه بروم. البته این خواسته‌ی سیمین نبود بلکه شوهرش این طور می‌خواست. اگر من با سیمین نمی‌رفتم اجازه نمی‌داد او برود. سیمین عاشق زندگی در کانادا بود. هر دو راهی سفر شدیم. سیمین بلیت ما را با یک تور زیارتی گرفته بود. البته همیشه هم کسانی بودند که فقط برای گرفتن ویزای کانادا با این تورها می‌رفتند. به همین خاطر بعضی‌ها می‌گفتند «تورهای زیارتی ویزای کانادا». به هتلی معمولی رفتیم. هتلی که نود درصد مسافرانش زائرین بودند. روزی دو بار آخوندی که سرپرست تور بود در وسط سالن غذاخوری کلاس اخلاق و قرآن به پا می‌کرد و انتظار داشت آن‌هایی هم که برای زیارت به آن‌جا نرفته‌اند بنشینند و به حرف‌های او گوش بدهند.

سیمین شب اول ترسید سالن را ترک کند ولی من به او گفتم ما می‌توانیم برویم. زودتر از معمول به اتاق رفتیم. پنجره‌ی اتاق ما از یک طرف مشرف بود به ساختمانی تجاری و از طرف دیگر به پنجره‌های ضلع دیگر هتل. هوا خیلی گرم بود و ما وارد اتاق که شدیم لباس‌هایمان را درآوردیم و با بلوزهای رکابی‌ای که به تن داشتیم جلوی پنجره ایستادیم. سیمین سیگار می‌کشید ولی چون من از بوی سیگار بدم می‌آمد او جلوی پنجره می‌ایستاد که دودش را بیرون بدهد. چراغ اتاق را خاموش کرده بودیم و با هم حرف می‌زدیم. شب بود و در ساختمان تجاری هم کسی نبود. صبح روز بعد مدیر هتل که جوان عرب بسیار مودبی بود ما را صدا کرد و با شرمندگی به زبان انگلیسی از ما خواست وقتی در اتاق هستیم پرده‌ی اتاق‌مان را بکشیم.

-	چرا باید این کار رو بکنیم؟
-	حاج آقا گفتند.

با عصبانیت پرسیدم:

-	حاج آقا کیه؟
-	سرپرست تور.
-	همونی که هر روز معرکه می‌گیره این‌جا؟

سرش را پایین انداخت و با خنده‌ی محوی گفت:

-	بله.

از آن‌جایی که جوان بسیار محترمی بود با او وارد بحث نشدم و گفتم در اولین فرصت خودم با حاج‌آقا صحبت خواهم کرد. ما در خارج از اتاق‌مان رعایت حجاب را می‌کردیم در حالی که مجبور نبودیم. ولی سرک کشیدن داخل اتاق ما دیگر زیاده‌روی بود. صبح رفتیم سفارت کانادا و به اصرار سیمین من هم فرمی پر کردم. هر چه به او گفتم من دیگر قصد خارج شدن از ایران را ندارم او اصرار داشت اگر دو تایی قبول شویم من به خاطر آن‌ها خواهم رفت. بالاخره من هم فرم اولیه را داخل صندوق انداختم. بعد در خیابان‌های دمشق گردش کردیم و به هتل برگشتیم. حاج‌آقا پشت میزی نشسته بود و تا من خودم را به او برسانم دو سه نفر خانم دفتر و خودکار به دست به سراغش رفتند تا سوالات مذهبی‌شان را بپرسند. سیمین مرتب آستینم را می‌کشید و می‌گفت: «تو رو خدا ول کن. حالا تو کلاس اخلاق برای اون نذار». ولی من بی‌اعتنا به سیمین به سمت حاج‌آقا رفتم. سلام دادم و او با لحن مخصوص به این نوع آدم‌ها که اصرار عجیبی دارند تا ساده حرف نزنند، السلام و علیک کشیده‌ای به

من تحویل داد. بدون مقدمه رفتم سر اصل مطلب:

- آقای محترم، می‌دونید که ما جزو تور شما نیستیم. پس شما هیچ مسئولیتی در قبال ارشاد ما ندارید. اون شخصی که توی تاریکی دوربینش رو دیشب زوم کرده بود توی اتاق ما بهتره دیگه این کار رو نکنه. در غیر این صورت من از اون شخص و از شما به عنوان مدیر تور به پلیس شکایت خواهم کرد. اگر لازم باشه همین فردا هم هتل را عوض می‌کنم. ما فکر کردیم به دلیل وجود چنین تورهایی این هتل‌ها امنیت بیشتری دارند ولی طبق معمول اشتباه از خوش‌نیتی ما بود.

با لحن پرطمطراقی گفت:

- نه خانم عزیز. کسی دوربین نینداخته بود توی اتاق شما. شما بی‌حجاب بودید و می‌دونید که پنجره‌ها متاسفانه مشرف هستد به ساختمان تجاری.

- آقا! ساختمان‌های تجاری ساعت هشت شب همه خالی هستند. حتی آدم‌هایی که ساختمان‌ها را تمیز می‌کنند تا ساعت شش بیشتر کار نمی‌کنند. گذشته از این‌ها، اونجا اتاق ماست و ما توی این گرما با روسری و روپوش نمی‌خوابیم. اتاق ما مثل خونه‌مون حریم ماست. البته اگر شما به حریم خصوصی اعتقاد دارید.

قبل از این‌که جواب بدهد سرم را پایین انداختم و از حضورش مرخص شدم. صبح روز بعد رفتیم سفارت که نتایج روز قبل را روی دیوار ببینیم. در کمال تعجب من قبول شده بودم و سیمین پذیرفته نشده بود. گفتم بدون شک اشتباهی شده و به سراغ نگهبان سفارت رفتم. نگهبان با خوشرویی به من اطمینان داد امکان اشتباه وجود ندارد ولی اگر بخواهیم اجازه می‌دهد یکی از ما برود داخل سفارت و پی‌گیری کند. سیمین را هل دادم که برود. رفت و برگشت و معلوم شد نتیجه درست بوده. با وجود این برای من خوشحال بود که قبول شده‌ام. از آنجا به بازار دمشق رفتیم. خیلی تحویل‌مان نمی‌گرفتند. یا به دلیل این‌که ایرانی بودیم و یا به این دلیل که شیعه بودیم. گاه شد که به مغازه‌ای وارد شدیم و فروشنده که بیرون مغازه ایستاده بود حتی داخل هم نشد. در هر مغازه‌ای پشت سر فروشنده عکس بزرگی از حافظ اسد بود. دلم می‌خواست که بپرسم آیا گذاشتن این عکس از روی علاقه است یا از ترس. بالاخره در یک مغازه‌ی ساعت‌فروشی که از قضا فروشنده شیعه از آب درآمد کاشف به عمل آمد گذاشتن عکس حافظ اسد به دستور اداره‌ی مخابرات (امنیت) است

و اگر مغازه‌داری عکس را نداشته باشد مأمورهای مخابراتی حافظ اسد برایش مشکل به وجود می‌آورند. بعد سوال کردم چرا بیش‌تر مغازه‌دارها به ما بی‌اعتنا هستند و او گفت سنی‌های سوریه از شیعه‌ها بدشان می‌آید. به خصوص از شیعه‌های ایرانی. سیمین غرغر کرد چرا من این‌قدر فضول هستم ولی من همیشه دوست داشتم با مردم حرف بزنم. حاج‌آقا هنوز وسط سالن غذاخوری نشسته بود و با چهار خانمی که دوره‌اش کرده بودند حرف می‌زد. معلوم نبود چرا آقایان از حاج‌آقا سوالی نمی‌کردند. توجهی نشان ندادیم و به اتاق‌مان رفتیم. روز بعد به بازار میوه سری زدیم. زیتون‌ها در سینی‌های بزرگ مثل مرواریدهای سبز و سیاه برق می‌زدند. برکتی بود بی‌مقدار که ما را وسوسه کرد به دیدار یک باغ زیتون برویم. باغ خیره‌کننده بود. هر درخت زنی ثروتمند را می‌مانست که انبار انبار مروارید به خود آویزان کرده باشد و با آن برگ‌های همیشه سبز گویی درختان دیگر را به رقابت می‌طلبید. من زیتون دوست نداشتم ولی بعد از دیدن آن صحنه با میل زیتون به دهان می‌گذاشتم. سیمین از هیجان من به وجد آمده بود. باورم نمی‌شد در سرزمینی خشک با حرارت بالا بتوان چنین محصولی بار آورد. برایم طبیعی بود که در هوای مرطوب محصول خوب به بار بنشیند. ولی در دمشق می‌توانستم بگویم حیرت‌انگیز بود.

سرانجام آن یک هفته گذشت. حاج‌آقا هم عذرخواهی کرد که مأمور است و معذور وگرنه می‌داند ما خانم‌های محترمی هستیم. از آن‌جالب‌تر این که سراغ مارک خوب برای لباس زیر زنانه را می‌گرفت و برای چنین سوالی ما را واجد شرایط دانسته بود. سیمین آن‌چنان روی برگرداند که طرف حساب کار خودش را کرد. این خنده‌دارترین قسمت سفر ما بود. البته به قدری این آقا وقیح بود که در تهران هم ول نمی‌کرد و می‌خواست ما را با ماشین خودش برساند. گفتیم ما دو نفر سیبیل‌کلفت داریم که به دنبال‌مان می‌آیند. صدرا از خبر قبولی خیلی خوشحال شد. می‌گفت برای روز مبادا لازم می‌شود و باید به صورت یک امتیاز به آن نگاه کنیم. خیلی زود وقت مصاحبه رسید. به‌طوری که برای همه عجیب بود. سیمین می‌گفت این‌ها همه نشانه است و من باید از ایران بروم.

- شانی، تو تا حالا چندین بار رفتی و برگشتی. شاید خدا می‌خواد برای آخرین بار دری را برات باز کنه. می‌دونی مردم آرزو دارند جای تو بودند. یکی خود من. پشت نکن به این موقعیت.

سیمین به اندازه‌ی شوهرش مذهبی نبود ولی به هر حال اعتقاداتی داشت و می‌گفت خدا غضب خواهد کرد اگر من دنبال این راه نروم. البته من نمی‌فهمیدم

چرا ولی به هر حال دنبالش را گرفتم. برای مصاحبه صدرا هم باید حضور می‌داشت. ولی او ممنوع‌الخروج بود. قرار شد با یدک‌کش یکی از دوستانش به شارجه برود و از آن‌جا با کمک داماد همان دوست به سوریه سفر کند و بعد به من خبر بدهد تا هواپیما بگیرم و بروم. خیلی می‌ترسیدم ولی این کار انجام شد و من هم به موقع خودم را رساندم. در همان هتل قبلی برای دو روز جایی گرفتیم. درخواست‌کننده‌ی اصلی برای اقامت من بودم و ما این مرحله را هم گذراندیم و هر کدام به همان شکلی که آمده بودیم به ایران برگشتیم. دوری از مامان برای من خیلی سخت بود ولی دلم نمی‌خواست همان عاملی که باعث شد شهرو ایران را ترک کند به سرم بیاید.

ناگهان تابستان گذشته، شهرو تازه از کار به منزل آمده بود که شوهرش با رنگ پریده در پارکینگ خانه انتظارش را می‌کشید. لب‌هایش می‌لرزید و سیگاری را که گوشه‌ی لبش گذاشته بود به سرعت تکان می‌داد. شهرو ترسیده بود. ماشین را همان وسط پارکینگ رها کرده بود و با صدای بلند از شوهرش می‌پرسید بچه‌ها خوبند؟ بچه‌ها خوبند؟ و او هم با تکان سر جواب مثبت داده بود. بعد شکش رفته بود به مامان و دوباره داد زده بود که مامان طوریش شده؟ و باز شوهرش گفته بود همه خوبند.

- خب پس چی شده؟ اهواز رو زدند؟ داری دیوانه‌ام می‌کنی. حرف بزن.
- نه بابا. اهواز رو نزدند. بالا نشسته بودم یک پسر سیزده چهارده ساله با ژ-۳ و لباس بسیجی وسط اتاق پیداش شد. نمی‌دونم کی در رو به روش باز کرده بود! اومد توی اتاق. سلامی داد و گفت که اومده خواستگاری سوگل.
- تو دیوونه شدی؟ کسی دیوونه شده بود؟ یعنی چی؟
- پسره اون خونه‌ی روبه‌رویی می‌شینه. پدرش گاهی با من سلام و علیک می‌کنه. گفت سوگل رو دوست داره و اگر مخالفت کنیم....

بعد شوهر شهرو دیگر طاقت نمی‌آورد و می‌زند زیر گریه و ادامه می‌دهد: «... یا به زور می‌برتش و یا همه‌مون رو می‌کشه».

- غلط کرده. پدرش رو درمی‌یارم. تو هم همین طوری نشستی و به حرف‌های اون گوش دادی؟ سوگل همش یازده سالشه. تازه گیریم بیست سال، سی سال، مگه شهر هرته؟

ولی دیگر شهرو هم گریه می‌کرد. شوهرش گفت بچه‌ها ترسیده‌اند و بهتر است آرام بروند بالا. یک ساعت بعد شهرو زنگ زد و تمام ماجرا را یک بار برای من و یک بار برای مامان تعریف کرد. گفت تصمیم گرفته او و بچه‌ها هر چه زودتر از مملکت خارج شوند تا شوهرش هم بعد به آن‌ها ملحق شود. چون شوهرش آژانس مسافرتی داشت ویزای فرانسه را گرفتند. بلیت‌هایشان هم سریع آماده شد. شهرو و بچه‌ها با سرعتی باورنکردنی ایران را ترک کردند و کسی نمی‌دانست تا کی. این شد آغاز دربه‌دری شهرو و خانواده‌اش.

‹‹•••⬤•••››

من می‌ترسیدم برای تابان هم اتفاق مشابهی بیفتد. اگر یک قلدر ریش و پشم‌دار فردا در خیابان از تابان خوشش می‌آمد و با دشنه یا قمه به خواستگاری می‌آمد چه می‌کردیم؟ ارس خوشحال بود که کارها درست شده گرچه می‌دانستم تنها خواهد شد. من و او خیلی به هم وابسته بودیم. ارس در هفته حداقل سه بار ناهار را پیش ما بود. از بودن با بچه‌ها و گپ زدن با صدرا همیشه لذت می‌برد. گاهی هم آخرهفته‌ها که مامان پیش ما بود او هم، یا تنهایی و یا با بچه‌هایش می‌آمد پیش ما. من مشغول کوچک کردن زندگی شده بودم. دوباره اسباب‌کشی و این بار هم باز به زعفرانیه.

‹‹•••⬤•••››

ناگهان تابستان گذشته، بعد از تولد تابان به برادر بزرگ صدرا گفتم: «آقا من که آرزوی شوهر نداشتم. خودش اصرار می‌کرد که عاشقم شده. شما که می‌دونید. امیدوارم گریه‌تون رو فراموش نکرده باشید. وقتی می‌گفتید که می‌دونید چقدر منو دوست داره. پس کجاست؟ شریکش و کارش را از من بیش‌تر دوست داره».

‹‹•••⬤•••››

ناگهان تابستان گذشته، به صدرا گفتم: «حالا که پول دست‌تون اومده بیا یک آپارتمان بخر و منو از اسباب‌کشی کردن از این خونه به اون خونه خلاص کن». گفتم: «بین خواهر و برادرهام خجالت می‌کشم. همه دهن پر می‌کنند

و می‌گن صدرا خان». گفت: «عجب حرف‌هایی می‌زنی. تمام خانه‌ها، باغ‌ها، درخت‌های خرمای شریک من با یک بمب صدام رفته هوا حالا تو پی یک خونه هستی؟» گفتم: «خب اون که الان این‌جا خونه خریده، بچه‌ش رو فرستاده خارج، شهرو می‌گه توی لندن برو و بیایی داره. گرون‌ترین هتل‌ها می‌ره، سوغاتی‌های آن‌چنانی برای ایل و تبارش می‌خره. به‌نظر ما جنگ‌زده هستیم نه اون‌ها». با تشر جواب داد: «باشه فردا می‌رم سر قبر آقا و یک آپارتمان برات می‌خرم». با عصبانیت گفتم: «مگه سر قبر آقا از من خواستگاری کردی که می‌ری اون‌جام برام خونه می‌گیری»؟

•••●●•••

منزل جدید خیلی به خانه‌ی ارس نزدیک بود. خوشحال بودم که بیش‌تر او و بچه‌هایش را می‌دیدم. تا این‌که روز فاجعه رسید. اوستا صبح زود آخرین روز بهمن ماه قبل از ساعت هفت زنگ زد. دلم فرو ریخت. صدایش گرفته بود. با بغض و گریه و من‌من گفت: «ارس از پشت‌بام افتاده».

•••●●•••

ناگهان همین تابستان گذشته، صدرا و ارس در آشپزخانه نشسته بودند و صدای حرف زدن و خنده‌هایشان را می‌شنیدم. داشتم به درس‌های بچه‌ها می‌رسیدم. وقتی وارد آشپزخانه شدم که صدرا می‌گفت:
- دیگه از این حرفا نزن. من غلط بکنم چنین کاری بکنم. بهتره از من نخوای.

پرسیدم:
- چی؟ ارس چی ازش خواستی؟
- هیچی بابا.
- صدرا، ارس چی ازت خواست؟
- هیچی می‌گه اگر بلایی سرش اومد و لوله‌ی اکسیژن بهش وصل بود من لوله رو بکشم.

نگاهی به ارس انداختم. چه می‌گفت؟ ما را برای چه روزی آماده می‌کرد؟ صورتم یخ بست. مغزم سوزن‌سوزن شد ولی صدایم را صاف کردم و گفتم:

- نگران نباش. من این کار رو می‌کنم.
- هیچ وقت نمی‌کنی.

این را ارس گفت. گفتم:

- من اون قدر دوستت دارم که تحمل زجر کشیدنت رو نداشته باشم. قول می‌دم.

•••●•••

صدای اوستا در تلفن لرزید.

- خاله! دایی رو کشتند. صبح سحری. سر ساختمون از پشت‌بام پرتش کردند پایین.

فریادی پای تلفن کشیدم که بچه‌ها بیدار شدند و به طرفم دویدند. همسایه‌های بالاسری ما، آقای دکتر و خانمش، با لباس خواب دوان‌دوان آمدند. بچه‌ها ترسیده بودند و گریه می‌کردند. آن‌ها را به خانم دکتر سپردم. روپوشم را به تنم انداختم. روسری را بدون گره زدن گذاشتم روی سرم و با ماشین رفتم طرف خانه‌ی ارس. جلوی خانه‌ی ارس چند ماشین پارک بود. یعنی ارس رفت؟ بدون خداحافظی با من؟ زنگ زدم. در باز بود ولی پاهایم یارای راه رفتن نداشتند. صدای مستخدم‌شان را شنیدم که گفت: «عمه خانمِ بچه‌ها اومدن». عمه خانم اسم نداشت! کسی اسمش را بلد نبود! کسی او را ندیده بود! سامان و ساسان، پسران ارس پریشان و بهت‌زده آمده بودند جلوی در. با دیدن بچه‌ها از حال رفتم. مستخدم بیچاره رفت آب بیاورد. بلند شدم. برگشتم به ماشین. آن‌جا بود که فریادهایم شروع شد. اوج شکوفایی ارس در کار بود. همه او را می‌پرستیدند. آزارش به هیچ کسی نرسیده بود. کدام دستی توانسته بود زندگی را از او بگیرد؟ ماشین را روشن کردم و به منزل برگشتم. خانم دکتر بچه‌ها را برده بود مدرسه. صدرا باز تهران نبود. به اوستا زنگ زدم. او به مادرش هم خبر داده بود. زنگ زدم به شکیبا. با هم فریاد کشیدیم. ضجه زدیم و قرار گذاشتیم همگی برویم منزل مامان و با هم خبر را به او بدهیم. چه باید می‌گفتیم؟ مامان عاشق ارس بود. او ساکت‌ترین و سربه‌زیرترین فرزندش بود. یک بار که دیر به منزل آمده بود مامان نگرانش شده بود. وقتی در را به رویش باز کرده بود سیلی محکمی به صورتش زده بود و ارس از خجالت طرف دیگر صورتش را جلو گرفته بود. دیکتاتور می‌گفت این او بود که از شرمندگی تا دو سه روز نمی‌توانسته به روی ارس نگاه کند.

او خوشحال بود که ارس هیچ وقت قاطی حزب و سازمانی نشده بوده! او که نباید می‌دانست! حالا باید چه می‌گفتیم؟ هیچ نمی‌دانستیم. صبح سحر سر ساختمان چه می‌کرده؟ خوشبختانه شوهر شهرو تهران بود. به همراه او و شکیبا سه نفری رفتیم منزل مامان. تصمیم گرفتیم بگوییم ارس سکته کرده. او باور نمی‌کرد. می‌خواست به بیمارستان برود. کدام بیمارستان؟ گفتیم ما هم نمی‌دانیم و دیگر حتی در بیمارستان هم نیست. حرف‌هایمان یکی نبود. هر کس هر چه به دهانش می‌آمد را به او می‌گفت. ما هم بیش‌تر نمی‌دانستیم. خودمان هنوز از شوک بیرون نیامده بودیم. مامان خنج به صورت می‌کشید. ضجه می‌زد. فریاد می‌کشید و ارس را صدا می‌زد. همسایه‌ها جمع شده بودند. آرام نمی‌گرفت. حاج خانم، همسایه خوبی که بیش‌تر اوقات را با هم می‌گذراندند، آمد و مامان به آغوش او پناه برد. به ما فحش داد که دروغ می‌گوییم. و بعد ناگهان آرام شد. دوستان و برادرِ زن ارس برای گرفتن پیکر برادرم رفته بودند بیمارستان. قرار شده بود **آن‌ها** اجازه‌ی برگزاری مراسم را بدهند، به‌شرطی که صحبتی از مشکوک بودن مرگ او به میان نیاید. برادرزنش آشنا داشت و توافق کرده بودند. از مرگ مشکوک نزدیک‌ترین دوستش که نویسنده، شاعر و مترجمی توانا بود هنوز مدتی نگذشته بود. ارس خود یک شخصیت علمی، هنری و مردمی بود. نمی‌شد بی سر و صدا دفنش کرد. او در شهرهای زیادی کار کرده بود. در دانشگاه‌های مختلف تدریس کرده بود. اسمش بر سر خیلی از بناها ماندگار شده بود.

بهشت زهرا پر شده بود از بستگان، دوستان، دانشجویان و همکارانش. صدرا هنوز نبود. من و شکیبا دو طرف مامان را گرفته بودیم. هر لحظه امکان داشت پس بیفتد. آرام گریه می‌کردیم. خواهر صدرا شنیده بود خانم یکی از دوستان ارس به شوهرش گفته بود چقدر مادر و خواهران ارس مظلومند! مامان خاموش شده بود. مثل شمعی که با اندک هوایی هم دارد ولی می‌سوزد و آب می‌شود. هر سه چشم به تاج گلی دوخته بودیم که رویش نوشته شده بود: «تا کی داس به یاس زنیم؟ تا کی آفتاب زیر خاک کنیم؟ با چه طاقتی؟». چقدر دلم می‌خواست خودم را به روی خاک بیندازم و با ارس خداحافظی کنم. مطمئن بودم که مامان و شکیبا هم همین را می‌خواستند. ولی نمی‌توانستم. ما در آن جمع غریبه بودیم. همان‌طور که در تمام زندگی زناشوییِ‌اش در حاشیه بودیم یا هیچ حضوری نداشتیم. موقع مرگش هم در حاشیه ایستاده بودیم. چند قدم عقب‌تر از دیگران! این حق مامان بود که خودش را به خاک بیندازد، گریه کند

و فریاد بکشد. چطور باید می‌گفت این آدمی که این همه محبوب شماست از شکم من بیرون آمده؟ من تربیتش کردم. بزرگش کردم و به دست شما سپردم. ولی هیچ کدام از ما نمی‌خواستیم خاطر ارس آزرده شود؛ حتی پس از مرگش. هر چهار نفرمان، شکیبا، اوستا، مامان و من خاموش گریه کردیم.
به دوست صدرا خبر دادم تا با صدرا تماس بگیرد. در دل کویر بود که با بی‌سیم خبرش می‌کنند. به من دیگر زنگ نزده بود و روز بعد سراسیمه خودش را رساند. شانزده ساعت بی‌وقفه رانندگی کرده بود. وارد خانه که شد در بهتی باورنکردنی غرق شده بود. بی‌گمان در راه آرزو می‌کرده که به منزل می‌رسد و با صحنه‌ی دیگری روبه‌رو می‌شود. ولی چشمانش دو کاسه‌ی خون بود. ریش‌هایش ناگهان سفید شده بودند. ناگهان شیون را شروع کرد. شیون صدرا دل گرگ بیابان را خون می‌کرد.
من در خانه‌ی خودم برایش مراسم گرفتم. مامان رضایت نمی‌داد بهر حال او توان برگزاری مراسم را نداشت. گذشته از آن خانواده خانم ارس به خانه ما نمی‌آمدند. خانه‌ی ارس به خانه‌ی من خیلی نزدیک بود و به این ترتیب مردم آواره نمی‌شدند. چه آن‌هایی که ماشین داشتند و چه آن‌هایی که پیاده می‌آمدند. خانه از صبح تا دیروقت شب پر و خالی می‌شد. بچه‌های ارس هم مرتب بین خانه‌ی خودشان و خانه‌ی من در رفت‌وآمد بودند. خبر دادن به خواهر و برادرها که خارج از کشور بودند کار خیلی سختی بود. شهرو بلافاصله پرواز کرد و خودش را رساند. در مراسم ختم کسی مرتب پشت بلندگو اعلام می‌کرد: «استدعا می‌کنیم به خانواده‌ی متوفی تسلیت بگویید و خارج شوید. صف بیرون مسجد خیلی طولانی شده و زمان محدود است. تمام خیابان‌های اطراف بسته شده. خواهش می‌کنیم به دیگران هم برای عرض تسلیت به بازماندگان فرصت دهید». همه تلاش می‌کردیم به خاطر مامان آرام باشیم. گریه‌هایمان را در تنهایی می‌کردیم. کسی باور نمی‌کرد. کلماتی مثل متوفی، بازمانده، مصیبت وارده در مورد انسانی به کار برده می‌شد که وجودش برای خیلی‌ها آرامش و امنیت به ارمغان آورده بود. آدم‌هایی که ما نمی‌شناختیم و از دیدارشان تعجب می‌کردیم. با دانشجویانی آشنا شدیم که از سراسر کشور خودشان را برای شرکت در مراسم به تهران رسانده بودند. یکی دو نفر حتی از فرانسه و انگلیس آمده بودند. خانه‌ی من، تمام پله‌های ساختمان و سرتاسر کوچه‌ی ما تا خیابان اصلی غرق تاج گل بود. همسایه‌ها که ما برایشان تازه‌وارد بودیم از همکلاسی‌های بچه‌ها سوال می‌کردند مگر ما که هستیم!

در تمام این مدت حتی یک نفر از خانواده‌ی همسر ارس برای گفتن تسلیت پیش مامان نیامد. گرچه ما همگی شب اول به اصرار فامیل صدرا به دیدن همسر ارس رفتیم. البته شاید یک ربع بیش‌تر ننشستیم. مامان آن‌چنان مظلومانه و آرام گریه می‌کرد که ترسیدیم سکته کند. ما درست به اندازه‌ی همان مدت زمانی که در عروسی آن‌ها شرکت کردیم در مراسم عزایش در منزل خودش نشستیم و همین. کسی از خانواده‌ی همسر ارس تحویل‌مان نگرفت و ما برای این‌که مامان ناراحت نشود خم هم به ابرو نیاوردیم. خوب می‌دانستیم غم او گران‌بارتر از آن است که این نوع حرکت‌ها او را از مویه کردن برای دلدارش منحرف کند. ولی دوستان ارس همگی به منزل ما آمدند. همکاران و منشی نازنینش ما را تنها نگذاشتند.

در این میان جوانی هر روز با یک شاخ گل رز به منزل من می‌آمد. گل را به دست من می‌داد. بی‌تاب و بی‌قرار می‌نشست. گاه با بچه‌های ارس می‌رفت و گاه بعد از رفتن آن‌ها مدتی می‌ماند. از پسر بزرگ ارس درباره‌ی او پرسیدم. گفت هم‌کلاسش بوده. دانشجویی بسیار کوشا و باسواد ولی به شدت فقیر. از یکی از دهات اطراف بندر لنگه آمده بود. فوق‌لیسانس قبول شده بود ولی به دلیل وضع مالی خیلی بد قادر به ادامه تحصیل نبود. ارس او را به منزل برده و هزینه‌ی تحصیل و زندگی او را تقبل کرده بود. چند روزی که گذشت بیش‌تر پیش من می‌ماند. وقت آمدن و رفتن هم مرا در آغوش می‌گرفت. رفته‌رفته که خلوت‌تر می‌شد گاه فرصتی می‌یافتیم تا با هم چند کلمه‌ای حرف بزنیم و هر دو از ارس بگوییم. بچه‌های ارس پدرشان را از دست داده بودند و او امیدش را. پسران ارس برای من خیلی عزیز بودند و حالا این عشق چندین برابر شده بود. ارس همیشه آن‌ها را به دیدن مامان می‌برد. منزل من هم که برای ارس مقوله‌ای جدا بود. بچه‌ها را که بغل می‌کردم مثل این بود که ارس را در آغوش گرفته باشم. آن‌ها را آن قدر هر روز به خودم می‌چسباندم تا به نوعی در آغوش گرفتن ارس و خداحافظی نکردن با او را جبران کنم. ولی در آغوش گرفتن آن جوان حس دیگری داشت. او مثل من عاشق ارس بود. ادیب حق داشت که می‌گفت من همه‌ی مردان را با ارس مقایسه می‌کنم. ارس برای من و برای خیلی‌ها مراد بود. آن جوان به‌طور مرتب بعد از اتمام مراسم به من سر می‌زد و دیدارش خوشحالم می‌کرد. مامان روز به روز تحلیل می‌رفت. در همان روزها ویزای کانادای ما هم رسید. تصمیم گرفتیم مامان را با شهرو به انگلیس بفرستیم تا کارهای ما به انجام برسد. دنیای من با رفتن ارس به پایان رسید

ولی باید به فکر بچه‌هایم می‌بودم. تحمل این‌که مامان هم شاهد حراج زندگی من و هم شاهد کندن من از آن مملکت باشد برایم طاقت‌فرسا بود. او عاشق نوه‌هایش بود. در این دو ماه پس از مرگ ارس تنها شیرین‌بازی‌های توماج و توفان و خودشان را در بغل مامان بزرگ جا دادن کمی ذهن او را مشغول می‌کرد. تنها گذاشتن او در آن شرایط درست نبود. این سرنوشت من هم بود که هر وقت خواستم برای همیشه یا مدت طولانی به جایی خارج از ایران بروم سدی بر سر راهم سبز شود. فامیل و دوستان خیلی نصیحتم می‌کردند و می‌گفتند به این شانسی که به من روی آورده پشت پا نزنم. دوست نویسنده‌ای می‌گفت برو و بگذار تا بچه‌هایت در هوایی برویند که آزادی برایشان بهانه‌ی جنگیدن و ستیزیدن برای ابتداییات موضوعات نیست. رفیق هنرمندی می‌نوشت از این‌که متعلق به این خاک هستید به خود نبالید و خجالت بکشید، بروید و به هزاره‌ی بعدی قدم بگذارید که ما نیم هزاره از آن پس مانده‌ایم. دوست شاعری یادداشت می‌فرستاد که آه او را برای شاعران آن‌جایی که اکسیژن کافی دارند با تواضع و خلوص نیت برسانم، پیروز و بزرگ و در عسل زندگی باشم و دیگری به زبان ساده می‌گفت تو در تمام این سال‌ها از مامانت مراقبت کردی و حالا نوبت بقیه است. ولی دیگر بقیه‌ای در کار نبود. شکیبا که خودش چند سال پیش شوهرش را از دست داد. شهرو و الوند که انگلیس بودند و اروند سال‌ها بود که ساکن فرانسه بود. هر طور بود مامان را با شهرو راهی انگلیس کردیم. زندگی را گذاشتیم برای فروش. از کتاب‌ها، فیلم و نوارها گلچینی تهیه کردیم و تابلوها که همگی هدایای ادیب بودند را از قاب‌ها درآوردیم و در حفاظی مناسب گذاشتیم. حالا جدا شدن از شکیبا هم خیلی سخت شده بود. بعد از رفتن شهرو و دختر شکیبا به انگلیس ما هر دو به هم رو آورده بودیم و خیلی به هم نزدیک شده بودیم. به خصوص از زمانی که در یک ساختمان زندگی می‌کردیم تمام مدت با هم بودیم. شکیبا خصوصیات فوق‌العاده باارزشی داشت. او در زندگی کسی سرک نمی‌کشید. در مورد آدم‌ها قضاوت نمی‌کرد. ولی تنها بود. دوستی نداشت. تمام زندگی‌اش در وجود دو بچه‌اش خلاصه شده بود که یکی از آن‌ها هم مهاجرت کرده بود. خرید سال نو را با هم می‌کردیم. شکیبا کار می‌کرد و دیر به خانه می‌آمد. برای همین ما تمام عصرها و شب‌های اسفندماه را با هم می‌چرخیدیم. می‌دانستم خیلی تنها خواهد شد. خودخوری می‌کرد ولی چیزی نمی‌گفت. پنج ماه از رفتن ارس گذشته بود، همه کمک کردند تا ما وسایل را جمع‌وجور کردیم و شب حرکت به فرودگاه رفتیم. در واقع دل به دریا زده بودیم

و امیدوار بودیم که اسم صدرا در لیست ممنوع‌الخروج‌ها نباشد. چه خوش‌خیالی احمقانه‌ای! ما از همه خواسته بودیم در فرودگاه منتظر نمانند و بروند. فقط از پسر بزرگ ارس، سامان، خواستیم که منتظر بماند تا ما پرواز کنیم. به قسمت بازرسی پاسپورت‌ها که رسیدیم اول پاسپورت مرا دیدند که بچه‌ها هم در پاسپورت من بودند و من رد شدم. ولی وقتی نوبت به صدرا رسید به او گفتند ممنوع‌الخروج است. تعجب‌آور بود که او به دلیل مسائل مالیاتی شرکت ممنوع‌الخروج شده بود. مأمور پاسپورت به او گفته بود بعد از حل کردن مسائل مالیاتی می‌تواند از مملکت خارج شود. بچه‌ها ترسیده بودند و گریه می‌کردند. دیگر شماتت کردن بی‌معنا بود. با تمام چمدان‌ها که زندگی ما بود نیمه‌شب به منزل شکیبا برگشتیم.

صبح زود صدرا بیدار شد و بلافاصله به سفر رفت تا مسأله را حل کند. دو هفته بعد وقتی برگشت گفت در تمام این سال‌ها که او در شهرستان‌ها سرگردان بوده و کار می‌کرده شرکت مالیات نپرداخته و حالا هم دستش به کسی نمی‌رسید یا نمی‌خواست با آن‌ها روبه‌رو شود. ما برای وارد شدن به خاک کانادا زمان محدودی داشتیم. در غیر این صورت همه‌ی کوشش‌ها به هدر می‌رفت. به خاطر ارس و مامان این زمان را یک بار عقب انداخته بودیم و دیگر جایی برای تأخیر نداشتیم. مجبور شدیم قسمتی از پولی را که برای چند ماه اول زندگی در کشوری غریب با خود داشتیم با جریمه‌ی مالیات به اداره‌ی دارایی پرداخت کنیم. هنوز صدرا باید هر روز به اداره‌های مختلف دولتی سر می‌زد. ده روزی طول کشید. این هم ضرری دیگر از جانب شرکای ناسالم بود. در این ده روز بین منزل شکیبا و خواهر صدرا در رفت‌وآمد بودیم. دو سه شب این طرف و دو سه شب آن طرف. دوباره صدرا بلیت گرفت. می‌دانستم قرار و آرام ندارد. مشکل او اداره‌ی مالیات نبود. او می‌ترسید هر لحظه دادگاه انقلاب به سراغش بیاید. اضافه بر آن دریافته بودیم اسم صدرا از طریق دادگاه انقلاب هم در لیست ممنوع‌الخروج‌ها قرار گرفته ولی گویی آن مأمور پاسپورت در فرودگاه وقتی قیافه‌ی من و بچه‌ها را دیده بود نخواسته بود ما را بیش‌تر نگران کند. با ملایمت به صدرا گفته بود مشکل دیگری در کار است. صدرا مثل مار زخمی به خودش می‌پیچید تا راهی پیدا کند. بالاخره توسط یکی از دوستانش کسی را پیدا کرد که به او قول داده بود تا اسم صدرا را برای چند ساعتی از لیست ممنوع‌الخروج‌ها حذف کند. اگر در آن مدت ما توانستیم سوار هواپیما شویم که هیچ، در غیر این صورت باز همان آش و همان کاسه. این‌بار توماج از همه کس می‌ترسید

و با آن سن کم متوجه خطر شده بود. او هر یونیفورم‌پوشی را که می‌دید خودش را محکم به من می‌چسباند. فرقی نمی‌کرد بسیجی باشد، پلیس و یا خلبان‌ها و کارکنان هواپیمایی. مرتب هم به صدرا با بغض می‌گفت همه چیز تقصیر اوست. به شکیبا گفته بودم اگر دوباره مانع سفرمان شدند از همان جا به او زنگ می‌زنیم تا به بقیه هم خبر بدهد ولی اگر از ساعت معینی دیگر زنگ نزدیم یعنی موفق شده‌ایم.

وقتی هواپیما بلند شد گویی ما تازه شروع کردیم به نفس کشیدن. انگار در تمام آن مدت نفس‌هایمان را در گلو حبس کرده بودیم. با بلند شدن هواپیما تمام آن مشکلات ناگهان بی‌رنگ شد و به جای آن فکر آینده و ترس از غربت و شرایط جدید به سراغمان آمد. کجا داریم می‌رویم؟ نه فامیلی، نه دوست و آشنایی. تنها همسایه‌ای داشتیم که قبل از ما با خانواده‌اش مهاجرت کرده بود. چندی پیش به ایران سری زده بود و می‌دانست ما به زودی به آن‌جا خواهیم رفت. گفته بود به پیشوازمان خواهد آمد. حق بزرگی به گردن‌شان داشتیم و به این شکل قصد جبران داشت. پرواز خیلی طولانی و خسته‌کننده بود. سرانجام به کانادا رسیدیم. در همان لحظه‌ی اول حادثه‌ای را تجربه کردم که خوشایند من نبود. چمدان‌ها را به باربری دادم که مسیحی بود. در همین هنگام باربری پاکستانی با تغیّر به سراغم آمد که من مسلمانم و چرا بارم را به یک مسیحی دادم؟ آن‌چه می‌شنیدم باور کردنی نبود. ما خیلی درباره‌ی کانادا و چندملیتی بودن آن شنیده بودیم. برآشفته شدم و جواب تند و تیزی به او دادم. خوشبختانه همسایه آمده بود. ولی ماشین او به اندازه‌ی ما و چمدان‌هایمان‌جا نداشت. صدرا و بچه‌ها با ماشین او رفتند و قرارشد من با چمدان‌ها به دنبال آن‌ها با تاکسی روان شوم. به خودم گفتم شانی خانم این‌جا هم خودتی و خودت. راننده‌ی تاکسی هم مهاجر بود. تمام راه را گریه کردم. تورنتو برایم یک ده بزرگ بود با خیابان‌های خیلی پهن. تاکسی که به بزرگراه رسید ترسیدم. انگار همه عجله داشتند. آیا این سرعتی‌ست که من باید با آن زندگی کنم؟ آیا قادر خواهم بود؟ چرا صبر کردم و تا این اندازه دیر به این مهاجرت تن دادم؟ سن من و صدرا برای مهاجرت دیگر سن مناسبی نبود. آنقدر با خودمان پول نداشتیم که بتوانیم تا پیدا کردن آپارتمانی برای اجاره به یک هتل برویم پس از روی استیصال دعوت همسایه را پذیرفتیم.

• • • ● • • •

ناگهان تابستان گذشته، به سراغ پاکتی رفتم که صدرا تعداد شش عدد چک به مبلغ ششصد هزار تا یک میلیون تومان با مبالغی پول نقد را در آن گذاشته بود. این چک‌ها در مقابل پولی بودند که صدرا به یکی از دوستانش قرض داده بود. آن‌ها را در کشوی لباس‌های زیرم در میز توالت گذاشته بودم. گشتم ولی پاکت نبود. همه‌ی کشوها را ریختم بیرون و آن‌ها را پیدا نکردم. همه جا را زیر و رو کردم. قلبم به تپش افتاده بود. به صدرا زنگ زدم و او هم بی‌خبر بود. خونسرد به من گفت پیدا می‌شود. در مقابل چیزی که گم می‌شد این جواب همیشگی او بود. به سراغ قوطی کوچکی رفتم که طلاهای کوچک و جلوی دست را در آن‌ها نگه می‌داشتم. آن‌ها هم نبودند. شروع کردم به گشتن تمام خانه. چند تا فیلم تئاتری، تعدادی کتاب، دو سه تا لباس زیر من که نو بودند هم غیب‌شان زده بود. حالم بد شد. تصور این‌که کسی به این خانه آمده و به لباس‌های زیر من دست زده، چنگ به دلم انداخت. صدرا آمد و مطمئن شدیم کسی وارد آپارتمان شده. صدرا به کلانتری رفت و گزارشی تهیه کرد. مشخصات چک‌ها را داد. دو سه هفته بعد از کلانتری به صدرا زنگ زدند و خبر دادند دزد را گرفته‌اند. در این سه هفته زندگی نداشتم. نگران بودم. از خانه بیرون نمی‌رفتم و اگر می‌رفتم بچه‌ها را پیش شکیبا می‌گذاشتم. ما به پسر یکی از همسایه‌ها به دلیل این‌که پسر آرامی نبود مشکوک شده بودیم. با وجود پدر و مادر محترمی که داشت خودش ناآرام و سرکش بود. ولی وقتی صدرا در کلانتری پسر دست‌بندزده را می‌بیند تعجب می‌کند چرا که او پسر تنها همسایه‌ای بود که ما با آن‌ها رفت‌وآمد داشتیم. من یکی دو بار وقتی بچه‌ها در منزل آن‌ها بودند کلید را نزد خانم همسایه گذاشته بودم. پسر چک‌ها را به شرخر داده بود. شرخر وقتی داشته چک را نقد می‌کرده مأمور بانک مشکوک می‌شود و همان جا پلیس را خبر می‌کنند. طرف هم به راحتی پسر را لو می‌دهد. صدرا می‌گفت در اتاق سرکلانتر نشسته بوده که پدر این پسر می‌آید. روبه‌رو شدن با آقای همسایه برایش خیلی سخت بوده. آقای همسایه از صدرا خواهش می‌کند همسرش به‌هیچ‌وجه از این ماجرا باخبر نشود. وقتی صدرا برای من تعریف کرد خیلی ناراحت شدم. به او گفتم همه باید خبردار شوند. باید همسایه‌ها بدانند. ولی صدرا خواست من حتی به شکیبا هم چیزی نگویم. دو سه باری که کلید را پیش آن‌ها گذاشته بودم این پسر کلید را برداشته و به منزل ما رفته بود و چک‌ها و طلاها را برداشته بود. از آن همه چک و طلا فقط یک چک دویست هزار تومانی به ما رسید و بس. حتی آقای همسایه که وضع خوبی هم داشت

در پی جبران خسارت ما برنیامد و این در حالی بود که صدرا می‌خواست ما هم‌چنان رازدار آن مرد و پسرش باشیم تا همسرش در مقابل فامیل او خجالت‌زده نشود.

•••●•••

وارد شدن به منزل همان همسایه برایم بسیار سخت بود؛ گرچه هم آقا و هم خانمش اصرار فراوان داشتند ما مدتی پیش آن‌ها بمانیم. ولی برای من فشار زیادی بود؛ به خصوص که باید وانمود می‌کردم از ماجرای دزدی هم چیزی نمی‌دانم. البته خوشبختانه آقای همسایه تنها با خانمش به کانادا آمده بود و تنها پسرش در ایران مانده بود. آن‌ها در آپارتمان بسیار شیکی در یکی از بهترین محله‌های تورنتو زندگی می‌کردند. ساختمان درست مثل یک هتل بود. در حالی که در ایران یک زندگی خیلی معمولی داشتند. شکیبا بارها گفته بود هر از گاهی از پنجره‌ی خانه‌اش صدای بگومگوی آقای همسایه را با پاسبان‌هایی شنیده بود که به دنبال آقای همسایه آمده بودند و مشکل، طلب مردم و چک‌های بی‌محل بوده. روزها بچه‌ها با هم مشغول بازی بودند و صدرا هم با آقای همسایه، که در ایران پیمان‌کار وزارت آب بود و در کانادا هنوز شغلی نداشت و به قول معروف از جیب می‌خورد، به این طرف و آن طرف می‌رفتند. خانم صاحب‌خانه هم یا در آشپزخانه بود یا مشغول تماشای سریال کلاه قرمزی. خودش با خودش قاه‌قاه می‌خندید و مرتب از من هم می‌خواست به تماشای این سریال بنشینم. صدرا و بچه‌ها با نگاه‌شان نشان می‌دادند نگران من هستند و من نگران روزهای آینده بودم. ما با پول بسیار کمی آمده بودیم. هر چه داشتیم را برای حل مشکل صدرا رشوه داده بودیم. از صدرا عصبانی بودم که حاصل آن همه دوری از ما و کار بی‌دریغش را دودستی در دست شریکش گذاشت و در واقع زندگی ما را به باد داد. حتی دزد را هم به حال خودش گذاشت و این دزد دزدی نبود که برای شکم خودش و خانواده‌اش دزدی کرده باشد. صدرا برای کسی آبروداری کرد که لیاقتش را نداشت. این هم مرا عصبانی می‌کرد چون بعد از دو سه روزی احساس کردم خانم همسایه دارد منت سر ما می‌گذارد.

بالاخره روز پنجم طاقتم طاق شد و به صدرا گفتم فردا باید از این خانه بیرون برویم. آن روز با آقای همسایه که خودش هم هیچ دانشی در مورد محله‌ها و خیابان‌های شهر نداشت به آپارتمانی سر زدیم و درجا آن را اجاره کردیم. برای اجاره کردن نیاز داشتیم کسی ضامن ما شود. فقط با یک امضاء. نه پول و نه چک.

وگرنه باید پول چند ماه را پیش می‌دادیم. آقای همسایه وقتی این حرف را شنید قدم که جلو نگذاشت هیچ، وانمود کرد که حتی حرفی هم نشنیده. من خیره به او نگاه می‌کردم و حرکاتش را تحت نظر داشتم. هیچ شرمی نداشت که از یک امضاء سر باز زد و ما مجبور شدیم اجاره‌ی هشت ماه، یعنی سه‌چهارم پولی که با خود داشتیم را یک‌جا بابت اجاره بپردازیم. چند روز بعد شنیدیم این کار غیرقانونی بوده ولی ما پول را پرداخت کرده بودیم. من خیلی هم از این بابت ناراحت نبودم. چون به هر حال برای هشت ماه خیالم از بابت مسکن راحت بود. فردای آن روز ما منزل همسایه را با چمدان‌هایمان ترک کردیم و به آپارتمان خودمان رفتیم. شرایط زندگی برای بچه‌ها خیلی سخت بود. یک آپارتمان خالی با تعدادی چمدان. شب اول دو تخته فرش کوچک ترکمن را پهن کردم و از ملافه‌ها به جای تشک استفاده کردیم. خوشبختانه بالش و پتو داشتیم. نه ماشین داشتیم که به دنبال خرید برویم و نه می‌دانستیم باید کجا برویم. در همان ساختمان آگهی‌ای دیدیم که کسی از آن آپارتمان می‌رفت و وسایلش را برای حراج گذاشته بود. شانس آوردیم. خانواده‌ای کره‌ای بودند که همه‌ی زندگی‌شان نو بود. آمده بودند که بمانند ولی کار بهتری در آمریکا به آن‌ها پیشنهاد شده بود و بعد از شش ماه اقامت در کانادا می‌رفتند تا در آمریکا مستقر شوند. به این ترتیب دارای کلی وسایل شدیم. بدون نیاز به ماشین که مجبور شویم به این طرف و آن طرف برویم.

درباره‌ی مدارس خیلی حرف‌ها بود که برای ما عجیب بود. در بیش‌تر مدارس گروه‌هایی از شاگردان بودند که برای بچه‌ها قانون وضع می‌کردند یا دسته‌بندی می‌شدند و به دعواهای وحشتناک تن می‌دادند. شنیده بودیم گروه‌های ویتنامی از همه خطرناک‌ترند. بعد از آن‌ها گروه‌های سیاه‌های جامائیکایی، و بعد روس‌ها بودند. خوشبختانه در مدرسه‌ی تابان از این دسته‌بندی‌ها خبری نبود. پسرها هم که دبستانی بودند و هنوز به چنین مرحله‌ای نرسیده بودند. به هر دو مدرسه خیلی نزدیک بودیم و اگر به روی بالکن می‌رفتم، می‌توانستم رفت‌وآمد بچه‌ها را در نظر داشته باشم. با وجود این آن‌ها را به مدرسه می‌بردم و می‌آوردم. رفته‌رفته زندگی در کشور تازه را یاد می‌گرفتم. صدرا هم روزها به کلاس زبان می‌رفت؛ گرچه انگلیسی‌اش خیلی خوب بود ولی رویِ صحبت کردن نداشت و این کلاس کمکش می‌کرد. زمستان خیلی زود آمد و چه زمستانی! در ده سال گذشته بی‌سابقه. در سرمای وحشتناک با بچه‌ها می‌رفتیم خرید و هر کدام یک کیسه‌ی پلاستیکی میوه و سبزی و مایحتاج ضروری را به دست می‌گرفتیم

و به خانه می‌آمدیم. محل خرید خیلی نزدیک نبود و گاه بغض گلویم را می‌گرفت که بچه‌ها با آن دست‌های کوچک‌شان مجبور بودند یکی دو تایی کیسه حمل کنند. گاه دست‌هایشان یخ می‌بست و من آن‌ها را برای چند لحظه‌ای روی شکمم می‌گذاشتم تا کمی گرم شوند. اغلب صدرا دوان‌دوان می‌رفت تعدادی از کیسه‌های خرید را در خانه می‌گذاشت و زود باز می‌گشت تا کمک ما باشد. در این رفت‌وآمد مژه‌هایش یخ می‌بستند. روزهایی ندیده را به خود می‌دیدیم. واقعیت این بود که نه کت‌ها و پالتوها و نه چکمه‌های هیچ کدام‌مان برای چنین سرمایی مناسب نبود. تلاش کرده بودیم بهترین‌ها را برای سرما از ایران بخریم ولی این سرما کجا و سرمای تهران کجا. این زمهریر شوخی نبود و هیچ کدام از این پوشش‌ها مناسب این هوا نبودند. تازه همه می‌گفتند سرما هنوز شروع نشده. از زمستانی که در پیش بود به شدت می‌ترسیدم و آن را مثل یک غول سفید بی‌نهایت بزرگ با شاخ‌ها و دم‌های زیاد تجسم می‌کردم. برای من که همیشه دست‌هایم برای گرم شدن در دست دیگری بود و پاهایم مثل دو تا قالب یخ، سرمای کانادا می‌توانست وحشتناک باشد. می‌گفتند برف خیلی زودتر از سال‌های گذشته شروع شده برف بی‌امانی که شب و روز می‌آمد. گاه هم آفتاب عرض‌اندامی می‌کرد ولی گویی سردش می‌شد و می‌رفت. در مدارس به بچه‌ها گفته بودند به گوش‌هایشان دست نزنند چون ممکن است بشکنند. به خصوص به تازه‌واردها خیلی تأکید کرده بودند. تابان تعریف می‌کرد یک روز شاگردی اشک‌ریزان وارد مدرسه می‌شود و قسمتی از لاله‌ی گوشش در دستش بوده و او را بی‌درنگ به بیمارستان می‌رسانند. سرما به منهای چهل هم رسید ولی مدارس را تعطیل نکردند. حرکتی که برای ما بسیار عجیب بود. کانادا در سال اول اقامت سرمایش را تمام‌قد به ما معرفی کرد. سرانجام ماشین دست‌دومی تهیه کردیم. هنوز یک سال از رفتن‌مان به کانادا نگذشته بود که خواهر صدرا از آمریکا زنگ زد و خواست صدرا به آنجا سفری بکند چرا که با شوهرش اختلاف پیدا کرده بود. صدرا هم خیلی راحت و بی‌خیال رفت. رفت و مثل همیشه من ماندم و زندگی. ولی این بار نه ایران بودیم که دوروبر من پر از دوست و فامیل باشد و نه مامان بیست و چهار ساعته حاضر به یراق برای کمک در کنارم بود. فکر می‌کردم برای چند هفته‌ای رفته ولی هفته‌ها و ماه‌ها پشت سر هم آمدند و او نیامد. مامان از انگلیس به ایران برگشته بود. می‌دانستم زندگی بدون من و بچه‌ها چقدر برایش آزارنده است. از رفتن صدرا هیچ نگفتم. هر ماه برای خرید کارت تلفن و صحبت با مامان پولی کنار می‌گذاشتم.

مکالمه با ایران، آن هم به‌طور مرتب، هزینه‌ی کمی نبود ولی لازم بود. صدرا زنگ می‌زد و خیلی ساده می‌پرسید: «همه چی خوبه؟». چه باید می‌گفتم؟ نه شکایتی نه گله‌ای! آیا خودش نمی‌دانست؟ حتی توضیح نمی‌داد چرا اقامتش تا این اندازه طولانی شده. من یاد گرفته بودم روی پای خودم بایستم ولی شرایطم خیلی فرق کرده بود. از دست دادن ارس ضربه‌ی بزرگی بود که هنوز از آن کمر راست نکرده بودم. رها کردن مامان در سخت‌ترین شرایط زندگی‌اش به شدت آزارم می‌داد. روزها تنها می‌نشستم و به این دو فکر می‌کردم و گریه‌های بی‌امان آرامم نمی‌کرد تا بچه‌ها از مدرسه می‌آمدند و سر و صدا و کارهای مدرسه‌ی آن‌ها مرا مشغول می‌کرد. شب‌ها هم وسط سه تا تخت آن‌ها روی زمین می‌خوابیدم. تابان دختر فوق‌العاده‌ای بود که همیشه مراقبم بود. توماج و توفان هم با شیرینی‌های مخصوص به خودشان شادم می‌کردند. معلم‌شان که خانم کمابیش مسنی بود، می‌گفت در مدت سی و دو سال تدریس شاگردانی به مودبی این دو ندیده. بالاخره صدرا بعد از شش ماه برگشت. هوا بهتر شده بود. صدرا دوستی از دوران دبیرستانش را پیدا کرد و از طریق او در یک مغازه‌ی خواروبارفروشی کاری گرفت. از بعدازظهر شروع می‌کرد تا دوی نیمه شب و من باید سه شب در هفته ساعت دو نیمه شب به دنبالش می‌رفتم چون ماشین دست من بود. نگاهش که می‌کردم دلم می‌سوخت. کسی که برای اتاق بازرگانی ایران و سمینارهای اقتصادی سخنرانی می‌کرد و همه قبولش داشتند حالا در یک مغازه‌ی خواروبارفروشی کار می‌کرد. نه این‌که تنها فروشنده بود بلکه باید آن‌جا را تمیز می‌کرد و جارو می‌کشید. شب‌ها که کمی زودتر می‌رسیدم وقتی می‌دیدم موکت‌های جلوی در مغازه را می‌تکاند غم دنیا به دلم می‌نشست. هنوز مشکلات ایران را پشت سر نگذاشته بود که مشکلات این طرف هم به سراغش آمد. پیدا نکردن کار مناسب برای ما معضل بزرگی بود. در همین زمان برای مامان درخواست ویزا کردیم. خوشبختانه موافقت شد و مامان آمد. خرد شده بود. از دیکتاتور و چرچیل و سالار فامیل دیگر چیزی باقی نمانده بود. مادری بود که داغ فرزند دیده بود. مادری که همیشه آرزو می‌کرد گرگ بیابان هم مرگ بچه‌اش را نبیند، مظلوم شده بود. وقتی از بیرون می‌آمدم او را می‌دیدم که در مقابل عکس ارس ایستاده و بی‌صدا گریه می‌کند. دل سنگ هم با دیدن این منظره می‌شکست. روز به‌روز ساکت‌تر و پژمرده‌تر می‌شد و بدتر از آن فراموشی بود که به سراغش آمده بود. گاه متوجه نبود که کجاست. از جایش بلند می‌شد و می‌خواست او را به منزل خودش ببرم. با شهرو، الوند و اروند صحبت کردم

تا هر کدام چند ماهی از مامان پذیرایی کنند و تمام سختی بر دوش شکیبا نیفتد که ایران بود. الوند و اروند با بهانه‌های جورواجور شانه خالی کردند و باز شهرو بود که به کمکم آمد. عروسی پسرش بود و خواست مامان برای عروسی به آن‌جا برود.

من دوباره برای دوره‌ی لیسانس در رشته‌ی ادبیات نمایشی ثبت‌نام کردم. شرایط تحصیل در کانادا برای کسانی که با مدرک از کشورهای خودشان آمده بودند بسیار سخت بود. کانادا مدرک هیچ کشوری را به‌طور کامل و دربست قبول نمی‌کرد. فقط تعدادی از درس‌های عمومی را ارزشیابی می‌کرد و برای ادامه تحصیل باید حداقل دو سال برای همان مدرکی که از قبل داشتی دوباره درس بخوانی. من تلاش کرده بودم بیش‌تر درس‌ها را شب بگیرم که بچه‌ها پیش مامان باشند. سرانجام مامان را فرستادم پیش شهرو. هشدارهایی به شهرو دادم ولی خیلی زود او خبر داد حال مامان خیلی بدتر از آن چیزی‌ست که من گفته بودم. دیگر فراموشی نبود، جنون با سرعت تمام داشت به سراغش می‌آمد. مامان مرتب گریه‌وزاری می‌کرد که باید برود خانه‌ی خودش. شهرو می‌گفت حتی نیم ساعت هم نمی‌تواند تنهایش بگذارد تا به حمام برود چرا که مامان در را باز می‌کند و به خیابان می‌رود. یک بار مجبور شده بود از حمام بیاید بیرون و با حوله به دنبال مامان در خیابان بدود. تازه امکان این هم بود که پلیس برای شهرو مشکل به وجود بیاورد و مامان را ببرند تحت نظر سازمان‌های دولتی. برای دور تا دور خانه پرده‌ای یک‌شکل تهیه کرده بود تا مامان در خروجی را پیدا نکند. بیچاره از یک طرف کارهای مربوط به عروسی پسرش را انجام می‌داد و از طرف دیگر از مامان نگهداری می‌کرد. شهرو برای عروسی همگی ما را به خرج خودش مهمان کرد تا به لندن برویم؛ البته صدرا قبول نکرد و من با بچه‌ها رفتیم. شهرو حق داشت. بیماری مامان با سرعت پیشروی می‌کرد. گاه به قدری ساکت بود که دل آدم به درد می‌آمد و گاه حرف زدن و رفتارهایش به شدت تغییر می‌کرد و معترض می‌شد. خانمی که ورد زبانش «اتیکت» بود، نشستن و راه رفتن مثل یک خانم موقر را به ما آموخته بود، آداب غذا خوردن را یادمان داده بود و اصرار داشت که قبل از گفتن هر حرفی اول برای چند لحظه‌ای به آن فکر کنیم، کسی که تمام فامیل حسرت ادب و کمال بچه‌های او را می‌خوردند، حالا باید خود مراقبی می‌داشت که حرف ناشایستی از دهانش بیرون نیاید، درست بنشیند و یا در مقابل جمع نوشابه را روی چلوکبابش نریزد و بعد بگوید که این طوری غذا خوشمزه می‌شود. از همه دردناک‌تر وقتی بود

که او اروند را نشناخت. وقتی اروند از راه رسید مامان گفت به به چه آقای "ژانتی[۳۵]"ای! عروسی تمام شد. اروند برگشت به پاریس. من و بچه‌ها هم چند روزی ماندیم و با گریه و زاری فراوان از مامان جدا شدیم. مامان هم بعد از مدتی به ایران رفت.

بعد از مرگ آقاجان، شهرو بود که برای کارهای اداری و کمک به خانواده همیشه در کنار مامان بود. وقتی من وارد دانشگاه شدم و شهرو دیگر خانواده‌ی خودش را داشت، این مسئولیت‌ها را من به گردن گرفتم و چون رانندگی می‌کردم دیگر نمی‌گذاشتم مامان هیچ مسیری را با اتوبوس و یا تاکسی برود. درست مثل راننده در خدمتش بودم. گذشته از آن که تا باجان زنده بود از او هم مراقبت می‌کردم. حالا باید شکیبا این مسئولیت را به عهده می‌گرفت ولی با شرایطی که بسیار سخت شده بود. واقعیت این بود که مامان با از دست دادن ارس مجنون شد. او بعد از مرگ ارس دیگر خودش نبود. گرچه هنوز از نظر جسمی سرپا بود و بیماری نداشت. از طرف دیگر، شکیبا هم سن و سالی را گذرانده بود و من نگران هر دوی آن‌ها بودم. بدتر از همه این‌که آن‌ها هر کدام به تنهایی در خانه‌ی خودشان زندگی می‌کردند و حریم خصوصی خودشان را می‌خواستند. با شکیبا صحبت کردیم و قرار شد برای مامان پرستار بگیرد. دیگر آرامش نداشتم. تمام کارم در غربت زمانی که کسی در منزل نبود، شده بود گریه کردن. گاه سر کلاس درس هم به یاد مامان می‌افتادم و اشکم جاری می‌شد. زندگی به سختی می‌گذشت. قسمت اعظمی از مخارج ما را کمک‌هزینه‌ی تحصیلی و بورس‌هایی که من به دلایل مختلف از دانشگاه می‌گرفتم تأمین می‌کرد. آخرهفته‌ها هم در یک سوپرمارکت بزرگ کار می‌کردم. صدرا می‌گفت در قدیم کشورهای بزرگ کشتی می‌فرستادند به کشورهای دور و زیباترین و سالم‌ترین زنان و مردان را انتخاب می‌کردند و به عنوان برده به کشورشان می‌بردند. حالا بهترین‌ها از نظر تحصیل، کار و داشتن سلامت کامل خود تمام مخارج سفر را می‌پردازند تا بتوانند در آن کشور برتر بردگی کنند. صدرا کار در مغازه را به اصرار من و بچه‌ها رها کرد. کاری نبود که در شأن او باشد. زنی هم‌وطن آن‌جا کار می‌کرد که یکسره به صدرا دستور می‌داد جارو بکشد، گردگیری کند، موکت‌ها را جلوی در بتکاند و همه‌ی این‌ها را گویی به عمد می‌کرد. وقتی صدرا از کار به خانه برمی‌گشت چهره‌اش را با روزهایی مقایسه می‌کردم که پس از شرکت در جلسات اتاق بازرگانی به خانه برمی‌گشت. خودش هیچ وقت شکایتی نداشت. حتی فرمان‌های آن زن را جدی نمی‌گرفت.

شاید برعکس من، او خیلی هم شکرگزار بود که دیگر در ایران نیست. گاه فکر می‌کردم مطلب مهمی را از من پنهان می‌کند. هر چند وقت یک بار خواهر یا برادرش از ایران زنگ می‌زدند و جویای مشکل دادگاه می‌شدند. می‌گفتند از دادگاه انقلاب به سراغشان رفته‌اند و تهدیدشان کرده‌اند. بعد از چنین تلفن‌هایی برای چند روزی حال ما گرفته می‌شد. تلفن‌ها به این دوست و آن آشنا شروع می‌شد تا باز کسی سر کیسه‌ای شل می‌کرد و مدتی ساکت می‌شدند. همان کاری که آقای طریقتی در همان ابتدا ما را از انجامش منع کرد. زندگی بازی بدی را با من شروع کرده بود. زندانی شدن صدرا و پرونده‌ی باز او در دادگاه انقلاب، مرگ ارس، تنهایی و بیماری مامان و در نهایت زندگی در غربت (چیزی که همیشه از آن فرار می‌کردم) همه چنگ به گلویم انداخته بودند. همان سال اول به اصرار یکی از استادان در یک مسابقه داستان‌نویسی درباره‌ی زنان ثبت‌نام کردم. قصه کوتاهی از زندگی خودم را - که منجر به انتخاب مهاجرت شد ـ نوشتم و جایزه‌ی اول را بردم. صدرا برای مراسم اعطای جایزه نبود. او باز برای میانجی‌گری بین خواهر و شوهر خواهرش در آمریکا بود. طبق معمول بچه‌ها همراهی‌ام کردند. خوشبختانه جایزه‌ی نقدی هم وجود داشت و کلی از این بابت خوشحال‌مان کرد. من قصه را در مقابل تعداد زیادی از کانادایی‌ها و مهاجران خواندم. وقتی تمام شد دایره‌ای از آن‌ها دورم را گرفته بودند و تشویقم می‌کردند. خیلی خوشحال بودم که بچه‌ها چنین صحنه‌ای را می‌بینند. آن‌ها همیشه به داشتن من در مقابل دوستان و معلمان‌شان افتخار می‌کردند. بعد از مدتی در کتاب‌خانه‌ی دانشگاه کاری نیمه‌وقت گرفتم. درس می‌خواندم و کار می‌کردم و زندگی را می‌چرخاندم.

صدرا این بار بعد از دو ماه برگشت. کار جدیدی پیدا کرد. کاری که اقتضا می‌کرد دوباره مرتب در سفر باشد. من مخالفت کردم ولی او به قدری پافشاری کرد تا سرانجام من هم راضی شدم. فکر کردم خوشحال می‌شود کار و درآمدی داشته باشد. واقعیت این بود که یافتن شغل برای افرادی به سن و سال ما که علوم انسانی هم خوانده بودیم کم و بیش غیرممکن بود. نتیجه این شد که باز من ماندم و بچه‌ها، درس و تمام مسئولیت زندگی. ولی با وجود سختی‌ها این آرامش خیال بابت مسائل مادی ارزش زیادی داشت که باید قدرش را می‌دانستیم. گرچه من دلواپسی جدیدی هم پیدا کرده بودم. در تمام مدتی که صدرا با ماشین شرکت در سفر بود باید با او به‌طور مرتب تماس می‌گرفتم. نگران بودم در جاده‌های کانادا و یا آمریکا گم شود، مسیر را اشتباه برود

و به موقع نرسد و یا یا گرفتار طوفان‌های سخت برف و بوران شود. اگر صدرا را پیدا نمی‌کردم باید به شرکتی که در آن کار می‌کرد زنگ می‌زدم و از آن‌ها جویای وضعیتش می‌شدم.

در غربت زندگی وحشتناک زود می‌گذرد. من برای بار دوم با معدل بالا مدرک لیسانسم را گرفتم. خوشبختانه در همان دانشگاه به عنوان محقق در پروژه‌ای مشغول به کار شدم. کاری بود که خیلی دوست داشتم. تمام‌وقت نبود ولی در کنارش کارهای دیگری می‌کردم. از سه سال پیش در مغازه‌ی خانمی یهودی یاد گرفته بودم چطور بسته‌ها، سبدها و سینی‌هایی را درست کنم که مردم در کریسمس و ژانویه و سال نوی یهودی به هم هدیه می‌دادند. هر سال به‌طور فصلی برای این خانم کار می‌کردم و چون کاری بود که با خلاقیت آمیخته بود خیلی هم از آن لذت می‌بردم تنها مشکل این بود که باید کارتن‌های سنگین شکلات و آجیل را جابه‌جا می‌کردم و همین طور هشت ساعت روی پا می‌ایستادم. ولی کار درست کردن سبدها خیلی لذت‌بخش بود. انتخاب کاغذها و روبان‌های رنگی چالش‌های مخصوص به خودش را داشت. البته حداقل حقوق ساعتی را پرداخت می‌کرد ولی زندگی در مهاجرت برای امثال من به شکلی بود که حتی پنجاه دلار اضافه یا کم می‌توانست نقش زیادی در زندگی‌مان داشته باشد. گاه به گاه هم در یک گلفروشی کار می‌کردم. باز هم کار لذت‌بخشی بود ولی دوباره باید هشت ساعت سر پا می‌ایستادم و مرتب یخچال‌های سرد را باز و بسته می‌کردم. گله‌ای از کار نبود. همین اندازه که می‌توانستم از عهده‌ی هزینه‌ی بچه‌ها بربیایم و کارت تلفن بخرم که هر دو روز یک بار با مامان و شکیبا صحبت کنم خوشحالم می‌کرد و سرپا نگهم می‌داشت. روزها تمام تکرار بی سر و سامانی بود و ندانستن این‌که به کجا تعلق داریم. تا این‌که روزی شکیبا زنگ زد و گفت پرستار مامان دارد اذیت می‌کند و او هم به تنهایی نمی‌تواند تصمیم بگیرد و کسی باید به کمکش برود. مسلم بود آن شخص من هستم. برادرها و شهرو سال‌ها بود که از ایران دور بودند و خیلی نمی‌دانستند زندگی در آن‌جا چگونه می‌گذرد و چطور می‌توانستند کسی را پیدا کنند که هم مطمئن باشد و هم از مامان مراقبت کند. پرستار قبلی همسر آبدارچی شرکتی بود که در آن کار می‌کردم. با محبت همسایه‌ها نسبت به مامان حتی به او یک آپارتمان کوچک هم در همان ساختمان مامان داده بودند. خودش همیشه به منزل من و مامان و شکیبا برای کار نظافتِ منزل می‌آمد. مرد لوده‌ای بود. همیشه خیلی ابراز ارادت می‌کرد. در اوایل خوب بود ولی بعد طبق معمول شروع کرده بود

به زیاده‌خواهی. هواپیما که روی خاک ایران نشست مثل این بود که تمام تار و پود و رگ و ریشه‌های بدنم، که مدتی بود رها و سرگردان شده بودند، حالا به هم پیوند می‌خوردند و خودشان را بازمی‌یافتند. ولیِ دیدار مامان دنیا را روی سرم خراب کرد. بدتر از آن، رفتار آبدارچی و خانواده‌اش بود. آن‌ها در واقع از آپارتمان کوچکی که مدیریت ساختمان به آن‌ها داده بود به عنوان محل دوم زندگی استفاده می‌کردند. اتاق خواب بزرگ را، که همیشه متعلق به خود مامان بود، پر کرده بودند از اثاث خودشان. آقای آبدارچی، زنش، پسر و دخترش تمام مدت آن‌جا بودند. گاهی برای خواب به آپارتمان خودشان می‌رفتند که ناله‌های مامان در شب بیدارشان نکند و گاهی هم پسرش برای دیدن کارتون‌های بکش‌بکش و دخترش برای دیدن برنامه‌های لس‌آنجلسی و در تنهایی رقصیدن به خانه سر می‌زدند. رفتارشان با مامان بسیار خصمانه و بی‌ادبانه بود. او را ـ که دیگر به کلی به فراموشی مبتلا شده بود ـ مسخره می‌کردند. از همه بدتر دختر آن‌ها بود. دختر جوانی که از وقتی به مدرسه‌ی راهنمایی می‌رفت به او در درس‌هایش کمک کرده بودم حالا به روی من می‌ایستاد.

- من مادرِ خودم مریضه و نمی‌تونه از مادر دیوانه‌ی شما مراقبت کنه.
- کسی شما را به زور این‌جا نگه نداشته. بگذریم که در عوض یک نفر چهار نفر اومدید و ما هیچ نگفتیم. ولی تو یک الف‌بچه کجا و با چه سرعتی درس بی‌حیایی یاد گرفتی؟ در ریاضی و ادبیات چنین استعدادی نداشتی!
- مادر تو باید بره دیوونه‌خونه....

چه می‌شنیدم؟ خانم شایسته، مدیر مدرسه، معلم زبان فرانسه، سخن‌گو، مادری که شش تا بچه را طوری بزرگ کرده بود که چشم همه به آن‌ها باشد، حالا آن‌قدر ذلیل شده بود که چنین دختری دیوانه خطابش کند و به او توهین کند؟ این سنگ بزرگی بود که به سرم کوبیده شد. شاید حتی خود مستخدم هم منقلب شد؛ به خصوص که دخترش با بی‌شرمی مرا تو خطاب کرد. بی‌درنگ از آن‌ها خواستم از خانه‌ی مامان بروند بیرون. مامان را بردم منزل همسایه‌ی خوبش حاج خانم. به آن‌ها گفتم دو ساعت وقت دارند اسباب‌شان را از آن‌جا ببرند. رئیس ساختمان که باخبر شد بلافاصله از آن‌ها خواست که آپارتمان را هم تخلیه کنند. شکیبا می‌گفت هر روز به او زنگ می‌زدند و لیستی از خرید میوه و سبزی و گوشت و مرغ به او می‌دادند و او هر روز باید با دست پر به منزل مامان می‌رفت. می‌گفت مامان بیچاره مدت‌ها بود از غذا افتاده بود.

از شکیبا تعجب کردم چرا این کار را می‌کرده بدون این‌که حساب و کتابی داشته باشد. او در واقع هزینه‌ی زندگی یک خانواده‌ی چهارنفره را می‌داده. ولی آن‌ها آدم‌های بی‌صفتی بودند که قدر این همه نعمت، محل زندگی و خورد و خوراک مجانی را ندانستند. مردی که به مدت ده سال به منزل همگی ما می‌آمد و همیشه با دست پر می‌رفت ناگهان این طور با ما معامله کرد. در روزهای بعد متوجه شدم آن‌ها خیلی از وسایل مامان، مثل ظرف‌های کریستال و قاشق و چنگال‌های نقره، مجسمه‌ی فیل بزرگی که از برنز بود و وسط شکمش یک ساعت قرار داشت ـ تحفه‌ای از هندوستان، جاسیگاری‌ای که به شکل کره‌ی زمین بود و از وسط باز می‌شد و سیگارهای رنگارنگ درونش بود ـ سوغاتی از بغداد و مجسمه‌ی اسب خال‌خال زیبایی که چهل سال پیش از آن در سفری به مصر خریده بود همه را با خود برده‌اند. هیچ نگفتیم و دنبالش را نگرفتیم. شکیبا می‌گفت آقای آبدارچی در جای جدیدی کار گرفته و با اشخاصی کار می‌کند که به صلاح ما نیست با آن‌ها درگیر شویم. قدرناشناسی و نگه نداشتن حرمت نشانه‌ی چنین رفت‌وآمدهایی بود. شکیبا می‌گفت دختر آقای آبدارچی هم همان جا منشی شده. آن‌ها مثل کودتای خزنده قصد داشتند آپارتمان مامان را با تمام وسایلش غصب کنند.

از طلاهای مامان هیچ تکه‌ای را پیدا نکردیم و گذشتیم. من وقت زیادی نداشتم و باید برمی‌گشتم پس باید روی پیدا کردن پرستار جدید تمرکز می‌کردیم. یکی از بستگان کسی را معرفی کرد. طرف روز اول آمد و با هم صحبت کردیم که از فردا کار را شروع کند. کلی هم قربان و صدقه‌ی مامان رفت. روز دوم آمد و گفت اگر چادر خوبی داریم به او بدهیم. چادر سیاه مامان را به او دادم و رفت و دیگر برنگشت. بعد سه تا خواهر آمدند و خواستند خواهر کوچک‌شان که دختری بیست‌ساله بود آن‌جا کار کند. فرصت زیادی نداشتم. بچه‌ها تنها بودند. صدرا دست از کار کشیده بود. دلم برای شکیبا هم می‌سوخت. تنها بود و این نوع وظایف کار سختی بود. چطور می‌شد فهمید کسی قابل اعتماد است یا نه؟ خواهرهای آن دختر خیلی خواهش و تمنا کردند. از اطراف کرج آمده بودند. می‌گفتند آن‌ها هم مرتب سر خواهند زد و اگر کمکی لازم باشد خواهند کرد. بالاخره قبول کردیم. دلم برای آن دختر هم می‌سوخت و از خواهرها خواستم هر وقت خواستند می‌توانند حتی شب‌ها پیش خواهرشان بمانند. اگر شکیبا مامان را پیش خودش می‌برد و اتاقی به او می‌داد و پرستاری می‌گرفت که صبح بیاید و شب برود کار خیلی ساده‌تر بود. آپارتمان شکیبا پنج اتاق خواب داشت

و به راستی به این همه گرفتاری نمی‌ارزید ولی او هیچ پیشنهادی نداد و من هم اشاره‌ای نکردم. شکیبا همیشه خلوت خودش را می‌خواست. هیچ دوستی هم نداشت. بعد از مرگ شوهرش حتی با کسی رفت‌وآمد هم نمی‌کرد. با دلی پر به کانادا برگشتم. وقتی به مامان فکر می‌کردم فضای خانه‌ام برایم کوچک می‌شد. سوار ماشین می‌شدم و می‌رفتم در همان بزرگراه‌هایی که روز اول مرا به وحشت انداختند. رانندگی می‌کردم و به قدری فریاد می‌کشیدم تا آرواره‌هایم خسته می‌شدند و بعد به منزل برمی‌گشتم. دو ماهی نگذشته بود که شکیبا خبر داد مامان زمین خورده و به کما رفته است. بی‌معطلی بلیت گرفتم و خودم را به تهران رساندم. تمام راه اشک ریختم. وقتی رسیدم خانواده‌ی خواهر صدرا در فرودگاه منتظرم بودند. در سفر قبلی آن‌ها را خیلی کم دیده بودم. صبح روز بعد، اول وقت، با شکیبا به بیمارستان رفتم. برایم سوال بود چطور ممکن است مامان در آپارتمان خودش زمین بخورد و به کما برود. شکیبا که خیلی از خدا و پیغمبر می‌ترسید و چنین قضاوت‌هایی نمی‌کرد، می‌گفت دختر پرستار صندلی را از زیر مامان کشیده و مامان با لگن به زمین خورده است. دکتر مامان که دوست شکیبا بود به او گفته بود این شکستگی لگن به شکلی نبوده که مامان اول زمین بخورد. پایش به جایی بگیرد یا سر بخورد. بلکه او یکباره با لگن افتاده است. مبلی که مامان روی آن می‌نشست بزرگ بود و دسته‌دار. حتی یک آدم کور هم می‌توانست به راحتی جای خود را در آن پیدا کند. شکیبا بلافاصله پول کامل آن دختر را داده و جوابش کرده بود. می‌گفت حرف‌هایش به قدری ضد و نقیض بودند که برایش جای شکی باقی نگذاشته که تقصیر او بوده.

دیدن مامان در تخت مراقبت‌های ویژه غم‌انگیزترین روز زندگی من بعد از روز مرگ ارس را رقم زد. چقدر مظلوم بود. پرستارها از این‌که بالای سرش بروم ممانعت کردند. به دکتر بخش توضیح دادم من هزاران کیلومتر راه آمده‌ام که مادرم را ببینم. نمی‌توانم از پشت شیشه بغلش کنم. شکیبا که با رئیس بیمارستان دوست بود دست‌پاچه شده بود که من داد و بی‌داد راه بیندازم. تا آمد به پرسنل توضیح بدهد ما که هستیم در را باز کردم و خودم را کنار تخت مامان انداختم. دست‌های نازنینش را گرفتم و بوسیدم. آن‌چنان اشک از چشم‌هایم سرازیر شده بود که کسی جرأت نکرد به سمت من بیاید. شکیبا هم به احترام پرسنل رفت بیرون منتظرم شد. از چرچیل فامیل پوست و استخوانی بیش باقی نمانده بود. از آن بانویی که در باشگاه افسران در مقابل مشتی نظامی

سخنرانی می‌کرد و حق و حقوق بازنشستگی آن‌ها را گوشزد می‌کرد جسمی نحیف بر جا مانده بود. دکتری آمد و از من خواست بیرون بروم. بخش مراقبت‌های ویژه‌ی بیمارستان معماری بسیار بدی داشت. نیم‌دایره‌ای شیشه‌ای بود که بستگان بیماران به دور آن جمع می‌شدند و عزیزان خود را پشت شیشه تماشا می‌کردند. دلم نمی‌خواست آن‌جا بایستم و با آن دکتر بگومگو کنم. به دیدن رئیس بیمارستان رفتم. خوشحال شد که من برگشتم ولی با صراحت گفت امیدی به بهبودی مامان وجود ندارد و ما داریم بی‌خود پول خرج می‌کنیم و بهتر است مامان را به یکی از خانه‌های سالمندان ببریم و منتظر بمانیم تا... شاید گفتن این حرف‌ها برای من که تازه از راه رسیده بودم خیلی زود و شوک‌آور بود. گفتم فردا برمی‌گردم و با هم صحبت خواهیم کرد. شب را در سکوت گذراندیم. تلویزیون شکیبا روشن بود ولی هیچ کدام تماشا نمی‌کردیم. صبح روز بعد دوباره راهی بیمارستان شدیم. دور نیم‌دایره‌ی شیشه‌ای پر از آدم بود. دو تخت خالی روز پیش پر شده بودند. در کمال تعجب دخترخاله‌های مامان را دیدم که آن‌جا ایستاده بودند و با چند نفری بگو و بخند می‌کردند. آن‌ها هر دو همیشه به مامان به دلایل زیادی حسادت می‌کردند. مامان از آن‌ها یکی دو سالی بزرگ‌تر بود ولی مدرسه رفته بود و زبان فرانسه آموخته بود. آن‌ها هیچ کدام، نه خودشان نه فرزندان‌شان، کلاس ششم دبستان را هم تمام نکرده بودند. وقتی دخترخاله‌ها مرا دیدند جلو آمدند و مرا بوسیدند و تظاهر به همدردی و اندوه کردند. ناگهان صد و هشتاد درجه چرخیدند و هر دو شروع کردند به گریه و زاری و خاله خاله کردن. با هم دو تایی دم گرفته بودند و معرکه‌ای به پا کرده بودند. شکیبا معذب شده بود چون مردم به ما نگاه می‌کردند. از آن‌ها خواستم با شکیبا به اتاق انتظار بروند. شکیبا چشم‌غره‌ای به من رفت که چرا آن‌ها را با او روانه کرده‌ام. ایستاده بودم و آرام گریه می‌کردم که ناگهان متوجه دو جوان شدم که با هم می‌خندیدند و پچ‌پچ می‌کردند. به وضوح آن‌ها نمی‌دانستند مریض من کدام یکی‌ست. مریض‌ها را به هم نشان می‌دادند و می‌گفتند:

- دماغ اونو ببین.
- نه اون یکی رو ببین. همین جوری خودش عزرائیله.
- اون زنه رو ببین. پتوش رفته کنار همه جاش معلومه.
- اه. حالم به هم خورد. اون چیه؟

و این آخری مامان بود که مورد تمسخر دو جوان ابله قرار گرفته بود. چه به سر

اخلاق جامعه آمده بود که صحنه‌ای از چند بیمارِ در انتظار مرگ برای دو جوان انبساط خاطر به وجود می‌آورد؟ طاقت نیاوردم و خودم را به داخل اتاق رساندم. تا پرستار آمد حرفی بزند با دست پرتش کردم کنار و گفتم:

- همون جا بمون که باهات کار دارم.

به سراغ مامان رفتم و پتو را روی پایش کشیدم. از همان جا به دو جوان نگاهی انداختم که بروند و گم شوند. سرِ پرستار فریاد کشیدم: «شما این تئاتر شیشه‌ای را بنا کردید که به یقین گل‌خانه‌ی بیمارستان بوده و مشتی ابله هم آن طرف شیشه ایستاده‌اند و به این موجودات بدبخت بینوا نگاه می‌کنند و به آن‌ها می‌خندند. عوض این‌که جلوی مرا بگیرید حداقل در وقت ملاقات مراقب بیماران‌تان باشید». سر و صدای من باعث شد یکی از دکترهای بخش وارد اتاق شود. با او هم همان جر و بحث را داشتم. دست خودم نبود. از بابت توهینی که به مامان شده بود عصبی شده بودم و سر همه داد می‌زدم. آن دکتر از من خواست بیرون با هم صحبت کنیم. با هم به اتاق انتظار رفتیم. به او گفتم: «خوب می‌دانید مردم بیچاره بابت هر شبی که بیمارشان در این بیمارستان بستری‌ست چقدر می‌پردازند. حداقل در روزهای ملاقات حتی اگر شده برای نمایش یک پرستار را بگذارید که مراقب این بیمارانی باشد که در دنیای واقعی وجود ندارند». گروهی از بستگان بیماران هم با من هم‌صدا شده بودند. آن دو جوان را می‌دیدم که سرشان را در مجلات فرو کرده بودند و به دور از هیاهو وانمود می‌کردند مشغول خواندن هستند. در یک لحظه، که چشم یکی از آن‌ها به من افتاد، سرشان فریاد کشیدم: «شما دو تا از جایتان تکان نمی‌خورید تا نوبت شما هم برسد». ساکت نمی‌شدم. شکیبا به کلی ناپدید شده بود. او به هیچ وجه اهل سر و صدا نبود. موجودی که از همه نظر تا بن استخوان ملاحظه‌کار بود. در واقع همه‌ی ما مثل هم بودیم ولی طاقت من دیگر تمام شده بود. این‌جا مسأله مامان بود. با چند نفری آن‌جا مانده بودم و اصرار داشتم باید رئیس بخش را ببینم. در همین بین به آن دو جوان نزدیک شدم و فریاد کشیدم که حماقت و رفتار غیرانسانی آن‌ها باعث این همه سر و صدا شده. پیرمردی به طرف آن‌ها آمد. به اسم یکی از آن‌ها را صدا زد. جوان بلافاصله ایستاد. پیرمرد در گوش او سیلی محکمی نواخت و به هر دو تحکم کرد از جلوی چشمان او دور شوند. در همین میان رئیس بیمارستان آمد. از همه به خاطر اتفاقی که افتاده بود عذرخواهی کرد و قول داد دیگر تکرار نخواهد شد. ساکت شده بودم. گویی تمام دقم را خالی کرده بودم. بعد از من خواست با هم به اتاقش برویم.

در طول راه به من گفت باید منطقی باشیم. مامان با کمک تعدادی لوله دارد نفس می‌کشد و بی‌فایده است. گفت شکیبا نمی‌تواند تصمیم بگیرد و بهتر است من این کار را انجام بدهم. شکیبا می‌ترسید چنین کاری بکنیم. از خدا و آخرالزمان وحشت داشت. هیچ وقت نفهمیدم چرا این وحشت پیش از این به او دست نداده بود و مامان را نبرده بود منزل خودش. از بیمارستان آمدیم بیرون و از او خواستم به سراغ چند خانه‌ی سالمندان برویم. یکی از دردآورترین روزها بود. به هر خانه‌ای که سر می‌کشیدیم ناامید و غم‌زده بیرون می‌آمدیم و تا به خانه‌ی بعدی برسیم در ماشین هر دو گریه می‌کردیم. شکیبا گفت وقتی مامان را به بیمارستان می‌رساندند دکتر به شکیبا گفته امیدی نیست ولی او نمی‌دانسته چه باید بکند. به او گفتم من هم خوشحال و هم سپاسگزارم که تصمیم او سبب شده من مامان را دوباره ببینم. ولی دیگر نباید بگذاریم او زجر بکشد. مشکل این بود که خانه‌های سالمندان همه بوی مرگ می‌دادند. تصور این‌که پرستارها با این بیماران به خشونت رفتار کنند آزارمان می‌داد. حتی اگر پرستار خصوصی می‌گرفتیم این ترس پابرجا بود. آن روز جایی را پیدا نکردیم که درخور مامان باشد. واقعیت این بود که آن‌ها درخور هیچ انسانی نبودند. بیش‌تر به یک قلک پول آغشته به چرک و خون و عفونت می‌مانستند. در پایان روز به سراغ دکتر اژدری، دکتر نازنینی که چند سالی بود قبل از سفر ما به محله‌مان آمده بود، رفتیم. دکتری جوان با معلومات و با دست‌هایی به راستی شفادهنده؛ کُرد و ممنوع‌التحصیل. حیف از این همه استعداد! بعد از مهاجرت ناخواسته‌ی دکتر سهرابی، دکتر اژدری دکتر همه‌ی خانواده شده بود و او بود که درست بعد از مرگ ارس به مدت ده روزِ تمام درِ مطبش را بست و مثل یک پسر فداکار لحظه‌ای از مامان دور نشد. همه‌ی خانواده او را صمیمانه دوست می‌داشتیم. وقتی از ایران به کانادا می‌رفتیم تابلوی زیبایی را با دست‌خط خودش به ما هدیه داد؛ «ای کاروان آهسته ران...».

از دیدار هم کلی خوشحال شدیم. او محلی را به ما معرفی کرد که تازه باز شده بود. هر سه با هم رفتیم آن‌جا. خانه‌ای در شمال شهر. منزل بسیار زیبایی بود. با صفا و پر از درخت و گل و گیاه. پنجره‌های بزرگ. نور فراوان و پرستارهای بسیار مودب و تمیز. به‌طوری که به شکیبا گفتم ای کاش از ابتدای بیماری مامان، قبل از این که به زیر دست این پرستار و آن پرستار بیفتد، او را به آن‌جا برده بودیم. حقوقش کفاف پرداخت هزینه‌ی آن محل را می‌داد و دیگر نیازی نبود که آن مردک نمک‌نشناس و یا آن دختر جوان را، که هیچ از پرستاری نمی‌دانست

و فقط محتاج آن پول بود، به خانه‌ی مامان راه بدهیم. فضای آن منزل به قدری بزرگ و زیبا بود که دل مریض‌ها در آن‌جا باز می‌شد. ضمن این‌که تنها نبودند و می‌توانستند با هم حرف بزنند. به حیاط بروند و با هم قدم بزنند. گرچه دیگر برای مامان خیلی دیر بود. دکتر اژدری پیش‌تر با دکتر مخصوص آن‌جا صحبت کرد و تصمیم گرفتیم فردای همان روز مامان را به آن‌جا ببریم.

مامان را در آمبولانس گذاشتیم. شکیبا داخل آمبولانس نشد و با آژانس دنبال ما آمد. نشستم کنار برانکادر مامان. آیا همه در شرایطی مشابه تا این حد مظلوم می‌شوند؟ به خانه‌ی سالمندان رسیدیم. آن‌جا بود که شکیبا گفت: «بلیت گرفتم و همین امشب به لندن پرواز می‌کنم. دیگه نمی‌کشم». کی فهمیده بود دیگر نمی‌کشد؟ نمی‌دانم به چه سرعتی و کی بلیت گرفته بود. می‌خواست مرا بگذارد و برود؟ تکلیف بچه‌های من چه می‌شد؟ می‌فهمیدم که سخت است، می‌فهمیدم که تا حالا هم خیلی زحمت کشیده ولی بچه‌های من کوچک بودند. از کنار مامان با او خداحافظی کردم. می‌فهمیدم که ترسیده ولی تنها گذاشتن من در این شرایط بسیار عجیب بود. تا دیروقت در کنار مامان ماندم و از آن‌جا به منزلش رفتم. بدون شک شکیبا در آن ساعت داخل هواپیما نشسته بود. گریه کردم. در و دیوار خانه را بو می‌کردم و به آن‌ها چنگ می‌انداختم. به هرچه دوری‌ست بد و بی‌راه گفتم. تمام در و دیوار آن خانه مامان بود. زن آن مردک آشپزخانه را هم خالی کرده بود ولی مهم نبود. هوای آن خانه عطر و بوی مامان بود. حاج‌خانم متوجه آمدنم شده بود. با یک لیوان چای بابونه و نبات آمد. خودم را انداختم بغلش و کلی گریه کردم. از او تشکر کردم که کنار مامان بود. روی همان مبل مامان به خواب می‌رفتم و بیدار می‌شدم. تا این‌که صبح سحر به شهرو زنگ زدم. ماجرا را برایش گفتم و از او خواهش کردم که اگر می‌خواهد با مامان خداحافظی کند زودتر بیاید. به اروند و الوند هم بگوید. در تمام مدت در کنار مامان بودم. حتی حوصله‌ام نمی‌شد تنهایی بروم و غذایی بخورم. شهرو روز بعد رسید، اعتبار شوهرش در ایران‌ایر هنوز برقرار بود. مامان بی‌حرکت روی تختخوابی خوابیده بود. چرچیل بزرگ از پا درآمده بود. او در ارس غرق شد. روز پنجم بود که به پرستار گفتیم ما برای نیم ساعتی می‌رویم و زود برمی‌گردیم. شهرو یک کافه‌ی تر و تمیز سراغ داشت. رفتیم و دو تا قهوه گرفتیم. اسم کافه نوستالژی بود. زیربشقابی‌هایش ساده بود و اسم نوستالژی در گوشه‌هایی از آن خودنمایی می‌کرد. روی زیربشقابی‌ها را امضاء کردیم و تاریخ زدیم و به عنوان یادگاری برداشتیم. هر دو می‌دانستیم این آخرین‌باری‌ست

که با هم در ایران در کافه‌ای نشسته‌ایم. دلم شور افتاده بود. طاقت نیاوردم و آن‌جا را ترک کردیم. تاکسی گرفتیم ولی از راننده خواستم جلوی اولین کیوسک تلفنی که دید توقف کند. به خانه‌ی سالمندان زنگ زدم. پرستار گفت مامان از لحظه‌ای که پا بیرون گذاشتیم حالش بد شده و بهتر است بی‌درنگ خودمان را به آن‌جا برسانیم. از همان کیوسک تلفن به پسر ارس زنگ زدم که او هم به تهران آمده بود. به پسر شکیبا هم تلفن کردم. همگی رسیدیم. مامان را از اتاق بیرون آورده بودند و گفتند چون لحظات آخر اوست او را در اتاق دیگری نگهداری می‌کنند. ناگهان تمام آن خانه‌ی زیبا و پرنور تبدیل شد به سلولی تنگ و تاریک که ما به‌راحتی در آن‌جا نمی‌گرفتیم. درویش، پسری که از یک ده به پایتخت آمده بود و مامان او را به منزل آورد و بزرگش کرد و به سر و سامان رساندش، با پسر بزرگش از شهرستان خودشان را رسانده بودند. او و پسرش به سختی گریه می‌کردند؛ به‌طوری که بچه‌ها نمی‌توانستند آن‌ها را آرام کنند. دست مامان را در دستم گرفتم و گفتم:

- مامان‌جان می‌دونید تنها نیستید؟ همه‌ی اون‌هایی که دوست‌شون دارید این‌جا هستند.

و بعد اسم یکی یکی را بردم. شنیده بودم آدمی که در کماست صدا را می‌شنود. بعد دست مامان را در دستم گرفتم و گفتم:

- مامان جانم، اگر صدای منو می‌شنوید دست منو فشار بدید.

در مقابل چشمان حیرت‌زده‌ی همگی‌مان مامان دست مرا به طرف دهانش برد و بوسید و... تمام.

کسی که دست کمکش همیشه برای همه آماده بود ناگهان در کیسه‌ی پلاستیکی سیاهی جا گرفت. مراسم دفن و ختم به بهترین وجه، آن طور که شایسته‌ی خانم شایسته بود، برگزار شد. او را در کنار عزیزش ارس گذاشتیم. دیگر همیشه با هم بودند و هیچ کس نمی‌توانست بین آن‌ها حائل شود. در مراسم ختم، اوستا از آقایی دعوت کرد که به جای مداح و ملّا تعزیه بخواند. آقایی بسیار تر و تمیز. کت و شلوار پوشیده بود و پیپ هم می‌کشید. وقتی اوستا او را به من معرفی کرد جا خوردم. خیلی مودبانه پرسید:

- چی می‌خوایین براتون اجرا کنم؟ قرآن بخونم یا مدح علی و یا از شاعران و خوانندگان امروزی؟

تعجب کرده بودم، من با چنین پدیده‌ای بیگانه بودم. ولی گفتم:

- خواهش می‌کنم اگر امکان داره حافظ بخونید. شعر و آواز مناسبی که

خودتون تشخیص می‌دید رو هم اجرا کنید.

من هنوز به او پشت نکرده بودم که خواند:

به راه وی تا سحر ماندم ژاله افشاندم او نیامد / به امیدش با نوای دل قصه‌ها خواندم او نیامد.

این آهنگ محشری به پا کرد. به راستی که صدای این مرد لاهوتی بود. شاید هزاران بار به این ترانه گوش داده بودم ولی هیچ وقت این حزن و اندوه را در آن نیافته بودم. صدای فرح خواننده‌ی اصلی این ترانه را دوست می‌داشتم ولی این آقا با این ترانه گویی قلب مرا شرحه‌شرحه کرد. مامان! کی خواهیم فهمید که ستونی در پشت ما خالی شد؟ می‌گفت: «شانی، من مثل یه گنبدم که کفترها دورم جمع می‌شن. وقتی بمیرم همه‌تون پراکنده می‌شین».

هفت روز بعد از مراسم، من و شهرو هر کدام به سمت قاره‌ای جداگانه سفر کردیم. این بار در وقت پرواز دیگر نمی‌توانستم به آنچه پشت سر گذاشته بودم فکر نکنم. در طول سفرطولانی لحظه‌ای چهره‌ی مامان از جلوی چشم من دور نشد. تمام راه را گریستم و ترانه‌ی فرح را برای خودم زمزمه کردم. تنها مسأله‌ای که آرامم می‌کرد این بود که او کنار ارس بود. حاضر بودم تمام زندگی‌ام را بدهم تا بتوانم آن‌ها را کنار هم بگذارم. سایر کارها مثل گذاشتن سنگ و فروش خانه و لوازم ماند تا شکیبا از انگلیس برگردد. صدرا و بچه‌ها در فرودگاه منتظرم بودند. فروریخته و سخت متلاشی بودم. بچه‌ها به طرفم دویدند. آن‌ها را سخت در آغوش گرفتم. همگی گریستیم. از روز بعد زندگی در مهاجرت بدون توجه به حال و روز من دوباره آغاز می‌شد.

بدون معطلی تصمیم گرفتم دوباره به دانشگاه بروم و ادامه تحصیل بدهم. خوشبختانه برای دوره‌ی فوق‌لیسانس در همان رشته‌ی ادبیات نمایشی پذیرفته شدم. هم‌زمان توانستم به دلیل این‌که دوباره دانشجو شده بودم با همان خانم استاد روی پروژه‌های تحقیقاتی کار کنم. بسیار جدی و با دقت کار می‌کردم. این خانم فرزانه و فرهیخته زنی خستگی‌ناپذیر بود که در حین تدریس در دانشگاه به‌طور مستمر روی پروژه‌های مختلف هم کار می‌کرد و به من هم خیلی اعتماد داشت. به همین دلیل برای من اتاقی در کنار اتاق خودش گرفته بود. مسأله‌ی اتاق داشتن ارج و قربی داشت چرا که در سیستم کاری کانادا همه در کنار هم کار می‌کنند و یا در اتاقک‌های پیش‌ساخته‌ی مستقر در محل کار. درس می‌خواندم. کار می‌کردم و شاهد بزرگ شدن بچه‌هایم بودم. کلاس‌ها خیلی به سختی پیش می‌رفت. می‌خواستم برای بچه‌ها همان الگوی ایران باشم.

مادری تحصیل‌کرده و نمونه. تابان هم وارد دانشگاه شده بود. با هم می‌رفتیم و با هم برمی‌گشتیم. طولی نکشید که شکیبا خانه‌ی مامان را فروخت و همان طور که مامان خواسته بود پول خانه را به اندازه‌ی مساوی بین ما قسمت کرد. شهرو اصرار داشت ما هر چه زودتر خانه‌ای بخریم. صدرا هم تمام مدت به همین فکر بود ولی من می‌ترسیدم، چرا که در این‌جا در واقع بانک است که صاحب خانه است نه خریدار. می‌ترسیدم روزی برسد و ما نتوانیم این وام را بدهیم. بعد از گفت‌وگوهای بسیار با دوستان سرانجام در منطقه‌ای آرام خانه‌ای خریدیم. پسرها که دیگر در دوره‌ی راهنمایی بودند سر ناسازگاری داشتند و در برابر نقل مکان معترض بودند و نمی‌خواستند از آن خانه‌ی اجاره‌ای بیرون بیایند. آن‌جا دوستان زیادی پیدا کرده بودند و تمام مدت بداخلاقی می‌کردند. توماج شب اول در منزل جدید شام نخورد و توفان هم یکسره گریه کرد. هر سه نفر ما چندین بار تلاش کردیم با آن دو صحبت کنیم ولی فایده نداشت تا سرانجام مرا عصبانی کردند. دیگر توماج هم با توفان هم‌صدا شده بود. به اتاق‌شان رفتم که هنوز کامل چیده نشده بود. در کنج اتاق کز کرده بودند و آن‌چنان گریه می‌کردند که باورکردنی نبود. فریاد کشیدم:

- خوب حواس‌تون رو جمع کنید. ما به خاطر شما هزاران کیلومتر از مملکت خودمون دور شدیم. به خاطر شما از فامیل و دوستان‌مون جدا شدیم. به خاطر شما به مملکتی اومدیم که هیچی ازش نمی‌دونستیم. درس‌مون، سوادمون و تجربه‌مون همه‌اش این‌جا شد صفر. از اول با بدبختی شروع کردیم ولی خوشحالیم که شماها آزاد و راحت هستید. حالا شما دو تا به خاطر چند کیلومتر دور شدن از دوستاتون دارید شب و روز ما را سیاه می‌کنید!

ما با پول قابل ملاحظه‌ای به مهاجرت تن نداده بودیم و می‌دانستیم زندگی سختی پیش روی ماست. باید شبیه به یک آدم ماشینی می‌شدیم. درست مثل چارلی چاپلین در فیلم «عصر جدید». کارکردن در این‌جا شوخی ندارد. بی‌وقفه و جدی‌ست. از طریق دانشگاه توانستم با یک موسسه که برای زن‌های مهاجر کار می‌کرد در شهر دیگری کار بگیرم و آخرهفته‌ها به آن شهر بروم. پنج ساعت رانندگی بود. برای زن‌هایی که دچار ضربات روحی شده بودند کارگاه‌هایی تشکیل می‌دادیم و تلاش می‌کردیم با تئاتردرمانی به آن‌ها کمک کنیم. زن‌هایی که در کشورهای خودشان زندانی بودند یا در مهاجرت توسط شوهر و یا پدرشان مورد خشونت یا تجاوز قرار گرفته بودند. این هم پروژه‌ی خوبی بود.

به نسبت سفری که من هر ماه به مدت یک سال باید انجام می‌دادم پول آن‌چنانی نداشت ولی برای من همیشه کاچی به از هیچی بود. تابان همیشه کنارم بود. با هم می‌رفتیم و برمی‌گشتیم. او در بین راه مسئول خوراکی و گذاشتن نوارهای موسیقی بود که ما دو نفری صدا به صدای خواننده می‌دادیم. زمستان وحشتناک بود و من مجبور بودم برای چند ماه در طوفان‌های شدید برف و بوران رانندگی کنم. در این سال‌ها به کارهای متفاوتی پرداختم. همه‌ی آن‌ها با حداقل مزد. ولی خوشحال بودم که کار دارم. پولی هم که از دانشگاه می‌گرفتم در کنارش بود. در دوره‌ی فوق‌لیسانس چند باری بورسیه گرفتم که مثل کمک‌هزینه‌ی تحصیلی نبود و مجبور نبودم بعد از اتمام درسم آن را برگردانم. تابان را وادار کردم تا به دنبال فوق‌لیسانس برود. خوشبختانه موفق شد و در تمام پروژه‌های آن خانم استاد همراه من شد. البته او فوق‌العاده باهوش و کاری بود و به دلیل این که بسیار کتاب می‌خواند تسلط خوبی بر زبان انگلیسی داشت. توماج و توفان هم وارد بهترین دانشگاه شهر شدند و خیال ما از بابت آن دو هم راحت شد. به واقع آن‌ها بچه‌های بی‌نظیری بودند. هر سه کتاب از دست‌شان نمی‌افتاد و اهل فیلم، موسیقی و رقص بودند. گاه مثل سه قلو رفتار می‌کردند. سرانجام دوره‌ی فوق‌لیسانس هم تمام شد و من کاری تمام‌وقت پیدا کردم. متاسفانه کار نه ربطی به تحصیلات من در ایران داشت و نه ربطی به تحصیلاتم در کانادا. ولی کار بود و می‌دانستم که در آخر ماه پولی خواهم داشت. مدت‌ها بود که صدرا خانه‌نشین شده بود. من تنها نگران خودش بودم وگرنه حقوق من کافی بود؛ به اضافه‌ی این‌که زیرزمین خانه را هم اجاره داده بودیم و زندگی خیلی معمولی و آرامی داشتیم. البته این به جز زمان‌هایی بود که صدرا به من گیر می‌داد و بر سر هر مسأله‌ی کوچکی دعوایی بزرگ به راه می‌انداخت و پس از آن دو سه ماهی به قهر می‌گذشت. چون درآمد اصلی از من بود اگر به‌طور مثال اعتراض می‌کردم که چرا جورابش را وسط اتاق انداخته عصبانی می‌شد و می‌گفت اعتراض تو به این دلیل است که من کار نمی‌کنم و تو کار می‌کنی. توماج و توفان به خاطر دور بودن دانشگاه‌شان از منزل رفته بودند و با دوستان‌شان زندگی می‌کردند و شاهد این گفت‌وگوها نبودند ولی طفلک تابان بود که همیشه شاهد بگومگوهای من و صدرا بود. می‌شد گفت نه من و نه صدرا هیچ تفریحی نداشتیم. برای تفریح پولی نمی‌ماند. تنها ثروت و خوشحالی ما وجود بچه‌ها بود که خوشبختانه سرشان به کار خودشان بود و مزاحمتی برای ما نداشتند. در این طرف دنیا ما هیچ وقت نگران رفت‌وآمدهای آن‌ها با دیگران نبودیم.

هر سه بسیار عاقل بودند. صبح زود می‌رفتم سر کار و عصر دیروقت برمی‌گشتم. هر روز یکسان بود. از ترس این که اگر به مرخصی بروم کار را از دست بدهم و یا کسی پیدا شود که بتواند کار مرا انجام بدهد چسبیده بودم به آن میز و صندلی. کارم سخت بود ولی انجامش می‌دادم و حقوق خوبی هم می‌گرفتم. گرچه خیلی از قوانین کار خبر نداشتم. از یکنواختی زندگی به‌شدت خسته بودم. رفت‌وآمد با دوستان که تعدادشان از انگشتان دست هم کم‌تر بود به خاطر وضعیت مشابه کم اتفاق می‌افتاد. حقیقت این بود که یافتن دوست در مهاجرت کار بسیار سختی بود و ما دیگر تنها با همان چند تایی که داشتیم باقی مانده بودیم. این روزها بیش از پیش همه نگران ایران بودیم. مدتی بود که می‌شنیدم بچه‌ها در مورد یک شبکه‌ی اجتماعی در اینترنت صحبت می‌کردند. تابان می‌گفت در این شبکه، که فیس‌بوک نامیده می‌شد، دوستانش را در ایران پیدا کرده و هر روز از همکلاسی‌هایش حرف می‌زد و عکس‌هایی از آن‌ها را نشان می‌داد: «این اونیه که باهاش مدرسه سمیه می‌رفتم. آهان، این اونیه که هر صبح سوارش می‌کردیم تا مدرسه. این همونی بود که خونه‌شون یک کوچه بالاتر از ما بود. توی زعفرانیه که بودیم و...» و از زندگی فعلی‌شان می‌گفت. سرانجام من هم وارد این شبکه‌ی اجتماعی مجازی شدم. بچه‌ها می‌گفتند حتی می‌توانم به علاقه‌مندان یک هنر و یا کارگردانی خاص بپیوندم. چند نفری از دوست و فامیل را پیدا کردم ولی صد البته که آن هیجان بچه‌ها را نداشتم. دیر به دیر به سراغ فیس‌بوک می‌رفتم. یک روز در فیس‌بوک به یک پیشنهادِ دوستی برخورد کردم. از روی کنجکاوی به سراغ صفحه‌ی آن شخص رفتم. متوجه شدم که هر دو سه روز یک بار پستی مرتبط با یک کتاب می‌گذارد. پایین پست‌ها هم دوستانش یا آدرسی از کتاب را گرفته بودند و یا از او خواسته بودند تا برایشان اسکن کند و با ایمیل برایشان ارسال کند. در این‌جا از نظر کتاب به نوعی در مضیقه بودم. در تمام شهر فقط دو کتاب‌فروشی بود. به سراغ یکی از آن‌ها نمی‌رفتم و دیگری هم خیلی کتاب نداشت و قیمت کتاب در هر دو بسیار گران بود. نویسنده‌های جدید را نمی‌شناختم. گه‌گاه کسی از ایران می‌آمد و کتابی برایم می‌آورد. پیدا کردن چنین صفحه‌ای خوب بود ولی من کتاب را در دستم می‌خواستم. کپی گرفتن از هر کتاب هزینه داشت که من از عهده‌ی آن برنمی‌آمدم. در روز به مدت ده ساعت جلوی کامپیوتر بودم. نمی‌توانستم از سر کار هم که برمی‌گردم یکی دو ساعت هم پای کامپیوتر بنشینم. کتاب خواندن بخش بزرگی از لذت من در زندگی بود و خواندن کتاب به زبان انگلیسی مرا راضی نمی‌کرد.

یک روز کتاب «یکلیا و تنهایی او» نوشته‌ی تقی مدرسی را در صفحه‌اش دیدم. این کتاب را در سیزده سالگی خوانده بودم و همیشه به دنبالش بودم. الوند که خودش اهل کتاب خواندن نبود این کتاب مرا به دوست‌دختری که او هم اهل کتاب نبود هدیه داد. از من پرسیده بود که کدام کتاب را دوست دارم و همان را از کتاب‌خانه‌ام برداشته بود. کتاب بعد از انقلاب چاپ مجدد نشد و من هیچ وقت نتوانستم آن را پیدا کنم. به قدری ذوق‌زده شده بودم که در قسمت نظر آن پست جمله‌ای نوشتم و از او تشکر کردم. بلافاصله یک نفر در همان جا برایم پیغامی گذاشت. به ظاهر دوستِ صاحب صفحه بود که بسیار بی‌ادبانه و توهین‌آمیز برایم نوشته بود: «برید پی کارتون. شما از دوستان فریاد نیستید که...» و لحظاتی بعد صاحب صفحه بسیار مودبانه برایم نوشت خوشحال است که من این کتاب را بعد از مدت‌ها یافته‌ام. با توجه به نظر آن جوان اول عذر خواهی کردم که بدون اجازه صفحه‌ی او را دیده‌ام و بدتر از آن نظر هم داده‌ام. دختر چرچیل اشتباه کرده بود! کاری کرده بود که نباید می‌کرده و کسی به او خرده گرفته بود! چرا با قوانین و رسم و رسوم فیس‌بوک آشنا نبودم. آیا می‌توانستم هیچ وقت آن جواب را فراموش کنم؟ یا مثل خیلی از حرف‌ها و اتفاقات ناخوشایند برای خودش جایی در ذهن من باز می‌کرد؟ ولی جواب زیبای جوان دیگر مرا بیش‌تر به خودش مشغول کرد: «خوشحالم از دوباره یافتن این کتاب و این حس زیبایتان. شاد باشید و عاشق». چقدر متفاوت. ولی چطور فهمیده بود عاشق بودن همان خون در رگ‌های من است. به این ترتیب ما با هم دوست شدیم.حالا دیگر مرتب به فیس‌بوک سر می‌زدم و به سراغ صفحه‌ی او می‌رفتم تا نوشته‌هایش را بخوانم. او به‌طور جادویی زیبا می‌نوشت. نوشته‌هایش کوتاه بودند و در حد یک پاراگراف. در تمامی آن‌ها غم سنگینی موج می‌زد. آیا این غمی بود که تمام جوانان آن مملکت داشتند یا در مورد او رویداد یا خاطره‌ای تلخ سبب‌ساز این همه حزن بود؟ دلم می‌خواست درباره‌اش بدانم. دیگر فیس‌بوک را به خاطر او باز می‌کردم. اسم زیبایی هم داشت: فریاد. نمی‌دانم پدر و مادرش که بودند و چطور این اسم را برایش انتخاب کرده بودند. فریاد باعث شد تا با پدیده‌ی فیس‌بوک بیش‌تر آشنا شوم. لایک و لاو مثل نقل و نبات در صفحه‌اش پخش می‌شد. بعضی گویی ایستاده بودند پشت میزهای مسابقه که باید دکمه‌ای را فشار دهی و جواب را بدهی. وقتی نوشته یا عکسی یا کاریکاتوری روی صفحه‌اش می‌گذاشت گاه به ثانیه هم نمی‌کشید که ده‌ها لایک و لاو برایش می‌گذاشتند. در مورد لایک‌ها که با تابان صحبت می‌کردم

او می‌گفت: «مامان فیس‌بوک را خیلی جدی نگیرید».

سر کشیدن به فیس‌بوک سبب شد من با قشری از جوانان ایرانی آشنا شوم. اگر فریاد نوشته‌ای می‌گذاشت که برایم جالب بود گاه به‌طور خصوصی برایش یادداشتی می‌گذاشتم. بعد از دو ماه از من آدرس ایمیلم را خواست و به دنبالش داستان کوتاهی از خودش را برایم فرستاد. قصه خیلی زیبا بود. برایش نوشتم و از او خواستم به نوشتن ادامه بدهد. نوشته‌های کوتاهش را به‌طور مرتب برایم می‌فرستاد و من از خواندن آن‌ها لذت می‌بردم. از میان نوشته‌هایش دریافتم که دوران سربازی را می‌گذراند. در یادداشتی برایم نوشته بود بعد از پایان سربازی برای دیدار دوستانش سفری به کانادا خواهد داشت. خوشحال شده بودم که او را خواهم دید. جمله محکم بود و تصمیم گرفته شده بود. در خیال خودم به خیابان‌های تهران می‌رفتم تا ببینم فریاد ساکن کدام محله است. بعد از این یادداشت احساس کردم باید از بچه‌های بالای شهر باشد که می‌تواند برای دیدن دوستانش به این‌جا سفری داشته باشد. همیشه نوشته‌ای در صفحه‌اش وجود داشت و هر بار می‌گفت از راه پادگان به خانه سری به کتاب‌فروشی‌های جلوی دانشگاه زده و کتابی برای خودش خریده. من آهسته‌آهسته از طریق او دوباره با دنیای ادبیات، نویسنده‌ها و مترجم‌های جدید آشنا می‌شدم. نمی‌دانستم دوست‌دختر دارد یا نه و البته تصوری هم از بودن دخترها و پسرها با هم در خیابان‌های تهران نداشتم و این نگرانم می‌کرد. اگر اتفاقی برایش بیفتد، اگر به‌طور مثال گشت ارشاد او را می‌گرفت، من از چه کسی می‌توانستم سراغش را بگیرم؟ بالاخره یک بار برایش نوشتم نگرانش هستم. برایم نوشت به دلیل سرباز بودنش قادر نیست هر روز خودش را در فیس‌بوک نشان بدهد. یک بار دوستی به ایران می‌رفت و تصمیم گرفتم برایش هدیه‌ای بفرستم. نمی‌دانستم چقدر انگلیسی می‌داند و آیا می‌توانم کتابی بفرستم یا نه. تصمیم هم نداشتم لباس بفرستم یا هدیه‌ای شخصی مثل ادوکلن. تازه مسافری هم که هدیه را می‌برد گفته بود در حد یک پاکت کوچک. من یک چوق‌الف گرفتم. چوق‌الفی که فلزی بود و در قسمت بالا یک قوری خیلی خوشگل داشت. هدیه‌ی مناسبی بود. او اهل کتاب بود و معتاد به نوشیدن چای و قهوه. یادداشت کوچکی هم گذاشتم که این تنها تشکر مختصری‌ست برای این‌که نوشته‌هایش را برای من می‌فرستد. مسافر پاکت نامه را برد و به شکیبا داد. شکیبا با شماره تلفنی که برایش گذاشته بودم به فریاد خبر داده بود پاکتی برایش رسیده. وقتی فریاد رفته بود تا هدیه را بگیرد شکیبا مجبور شده بود چندین بار یادآوری کند هدیه فقط همان پاکت

نامه است و چیز دیگری اضافه بر آن نیست. شکیبا می‌گفت احساس کرده آن جوان انتظار بسته‌ی خیلی بزرگ‌تری را داشته. او نه ایمیلی زد و نه تلفنی. شاید برایش مهم نبود. این چوق‌الف را خیلی دوست داشتم و دلم می‌خواست برای خودم نگهش بدارم ولی نمی‌دانم چرا از آن گذشتم. فکر کردم بهتر است شادی داشتن آن نصیب او شود.

·· ·· ●●●● ··

ناگهان تابستان گذشته، نوروز بود و وضع مالی خوبی نداشتم تا هدیه‌ای برای ادیب بخرم. جعبه یا چمدانی داشتم که پر از وسیله بود؛ وسایلی که دوست داشتم و پیش‌ترها خریده بودم تا روزی به دیگران هدیه بدهم و یا روزی خود از آن‌ها استفاده کنم. صدرا به این چمدان می‌گفت «چمدان شامورتی» چون همیشه در مواقع اضطراری می‌شد هدیه‌ای را در آن یافت. پس به سراغ آن رفتم. چوق‌الفی را در آن یافتم که از شهر کوچکی در انگلیس خریده بودم. چوق‌الف طلایی‌رنگی بود با کله‌ی یک جغد. خیلی قشنگ بود و گذاشته بودم تا روزی اگر خودم صاحب کتاب‌فروشی شدم از آن به عنوان دکور استفاده کنم. همان را به ادیب هدیه دادم. طبق معمول تعجب کرد هدیه را از کجا پیدا کرده‌ام و چقدر قشنگ است!

·· ·· ●●●● ··

به‌طور مرتب هفته‌ای یکی دو بار با فریاد از طریق ایمیل و فیس‌بوک در تماس بودیم. نوشته‌هایش را مرتب در فیس‌بوک می‌خواندم. قلمش زیبا بود. کلمات را به خوبی می‌شناخت و به جا از آن‌ها استفاده می‌کرد. به دستور زبان بسیار مسلط بود. او به من کتاب‌های فارسی را معرفی می‌کرد و من به او فیلم‌ها و سریال‌های خارجی را. از وضعیت دستیابی فیلم در ایران بی‌خبر بودم ولی از طریق او دریافتم بعضی از فیلم‌ها را آن‌ها حتی زودتر از ما می‌بینند. مشکل با فیلم‌های غیرهالیوودی و سریال‌هایی بود که به راحتی پیدا نمی‌شد در طول روز به دلیل سرعت پایین اینترنت نمی‌توانست فیلمی را دانلود کند. پس نیمه‌شب‌ها به این کار می‌پرداخت. آیا سرعت اینترنت در ایران پایین بود یا اینترنت او بود که مشکل داشت؟ اولین فیلمی که به او معرفی کردم زندگی دیگران بود. طوری درباره‌اش نوشت که دریافتم این من هستم که خیلی عقبم. بعد از مدتی برایم نوشت

دختری را دوست دارد که از بستگان اوست و عکس دختر را هم برایم فرستاد. دختری شیرین، زیبا و بسیار ساده بود. ربطی به دختران و زنانی که در فیس‌بوک با او دوست بودند نداشت. چهره‌ای طبیعی و دست‌نخورده داشت. تشویقش کردم به دختر بگوید دوستش دارد. نوشت دختر راهی فرانسه است. اصرار کردم قبل از این‌که دختر به فرانسه برود به او بگوید دوستش دارد و فرصت را از دست ندهد. شاید بتوانند بعد از پایان سربازی هر دو با هم بروند. این شد که برای اولین بار از وضع مالی‌اش برایم نوشت. از مشکلات فامیلی و شرایط نابه‌سامان. حرف‌هایش را گذاشتم پای تمام مشکلاتی که جوانان این روزها با آن‌ها دست به گریبان هستند. هنوز حدود ده ماه از سربازی‌اش باقی مانده بود. به خودم اجازه دادم و سنش را پرسیدم. بیست و چهار سال. ولی خیلی پخته‌تر از سنش بود. حتی نوشته‌های معمولی‌اش مثل مردی بود که حداقل چهل را پشت سر گذاشته بود. گرچه گاه می‌دیدم با چند نفری که مرتب در فیس‌بوک با هم در ارتباط هستند از گفت‌وگوهای پیش‌پاافتاده و بی‌اهمیت و غیرجدی پرهیز نمی‌کند. این گروه بیش‌تر شامل زن‌های چهل سال به بالا، طلاق‌گرفته و یا شوهردار بودند و یکی دو جوان دیگر، هم‌سن و سال فریاد، که همگی درگیر این گونه صحبت‌های سطحی می‌شدند. این دوگانگی را دوست نداشتم. او بسیار مودب بود. خیلی آقامنشانه حرف می‌زد. این‌ها که بودند و چرا باید خودش را تا حد روزمرگی این زن‌ها و پسرها پایین می‌آورد؟ حتی اگر این طور بی‌پروا و چارواداری صحبت کردن مد روز جامعه بود هنوز خیلی‌ها را در همان صفحه‌ی فیس‌بوک خودِ او می‌دیدم که تن به این بی سر و سامانی نداده بودند و با تلاش فراوان کارهای فرهنگی می‌کردند و صفحه‌ی فیس‌بوک آن‌ها به این خزعبلات آلوده نبود. صفحه‌ی او که بالغ بر دوهزار نفر دوست داشت از طبقات مختلف جامعه شکل گرفته بود. پسرانی که بی‌پرده در مورد سکس شب گذشته‌شان می‌نوشتند. دخترانی که بی‌محابا عکس‌های برهنه از خود می‌گذاشتند. دختران جوانی که با مردان دو سه برابر سن خودشان زندگی می‌کردند و تجربه‌هایشان را به اشتراک می‌گذاشتند. البته در کنار این آدم‌ها دوستان اهل ادب هم فراوان بودند. او به راستی که بود و با این معجون چطور کنار می‌آمد؟ کدام یک «او»ی حقیقی بود؟ آیا همه هم‌دیگر را دیده‌اند؟ با هم دوست و آشنا هستند؟

به صفحه‌ی دوستان و آشنایان دیگر او سر زدم و دریافتم تابان درست می‌گفته و من فیس‌بوک را زیادی جدی گرفته بودم. خانمی را دیدم که پنج هزار دوست داشت. امکان نداشت که او همه‌ی این آدم‌ها را دیده باشد و یا با همه‌ی

آن‌ها دوست باشد. همین بود معنای دنیای مجازی که از آن بسیار عقب بودم. هنوز او را نمی‌فهمیدم. چگونه می‌شد هم این بود و هم آن؟ آیا این رسمی نو در دنیای امروزی بود؟ چقدر همه چیز با دنیایی که ما در آن زندگی می‌کردیم متفاوت بود. هر از گاهی می‌نوشت چند روزی نخواهد بود. از سر اتفاق دریافتم آن روزها به سربازی هم نمی‌رود. طولانی کردن این دوره‌ی اجباری و بی‌فایده برایم قابل قبول نبود. می‌دانستم به همین راحتی نمی‌شود در سربازی غیبت کرد. اضافه‌خدمت در پی داشت، پس چرا باید چنین کسی غیبت کند و به زمان سربازی‌اش اضافه کند؟ در صورتی که هر سرباز باسواد و بی‌سوادی آرزو دارد این دوره به‌طور معجزه‌آسایی زود تمام شود. وقتی برایش می‌نوشتم و توضیح می‌دادم که چطور طولانی کردن این دوره می‌تواند او را از رسیدن به آنچه می‌خواهد دور نگه دارد جواب می‌داد: «باشه. همین الان می‌رم پادگان». به همین سادگی. آیا پدر و مادر داشت؟ چطور آن‌ها مجبورش نمی‌کردند در سربازی غیبت نکند؟ شاید از آن دسته از جوانان بود که به حرف پدر و مادر توجهی نمی‌کرد.

هیچ نمی‌دانستم و این ناآگاهی اذیتم می‌کرد. آیا لیسانس گرفته بود و به سربازی رفته بود؟ آیا بعد از گرفتن دیپلم رفته بود؟ پس چرا تا این حد دیر؟ این چهار پنج سال چه می‌کرد؟ در صفحه‌ی فیس‌بوکش از مهمانی‌هایی که می‌رفت عکس می‌گذاشت. برای من عجیب بود و نگران‌کننده. دخترها و زن‌ها، گیلاس مشروب و سیگار به‌دست، جلوه می‌فروختند. بعضی از مهمانی‌ها کنار استخر بود. در بعضی از عکس‌ها آدم‌ها کلاه‌گیس‌های مسخره‌ی رنگی داشتند. این‌ها آن جوانانی بودند که وقتی دنیا آن‌ها را در تظاهرات نشان می‌داد من برایشان اشک می‌ریختم؟ آن روزی که جلوی تلویزیون نشسته بودم و ناگهان گویی جگرم سوخت و فریاد زدم: «صدرا صدرا دختر مردم رو کشتند!» و بعد از حال رفتم. آن لحظه‌ای که روی برگرداندم از تصاویری که نشان می‌داد ماشین نیروی انتظامی چند بار از روی یک جوان رد شد و صدرا به فغان درآمد. آن شبی که با صدرا به خاطر پدر و مادران جوانان کشته‌شده در کوی دانشگاه تا صبح نخوابیدیم. پس آن‌ها که بودند؟ این همه تفاوت؟ این‌ها بالای شهرنشین بودند و آن جوانان که مشت‌های گره‌کرده‌شان را با تمام توان به آسمان بلند می‌کردند پایین شهرنشین؟ آیا طبقه‌بندی قابل تعریف دیگری در آن‌جامعه وجود داشت؟ فیس‌بوک مرا گیج کرده بود. هر کسی که به تهران سفر می‌کرد و برمی‌گشت به من می‌گفت تهران دیگر آن تهرانی نیست که من می‌شناختم.

مردم بد شده‌اند و من با عصبانیت با آن‌ها برخورد می‌کردم که حق ندارند جمع ببندند و بدون شک هنوز انسان‌های شریفی در آن‌جامعه وجود دارند. با وجود تمام این سردرگمی‌ها تلاش می‌کردم سوال نکنم و بگذارم فریاد هر وقت دلش می‌خواهد از زندگی‌اش برایم بگوید. هر شب تلاش می‌کردم فیلم‌های خوب با نقدهای خوب را ببینم تا بتوانم به او معرفی کنم. بعد از دیدن فیلم‌ها برایم می‌نوشت که ما شباهت‌ها و نقطه‌اشتراک‌های زیادی با هم داریم. شب‌ها تا دیروقت بیدار بود و گویی شب‌های پنج‌شنبه و جمعه هیچ نمی‌خوابید. گاه اختلاف زمان را به کلی فراموش می‌کردیم و تا صبح به وقت ما برای هم پیغام می‌فرستادیم و از نوشته‌هایش، کتاب و فیلم با هم حرف می‌زدیم. در طول صحبت از فیلم و کتاب وارد دنیای موسیقی شدیم. از او خواستم به موسیقی ویوالدی گوش بدهد. با دو سه روز فاصله جواب داد عاشق ویوالدی شده. این بار از گذشته‌ی خودم برایش یادداشتی نوشتم:

«فریاد عزیز، نمی‌دانم اول عاشق او شدم بعد ویوالدی یا اول عاشق ویوالدی شدم و بعد او یا این که آیا به راستی عاشق شدم یا نه. فکر نمی کردم زنی در این سن و سال با همه‌ی سرخوردگی‌ها و گرفتاری‌ها هنوز به عشق فکر بکند. شاید بهتراست بگویم زنی از آن دیار. این به خاطر وجود توست و از تو سپاسگزارم. این حس را تو در من دوباره بیدار کردی. در حقیقت هیچ وقت به خواب نرفته بود فقط وانمود می کرد و چشم‌هاش را بر هر احساسی بسته بود. مثل قدیم‌ها که پدر و مادرهامان در بعدازظهرهای گرم تابستان ما را وادار می کردند که بخوابیم و نرویم کوچه بازی کنیم. ما هم ردیف می خوابیدیم و چشم‌های‌مان را می‌بستیم و ادای خوابیدن را درمی‌آوردیم. بعد یواشکی چشم‌هامان را باز می کردیم و برای هم شکلک درمی‌آوردیم و بی‌صدا می‌خندیدیم. من هم این حس را سال‌ها بود در وجودم خوابانده بودم. ولی تمام حواشی‌ها، کنایه‌ها، اشاره‌ها، مهرها و مهربانی‌های عشق را می‌پرستم. با خاطرات عاشقی‌ها زندگی می کنم. وقتی فیلم می‌بینم، ویوالدی گوش می‌دهم، راک اندرول می‌رقصم، قهوه می‌نوشم و یا کلاه جدیدی را در مقابل آینه امتحان می کنم به یاد عاشقی می‌افتم. عزیزم عاشق باش و عشق بورز. زمان خیلی بی‌رحم است. راستی اگر بگم من عاشق آسفالت‌های تهران هستم منظورم را می فهمی ؟؟».

همان روز جواب داد معلوم است می‌فهمد و چیز بیش‌تری ننوشت و برایم قطعه‌ای از آدَم هرست را فرستاد. رابطه‌ی ما به این شکل نزدیک‌تر و نزدیک‌تر می‌شد.

من تا حدودی با حس و حال جوانان ایرانی آشنا شدم و تلاش می‌کردم او را به یادگیری زبان انگلیسی و یا هر زبان خارجی دیگر ترغیب کنم. برایم کلیپی فرستاد از مارینا آبراموویچ و کمی درباره‌ی آن توضیح داد. ماریا آبراموویچ هنرمندی بود اهل صربستان که در یکی از اجراهایش در موزه‌ی نیویورک بعد از سال‌ها عشقش را در مقابل خودش مشاهده می‌کند و کلیپ در واقع همان صحنه‌ی دیدار بود. دیدن این کلیپ مرا یاد داستانی از ادیب انداخت که بعد از سفرم از فرانسه برایم تعریف کرده بود. من عین ماجرا را برای فریاد نوشتم : «او یک بار به رستورانی می‌رود که ما یکی دو باری با هم به آن‌جا رفته بودیم. در رستوران زن و مرد مسنی را می‌بیند که بسیار با هیجان در کنار هم نشسته‌اند و دست‌های هم‌دیگر را در دست دارند. در حالی که کنجکاو به آن‌ها نگاه می کرده مدیر رستوران نزدیک می‌شود و قصه‌ی آن دو را برایش می گوید. این زن و مرد در جوانی عاشق هم بودند ولی به هم نمی‌رسند. پس با هم قرار می گذارند در شصت سالگی زن هم‌دیگر را در این رستوران ببینند». برایم نوشت به آن زن و مرد حسودی می‌کند. به «او» هم حسودی می‌کند که شاهد چنین صحنه‌ای بوده و بعد برایم نوشت ایده‌ای از یک کار مشترک دارد. کار مشترکی از خودش با من. برایم جالب بود. به شوخی برایش نوشتم مواظب باشد کاری نکند که عاشقش شوم. امان از لحن غایبِ پیام.

بهار شد و من سخت مشغول نوشتن کارت نوروزی بودم. هم‌چنان برای نوروز کارت می‌فرستادم. این کار را دوست داشتم و این برای او عجیب بود. وقتی از او آدرس منزلش را خواستم طفره رفت و من هم زیاد پافشاری نکردم. او نوروز و عیددیدنی را دوست نداشت. می‌گفت حوصله ندارد آدم‌هایی را ببیند که فقط سالی یک بار به آن‌ها سر می‌زنند. چای و شیرینی و پسته‌های آجیل را می‌خورند و می‌روند تا سال دیگر. ولی من به همان سالی یک بار هم راضی بودم و عاشق آن رفت‌وآمدها. تلاش کردم با جملات زیبایی نوروز را به او تبریک بگویم و او این چنین جوابم را داد:

«می‌بوسم‌تان و سال نو مبارک. می‌روم و مدتی نخواهم بود».

نوشتم: «چرا؟ کجا؟» جوابی سربالا داد: «دردی‌ست قدیمی. زخمی‌ست هنوز باز. به غار تنهایی خودم».

دستم کوتاه بود و نمی‌توانستم از او بی‌خبر بمانم. بعد از ده روز متنی فرستاد که برایش ترجمه کنم. متن سخنرانی نویسنده‌ای بود در مورد نویسنده‌ای دیگر. باز ناپدید شد. وقتی به او فکر می‌کردم گویی به تمام جوانان ساکن ایران

می‌اندیشیدم. فریاد برای من همه‌ی آن‌ها بود. تمام حسن‌ها، امیرها، سهراب‌ها، مریم‌ها، خاطره‌ها، نازنین‌ها و... به قدری در این سال‌ها از این جوانان دور بودم که این کشف برایم دنیایی ارزش داشت. من سال‌ها با جوانان کار کرده بودم. از دوره‌ی دانشکده در کانون پرورش فکری کودکان و نوجوانان تا بعد از سفر به ژاپن در دانشگاه تا بعد از ممنوع‌الکار شدن در مراکز دولتی و به ضرب پارتی‌بازی کار در مرکز فیلم‌سازی وزارت ارشاد و اخراج مجدد به دلیل سابقه‌ی اخراج از دانشگاه. دلم برای کار و گفت‌وگو با این آدم‌ها تنگ بود و در غربت که غم نان هست هیچ امکانی برای چنین نزدیکی‌ای وجود نداشت مگر یکی دو کار گروهی. به قدری آرزوی بودن در ایران در کنار این جوانان را داشتم که حالا صحبت با یکی از آن‌ها حتی غریبه برایم غنیمت بود. دلم می‌خواست بدانم چه فکر می‌کند و چگونه زندگی می‌کند. فریاد گاه بسیار پخته می‌نمود. مرد اثیری‌ای که هفتاد ساله به نظر می‌آمد. البته او جوان بود و با همان دوستان فیس‌بوکی جوانی می‌کرد. دلم می‌خواست با او تهرانم را دوباره ببینم. می‌خواستم چشمان من باشد و مرا با خود به دیدار کوچه‌ها و خیابان‌های تهران ببرد. به کتاب‌فروشی‌ها و کافه‌ها سر بزنم. به روزهای خوش و بی‌خبری بیست سالگی‌ام برگردم. آن هم با جوانی که اهل قلم بود و عاشق بایزید بسطامی. نمی‌فهمیدم چرا کلماتش رقص مرگ داشتند. افیونی در هر کلمه بود که آدم را سحر می‌کرد. با هر سه چهار خطی که می‌نوشت خودت را فراموش می‌کردی. به اوج می‌رفتی. ویران می‌شدی. گریه می‌کردی. سرمست می‌شدی و سرانجام عاشق! آرزوهای بزرگ داشت. کار در لوموند! دانستن سه یا چهار زبان خارجی. نویسنده شدن و فیلم‌نامه نوشتن. برای این آخری مطمئن بودم که فقط قدری کوشش می‌خواهد و وقت را به هدر ندادن. فکر می‌کردم خودش خوب این را می‌داند. برایش از خودم گفتم که چطور در غربت در میانه‌ی چهل سالگی از صفر شروع کردم. در کنار کار در مملکتی غریب چطور دوباره به دانشگاه رفتم و درس خواندم تا باز مدرک بگیرم و برای بچه‌هایم همان باشم که در ایران بودم. نمونه‌ی یک زن تحصیل‌کرده، اهل مطالعه و سخت‌کوش. تلاش می‌کردم با نوشته‌هایم به او امید بدهم. یادش بدهم که باید بجنگد تا چیزی را که می‌خواهد به دست بیاورد. باید بی‌وقفه کوشش کند و وقت را تلف نکند. بخواند و بخواند. فیلم ببیند و موسیقی گوش بدهد و بنویسد. وقتی به محل خرید می‌رفتم تمام حواسم به این بود تا برای او خریدی کنم تا شاید روزی بتوانم برایش بفرستم. عکسی در فیس‌بوک گذاشته بود که ده‌ها در را به شکل‌ها و رنگ‌های مختلف

نشان می‌داد. درهای چوبی رنگ و رو رفته با کلون‌های متفاوت به رنگ‌های قرمز، آبی، زرد، نارنجی و سبز. روزی در یک خیابان که محل گردش توریست‌ها بود چشمم به مغازه‌ای خورد. از آن مغازه‌ها که دوست داری واردش شوی و مطمئنی که دست خالی از آن بیرون نخواهی آمد. با تعجب یک فنجان قهوه پیدا کردم که طرح آن درها رویش بود. بلافاصله آن را خریدم. خیلی خوشحال شده بودم که می‌توانستم برایش هدیه‌ای بفرستم که می‌دانستم دوستش خواهد داشت. می‌دانستم که به فیل هم علاقه دارد و دیده بودم آن زن‌ها برایش عکس فیل می‌گذاشتند. پس هر کجا که می‌رفتم چشمم به دنبال کالایی بود که طرح فیل داشته باشد. فنجان قهوه‌ی اسپرسویی پیدا کردم فیلی‌رنگ که دسته‌اش خرطوم فیل بود. خرید دیگرم برای او دفتر بود. دفترهایی با روی جلدهای زیبا و در اندازه‌های مختلف. همچنین روان‌نویس‌های رنگی که او گفته بود نوشتن با آن‌ها را بسیار دوست می‌دارد.

ماه‌ها از آشنایی ما می‌گذشت و فاصله‌ی پیغام‌های رد و بدل شده کوتاه‌تر می‌شد. همان اندازه حضور مجازی‌اش در زندگی من سبب شده بود خوشحال باشم. خودم هم نمی‌دانستم چرا مرا یاد ادیب می‌انداخت. من ادیب را در این سن و سال ندیده بودم و نمی‌شناختم. وقتی با ادیب آشنا شدم او ده سالی از فریاد بزرگ‌تر بود و من هم‌سن و سال فریاد بودم. این دانش و سواد او در این سن کم بود که مرا یاد ادیب می‌انداخت. به خاطر قیافه نبود که به ادیب علاقه‌مند شدم. بلکه صدا و طرز صحبت کردنش مرا خیلی جذب کرد. تسلطش به زبان فارسی و انگلیسی، دانش بی حد و حصرش در زمینه‌ی شعر و ادبیات، و در مجموع فرهیختگی‌اش. وجود او برای من تبدیل شده بود به یک معیار. حتی اگر مردی خوش‌قیافه، پول‌دار، خوش‌صحبت و خوش‌برخورد هم می‌بود ولی دانش و مطالعه‌ی فراوان نداشت به هیچ وجه نمی‌توانست تأثیری روی من بگذارد. ادیب معتقد بود من همه‌ی مردان را با ارس مقایسه می‌کنم. شاید! به هر حال در زمان نوجوانی ارس برای من مراد بود. ولی ادیب نگرش دیگری را به من آموخت و آن هم این بود که به هر مسأله با دید سیاسی نگاه نکنم. خیلی طول کشید تا بتوانم خودم را از این فکر رها کنم. برای من در کنار ادیب بودن حضور در یک کلاس فوق‌العاده‌ی خصوصی بود. حالا بعد از سال‌ها فاصله از ایران و از اتفاقات فرهنگی آن مملکت با کسی آشنا شده بودم که تشنگی مرا برای فرهنگ امروزی ایران برطرف می‌کرد. کسی که نگرش فرهنگی داشت ولی نگرش سیاسی به هیچ‌وجه نداشت! دوست داشتم او را با ادیب آشنا می‌کردم

تا کمکش کند و روشمند هدایتش کند تا راه نوشتن را بیاموزد. یک روز برای فریاد نوشتم: «فریادم دلم برایت تنگ خواهد شد» و این در روزهایی بود که در پادگان بود. همان شب در جوابم نوشت: «می‌ترسونه منو این پیغام. خیلی می‌ترسونه. از این که تنهام بذارید. این تنگ خواهد شد دلتون... می‌ترسم. هیچ وقت شانی. هیچ وقت. من خیلی شکننده‌ام. خیلی. طاقتش رو ندارم».

انتخابات سال نود و دو رسید. می‌ترسیدم باز مردم مثل سال هشتاد وهشت به خیابان‌ها بریزند و حکومت سربازهای وظیفه را برای مقابله با مردم به خیابان روانه کند. نوشتم برایش نگرانم و شاید بهتر است تمارض کند و بگوید مریض است. در پاسخ نوشت: «ارتش وارد این بازی‌ها نمی‌شود. سپاه و نیروی انتظامی حضور خواهند داشت ولی ارتش نه». دوستی عازم ایران بود و می‌توانست بسته‌ی کوچکی برایم ببرد. ساعت زیبایی خریدم چون گفته بود ساعت ندارد و توسط این دوست برایش فرستادم. خیلی خوشحالش کرده بود. گرچه حدود یک ماه بعد برایم نوشت در خیابان ایستاده بوده و سیگار می‌کشیده که پسرکی به او نزدیک می‌شود و می‌گوید چه ساعت قشنگی به دست دارد. او هم ساعت را از دستش درمی‌آورد و به پسرک می‌دهد. هم خنده‌ام گرفته بود و هم ناراحت شده بودم. خنده‌ام گرفته بود که به این فکر نکرده بود من چقدر پول آن ساعت را داده بودم و ناراحت بودم که چطور آدم هدیه‌ی کسی را به شخص دیگری می‌دهد. هرگز هم فکر نکردم به هر دلیلی شاید راستش را نمی‌گوید. شاید ساعت را گم کرده یا فروخته یا آن را به دوستی داده. کاری که ادیب انجام می‌داد؛ کاری که بیش‌تر مردان انجام می‌دهند. دلم خوش بود آن را به پسرکی داده که چه بسا وضع خوبی نداشته و شاید چشمش به این ساعت خیره شده بود. پس هیچ نگفتم.

مرتب از نقشه‌هایی که برای نوشتن کتاب و فیلم‌نامه داشت برایم می‌نوشت. از ویراستاری کتاب‌هایی که دوستانش نوشته بودند. حیفم آمد که جوانی با این همه استعداد هر روز به پادگان برود و وقت عزیزش را در آن‌جا هدر بدهد. به خصوص که هیچ وقت تعریف خوبی از پادگان‌ها نشنیده بودم. صدرا از فرمانده‌ای می‌گفت که در پادگان مشهد به دنبال پسران خوش‌قیافه بود، ادیب از گروهبانی می‌گفت که در دوره‌ی سربازی‌اش در پادگان به رسم خوش‌خدمتی هر روز به سراغش می‌رفته و به او پیشنهاد می‌داده اگر می‌خواهد از پرستاران بیمارستان هم‌جوار زنی را برایش بیاورد. ارس در زمان سربازی‌اش با گروهی از دانشجویان وظیفه بازداشت شده بود.

رفته‌رفته شروع کرد مرا شانی عزیزم صدا کردن ولی هم‌چنان شما خطابم می‌کرد. خیلی به نویسنده‌ها، منتقدها و مترجمان مطرح دوره‌ی ما علاقه‌مند بود. گاه به گاه برایش نوشته یا شعری از قدیم و یا جدید می‌فرستادم و در همه‌ی آن‌ها همان ضمیر «او» را استفاده می‌کردم. نمی‌خواست بداند که او کیست. حدس‌هایی زده بود. برایم نوشت: «خلاصه چه‌ها می‌کنین با آدم. دارید منو عادت می‌دین به این نوشته‌ها! آی آی خانم شایسته‌ی عزیز که صمیمانه دوست دارم شما را». نوشتم: «فریاد عزیزم، پیغامت را بارها و بارها خواندم. مثل یک شراب گرم به جانم نشست. توی رگ‌هایم به رقص درآمد و به خوابم کشاند. راستی دوست داری شانی آن روزها را ببینی؟» و بعد عکسی از آن زمان را برایش فرستادم. عکس همان بود که استاد ژاپنی‌ام گرفته بود. به جرأت می‌توانم بگویم بهترین عکسی بود که در زندگی‌ام از من گرفته شده بود. رنگ لباس‌هایم فوق‌العاده شاد بودند. لبخندی به روی لبم بود و می‌توانست چال‌های گونه‌هایم را نشان دهد. سرم به یک سمت رو به پایین بود؛ گویی یواشکی کسی را نگاه می‌کردم. حیایی ذاتی در عکس بود. برایم نوشت اگر آن روزها مرا دیده بود عاشقم می‌شد و هیچ وقت ترکم نمی‌کرد. آن روزها فریاد با دختری بود به نام مژگان. این دختر زیبا نبود. شاید هم بود ولی آرایش بیش از حد او را زشت نشان می‌داد. هم‌سن و سال من در زمانی که آن عکس را گرفته بودم. مژگان مدل عکاسی بود. بعضی از عکس‌هایش آدم را به یاد زن‌هایی می‌انداخت که نقش دراکولا را در فیلم‌های امروزی بازی می‌کردند. خودش را هم به همان شکل آرایش می‌کرد. بعضی از آن‌ها هم گواهی بود از نابلدی یک عکاسی جنسی. گویی اصرار داشت در عکس‌هایش وقاحت را به نمایش بگذارد. نمی‌فهمیدم چطور فریاد از چنین دختری خوشش آمده. آیا سخت‌گیری حکومت در آزادی جوانان سبب این همه لجام‌گسیختگی شده بود؟ این همه افراط در تظاهر به بی‌اخلاقی؟ فریاد شماره‌ی نزدیک‌ترین دوستش و همین دختر جوان را برایم نوشت که اگر برای مدتی از او بی‌خبر بودم سراغش را از آن‌ها بگیرم چرا که آن دو همیشه از فریاد خبر دارند. برایم نوشته بود شماره‌ی دوست‌دخترش را فقط پیش خودم نگه دارم. سفارشی بی‌جا. مگر قرار بود شماره را به کس دیگری بدهم!؟ آن‌چه که من از عکس‌ها و نوشته‌های این دختر دستگیرم شده بود این بود که او به زودی فریاد را رها خواهد کرد.

سرانجام من صدای فریاد را شنیدم. صدایی فوق‌العاده زیبا و مردانه. با زنگی در گوش که فراموش‌نشدنی می‌ماند. او هم باور نمی‌کرد من در مورد سنم حقیقت

را گفته باشم. می‌گفت صدای من مثل یک زن جوان است. خیلی‌ها، حتی نزدیکان، صدای من و تابان را در تلفن اشتباه می‌گرفتند. خیلی از کسانی که در محل کار مجبور بودم با آن‌ها تلفنی گفت‌وگو کنم خواستار قرار ملاقات با من بودند و من باید می‌گفتم بچه‌های من به جوانی آن‌ها هستند. یک بار وقتی با هم تلفنی صحبت می‌کردیم گوشی را به دوستش داد و با هم سلام و علیک کردیم. چند روز بعد گوشی را به دوست‌دخترش داد. با او هم سلام و علیک گرمی کردم و گفتم مراقب یکدیگر باشند. صدای دختر صدایی زمخت بود که اثر سیگار به روشنی در آن مشهود بود. فریاد در یکی از مکالمات تلفنی گفت خانه‌شان اطراف خزانه است. آن‌جا را بلد نبودم. به سراغ نقشه رفتم و درباره‌ی آن محله از صدرا هم سوال کردم. عکس‌های این دختر در منزلش، حیاط با استخر و سگی که در بغل داشت، حاکی از آن بود که او بالای شهرنشین است. فریاد برایم از خانواده‌اش عکس فرستاده بود و با دیدن عکس می‌شد اختلاف طبقاتی را مشاهده کرد. این مسأله مرا نگران می‌کرد. با توجه به تعریف‌هایی که از بیش‌تر شدن فاصله‌ی طبقاتی، به خصوص در تهران، می‌شنیدم از این رابطه سر درنمی‌آوردم. آیا این هم نوعی سرکشی بود؟ دهن‌کجی به همه؟ ولی نمی‌توانست حقیقی و همیشگی باشد. حتی برای زمان ما هم غیرواقعی بود و گنج قارون، قصه‌های دختر شاه پریون و گدای در خانه‌ی شاه و یا فیلم‌های هندی را به یاد می‌آورد. شنیده بودم که خیلی از پسرها با دخترها دوست نمی‌شوند چرا که از عهده‌ی خرج کافه و رستوران و سینما برنمی‌آیند. فریاد حداقل یک پول توجیبی از حقوق سربازی داشت که می‌توانست با آن به کافه برود. البته هیچ وقت نپرسیدم که چقدر در سربازی به او حقوق می‌دهند و آیا زمانی که غیبت می‌کند باز هم حقوق را می‌گیرد یا خیر. تلاش می‌کردم به او بفهمانم غیبت نکند و به موقع این دوره را تمام کند ولی بی‌فایده بود. بعد از مدت کوتاهی که به‌طور مرتب با هم در ارتباط بودیم ناگهان غایب شد. چند روزی هیچ خبری از او نداشتم ولی نمی‌خواستم به دوستش یا دوست‌دخترش زنگ بزنم. بعد از پنج روز برایم نوشت دوست‌دخترش به او دروغ گفته و با پسر دیگری به شمال رفته. می‌دانستم این اتفاق خواهد افتاد. تلاش کردم آرامش کنم ولی بی‌فایده بود. پرسیدم مگر برای چه مدت با هم دوست بودید و گفت شش ماه. برای شش ماه و این همه ضربه؟ ولی برایم نوشت: «شما نمی‌دانید. نمی‌دانید». وقت ناهار از سر کار زنگ زدم و پرسیدم: «چه چیزی را نمی‌دانم؟». او در کمال تعجب برایم گفت چند روز قبل از آن دوست‌دخترش او را به منزلش

می‌برد و آن‌ها به هم نزدیک می‌شوند. ناراحت بود از این‌که دوست دخترش باکره بوده و چرا با او این کار را کرده. راستش من هم دلیلی برایش نداشتم. دختری که دوست‌پسرش را به منزلش می‌برد و خود را در اختیار او می‌گذارد چرا باید کم‌تر از یک هفته با پسر دیگری به سفر شمال برود؟ دختر از سفر برگشت و فریاد او را بخشید. سر در نمی‌آوردم. چه دنیای متفاوتی بود دنیای ما در این سن و سال روشن بود که این دختر بازی‌ای را با او شروع کرده که به قال گذاشتن فریاد ختم خواهد شد. ولی او متوجه نبود. به فریاد گفتم فراموشش کند چرا که باز این اتفاق تکرار خواهد شد. ولی او با ژستی دربست نوگرایانه گفت او حسود نیست. مساله حسادت نبود، اعتماد بود بین دو نفر که هم‌دیگر را دوست می‌داشتند. عکس‌العملی نداشتم جز این‌که این روابط را نمی‌فهمیدم. کم‌تر از یک هفته‌ی بعد دوباره دوست‌دخترش با آن پسر به شمال رفتند. برای من باور این‌که دختر و پسری هیچ رابطه‌ی رسمی با هم ندارند چطور می‌توانند در یک ماشین به سفر بروند و کسی مزاحم‌شان نشود سخت بود. چه تغییراتی در این چند سال به وجود آمده بود؟ مگر می‌شد؟ وقتی از فریاد سوال کردم گفت دیگر به نوع روابط گیر نمی‌دهند و کار با چرب کردن سبیل مأموران حل می‌شود.

•••●•••

هیچ تابستان گذشته‌ای این چنین نبود.

•••●•••

مدت‌ها بود که تمام مشغله‌ام شده بود بازدید پست‌های او در فیس‌بوک. در زمان کمی فیس‌بوک یار و همدم من شده بود. فریاد با صفحه‌اش به من زندگی‌ای بخشیده بود که در وانفسای غربت همیشگی فراموشش کرده بودم. دلم می‌خواست به ایران برگردم. دلم می‌خواست باز به تمام کوچه پس کوچه‌هایی سر بزنم که دیده بودم و ندیده بودم. دلم می‌خواست بروم و محله‌ی خزانه را ببینم. چرا این کار را وقتی ایران بودم نکرده بودم؟ امکان بازگشت برای من وجود نداشت. یکی دو باری به شوخی در منزل و محل کار حرف سفر به ایران را زدم و همه آن‌چنان برخورد مخالفی کردند که دیگر جایی برای مطرح کردنش نبود.

من از این غربت یخ‌زده بیزار بودم. از این زمستان‌های طولانی و از این سفید همیشگی. اگر نفس می‌کشیدم و سر پا بودم تنها به خاطر بچه‌ها بود و البته دو پسر ارس که سال‌ها بود آن‌ها هم ساکن این‌جا شده بودند. زندگی خیلی سختی را گذرانده و تازه به یک آرامش نسبی رسیده بودم. آرامشی مالی که در قبال ده ساعت کار در روز به دست می‌آوردم.

دوست یافتن در غربت کار بسیار سختی‌ست. آدم‌ها در غربت چهره عوض می‌کنند. شاید باورکردنی نباشد که درصد بالایی از مردم خود را چنان که در ایران بودند معرفی نمی‌کنند. در دانشگاه بر روی پروژه‌ای کار می‌کردم که در مورد مهاجرین بود. باید با مهاجرین چند کشور اسلامی مصاحبه می‌کردیم و پرسش‌نامه‌هایی را پر می‌کردیم که در بر گیرنده‌ی سوالاتی چون میزان درآمد، سطح تحصیلات، نوع کار در ایران و در مهاجرت، شکل خانواده در ایران، تعداد فرزندان در ایران و در مهاجرت و... بود. به‌طور اتفاقی با خانمی مصاحبه می‌کردم که او را نمی‌شناختم. این خانم بدون مقدمه گفت او استاد دانشگاه تهران در دانشکده‌ی ادبیات بوده و به اصرار گفت که **به یقین** بوده و بعد با خنده ادامه داد که در کانادا با هر کسی که روبه‌رو شده یا خودش یا شوهرش یا پدر و مادرش را به عنوان استاد دانشگاه معرفی کرده و این خیلی برایش آزاردهنده بوده چون او برای استادی خودش زحمت کشیده بود. می‌گفت نامروت‌ها به کم‌تر از دانشگاه تهران هم رضایت نمی‌دهند. آن خانم راست می‌گفت. بارها برای خودم پیش آمده بود همین مدعیان استادی در دانشگاه حتی کلمات ساده را به غلط تلفظ می‌کردند. خانمی که ادعای تحصیلات دانشگاهی داشت «اطلاعات واصله» را «اطلاعات فاصله» بیان می‌کرد و یا آقایی که ادعا داشت در ایران چندین کتاب ترجمه کرده ولی «حل و فصل» را «حل و فسخ» نوشته بود. گروهی هم بودند که اگر ادعای استادی نداشتند ولی مدعی بودند که پدرشان تیمسار، وکیل مجلس و یا سفیر بوده است. نمی‌فهمیدم چه لزومی داشت که بعضی‌ها این دروغ‌ها را بسازند. به همین دلیل بود که پیدا کردن دوست و همدم کار سختی بود. با وجود این همه، دوست خوبی داشتم که همیشه با هم بودیم. او تنها کسی بود که از ماجرای فریاد باخبر بود. از همان ابتدا که برایش از فریاد گفتم نگران شد. می‌ترسید اتفاقی بیفتد و من اذیت شوم. حق داشت. من جایی برای صدمه دیدن نداشتم. زندگی سخت مهاجرت مرا له کرده بود. در تمام این سال‌ها یا درس خوانده بودم یا کار کرده بودم و یا هر دو را هم‌زمان با هم انجام داده بودم. صدرا در اثر بی‌کاری آسیب‌پذیر شده بود و عصبانی‌تر از همیشه.

هر دو سه ماه یک بار به دنبال بهانه‌ای می‌گشت و دعوای شدیدی راه می‌انداخت و تا یکی دو ماه کلامی حرف نمی‌زد. کار من روز به روز سنگین‌تر می‌شد و در این میان تنها دلخوشی‌ام خواندن نوشته‌های فریاد و گپ زدن با او بود. ولی تضادی که در پست‌های او بود ناراحتم می‌کرد و او متاسفانه از دوستان سطحی و لاابالی دست برنمی‌داشت. گاه حتی به بگومگو می‌پرداختیم و می‌گفت دوست ندارد کسی او را کنترل کند. برای من و خیلی از دوستانم فیس‌بوک یک شبکه‌ی خبررسانی بود. البته خیلی از دوستان قدیمی یکدیگر را در این دنیای مجازی پیدا می‌کردند ولی اغلب رابطه‌ای عبث بود. فقط می‌خواستند بدانند کجای دنیا هستیم، ازدواج کرده‌ایم یا نه، شوهر یا زن‌مان کار می‌کند. چند تا بچه داریم و آیا بچه‌هایمان دکتر و یا مهندس شده‌اند. از همه مهم‌تر درآمدمان در حدود چقدر است و این «در حدود» مرا می‌کشت. اطلاعات را می‌دادم ولی هیچ نمی‌پرسیدم و طرف می‌رفت و ناپدید می‌شد. به خصوص آن‌هایی که در آمریکا و لس‌آنجلس بودند با سر زدن به صفحه‌ی من دیگر هیچ تمایلی به ادامه‌ی این رابطه‌ی جدید نداشتند. واقعیت این بود که ما در برهه‌ای از زمان بنا بر جبر زیر یک سقف جمع شده بودیم و هر روز هم‌دیگر را می‌دیدیم. مثلا دوره‌ی مدرسه، دانشگاه و یا کار در یک محیط شلوغ. ولی سال‌ها از آن دوره‌ها گذشته بود و ما عوض شده بودیم. وقتی با همکلاسی دوره‌ی دبستان در فیس‌بوک روبه‌رو شوی آن شخص برای تو هم‌چون یک کتاب بسته است یا حتی نزدیک‌تر از آن: در دوره‌ی دانشگاه. یکی مخالف رژیم بود، دیگری اما به زندان افتاده و تواب شده بود. یکی چپ بود و آن دگر فراری. یکی مدیر بخشی از صدا و سیما شده بود و دیگری در جوی‌های زیر پل سید خندان بی‌حال و سیگار به دست تلف شده بود و گروهی هم مثل من، به دلخواه یا به جبر، مهاجر شده بودند. به یقین خیلی از این دوستان باید از غربال رد شوند. با بعضی‌ها نیز به فرض چند بار بگویی یادت می‌آید آن روز... یادت می‌آید آن‌جا... و بعد تمام. آن‌چه برای تو جالب بوده حتی توجه او را جلب نکرده، یادش نیست و می‌رسی به یک خداحافظی همیشگی. دیگر گروه خونی تو با خیلی‌ها نمی‌خواند.

روزی دختر جوانی برای من پیغام فرستاد که آیا من کلاس چهارم دبستان به مدرسه‌ی روشنک می‌رفته‌ام؟

من: بله خانم.

ایشان: مبصر بودید؟

من: بله مبصر بودم. سر صف هم ورزش می‌دادم. انشاهایم را هم کلاس به کلاس

می خواندم. چطور مگه؟
ایشان: شما با مادر من همکلاس بودید.
من: ببخشید!
ایشان: مامان اسم شما یادشه. می گه شما باهاش همکلاس بودید.
من: اسم مادر تون؟
ایشان: آسیه ولی الهی.
من: بله. راستش خیلی یادم نیست.
ایشان: مامان می گه ردیف آخر می نشسته.
من: بله. باید فکر کنم.

و من به سراغ عکس‌های دسته‌جمعی با معلمین، که در آخرین روزهای سال گرفته می‌شد، می‌روم و آسیه را می‌یابم. دختر چارقد به سری که هیچ از او نمی‌دانستم. حتی به خاطر نمی‌آوردم که بیش از سلام به هم گفته باشیم. او برای من خلاصه می‌شد در چارقدش، روفوزگی‌ها و خجالتی بودنش. خوشبختانه این یکی به همین اندازه کنجکاوی ختم شد. درست هم همین بود. من از این آدم و امثال او چیزی نمی‌دانستم پس نمی‌توانستم او را در فهرست دوستانم داشته باشم. برایم عجیب بود که چطور بعضی‌ها از جمله فریاد بالای هزار اسم در فهرست دوستان‌شان داشتند. آن‌هایی که در خارج بودند و به ایران هم سفر می‌کردند؛ مهم نبودند ولی افرادی مثل فریاد که در ایران بودند چطور می‌توانستند به این همه آدم اطمینان کنند و فکرشان را عریان در اختیار همه بگذارند؟ چند باری به فریاد تذکر دادم ولی او با بی‌خیالی جواب داد برایش مهم نیست. حتی در مورد گذاشتن یادداشت‌های زیبایش تذکر دادم و گفتم وقتی آن‌ها را به آن شکل در اختیار همه می‌گذارد به راحتی هر کسی می‌تواند از آن نوشته به اسم خودش بهره‌برداری کند. باز با خونسردی گفت بارها عین جملات یا نظرهایش در مورد کتاب و یا فیلمی را در نوشته‌ها و نقدهای دیگران دیده. تعدادی از این دوستان لایک‌زنان همیشگی بودند ولی وقتی بحثی جدی بود نظر نمی‌دادند. بعضی از این خانم‌ها انگار جز فشار دادن آن دکمه هیچ کار و زندگی‌ای نداشتند. انگار هر کسی که لایک اول را می‌زد از فریاد جایزه‌ای می‌گرفت. فیسبوک برای من رسانه‌ای شده بود که می‌توانستم خبرهای مربوط به ایران، کلیپ‌هایی که مردم به‌طور اتفاقی از صحنه‌های ناهنجاری‌ها در ایران می‌گرفتند و نظریه‌های سیاسی از سراسر دنیا را در آن یک‌جا ببینم. رفته‌رفته متوجه شدم که فیس‌بوک فقط به همین گفت‌وگوها ختم نمی‌شود. کسانی

بودند که به‌طور رسمی از آن سواستفاده می‌کردند. آن هم به شکلی فجیع. پسران و دخترانی که خود را در فیس‌بوک به معرض فروش می‌گذاشتند. عجب دنیایی بود و من چقدر از آن دور بودم. نگران بچه‌هایی بودم که به راحتی به اینترنت دسترسی داشتنند و این صحنه‌ها را می‌دیدند. در کشورهای غربی به پدر و مادرها آموزش می‌دادند چطور اینترنت را برای بچه‌ها محدود کنند و یا چطور کامپیوتر را بعد از استفاده‌ی بچه‌ها مورد رسیدگی قرار بدهند. فکر می‌کردم چقدر بچه بزرگ کردن در ایران کار سختی‌ست. آیا مادر فریاد با چنین دنیایی آشنا بود؟ یک بار فریاد گفت با زن‌های زیادی بوده. کدام یک از زن‌هایی که برایش لایک می‌زدند با او بوده‌اند؟ آیا مراقب هستند به بیماری مبتلا نشوند؟ چرا باید نوع زندگی او برایم مهم می‌بود؟ در واقع این اتفاق از زمانی افتاد که فهمیدم او بالای شهرنشین نیست. پس ظلم مضاعفی را تحمل می‌کرد. فریاد فکر می‌کرد من در او به دنبال «او» هستم. چنین نبود. ولی حسی در من به وجود آمده بود. بعد از مدت‌ها متوجه شدم این لایک‌ها اذیتم می‌کنند. فریاد برای من خاص شده بود. می‌گفت همه در پادگان دوستش دارند و از همه بیش‌تر زن خدمتی‌اش[۳۶] که همیشه نگران غیبت‌های اوست. در «او» سیاسی نبودنش را نمی‌پسندیدم ولی حالا در مورد فریاد خوشحال بودم که سیاسی نیست. غیبت‌هایش به خاطر شرکت در مجمع‌های سیاسی نیست. او این نقطه‌ی اشتراکش با «او» را هم می‌دانست. دلش می‌خواست بیش‌تر از «او» بشنود. شاید حدس زده بود که این او کیست. روزی برایم نوشت:

«او در غیاب شکل می گیرد. ولی چه غیابی نزدیک‌تر از این حضور؟ حضوری در یاد و خاطره و پوست و گوشت و استخوان. در منی که سخن می گوید. صحبت از فاصله‌هاست. از خاطره‌های غبارآلود، و تصویری زنده، زنده‌تر از من، و زایش یک ضمیر. وقتی یک فارسی‌زبان می‌نویسد "او" هم حسرت را می‌نویسد و هم از این حسرت با احترام یاد می کند. در زبان فارسی هیچ کلمه‌ای به اندازه‌ی این ضمیر نوستالژیک نیست. "او" که مثل "من" نعره نمی کشد و مثل "تو" عشق نمی‌ورزد چهره‌ای دارد مرموز. به راحتی خود را تغییر می دهد. در یک لحظه هم می تواند مرد باشد و هم زن. شاید به همین دلیل دست‌نیافتنی است. اگر بدانید "او" قادر به چه کارهایی‌ست. تا چه اندازه حسود است و تمامیت‌خواه. همواره رنج می‌برد از این زیستن برای دیگری. برای تسکین این رنج همیشه پنهان می‌شود و پنهان می کند اما در واقع قصد و هدفش از این پنهان کاری دریدن پرده‌ها و آشکارگی‌ست. می تواند خائن باشد و هست. نمی‌خواهد نشان بدهد اما با غیاب

به حضور رنگ می‌دهد. به قراری که با موجودیت خود می گذارد پای‌بند نمی‌ماند و به همین دلیل همیشه حضورش می‌آمیزد با درد. حضوری دارد درداگین. زخم می‌زند و زخمی می کند. اما آن که "او" را به کار می‌برد تمام هستی خود را از "او" می گیرد. "او" و اویی که آن را به کار می‌برد به هم و برای هم زنده‌اند. با مرگ یکی از این دو دیگری زنده نخواهد ماند. "او" در دوردست‌هاست. دست‌نیافتنی ست».

همه‌ی این‌ها را می‌شد برای ادیب استفاده کرد. این من بودم که داشتم به او جان می‌دادم. به «او»یی که زمانی نزدیک‌تر از جان بود و حالا دور و دست‌نیافتنی. گرچه دفتر او روزی بسته شد که خودش و خانواده‌اش به صدرا، به من و به بچه‌ها پشت کردند. درست نوشته بود که تا چه اندازه حس نوستالژیکی در این ضمیر غایب حضور دارد. فریاد از من می‌خواست تا مثل شهرزاد هر روز قصه‌ای از «او» برایش بگویم. او هم‌چنان در راه خانه و پادگان بود. چند روزی ناپدید می‌شد و می‌گفت در پادگان بوده و من فکر می‌کردم چرا باید به‌طور مرتب چند شبی را در پادگان به سر ببرد؟ آیا بازداشت می‌شود؟ آیا به پادگان نمی‌رود؟ چطور می‌توانستم بفهمم؟ چرا باید سر در می‌آوردم؟ ولی روزهای بی‌خبری از او برایم به سختی می‌گذشت. هم‌چنان آرزو می‌کردم از ادیب خبری داشتم تا فریاد را به او بسپارم و از او بخواهم در راه صحیح مطالعه کردن و درست نوشتن کمکش کند.

در پایان هر گفت‌وگویی در فیس‌بوک از او می‌خواستم در سربازی غیبت نکند و بگذارد این دوره زودتر تمام شود. مطالعه کند. فیلم ببیند و بنویسد. ولی او هم‌چنان خودش را درگیر آن زن‌ها و آن دو سه جوان می‌کرد. در این میان دو زن در صفحه‌ی فریاد برای لایک و لاو زدن حضوری همیشگی داشتند. یکی خانمی بود در خارج از ایران به اسم مهسا که دوست داشت خودش را به شکل زنان قاجاری آرایش کند. موهای سیاه با رگه‌هایی از سفید وز کرده و پریشان به دور صورتی بیضی‌وار با ابروهایی به هم پیوسته و پرپشت و مشکی و لب‌هایی نازک و قیطانی که در تمام عکس‌هایش به‌شدت قرمز بودند. او هم بالای یکی دو هزار آدم در فیس‌بوکش داشت. نحوه‌ی نوشتن این خانم هم بسیار جالب بود. درست همانند زن‌های عامی می‌نوشت. مثلا اگر از عکسی خوشش می‌آمد می‌نوشت: «ای وای. خدای من. چه قدر این عکس بلاست». اگر پست حاوی نقد یک فیلم یا کتاب بود می‌نوشت: «خدابیش من نمی‌فهمم این‌ها چرا اصن این کارو می کنند من که اصن خوشم نیومد». فریاد یک روز در صفحه‌اش عکسی

گذاشته بود از دو دخترِ کوچک فیلم درخشش؛ تنها فیلم ترسناک استنلی کوبریک. این خانم بدون توجه به نکته‌ی عکس در پایین آن نوشته بود: «ای وای، فریاد، قربونت برم من عین این لباس رو داشتم فقط حریر نبود چیت گلدار صورتی بود». نمی‌دانستم باید به این نوشته بخندم یا زارزار گریه کنم. کلمات او پر بود از وای و آی، خداییش و یا خداوکیلی... از قضا او به لایک راضی نبود. باید حتی در گذاشتن نگاره‌های فیس‌بوکی هم غلو می‌کرد. پس همیشه یا قلب، یا دهان باز و یا چشمان گشاد از گزینه‌های او بودند. دیگری زنی بود به نام سیمین که فریاد ادعا داشت این زن به او خیلی کمک کرده. زنی که او را از زیر پل به منزلش برده و برای مدتی از او نگهداری کرده است. فریاد زیر پل چه می‌کرده؟ مادرش کجا بوده در آن چند روز؟ آیا فریاد معتاد است؟ سبک نوشتن آن زن هم خیلی بهتر از اولی نبود.

یک روز فریاد به من گفت به سراغ یکی از دوستانش می‌رود که پسر خوبی بود و سرش به ساز و تمرینش گرم بود. چند ساعتی را با او خواهد گذراند تا با هم به نمایشگاهی بروند. احساس کردم حقیقت را نمی‌گوید. چرا باید به من دروغ بگوید؟ قرار بود وقتی برگشت به من خبر بدهد. همیشه این کار را می‌کرد. هر ساعت نیمه‌شب به وقتِ من هم اگر بود خبر می‌داد. ولی آن شب خبری نشد. نیمه‌های شب صفحه‌ی یکی از آن پسران علاف را باز کردم و ناگهان بدنم یخ کرد. او عکسی از خودش و فریاد را گذاشته بود. حلقه‌ی گل‌های رنگی‌رنگی مصنوعی به گردن خود آویخته بودند و در پس‌زمینه زنانی نشسته بودند که در میان آن‌ها سیمین را دیدم. عکس دیگری را دیدم که فریاد در وسط نشسته بود و سیمین و زن‌های دیگر در آن مهمانی دوره‌اش کرده بودند؛ در حالی‌که همه انگشت اشاره‌شان را به سمت او گرفته بودند. از عکس‌ها دستگیرم شد تولد سیمین بوده. دلم آشوب شد. روز بعد وقتی زنگ زد طوری حرف زد که انگار هیچ اتفاقی نیفتاده. داشتم دیوانه می‌شدم. سرش فریاد کشیدم بهتر است برود و صفحه‌ی آن پسر آشغال را نگاه کند و گوشی را گذاشتم. چندین بار زنگ زد. پشت سر هم شماره می‌گرفت و من جواب نمی‌دادم. تا بالاخره بعد از دو روز با او حرف زدم. عذرخواهی می‌کرد و می‌گفت چون می‌دانسته من ناراحت می‌شوم از من پنهان کرده. بارها تلاش کردم به او بگویم که نگفتن خودش یک نوع دروغ گفتن است. قبول داشت ولی عمل نمی‌کرد. به او گفتم که رفتن و یا نرفتن به آن تولد مهم نیست ولی این‌که به من گفته بود به منزل دوست نوازنده‌اش می‌رود و از منزل این خانم سر درآورده مسأله‌ای‌ست که اعتماد را سلب می‌کند

و به دوستی لطمه می‌زند.

مسأله این بود که او از مدت‌ها پیش می‌دانسته که می‌خواهد به این مهمانی برود. هر روز بارها و بارها با من حرف زده بود و اشاره‌ای به این مطلب نکرده بود. این دلخوری تا چند روزی ادامه داشت و بعد از مدتی طبق معمول من با خودم به قضاوت نشستم و جدا از مسأله‌ی دروغ گفتن حق را به او دادم. او جوان بود و نیاز به این برنامه‌های دورهمی داشت؛ هر چند پوچ و توخالی. این زن با یکی از دوستان فریاد زندگی می‌کرد. من عکسی را در صفحه‌ی دوست فریاد دیده بودم که سیمین را با لباس حمام و موهای خیس ایستاده بین فریاد و دوستش نشان می‌داد. یک نفر سوم به‌خصوص هم بود. خانم نویسنده‌ای پنجاه ساله که او هم مثل خانم قبلی هر پستی از فریاد را لایک می‌زد. مهم نبود نوشته‌ای کوتاه باشد، یک کلمه و یا یک عکس. هر عکسی. از بچه تا پیر از سگ تا گربه و فیل. گویی سلیقه‌ای خاص نداشت و ذائقه‌اش هر طعمی را می‌پذیرفت. مگر می‌شد؟ از عکس‌های خانم تفرشی، همان خانم نویسنده که مرا به یاد جودیت اندرسون در فیلم خانم صورت‌زخمی می‌انداخت، معلوم بود که وضع مالی خیلی خوبی دارد. از آن کسانی که کنار استخر منزلش در کوچه‌های شمیران نشسته و آب پرتقالش را می‌خورد و با سر سوزن ذوقی کتابش را می‌نویسد. از همان دانیل استیل‌خوان‌ها که حالا برای خود نویسنده شده‌اند. آن‌سان که پیدا بود شوهر ثروتمندش هم که سر در کاسه‌ی آقایان دارد هزینه‌ی چاپ همه‌ی کتاب‌ها را در هزاران نسخه و از هر کدام ده‌ها چاپ تقبل کرده است.

وقتی صفحه‌ی فیس‌بوک خانم تفرشی را دیدم با ده‌ها عکس از خودش روبه‌رو شدم. عکس‌هایی در کنار استخر با سگ پشمالویش در جلوی پا، گربه‌ی سامی‌اش در بغل، آب پرتقال در کنارش روی میزی کوچک و... روسری به سر. دلم سخت به درد آمد وقتی عکس‌های جسته و گریخته‌ی دختران کوبانی را هم دیدم که به یقین قسمتی از نمایش روشنفکری این خانم در فیس‌بوک بود. می‌پنداشتم زمانِ این فریب‌ها سال‌هاست که گذشته ولی حقیقت این بود تا خوش‌باوران هستند چرا که نه! ریاکاران وجدان به خاک سپرده مثل قارچ تولید می‌شوند! بیش‌تر که جست‌وجو کردم دیدم این خانم نظری در مورد کتابی داده بود که از نظریات دو مترجم صاحب منزلّت کپی کرده بود. نویسنده‌ی کتاب هم که خانم دیگری بود در مقابل این گربه‌ی مرتضی علی فقط سکوت اختیار کرده بود. خانم تفرشی در گفت‌وگویی به فریاد گفته بود آن کتاب را هرگز

نخوانده است و من نمی‌فهمیدم فریاد چرا باید با چنین آدمی دوستی کند. در شرایطی که مملکت پر بود از ریاکاران نیازی نبود که این گونه افراد را تا این حد به خودت نزدیک کنی. برای فریاد نوشتم نگرانش هستم چرا که نمی‌داند با زندگی‌اش چه می‌کند. او به شکلی در حال تلف کردن وقت بود. خواستم مرا ببخشد که این همه اصرار دارم برای به موقع تمام کردن سربازی‌اش. برایم نوشت: «من قسمتی از عشقم به زندگی را به تو بخشیدم. بیش‌تر می‌خواهی؟».

•••⬤•••

ناگهان تابستان گذشته، ماشین را از پارکینگ منزل ادیب بیرون می‌آوردم که جلویم سبز شد. در روزهای برفی و یخ‌بندان وقتی می‌خواستم از سربالایی پارکینگ منزلش بیرون بیایم او پیشنهاد کمک می‌داد و من قبول نمی‌کردم. اما آن روز او قبل از من بیرون زده بود. با اشاره پرسیدم بیرون چه می‌کند و او هم با اشاره به قلبش ضربه‌ای زد و گفت که دلش خواسته. بعد چنان که بخواهم او را با ماشین زیر کنم به طرفش راندم و ناگهان ترمز کردم. آمد به طرفم. سرش را از شیشه ماشین جلو آورد و گفت: «خانم، مگر یک نفر را چند بار می‌کشند؟». وقتی از او دور می‌شدم خوشحال‌ترین زن روی زمین بودم.

•••⬤•••

فریاد در بازگشت از پادگان، دو سه نامه‌ی عاشقانه برایم فرستاد که از طرف یکی دو تا از دوستانش برای دوستان دختر آن‌ها نوشته بود. از او خواستم دیگر این کار را نکند.

•••⬤•••

ناگهان تابستان گذشته، نوزده ساله بودم که برای اولین بار تنهایی با قطار به سفر رفتم. در کوپه با سه سرباز هم‌سفر بودم. وقتی یکی از سربازان جوان خوش‌قیافه‌ای که روبه‌رویم نشسته بود سر صحبت را باز کرد مشغول خواندن کتاب بودم. تمام شب با هم حرف زدیم. دیروقت که شد از کوپه به راهروی قطار کوچ کردیم. تکیه داده به پنجره‌ی راهروی قطار، تا سپیده‌ی سحر صحبت کردیم. گاه از

پنجره‌ی قطار، که در تاریکی محض بود، به جای آیینه دزدکی به هم چشم می‌انداختیم. به مقصد که رسیدیم آدرس پستی با هم رد و بدل کردیم. او به پادگان رفت و من به منزل دایی. هیچ کدام حرفی از دیدار با هم در آن‌جا نزدیم. وقتی از سفر برگشتم تهران، روی میز آرایشی که شهرو برایم به جا گذاشته بود، نامه‌ای قرار داشت. نامه‌ای عاشقانه از سرباز. تعجب کردم چطور چرچیل بزرگ نامه را باز نکرده. این سرباز با چه دقتی به من نگاه کرده بود که از کوچک‌ترین و ریزترین حرکت‌های چشم‌ها، ابروها، لب‌ها، خنده‌ها و تعجب‌های من در نامه‌اش گفته بود. در پایان نامه شعر بسیار زیبایی نوشته بود. گفته بود کارش شاعری‌ست. سرباز گاه به گاه مرخصی می‌گرفت و دوان‌دوان به تهران می‌آمد. قرار می‌گذاشتیم و هم‌دیگر را می‌دیدیم. عاشقم شده بود و من از این عاشقی لذت می‌بردم. من که از شش سالگی روی پاهای پدر حافظ‌خوانی را یاد گرفته بودم تفاوت‌های بین زبان گفتاری و نوشتاری سرباز برایم سوال‌برانگیز بود. این دو با هم نمی‌خواندند. سرباز مرا به دوستانش معرفی کرد و به همه گفت من کسی هستم که او را خاکسترنشینِ آواره‌ای کرده‌ام که بین جاده‌ها زندگی می‌کند. در میان دوستان سرباز جوانی بود که در همان کوپه‌ی قطار نظر مرا به خود جلب کرده بود. یک صورت کشیده با دو چشم درشت سیاه و مژه‌های بسیار بلند. همیشه ساکت بود و این خیلی باعث تعجب من بود. یک روز از سرباز پرسیدم آیا دوستش به کلی لال است؟ یا لکنت دارد و یا بی‌نهایت خجالتی‌ست؟ سرباز از جواب طفره رفت. در یکی از سفرهایش رفت و برنگشت. نه نامه‌ای نه خبری. من فقط کنجکاو بودم چه به سرش آمده ولی قصد نداشتم سراغش را بگیرم. بعد از دو ماه دوست سرباز به من زنگ زد و خواست او را ببینم. گفت درباره‌ی افراسیاب است. من که نگران بودم فوری قرار گذاشتم و همان بعدازظهر هم‌دیگر را در کافه ری دیدیم. کافه‌ای که پاتوق روشن‌فکران بود. حالا دوست لال یا خجالتی مثل بلبل حرف می‌زد. نامه‌ای از جیبش درآورد و به من داد. خط ناآشنا بود ولی امضای افراسیاب را داشت. نوشته بود اعتیاد دارد و نمی‌تواند مرا خوش‌بخت کند. در ضمن نامه‌ها را هم او ننوشته بود بلکه نویسنده‌ی نامه‌ها کسی‌ست که مقابل من نشسته. نامه را مچاله کردم و انداختم در زیرسیگاری. نگاهی به شاعر انداختم. لب‌هایش می‌لرزید. پرسیدم باید چه بگویم؟ تند و تند عذرخواهی می‌کرد. می‌گفت مدت‌هاست متوجه شده کار اشتباهی می‌کرده. از جای خود بلند شدم. نگاه پر از خشمی به او انداختم و از کافه ری بیرون آمدم.

فریاد قول داد به جای نوشتن نامه‌های دروغین و جعلی برای این دوست و آن دوست روی نوشته‌ها و کارهای خودش متمرکز شود و هر روز بنویسد. مرتب می‌نوشت و برایم می‌فرستاد. در بین نوشته‌هایش هم همیشه جملات زیبایی بود در مورد این‌که وجود من چطور به او انگیزه داده تا بخواند و بنویسد. ولی نوشته‌ای را به انتها نمی‌رساند. طرح را می‌نوشت ولی هیچ وقت تبدیل به داستان بلند نمی‌شد. در مورد سربازی قصه‌های کوتاه فراوانی داشت. درخواست کردم آن‌ها را جمع‌آوری کند و یک کتاب در مورد سربازی چاپ کند. هیجان‌زده شد ولی دیگر نمی‌شنیدم دنبالش را بگیرد.

برای من از خانواده‌اش می‌گفت. مرتب از آن‌ها برایم عکس می‌فرستاد. پدرش بازنشسته بود و معتاد. به مادرش برای خرج خانه پولی نمی‌داد. فریاد و خواهر کوچک‌ترش در منزل بودند. می‌گفت پدرش همه را آزار می‌دهد. مادرش یک خانم خانه‌دار بود. من هیچ وقت درباره‌ی میزان تحصیلات آن‌ها از او سوالی نپرسیدم. نُه خواهر و برادر بودند. هر کدام سر زندگی خودشان. البته همگی به خانه‌ی پدری مرتب سر می‌زدند. به خصوص در روزهایی مثل عید، شب یلدا و یا تاسوعا و عاشورا دور هم جمع می‌شدند و غذا و نذری می‌پختند. فریاد همیشه از این جمع شدن‌ها دلخور بود و می‌گفت آرامشش گرفته می‌شود. و این برای کسی مثل من که آرزو داشتم در کنار خواهر و برادرها و اقوام دور و نزدیک و دوستانم باشم عجیب بود.

البته گاه احساس می‌کردم روابطی دارد که درباره‌شان با من حرف نمی‌زند. مدتی بود که آن گفت‌وگوهای بی‌مقدار با آن دو سه خانم و دو مرد جوان را کم کرده بود. ولی خانم نویسنده و خانم «ای وای خدایش» هم‌چنان بودند. من هم هر بار که نظر و یا لایک و لاوی از آن‌ها می‌دیدم به اعتراض زبان می‌گشودم. متاسفانه فریاد همیشه گارد می‌گرفت و ناراحت می‌شد. برایم عجیب بود چرا باید از کسانی دفاع کند که به قول خودش دوستی‌شان در همین حد است و مرا که همه‌ی زیر و بم زندگی او را می‌دانستم و از تک‌تک افراد خانواده‌اش خبر داشتم نادیده بگیرد. آیا برای آن‌ها هم گفته بود که پدرش هر روز به سراغ جیب و کیف زن و بچه‌هایش می‌رود؟ به یقین نه. یا پسرعمویش چگونه خبرچین ماموران سد معبری‌ست و از این راه چه ماشینی به زیر پایش گذاشته؟ یا همسر اول خواستگار خواهرش چرا خود را به آتش کشیده بوده؟

ما با وجود دوری هر روز را با هم زندگی می‌کردیم. گاهی اوقات در یک روز بارها برایم ایمیل می‌فرستاد. از برنامه‌های درسی‌اش برایم می‌نوشت. بالاخره سربازی تمام شد و من اصرار زیادی داشتم که او به دانشگاه برگردد. وقتی از برنامه ریختن برای درس صحبت می‌کرد از او می‌خواستم به جای حرف زدن فقط درس بخواند. امیدوار بودم شاید بتواند بدون کنکور با توجه به سابقه‌ی قبلی‌اش وارد دانشگاه شود. ولی به ظاهر قوانین تغییر کرده بود و باید دوباره کنکور می‌داد. می‌دانستم خیلی جدی درس نمی‌خواند در حالی که مصمم بود به دانشگاه برود. می‌ترسیدم از آن‌هایی باشد که در دقیقه‌ی نود درس می‌خوانند. شاید برای امتحان می‌شد این کار را کرد ولی کنکور مطالعه‌ی مستمر می‌خواست. شوخی نبود. مسابقه‌ای بود بی‌رحمانه بین یک میلیون جوان. تازگی‌ها مرا به عناوین مختلفی صدا می‌کرد: «آفتاب. جانا. عزیز دلم». می‌نوشت که قول بدهم در هیچ شرایطی ترکش نکنم. می‌نوشت که پیغام‌های من همیشه دل‌گرم و خوشحال‌کننده است.

دوستی به ایران می‌رفت. در کمال محبت به من گفت حاضر است یک چمدان برای من به ایران ببرد. این نهایت محبت این شخص بود. گاه ما برای فرستادن یک پاکت باید به ده‌ها نفر رو می‌انداختیم. این خبر خیلی خوبی بود به خصوص که من حسابی وقت داشتم تا آن چمدان را پر کنم. تا می‌توانستم برایش خرید کردم. دلم می‌خواست اگر به دانشگاه رفت خوب بپوشد. از تی‌شرت، پولیور، شال گردن، ساعت، جوراب، کتاب و لوازم تحریر تا هدیه برای خانواده، برای بچه‌ی خواهرش که تازه به دنیا آمده بود و حتی هدیه برای عروسی دوستی که به من شماره تلفنش را داده بود. مسافر رفت و او هم بعد از چند روز با مسافر تماس گرفت و بدون هیچ عجله‌ای به سراغش رفت. برایم نوشت باور نمی‌کرده من به راستی یک چمدان برایش فرستاده باشم. چمدان سنگینی بود و او با آژانس به منزل رفته بود. نوشت اهالی خانه هم به اندازه‌ی او مشتاق باز کردن چمدان بودند. از سلیقه‌ام برایم نوشت و از این‌که چطور تک‌تک لباس‌ها را دوست داشته. از بوی عطرم که در چمدان پیچیده بود و از روان‌نویس‌های رنگی که چقدر به کارش می‌آمدند. از هدایایی که برای پدر و مادر و خواهرش فرستاده بودم، از لباس‌ها و اسباب‌بازی‌هایی که برای دختر کوچولوی خواهرش گرفته بودم و از هدیه برای عروسی دوستش و این که چه خوب می‌تواند به عروسی برود چرا که دیگر دست خالی نیست. اولین بار که بسته‌ی کوچکی توسط مسافر دیگری فرستاده بودم برایم بدون هیچ ملاحظه‌ای نوشته بود

خواهرش روی هدیه‌ی مادر و خودش قیمت گذاشته و گفته بوده می‌توان آن‌ها را با مبلغ ناچیزی در ایران تهیه کرد. تعجب کرده بودم. من تعدادی جوراب زنانه و یکی دو تا رژ لب فرستاده بودم. البته که می‌شد هر دو را در تهران یافت. فقط شاید جنس این‌ها بهتر بود. با وجود این برایش نوشتم من هیچ تصوری از قیمت‌ها در ایران ندارم. منظورم هرگز بی‌احترامی نبوده است و تنها خواسته بودم در بسته‌ای که برایش می‌فرستم هدیه‌ای هم برای مادر و خواهرش گذاشته باشم. در ضمن کسی که قبول کرده بود بسته‌ی مرا ببرد خودش برای یک ایل سوغات می‌برد. برایش نوشتم که ناراحت نشدم و فقط خجالت کشیدم. ای کاش داشتم و خیلی بیش‌تر از این‌ها برای همگی می‌فرستادم. با مهربانی جواب داد خودش از برخی رفتارهای آن‌ها منزجر است و می‌داند کوچک‌ترین آداب را بلد نیستند و به همین دلیل خیلی تنهاست. این بار همه راضی بودند و البته من هم سنگ تمام گذاشته بودم. البته برای من هم امکان این‌که هر بار چمدانی پر کنم و برای او بفرستم وجود نداشت. باز هم یک اتفاق مرا حسابی متعجب کرد. گفت وقتی چمدان را باز می‌کرده به ساعت که می‌رسد خواهر دیگری که جدا از آن‌ها زندگی می‌کرده هم آن‌جا بوده و از ساعت خوشش می‌آید و او هم ساعت را به خواهرش می‌دهد. این را هیچ نمی‌فهمیدم. آن‌ها نُه تا خواهر و برادر بودند. هفت تا ازدواج کرده بودند و بچه داشتند و من هم که قرار نبود برای همه‌ی آن‌ها چیزی بفرستم. چرا ساعت؟ آن ساعت می‌توانست وقت کشورهای مختلف را نشان بدهد و من به این دلیل آن را برایش فرستاده بودم تا در مورد اختلاف ساعت با من دچار مشکل نشود به خصوص که او ساعت قبلی را هم به پسرکی داده بود. چه بسا با ساعت مشکل داشت!

•••●•••

ناگهان تابستان گذشته، ادیب مرا فرستاده بود تا از یکی از دوستان نزدیکش کتابی را که به او امانت داده بود پس بگیرم. وقتی کتاب را گرفتم متوجه شدم چوق‌الفی لای آن است. چوق‌الف را درآوردم که به آن شخص برگردانم. باورم نشد. این همان چوق‌الفی بود که من به ادیب هدیه داده بودم. همان که سر جغد بر بالایش بود. برای این که مطمئن شوم گفتم:

- چه چوق‌الف قشنگیه!
- آره خیلی.

کتاب را بستم چون فکر کردم ادیب فراموش کرده آن را از لای کتاب دربیاورد. ولی آن دوست که خصوصیت لوده‌گری‌اش زبانزد بود با خنده کتاب را از دست من گرفت و چوق‌الف را از لای آن درآورد و با طعنه به من گفت:

- اِهه. مال خودمو که دیگه نباید ببری. این کادوی تولدمه که ادیب تازه بهم داده.

حرفی نزدم و بیرون آمدم. هیچ وقت هم به روی ادیب نیاوردم. ولی سخت آزرده شده بودم.

•••●•••

در جواب چمدان، فریاد به وسیله‌ی همان مسافر دو کتاب برایم فرستاد. باورکردنی نبود! دو کتاب از همان خانم نویسنده که من از او خوشم نمی‌آمد. حالا دو کتاب از این خانم که در مهمانی‌های فلان وزیر و وکیل با مانتوهای رنگارنگ و روسری‌های شانلی که تار مویی از آن سرک به بیرون نمی‌کشید، در دست من بود و نمی‌دانستم با آن‌ها چه کنم. فریاد می‌دانست من چه حسی نسبت به آن زن دارم. آیا آن‌ها را به عمد برای من فرستاده بود؟ چه چیزی را باید باور می‌کردم؟ حرفش را که می‌گفت: «باور کن هیچ کس را جز تو ندارم تا این اندازه به فکر من باشه و به من نزدیک باشه. حتی در خانواده خودم. هیچ کس» یا حرکتش را که به سختی مرا رنجانده بود. این‌جا بود که از من خواست تا رابطه‌ی هر روزه را قطع کنیم. کسی که وقت و بی‌وقت به من زنگ می‌زد و ملاحظه‌ای هم نمی‌کرد، کسی که مدام پیغام می‌فرستاد، کسی که از من قول گرفته بود هیچ وقت تنهایش نگذارم حالا ارتباط لحظه به لحظه را خطری برای رابطه به شمار می‌آورد. کسی که باور داشت در زندگی‌اش هیچ زنی به اندازه‌ی من به او محبت نداشته، از مادر و خواهرهایش گرفته تا زنان دیگر زندگی‌اش، حالا وجود رابطه را در واقع در نبود آن می‌دید. من استعداد او را ستایش می‌کردم و با تمام وجود نگرانش بودم. ولی این من نبودم که ارتباط لحظه به لحظه را به وجود آوردم. برایش نوشتم او مرا به بودنش عادت داد. او که حتی مسیر راهش را هم به من می‌گفت. او که وقتی با دوستانش بود با من تلفنی صحبت می‌کرد و گوشی را به دست آن‌ها می‌داد تا با من صحبت کنند. نوشت: «بله عزیزم. من تو رو عادت دادم. درسته. اما خب شاید یک روز گاز قطع باشه. یک روز مواد اولیه نباشه. یک روز آشپز مریض باشه».

نمی‌توانستم این‌ها را بپذیرم. از این بی‌ربط‌تر نمی‌توانست دلیلی بیاورد. برایش نوشتم اگر قرار بر این است بهتر است هرگز نباشد. این طوری اگر گاز قطع شود، مواد اولیه نباشد و یا آشپز مریض باشد خودم با مشکلات کنار خواهم آمد. به‌طور عجیبی گیج بودم و نمی‌دانستم چه اتفاقی افتاده. چند روزی نه زنگی زدم و نه به سراغ اینترنت و فیس‌بوک رفتم. دو هفته پیش از آن برایش پول فرستاده بودم. خیالم راحت بود که دستش تنگ نیست. بعد از دو سه روز برایم نوشت:
«فکر می کنم به این می گن جر و بحث‌های عاشقانه. بسیار خب. امروز خیلی دلم تنگ شده بود برات. الان در خانه‌ی آن دوستی هستم که تار می‌نوازد و تار می‌سازد. چندین بار زنگ زدم و پیغام گذاشتم. ولی متوجه شدم تو هیچ کدام از پیغام‌ها را ندیدی. داشتم از حال می‌رفتم. اسمت رو صدا می‌زدم درون خودم و پژمان شروع کرد به ساز زدن. صدای تار قدری آرومم کرد.
مدتی که گذشت پژمان گفت: «فریاد این موسیقی درون توست. این لحظات، من تو را این گونه می‌شنیدم، عریانی فریاد وقتی که دلتنگ بود». برایت موسیقی را ایمیل می کنم. چند روز گذشته در حوالی جنون قدم زدم. با نفرت از خودم که چه سنگدلانه برخورد کردم با تو. هنوز هم از خودم بیزارم. با این که کلمات را به سختی می‌بینم ولی باید الان برایت می‌نوشتم. لطف کن به موسیقی من گوش بده».
موسیقی سحرانگیزی بود که دوست فریاد به زیبایی نواخته بود. با گوش جان شنیدم ولی به او جوابی ندادم. هوای تهران غیر قابل تنفس بود و من برای او نگران بودم. به خصوص که دیوانه‌وار هم سیگار می‌کشید. چندین بار از او خواسته بودم سیگار را ترک کند. مرتب قول می‌داد ولی خبری از کنار گذاشتن سیگار نبود. دو روز که گذشت، دوباره برایم نوشت و اذعان داشت این او بوده که مرا به حضور خودش عادت داده ولی نگران بودنِ من آزارش می‌دهد، در حالی که دوست ندارد رابطه را لحظه به لحظه داشته باشد. ولی از طرفی هم من تنها کسی هستم که او دارد و نمی‌خواهد مرا از دست بدهد. در فحوای این‌ها نوشته بود که می‌خواهد فقط بنویسد. ساعت‌ها و ساعت‌ها. این برایم خیلی عجیب بود. نتوانستم بی‌جواب بگذارمش. برایش نوشتم این من بودم که همیشه او را به نوشتن تشویق می‌کردم. کافی بود که یک برنامه‌ی مرتب بگذارد و هر چند ساعت که دلش می‌خواهد ناپدید شود ولی بنویسد. من آن غیبت را به جان می‌خرم ولی ادامه دادم که او چنین نمی‌کند چون طاقت دور بودن از فیس‌بوک را ندارد. فریاد حق داشت که دنیای فیس‌بوک را با من تاخت بزند.

در دنیای فیس‌بوک با نوشتن یک پاراگراف نویسنده بودی. با خلاصه‌نویسی برای یک فیلم منتقد فیلم می‌شدی و برای هر کدام از این‌ها همیشه صدها نفر آدم از سرتاسر دنیا برایت لایک می‌زدند. او در این‌جا حتی بیش از من دوست داشت؛ زن و مرد و پیر و جوان. برای او که در یک خانواده‌ی خیلی معمولی بزرگ شده بود و رابطه‌ی نزدیکی با پدر و مادر و خواهر و برادرش نداشت و دوستان زیادی هم نداشت البته که دنیای فیس‌بوک اغواگر می‌نمود. ولی من می‌خواستم او تنها درس بخواند و بنویسد. فکر می‌کردم من فریاد را به وجود آورده‌ام. من بزرگش کرده‌ام. خوشحال بودم که از شوخی‌های مستهجن دست کشیده و خودش را قاطی آن روزمرگی‌ها نمی‌کند. از تعداد دوستانش کاسته بود و این به دنبال گفت‌وگوهای مفصلی بود که با هم داشتیم. چند تا اسم دیده بودم که یا آدم‌های مورد اعتمادی نبودند و یا آدم‌های بسیار آشنایی بودند که باید از آن‌ها پرهیز می‌کرد. از او خواسته بودم با آن‌ها گفت‌وگویی نداشته باشد. می‌خواستم او یک نویسنده‌ی ماهر و معروف شود. نمی‌خواستم از خانه بیرون برود مبادا مشکلی برایش پیش بیاید. نمی‌خواستم با هر زن یا دختری باشد مبادا گرفتار گشت شود و شلاق بخورد. این خواسته‌ی زیادی بود؟! می‌خواستم او را در محفظه‌ای نگه دارم به اسم اتاق کوچک خودش که همیشه اظهار می‌داشت اتاق او نیست بلکه تنها اتاق خانه است. ولی این امکان نداشت. من داشتم آزادی او را محدود می‌کردم. هم‌چنان برای او پول می‌فرستادم ولی می‌دانستم آن پول شاید برای چند هفته‌ی او کافی باشد. هر بار خرید می‌رفتم برایش کتاب، داروی مسکن و هدیه‌ای می‌گرفتم. این‌ها هیچ کدام حیاتی و مهم نبودند ولی حداقل با داشتن آن‌ها مجبور نبود پولی بابت‌شان پرداخت کند. البته در تمام این مدت بگومگوهای ما بر سر بعضی از دوستان او ادامه داشت و در پی این بگومگوها او یا من دو سه روزی غیب می‌شدیم و با بهانه‌ی کوچکی دوباره با هم حرف می‌زدیم و بعد از یکی دو جمله انگار هیچ اتفاقی نیفتاده بود. هر از گاهی بهانه می‌گرفت که بهتر است هر روز از هم باخبر نباشیم. برای من سخت بود. من در جایی امن زندگی می‌کردم پس بی‌خبری از من اگر خوش‌بین بودم و فکر می‌کردم که برای او مهم هستم امکان‌پذیر بود ولی این او بود که جوان بود و در جایی زندگی می‌کرد که از زمین و آسمانش ناامنی می‌بارید. طوفان شن، زلزله، نیروی انتظامی، بسیج، گشت ارشاد، مردم عصبی و بهانه‌گیر، مواد مخدر قابل دسترس، خودکشی، ترافیک وحشتناک، و در نهایت غولِ کنکور.

دو هفته به کنکور مانده بود که شروع کرد به درس خواندن. باورم نمی‌شد.

تلاش کردم در این مدت از هر بگومگویی پرهیز کنم. التماس می‌کردم که این آخرین شانس اوست و بهتر است با تلف کردن وقتش در فیس‌بوک این موقعیت را از دست ندهد. گاه بهانه می‌آورد که قبول شدن برایش فایده‌ای ندارد چون از عهده‌ی مخارج دانشگاه و حتی رفت‌وآمد برنمی‌آید و دوباره مجبور به ترک دانشگاه می‌شود پس بهتر است دلش را خوش نکند. امیدش را از دست می‌داد و افسرده می‌شد. ولی با هزار ترفند تلاش می‌کردم وادارش کنم درس بخواند. ما هر دو آرزوی دیدار هم‌دیگر را داشتیم. عکس‌های زیادی از هم دیده بودیم ولی دیدار، روبه‌روی هم نشستن و گفتن، حال و هوای دیگری داشت. مدت‌ها بود به مرخصی نرفته بودم. ناگهان تصمیم گرفتم سفری به مجارستان داشته باشم. او هم می‌توانست بیاید. از تصمیمم برایش گفتم. به قدری خوشحال شده بود گویی به پسربچه‌ای اسباب‌بازی‌ای بدهی که همیشه آرزویش را داشته. به او گفتم در حال حاضر در حد یک فکر است ولی تلاش می‌کنم عملی‌اش کنم. می‌دانستم که خیلی سخت‌گیرانه و شاید بی‌انصافی‌ست ولی رفتن به سفر را منوط کردم به قبولی‌اش در کنکور. باید برای خودم هر چه زودتر بلیت می‌گرفتم وگرنه گران می‌شد. پس بلیت خودم را رزرو کردم. قرار شد برای او دیرتر بلیت بگیریم. او از فکر کردن به این سفر سرمست بود. از او خواسته بودم که با هیچ کس در این مورد صحبتی نکند.

بالاخره روز کنکور رسید و من مثل دیوانه‌ها بی‌قرار بودم تا برگردد و بگوید که امتحانش چطور شده. شب زنگ زد. خسته بود و گرما آزارش داده بود ولی می‌خندید و می‌گفت تست‌ها را خیلی خوب جواب داده و امید زیادی به قبولی داشت. نفس راحتی کشیدم.

چند روز بعد ناگهان غیب شد. یک روز کامل هر چه زنگ زدم جواب نداد. برایش پیغام گذاشتم، خبری نشد. روز بعد اظهار داشت که کار می‌کرده. باز حس می‌کردم دروغ می‌گوید و چیزی را از من پنهان می‌کند. زنگ زد و گفت می‌خواهد دوستی را ببیند. هیچ وقت این طوری در مورد کسی حرف نزده بود. «دوستی» در کار نبود. حتی اگر من تمام دوستان او را نمی‌شناختم باز او آن‌ها را به اسم می‌خواند. می‌روم پیش احمد، رامین، شهریار نه دوستی! حتی اگر می‌خواست دختر و یا زنی را ببیند به اسم می‌گفت پیش چه کسی می‌رود و چه نسبتی با هم دارند. یکی دو باری خواهر دوستی را دیده بود، یکی دو باری دوست‌دختر و یا همسر دوستی را. ولی این بار با هیچ یک از این‌ها نبود. آدم جدیدی بود که درباره‌اش حرفی نزده بود. بارها به من گفته بود حاضر نیست

به هر بهایی به زنی نزدیک شود. دو روز بعد در کمال تعجب زنگ زد. منزل خودشان نبود. می‌خواست صدایم را بشنود. یعنی چه؟

- شانی زنگ زدم نگران نباشی. من جایی هستم. فقط دلم برای صدات تنگ شد. همین. تا بعد.

حتی به من مهلت حرف زدن نداد. کم‌تر از یک هفته بود که برایش پول فرستاده بودم چرا که ادعا کرده بود صندلی پشت میزش شکسته و باعث کمردردش شده. خواستم برود و برای خودش صندلی تازه بخرد. حالا پول به دستش افتاده بود و معلوم نبود که با آن چه می‌کند. دو سه روز پیش‌تر برایم نوشته بود به هیچ زنی جز من نمی‌تواند اعتماد کند. نوشته بود که بدبینی عجیبی به زن‌ها دارد. ولی به وضوح روشن بود که او با کسی رابطه پیدا کرده. بالاخره سر و کله‌اش پیدا شد و طبق معمول وقت‌هایی که می‌خواست خودش را لوس کند اسمم را به دفعات نوشت. از او خواستم به من زنگ بزند. مدتی بود خط ارزانی گرفته بودم که او می‌توانست مجانی به من تلفن کند و من ماهانه مبلغ کمی پرداخت می‌کردم ولی زنگ نزد. دوباره بعد از چند ساعتی نوشت: «شانی». برایش نوشتم مهم نیست آن دو سه روز کجا بوده ولی برایم مهم است که جواب پیغام‌های مرا نداده. مهم است که راست نگفته ولی من خیلی عصبانی هستم که از پیش زن دیگری به من زنگ زده.

اول فکر کردم پیش آن زنی بوده که در فیس‌بوک چند نفری با هم لودگی می‌کردند. به‌طور بچه‌گانه‌ای دعوا کرد که منزل آن زن نبوده. برایش نوشتم فرقی نمی‌کند. تو پیش یک زن بودی. سرانجام گفت منزل زنی بوده ولی هیچ اتفاقی بین آن‌ها نیفتاده. مگر می‌شود دو روز در منزل زنی باشی و اتفاقی نیفتد! دلم می‌خواست او با دختری باشد که هم‌دیگر را دوست بدارند ولی نه این طور که از پیش یک زن برود سراغ زن دیگر و نقش معشوقه‌ی جوان برای زنان بزرگ‌تر را بازی کند. به خصوص که می‌دانستم او نمی‌تواند هدیه‌ای به آن زن‌ها بدهد. پس این اوست که هدیه می‌گیرد. این فکرها فریاد را جلویم خرد می‌کرد و می‌شکست. او عادت داشت هر وقت من سر مسأله‌ای به او گیر می‌دادم که حق با من بود زود بهانه‌ای می‌آورد و جواب تلفن و پیغام را نمی‌داد. بهانه‌ای چون داشتن مهمان و یا تمام شدن شارژ اینترنت. در مورد چند روز گذشته هیچ نگفت. فقط نوشت اگر من او را باور ندارم توهین بزرگی به اوست. من از اوضاع تهران دیگر هیچ نمی‌دانستم. برای من هر رابطه‌ای در تهران پانزده سال پیش تعریف می‌شد. این‌که همسایه‌ای آن‌ها را دیده باشد و بریزند منزل و هر دوی آن‌ها

را بگیرند بعد شلاق، سنگسار، چاقوکشی پدر و برادرهای دختر، عقد به اجبار، حاملگی و یا بیماری. من می‌ترسیدم. می‌خواستم او در خانه محفوظ بماند که آسیبی به او نرسد. او نمی‌توانست زندانی افکار و نگرانی‌های من باشد و این طبیعی بود. شعر عاشقانه‌ای برایم نوشت و رفت. چند روز بعد برایش نوشتم دیگر نه می‌خواهم بدانم و نه اهمیت می‌دهم. دروغ بود. من تشنه‌ی این بودم که بدانم. باز هم برایم نوشت من با رفتارم نشان دادم که به حرف او اعتماد ندارم و او به عمد نخواهد گفت چون لحن من بازجویانه بوده. چند روز دیگر گذشت و من هیچ ننوشتم. نوشت که می‌ترسیده حقیقت را به من بگوید مبادا مرا از دست بدهد و هیچ. دو هفته‌ی دیگر هم در بی‌خبری از من گذشت. سرانجام گفت با زنی بوده. هنوز هم از گفتن حقیقت فرار می‌کرد. گفت منزل آن دختر در ساختمان‌های آ. اس. پ بوده و او همیشه آرزو داشته از نزدیک آن آپارتمان‌ها را ببیند. جوابی از من نگرفت و بعد نوشت تمام قضیه را برایم خواهد نوشت. خواهش کرد در عصبانیت تصمیم نگیرم و تنهایش نگذارم. از اسم ادیب برای بازگرداندم استفاده کرد و نوشت همیشه فکر می‌کرده شباهتی بین او و ادیب وجود دارد و من به همین دلیل او را دوست دارم. باز هم جوابی ندادم. سرانجام نوشت دروغ گفته. حقیر بوده و ناچیز. یک بزنگاه بوده. نوشت که چطور می‌تواند شرمساری خودش را در قالب کلمات بنویسد؟ ادامه داد:

«من دوستت دارم. تو نزدیک‌ترین کس به من در این دنیا هستی. حق داری هر طور که می‌خواهی فکر کنی. حتی حالا نمی‌دانم درست است یا نه که از تو بخواهم ترس مرا از گفتن حقیقت درک کنی. از خودم نفرت دارم. ذهنم دائم می‌پرسد تو که هستی فریاد؟ کجایی؟ می‌خواهی به کجا برسی؟ دیروز رفتم پیش دوستی. پسری هم سن و سال من داشته که چند سال پیش در آلمان خودکشی کرده. او را خیلی دوست دارم. اسمش شهرام است. گاه فکر می‌کنم کاش پدری مثل او داشتم. او هم مرا خیلی دوست دارد. کتاب شعری برایم آورد و شعرهای عاشقانه‌ای برایم خواند. به او گفتم که به نظرم معلم عشق او یک مرد بوده. شاید باور نکنی که او به من گفت معلم عشق من باید یک زن باشد. راست می‌گفت. من جز تو زن دیگری را نخواهم یافت که عشق را به من بیاموزد. هیچ کس را. من انتظار ندارم مرا ببخشی. اما به محبت تو و دستان مادرم قسم دیگر دروغ نخواهم گفت. به من فرصت بده تا برایت بنویسم».

برایش نوشتم: «جانامرد». نوشتم این بودن او با یک زن نبوده که این رابطه را به هم زده بلکه دروغ‌های او و سنگ قضاوت به سینه زدن‌هایش و تمام مدت انگشت اتهام

به طرف من گرفتن سبب این همه آزردگی و پایان دادن به این رابطه بوده. برایش نوشتم تجربه‌ی بودن با یک زن لازم است ولی گرفتاری‌های آن، آبروریزی، پیدا شدن سر و کله‌ی پدر و برادر طرف در محل، و بدتر از همه‌ی این‌ها به وجود آمدن یک بچه به خاطر یک هوس عملی‌ست نابخردانه و نابخشودنی. نوشتم که دیگر کاری به کار او ندارم. پولی حواله کرده‌ام که تا فردا صبح به دستش می‌رسد و دیگر نمی‌خواهم مطلبی از او بخوانم و حرفی بشنونم چون دیگر هیچ سخنی از جانب او را باور نمی‌کنم. از او به خاطر همه‌ی نوشته‌های زیبایش، به خاطر مطالعه‌اش و به اشتراک گذاشتن اطلاعاتش با من، به خاطر بردن من به روزهای جوانی‌ام و آشنا کردنم با نویسندگان و مترجمان جوان جدید و برای پر کردن خلاءای که در غربت زندگی مرا احاطه کرده بود تشکر کردم و نوشتم متاسفم که چنین رابطه‌ای به تنفر کشیده شد. با وجود همه‌ی این‌ها، همیشه برایش نگران خواهم بود. با سادگی برایم نوشت چرا این کار را می‌کنم؟ چرا در عین حال که از او متنفرم باز برایش نگران هستم. گفت که آدم بدی است و این را بارها به من گفته بوده. راست می‌گفت. گفته بود. ولی نمی‌خواست آدم بدی باشد. به راستی که بد نبود. جوان بود و از جوانی هیچ نچشیده بود. دریغ حتی از نفس راحتی در جوانی. نمی‌دانستم چه کار کنم. من به او قول داده بودم تنهایش نگذارم. ولی از طرفی سخت رنجیده بودم. به خصوص که او هنوز دروغ می‌گفت. هم‌چنان پافشاری می‌کرد من اشتباه می‌کنم و هیچ اتفاقی نیفتاده است. در تمام این چند روز اصرار داشت که بگوید چرا نمی‌شود زن و مردی در زیر سقفی با هم باشند و اتفاقی بین آن‌ها نیفتد؟ هر چه تلاش می‌کردم به او توضیح بدهم آن دو هر زن و مردی نبودند و با هم قرار گذاشته بودند به‌منظورِ داشتن یک «رابطه‌ی جنسی». کنجکاوی دیدن طرح ساختمان‌های آ.اس.پ، که خانه‌ی آن زن در آن‌جا بود، لطیفه‌ی خام و مسخره‌ای بیش نبوده به خرجش نمی‌رفت. تا این‌که برایم نوشت رفته پیش شهرام و برای او که مردی پنجاه ساله است از همان کنجکاوی گفته و شهرام هم به او گفته که انتظار نداشته باشد که او با این حرف‌ها رنگ شود. من از ابتدا می‌دانستم که چه اتفاقی افتاده و حالا او وقت می‌خواست تا حقیقت را به نوعی سرهم کند و تحویل من بدهد. دو روز خبری از او نشد و بعد زمانی که بیرون از منزل بودم زنگ زد. صدایش آرام بود و با خونسردی می‌گفت با آن زن همخوابگی داشته. گاه با این‌که از رخ دادن اتفاقی اطمینان کامل داری ولی باز هم تلاش می‌کنی آن را به پس ذهنت برانی و باورش نکنی. ضربه‌ی دروغ شنیدن از کسانی که خود را به آدم نزدیک می‌دانند

به مراتب سخت‌تر از دیگران است. شمشیر دو سر است. به شدت حالت تهوع به من دست داد. به‌طوری که ماشین را در جایی پارک کردم و ایستادم. خوشبختانه روز تعطیل بود و صبح زود. من دلم می‌خواست او کسی را داشته باشد. دروغ و سماجت مداومش بود که دلم را به هم زد. میان گریه‌هایم فریاد می‌کردم که چرا؟ چرا با من این کار را کرده؟ من که در طول این دو سال مادی و معنوی تلاش کرده بودم او را حمایت کنم. من که سنگ صبور او شده بودم. من که تنها کسی بودم که از تمام جزئیات زندگی او باخبر بودم.

یادم آمد که دفعه‌ی قبل وقتی به تولد شهین رفته بود به من چیزی نگفته بود. چند روز قبل از مهمانی به من گفته بود پول ندارد. پولی که برایش فرستاده بودم درست روز قبل از تولد شهین به دستش می‌رسد. پس او روز بعد با خیال راحت به تولد می‌رود و حرفی هم به من نمی‌زند. دیدارش با این زن هم درست همان طور بود. چند روزی در خانه بود و فقط می‌رفت تا پارکی نزدیک خانه و قدم می‌زد و برمی‌گشت و می‌گفت پول ندارد تا برود طرف‌های دانشگاه و به کتابفروشی‌ها سری بزند. تولدش نزدیک بود و می‌خواستم برایش پول بفرستم تا هر چه می‌خواهد برای خودش بخرد ولی چون بی‌پول بود زودتر برایش پول فرستادم و او هم راحت با آن پول تاکسی دربست گرفته بود و از ته شهر رفته بود به ساختمان‌های آ. اس. پ. چه ادعای خنده‌داری! اگر تصمیم داشت معماری یا شهرسازی یا فیلم بخواند قبول می‌کردم که کنجکاو باشد برای دیدن طرح این ساختمان‌ها. مرتب داد می‌زدم و می‌گفتم: «دروغ‌گو. دروغ‌گو». درست حال مادری را داشتم که فرزندش دروغ بزرگی به او می‌گوید. او با قربان و صدقه تلاش می‌کرد آرامم کند. به او گفتم مرا فراموش کند و دیگر هم اسمی از من نیاورد. من هیچ گونه مسئولیتی در قبال او نداشتم ولی رضایت عجیبی داشتم که دارم به یک جوان در ایران کمک می‌کنم. گویی صلیب تمام ایرانیان خارج از وطن که در هوایی آزاد نفس می‌کشیم، به دوش من گذاشته شده بود. بدنم می‌لرزید. ولی من بیش از این‌ها اذیت شده بودم. او به‌کلی این زن را از من پنهان کرده بود. نمی‌توانستم فکر کنم کسی را که سال‌ها پیش می‌شناختی دو سه روز قبل در خیابان ببینی و بعد از سه روز با او به رخت‌خواب بروی. تلفن را قطع کردم و او دوباره و دوباره زنگ زد. پیغام داد جوابش را بدهم. درست مثل چند روز قبل. ولی چند روز پیش هنوز اصرار داشت او راست می‌گوید و من بی‌خود او را متهم می‌کنم. از همه‌ی این‌ها گذشته چطور وقتی با آن زن بود به من زنگ زده بود؟ این را هم نمی‌فهمیدم. برایم نوشت از این در رنج است

که نمی‌تواند خودش را ببخشد. ولی این‌ها حرف‌هایی بیهوده بود. او مرتب می‌نوشت و اصرار داشت کمکش کنم تا دیگر دروغ نگوید. بیش از یک ماه گذشته بود و من گرچه باور نمی‌کردم باز با او حرف زدم. از من می‌خواست رهایش نکنم و من هم باور می‌کردم که به من احتیاج دارد و نمی‌توانستم با او بدرفتاری کنم. فکر می‌کردم اگر به او پشت کنم و بلایی سرش بیاید هرگز نمی‌توانم خودم را ببخشم. با خودم فکر می‌کردم اگر از بچه‌های خودم هم به هر دلیلی برنجم به یقین آن‌ها را خواهم بخشید و فراموش خواهم کرد. ولی او فرزند من نبود. برای خودش مادر داشت. خانواده داشت. چرا تا این حد به من وابستگی پیدا کرده بود؟ مطمئن بودم تنها کمک‌های مالی من دلیل این مسأله نبود. ترس من هم به جا بود. او یک جوان مستأصل در شرایط وحشتناک ایران بود. چطور می‌توانستم ناامیدش کنم. من در گذشته به سادگی و با یک اشاره از هر کسی که به نحوی مرا رنجانده بود جدا شده بودم ولی در مورد فریاد مدام به خودم نهیب می‌زدم که او جوان است و باید کمکش کنم. سقوط فریاد و موفق نشدنش در زندگی شکست من بود. همین فکرها باعث می‌شد ناپدید نشوم. دیدن صفحه‌ی فیس‌بوک برایم عذاب بود. صفحه‌ی فیس‌بوک خودم را بستم. برایم ایمیل زد این کار را نکنم. برایش نوشتم که نمی‌توانم هر دقیقه به دنبال ناشناسی بگردم و هر زنی را به زیر سوال ببرم که به خاطر آن زن دروغ شنیدم. مضحک بود که برایم نوشت بی‌انصافم که صفحه‌ی فیس‌بوکم را می‌بندم. او از منزل آن زن و در حال قهوه نوشیدن بعد از همخوابگی‌شان به من زنگ زده بود چون در آن لحظه دلش برای من تنگ شده بود! آن زن از او درباره‌ی من پرسیده بود و فریاد هم به او گفته بود که من زن اثیری زندگی او هستم. برای خودش قصه می‌بافت و مرا هم شخصیت اصلی این قصه در نظر گرفته بود! آن زن حتی اسم مرا در صفحه‌ی فیس‌بوک فریاد دیده بود. آیا او برخلاف آن‌چه من فکر کرده بودم به هیچ صورت ناپخته نبود؟ مرا متهم کرد که درباره‌ی او قضاوت کرده‌ام نه این بار بلکه هر بار که دروغی گفته بود. یعنی نمی‌فهمید چه کرده؟ برایش نامه‌ای نوشتم به این مضمون:

«با این که نصف شب است و در این ساعت معمول نیست چراغ اتاق روشن باشد ولی ترجیح دادم که با قلم و بر روی کاغذ برایت بنویسم چرا که تایپ و کامپیوتر حس کلمات را از من می‌گیرند. این قسمتی از من است. دستخط من بدون روتوش. راست و بی‌ریا. کلمه‌ای را پاک نخواهم کرد. هرچه را می‌نویسم برایت می‌فرستم.

از تکرار کلمه‌ی قضاوت، رنجیده و خسته‌ام. من چه کسی باشم که بخواهم به قضاوت بنشینم. چه قضاوتی؟ آیا قضاوت برای مسائل مهم‌تری به کار نمی‌رود؟ این که بگویم تو در فیس‌بوکی یا نه قضاوت است؟ این که بگویم تو برای آن نویسنده و آن زن و آن پسر در صفحه‌هایشان نظر نوشتی قضاوت است؟
قضاوت آن اتفاقی‌ست که هر لحظه برای من توسط خودم دارد رخ می‌دهد... قضاوت مال زمانی‌ست که تاب نمی‌آورم درد شلاق‌هایی را که به خودم می‌زنم و به شماتت خودم می‌نشینم که چرا این رابطه را قطع نمی‌کنم و ناپدید نمی‌شوم. قضاوت وقتی‌ست که التماست می‌کنم بروی و با دیگران خوش باشی.
فکر می‌کنی هر بار که مشکلی و بحثی بین ما پیش آمد و تو بدون پرداختن به حل مشکل و یا در رفتن از بحث فقط از من می‌خواستی که قول بدهم هیچ‌وقت تنهایت نذارم و قبول کنم که رها کردن تو منصفانه نیست چطور به قضاوت نشستم و تا چه اندازه تیره‌ی پشتم از هراس حکمی که بر خودم راندم تیر کشید.
قضاوت مال زمانی‌ست که من آشکارا خودم را محکوم می‌کنم چرا که تو همه‌ی جوانی و مهربانی‌ات را ارزانی زنی می‌کنی که سال‌هاست فکرش، احساسش، و بدنش را به تنها بودن محکوم کرده. دیر یا زود حکم محکومیت مثل سلول‌های سرطانی تمام وجود مرا خواهد گرفت. من از اولین دروغ تو به قضاوت خودم نشستم پس با من از قضاوت نگو که من خود قاضی عادل و سخت‌گیری هستم. قضاوت زمانی‌ست که تو خواسته و آگاهانه دروغ می‌گویی و من هیچ توجیهی در مورد دروغ‌های تو ندارم. من قضاوت کردم و حکم ویرانی خودم را روزی صادر کردم که نوشتی: مرا به حضور خودت عادت بده».
از نامه‌ای که در کاغذی کوچک برایش نوشته بودم بدون خط‌خوردگی عکس گرفتم و برایش ایمیل کردم. برایم در جواب نوشت:
«تو نمی‌دانی تا چه اندازه از خودم بدم میاد. من دارم با خودم چی کار می‌کنم؟ این هیولایی که درون من است کیست؟ از کجا پیدایش شد؟ من با تو چه کردم؟ با اون دختر چه کردم؟ من کثافتم».
بعد عذرخواهی پشت عذرخواهی و اعتراف به این‌که اشتباه کرده است. دوباره من بودم و احساس گناه از این‌که او را به حال خود رها کنم به خصوص که بی‌تاب شنیدن خبری از کنکور بودم.
به زمان مرخصی نزدیک می‌شدم و می‌بایست تاریخ بلیت هواپیما را تأیید می‌کردم. هنوز تردید داشتم. می‌دانستم فریاد به هیچ کشور خارجی‌ای سفر نکرده بود.

من زیاد سفر کرده بودم و دلم می‌خواست او هم جایی را ببیند. پیش‌تر حرفش را زده بودیم و خوب می‌فهمیدم که او با این رویا شب‌ها به خواب می‌رفت. به‌رغم همه‌ی دلخوری‌ها و رنجش‌ها از او خواستم به دنبال پاسپورتش برود. از خوشی در پوست خودش نمی‌گنجید. دوستی قدیمی داشتم که در سفارت مجارستان کار می‌کرد و بهتر از آن همسر سفیر بود. با او صحبت‌هایم را کردم. فریاد به راحتی به سفارت مراجعه کرد و ویزا گرفت. خرج سفر هم به آن‌جا زیاد نبود. من می‌توانستم آن هزینه‌ها را تقبل کنم. دوست خوبم از من خواست به خانه‌ی آن‌ها برویم. همسرش منزل در بوداپست را نگه داشته بود برای سفرهای گاه و بی‌گاهشان به مجارستان. یک سالی بود که دخترش در آن منزل ساکن شده بود چرا که در دانشگاه بوداپست درس می‌خواند. از این بهتر نمی‌شد. خرج جا هم نداشتیم. دلم می‌خواست که می‌توانستم هر سال برای کسی این کار را بکنم. همیشه وقتی کسی به مامانم می‌گفت ان‌شاءالله مکه برود مامان جواب می‌داد: «بگید فرانسه بروم. انگلیس بروم. اروپا را بگردم. داشته باشم چند نفر را هم با خودم ببرم».

یک ماه بعد وقتی پاسپورتش را گرفت به قدری خوشحال بود که حتی داد و بی‌دادهای مادرش و مزاحمت‌های پدرش را به راحتی نادیده گرفت؛ او که بابت هر کدام از این‌ها ساعت‌ها سر به گریبان می‌شد و به خلوت خودش می‌خزید. در طول این یک ماه همچنان با هم درگیری داشتیم. قرار شد صبر کنیم جواب کنکور را بگیرد و بعد به دنبال بلیت برود. سر کار بودم که زنگ زد و خبر قبولی را داد. ناگهان جیغ کشیدم و در حالی که نفسم به شماره افتاده بود از ساختمان رفتم بیرون. در خیابان گریه می‌کردم. می‌خندیدم. فریاد بی‌تفاوت خبر قبولی را داد. شادی و هیجان بیش از حد من از این خبر تازه او را خوشحال کرده بود. بعد برایم نوشت در خانواده و در بین دوستانش هیچ کس به اندازه‌ی من بابت قبولی او خوشحالی نکرده بوده. هر روز برایم تکه‌های ادبی زیبایی می‌نوشت. می‌گفت از دختران همسن و سال خودش و یا جوان‌تر خوشش نمی‌آید. تا حدی این قابل پذیرش بود و با این گفته واضح بود که چرا او به دنبال دوستان زن بزرگ‌تر از خودش است. ولی این تفاوت سنی هم می‌بایست حد و حدودی می‌داشت. همچنان باورنمی‌کرد من چند سال دارم. با مرور زمان صدایم تغییر نکرده بود و آهنگ گذر زمان را به خود نگرفته بود. ولی گرفتاری‌های زندگی و این تبعید ناخواسته در سرزمین یخزده جسم و روحم را حتی بیش از سنم پیر کرده بود.

•• •• ● •• ••

ناگهان تابستان گذشته، با گروهی از دوستان جمع شده بودیم و چون چند مهمان انگلیسی‌زبان هم در جمع بودند تلاش می‌کردیم فارسی صحبت نکنیم. آقایی در بین آن‌ها بود که در فاصله‌ای دورتر از من نشسته بود. در نیمه‌های مهمانی نزدیک آمد و بحثی درباره‌ی ایران پیش کشید و جدا از جمع با هم مشغول صحبت شدیم. در تمام طول مهمانی ما با هم صحبت می‌کردیم. صدرا در گوشه‌ی دیگری با یکی دو تا از دوستانش مشغول بحث به زبان فارسی بود و گه‌گاه به من نگاهی می‌انداخت تا مطمئن شود من روبه‌راه هستم و طرف مزاحمم نیست. برعکس. او مردی بسیار خوش‌صحبت و مطلع از اوضاع ایران بود. گفت کار رادیویی می‌کند و صدای من برای رادیو صدای بسیار خوبی‌ست. گفتم آخرین کارم در ایران قبل از آمدن به کانادا اجرای نمایش‌های رادیویی بود و در این‌جا هم در یک کانال رادیویی که تنها یک ساعت برنامه دارد، قصه‌ی شب می‌خوانم ولی همه‌ی این‌ها به زبان فارسی‌ست و فکر نمی‌کردم انگلیسی حرف زدنم برای شنونده هم خوش‌آهنگ باشد. از من خواست روز بعد به استودیوی آن‌ها بروم و آزمون صدا بدهم. گفتم امکان ندارد بتوانم در رادیو بدون داشتن متن آماده انگلیسی صحبت کنم. برایش از زبان فارسی گفتم و از ابهام‌ها و ایهام‌ها و تسلط به لغات و این‌که همین تسلط سبب می‌شود که شنونده جذب گوینده شود چرا که او را عادی نمی‌یابد. من چنین تسلطی در زبان انگلیسی ندارم به خصوص که زبان ژاپنی و فرانسه هم در این بین دخالت داشته در حالی که در ایران حتی راننده تاکسی متوجه تفاوت من با یک خانم معمولی می‌شد. این یک واقعیت بود. در مهاجرت کسی سوادش را مُهر نمی‌کند به روی پیشانی‌اش بچسباند. باید با مردم به گفت‌وگو نشست و همین طور از گذشته‌ی خود بگوییم و بگوییم تا متوجه شوند که در بین ما مهاجران هم انسان‌های تحصیل‌کرده و باسواد هست و شاید به مراتب بالاتر از هم‌قطاران انگلیسی‌زبان خودمان در محل کار. به او گفتم من زبان فارسی را خیلی خوب حرف می‌زنم چون دایره لغات وسیعی دارم ولی با زبان انگلیسی نمی‌توانم این کار را انجام بدهم. خیالم را آسوده کرد که باید از روی نوشته بخوانم و وقت برای تمرین هم خواهم داشت. بعد اضافه کردم به هر حال در این‌جا لهجه هم مطرح است و گفت از قضا او دنبال کسی می‌گردد که لهجه داشته باشد.

روز بعد آزمون صدا انجام گرفت و از آن به بعد من با او مشغول کار شدم. جمعه‌ها بعد از کار و شنبه و یکشنبه‌ها می‌رفتم به استودیوی رادیویی آن‌ها. اوایل کار روی یوتیوب بود و گاهی صدای من روی کلیپی کوتاه در آن‌جا هم می‌آمد. دکتر نورمن وینشتین یهودی‌الاصل و اهل لهستان بود که پدر و مادرش در جنگ جهانی دوم از لهستان فرار می‌کنند و به اوکراین می‌روند. دکتر وینشتتن در آن زمان یک طفل یک‌ساله بوده. از اوکراین به ژاپن فرار می‌کنند و مدتی در آن‌جا می‌مانند و از ژاپن دوباره مجبور می‌شوند به چین مهاجرت کنند. در آن زمان او هشت سالش بوده. مادرش به دلیل این جابه‌جایی‌ها و ندانستن زبانِ این سه کشور دچار افسردگی حاد می‌شود. از چین سرانجام به فیلیپین می‌روند. چند سالی هم آن‌جا بودند تا سرانجام برمی‌گردند به اروپا و بعد ساکن کانادا می‌شوند. دکتر وینیشتین که دیگر وارد دبیرستان شده بوده تا دکترا درس می‌خواند و بعد از آن همین‌جا می‌ماند. او در سازمانی کار می‌کرد که با صهیونیسم مخالف بود و برای صلح در منطقه فعالیت می‌کردند. من نامه‌های مردم فلسطین را در این برنامه می‌خواندم. علت انتخاب من این بود که صدای من خشونت صدای عرب‌زبان‌ها و یهودی‌زبان‌ها را نداشت. آهنگ نرم زبان فارسی را داشت که به قول دکتر وینشتین مثل موسیقی بود و به دل‌ها می‌نشست. این را در ژاپن هم زیاد شنیده بودم. در قطار گاه از من و دوستم می‌پرسیدند آیا ما به زبان فرانسه صحبت می‌کنیم؟

•• •• ● •• ••

فریاد هم عاشق یک صدا شد و در وانفسای آن مملکت نفرین‌شده، حتی صدای یک زن هم برای عاشق شدن کافی بود. به خصوص اگر آن زن اهل کتاب، قلم و هنر هم می‌بود. درست مثل شخصیت تئودور در فیلم او. من قول داده بودم او را تنها نگذارم. وقتی بنا به دلیلی از او دلخور می‌شدم و برایش می‌نوشتم: «فریاد من با تو چه کار کنم؟» به سادگی می‌نوشت: «تنهام نذار».

به قدری ساده این جمله را ادا می‌کرد که من دلخوری‌ام را فراموش می‌کردم. اما همیشه مسأله‌ای بود که مرا به شدت اذیت می‌کرد، این که او به عمد جواب پیغام‌ها را نمی‌داد و یا تلفنش را قطع می‌کرد و من صدای بی‌هویت زنی را می‌شنیدم که می‌گفت: «شماره مورد نظر شما در دسترس نمی‌باشد. لطفاً دوباره...». وقت‌هایی از نبود پول شکایت می‌کرد. این جور مواقع عصبانی می‌شدم

و به او پرخاش می‌کردم که مرتب در مورد پول حرف می‌زند. ولی در خلوت از خودم سوال می‌کردم آیا حق ندارد از مشکلات مالی بنالد؟ این حق او و حق تمام هم‌سن و سال‌های او در موقعیت مشابه بود. معده‌ام جمع می‌شد و جگرم مچاله می‌شد که این جوان‌ها حق دارند و قرار نیست که همه با فقر و نکبت کنار بیایند، از پشت‌بام‌ها به وسط خیابان پرتاب شوند، قلب‌شان آماج گلوله‌های نامردان شود و یا در سیاه‌چال‌های رژیم پیر شوند. بعضی‌ها برای این نوع تجربه‌ها ساخته نشده‌اند. پس بازمی‌گشتم به او و دلداری‌اش می‌دادم. مقایسه با کسانی که حق نفس کشیدن هم نداشتند مقایسه‌ی بی‌جایی بود ولی چاره‌ای نداشتم از کسانی نام ببرم که در شرایط بسیار بدتری بودند.

•••●•••

ناگهان تابستان گذشته، روزهای آخر بود و دوستان در آمدوشد بودند که با دوستی نویسنده به علت بیماری مادرش نتوانستیم حضوری خداحافظی کنیم. نامه‌ای توسط پیک برایم فرستاد که در آن ما را راهیان خوشبختی نامیده بود! در جایی دیگر آن‌هایی که در وطن مانده‌اند، هم‌چون خودش را، به کسانی تشبیه کرده بود که در زیر انبوه متراکم دردها و دمل‌های سربازنکردنی آن‌جا باقی مانده‌اند. گفته بود خوشحال است که بچه‌ها صبح که سر برمی‌دارند برای تنفس حیات شیرین سر برمی‌دارند. خواسته بود که سلام دل‌سوختگی‌اش را به همه‌ی کسانی که خواهم شناخت برسانم....

اما مبادا داستان خفت و تحقیری را که به صورت جبری و حتمی می‌برد و باید ببرد را نزد آنان بگویم....

گرچه آنان را نامحرمان نخوانده بود و اذعان داشت که این خود ما هستیم که در گهواره‌ی خود نامحرم به دنیا آمده‌ایم و نامحرم و غریب می‌میریم.

•••●•••

ما هر دو برای سفر آماده بودیم. فریاد بلیت را گرفته بود. ولی یک اشکال پیش آمد. او یک روز زودتر از من می‌رسید. این برای من خیلی نگران‌کننده بود. تنها سفر او در زندگی، سفری بود که با اتوبوس به اصفهان رفته بود. او حتی شمال را هم ندیده بود. اولین باری بود که سوار هواپیما می‌شد. می‌فهمیدم که نگران این مسأله است. وارد کشوری می‌شد که برایش از همه نظر غریبه بود و زبان نمی‌دانست.

برایش پول فرستاده بودم و خواسته بودم تا مقداری دلار آمریکایی تهیه کند. قرار بود اول من وارد شوم که بتوانم راه و چاه را پیدا کنم ولی نگرانی هر دوی ما سبب یک اشتباه شده بود و حالا این او بود که باید به استقبال من می‌آمد. خوشبختانه با هستی، دختر دوستم، تماس گرفتم. او مرا خاله صدا می کرد و وقتی شنید به زودی می‌تواند مرا ببیند بسیار خوشحال شد. من با خودم فکر کردم شاید او و فریاد از هم خوشش‌شان بیاید و فریاد بتواند آن‌جا بماند و دیگر به ایران برنگردد. هستی دختر خوبی بود. با کمال میل حاضر شد به فریاد کمک کند. شماره تلفن و آدرس او را به فریاد دادم. می‌ترسیدم فریاد در فرودگاه گم شود و یا نتواند با هستی تماس بگیرد.

از منزل نقلی خیابان نواب در دل تهران رسیدم به منزل هستی در بخش بودا؛ منطقه‌ی سبز و آرام بوداپست. از تاکسی پیاده شدیم. فریاد چمدان‌هایم را بلند کرد و به طرف در رفت. باران تندی می‌بارید. فریاد جلو افتاده بود و قبل از رسیدن من زنگ را زده بود. وارد منزل شدیم. هستی را بعد از شانزده سال دوباره می‌دیدم. با توماج و توفان هم‌بازی بود. او حالا دختر زیبایی شده بود که به تنهایی در غربت سرپای خود ایستاده بود. با جدیت تمام درس می‌خواند. برای هزینه زندگی و دانشگاه سه اتاق خانه پدری را به چند دختر دانشجو اجاره داده بود. آن‌ها با هم ناهار خوبی فراهم آورده بودند و همه دور میز نشستیم و از غذا لذت بردیم. بعد طبق معمول بحث سیاسی شروع شد. فریاد اهل این حرف‌ها نبود و حوصله‌اش سر رفته بود. هستی و دوستانش برای مدت کوتاهی ما را تنها گذاشتند تا کمی استراحت کنیم. تنها شده بودیم. به هم نگاه می‌کردیم و می‌خندیدیم. یک چمدان کامل برای او سوغات برده بودم. باورش نمی‌شد. خوشحالی از چشمانش بیرون می‌زد. کمی بعد فریاد که یک شب زودتر از من به آن‌جا رسیده بود، به جای صاحب‌خانه حمام، دستشویی و آشپزخانه را به من نشان داد. با این‌که خسته بودم و پرواز خیلی طولانی بود و با وجود این‌که بیرون باران می‌بارید به او گفتم بهتر است وقت را هدر ندهیم و برویم بیرون و دست‌کم دور و بر را ببینیم تا روز بعد به سراغ موزه‌ها و بناهای دیدنی برویم. هستی صبح روز بعد امتحان داشت و نمی‌توانست با ما همراه باشد. او در محله‌ای بسیار زیبا زندگی می‌کرد. پنجره‌ی اتاق نشیمنش به جنگل سبزی باز می‌شد. بارانی که داشت می‌بارید مرا برد به عطر خوب شمال در ایران. پشت‌بام‌های سفالی به رنگِ قرمز آجری خوش‌رنگ در دل این همه سبزی چشمک می‌زدند.

روز بعد تاکسی گرفتیم و به بخش پِست رفتیم. باران بند آمده بود. از تاکسی پیاده شدیم و در خیابان‌های زیبای شهر به راه افتادیم که در هر گوشه‌ی آن یک یا چند گربه مشغول خوردن آب و یا غذاهایی بودند که مردم کوچه و خیابان و یا مغازه‌دارها برایشان در ظرف‌های مخصوص می‌گذاشتند. من به شدت از گربه می‌ترسیدم. خاطره‌ای از بچگی که گربه به رویم پریده بود همیشه با من بود و هیچ وقت نتوانستم و نخواستم بر این ترس فائق شوم. وقتی دانشجو بودم به شدت این ترس را در خودم نگه می‌داشتم. می‌ترسیدم ساواک بداند که من از گربه می‌ترسم و اگر مشکلی برایم پیش بیاید به‌خوبی با یک گربه‌ی پشمالو شکنجه‌ام کند. این ترس به‌قدری زیاد بود که گاه دچار کابوس می‌شدم. به همین دلیل به سختی در دوره دانشجویی این ترس را در خودم محبوس کرده بودم و تنها عبدی می‌دانست. فریاد متوجه ترس من شده بود و خیلی متفاوت عمل می‌کرد. گاه مرا می‌انداخت جلوی یک گربه و گاه جلوجلو حرکت می‌کرد که من نترسم. آیا هیچ وقت بچگی نکرده بود؟ شب تا دیروقت در خیابان‌ها راه رفتیم. بوداپست شهر قشنگی‌ست که شب به خواب نمی‌رود. خسته به قهوه‌خانه‌ای در محله‌ی ترک‌ها رفتیم. آن‌جا هم پر از گربه بود. خوشبختانه میز بغلی ما فهمیدند که من از گربه می‌ترسم. یکی از آن‌ها پسری را صدا کرد و با او حرف زد. من پاهایم را بالا گرفته و آن‌ها را سخت جمع کرده بودم. آن جوان با یک اسپری آمد و دور تا دور میز را اسپری زد. درست مثل پشه‌کش. دختری ترک‌زبان در کنار ما نشسته بود که انگلیسی بلد بود و به من گفت در بوداپست بیش‌تر از استانبول گربه وجود دارد و او هم مثل من خیلی از آن‌ها می‌ترسد ولی این اسپری گربه‌ها را از آن قسمت دور خواهد کرد. فکر کردم باید از آن اسپری بخرم و همه جا با خودم داشته باشم وگرنه در بوداپست از ترس گربه سکته خواهم کرد. قهوه‌خانه پر از مردانی بود که مشغول بازی تخته‌نرد بودند. دلم می‌خواست بازی کنم ولی فریاد گفت بلد نیست. لحظه‌ای بعد به سر میزی رفت و با آقایی برگشت و گفت می‌توانم با آن آقا تخته بازی کنم. نمی‌دانم چطور با آن‌ها حرف زده بود ولی به هر حال آن آقا نشست و ما با هم تخته بازی کردیم. در تمام مدت فریاد چشم به من دوخته بود. پک عمیقی به سیگار می‌زد و خیره به من نگاه می‌کرد. شاید با خود می‌گفت: «کیست این زنی که این همه راه را آمده تا مرا ببیند. زنی که در این سن و سال پا به پای من ساعت‌ها راه رفته و الان با مرد غریبه‌ای مشغول بازی تخته‌نرد است و با تاس‌ها حرف می‌زند و مهره‌ها را با انگشت اشاره‌اش نشانه می‌گیرد

و تمام فکر و ذکرش بردن از آن مرد است؛ به‌طوری که فراموش کرده من در یک قدمی او نشسته‌ام و دارم با تحسین به او نگاه می‌کنم».
بازی را باختم ولی لذتش را بردم. شب از نیمه گذشته بود که به آپارتمان هستی برگشتیم. من روی کاناپه‌ای در اتاق نشیمن خوابیدم و فریاد در رختخوابی که هستی روی زمین در راهرو برایش پهن کرده بود به خواب رفت. بیدار بودم و به راهی که آمده بودم تا به این‌جا برسم فکر می‌کردم. فریاد مثل پسربچه‌ای که تمام روز را در کوچه فوتبال بازی کرده و دویده بود خیلی زود به خواب رفت. چقدر آرام بود. اما گاه سرفه‌هایی می‌کرد که به خاطر همان سیگار لعنتی بود که در روز می‌کشید. او با آن سن کم روزی دو بسته سیگار می‌کشید. صبح وقتی بیدار شدم او را در کنار پنجره‌ی اتاق نشیمن در حال سیگار کشیدن یافتم. دود را با احتیاط به خارج از اتاق می‌فرستاد. به او گفته بودم تمام عمرم از سیگار بدم می‌آمده و بوی سیگار و زیرسیگاری به شدت اذیتم می‌کند. هستی صبحانه‌ی مفصلی فراهم کرده بود و همگی دور میز نشستیم. دخترهای دیگر هم آمدند و هر کسی نظر می‌داد بهتر است کجا را ببینیم. نکته‌ای که خیلی برای من جالب بود این بود که هیچ کدام از ما دو نفر نپرسید چه نسبتی با هم داریم. از آن مهم‌تر یافتن هتلی خوب و ارزان بود. هستی گفت شب گذشته وقتی ما بیرون بودیم دخترها با هم صحبت کرده‌اند و چون دو نفر از آن‌ها برای تعطیلات به شهر خودشان برمی‌گردند و اتاق‌هایشان خالی خواهد بود تصمیم گرفته‌اند به ما پیشنهاد کنند پیش آن‌ها بمانیم. این فوق‌العاده بود و من از نظر مالی جلو می‌افتادم. با خوشحالی پذیرفتیم و هستی گفت به این ترتیب او هم می‌تواند گاهی اوقات همراه ما و به اصطلاح راهنمایمان باشد.
صبح روز بعد، اول به موزه‌ی هنرهای زیبا رفتیم که در بخش پِست بود. ساختمانی که در ظاهر بنایی هم‌چون خیلی از بناهای تاریخی اروپایی داشت ولی داخل آن معماری شگفت‌انگیز تودرتویی بود که سحرآمیز می‌نمود. گاه با هم و گاه جدا از هم در راهروهای آن موزه پرسه زدیم. وقت‌هایی بود که فریاد مرا گم می‌کرد و وقتی پیدایم می‌کرد درست مثل بچه‌ای گم شده بود که در بازار شلوغ ناگهان مادرش را پیدا می‌کند. چهره‌اش هم ترس داشت و هم خوشحالی. اشکال این بود که با توجه به این همه تفاوت سنی که داشتیم او بود که زود خسته می‌شد و در گوشه‌ای می‌نشست. از آن‌جا به یک گالری هنر مدرن رفتیم. فریاد آن‌جا را بیش‌تر دوست داشت. دو روز بود که از کامپیوتر و اینترنت دور بودیم. من در لحظه ورود کامپیوتر هستی را گرفتم و به تابان پیغامی دادم

که حالم خوب است. خوشبختانه در گالری کامپیوتر وجود داشت و ما هر کدام به سراغ ایمیل و فیس‌بوک رفتیم. کار من خیلی زود تمام شد ولی فریاد از پای کامپیوتر بلند نمی‌شد. من رفتم به سراغ راهروی دیگری و وقتی برگشتم و بالای سر او ایستادم دیدم در فیس‌بوک و روی صفحه‌ی آن زن نویسنده است. برآشفته شدم و به رویش آوردم که چنین موقعیتی دیگر دست نمی‌دهد و عوض این‌که وقتش را به تماشا بگذراند نشسته است و فیس‌بوک‌بازی می‌کند. رهایش کردم و به طبقه‌ی پایین موزه رفتم. وقتی برگشتم او را مشغول نوشتن در دفترچه‌ی یادداشت خودم دیدم. دفترچه را از او گرفتم و بدون این‌که ببینم چه نوشته به قسمت دیگری از موزه رفتم.

فریاد برعکس آن‌چه من فکر می‌کردم جوان پخته‌ای نبود. حتی سربازی هم گویی اثری در او نگذاشته بود. او بیش‌تر غمگین بود و فرورفته در خود. شاید هم‌چون خیلی از جوانان سرخورده هم‌سن و سال خودش در آن مملکت. حرکاتش را آرام و با طمانینه انجام می‌داد و آن هیجان جوانی و حرکت‌های تند و تیز جوانی را نداشت. آگاهی و علاقه‌اش به ادبیات و به خصوص به کسانی چون عراقی و بایزید بسطامی سبب شده بود من فکر کنم او جوان پخته‌ای‌ست. او مثل یک بچه از انتقادات من می‌رنجید و به درون خودش می‌رفت. مهم نبود من حرفی را به حق زده‌ام یا به ناحق. سپس عکس‌العمل نشان می‌داد. سیگار پشت سیگار و قهر. بعد از سه ساعتی از گالری بیرون آمدیم و به رستورانی در نزدیکی آن‌جا رفتیم تا هم خستگی در کنیم و هم غذایی بخوریم و بعد برای تماشای رقص فولکلر چاردداش به یک آتلیه‌ی رقص برویم. هستی هم قرار بود سر ساعت معینی جلوی در آتلیه به ما ملحق شود. در رستوران، در فاصله‌ای که منتظر آمدن غذا بودیم، دفتر یادداشتم را از کیفم بیرون آوردم و نوشته‌ی فریاد را خواندم:

«در این سفر غالب اوقات از تو می‌رنجم. دلخوری‌های کوچک تو که به شکل ابروان در هم گره خورده نشان داده می‌شوند مرا می‌رنجانند. اما چه باید کرد؟ انگار ما هر دو یکدیگر را می‌رنجانیم. قصد من البته هیچ وقت آزار و اذیت تو نیست. هر گز نبوده و نخواهد بود. اما در صورت ادامه پیدا کردن این کشمکش‌ها نمی‌دانم چه باید کرد». زیر جمله‌ی آخر چندین بار خط کشیده بود. مشخص بود که آن‌ها را از روی استیصال کشیده بود. گویی نمی‌دانست چطور نوشته را به پایان برساند. بعد ادامه داده بود: «چند ثانیه پیش سر خود را بالا آورده و دیدمت. همان جایی بودی که باید باشی. درست در برابر چشمان من».

متاسفانه زهر قسمت اول به اندازه‌ی کافی تلخ بود که شیرینی قسمت دوم را به کامم ناخوشایند کند. خطی قوی و پررنگ از روی عصبانیت زیر نوشته‌ی او کشیدم و نوشتم: «چرا؟!» و به دنبال خطی دیگر که با فشار تمام خودکار به روی صفحه کشیده بودم از زبان او ادامه دادم:

«البته لحظه‌های شیرینی هم وجود داشته. وقتی که به دوستانم خبر می‌دادم من در این لحظه در بوداپست هستم». در زیر این جمله خطی به مراتب پررنگ‌تر و پراثرتر کشیدم. در حالی که با هم حرف نمی‌زدیم برای تماشای رقص به راه افتادیم. هستی دختر قوی‌ای بود که هم کار می‌کرد و هم درس می‌خواند. در سالن رقص چارداش به عمد آن دو را پیش هم نشاندم. ولی فریاد تمایلی به برقراری ارتباط با هستی نداشت. از سالن هم که بیرون آمدیم و در خیابان‌ها پرسه می‌زدیم تلاش می‌کردم یا جلوتر و یا عقب‌تر باشم و این فرصت را به آن‌ها بدهم که با هم حرف بزنند. بعد از مدت کوتاهی نگاه پرسشگر و دلخور فریاد گویی به من نهیب می‌زد که چرا او را تنها می‌گذارم. در فرصتی به من نزدیک شد و پرسید چرا تمام مدت او را به دیگری وامی‌گذارم. خیلی ساده به او گفتم آن‌ها هم‌سن و سال هستند و من ترجیح می‌دهم با هم باشند. دلخور شد و خواست به جای او تصمیم نگیرم. وقتی تنها شدیم نظرش را در مورد هستی پرسیدم. جوابش یک هیچ پرمعنا بود.

روز با سرعت تمام به دل شب می‌رفت و شب به چشم بر هم زدنی سپری می‌شد. روز و شبی دیگر می‌رفت تا هر چه زودتر این سفر به پایان برسد. روز چهارم بود. هستی قبل از ما از خانه بیرون زده بود. در چند شب گذشته درباره‌ی تظاهرات سراسری علیه مالیات اینترنت صحبت کرده بود. طبق معمول زود صبحانه خوردیم. فریاد دوست نداشت آن روز بیرون برویم. به تظاهرات به‌طور مطلق علاقه‌ای نداشت ولی من اصرار داشتم که برای تماشا هم که شده از خانه بیرون برویم. شاید بزرگ‌ترین تظاهراتی بود که من دیده بودم. تمام اپوزیسیون، حتی گروهی از دست‌راستی‌ها و رسانه‌های عمومی طرف‌دار دولت، به معترضان پیوسته بودند. برای من جالب بود که دلیل این تظاهرات و شرکت مردم در آن را با موارد مشابه در ایران مقایسه کنم. این تظاهرات چند روزی ادامه داشت تا سرانجام دولت از گرفتن مالیات اینترنت صرف نظر کرد. ما در شب‌های بعد شاهد شادی مردم از این پیروزی بودیم. سه روز بعد سوار قایق شدیم و روی دانوب بخش قابل توجهی از شهر را دیدیم. از زیر پل زنجیری گذر کردیم، همان پلی که چند روز قبل ده‌ها هزار نفر فریادکنان از روی آن رد شده بودند.

فریاد خیلی علاقه نشان نمی‌داد که از ساختمان‌های تاریخی دیدن کنیم ولی من که سال‌ها آرزوی دیدار بوداپست را داشتم بی‌تاب بودم تا به هر گوشه‌ی آن شهر زیبا نظری بیندازم. او به تماشای ساختمان پارلمان و کلیسای سنت استفن از درون همان قایق روی آب اکتفا کرد. فریاد با من شوخی می‌کرد و از من می‌خواست استفن را به صدای بلند بگویم و می‌خندید و می‌گفت به‌طور خاصی این لغت را ادا می‌کنم. تلاش کردم او را به رستوران‌های ارزان ولی متنوع ببرم تا غذاهای مختلف را امتحان کند. دلباخته‌ی استارباکس شده بود. ژست این‌که در کافه‌های استارباکس بنشیند و حرف بزند برایش خیلی فریبنده بود. در آن کافه‌ها ده‌ها عکس از خودش گرفت. ولی شب‌ها وقتی به کنار پنجره‌ی اتاق نشیمن هستی پناه می‌بردیم غمگین می‌شد و می‌گفت با نزدیک شدن تاریخ برگشت دل‌تنگ می‌شود. در یکی از کافه‌ها دو سه تا دستمال کاغذی را برداشت و روی آن‌ها نوشت:

«خاطره یکی از جذاب‌ترین موضوعاتی‌ست که همیشه فکر مرا به خود مشغول می کند. چگونه ساخته می‌شود. چگونه و با کدامین دلیل به یاد می‌آید و از یاد می گریزد. دلتنگم ولی نه برای تهران و آن‌چه آن‌جاست. بلکه برای تمام لحظاتی که کنار تو گذراندم. دلتنگی برای شنیدن صدای تو. قدم زدن در کوچه و خیابان دوشادوش هم و نشستن روبه‌روی یکدیگر و صحبت کردن و تبادل نظرها. از همین حالا دلتنگ تمام این دقایق و لحظات هستم که کنار تو گذراندم. حق با تو بود. اما این دلتنگی بسیار زودتر از آن‌چه که تصورش می‌رفت به سراغم آمده است. خوب می‌دانم که حالا بارها و بارها تمام این روزها را به یاد می‌آورم و بوداپست همیشه برایم شهری خواهد بود خاطره انگیز. پروست راست می گفت که مکان‌ها خاطرات را درون خود نگه می‌دارند. فکر می کنم چند سال بعد (کسی چه می‌داند) به بوداپست برگردم و به تمام جاهایی که رفته‌ایم دوباره سر خواهم زد و تو را خواهم جست. من از یادت نمی کاهم».

من دلم می‌خواست که نمی‌خوابیدم و شب و روز به کشف شهر می‌پرداختیم پس تلاش می‌کردم صبح زود او را بیدار کنم. همیشه دیر به خواب می‌رفت و برای او شب بیدار ماندن راحت‌تر از صبح زود برخاستن بود.

صبح روز هشتم باز به بخش پِست رفتیم که جذابیت توریستی داشت و فریاد می‌توانست برای بچه‌های خواهرها و برادرهایش سوغاتی بخرد. او هر چه را که می‌خواست برمی‌داشت و فکر پولش را نمی‌کرد. من هم خوشحال بودم و فکر می‌کردم وقتی او با دست پر برگردد هم خودش خیلی راضی خواهد بود

و هم دیگران را خوشحال خواهد کرد. او کم و بیش برای تمام خانواده‌ی پرجمعیت خودش هدیه‌ای گرفته بود. طی خرید برای نوشیدن قهوه ترک به یک کافه‌ی ترک رفتیم که شیرینی‌فروشی هم داشت و از آن‌جا پنج شش جعبه‌ی راحت‌الحلقوم خرید. وقتی از او پرسیدم آن همه راحت‌الحلقوم را برای چه کسانی می‌گیرد در کمال تعجب در میان اسامی اسم همان خانم نویسنده را نیز آورد. برآشفته شدم و از مغازه زدم بیرون. به دنبالم آمد و با عصبانیت علت ناراحتی‌ام را پرسید. او متوجه نبود که می‌تواند با پول من برای مادرش و یا خواهرهایش هدیه‌ای بگیرد ولی نه برای کسی که به قول خودش در سال‌های گذشته او را فقط یک بار و آن هم اتفاقی در نمایشگاهی دیده بود. به خصوص که می‌دید من به دنبال خرید برای خودم و یا برای خانواده‌ام و دوستانم نبودم. او به راستی این را نمی‌فهمید. گذشته از آن، با پول من برای زن دیگری خرید می‌کرد؟ آن هم کسی که من هیچ از او خوشم نمی‌آمد؟ اگر این هدیه برای دوست‌دخترش بود خوشحال هم می‌شدم. کافه را ترک کردم و به خیابان رفتم. به دیواری تکیه داده بودم که فریاد پیدایش شد و ناگهان مرا به دیوار کوبید و دستش را با فشار تمام روی شانه و گلویم گذاشت و سرم فریاد کشید چرا پریشان و عصبانی او را در مغازه تنها گذاشته‌ام. او ترسیده بود. چقدر قیافه‌اش نفرت‌انگیز شده بود و تا چه اندازه تمام خشونت مردانه‌ی تاریخی خودش را در یک آن به من نشان داد. دستم را زیر دستش انداختم و از او دور شدم. دیگر نمی‌خواستم ببینمش. می‌خواستم هر چه زودتر به منزل هستی برگردم و دیگر از آن‌جا بیرون نیایم. ولی تمام دار و ندارم دست او بود. کیف پول و پاسپورتم را او حمل می‌کرد تا هم من راحت‌تر باشم و هم او راحت دست در کیف کند و پول بدهد. به گوشه‌ای از پارک قهرمانان رفتم و روی سکویی نشستم و به خودم پناه بردم. آیا من شایسته‌ی چنین حرکتی بودم؟ در حالی که طبق معمول به قضاوت خودم نشسته بودم متوجه سر و صداهایی شدم. به‌طور غریبی ناگهان پلیس‌های ضد شورش محوطه‌ای را اشغال کردند. لحظاتی بعد، سر و صداها نزدیک‌تر و رساتر شد. نمی‌فهمیدم چه می‌گفتند. گاه لغت دموکراسی را می‌شنیدم و گاه شعاری را که تکرار می‌شد: «کونوسما اوگه لوگو و تاپ لن ما هی کی» و من هیچ سر در نمی‌آوردم. شاید حتی کلمات هم اشتباه به گوشم می‌خوردند. کسی کنارم نشسته بود و به زحمت توضیح داد که اجتماع برای به دست آوردن آزادی و حق تجمع است. فریاد از مغازه آمده بود بیرون و با تشویش نگاهش به دنبال من بود. او را می‌دیدم که سرگردان به این طرف و

آن طرف می‌رفت و چشم‌هایش همه جا می‌چرخید. بالاخره مرا پیدا کرد. به سراغم آمد. می‌لرزید. ترسیده بود. بغض داشت. شروع کرد به عذرخواهی و گله کرد چرا تنهایش گذاشته‌ام و کم مانده بود از ترس سکته کند. با پوزخند به او گفتم پول با او بود و می‌توانست برگردد خانه‌ی هستی. به خصوص که راه را هم یاد گرفته بود. من چه باید می‌کردم؟ با دست خالی در شلوغی آن شهر چه به روزم می‌آمد؟ پاسپورت هم نداشتم که حداقل بتوانم با یک کارت شناسایی به سراغ پلیس بروم و از آن‌ها کمک بخواهم. حتی شماره تلفن هستی را هم حفظ نبودم. شماره‌ی او روی تلفنم بود که آن هم با پول و پاسپورت دست او بود. دستش را روی شانه‌ام گذاشت و از غمی گفت که گریبانش را گرفته و رهایش نمی‌کند. از این‌که این روزها به سرعت گذشتند و ناقوس زمان وداع هر لحظه بلندتر به گوشش می‌رسد. پتک‌وار فرود می‌آید روی رشته‌های عصب... و بعد با اندوهی که آشکار بود گفت:

«حالا خسته‌ام. دارم از پا می‌افتم. و نداشتمت امروز که کنار هم بودیم. منو ببخش».

چاره‌ای نداشتم جز این‌که بگذرم. از او خواستم به مغازه‌ای برود که مخصوص دختران و پسران جوان بود و برای خودش تی‌شرت و یا شلواری بخرد. واقعیت این بود که او برای خودش فقط کتاب خریده بود. با درخواست من موافقت نکرد. هر دو به استارباکسی که روبه‌رویمان بود نگاه کردیم. به او گفتم جا برای نشستن نیست، برود و قهوه و کیکی بگیرد تا همان‌جا که نشسته‌ایم آن‌ها را بخوریم. ما کم و بیش هر بار که به این منطقه آمده بودیم با صحنه‌های تظاهرات روبه‌رو شده بودیم. این صحنه‌ها برای من کششی غریب داشت ولی برای او صحنه‌ای بود مثل ویترین یک مغازه‌ی معمولی که می‌شد از کنارش گذشت و حتی به آن نیم‌نگاهی هم نینداخت. این به درستی فرق دو نسل بود. به او نگاه کردم، گویی درسش را دوره می‌کرد. یک بار تلفظ صحیح نوع قهوه و کیک را پرسید و به داخل استارباکس رفت. هنوز چند لحظه‌ای نگذشته بود که صدای انفجاری بلند شد. پرتاب شدم وسط خیابان. گر گرفته بودم. ساکن نبودم. داشتم می‌رفتم. کسی مرا با خود می‌کشید. در حالی که فرسنگ‌ها دور شده بودم صدای نعره‌ی فریاد را شنیدم که از استارباکس زده بوده بیرون و داد می‌کشید: شانی. جانا. جانای من.

ضمیمه

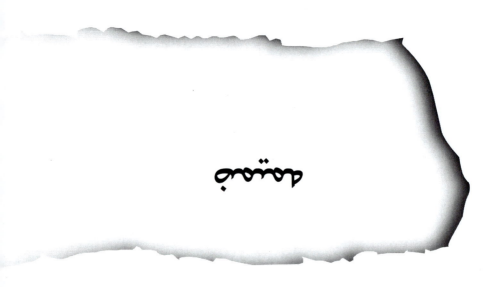

۱. The Long Gray Line جان فورد ۱۹۵۵

۲. Perry Mason

۳. The Actres

۴. Frock

۵. Far from the Madding Crowd

۶. The Children's hour

۷. این فیلم در سال ۱۳۳۹ از تلویزیون پخش شد. فیلم به زبان اصلی (یکی از کشورهای اروپای شرقی) بود و معادل انگلیسی آن یافت نشد.

۸. Folon

۹. Selected Poems by: Giuseppe Ungaretti

۱۰. The Thirty Nine Steps

۱۱. عضو جبهه مردمی برای آزادی فلسطین بود که دوبار دست به هواپیماربایی زد

۱۲. Michael Sarrazin.

۱۳. San در زبان و فرهنگ ژاپنی نشانه‌ی احترام است.

۱۴. Kuru san

۱۵. Yushida Sensei سن سی در زبان ژاپنی به معنای معلم و استاد است.

۱۶. Kanji

۱۷. Nikolay Cherkasov

۱۸. But

۱۹. قطار سریع ژاپن Shinkansen یا J R. Japan Rail Ways

۲۰. Paris Blues

۲۱. Martin Ritt

۲۲. Kamikaz

۲۳. Homesick

۲۴. Pushover در ایران تحت عنوان شکست‌پذیر ترجمه شده است.

۲۵. I want to live

۲۶. Franciszek Starowieyski

۲۷. Alliance بزرگ‌ترین و قدیمی‌ترین موسسه‌ی آموزش زبان فرانسه در پاریس

۲۸. Etiquette

۲۹. Building a Character

۳۰. Claude Rains

۳۱. Muguet - Lilly of the Valley

۳۲. قلب کامل‌ترین و شگفت‌انگیزترین دستگاه خودکار خلقت است، توضیح از دکتر سهرابی در یکی از نامه‌هایش

۳۳. Rome 11:00

۳۴. اشاره به اسب تروا Troy

۳۵. Jantile

۳۶. در اصطلاحات ویژه‌ی دنیای سربازی زن خدمتی به سربازی می‌گویند که درست یک سال پس از سرباز دیگری به سربازی آمده است.